U0137624

吴金華 著

吳葆勤 整理

增訂紀念版

三国志校诂

上海教育出版社

圖書在版編目（CIP）數據

　三國志校詁：增訂紀念版 / 吳金華著. —— 上海：
上海教育出版社, 2023.10
　ISBN 978-7-5720-2008-7

　Ⅰ.①三… Ⅱ.①吳… Ⅲ.①《三國志》– 研究
Ⅳ.①K236.042

中國國家版本館CIP數據核字(2023)第188755號

封面題簽　呂叔湘
責任編輯　周典富
封面設計　陸　弦

三國志校詁（增訂紀念版）
吳金華　著

出版發行　上海教育出版社有限公司
官　　網　www.seph.com.cn
地　　址　上海市閔行區號景路159弄C座
郵　　編　201101
印　　刷　上海中華印刷有限公司
開　　本　890×1240　1/32　印張21　插頁5
字　　數　475千字
版　　次　2023年11月第1版
印　　次　2023年11月第1次印刷
書　　號　ISBN 978-7-5720-2008-7/H·0065
定　　價　180.00 元

如發現質量問題，讀者可向本社調換　　電話：021-64373213

吳金華(1943.11—2013.6)，江蘇南京人。1966 年畢業於南京師範學院中文系，1978 年師從徐復先生攻讀漢語史專業研究生，1981年獲文學碩士學位後留校執教，參與創設古典文獻學專業並担任負責人。1986 年獲中國社會科學院"青年語言學家獎"二等獎。1991 年晉升教授。1994 年國家人事部授予有突出貢獻的中青年專家稱號。1995 年調入復旦大學古籍整理研究所任教授、博士生導師、漢語言文字學國家重點學科學術帶頭人。2008 年，受聘爲全校首批特聘教授。畢生從事漢語言文字學、中國古典文獻學研究，在中古漢語、中古文獻研究領域成績突出，著有《三國志校詁》、《世說新語考釋》、《古文獻研究叢稿》、《三國志叢考》、《古文獻整理與古漢語研究》及《續集》等。

《三國志校詁》初版書影

三国志卷一校诂

养子嵩嗣，官至太尉，莫能审其生出本末。（《魏志
一·武帝纪》/1页）

何焯《义门读书记》（下称《读书记》）注采吴人作《曹瞒传》及
郭颁《世语》并云嵩出夏侯氏子，按夏侯惇之子楙尚清河公主，
渊于衡亦娶曹氏，则谓嵩夏侯氏子者，欲因传闻，盖不足信。

潘眉《三国志考证》（下称《考证》）陈志于《帝纪》云"莫能审
其生出本末"，于列传则以夏侯惇、夏侯渊、曹仁、曹洪、曹
休、曹真、夏侯尚为一卷，是以夏侯氏为宗室矣。

卢弼《三国志集解》（下称《集解》）《武纪》云"莫能审其生出本
末"，《三少帝纪》云"宫省事秘，莫有知其所由来者"，《卞皇后
传》云"文帝母本倡家"，此皆承袭直笔也。或曰：疑以传疑，省
多少吕牵牛脊秽污湘素也。

李景星《三国志评议》（下称《评议》）"莫能审其生出本末"句，
拟老谋家也，丑不可言。

华按：何氏于此未眼深考。"疑以传疑"之说亦不确，各见
"莫能审其生出本末"八字，实为陈寿之曲笔。《吴志·吴主传》
注引《魏略》载孙权与浩周书曰："今子当入侍，而未有妃耦，
吾念之，以为可上连缀宗室若夏侯氏，"此时孙权称臣于魏，
魏臣浩周以为孙权之子"可上连缀宗室若夏侯氏"，足见曹嵩
出自吕氏一事非非故园传闻。本志《文帝纪》载延康元年"夏
侯惇薨"，裴注引《魏书》曰："王家腹牵郏东城门发哀。"又引孙盛曰

《三國志校詁》批校本書影

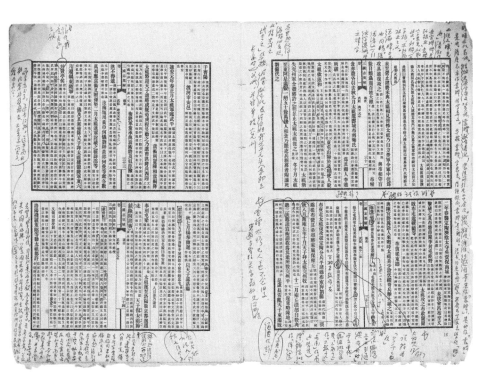

《三國志集解》批校手迹

鄧瑞教授惠贈

壬申之末鄧先生到臺探親

因託纂訪此書日昨先生

下顧即以是書之新分

複印件見贈余董理

國志於舊版舊注唯博

覽是務從搜求歷年

獨此易氏補注無從一見

為憾今忽得此雖非全豹

亦足窺知其大畧其喜為

何如耶　吳金華識於鷄年

以西元一九九三年二月廿一日

《三國志補注》複印件題記

整 理 說 明

　　吳金華先生的《三國志校詁》初版於 1990 年（江蘇古籍出版社，簡稱《校詁》），是校理與考釋《三國志》的經典著作，對漢語言文字學、中國古典文獻學、中國古代文學以及中國古代史等專業的學者均多有啟發。該書出版三十多年來，沒有重印，主要有兩個原因：一是作者希望在更廣闊的學術視野下，充分吸收新材料全面補正舊版。《〈三國志校詁〉外編》（收入 1995 年江蘇教育出版社《古文獻研究叢稿》，簡稱《外編》）、《〈三國志校詁〉及〈外編〉訂補》（收入 2000 年上海古籍出版社《三國志叢考》，簡稱《訂補》）等後續成果的推出，都是爲新版《校詁》做準備。二是作者不斷拓展深化以《三國志》爲中心的相關課題，此後又主持中華書局點校本二十四史《三國志》的修訂工作，無暇集中精力潤色打磨舊作。作者於 2013 年逝世，該書的增訂工作自此中輟。

　　長期以來，學術界一直期待重新出版這部書，尤其是從事經典校勘研究的學生，經常以《校詁》作爲畢業論文的範本。此外，點校本"二十四史"修訂工程，尤其是《三國志》的修訂，也要時時參照吳金華先生的研究成果。這樣一來，《校詁》的增訂再版，便具有了非常迫切的現實意義。

　　作者自 2008 年開始將《校詁》及相關成果逐步整合成數字文檔，增訂紀念版的整理即以此爲基礎，除了按照全書體例進行技術性的畫一之外，還根據作者的批校本和傳世的《三國志》重要版本進行校正。主要做了以下幾項工作：

一、字體與字形

《校詁》、《外編》原爲簡體字版，《訂補》爲繁體字版，作者自訂文檔繁簡未及統一。本次再版使用繁體字，除了引文各從其舊之外，考慮到研究漢語言文字學的讀者，行文用字儘量選取接近漢字本義的字形，如用"恆"不用"恒"，用"荊"不用"荆"。

二、篇名與目錄

《校詁》篇名與目錄原爲"三國志卷一校詁"的形式，作者批校本擬改作"魏志卷一武帝紀校詁"，目的是更便於讀者翻檢。爲避免與《三少帝紀》、《二公孫陶四張傳》、《二李臧文呂許典二龐閻傳》、《二主妃子傳》、《三嗣主傳》等以數字起首的篇名相混淆，現改作"三國志卷一 魏志一 《武帝紀》校詁"的格式。

三、《訂補》的附入

部分《訂補》條目，作者以三種方式散入《校詁》：一是直接替換，如《魏志九·曹休傳》"拜揚州牧"條；二是擇其要點，如《魏志一·武帝紀》注引孔衍《漢魏春秋》"賞不逾日"條；三是以"又按"形式綴於相應條目之下。本次整理，對尚未附入的《訂補》，採用第三種方式處理，標以"訂補"二字以便讀者覆按。

四、批校本的採錄

批校本或更正舊說法，或補充新材料，部分批校已經見於《外編》和《訂補》，未收的批校整理時酌情採錄。批校本否定舊的說法，如《魏志十四·蔣濟傳》注引《列異傳》"願母爲白侯"條，《校詁》

說"蔣濟爵爲陵亭侯,其子遂沿屬吏及奴僕之辭稱之爲'侯'",批校本認爲此說欠妥,整理時則加以刪削。批校本提出相反的觀點,如《魏志二十九·方技·管輅傳》注引《輅別傳》"始讀《詩》、《論》、《易本》"條,《校詁》不同意盧弼"論"下奪"語"字的判斷,認爲"論"爲"論語"的省稱,批校本指出據上文"時年十五,來至官舍讀書。始讀《詩》、《論語》及《易本》",當有"語"字爲宜,可據《册府元龜》卷七百七十三補之,整理時則據此更正。批校本列出與舊說並存的新見,整理時置於按語之中,以示區分。批校本還添補了若干例證,整理時根據上下文插入相應位置。

五、標點的修正

《校詁》凡例交待,引用《三國志》及裴注依據標點本,祇是對欠妥當的標點符號有所改動。本次整理同樣遵循這一做法,根據作者的批校,略作調整。還有一些標點《校詁》雖然沒有質疑,但我們在整理的過程中覺得可以修正,也一併更改,如《魏志十一·王脩傳》:"魏國既建,爲大司農、郎中令。"大司農、郎中令爲王脩先後擔任的官職,標點本以"大司農郎中令"連讀,現加上頓號更爲明確。

另外,《校詁》引據他書的某些標點,在整理時也視情況略作改動,如《魏志一·武帝紀》"斬辟、邵等,儀及其眾皆降"條,《校詁》引殿本《考證》:"按建安五年,汝南降賊劉辟等叛應紹,則此時未得斬也。又《于禁傳》亦云'斬辟、邵等',疑有誤。何焯校本衍'辟'字,良是。"此條何校在趙一清《三國志注補》中作"何云'辟'字衍"。據此,我們將"何焯校本衍'辟'字"的引號標作"何焯校本'衍辟字'",把"衍辟字"作爲何焯校語處理,避免讀者產生何焯校本多出了"辟"字的歧義。

六、版本的補充

　　《校詁》撰成年代較早，引用的文獻有的還沒有較好的整理本，使用的古籍版本也遠不及現在豐富，有的版本不能親見，有的版本不够理想，有的異文不及檢覈。爲了讓讀者更好地使用這部書，本次整理盡可能參考最新研究成果加以完善，並選擇具有代表性的《三國志》版本，在保持《校詁》原貌、尊重學術史本來面目的前提下，通過"整理者按"的形式提供可資補正的文本信息，讀者亦可從中窺見版本系統及其流變。如《魏志一·武帝紀》注引《魏武故事》"孤祖父以至孤身，皆當親重之任，可謂見信者矣，以及（子植）〔子桓〕兄弟，過于三世矣"條，《校詁》指出盧弼撰《集解》無視紹興本而迷信局本，標點本棄本證而求旁證。按語補充紹興本、西爽堂本、局本、百衲本作"子桓"，而紹熙本、元大德本、三朝本（萬曆十年補刊）、南監本、北監本、汲本、殿本、金陵活字本作"子植"的異文信息，讀者可以從中窺見紹興本之外的西爽堂本對此條校理亦有可取之處。又如《吳志三·三嗣主·孫休傳》注引《抱朴子》"似公主之冢"條，《校詁》指出"公主"顯然有誤，當從舊題咸平本、紹熙本、殿本、《太平御覽》卷五百五十八、郝經《續後漢書》卷五十一作"公王"；局本作"王公"，亦可參考。按語把該條版本異文梳理爲三類：咸平本、紹熙本、元大德本、三朝本、南監本、北監本、殿本、百衲本作"公王"，西爽堂本、汲本、局本作"王公"，金陵活字本作"公主"。汲本與西爽堂本關係之密切，由此可見一斑。又如《魏志八·公孫瓚傳》注引《典略》"時盛暑，竟日不雨，遂殺虞"條，盧弼《集解》轉引何焯校語"北宋本'暑'下有'熱'字"，按語在羅列紹熙本、元大德本、百衲本有"熱"字而紹興本等無"熱"字的同時，指出紹興本此葉爲後人補刻，不能以宋本視之。再如《魏志十三·鍾毓傳》"太和初，蜀相諸葛亮圍祁山，明帝欲西征”條，《校詁》申證何焯、陳浩認爲“欲”下宜補“親”字的説法。按語補充紹興本有“親”字及易培基《補注》、殿本朱批也校補“親”字的情況。

現將整理過程中使用的《三國志》主要版本，簡述如下：

咸平本，沿用舊稱，實爲南宋初期刊刻的《吳書》。該本爲黄丕烈舊藏，後歸日本静嘉堂文庫，有汲古書院 1988 年影印本。

紹興本，指南宋前期刊本，存《魏書》三十卷。現藏於中國國家圖書館，書號：七三四六。該本宋以後補版較多。

紹熙本，指南宋中期福州建安坊刻本。現存兩種。其一藏於日本宫内廳書陵部，缺前三卷，配以鈔補的明西爽堂本，另有零星缺葉。其二爲海源閣舊物，現藏於中國國家圖書館。該本缺卷甚多，前人認爲補配的是影宋鈔本，其實是據殿本鈔補，詳見整理者 2016 年所撰《關於中華書局校點本〈三國志〉修訂的底本問題》（點校本“二十四史”及《清史稿》修訂工程簡報第 91 期）。按語中“紹熙本”指日本宫内廳書陵部藏本。

元大德本，或稱“元本”，指元大德十年池州路儒學刊本。較完整的兩部均藏於臺灣地區規模最大的公共圖書館。其一爲適園舊藏，存六十三卷。其二爲嘉業堂舊藏，存六十一卷。兩種缺卷均配以三朝本。嘉業堂本前賢或以爲是宋槧，稱其摹刻本爲“景宋本”，或以爲是元大德本的原版。我們在校勘過程中仔細比對，發現該本有多處挖改修正的痕迹，刷印時代明顯晚於訛誤更多的適園本。兩本文字相異之處，按語分别以“初印本”指適園本，“後印本”指嘉業堂本。至於兩種元大德本的比較研究，整理者另有專文待刊。

三朝本，指南宋前期衢州州學刊本，有“右修職郎衢州録事參軍蔡宙校正兼監鏤板”題記。傳世諸本絶大部分爲明代補版，俗稱“三朝本”。前人校記有誤以三朝本爲元本者，有誤以三朝本爲南監本者。中華再造善本影印的三朝本由北京大學圖書館藏的兩個本子拼合而成，《魏志》《蜀志》爲一個本子，《吳志》爲另一個本子。按語中"三朝本"即指此影印本，有修補年份的葉子，括注說明。三朝本存世較多，用到其他圖書館的藏本，也隨文指出。

西爽堂本，或稱"吳本"，指明代萬曆年間吳氏西爽堂刊本，號稱"明景北宋本"，臺北藝文印書館 1955 年出版的易培基《三國志補注》即以此爲底本。按語中"西爽堂本"指易氏《補注》本，該本有多處描改。

南監本，或稱"馮本"、"南本"，指明代萬曆二十四年南京國子監馮夢禎校刊本。按語中"南監本"指日本國立公文書館藏本，索書號爲 280—0007。該本爲林家（大學頭）舊藏，有林鵞峯朱筆句點及校語。

北監本，或稱"監本"，指明代萬曆二十八年北京國子監敖文禎校刊本。按語中"北監本"指日本國立公文書館藏本，索書號爲 280—0011。該本爲高野山釋迦文院舊藏，有修補。

汲本，或稱"毛本"，指明代崇禎十七年毛晉汲古閣刊本。按語中"汲本"指日本早稻田大學圖書館藏本，鈐有"紀念圖書 此係明治卅八年八月諸同人悼山田一郎君醵資所購以贈 早稻田大學圖書館"、"知止堂"等印記。

殿本，或稱"官本"，指清乾隆四年武英殿刊本，每卷後附《考證》。按語中"殿本"指美國哈佛燕京圖書館藏本，書號爲 T2560/7954B。鈐有"愚齋圖書館藏"、"許乃普印"、"許氏滇翁所藏"等印記。

金陵活字本，指清同治六年金陵書局活字刊本，按語中"金陵活字本"指天津圖書館藏本，鈐有"周氏叔弢"之印。

局本，或稱"江南書局本"，指清同治九年金陵書局仿汲古閣刊

總　目

《三國志校詁》序

徐　復

　　陳壽《三國志》，列名《史》、《漢》之亞，治國史者宗焉。唐劉子玄《史通》述范頵之表曰：“《國志》明乎得失，辭多勸誡，有益風化。”子玄亦云：“後裴松之兼採眾書，補注其闕，由是言《三國志》者，以裴注爲本焉。”二書璧合，相得益彰。輓近則有盧弼《三國志集解》一書，廣徵遺逸，辨析詳明，有裨考證，故時人重之。近年則吳君金華獨擅斯學，多所發明，以成績殊異見稱。吳君自爲研究生時，即酷好承祚書，寢饋其中者有年，執教之暇，猶自一編在手，時時念誦，可以知其勤劬矣。余好治小學訓詁，每一文成，輒以示君，君亦時疏新知以告。商量舊學，沆瀣一氣，意甚樂也。今年秋末，吳君撰成《三國志校詁》一書，持以告余曰：前賢之爲《三國志》考論者，於訓詁、校勘二事，猶多違失，稽之羣書以求其善詁，覈之眾本而訂其訛誤，惟先生有以教之！余謂讀書須求善本，治學基於訓詁，職也。披讀《校詁》全帙，於斯二事皆所擅長，且時見精識，益人神智，可不謂懿乎？今臚陳四事，以供研討，願與同志之士共勉焉。

一、《校詁》之說三國詞語，發掘至深，語多獨創可信。

　　《魏志·典韋傳》：“矢至如雨，韋不視，謂等人曰：‘虜來十步，乃白之。’等人曰：‘十步矣。’又曰：‘五步乃白。’等人懼，疾言：‘虜至矣！’”作者謂“等人”猶言等伍、等類，爲同伴之人。此三國時俗

1

語,吳康僧會譯《六度集經》有"等人"三例可證也。胡三省注《通鑑》不得其解,乃云:"等人者,立等以募人,及等者謂之等人。或曰:等人,一等應募之人也。"揆之文義,語無可通,可以知其說之非矣。

《吳志·朱桓傳》:"桓性護前,恥爲人下。"作者謂"護前"爲逞強好勝,不容許他人爭先居前。其說是也。"護前"爲三國時語,又見《蜀志·關羽傳》:"亮知羽護前。"其意益明。舊釋爲護短,未切合原義。

《魏志·裴潛傳》注引《魏略·列傳》載韓宣事:"宣前以當受杖,豫脫褌,纏褌面縛;及其原,褌腰不下,乃趨而去。帝目而送之,笑曰:'此家有瞻諦之士也。'"作者謂諸家均釋"瞻諦"爲瞻視,於義猶隔。"瞻諦"爲魏晉人語,形容性格剛強、志不可奪。嚴尤《三將軍論》論白起曰:"瞳子白黑分明,視瞻不轉。……視瞻不轉者,執志強也。可與持久,難與爭鋒。"嵇紹《趙至敍》曰:"瞳子白黑分明,視瞻停諦,有白起風。""瞻諦"二字,當係"視瞻停諦"之縮略語。韓宣曾與臨菑侯曹植爭辯,不爲尊貴所屈;此時又"褌腰不下"而去,負氣之態可掬。文帝稱之爲"有瞻諦之士",正謂其性格剛強,不可奪志矣。按此可謂善詁。

《魏志·王粲傳》注引《魏略》載吳質事:"太和中,入朝。質自以不爲本郡所饒,謂司徒董昭曰:'我欲溺鄉里耳。'昭曰:'君且止,我年八十,不能老爲君溺攢也。'"作者謂"溺攢"爲魏晉口語,即撒溺潰污人,攢讀爲潰。《說文》:"潰,污灑也。一曰:水中人也。"污灑,謂以污水揮灑;水中人,謂人被水所灑中。口語如此,難爲詳釋,此與張裕嘲劉先主爲"潞涿君"同爲謔語矣。

《蜀志·楊戲傳》載《季漢輔臣贊》,有"鎮南粗強"云云,作者謂"粗強"爲魏晉時語,《世說新語·忿狷》:"謝無奕性粗強,以事不相得，自往數王藍田，肆言極罵。”其爲粗强之態畢露。

《魏志·董卓傳》：“(李)肅等格卓。卓驚呼：‘布所在？’(呂)布曰：‘有詔！’遂殺卓，夷三族。”作者謂“所在”即何在，魏晉口語。《後漢書·董卓傳》作“呂布何在？”已改用常語。因舉本志《曹爽傳》注引《魏略》：“其後太祖問(丁)斐曰：‘文侯，印綬所在？’斐亦知見戲，對曰：‘以易餅耳。’”此例數見，易爲訓詁家所忽，特舉出之。

《魏志·陳思王植傳》載其求存問親戚疏：“若葵藿之傾葉太陽，雖不爲之回光，然向之者誠也。”作者謂“太陽”一詞，由陰陽家術語向“日”之別名轉化，可能始於西漢，取證京房《上元帝封事》，其說近確。余更求之於《漢書·元帝紀》：“是以氛邪歲增，侵犯太陽。”顔師古注：“太陽，日也。”而《文選》載曹植《洛神賦》：“遠而望之，皎若太陽升朝霞。”李善注引《正歷》曰：“太陽，日也。”唐人引《正歷》今未見，其亦陰陽家書乎？

二、《校詁》之考釋文字，洞明聲音條貫，多能言人所未言。

《魏志·呂布傳》附陳登傳：“(許)汜曰：‘陳元龍湖海之士，豪氣不除。’……(劉)備問汜：‘君言豪，寧有事邪？’汜曰：‘昔遭亂過下邳，見元龍。元龍無客主之意，久不相與語，自上大牀臥，使客臥下牀。’”作者證“豪氣”非豪邁之氣，當正釋爲傲氣，指蠻横而言。豪古字作勢。《說文》：“勢，讀若豪。”知二字本亦同音矣。

《蜀志·黃忠傳》敍定軍山斬夏侯淵之戰：“金鼓振天，歡聲動谷，一戰斬淵。”作者謂金鼓振天，自當殺聲動谷，決死之際，何來歡聲也？因定“歡”爲“讙”之借字，即喧呼之聲。《禮記·樂記》：“鼓鼙之聲讙。”鄭玄注：“讙，或爲歡。”又《公羊傳·文公六年》稱晉襄公爲“晉侯讙”，《史記·晉世家》作“襄公歡”。皆古音相同之證也。

《魏志·王朗傳》載其上疏曰：“二毛不戎，則老者無頓伏之患。"作者釋"頓伏"爲顛仆,頓、顛聲轉,伏、仆音同也。《中文大辭典》釋"頓伏"爲頓首伏身,望文生訓,義不允當。《吳志·王蕃傳》:"(孫)晧大會羣臣,蕃沈醉頓伏,晧疑而不悅,輿蕃出外。"其他"頓伏道路"、"頓伏牀下",亦皆爲顛仆義,可無致疑。

《魏志·蔣濟傳》注引《列異傳》:"天明,母重啟侯:'雖云夢不足怪,此何太適適!亦何惜不一驗之?'"作者採黃生《義府》之說,定"適適"爲"的的"之假借,釋爲的然分明。適,都歷切,古音正讀如的。《搜神記·謝郭同夢》:"謝(奉)因說所夢,郭(伯猷)聞之悵然,云:'吾昨夜夢與人爭錢,如卿所夢,何期太的的也!'"此正作"的的",可用爲聲同之證矣。《魏志·烏丸鮮卑東夷傳》注引魚豢議云:"俗以爲營廷之魚不知江海之大,浮游之物不知四時之氣,是何也?"作者說"營廷"當爲"淡灙"之假借,字又作"瀅汀",皆爲小水之稱,例舉《抱朴子外篇·逸民》:"子可謂守培塿,玩狐丘,未登閬風而臨雲霓;翫瀅汀、游潢洿,未浮南溟而涉天漢。"可謂確證。作者又言連語字無倒順,倒之則爲"灙淡"、"汀瀅",廣採聲近之字以爲訓釋,則小水之義益明。

《魏志·袁紹傳》注引《漢末名士錄》曰:"(胡母)班,字季皮。"盧弼引范書李賢注作"季友","皮"、"友"之異,尚待考論。作者謂《國志》之文爲得實,因引漢末常語"海內珍奇,胡母季皮"爲證。明乎古語之韻例,則班字季皮可無疑矣。

三、《校詁》廣徵眾本,每下一義,皆妥貼寧極,遂成定論。

《吳志·潘璋傳》:"璋爲人粗猛,禁令肅然,好立功業,所領兵馬不過數千,而其所在常如萬人。征伐止頓,便立軍市,他軍所無,皆仰取足。"作者謂"好立功業"當作"好立功夫","功夫"爲當時恆言,謂興造、建築之事。中華書局標點本不取宋、元、明諸本之"功夫”，徑從後出殿本之“功業”，以致文義轉晦，失擇善之旨。余謂功夫爲專業用語，用於營造則然。《魏志·董卓傳》注引《續漢書》：“又隴右取材，功夫不難。”又《鄭渾傳》：“遂身率吏民，興立功夫，一冬間皆成。”皆用“功夫”之證也。

《魏志·武帝紀》注引《曹瞞傳》：“乃多作縑囊以運水，夜渡兵作城。”“運水”，通語也。作者據《永樂大典》及明鈔本《水經注·渭水》作“摙水”，謂“摙”字係漢魏以來俗間用詞。玄應《眾經音義》卷十一“負摙”條下引《淮南子》：“摙載粟米而至。”許慎注：“摙，擔之。”《梁書·何遠傳》亦有“摙水”字。此文作“運水”，後人改字求通也。今改從“摙水”，得其實矣。

《吳志·陸績傳》：“豫自知亡日，乃爲辭曰：‘有漢志士吳郡陸績……嗚呼悲隔！’”“志士”，通語也。作者據新疆出土東晉寫本《吳志》殘卷，改“志士”爲“志民”，謂漢士人不仕者恆以“民”自稱，東晉寫本作“志民”，正合傳意。又袁宏《後漢紀》卷二十九引此文作“志人”，亦爲唐人避諱所改，則作“志民”者當爲原本也。

《魏志·烏丸鮮卑東夷傳》注引《魏略·西戎傳》：“始莫邪夢白象而孕，及生，從母左脅出。”盧弼《集解》謂《御覽》作“右脅”，未加抉擇。作者先據《史記·大宛列傳》正義引此亦作“右脅”，定爲“右脅”之本是。莫邪剖右脅而生浮屠，此爲佛家之說，當於藏經中求之。後漢竺大力、康孟祥譯《修行本起經》卷上：“太子成身，到四月八日，夫人出游……便從右脅生。”余謂“左”、“右”二字形近易誤，其他佛經亦多言“右脅生”，則所校是矣。

《魏志·方技·華佗傳》注引《佗別傳》：“其治病手脈之候，其驗若神。”作者以“手脈”難解，定爲“平脈”之誤。平脈爲中醫學用語。《素問》有云“此平人脈法也”，張仲景《傷寒論序》有“平脈辨證”，王叔和《脈經》有“平脈早晏法”。醫書皆作“平脈”，則所校是也。余讀《華佗傳》:"若當灸,不過一兩處,每處不過七八壯,病亦應除。"段玉裁注《說文》"灼"字云:"醫書以艾灸體謂之'壯','壯'者,'灼'之語轉也。"如上所說,則醫書亦當兼治矣。

《吳志·全琮傳》:"初,(孫)權將圍珠崖及夷州,皆先問琮。"前賢或謂"圍"疑當作"圖",惜無佐證。作者則謂舊《崖州志》敍聶友事云:"孫權將圖珠崖,(諸葛)恪薦友爲珠崖太守,詔加友將軍,與校尉陸凱同往。""圖"謂謀取,與文義正合。又"圖"、"圍"二字亦有互譌者,《史通·雜說中》:"皇家修《五代史》,館中墜稿仍存,皆因彼舊事,定爲新史。觀其朱墨所圖,鉛黃所拂,猶有可識者。"余校《史通》,定"圖"爲"圍"字之誤文。唐劉蛻《梓州兜率寺文冢銘》:"有朱墨圍者。"即其證也。

四、《校詁》之爲書,博考制度、職官、風俗等,於此可覘涉獵之廣。

《魏志·陳羣傳》注引《先賢行狀》:"予時(陳)寔、(陳)紀高名並著,而(陳)諶又配之,世號三君。……豫州百姓皆圖畫寔、紀、諶之形象。"作者謂當時郡縣分屬十三州,各州所轄之縣少者五六十城,多者百餘城,約言則稱"百城"。因定"百姓"當爲"百城"之誤。邯鄲淳《後漢鴻臚陳君碑》敍此事云:"豫州刺史嘉懿至德,命敕百城圖畫形象。"《初學記》卷十二"鴻臚卿"條引謝承《後漢書》曰:"陳紀,字元方,遭父太丘長寔憂,嘔血絕氣。豫州嘉其至行,表上尚書,圖畫百城,以勵風俗。""百姓"語可通而非其實,"百城"凡數見而可據信。不稔制度者,且將以"百城"爲誤文矣。

《魏志·王脩傳》:"魏國既建,爲大司農、郎中令。"作者謂漢代主管錢穀之職官,武帝太初初年稱"大司農",至漢獻帝建安十八年"魏國既建"之時,已改稱"大農"。因定此"大司農"當爲"大農"之誤。《藝文類聚》卷二十引《魏志》云："王脩爲大農、郎中令。"不作"大司農",可證。考職官者須明沿革,王脩既於建安十八年由魏郡太守遷爲此官,自當作"大農"無疑。

《魏志·曹爽傳》注引《魏略》載曹公評丁斐語:"譬如人家有盜狗而善捕鼠,盜雖有小損,而完我囊貯。"郝經、郁松年皆以"盜狗"當作"盜猫"。作者則取證《呂氏春秋·士容》:"齊有善相狗者,其鄰假以買取鼠之狗。……相者曰:'此良狗也,其志在獐麇豕鹿,不在鼠,欲其取鼠也,則桎之。'其鄰桎其後足,狗乃取鼠。"謂"盜狗"之字不誤。《晉書·五行志》載童謠曰:"洛中大鼠長尺二,若不早去大狗至。"亦謂狗能捕鼠也。余聞新疆知識青年云:至今農牧場仍有狗捕殺鼠之事。習俗流傳,亦資博聞矣。

《魏志·崔琰傳》注引《續漢書》載孔融語:"孔融魯國男子,明日便當褰衣而去,不復朝矣。"楊樹達先生釋此云:"凡自云某某男子者,皆自豪壯之辭。"作者則謂有官爵而自稱男子者,乃以平民自況,並非自壯之辭。本志《三少帝·齊王芳紀》注引《魏氏春秋》:"郭脩在魏,西州之男子耳。"《蜀志·張裔傳》載其與所親書曰:"人自敬丞相長史,男子張君嗣附之,疲倦欲死。"是"男子"乃無官爵之稱,其身份當爲平民家庭之戶主。孔融自稱"魯國男子"者,蓋謂身爲魯國布衣,本無任職之才,今所諫既不見納,則當棄官而去也。《吳志·陸凱傳》載凱上孫晧疏:"先帝外仗顧、陸、朱、張,內近胡綜、薛綜,是以庶績雍熙,邦內清肅。"作者謂顧指顧雍、陸指陸遜、張指張昭,惟朱不知何指。吳雖有朱治、朱然、朱桓三人,但不能與顧、陸、張並列爲四。因定"朱"爲"步"字之誤,指丞相步騭言。所列數證,均甚有力。最後舉唐許嵩《建康實錄》卷四所載此疏,正作"顧陸步張",則其說確不可易矣。余嘗謂校正誤字,須旁證與本證齊備,方有較強之說服力。改"朱"爲"步",可謂精審矣。

《魏志·曹休傳》:"太祖拔漢中諸軍還長安,拜休中領軍。"《晉書·職官志》作"及拔漢中,以曹休爲中領軍。"標點本則於"太祖拔漢中"五字下讀斷,皆誤以"拔"爲攻克之義。據作者考訂,此實爲建安二十四年曹軍撤出漢中之事,其中"拔"作引出解,不得與建安二十年攻克漢中之事相混。作者好學深思,實事求是,宜乎其疏解疑滯,有如老吏斷獄,一語定讞矣。

全書勝義稠迭,兹不悉舉。往昔吳君所著《三國志拾詁》等一系列論文曾榮獲"中國社會科學院一九八六年度青年語言學家獎"二等獎,列名前茅,爲世所矚目。而今《三國志校詁》一書撰成,益以精進。君既治魏晉語言,富有心得,宜思有所恢廓,潛心漢語史之斷代研究,爲國人倡,是則余之厚望也夫!

一九八七年十月一日於南京師範大學

時年七十有六

《三國志校詁》前言

陳壽《三國志》六十五卷,是一部將近三十七萬字的史學名著。如果從語言史的角度來看,它又是一部帶著鮮明時代特色的魏晉文獻。這部重要著作的整理與研究,始終離不開訓詁和校勘。一千七百年來,它隨著傳本的變易,讀者的更換,總是在校注工作上向人們提出新的任務。

以往的學者,已爲疏解《三國志》的疑難問題做了大量的工作,其中具有劃時代意義的成果,當推裴松之《三國志注》、盧弼《三國志集解》和陳乃乾校點的《三國志》標點本。裴松之處於三國史書紛呈競出的晉宋時代,奉宋文帝之命爲《三國志》“鳩集傳記,增廣異聞”,本來無須對陳《志》的文字詳加校釋。這是因爲,用魏晉語言寫成的陳《志》,對於那時的讀者說來,並不像《史記》、《漢書》那樣難讀;再則,宋文帝所讀的寫本必然是去古不遠的善本,不可能有較多的文字訛誤。然而,裴氏在以補充史料爲主旨的《三國志注》六十五卷中,還是有選擇地爲陳《志》作了必要的考釋:他不僅對陳《志》以及自己注文裏爲數不多的古音、古義、名物、典故等加以注釋,而且就考索所得,對疑訛的文字進行校勘。這類校釋性的文字計有一百七十餘處,爲當時的讀者提供了閱讀之便。由此可見,擁有三十二萬餘字的裴《注》,實在不愧爲全面董理陳《志》的第一部佳著。盧弼《三國志集解》纂成於一九三六年,刊行於一九五七年。此書博採裴松之以後的諸家之說,既注陳《志》,又注裴

《注》，無論是史事的議論和考訂，還是文字的校勘和訓詁，都足與王先謙的兩漢書注解并駕爭先。迄今爲止，這部集舊說之大成並有所開拓的鉅著，仍舊是關於陳《志》和裴《注》的最詳注本。至於陳乃乾校點的《三國志》標點本，則是在《集解》基礎上加採幾家之說，用通行的四種版本互相勘對而成。此本由中華書局初版於一九五九年，再版於一九八二年，印數超過二十八萬册，目前已成了最爲通行、最便檢閱的新校本。我從事的《三國志》整理工作，就是在前人建樹的基礎上進行的。

在現有條件下對《三國志》作進一步的整理，我以爲當務之急仍然是辨析疑義和考校版本。

就訓詁而言，隨著時代的變遷，讀者與魏晉語言的隔膜與日俱深，書中需要注解的古義時語勢必與日俱增。拿釋義最詳的盧弼《集解》來說，其中標明"未詳"及存疑備考之處已爲數不少，而迄無校注的疑難字句又屢見不鮮，這些問題顯然是我們整理《三國志》時無法迴避的障礙。試以"定"字爲例，此字在漢末魏晉時期可以用如連詞，相當於"及"。它的用例在陳《志》、裴《注》中凡十一見，倘若不予以考釋，不熟悉魏晉語言的讀者就難免發生誤解。如《吳志·陸遜傳》載孫桓面語陸遜曰："前實怨不見救，定至今日，乃知調度自有方耳。"宋末元初的胡三省在《資治通鑑注》中說："定至今日，言至今日而事始定。"盧弼《集解》收錄了這一誤說，未暇辨證。再如《魏志·方技·管輅傳》："俱相聞善卜，定共清論，君一時異才，當上竹帛也。"標點本於"定共清論"後用句號，文不可解。又如《魏志·陳泰傳》："定軍潛出，卒出其南，維乃緣山突至。"標點本不明"定"與"乃"前後呼應，於是在"卒出其南"之後誤用了句號，以致語氣中斷，無從索解。尤其值得注意的是，這類訓詁問題往往跟校勘問題糾纏在一起，我們如果不作深考，就有可能把古書弄得面目全非。如《魏志·方技·管輅傳》注引《輅別傳》載劉邠語輅曰："欲注《易》八年,用思勤苦,歷載靡寧;定相得至論,此才不及《易》,不愛久勞,喜承雅言,如此相爲高枕偃息矣。"這段話文從字順,語義甚明;盧弼不解"定"字用法,遂稱"寧、定二字,疑有一衍"。再如《吳志·華覈傳》:"定聞陸抗表至,成都不守,臣主播越,社稷傾覆。"李慈銘曰:"'定'疑作'旋'。"又如《吳志·朱桓傳》載孫權贊朱異(字季文)曰:"本知季文憭,定見之,復過所聞。"其中"憭"通作"快",猶言精明能幹;"定"猶言"及至",也是當時習語。盧文弨不瞭"定"字之義,疑爲"近"之形誤;盧弼則以"憭定"連讀,懷疑"憭"爲"膽"字之訛;標點本又信從盧弼之說,將上文校點成:"本知季文膽定,見之,復過所聞。"眞可謂訛以傳訛、治絲益棼了。

就版本而言,陳《志》與裴《注》先後以寫本流傳了六七百年,到北宋鏤板時,不僅魯魚亥豕指不勝屈,而且脫失了《三國志敍錄》一卷;[①]此後又經過九百多年的翻刻,各種版本都有許多或明或暗的訛誤,而其中某些問題實非一時、一地、一人之力所能解決。拿最新的校本標點本來說,由於它不主一本,"擇善而從",而擇"善"時又常常不出校記,加上印刷錯誤一版多似一版,致使研讀者必須花相當的功夫才能發現其擇"善"之失乃至印刷之誤。例如《蜀志·許慈傳》:"(許)慈、(胡)潛並爲博士。"其中"博士"二字,明馮夢禎本作"學士";盧弼指出:"馮本'博'作'學',誤。"我們根據《隸釋》所載的"黃龍甘露碑"、"蜀漢建安二十六年碑"可以斷定:除馮本之外,宋、元、明、清各本都作"博士"無疑是正確的,盧弼的判斷可以信從;但標點本卻捨"博士"而取"學士",並且不作任何說明。再如《蜀志·先主傳》載建安二十四年先主上言於漢帝曰:"不能掃除寇難。"標點本"能"作"得",承金陵活字本之誤;盡管"能"、"得"於義皆通,但作"得"者終非古書之舊;由於標點本在擇"善"時大多數不作說明,所以,讀者倘若不查對四種以上的舊版本,就難以確定它是擇"善"之失還是排版之誤。又如標點本《魏志‧張既傳》有云:"昔賈復請擊郾賊。"近見《古籍整理出版情況簡報》第147期載文云:"'擊郾賊'難解。《後漢書‧賈復傳》作'擊偃',此處'賊'字衍。"其實,"賊"字並非衍文,而是"賊"字的形誤,舊版各本均可爲證。不難看出,哪怕是標點本的印刷錯誤,也會給校理此書的同志帶來麻煩。即此一端,也足以說明新、舊版本很有繼續考校的必要。

基於上述認識,我試就管見所及,在《三國志校詁》六十五卷中對陳《志》、裴《注》的某些可疑及難解的字句作了考證,以討論古義時語爲主,兼及名物、制度及史事等。此外,另撰《〈三國志〉考釋集錦》,擇錄《集解》及標點本問世以來的諸家之說,作爲附編之一;又試撰《〈三國志〉標點本兩版校記》說明標點本的印刷錯誤,作爲附編之二;書末綴以本書所引版本、論著簡表及例句出處簡表,以便讀者檢覈原文。至於全書的撰寫條例,另作《凡例》說明之。

《三國志校詁》的寫作,經始於七十年代末期。那時,我在南京師範學院中文系攻讀碩士學位研究生,導師是徐復教授。我對徐先生的感激之情是難以言傳的:在先生指導下,我涉獵了訓詁、校勘之學,《三國志》便是我進行實驗的園地之一;1981年畢業之後,每當我從這塊園地裏擷取到一點不成熟的東西,先生總是加以鼓勵,示以矩範,督促我埋頭耕耘,希望我更有所獲。慚愧的是,我受性疲怠,教學之暇,又時耕時輟,以致歷時雖久,所得甚微。現在,當我將拙著《三國志校詁》奉獻給讀者的時候,我的心情如同將一份未完待續的作業呈交給導師一樣,期待著大方之家的批評指正。

作者

一九八七年九月於南京師範大學

〔附注〕

① 據《隋書·經籍志二》的著錄,可知《三國志》原有《敍錄》一卷;據《舊唐書·
經籍志上》的著錄,可知"《敍錄》一卷"原先附在"《吳國志》二十卷"之後。今
檢北宋咸平六年(1003年)第一次雕板的《吳志》,已無《敍錄》一卷,不知是
因爲刻板時失收,還是由於當時已經亡佚。從《新唐書·藝文志二》仍然著
錄"《吳國志》二十一卷"來看,似乎附有《敍錄》的《三國志》古鈔本直到北宋
嘉祐五年(1060年)唐志修成時猶存於世。可以想見,《敍錄》的失傳,當在
刻本流行之後、鈔本絕迹之時,其時間不會早於北宋後期。

《〈三國志校詁〉外編》引言

　　"《三國志校詁》的寫作,經始於七十年代末期。那時,我在南京師範學院中文系攻讀碩士學位研究生,導師是徐復教授。我對徐先生的感激之情是難以言傳的:在先生指導下,我涉獵了訓詁、校勘之學,《三國志》便是我進行實驗的園地之一;1981年畢業之後,每當我從這塊園地裏擷取到一點不成熟的東西,先生總是加以鼓勵,示以矩範,督促我埋頭耕耘,希望我更有所獲。慚愧的是,我受性疲怠,教學之暇,又時耕時輟,以致歷時雖久,所得甚微。現在,當我將拙著《三國志校詁》奉獻給讀者的時候,我的心情如同將一份未完待續的作業呈交給導師一樣,期待著大方之家的批評指正。"

　　上面是拙著《三國志校詁》(江蘇古籍出版社1990年10月版,下稱《校詁》)"前言"中結尾的一段。回想起來,從1981年發表碩士學位論文《三國志解詁》(載《南京師院學報》1981年第3期)到1987年《校詁》一書定稿,經過了七年。如今,一轉眼又是七年,繼《校詁》之後,我主要做了兩項工作:

　　一是重校《三國志》。我以百衲本爲工作底本,用晉寫本殘卷、元本、明汲古閣本、易培基《補注》本(即西爽堂本)、馮夢禎校本(即南監本)、清殿本、盧弼校本(即《三國志集解》所據局本)、金陵活字本及陳乃乾校點本(即中華書局標點本)作互校本,將陳壽《三國

1

志》及裴松之《三國志注》翻了一遍。參考較多的資料是:《北堂書鈔》、《通典》、《元和姓纂》、《通志》、《資治通鑑》、殘宋本及普通本《册府元龜》、《太平御覽》、《記纂淵海》、《事類賦注》、蕭常及郝經《續後漢書》等。

二是進一步收集海內外有關研讀《三國志》的資料,並在此基礎上從文化史研究、古籍整理、辭書編纂等角度探討《三國志》疑義,寫成專文或札記,旨在爲撰寫《三國志校注》(江蘇古籍出版社已列入出版規劃)做一些必要的準備工作。

由於上述工作超出了《校詁》的範圍,因此,這裏把札記式的東西彙集起來,稱之爲《校詁》外編。

本編在撰寫體例上大致沿承《校詁》:

(一)從古籍整理、文化史研究及辭書編纂等角度,對陳壽《三國志》及裴松之《三國志注》中的有關問題加以討論。

(二)按《三國志》六十五卷的次序逐卷校詁,每卷依記、傳的篇次排列引文,每條引文的後面用括號注明引文的書名、篇名以及中華書局標點本(下稱"標點本")的頁碼。標點本於 1992 年 6 月又出了第二版第 11 次印刷本,累計印數已達 304 200 册。我粗略地檢讀一過,覺得新印刷本在訂正訛文方面似乎沒有新的內容,所以本編沿用《校詁》凡例第二款:所引文字主要依據第二版第 8 次印刷本。

(三)用淺近的文言形式寫作。

《〈三國志校詁〉及〈外編〉訂補》說明

　　拙著《三國志校詁》（江蘇古籍出版社 1990 年 10 月版）撰成於
1987 年，《〈三國志校詁〉外編》（收入《古文獻研究叢稿》，江蘇教育
出版社 1995 年 11 月版）撰成於 1994 年。現在看來，書中有不少地
方（不包括排版印刷之誤）應作訂補。訂補的内容側重於三個方
面：一、立論可商者，商之；二、論據不足者，補之；三、引證有誤
者，改之。爲便於檢索，本文凡引《校詁》與《外編》，開頭均用方括
號標出書名及頁碼。

凡　例

（一）本書按《三國志》六十五卷的次序逐卷校詁，每卷依紀傳的篇次排列條目，每條之後用括號注明引文的書名、篇名以及中華書局標點本（下稱"標點本"）的頁碼。

（二）鑑於標點本係當前最爲通行的新版本，本書在引用陳壽《三國志》及裴松之注文時，也依據標點本，祇是標點符號有所改動。標點本有第一版（1959 年）與第二版（1982 年）之別：第二版對第一版的校點疏誤有所訂補，但第二版中新出現的印刷之誤不少。本書所引文字，一般依據第二版 1985 年第 8 次印刷本；如果遇到第二版中的印刷之誤，就依據第一版；如果兩版皆誤，就依據通行的百衲本、局本或殿本。

（三）在校勘方面，本書側重於以下四個方面：（1）其文有誤，前人未暇校定者，試校之。例如《魏志·臧洪傳》："畏威懷親。"又《李通傳》注引《晉諸公贊》："（李）重遂不復白活。"其中"威"當作"君"，"活"當作"治"，迄今未克校理，今據 1965 年新疆出土的古寫本殘卷以及《世說新語》等文獻校正之。（2）前修時賢，偶有誤校者，試辨之。例如《魏志·袁紹傳》注引《獻帝春秋》"兆民戴之來久"，又《后妃·文昭甄皇后傳》注引《魏書》裴松之按語引"內大惡諱"，前人誤以爲"來久"應作"永久"，今人誤以爲"內大惡諱"當乙爲"大惡內諱"，今辨正之。（3）前修時賢，或有致疑者，試論之。例如《蜀志·後主傳》注引《漢晉春秋》："乃可至於是乎?"《魏志·蔣濟傳》：“至於便辟取合，或能工之。”前人懷疑“可”爲衍文，今人懷疑“合”爲誤字，今論定之。（4）前人雖有卓見，或語焉不詳，或未見取於今人者，試申之。例如《魏志·田疇傳》：“疇自以始爲居難。”《吳志·全琮傳》：“權將圍珠崖及夷州。”前人已指出“居”爲“君”之誤，“圍”爲“圖”之誤，但標點本至今沿用誤文，今申證之。

（四）在訓詁方面，本書側重於以下四個方面：（1）古義時語，迄今未見注釋者，試釋之。例如《魏志·華歆傳》注引《魏書》：“亦懼陛下實應且憎。”《吳志·周魴傳》：“啟事蒸仍。”“實應且憎”爲先秦成語，“蒸仍”爲六朝習語，注家於此或付闕如，或云“未詳”，今詮釋之。（2）古書疑義，衆說紛紜者，試理之。例如《魏志·武帝紀》：“不治行業。”《吳志·吳主傳》：“陸遜部將軍宋謙等攻蜀五屯。”古今注家對其中“行業”及“部”字解說不一，今紬繹之。（3）古今注家偶有誤解者，試辨之。例如《魏志·呂布傳》注引《英雄記》：“時術僭號，故呼爲明上。”《吳志·陸遜傳》：“儻明注仰，有以察之。”注家有誤釋“明上”爲“明府”、“明公”者，有誤釋“注仰”爲“關注”、“明鑑”者，今辨明之。（4）句讀之誤以致文理不通者，試正之。例如《魏志·武帝紀》注引《英雄記》：“辟大將軍何進府，進符使匡於徐州發彊弩五百西詣京師。”又《毌丘儉傳》注引《魏氏春秋》：“俶率壯士先至，大呼，大將軍軍中震擾。”標點本誤以“進符使”三字連上爲句，又誤以“大呼大將軍”五字爲一句，以致事義錯亂，今改正之。

（五）附編《〈三國志〉考釋集錦》旨在收錄盧弼《集解》問世以來學術界研究、整理《三國志》的有關成果。限於篇幅，屬於下列三種類型的内容未曾收錄：（1）所論大致與前人相合，而論者未暇說明這是重申舊說。例如《魏志·武帝紀》“斬辟、邵等”，《吳志·朱桓傳》注引《吳書》“恐陸抗止之”，何焯、郁松年已分別指出“辟”、“恐”

屬於衍文,而今人之文有與何、郁之説暗合者。(2)所論與拙見[①]不謀而合。例如《魏志·文帝紀》注引《魏略》:"遣刺奸就考竟,殺之。"又《董卓傳》:"卓驚呼:'布所在?'"其中"考竟"、"所在"二詞,拙文曾有臆説,今見時賢之文亦有所見略同者。(3)所論未必無據,然鄙見尚有保留而未能立即附議者。

(六)附編《〈三國志〉標點本兩版校記》旨在説明標點本在文字上的印刷錯誤。凡屬兩版皆誤者,一律出校;凡屬第一版不誤而第二版有誤者,也一律出校。至於第一版有誤而第二版業已改正者,如果原錯誤足以形成閲讀的障礙,則説明之;例如《吳志·陸凱傳》:"抗卒後,竟徙凱家於建安。"其中"徙"字第一版誤作"徒",似通非通。又如《蜀志·龐統傳》"陸勣、顧劭、全琮皆往",其中"陸勣"應作"陸績",宋以來各本不誤,而標點本兩版皆誤。等等。

(七)本書所涉及的《三國志》版本以及供版本校勘用的有關資料,具見附錄《本書所引〈三國志〉版本及其有關資料簡表》。

(八)本書援引的古今論著,具見附錄《本書所引論著簡表》。

(九)本書徵引古籍文例時所依據的版本,具見《本書例句出處簡表》。

(十)本書在引用當代諸家論著時,均照原件恭録作者姓名而未加敬稱,絶無不敬之意。

(十一)本書在引用可供商榷的説法時,對有關論著及其作者均用泛稱:(1)凡稱"辭書"者,指近半個世紀以來行世的大型辭書,如《辭源》、《辭海》、《中文大辭典》等。(2)凡稱"注家"者,指繼盧弼《集解》之後問世的《三國志》選注本或選譯本的注譯者。(3)凡稱"今人"者,指近三十年來的有關論者。

(十二)本書用淺近的文言形式寫作,旨在適應考釋性文字的需要,並非好古。

〔**附注**〕

① 所謂"拙見",是指《〈三國志〉解詁》(《南京師院學報》1981 年第 3 期)、《〈三國志〉標點獻疑》(《中國語文通訊》1982 年第 3 期)、《〈三國志〉考釋》(《南京師院學報》1983 年第 1 期)、《〈三國志·吳書〉"定"字疑義釋例》(《文史》第十八輯)、《〈三國志〉校點拾遺八則》(《中國史研究》1984 年第 4 期)、《〈三國志〉拾詁》(《南京師大學報》1985 年第 3 期)、《〈三國志〉詞語札記》(《語言研究集刊》第一輯)、《〈三國志〉雜箋》(南京師大學報叢書:《古文獻研究文集》第一輯)、《〈三國志〉拾詁(續)》(《南京師大學報》1987 年第 1 期)、《〈三國志〉述聞》(《文教資料》1987 年第 3 期)、《說"猖獗"》(《語文教學》1980 年第 5 期)、《"卒暴"、"部"義辨》(《中國語文》1986 年第 2 期)、《"護前"不是"護短"》(《疑難字詞辨析集》)以及《佛經譯文中的漢魏六朝詞語零拾》(《語言研究集刊》第二輯)等文中的意見。

《三國志校詁》目次

《三國志校詁》正文

三國志卷一
魏志一《武帝紀》校詁

養子嵩嗣，官至太尉，莫能審其生出本末。（《魏志一·武帝紀》/1頁）

何焯《義門讀書記》（下稱《讀書記》）：注採吳人作《曹瞞傳》及郭頒《世語》並云嵩夏侯氏子，按夏侯惇之子楙尚清河公主，淵子衡亦娶曹氏，則謂嵩夏侯氏子者，敵國傳聞，蓋不足信。

潘眉《三國志考證》（下稱《考證》）：陳志於《帝紀》云“莫能審其生出本末”，於列傳則以夏侯惇、夏侯淵、曹仁、曹洪、曹休、曹眞、夏侯尚爲一卷，顯以夏侯氏爲宗室矣。

盧弼《三國志集解》（下稱《集解》）：《武紀》云“莫能審其生出本末”，《三少帝紀》云“宮省事祕，莫有知其所由來者”，《卞皇后傳》云“文帝母本倡家”，此皆承祚直筆也。或曰：疑以傳疑，省多少呂政牛睿穢污緗素也。

李景星《三國志評議》（下稱《評議》）：“莫能審其生出本末”句，揭老瞞家世，醜不可言。

華按：何氏於此未暇深考。“疑以傳疑”之說亦不確。曹操出自夏侯氏，在當時本爲人所共知之事，此“莫能審其生出

1

本末"八字，實爲陳壽之直筆。《吳志·吳主傳》注引《魏略》載孫權與浩周書曰："今子當入侍，而未有妃耦，昔君念之，以爲可上連綴宗室若夏侯氏。"此時孫權稱臣於魏，魏臣浩周以爲孫權之子"可上連綴宗室若夏侯氏"，足見曹嵩出自夏侯氏一事並非"敵國傳聞"。本志《文帝紀》載延康元年"夏侯惇薨"，裴注引《魏書》曰："王素服幸鄴東城門發哀。"又引孫盛之評曰："在禮，天子哭同姓於宗廟門之外。哭於城門，失其所也。"孫盛爲東晉時人，以"良史"著稱於世，此評直以曹丕、夏侯惇爲"同姓"，亦足見此事在孫盛時代仍爲人所共知。又 1974 年至 1979 年安徽亳縣城南出土之曹氏墓磚，其刻辭有"夏侯右"者，亦其佐證。至於夏侯氏、曹氏世爲婚姻一事，周壽昌《三國志注證遺》（下稱《證遺》）嘗論之曰："魏陳矯本劉氏子，出養於姑，改姓陳氏，後娶劉頌女。頌與矯固近親也，魏武擁全之，特下令禁人誹議。殆以同姓爲婚禁人議，即以便己私也。"其實曹魏之時，不僅同姓爲婚不足怪，更有同母兄妹結爲夫婦者，如本志《曹爽傳》注引《魏末傳》載曹操假子何晏事："晏婦金鄉公主，即晏同母妹。"明乎此，則曹嵩之生出本末實無可疑。林國贊《三國志裴注述》卷二指出："歷代史率以宗室合傳，陳氏於蜀、吳二志亦然。志獨以夏侯、曹氏合傳，用意尤極明審。"以此觀之，李氏之評，可謂得曲筆之旨矣。

〔曹瞞傳曰〕：太祖一名吉利，小字阿瞞。（《魏志一·武帝紀》注/1 頁）

盧弼《集解》：《太平御覽》卷九十三引《魏志》注，太祖上有"曹瞞傳曰"四字。官本《考證》李龍官曰："裴注所引皆有書名，此爲脫落無疑。"弼按：裴注無書名者爲自注，如《吳志·張昭傳》

注，論舊君諱事即不引書名也。

標點本《校記》："曹瞞傳曰"，何焯據《太平御覽》增。（1483 頁）

華按：標點本增補"《曹瞞傳》曰"，值得討論。考察裴松之《三國志注》可知，凡屬首次援引某書，則書名之前必定冠以作者姓名；凡作者姓名不詳者，則說明有關情況。此爲裴注引書之常例。例如裴氏爲下文"莫能審其生出本末"作注云："吳人作《曹瞞傳》及郭頒《世語》並云：嵩，夏侯氏之子……"其中"吳人作《曹瞞傳》及郭頒《世語》"均爲裴注中首次引用之文獻，故而於書名之前介紹作者；自此以後，裴氏在注文中又引《曹瞞傳》及《世語》者，不可勝數，而"吳人"及"郭頒"之名不再見矣。明乎此例，則知本文不當有"曹瞞傳曰"四字。李龍官所謂"裴注所引皆有書名"之說，與事實不符，盧弼已舉例駁之，惜乎語焉不詳。竊謂"太祖一名吉利……"十字作爲開篇第一條注文，當爲裴氏自注。《世說新語·假譎》注引《曹瞞傳》曰："操小字阿瞞。"既無"一名吉利"四字，又不稱操爲"太祖"，可見裴氏此注並非引錄《曹瞞傳》原文。《太平御覽》卷九十三僅有書名"《曹瞞傳》"而無"吳人作"之類，顯於裴注之例不合。何焯據《太平御覽》補字，未可輕從。

又按：《資治通鑑》卷六十四"某甲"下，胡三省注："裴松之曰：操一名吉利，小字阿瞞。"竊以爲胡氏之說可從。先自注，後引書，裴氏《三國志注》有此體例。本文先自注"太祖一名吉利，小字阿瞞"，然後引王沈《魏書》，即屬此例。類似之例甚多。又如本志《曹爽傳》"何晏"，先自注"晏字平叔"，然後引《魏略》；又《杜恕傳》"杜預"，先自注"預字元凱，司馬宣王女婿"，然後引王隱《晉書》；又《王粲傳》"阮籍"，先自注"籍字嗣宗"，然後引王隱《魏氏春秋》；又於"嵇康"之下，先自注"康字叔夜”，然後引《嵇氏譜》等書；又《衛覬傳》“潘尼”，先自注“滿子尼，字正叔”，然後引《潘尼別傳》；又《陳羣傳》“祖父寔，父紀，叔父諶”，先自注“寔字仲弓，紀字元方，諶字季方”，然後引《魏書》等；又《和洽傳》“許劭”，先自注“劭字子將”，然後引《汝南先賢傳》；又《王昶傳》“任昭先”，先自注“昭先名嘏”，然後引《任嘏別傳》；又《鍾會傳》“王弼”，先自注“弼字輔嗣”，然後引何劭《王弼傳》；《吳志·陸抗傳》“陸景”，先自注“景弟機字士衡、雲字士龍”，然後引《機雲別傳》；又《賀邵傳》“賀循”，先自注“邵子循字彥先”，然後引虞預《晉書》。此外，裴氏又有不引他書而自注之例，如本志《劉表傳》“鄧義”，注云：“義，章陵人。”又《王昶傳》“郭伯益”，注云：“伯益名奕，郭嘉之子。”《蜀志·劉焉傳》“郤儉”，注云：“儉，郤正祖也。”又《周羣傳》“張裕”，注云：“裕字南和。”《吳志·韋曜傳》“韋曜”，注云：“曜本名昭，史爲晉諱，改之。”上揭諸例，均可證李龍官之說未可信從；鑑於標點本已採李說，影響甚巨，故一再辨證而不避煩瑣之譏。

豕主人大慚，送所認豕，并辭謝節，節笑而受之。（《魏志一·武帝紀》注引《續漢書》）/1 頁）

華按：“辭謝”爲近義之字平列，辭亦謝也。《呂氏春秋·觀世》：“嬰可以辭而無棄乎？”高誘注：“辭，謝也，謝不敏而可以勿棄也。”此“辭謝”謂承認錯誤、表示歉意，與通常所言“推辭”、“辭退”之義有別。《蜀志·劉巴傳》：“巴辭謝罪負，先主不責。”亦其例。

鄧太后詔黃門令選中黃門從官年少溫謹者配皇太子書。（《魏志一·武帝紀》注引《續漢書》）/1 頁）

盧弼《集解》：《後漢書·曹騰傳》：“安帝時除黃門從官，順帝在東宮,鄧太后以騰年少謹厚,使侍皇太子書。"

華按:"配皇太子書",謂陪伴皇太子讀書。"配"乃隨侍、陪伴之義,范書"配"作"侍",可以互參。又"書"指讀書、學習,蓋當時口語,本志《邴原傳》注引《原別傳》:"原曰:'孤者易傷,貧者易感。夫書者,必皆具有父兄者,一則羨其不孤,二則羨其得學,心中惻然而爲涕零也。'師亦哀原之言而爲之泣曰:'欲書可耳。'答曰:'無錢資。'師曰:'童子苟有志,我徒相教,不求資也。'於是遂就書。"其中三"書"字用法同此。"書"字此義,吳恂《漢書注商》已發其例。

桓帝即位,以騰先帝舊臣,忠孝彰著,封費亭侯,加位特進。(《魏志一·武帝紀》注引《續漢書》/2頁)

華按:此"忠孝"一詞,專指忠於君主而言。本篇又注引《續漢書》曰:"嵩字巨高,質性敦慎,所在忠孝。"本志《呂布傳》注引《英雄記》載布上書於天子曰:"臣本當迎大駕;知曹操忠孝,奉迎都許。"又《臧霸傳》:"霸因求遣子弟及諸將父兄家屬詣鄴,太祖曰:諸君忠孝,豈復在是!……"又《許褚傳》:"太和中,帝思褚忠孝,下詔褒贊,復賜褚子孫二人爵關內侯。"又《東夷·倭傳》載景初二年詔書曰:"汝所在逾遠,乃遣使貢獻,是汝之忠孝,我甚哀汝。"《蜀志·廖立傳》注引《諸葛亮集》:"立奉先帝無忠孝之心。"均其例。童書業《春秋左傳研究》指出,在上古漢語中,臣忠於君主亦稱"孝",如《墨子·兼愛上》:"臣子之不孝君父,所謂亂也……雖父之不慈子,兄之不慈弟,君之不慈臣,此亦天下之所謂亂也。……君臣父子皆能孝慈,若此則天下治。"故中古時代"忠"、"孝"二字得以構成同義複詞。

太祖少機警,有權數,而任俠放蕩,不治行業,故世

人未之奇也。(《魏志一‧武帝紀》/2頁)

華按："不治行業",《世說新語‧假譎》注引孫盛《雜語》作"不修行業"。此"行業"猶言品行,指講道德、行仁義之具體表現。《抱朴子外篇‧廣譬》:"播種有不收者矣,而稼穡不可廢;仁義有遇禍者矣,而行業不可惰。"《晉書‧姚萇載記》:"廓落任率,不修行業。"《大藏經》卷一姚秦佛陀耶舍、竺佛念譯《長阿含經》卷三:"阿難白佛:此尊比丘本積何德,修何行業?今者威德乃如是乎!"《宋書‧王景文傳》稱謀反被誅之王蘊"薄於行業"。《顏氏家訓‧歸心》:"俗之謗者……以僧尼行業多不精純爲姦慝也。"《北齊書‧趙彥深傳》:"提獎人物,皆行業爲先,輕薄之徒,弗之齒也。"諸"行業"之"行",皆讀爲德行之"行"。辭書有釋"行業"爲"操行事業"者,分釋"行"、"業"二字,義猶欠明;注家或解爲"操行學業",亦不甚確。至於解作"生産作業"或"一般職業"者,其誤不足辨矣。

造五色棒,縣門左右各十餘枚。(《魏志一‧武帝紀》注引《曹瞞傳》/3頁)

盧弼《集解》:何焯曰:"依《廣韻》注,'棒'應改'棓'。"

華按:"棒"乃"棓"之俗體,無煩改字。晉崔豹(字正熊)《古今注》云:"車輻,棒也。漢朝執金吾,金吾亦棒也。"後唐馬縞《中華古今注‧棒》:"棒者,崔正熊注'車輻也'。……魏曹操爲洛陽北部尉,乃懸五色棒於門,以威豪猾也。"是其明證。"棒"、"棓"皆在《廣韻‧去聲‧三講》,步項切。字又作"桙"。

長吏受取貪饕,依倚貴勢,歷前相不見舉;聞太祖至,咸皆舉免。(《魏志一‧武帝紀》注引《魏書》/4頁)

華按:此文斷句有誤。"聞太祖至"一句主語是誰?按文法,當爲"長吏"或"前相";論事理,兩說皆不可通。今謂"聞"
字當屬上句讀,明張自烈《正字通》曰"凡人臣奏事於朝,亦曰
聞"。"舉聞"連文,謂檢舉奏聞也。

辟大將軍何進府進符使,匡於徐州發彊弩五百西詣京師。(《魏志一·武帝紀》注引《英雄記》/6頁)

華按：查考漢制,三府掾屬中並無"進符使"之職。此文當
於"府"字絕句。《全後漢文》卷七十八蔡邕《陳寔碑銘》敍其爲
三公所辟,一則曰"辟司徒府,納規建謀,匡弼三事",再則曰
"復辟太尉府,遷太丘長",三則曰"辟大將軍府,道之興廢,有
分於命,乃離密網,以就禁錮,潛伏不試";此云"辟大將軍何進
府",句例相同。然則"進符使"三字應屬下句讀,"進"即何進,
"符"指符信,"使"乃派遣之義。漢劉熙《釋名·釋書契》:"符,
付也,書所敕命於上,付使傳行之也。"募兵須憑符信,史書多
有記載,如本志《閻溫傳》注引《世語》:"王濬在益州,受中制募
兵討吳,無虎符,敳收濬從事列上。"此言募兵而無符信,則被
人依法上告也。又如《宋書·劉敬宣傳》:"求救於姚興,興與
之符信,令關東募兵,得數千人。"標點本蓋不明"符"字之義,
誤以"進符使"爲官號,遂致斷句不當。《太平御覽》卷三百四
十八及四百七十七引《英雄記》均作:"辟大將軍何進府,使匡
於徐州發强弩五百西詣京師。"文中已略去"進符"二字;《後漢
書·何進傳》則曰:"又使府掾太山王匡東發其郡强弩。"其文更
明以"府掾"稱王匡,《通鑑》卷五十九作"進府掾王匡、騎都尉鮑
信,皆泰山人,進使還鄉里募兵",與《後漢書》合,均可參證。

會進敗,匡還州里。(《魏志一·武帝紀》注引《英雄記》/6頁)

盧弼《集解》：宋本、元本、馮本、官本"州"作"鄉"。弼按:范書

《袁安傳》：“見敬於州里。”《荀淑傳》：“州里稱其知人。”《九州春秋》：“韓遂語樊稠曰：與足下州里人。”本志《呂布傳》：“王允以布州里壯健。”蓋當時稱鄉里爲“州里”。作“州”不誤。

華按：盧說可商。宋本、元本、南監本、殿本作“鄉里”，是。《太平御覽》卷四百七十七引《英雄記》亦作“鄉里”，可見北宋人所見如此。“鄉里”，指所居之鄉，譯成今語，相當於狹義之“家鄉”。《漢書·疏廣傳》：“廣既歸鄉里。”《後漢書·隗囂傳》：“囂歸鄉里。”本篇建安十五年注載曹操十二月己亥令：“故以四時歸鄉里。”又《吳志·孫堅傳》注引《吳錄》：“軍敗，還鄉里，爲許貢客所害。”均其例。“州里”一詞，通常泛指一州範圍，亦指同出一州之人；盧弼所引“州里”之例，譯成今語，則相當於廣義之“同鄉”。似此，則盧氏“作‘州’不誤”之說斷難成立。今檢金陵活字本，此文亦作“鄉里”，唯“鄉”下有小注曰：“一本作‘州’。”標點本因襲金陵活字本之誤文多矣，此處却棄其“鄉”而取一本之“州”，殊爲失考。

整理者按：紹興本、紹熙本、元大德本、三朝本（萬曆十年補刊）、西爽堂本、南監本、北監本、殿本、金陵活字本、百衲本作“鄉”。汲本、局本作“州”。

購求信喪，不得，眾乃刻木如信形狀，祭而哭焉。

（《魏志一·武帝紀》/9 頁）

盧弼《集解》：馮本無“眾”字。《通鑑》同。

華按：《太平御覽》卷四百八十七引《魏志》亦無“眾”字，而《册府元龜》卷四百二十四有之。細繹文理，似以無“眾”爲優。據本志《鮑勛傳》注引《魏書》載：兗州牧曹操攻黃巾軍於壽張，兵敗被圍，賴鮑信力戰致死，乃得脫險。由是觀之，令人“購求信

喪"者,曹操也;令人"刻木如信形狀"者,曹操也;"祭而哭焉"之
主事者,亦曹操也。然則"刻木"之前忽有一"眾"字,實屬可疑。

整理者按:紹興本、紹熙本、元大德本、三朝本(嘉靖九年
補刊)、西爽堂本、北監本、汲本、殿本、局本、百衲本作"眾乃刻
木"。南監本、金陵活字本無"眾"字。金陵活字本校記:"一本
下有'眾'字。"

昔在濟南,毀壞神壇,其道乃與中黃太乙同,似若知道,今更迷惑。(《魏志一·武帝紀》注引《魏書》/10 頁)

華按:"更"猶却也,反也,轉折之詞。本篇注引《魏武故
事》載公十二月己亥令曰:"前朝恩封三子爲侯,固辭不受,今
更欲受之。"《三少帝·齊王芳紀》嘉平六年:"敕語像,使大呼,
言'大軍已還洛,不如早降'。像不從其言,更大呼城中曰:'大
軍近在圍外,壯士努力!'"呂祖謙《三國志詳節》作"便",是不
明"更"猶"反"也。又《后妃·武宣卞皇后傳》注:"文帝夢磨
錢,欲使文滅而更愈明。"又《蔣濟傳》:"本但欲使避賊,乃更驅
盡之。"又《管輅傳》注引《輅別傳》:"莫使騏驥更爲凡馬,荊山
反成凡石。"此"更"字又常用於詰問語氣,如本志《管寧傳》注
引《魏略》載焦先歌辭曰:"木心爲當殺牂羊,更殺其殺羺邪?"
又《辛毗傳》載文帝語:"如卿語,更當以虜遺子孫邪?"又《鍾會
傳》載司馬昭語:"卿忘前所言邪? 而更云可不須行乎?"《蜀志·
楊戲傳》載《季漢輔臣贊》:"先主怒曰:'統殺身成仁,更爲非
也?'""更"字此類用法出現甚早,如《戰國策·趙策二》載趙燕
曰:"臣以失令過期,更不用侵辱教,王之惠也。"鮑彪注云:"更猶
反。"劉淇《助字辨略》申之曰:"更,改圖也。與前義違,故得爲
反也。"

嵩懼，穿後垣，先出其妾，妾肥，不時得出。（《魏志一·武帝紀》注引《世語》/11頁）

金陵活字本小注："時"，一本作"能"。

盧弼《集解》：宋本、馮本、監本"能"作"時"。

　華按："時"，及時，"不時"，相當於"不即"，猶言不能及時。說詳拙著《世說新語考釋》。一本作"能"不可取。本志《董昭傳》："賊兩頭並前，官兵一道引去，不時得泄，將軍石建、高遷僅得自免。"《蜀志·蔣琬傳》："會舊疾連動，未時得行。"《後漢書·列女·廣漢姜詩妻》："後值風，不時得還。"其中"不時得泄"、"未時得行"等與"不時得出"句法一律，足證"時"字不誤。《太平御覽》卷三百七十八引《世語》無"時"字，蓋緣不明詞義而刪減其文耳。

　又按：本志《明帝紀》載景初二年事云："及宣王至遼東，霖雨，不得時攻。"頗疑"不得時攻"當乙爲"不時得攻"，蓋傳寫之倒。

　整理者按：紹興本、紹熙本、三朝本（嘉靖己未年補刊）、南監本、北監本、金陵活字本、百衲本作"時"。元大德本、西爽堂本、汲本、殿本、局本作"能"。

與布相守百餘日。（《魏志一·武帝紀》/12頁）

　華按："相守"，雙方對峙也。本志《夏侯淵傳》："劉備軍陽平關，淵率諸將拒之，相守連年。"亦其例。一方圍逼另一方亦謂之"守"，如本志《公孫瓚傳》注引《漢晉春秋》載其謂關靖曰："當今四方虎爭，無有能坐吾城下相守經年者明矣。"又《曹仁傳》載其語太祖曰："且城固糧多，攻之則士卒死，守之則引日久，今頓兵堅城之下，以攻必死之虜，非良計也。"前言"攻之"，指薄城急攻；後言"守之"，謂屯軍圍城。又《諸葛誕傳》注引《漢晉春秋》載文欽語："且中國無歲無事，軍民並疲，今守我一年，勢力已困，異圖生心，變故將起。""守我一年"者，圍我一年也。《後漢書·公孫述傳》："吳漢又破斬其大司徒謝豐、執金吾袁吉，漢兵遂守成都。""守成都"者，圍成都也。

布將薛蘭、李封屯鉅野，太祖攻之……遂斬蘭等。

（《魏志一·武帝紀》/12 頁）

華按：於時薛蘭爲兗州別駕。《新唐書·宰相世系表三下》："薛氏出自任姓……兗州別駕蘭，爲曹操所殺。子永，字茂長，從蜀先主入蜀，爲蜀郡太守。永生齊，字夷甫，巴、蜀二郡太守，蜀亡，率戶五千降魏，拜光祿大夫，徙河東汾陰，世號蜀薛。"如薛永、薛齊輩，雖官至郡守而《國志》無名者眾矣，裴松之於此等處每有注文；此無注者，可見史料之闕。然則承祚於《蜀志·楊戲傳》每云"失其行事，故不爲傳"者，並非託辭。《世系表》之文，蓋採自薛氏家譜云。

於是兵皆出取麥，在者不能千人，屯營不固。（《魏志一·武帝紀》注引《魏書》/12 頁）

金惟詩批校木（下稱"金本"）改"能"爲"及"，批曰："'及'字從宋本。"

盧弼《集解》：元本"能"作"及"。

華按：宋本未見，金校失之。百衲本等亦作"不能千人"，"能"字不誤。元本作"及"，當出自臆改之筆。本篇注引《魏書》載荀攸等曰："今魏國雖有十郡之名，猶減于曲阜，計其戶數，不能參半。"本志《程曉傳》注引《曉別傳》："曉大著文章多亡失，今之存者不能十分之一。"《吳志·周泰傳》："權住宣城，使士自衛,不能千人。"皆用"能"字。《淮南子‧修務訓》:"絕國殊俗,僻遠幽間之處,不能被德承澤,故立諸侯以教誨之。"高誘注:"能猶及也。"不能猶言不及,楊樹達《漢書窺管》已發其說。

> 整理者按:紹興本、紹熙本、三朝本、西爽堂本、南監本、北監本、汲本、殿本、金陵活字本、局本、百衲本作"能"。元大德本作"及"。

汝南、潁川黃巾何儀、劉辟、黃邵、何曼等,眾各數萬,初應袁術,又附孫堅。二月,太祖進軍討破之,斬辟、邵等,儀及其眾皆降。(《魏志一‧武帝紀》/13頁)

> 錢大昕《廿二史考異》(下稱《考異》):建安五年,汝南降賊劉辟等叛應袁紹,見下文及蜀《先主傳》,則此時無斬辟之事。《紀》文有誤。

> 清乾隆武英殿本《三國志》附《考證》(下稱殿本《考證》):李龍官曰:按建安五年,汝南降賊劉辟等叛應紹,則此時未得斬也。又《于禁傳》亦云"斬辟、邵等",疑有誤。何焯校本"衍辟字",良是。

> 華按:諸說略同,可從。標點本於本志《于禁傳》已刪去"辟"字;準此,則本文不當存之。

金火交會,革命之象也。(《魏志一‧武帝紀》注引張璠《漢紀》/14頁)

> 華按:《易‧革》象辭曰:"澤中有火,革。"革卦之象,兌上離下;兌爲西方之卦,於自然屬澤,於五行屬金,離爲南方之卦,於自然屬日,於五行屬火,故云"金火交會"。金、火實爲雙關語,前者指金星,亦稱太白;後者指火星,亦稱熒惑。

舊制，三公領兵入見，皆交戟叉頸而前。（《魏志一‧武帝紀》注引《世語》/15 頁）

　　華按：“前”指拜見天子或尊長。本志《張既傳》注引《魏略》載游楚事：“帝令侍中贊引，呼‘隴西太守前’，楚當言‘唯’，而大應稱‘諾’。帝顧之而笑。”亦其例。“前”字此義，周一良《〈晉書〉札記》已發之。

公將引還，繡兵來[追]。（《魏志一‧武帝紀》/15 頁）

　　盧弼《集解》：官本《考證》云：“《御覽》‘來’下有‘追’字。”

　　標點本《校記》：何焯據《太平御覽》增。（1483 頁）

　　華按：《資治通鑑》卷六十二敍此事云：“張繡率眾追之”。《通典》卷一百六十二《兵十五》“追師勿遏”條下敍此事云：“繡兵來追。”足見自唐至北宋，古本尚未脫落“追”字。

張邈之叛也，邈劫諶母弟妻子；公謝遣之，曰：“卿老母在彼，可去。”（《魏志一‧武帝紀》/16 頁）

　　華按：注家或釋“謝遣”爲“辭去”，未的。“謝”猶今語“道歉”，“遣”猶今語“打發”。《太平御覽》卷二百六十三引《曹操別傳》亦敍此事：“帝見諶，曰：‘孤綏撫失和，聞卿母弟爲張邈所執，人情不相遠，卿可去。孤自遣，不爲相棄。’諶涕泣曰：‘當以死自效。’帝亦垂涕答之。”曹操以“綏撫失和”自責，即致歉之語也。本志《華歆傳》注引《魏略》：“揚州刺史劉繇死，其眾願奉歆爲主。歆以爲因時擅命，非人臣之宜。眾守之連月，卒謝遣之，不從。”“謝”乃自以爲不合格之謂也，“遣”乃打發勸進者離去之謂也。葛洪《神仙傳》卷五敍壺公事：“又令長房啗屎兼蛆，長寸許，異常臭惡，房難之，公乃歎，謝遣之，曰：‘子不得仙道也……’”亦其例。

既下射犬,生禽種,公曰:"唯其才也!"釋其縛而用之。(《魏志一·武帝紀》/17頁)

盧弼《集解》:《水經·清水注》"唯其才也"作"難其才也"。

華按:"唯其才也"四字,注家迄無解說。《水經注》作"難其才也",當屬傳寫者臆改之文。後漢、三國之士喜用古書成語,曹操此語亦其例也。《左傳·襄公二十三年》載孺子秩被廢立之事:"己卯,孟孫卒。公鉏奉羯立于戶側。季孫至,入哭而出,曰:'秩焉在?'公鉏曰:'羯在此矣。'季孫曰:'孺子長。'公鉏曰:'何長之有?唯其才也。且夫子之命也。'遂立羯。秩奔邾。"以"唯其才也"稱羯之美,意謂唯其有才,故立之,年之長幼非所計也。此即語源所出。

兵多而分畫不明,將驕而政令不一。(《魏志一·武帝紀》/17頁)

華按:此"分畫"指職守範圍而言。考之載籍,"分畫"本指特定之區域、界限,如《管子·明法解》:"制羣臣,擅生殺,主之分也;縣令仰制,臣之分也。……故君臣相與,高下之處也,如天之與地也;其分畫之不同也,如白之與黑也。"引申之,或指進退出處之原則,如《後漢書·崔駰傳》載其《慰志賦》:"分畫定而計決兮,豈云貪乎鄙耇。"或指某種道德標準,如本志《鍾會傳》注引其母傳:"取與之間,分畫分明。"似此,"分畫"亦古人習語。

因率等仵逆擊之。(《魏志一·武帝紀》注引《魏略》/18頁)

金本"仵"作"伍"。批云:"'伍',宋本作'仵'。"

華按:"伍"、"仵"通作。"等伍"猶言等輩、等類,此指與王忠結伴南行之輩也。

　　整理者按：紹興本、紹熙本、元大德本、三朝本、百衲本作
"仵"。西爽堂本、南監本、北監本、汲本、殿本、金陵活字本、局
本作"伍"。

公將自東征備，諸將皆曰："與公爭天下者，袁紹也。今紹方來而棄之東，紹乘人後，若何？"（《魏志一·武帝紀》/18頁）

　　華按："紹乘人後"，猶言袁紹乘機襲我軍之後背也。鄭樵
《通志》改"人"爲"吾"，失去口語特色。此"人"表示第一人稱
複數。下文注引《曹瞞傳》："割得將軍淳于仲簡鼻，未死，……
公意欲不殺。許攸曰：'明旦鑑於鏡，此益不忘人。'乃殺之。"
本志《夏侯玄傳》注引《魏略》載蘇鑠等曰："陛下儻不從人，奈
何？"又《高柔傳》載其上疏："若使吳蜀知人虛實，通謀并勢，復
俱送死，甚不易也。"《吳志·孫堅傳》載張溫之言："君且還，卓
將疑人。"諸例均非"眾人"、"他人"之義。又"人"在口語中常
表示第一人稱單數。《漢書·霍光傳》載霍禹之言："我何病？
縣官非我家將軍不得至是，今將軍墳墓未乾，盡外我家，反任
許、史，奪我印綬，令人不省死。"又載霍山之言："今丞相用事，
縣官信之……益不信人。"又《外戚傳》載上官安之言："與我婿
飲，大樂！見其服飾，使人歸欲自燒物。"《文選》卷十六司馬相
如《長門賦》："飲食樂而忘人。"李善注："人，后自謂也。"本志
《荀攸傳》載鍾繇之言："我每有所行，反復思惟，自謂無以易，
以咨公達，輒復過人意。"又《鍾會傳》載司馬師之言曰："惟鍾
會與人意同。"此語於《晉書·文帝紀》作"惟會與吾意同"。
《吳志·孫堅傳》注引《山陽公載記》載董卓之言："堅以佐軍司
馬，所見與人同，自爲可耳。"均其義證。"人"字上述用法，呂

叔湘《說代詞語尾家》已發凡其例。

整理者按：元大德三山郡庠刻明萬曆十二年補刊本《通志》卷七作“紹乘人後”，萬有文庫十通本《通志》作“紹乘吾後”。

答諸將曰：“劉備，人傑也，將生憂寡人。”（《魏志一·武帝紀》注引《魏氏春秋》）/18 頁）

華按：《左傳·哀公二十年》載吳王夫差語曰：“句踐將生憂寡人，寡人死之不得矣。”曹操即承用此語。時操位至司空，行車騎將軍事，故得以“寡人”自稱。《世說新語·文學》“裴散騎”條載太尉王衍語曰：“君輩勿爲爾，將受困寡人女婿！”李詳注云：“按晉世寡人，上下通稱，不以爲僭。”《宋書·臧質傳》載輔國將軍臧質答拓跋燾書曰：“寡人受命相滅，期之白登……假令寡人不能殺爾，爾由我而死。”胡三省《資治通鑑注》（下稱《通鑑注》）：“古者諸侯自稱曰寡人，質自以當藩方之任，自稱寡人。”與稱“寡人”相當者，又有稱“孤”之例，如《吳志·孫堅傳》注引《山陽公載記》載相國董卓語曰：“關東軍敗數矣，皆畏孤，無能爲也。”又《太史慈傳》注引《江表傳》載討逆將軍孫策語曰：“孤志在立事，不得不屈意於公路。”《蜀志·諸葛亮傳》載左將軍劉備語曰：“孤不度德量力，欲信大義於天下。”又《譙周傳》注引《蜀記》載丞相領益州牧諸葛亮語曰：“孤尚不能忍，況左右乎！”由此可見，皇帝稱“朕”，諸侯王及公卿大臣稱孤家寡人，實爲漢魏六朝之慣例。孫過庭（虔禮）《書譜》述晉右軍將軍王羲之語曰：“假令寡人耽之若此，未必謝之。”張彥遠《法書要錄》引作“若吾耽之若此，未必謝之。”李詳評之曰：“彥遠與虔禮皆唐人，虔禮審晉世言語，故仍其舊；彥遠改同俗稱，便覺其陋。”李說似是。蓋至唐代，除諸侯王之外，公卿將帥已不得稱孤道寡矣。

良、醜皆紹名將也，再戰，悉禽，紹軍大震。（《魏志一·武帝紀》/19 頁）

華按：此"禽"作斬、殺解。前文云："紹遣郭圖、淳于瓊、顏良攻東郡太守劉延於白馬……使張遼、關羽前登，擊破，斬良。"又云："紹騎將文醜與劉備將五六千騎前後至……大破之，斬醜。"本志《袁紹傳》："太祖救延，與良戰，破斬良，紹渡河，壁延津南，使劉備、文醜挑戰。太祖擊破之，斬醜，再戰，禽紹大將。"《蜀志·關羽傳》敍此事曰："羽望見良麾蓋，策馬刺良於萬眾之中，斬其首還。"又曰："及羽殺顏良，曹公知其必去，重加賞賜。"參見諸傳之文，"禽"非擒捉之義甚明。再如本志《于禁傳》曰："會孫權禽羽，獲其眾，禁復在吳。"而《蜀志·關羽傳》則曰："權遣將逆擊羽，斬羽及子平於臨沮。"可見"禽羽"亦即"斬羽"之謂。又如《蜀志·諸葛亮傳》注引張儼《默記》曰："自操、備時，彊弱縣殊，而備猶出兵陽平，禽夏侯淵。"又《黃忠傳》則云"於漢中定軍山擊夏侯淵，……斬淵，淵軍大敗"。是兩書同敍一事，或言"禽"，或言"斬"，其義一也。此外，本志《韓暨傳》："陰結死士，遂追尋禽茂，以首祭父墓。"《吳志·甘寧傳》："權遂西，果禽祖，盡獲其眾。""禽"字古有殲滅義，馬雍《"禽龐涓"解》已揭其例。

紹謀臣許攸貪財，紹不能足，來奔。（《魏志一·武帝紀》/21 頁）

盧弼《集解》：《御覽》"足"作"用"。

華按：今檢影宋本《太平御覽》卷九十三所引，此文作"足"，不作"用"。盧氏引書往往不言篇卷，頗難覈實。又檢《資治通鑑》卷六十三，胡三省引《考異》曰："攸貪財，紹不能足,來奔。"可知北宋人所見本亦作"足"。

整理者按:文淵閣《四庫全書》本、日本喜多邨氏學訓堂安政二年活字本《太平御覽》卷九十三並作"用"。

紹初聞公之擊瓊,謂長子譚曰:"就彼攻瓊等,吾攻拔其營,彼固無所歸矣。"(《魏志一‧武帝紀》/21頁)

盧文弨《三國志續考證》(下稱《續考證》):《御覽》"攻"作"破"。

華按:"攻"當作"破",字之誤也。本志《張郃傳》亦敍此事云:"郃說紹曰:'曹公兵精,往必破瓊等,瓊等破,則將軍事去矣,宜急引兵救之。'郭圖曰:'郃計非也……'"合紀、傳以觀之,袁紹是郭圖而非張郃,語意甚明。今檢《後漢書‧袁紹傳》、《資治通鑑》卷五十五,此句均作"就操破瓊",郝書卷九亦作"破",與《太平御覽》卷九十三合,可據正。

所歷道有問者,語之曰:"袁公恐曹操鈔略後軍,遣兵以益備。"聞者信以爲然。(《魏志一‧武帝紀》注引《曹瞞傳》/21頁)

華按:"語"字當爲"紿"之形訛。唐杜佑《通典》卷一百五十四、卷一百六十引作"紿",原注曰:"音怠"。是唐人所見《曹瞞傳》寫本作"紿"無疑,當據正。本志《袁術傳》注引《九州春秋》載司隸馮方女受騙之事:"諸婦害其寵,語之曰:'將軍貴人有志節……'馮氏以爲然。"錢大昭《三國志辨疑》(下稱《辨疑》)曰:"'語',當從《後漢書‧術傳》作'紿'。依《說文解字》當作'詒'。詒,相欺詒也。《列子‧黃帝篇》:'既而狎侮欺詒。'郭璞注《方言》云:'汝南人呼欺爲譴詪,亦曰詒。'《史記‧高祖本紀》:'爲亭長,素易諸吏,乃紿爲謁。'應劭曰:'紿,欺也。音殆。'"錢說甚塙,可資取證。

桓帝時有黃星見于楚、宋之分，遼東殷馗善天文，言後五十歲當有眞人起于梁、沛之間，其鋒不可當。(《魏志一·武帝紀》/22 頁)

　　華按：《說文》云："眞，仙人變形而登天也。"故"眞人"通常指仙人、得道之人。《呂氏春秋·先己》載伊尹答湯問曰："欲取天下……必先治身。嗇其大寶，用其新，棄阿陳，腠理遂通，精氣日新，邪氣盡去，及其天年，此之謂眞人。"高誘注："眞人，眞德之人。"是日新其德、袪邪反眞者謂之"眞人"。由此引申，秦漢以來，受天命而平亂爲王者亦稱"眞人"，此其例也。本志《文帝紀》注引《獻帝傳》載許芝等說讖緯："《易運期讖》曰：'其爲主，反爲輔。五八四十，黃氣受，眞人出。'"《後漢書·劉玄傳》載方望謂弓林等曰："前定安公嬰，平帝之嗣，雖王莽篡奪，而嘗爲漢主。今皆云劉氏眞人，當更受命，欲共定大功，何如？"又《桓帝紀》："(建和二年)冬十月，長平陳景自號'黃帝子'，署置官屬。又南頓管伯亦稱'眞人'，並圖舉兵。"是其證。

《司馬法》："將軍死綏。"(《魏志一·武帝紀》/23 頁)

　　盧弼《集解》：周壽昌曰："《說文》：'綏，車中把也。'似古多用車戰，車前進，無後退，故'將軍死綏'，借此'綏'字也。"黃以周曰："綏，讀如'交綏'之綏。賈逵注'其避君三舍'引《司馬兵法》'從遁不過三舍'，然則'將軍死綏'，爲將兵者盡命于將退，不逃亡也。"

　　華按：王寧謂"綏"即旌麾。《禮記·明堂位》："夏后氏之綏。"鄭玄注："綏當爲緌……緌謂注旄牛尾於杠首，所謂大麾。"將軍用綏指揮作戰，故"死綏"即死於職守之謂。是說見王著《戲、麾、和、綏皆旗說》一文。此文申證鄭玄之注，較周、黃二說爲優。

《魏書》曰：綏，卻也。有前一尺，無卻一寸。（《魏志一·武帝紀》注引《魏書》/23 頁）

華按：馮本作"曰"，金陵活字本、標點本遞相沿襲。然宋本、元本、北監本、汲本、殿本、局本等皆作"云"；《册府元龜》卷六十二所引亦作"云"，足見古本作"云"不作"曰"。此二字之辨雖無關宏旨，然古文以保持原貌爲貴，此亦校書者之職也。

整理者按：紹興本、紹熙本、元大德本、三朝本、西爽堂本、北監本、汲本、殿本、局本、百衲本作"云"。南監本、金陵活字本作"曰"。

論者之言，一似管窺虎歟！（《魏志一·武帝紀》注引《魏書》/24 頁）

沈家本《日南隨筆》：卷三"管窺虎"條："管中豹"，常語也。"管窺虎"，見《魏志·武紀》注，是曹操庚申令中語，自來無引用之者。

盧弼《集解》：《文館詞林》作"一似管窺獸矣"。趙一清曰："《晉書·王獻之傳》有'窺豹'之語，似因避唐諱而改。"梁章鉅曰："此言'窺虎'，今人但言'窺豹'矣。"

華按：梁元帝蕭繹《金樓子》卷六《雜記篇》："王仲宣昔在荊州，著書數十篇，荊州壞，盡焚其書，今存者一篇，知名之士咸重之。見虎一毛，不知其班。"此亦以"虎"爲譬。蓋六朝以前恆言"窺虎"、"見虎"，唐代避唐高祖之祖李虎諱，或改爲"獸"，或改爲"豹"，遂致"豹"公行而"虎"罕見矣。

譚雖出後其伯，不爲紹服三年，而於再朞之内以行吉禮，悖矣。（《魏志一·武帝紀》注/24 頁）

華按："出後"乃晉人常語，今謂之"過繼"。本志《袁紹傳》注引《魏書》："紹即逢之庶子，術異母兄也，出後成爲子。"又注引《英雄記》下有裴松之按：“《魏書》云：‘紹，逢之庶子，出後伯父成。’”《晉書·皇甫謐傳》：“出後叔父。”又《簡文三子·會稽文孝王道子傳》：“出後琅邪孝王。”《周書·柳慶傳》：“慶出後第四叔。”與其同義者，有“出紹”一詞，如本志《鄭渾傳》注引荀綽《兗州記》：“紹出紹伯父。”又有“出繼”一詞，如《晉書·后妃·簡文宣鄭太后傳》載簡文帝爲琅邪王時上疏曰：“亡母生臨臣國，沒留國第，臣雖出後，亦無所厭，則私情得敍。昔敬后崩，孝王已出繼，亦還服重。此則明比，臣所憲章也。”又有“出繼後”者，如《晉書·孝湣帝紀》：“出繼後伯父秦獻王柬。”

公曰：“我固知譚之有小計也。欲使我攻尚，得以其閒略民聚眾；尚之破，可得自彊以乘我弊也。尚破我盛，何弊之乘乎？”（《魏志一·武帝紀》注引《魏書》/24—25頁）

華按：宋本、元本、北監本、汲本、殿本均作“比尚之破”，比，比及也。標點本承馮本、活字本脫“比”。

整理者按：紹興本、紹熙本、元大德本、三朝本、西爽堂本、北監本、汲本、殿本、局本、百衲本作“比尚之破”。南監本、金陵活字本無“比”字。

王商忠議，張匡謂之左道。（《魏志一·武帝紀》/27頁）

華按：“忠議”，南宋潘自牧所撰《記纂淵海》卷四十九引作“忠義”。《漢書·王商傳》載大臣薦商爲近臣云：“行可以厲羣臣，義足以厚風俗。”古書“義”、“議”通用，此文當以“義”爲本字。

豈吾開延不勤之咎邪？（《魏志一·武帝紀》注引《魏書》/28頁）

華按：“開”謂開闢進賢門路，“延”謂招聘延請。《漢書·

王襃傳》載其文曰：“開寬裕之路，以延天下之英也。”《後漢書·崔駰傳》載其文曰：“闢四門以博延兮，彼幽牧之我舉。”此其義證。“開延”合成一詞，亦漢末魏晉之語。趙岐《孟子題辭》：“漢興，除秦虐禁，開延道德。”《晉書·張軌傳》載索遌之諫：“宜躬親萬機，開延英乂。”是其例。

十三年春正月……漢罷三公官，置丞相、御史大夫。夏六月，以公爲丞相。（《魏志一·武帝紀》/30 頁）

盧弼《集解》：范書《獻帝紀》：“六月癸巳，曹操自爲丞相。”馬端臨曰：“東漢本不置丞相，建安特置之，以處曹操；魏本不置丞相，正始特置之，以處司馬師、昭。丞相既不爲宰相之任，而常爲禪代之階。”

華按：東漢本不置丞相，而曹操掌權即置之，馬氏謂之“禪代之階”是也，然語焉未詳。《華陽國志》卷五載劉秀難公孫述曰：“《西狩獲麟讖》曰：‘乙子卯金’……‘漢家九百二十歲以蒙孫亡，受以丞相，其名當塗高’。‘高’豈君身邪？”是至遲在西漢末年已流行“漢家”當亡於“丞相當塗高”之讖，故東漢二百多年不立丞相，以免“當塗高”之得逞也。曹操此時既假漢獻帝之命得爲丞相，五年之後又得爲魏公，“魏”即“巍”之省文，以“巍”應“當塗高”之讖，其意昭然。曹丕嗣爲魏王，亦兼丞相，終於代漢，遂成曹操之本志。至司馬昭得勢之時，封高都侯，進高都公，皆鍾情於“高”字；繼而封晉公，爲相國，亦以應“丞相當塗高”之讖也。晉者，進也；由漢而魏，由魏而晉，是由高而上至於極尊也，司馬炎基此而受魏禪，平吳而成一統，亦終成司馬懿父子之志，司馬氏演曹氏故技，可謂後來居上矣。關於“魏”、“晉”應讖之說，胡適《釋“新朝”》已發之。

公至赤壁，與備戰，不利。於是大疫，吏士多死者，乃引軍還。（《魏志一·武帝紀》/31頁）

華按：《蜀志·黃權傳》："南軍敗績，先主引退。"所謂"引軍還"、"引退"者，均爲敗退之代用語。

公嘗懸著帳中，及以釘壁玩之，謂勝宜官。（《魏志一·武帝紀》注引《四體書勢序》/31頁）

華按："及以"乃表示並列關係之連接詞，相當於今語"又"、"並且"、"或者"之類。《大藏經》卷十五東晉佛陀跋陀羅譯《觀佛三昧海經》卷七："時羅刹女及以龍王爲四大弟子尊者阿難選五石窟。"又卷四蕭齊求那毗地譯《百喻經·水火喻》："昔有一人，事須用火，及以冷水……火及冷水，二事俱失。"前用"及以"，後用"及"，其用一也。《梁書·武帝紀下》載大同七年十二月詔曰："乃至廣加封固，越界分斷水陸採捕及以樵蘇，遂致細民措手無所……至百姓樵採以供煙爨者，悉不得禁；及以採捕，亦勿訶問。"亦其例。

今乃釋近而就遠，如有一朝之急，遙望漠北之救，不亦難乎！（《魏志一·武帝紀》注引皇甫謐《逸士傳》/31頁）

華按："漠北"謂沙漠之北，非漢人所居之地；即使荊州之漢南地區有"一朝之急"，亦無從求救於"漠北"。"漠"字顯然有誤。殘宋本《册府元龜》卷八百四十二"漠"作"漢"，是矣。本志《曹仁傳》："仁與徐晃攻破邵，遂入襄陽，使將軍高遷等徙漢南附化民於漢北。文帝遣使即拜仁大將軍。"《吳志·步騭傳》："方今王化未被於漢北，河洛之濱尚有僭逆之醜，誠擎英雄拔俊任賢之時也。""漢北"，指漢水以北地區。

及其得賢也，曾不出閭巷，豈幸相遇哉？上之人不

求之耳。（《魏志一·武帝紀》/32 頁）

盧弼《集解》：“不求”，《文館詞林》作“求取”。

華按：細繹文理，“上之人不求之耳”一句必有訛誤，《文館詞林》可資參考。今疑“不”當作“博”，音近而訛。“博求”者，廣泛搜求也。本志《劉表傳》注引《英雄記》曰：“表乃開立學官，博求儒士。”又《武文世王公傳》注引《魏氏春秋》載宗室曹冏上書：“非賢無與興功，非親無與輔治。……先聖知其然也，故博求親疏而並用之。”又《劉劭傳》：“時詔書博求眾賢。”《風俗通·十反》：“蓋人君者，闢門開窗，號咷博求，得賢而賞，聞善而驚。”《漢書·李尋傳》載其說王根曰：“宜急博求幽隱，拔擢天士。”似此，“博求”連文，亦公文常語。古語與此相類者，又有“博選”、“博延”、“博舉”等，如《戰國策·燕策一》：“王誠博選國中之賢者而朝其門下……”《漢書·李尋傳》：“博延名士，靡不並進。”本志《文帝紀》載黃初四年夏五月詔：“其博舉天下儁德茂才、獨行君子，以答曹人之刺。”又《曹爽傳》注引《魏書》載其表曰：“審選博舉，優劣得所。”皆用“博”字，可爲旁證。

訂補：這是曹操《求賢令》的頭一段。“上之人不求之耳”一句，有人懷疑“不”是衍文，《校詁》懷疑“不”或許是“博”的訛文，均無確證。實則原文未必有誤。《全漢文》卷一載漢高祖《求賢詔》云：“蓋聞王者莫高于周文，伯者莫高于齊桓，皆待賢人而成名。今天下賢者智能豈特古之人乎？患在人主不交故也。士奚由進？”曹操之令，即仿此詔。“上之人不求之耳”與“患在人主不交故也”語義相同。盧弼《三國志集解》說：“‘不求’，《文館詞林》作‘求取’。”作“求取”者，也未必是原文。

自以本非巖穴知名之士，恐爲海內人之所見凡愚。
（《魏志一·武帝紀》注引《魏武故事》/32 頁）

盧弼《集解》：《通鑑》作"恐爲世人之所凡愚"。胡注："恐時人以凡愚待之也。"

華按：先秦以來，被動句有"爲……所"式、"爲……之所"式、"爲……見"式等等，東漢以降，遂有"爲……所見"式及"爲……之所見"式，如《後漢書·西羌傳》載班彪《復護羌校尉疏》："今涼州部皆有降羌……數爲小吏黠人所見侵奪，窮恚無聊，故至反叛。"又《酷吏·陽球傳》載球出教曰："相前莅高唐，志掃姦鄙，遂爲貴郡所見枉舉。"又《梁竦傳》載梁嬺上書自訟："妾同産女弟貴人……誕生聖明，而爲竇憲兄弟所見譖訴。"又《宦者·呂强傳》載其上書陳事："陛下既已式序，位登台司，而爲司隸校尉陽球所見誣脅。"又《寇榮傳》載其上桓帝書："而臣兄弟獨以無辜爲專權之臣所見批抵、青蠅之人所共搆會。"又《黃琬傳》："蕃、琬遂爲權富郎所見中傷。"本志《公孫度傳》注引《魏略》載告遼東吏民文："儻恐自嫌已爲惡逆所見染汙，不敢倡言，永懷伊戚。"又《蘇則傳》注引《魏名臣奏》："金城郡昔爲韓遂所見屠剝。"又《方技·管輅傳》注引《輅別傳》："而爲鄙弟所見追述。"《吳志·吳主傳》注引《魏略》載孫權遣浩周致箋曹丕："權本性空薄，文武不昭，昔承父兄成軍之緒，得爲先王所見獎飾，遂因國恩，撫綏東土。"又《胡綜傳》載其僞爲吳質作降文："臣爲曹氏所見交接，外託君臣，內如骨肉……此亦臣之過也，遂爲邪議所見搆會。"又《孫綝傳》載孫休詔："諸葛恪、滕胤、呂據蓋以無罪爲峻、綝兄弟所見殘害，可爲痛心。"《文選》卷三十七陸機《謝平原內史表》："臣獨何顏俯首頓膝、憂愧若屬，而横爲故齊王冏所見枉陷，誣臣與衆人共作禪文。”《抱朴子外篇·正郭》：“聖者憂世，周流四方，猶爲退士所見譏彈。”《宋書·夷蠻傳》載西南夷訶羅陁國元嘉七年遣使奉表曰：“臣國先時人衆殷盛，不爲諸國所見陵迫。”又載其元嘉十年表：“忝承先業，嘉慶無量，忽爲惡子所見爭奪，遂失本國。”《舊唐書·韓愈傳》載其《潮州刺史謝上表》：“臣受性愚陋，人事多所不通，惟酷好學問文章，未嘗一日暫廢，實爲時輩所見推許。”此皆“爲……所見”式之例。《全後漢文》卷八十二趙壹《非草書》：“余懼其背彼趨此，非所以弘道興世也，又想羅趙之所見蚩詆，故爲説草書本末，以慰羅趙、息梁姜焉。”姚秦竺佛念譯《出曜經·欲品》：“違慢佛法，謗毁衆聖，爲諸聖賢之所見嗤笑。”《史記·屈原賈生列傳》：“横江湖之鱣鱏兮，固將制於蟻螻。”司馬貞《索隱》：“以此喻小國暗主不容忠臣，而爲讒賊小臣之所見害。”此亦“爲……之所見”式之例，此類句式，與通行之“爲……所”式相比，不免迭牀架屋之嫌，故傳鈔或改寫之書，往往刪去“見”字，《資治通鑑》卷六十六作“恐爲世人之所凡愚”者以此。

孤祖父以至孤身，皆當親重之任，可謂見信者矣，以及（子植）〔子桓〕兄弟，過于三世矣。（《魏志一·武帝紀》注引《魏武故事》/33 頁）

盧弼《集解》： 元本、馮本“桓”作“植”。官本《考證》：“何焯曰：《文類》作‘子桓’，‘植’字乃‘桓’字傳寫之訛。對臣下不以稱子之字爲嫌，觀《陳思王傳》注中諸令屢稱‘子建’，則此爲‘子桓’決矣。”

標點本《校記》： “子桓”，從何焯、沈家本説。（1483 頁）

華按： 紹興本作“子桓”。何焯等無從得見此本，故旁求於宋人所撰《三國志文類》。近人張元濟《百衲本跋》盛贊紹興本之優點，列舉其"勝於眾本"之例，此"桓不誤植"赫然爲首。盧弼之撰《集解》，無視紹興本而迷信局本，失之不考；標點本之校字，則棄本證而求旁證，未可爲法。

　　整理者按：紹興本、西爽堂本、局本、百衲本作"子桓"。紹熙本、元大德本、三朝本（萬曆十年補刊）、南監本、北監本、汲本、殿本、金陵活字本作"子植"。易培基《三國志補注》曰："'桓'，南本作'植'，誤。《藝文類聚》亦作'桓'，《漢魏名家文集》同。"

先以輕兵挑之，戰良久，乃縱虎騎夾擊，大破之。（《魏志一·武帝紀》/35 頁）

　　何焯《讀書記》：弱者出戰，强者繼之，其挑戰者乃游軍也。

　　華按：《蜀志·諸葛亮傳》注引《漢晉春秋》載《後出師表》曰："曹操智計，殊絕于人，其用兵也，仿佛孫、吳。"此"先以輕兵挑之"，即孫、吳之戰術也。《吳子·論將》："武侯問曰：'兩軍相望，不知其將，我欲相之，其術如何？'起對曰：'令賤而勇者將輕銳以嘗之，務於北，無務於得。'"1972 年山東臨沂銀雀山出土簡書《孫臏兵法·威王問篇》："齊威王問用兵，孫子曰：'兩軍相當，兩將相望，皆堅而固，莫敢先舉，爲之奈何？'孫子答曰：'以輕卒嘗之，賤而勇者將之，期於北，毋期於得，爲之微陣以觸其側，是謂大得。'"由此可見"輕兵"乃賤而勇者所率之輕銳部隊；何氏以"弱者"、"游軍"說之，未能審諦。

乃多作縑囊以運水，夜渡兵作城。（《魏志一·武帝紀》注引《曹瞞傳》/36 頁）

　　盧弼《集解》：《水經注·渭水注》作"乃多作縑囊以埋水，夜汲作城"。《御覽》一百九十二"以運水"三字作"以盛土堰水"。

華按："運水"，影明本《永樂大典》及明鈔本《水經注·渭水注》作"摙水"，於義爲勝。"摙"字漢魏六朝常用。《一切經音義》十一"負摙"條下引《淮南子》："摙載粟米而至。"許愼注："摙，擔之。"《梁書·何遠傳》："武昌俗皆汲水，盛夏，遠患水溫。每以錢買民井寒水，不取錢者，則摙水還之。"是其例。"摙"字古作"連"，或作"輂"，宋本《抱朴子内篇·道意》："於是賣水者常夜竊輂他水以益之。"《太平廣記》"輂"作"運"，其實"運"亦"連"、"摙"之誤。意者，《曹瞞傳》本作"摙水"，後人改爲"運水"、"埋水"或"堰水"，蓋其時"摙"字已屬罕用者矣。

賊將見公，悉于馬上拜，秦、胡觀者，前後重沓，公笑謂賊曰："汝欲觀曹公邪？ 亦猶人也，非有四目兩口，但多智耳！"《魏志一·武帝紀》注引《魏書》/36 頁）

盧本作"爾欲觀曹公邪"。

盧弼《集解》：馮本、官本"爾"作"汝"。

華按：宋本、元本、西爽堂本、汲本等均作"爾"，殘宋本《册府元龜》卷四十四、《資治通鑑》卷六十六亦作"爾"，然則宋、元以上古本作"爾"不作"汝"也。胡適《爾汝辨》嘗論春秋以前"爾"可用爲第二人稱複數，相當於今語"你們"；而"汝"則僅用於單數第二人稱。揆之此例，曹操之語當以作"爾"爲優。

整理者按：紹興本、紹熙本、元大德本、西爽堂本、汲本、局本、百衲本作"爾"。三朝本、南監本、北監本、殿本、金陵活字本作"汝"。

天子使御史大夫郗慮持節策命公爲魏公。《魏志一·武帝紀》/37 頁）

華按：《釋"新朝"》說："魏"乃應讖之美號，不必指實爲地名。《白虎通》:"王者受命,必立天下之美號以表功。"東漢之世,《春秋玉版讖》有"代赤者,魏公子"之文;又曹操得勢之前,巴蜀方士周舒已有"當塗高者,魏也"之說。故曹氏取"魏"爲號者,欲以應"當塗高"及"魏公"之讖云。

惟祖惟父,故肱先正,其孰能恤朕躬?(《魏志一·武帝紀》/37頁)

盧弼《集解》:《文選》無"能"字。

華按:晉袁宏《後漢紀》卷三十、元郝經《續後漢書》卷二十八亦無"能"字。《尚書·文侯之命》:"惟祖惟父,其伊恤朕躬。"其中"其伊恤朕躬"五字,乃九錫文所本。此處多一"能"字,疑衍。

昔者董卓初興國難,羣后釋位以謀王室。(《魏志一·武帝紀》/37頁)

盧弼《集解》:監本、官本"后"作"臣"。

華按:九錫文多用《尚書》、《左傳》語。"后"與"臣"同義,而前者色彩古雅。袁宏《後漢紀》卷三十、郝經《續後漢書》卷二十八亦作"后"。監本、殿本作"臣",非其朔。

整理者按:紹興本、紹熙本、元大德本、三朝本、西爽堂本、南監本、汲本、金陵活字本、局本、百衲本作"后"。北監本、殿本作"臣"。

袁術僭逆,肆於淮南,懾憚君靈,用丕顯謀,蘄陽之役,橋蕤授首,稜威南邁,術以隕潰,此又君之功也。(《魏志一·武帝紀》/37頁)

盧弼《集解》:《文選》"邁"作"厲"。

華按:此九錫文乃潘勖所撰,其中"邁"字甚爲可疑;《文選》作"厲",似爲得實。"厲"作爲軍事用語,謂意氣風發,奮勇赴敵。《管子·七法》云:"兵弱而士不厲,則戰不勝而守不固。"王粲《雜詩》云:"方軌策良馬,並驅厲中原。"潘岳元康六年《關中詩》云:"皇赫斯怒,爰整精銳,命彼上谷,指日遄逝。親奉成規,稜威遄厲。首陷中亭,揚聲萬計。"是其例。潘岳乃潘勖之姪輩,其詩"稜威遄厲"顯然脫胎於九錫文之"稜威南厲"。

永思厥艱,若涉淵冰,非君悠濟,朕無任焉。(《魏志一·武帝紀》/38 頁)

盧弼《集解》:盧文弨曰:"《通志》、《文選》作水。"

華按:"若涉淵水"乃王者之辭。《尚書·大誥》:"予惟小子,若涉淵水。予惟往求,朕攸濟。"《漢書·武帝紀》載元光元年詔:"今朕獲奉宗廟,夙興以求,夜寐以思,若涉淵水,未知所濟。"《漢書·翟方進傳》載王莽依《周書》作《大誥》:"熙,我念孺子,若涉淵水,予惟往求,朕所濟度……"《後漢書·顯宗孝明帝紀》載中元二年夏四月詔:"方今上無天子,下無方伯,若涉淵水而無舟楫。"《吳志·吳主傳》注引《江表傳》載嘉禾二年詔:"朕受曆數,君臨萬國,夙夜戰戰,念在弭難,若涉淵水,罔知攸濟。"是其證。明乎諸例,則知此作"若涉淵冰"者,"冰"乃"水"之誤字。又袁宏《後漢紀》、郝經《續後漢書》引此九錫文亦作"若涉淵水",與《文選》、《通志》相合,可據正矣。

又按:《詩經·小雅·小旻》:"戰戰兢兢,如臨深淵,如履薄冰。"此詩相傳爲"大夫刺幽王"之作,與"若涉淵水"之義無涉。九錫文"水"變爲"冰",殆由傳寫者吟《詩》而忘《書》所致。《宋書·武帝紀中》載封劉裕爲宋公策文云:"若涉淵海,罔知攸濟。"其中"水"變爲"海",亦一類之言,與"水"訛爲"冰"之性質迥異。

又加君九錫，其敬聽朕命。（《魏志一·武帝紀》/39 頁）

盧弼《集解》：《文選》"朕"作"後"，李注引《左傳》宰孔曰："且有後命。"

華按：郝經《續後漢書》亦作"後"，當從之。九錫文多仿《左傳》之辭，此亦一例。此後《晉書·文帝紀》、《南齊書·高帝紀》、《梁書·武帝紀》、《陳書·高祖紀》所載九錫文無不仿此，其文皆作"其敬聽後命"，可爲旁證。

往欽哉，敬服朕命！（《魏志一·武帝紀》/39 頁）

盧弼《集解》：《文選》"往"上有"君"字。

華按："往"上不應有"君"字。"往欽哉"爲天子賜命臣下之套語。《尚書·堯典》載堯命鯀治水事："帝曰：往，欽哉！"又《皋陶謨》載舜帝語曰："俞，往，欽哉！"九錫文本此。袁宏《後漢紀》、郝經《續後漢書》亦無"君"字。《文選》之"君"，當爲衍文。

公令曰："夫受九錫，廣開土宇，周公其人也……吾何可比之？"前後三讓。（《魏志一·武帝紀》注引《魏書》/40 頁）

盧弼《集解》：侯康曰："《注》云'前後三讓'，操《集》僅載其一表。"弼按：表文當爲第二次所上也。

華按：《左傳·僖公二十八年》："王命尹氏及王子虎、內史叔興父策命晉侯爲侯伯。賜之大輅之服、彤弓一、彤矢百……晉侯三辭，從命。"三讓之禮昉此。《文心雕龍·章表》："昔晉文受册，三辭從命。是以漢末讓表，以三爲斷。"是"三讓"者，三上辭讓之表也。

奮威將軍樂鄉侯劉展。(《魏志一‧武帝紀》注引《魏書》/40 頁)

潘眉《考證》：當依《典論》作鄧展，所謂"願鄧將軍捐棄故伎更受要道"者，即其人也。

沈家本《三國志瑣言》(下稱《瑣言》)：顏師古《漢書敍例》："鄧展，南陽人，建安中爲奮威將軍，封高樂鄉侯。"然則"樂鄉侯"上奪"高"字。

華按："鄧"、"劉"二字，隸書形近，古書常相亂。此作"劉展"者，蓋涉上文"劉勳"、"劉若"而誤。宜據《典論》及《漢書敍例》以正之。沈氏謂"樂鄉侯"上奪"高"字，雖云孤證，然所據乃唐代資料，頗足珍視。

領護軍將軍王圖。(《魏志一‧武帝紀》注引《魏書》/40 頁)

華按：王圖，史書不載其事，注家亦付諸闕如。東晉葛洪《抱朴子內篇‧金丹》云："無一人不有《道機經》，唯以此爲至祕，乃云是尹喜所撰。余告之曰：此是魏世軍督王圖所撰耳，非古人也。圖了不知大藥，正欲以行氣入室求仙，作此《道機》，謂道畢於此，此復是誤人之甚者也。"所謂"魏世軍督王圖"，即此"領護軍將軍王圖"。蓋"護軍"職在監督，故葛洪稱之爲"軍督"。

漢皇后伏氏坐昔與父故屯騎校尉完書，云帝以董承被誅怨恨公，辭甚醜惡，發聞，后廢黜死，兄弟皆伏法。(《魏志一‧武帝紀》/44 頁)

盧弼《集解》：不曰"事泄"，而曰"發聞"，誰發之？誰聞之？

華按："發聞"謂其事顯見，被人聞知也。《國語‧齊語》："有居處好學，慈孝於父母，聰慧質仁，發聞於鄉里者。"《韓非子‧說疑》："眾歸而民留之，以譽盈於國，發聞於主。"《潛夫論·潛歎》：“虞舜之大聖也，德音發聞。”《後漢書·寇恂傳》載董崇語：“威震鄰敵，功名發聞。”唐徐堅《初學記》卷十七引孔融《聖人優劣論》：“是以聲德發聞。”本志《文帝紀》注引《獻帝傳》載劉若等上魏王書：“至德發聞，升昭于天。”《吳志·孫策傳》注引《江表傳》：“已交結知名，聲譽發聞。”諸例均見於頌揚功德之文。然亦有用於姦逆之事者，如徐幹《中論》卷上《虛道第四》：“是以辜罪昭著，腥德發聞，百姓傷心，鬼神怨痛。”本志《董卓傳》注引《獻帝起居注》載策曰：“凶德既彰，淫穢發聞。”《吳志·孫晧傳》：“何定姦穢發聞，伏誅。”又載張俶之事：“是歲姦情發聞，有司窮治。”此三例猶言“敗露”。然則本文之“發聞”，亦即“事泄”之謂；《後漢書·獻帝伏皇后紀》敍此事云：“至十九年，事乃露泄。操追大怒，遂逼帝廢后。”可與互參。盧氏分“發聞”爲揭發與聞知二義，非是。

故《司馬法》曰“賞不逾日”者，欲民速覩爲善之利也。（《魏志一·武帝紀》注引孔衍《漢魏春秋》/46 頁）

華按：“賞不逾日”蓋古代成語，1972 年銀雀山漢墓竹簡《孫臏兵法·將德》有“賞不踰日”，意謂行賞務須及時。此語或作“賞不逾時”，舊題春秋齊國司馬穰苴所撰《司馬法·天子之義第二》云：“賞不逾時，欲民速得爲善之利也；罰不遷列，欲民速覩爲不善之害也。”《漢書·翟方進傳》載王莽下詔所引《司馬法》作“賞不逾時，欲民速覩爲善之利也”。漢末徐幹《中論·賞罰十九》引《司馬法》曰：“賞罰不逾時，欲使民速見善惡之報也。‘逾時’猶且不可，而況廢之乎？”《諸葛亮集》卷四《將苑·將材》：“進有厚賞，退有嚴刑，賞不逾時，刑不擇貴。”《晉書·齊王冏傳》附鄭方傳載其獻書於冏曰：“又與義兵歃血而盟：事定之後，賞不逾時。”又《劉弘傳》載補選缺吏表曰：“《司馬法》：‘賞不逾時，欲人知爲善之速福也。’若不超報，無以勸徇功之士。”胡三省於《資治通鑑》卷八十四注云：“《兵法》：賞不逾時，欲民速得爲善之利也。”《宋書·氐胡傳》載太祖詔書云：“施賞務速，無或逾時。”均其例也。由此可見，漢魏六朝人所據之《司馬法》皆作“時”而不作“日”。《太平御覽》卷六百三十三作“月”，蓋北宋人所見本“時”字已誤。又有改此語爲“賞不逾月”者，蓋因事而異，隨機用字也。

又按：標點本引《司馬法》之文，僅限於“賞不逾時”四字，未完；其下“欲民速覩爲善之利也”九字亦當收入引號之內。此外，“賞不逾時者”一句，“者”字似爲衍文。

其便刻印章假授。(《魏志一·武帝紀》注引《漢魏春秋》/46頁)

盧弼《集解》：《御覽》“便”作“使”。

華按：天子以爲“臨事之賞，或宜速疾”，故詔文有云：“勸善懲惡，宜不旋時。”此“便”猶言立即，與上文密合。今宋本《太平御覽》卷六百三十三正作“便”，盧弼所據《御覽》非宋本也。

又降神禮訖，下階就幕而立。(《魏志一·武帝紀》注引《魏書》/47頁)

盧弼《集解》：《文館詞林》“幕”作“坐”。盧文弨曰：“宋本作蕞。”

華按：此文“幕”字可疑。《文館詞林》作“坐”，“就坐而立”似通非通。宋本作“蕞”，文義亦晦。推尋事理，此字當作“菆”，乃“叢”字異體，叢社是祭神之所。王沈《魏書》散佚久矣，原文無從覈實，聊存此疑，以俟達者。

整理者按：紹興本、紹熙本、元大德本、百衲本作“蓁”。三朝本（萬曆十年補刊）、西爽堂本、南監本、北監本、汲本、殿本、金陵活字本、局本作“幕”。

有司奏：“四時講武於農隙。漢承秦制，三時不講，唯十月都試車馬，幸長水南門，會五營士爲八陳進退，名曰乘之。今金革未偃……”（《魏志一·武帝紀》注引《魏書》/47頁）

盧弼《集解》：“馬”疑作“駕”。《續禮儀志》注引此作“車駕幸長安水南門”。

華按：盧說可以參考。《宋書·禮志一》載漢獻帝建安二十一年魏國有司奏曰：“古四時講武，皆於農隙。漢西京承舊制，三時不講，唯十月都試。今兵革未偃……”是沈約亦以“唯十月都試”五字爲一句也。竊謂“車馬”當從晉司馬彪《續漢書·禮儀志中》劉昭注文作“車駕”，屬下句讀，原文改成“唯十月都試，〔車駕〕（車馬）幸長水南門……”爲宜。南京圖書館藏馮本用藍筆改“馬”爲“駕”是也。

卒能成就王業，聲著千載。（《魏志一·武帝紀》注引《魏書》/49頁）

易培基《補注》：紹興本作“卒能成就王業，著聲千載”。

華按：“聲著”，宋本、元本作“著聲”，《册府元龜》卷六十七亦作“著聲”。今參考“留芳百世”、“遺臭萬年”等語，此文似以“著聲千載”合乎語法習慣。後出之馮本、局本等作“聲著”，蓋屬誤倒之文。“著聲”猶言著聞、著稱、著名，亦中世習語。

訂補：《外編》認爲“聲著”當作“著聲”，這裏再補充兩點。一、易培基《三國志補注》說：“紹興本作‘著聲千載’。”劉氏嘉業堂本也作"著聲",可見早期版本不作"聲著"。二、"著聲"猶言著聞、著稱、著名,這是我們目前看到的最早文例,《漢語大詞典》以北齊顏之推《顏氏家訓》爲第一書證,時代偏晚。

整理者按:紹興本、元大德本、百衲本作"著聲"。三朝本、西爽堂本、南監本、北監本、汲本、殿本、金陵活字本、局本作"聲著"。

今天下得無有至德之人放在民間,及果勇不顧,臨敵力戰;若文俗之吏,高才異質,或堪爲將守;負汙辱之名,見笑之行,或不仁不孝而有治國用兵之術。(《魏志一·武帝紀》注引《魏書》/49 頁)

華按:"文俗"似當從《册府元龜》卷二十六作"文治"。

又按:此文頗難施加標點符號。自第二句以下,不僅省略之文甚多,而且分繫雙承之句甚長。兹試梳理如下:"今天下得無有至德之人放在民間?(得無有)果勇不顧、臨敵力戰(之人)而堪爲將?(得無有)文俗之吏、高才異質(之人)而堪爲守?(得無有)負汙辱之名、見笑之行或不仁不孝(之人)而有治國用兵之術?"前後四句,均以擬測語氣徵詢。第一句與後三句之間用"及"連接,第二、三句之間用"若"連接。似此,則原文可標點成:"今天下得無有至德之人放在民間?及果勇不顧、臨敵力戰若文俗之吏高才異質或堪爲將、守?負汙辱之名、見笑之行或不仁不孝而有治國用兵之術?"

訂補:《外編》懷疑"俗"當從《册府元龜》作"治",非是。"文俗"指通曉吏法、明於習俗並且善於用吏法苛求於人,例如《後漢書·何敞傳》:"敞疾文俗吏以苛刻求當時名譽。"又《公孫述傳》范曄論曰：“述雖爲漢吏，無所憑資，徒以文俗自熹，遂能集其志計。”《蜀志·呂乂傳》：“然持法深刻，好用文俗吏，故居大官，名聲損於郡縣。”

王自長安出斜谷，軍遮要以臨漢中，遂至陽平。

（《魏志一·武帝紀》/52 頁）

胡三省《通鑑注》：斜谷道險，操恐爲備所邀，先以軍遮要害之處，乃進臨漢中。或云：遮要，地名。

盧弼《集解》：《方輿紀要》卷五十六：“曹操城在漢中府北七十里，蜀先主取漢中，操馳救，軍遮要以臨漢中，即此城也。”

華按：胡列兩說，似以前說爲近是。竊疑“軍遮要”即駐軍於遮要，“遮要”係軍事術語，指爭勝者必據之要地。《文選》卷五十二韋昭《博弈論》李善注引桓譚《新論》：“俗有圍棋，或言是兵法之類也。及爲之，上者張置疏遠，多得道而爲勝；中者務相絕遮要，以爭便利；下者守邊，趨作罫，自生於小地。”其中“遮要”指行棋爭利之要道。《史記·黥布列傳》敍薛公獻上、中、下三計，裴駰《集解》曰：“中計云：取吳楚，并韓魏，塞成皋，據敖倉，此趨遮要爭利者也。”其中“遮要”指吳楚、韓魏、成皋、敖倉等處。曹操之爭漢中，顧忌甚多，其軍既入險地，又無必勝之術，宜其先屯軍於遮要以固根本也。然則“遮要”非具體之地名，所謂“曹操城”者，蓋後人就其屯軍之地名之耳。胡氏釋“遮要”爲“遮要害之處”，以“軍遮要”之“軍”作名詞解，其說亦通；但疑其緣詞生訓，非字義之本然耳。

訂補：“遮要”，漢魏文獻中或作動詞，義同“截邀”；或作名詞，相當於“要害”，《校詁》已有例說。胡三省《通鑑注》將二字分釋爲“遮要害之處”，看來最爲可取。《漢書》卷七十九《馮奉世傳》:"上書言羌虜依深山,多徑道,不得不多分部遮要害,須得後營士,足以決事。"要害,也可省稱"要",如《魏志·陳羣傳》:"多留兵守要,則損戰士。"曹操進軍漢中,正與馮奉世進軍羌地形勢相似。

伐濯龍祠而樹血出。(《魏志一·武帝紀》注引《世語》/ 53 頁)

盧弼《集解》:《御覽》九百五十二引《元中記》曰:"百歲之樹,其汁赤如血。"

華按:"而樹"二字似誤倒。《宋書·五行志》此句作"伐濯龍祠樹而血出",於文較順,可參考。

攻城拔邑,得美麗之物,則悉以賜有功。(《魏志一·武帝紀》注引《魏書》/54 頁)

盧弼《集解》:宋本"美"作"靡"。

華按:百衲本及唐魏徵《羣書治要》卷二十五"美"均作"靡"。《通典》卷一百五十二《兵》五"明賞罰"條、宋本《太平御覽》卷六百三十三引《魏志》亦作"靡麗"。"美麗"之爲辭也,略無貶義;"靡麗"則不然,故《鹽鐵論·散不足》曰:"器械雕琢,財用之蠹也;衣服靡麗,布帛之蠹也。"本志《三少帝·高貴鄉公髦紀》有詔曰:"減乘輿服御、後宮用度及罷尚方御府百工技巧靡麗無益之物。"曹操雅性節儉,曹髦志在中興,是以無取於"靡麗之物"。標點本不取宋本及唐人所見之"靡麗",不知何故。

整理者按:紹興本、三朝本、南監本、北監本、殿本、金陵活字本、百衲本作"靡"。元大德本、西爽堂本、汲本、局本作"美"。金陵活字本校記:"一本作'美'。"

騎士皆下馬，付麥以相持。(《魏志一‧武帝紀》注引《曹
瞞傳》/55 頁)

盧弼《集解》：梁章鉅曰：“《御覽》八百三十六引作‘持麥以相
付’，文理較勝。”

華按：殘宋木《册府元龜》卷四十五亦作“持麥以相付”，與
《太平御覽》合，蓋宋人所見本不作“付麥以相持”也。不僅如
此，紹興本、劉氏嘉業堂影宋本《魏志》皆作“持麥以相付”，足
見標點本所據者乃誤倒之文，可據宋本校正。

整理者按：紹興本、元大德本、百衲本作“持麥以相付”。
三朝本、西爽堂本、南監本、北監本、汲本、殿本、金陵活字本、
局本作“付麥以相持”。

三國志卷二
魏志二《文帝紀》校詁

文皇帝諱丕。（《魏志二·文帝紀》/57頁）

　　華按：漢末蔡邕《獨斷》卷下敍帝謚曰："經天緯地曰文。"《資治通鑑》卷六十九《魏紀一·世祖文皇帝》胡三省注引《謚法》則曰："學勤好問曰文。"兩相比較，前者謚其大，後者謚其小。循名責實而論，"文"之爲謚，當兼有大、小二義。

文皇帝諱丕，字子桓。（《魏志二·文帝紀》/57頁）

　　潘眉《考證》：闞澤云："不十爲丕，字當作㔻，今作丕者，非。"

　　胡玉縉《許廎學林》：潘說非也。《說文·一部》："丕，大也，從一，不聲。"段注甚了，潘氏以隸變駁篆文，傎矣。

　　華按：胡氏說"丕"字甚塙。"桓"字與"丕"相應，亦取"大"義。《詩·商頌·長發》："玄王桓撥。"毛亨傳曰："桓，大。"鄭玄箋曰："廣大其政治。"《禮記·檀弓》："公室視豐碑，三家視桓楹。"鄭玄注："斫之形如大楬耳，四植謂之桓。"此皆桓可訓大之證。按《說文》從木之"桓"本義爲華表，從大之"查"乃有大義，以此知訓大之"桓"，當讀爲"查"也。

朕用垂拱負扆二十有餘載。（《魏志二·文帝紀》注引袁宏《漢紀》/57頁）

　　盧弼《集解》：今本袁紀"二"作"三"，誤。蓋操遷帝都許二十五年也。

華按：此爲漢獻帝建安二十五年春正月壬寅詔文。袁宏《後漢紀》作“三十有餘年”，其中“三”字未必有誤。竊謂盧弼之說，適得其反。考之史事，漢獻帝自中平六年（公元 190 年）九月即位，至建安二十五年（公元 220 年）正月壬寅禪讓，首尾凡三十一年。此其證也。袁宏《後漢紀》卷三十又載獻帝建安二十五年冬十月乙卯詔曰：“朕在位三十有二年。”所敍在位年數正與正月詔文相應。此又一證也。

濊貊、扶餘單于、焉耆、于闐王皆各遣使奉獻。（《魏志二·文帝紀》/58 頁）

華按：濊貊、扶餘二國之首領何以稱“單于”？歷來無說，十分可疑。臺北正中書局 1971 年出版之黃大受《三國志選注》將上文標點成“濊貊、扶餘、單于、焉耆、于闐王皆各遣使奉獻”，並注釋云：“單于當作箅于，即契丹，已見前《武帝紀》注。”由此上溯，黃氏於《武帝紀》九錫文“單于白屋”下注云：“單于，依《文選》當作箅于。張華《博物志》：‘北方五狄：一曰匈奴，二曰穢貊，三曰密吉，四曰箅于，五曰白屋。’以爲白屋即靺鞨，箅于即契丹。箅音必計切。”關於《武帝紀》“單于白屋”之誤，前人已有校釋；本文“濊貊、扶餘單于”之訛，則爲黃氏首揭。黃氏發人所未發，今更申證之。據本志《東夷傳》可知，濊貊、扶餘二國之首領稱“王”。“扶餘”又寫作“夫餘”，《夫餘傳》始曰“國有君王”，繼而曰“夫餘本屬玄菟。漢末，公孫度雄張海東，威服外夷，夫餘王尉仇台更屬遼東”，又曰“舊夫餘俗，水旱不調，五穀不熟，輒歸咎於王”，均稱國君爲“王”。“濊貊”或簡稱“濊”，濊國此時雖附屬於高句麗，然其先世有“濊王之印”，而高句麗之君主亦稱“王”，事見《夫餘傳》及《濊傳》。“單于”乃匈奴族及其後裔稱最高領袖之號，相當於漢魏君主之稱"天子"。東夷之濊貊、扶餘，西戎之焉耆、于闐，與匈奴及烏丸、鮮卑異族，其君主從無"單于"之稱；是故本文之"單于"即《武帝紀》九錫文之"單于"，理當校正。

以侍中鄭稱爲武德侯傅，令曰："龍淵、太阿出昆吾之金……稱篤學大儒，勉以經學輔侯，宜旦夕入侍，曜明其志。"(《文帝紀》注引《魏略》/59 頁)

盧弼《集解》：《文館詞林》六百九十五"侍"作"授"。

華按：據《後漢書》桓郁、張酺、劉昆、包咸等傳可知，凡師傅入皇子之宮授書，均謂之"入授"；此云"入侍"，不合語例。今檢覈日本所藏古寫本《文館詞林》卷六百九十五，不僅標題《魏文帝以鄭稱授太子經學令》中有"授"字，其文亦確作"入授"，可據正矣。

公卿相儀，王御華蓋，視金鼓之節。(《文帝紀》注引《魏書》/59 頁)

盧弼《集解》：《宋書·禮志》作"親令金鼓之節"。錢儀吉曰："《武紀》建安二十二年'冬十月治兵'注引《魏書》云'王親執金鼓以令進退'，《宋書》爲是。"

華按：唐杜佑《通典》卷七十六《禮三十六·出師儀制》云："延康元年，曹丕嗣魏王，其年秋閱兵於郊，公卿相儀，王御華蓋，親執金鼓之節。"其中"親執"二字，《册府元龜》卷一百二十四《帝王部·講武》作"親令"，與《宋書》合。錢儀吉以《宋書》爲得實，可從。似此，本文之"視"，可校補爲"親令"二字。

遣刺奸就考，竟殺之。(《魏志二·文帝紀》注引《魏略》/60 頁)

華按："竟"當屬上爲句。"考竟"乃刑訊之稱。施刑之吏往往因此拷殺囚犯，故劉熙《釋名·釋喪制》曰：“獄死曰考竟，考得其情，竟其命於獄也。”本志《高柔傳》：“遣使者承指至廷尉考竟勛，勛死，柔乃還寺。”並其例。標點本割裂“考竟”一詞，蓋承盧弼《集解》之誤。南京圖書館藏馮本朱筆、藍筆皆於“考”後點斷，非也。

　　整理者按：三朝本朱筆句讀於“竟”後點斷。

令曰：“先王皆樂其所生，禮不忘其本。譙，霸王之邦，眞人本出，其復譙租稅二年。”（《魏志二·文帝紀》注引《魏書》/61頁）

　　盧弼《集解》：盧文弨曰：“‘皆’疑作‘樂’。”

　　華按：盧文弨揭疑於“皆”字，誠是，惜未暇深考。今檢《太平御覽》卷五百三十九所引《魏書》，其文“皆”作“云”，“所”下有“自”，頗與《禮記》之文相合。《禮記·檀弓上》：“太公封於營丘，比及五世，皆反葬於周。君子曰：樂，樂其所自生；禮，不忘其本。古之人有言曰：狐死正丘首，仁也。”又《禮器》：“禮也者，反其所自生；樂也者，樂其所自成。是故先王之制禮也以節事，修樂以道志。”《漢書·禮樂志》：“凡樂，樂其所生，禮不忘本。”曹丕之令即本此義。由是觀之，令文似可據《御覽》校點爲：“先王（皆）〔云〕：樂其所〔自〕生，禮不忘其本。”

　　又按：“眞人本出”，《御覽》“出”作“土”。“出”與“土”於文皆通，姑兩存之。

合曰：“孔子《玉版》也。天子曆數，雖百世可知。”（《魏志二·文帝紀》注引《獻帝傳》/62頁）

　　盧弼《集解》：沈欽韓曰：“《隋·經籍志》：梁有《孔老讖》十二卷、《孔子王明鏡》一卷。”

　　華按：孔子不曾作《玉版》，《孔子玉版》乃讖緯家制作之書，此"孔子《玉版》"宜改爲"《孔子玉版》"。下文有《春秋玉版讖》，《集解》引錢大昕曰："即上文所云《孔子玉版》也。"參考錢說，亦知此四字不可割裂。

湯之王，白鳥爲符；文王爲西伯，赤鳥銜丹書。（《魏志二·文帝紀》注引《獻帝傳》/64 頁）

　　盧弼《集解》："白鳥"，元本、吳本、毛本"鳥"作"烏"。沈家本曰："《玉海》一百九十九引作'烏'。《吳志》張紘書曰：'殷湯有白鳩之祥。'《宋書·符瑞志》：'白鳩成湯時來至。'則作'鳥'爲是。""赤烏"，宋本、元本、吳本、毛本"烏"作"鳥"，誤。解見前。

　　華按：白鳩、白雀、白烏等均可謂之"白鳥"，赤雀、赤烏均可謂之"赤鳥"，此文當以作"鳥"爲近實，沈、盧之說可供參考。漢世讖記，以"白雀"爲祥瑞。《藝文類聚》卷九十九引《孝經援神契》曰："王者奉己約儉，臺榭不侈，尊事耆老，則白雀見。"又曰："德至鳥獸，則白烏下。"又引《瑞應圖》曰："鳩，成湯時來，王者養耆老，尊道德，不以新失舊，則至。"參互觀之，白雀、白烏等皆一類之物，乃王者有德之徵，吉祥有慶之兆。"赤鳥"者，讖書多稱"赤雀"。《藝文類聚》引《尚書中候》曰："赤雀銜丹書入豐，止於昌前。"此占術家所謂王者順應天時之象。

　　　整理者按：紹興本、元大德本、西爽堂本、汲本、金陵活字本、百衲本分別作"白鳥"、"赤鳥"。三朝本、南監本、北監本、殿本、局本分別作"白鳥"、"赤鳥"。

心慄手悼，書不成字，辭不宣心。（《魏志二·文帝紀》注引《獻帝傳》/65 頁）

　　盧弼《集解》：何焯曰："悼，疑作掉。"孫志祖曰："悼，震悚也。

似不應作'悼'。"

華按："手悼"，即俗所謂手抖也。《新序·雜事二》"形體悼栗"，《戰國策·楚策》作"身體戰栗"，是"悼"訓戰抖之證。《漢書·王莽傳》載莽上書："德薄位尊，力少任大，夙夜悼栗。"亦用"悼"字。今謂"悼"當爲"掉"之借字，何、孫二說均爲未達。金陵活字本作"心慄手掉"，是後出之本改古字爲後來通行之字也。

整理者按：紹興本、元大德本（後印本）、三朝本（嘉靖八年補刊）、西爽堂本、南監本、北監本、汲本、殿本、局本、百衲本作"悼"。元大德本（初印本）作"椑"。金陵活字本作"掉"。

是芝所取《中黃》、《運期》姓緯之讖，斯文乃著於前世。（《魏志二·文帝紀》注引《獻帝傳》/66頁）

錢大昭《辨疑》："緯"當作"諱"。

華按：上文載許芝條讖緯於魏王曰："《孝經中黃讖》曰：'日載東，絕火光，不橫一，聖聰明……'此魏王之姓諱，著見圖讖。……《易運期》又曰：'鬼在山，禾女連，王天下。'""日"上有二"東"字，合而爲"曹"，亦即"曹"字；"不"下有"一"字，合而爲"丕"；"鬼"下有"山"，"禾"下有"女"，合而爲"魏"，亦即"魏"字。所謂"姓諱"，即指魏王曹丕。此作"緯"，形近而訛，當從錢說改之。

布告州郡，使知符命著明而殿下謙虛之意。（《魏志二·文帝紀》注引《獻帝傳》/66頁）

盧弼《集解》："而"字疑誤。

華按：用"而"字連接並列性短語"符命著明"與"殿下謙虛之意"，不誤。《韓非子·外儲說左上》："以煩且之良而驥子韓

樞之巧,而以爲不如下走也。"其中前一"而"字用法相當於
"及"。《呂氏春秋‧論威》:"欲急疾捷先之道,在於知緩徐遲
後而急疾捷先之分也。"日本學者松皋圓注:"而猶與也。"《史
記‧五帝本紀》:"帝顓頊高陽者,黃帝之孫而昌意之子也。"
《後漢書‧馮衍傳》載其建武末上疏自陳:"臣伏念高祖之略而
陳平之謀,毀之則疏,譽之則親。"本志《明帝紀》注引《獻帝
傳》:"此豈古之遺制而先帝之至意哉?"又《管寧傳》載張
密謂於綽曰:"此石,當今之變異而將來之禎瑞也。"又《方技‧杜
夔傳》:"雜錯更試,然知夔爲精而玉之妄也。"《蜀志‧諸葛亮
傳》載《出師表》:"此臣所以報先帝而忠陛下之職分也。"例多
不悉舉。"而"猶"與"也、"及"也,王引之《經傳釋詞》、吳昌瑩
《經詞衍釋》已發其說。

且顔燭懼太樸之不完。(《魏志二‧文帝紀》注引《獻帝傳》/68 頁)

盧弼《集解》:"樸"當作"璞"。

華按:"樸"非誤字,無煩改作。《爾雅‧釋器》:"象謂之
鵠,角謂之觷,犀謂之劂,木謂之劇,玉謂之雕。"郭璞注:"五者
皆治樸之名。"其中"樸"字一本作"璞"。考之字書,"璞"字不見
於《說文解字》而載於《玉篇》,似爲後起之字。《說文‧木部》:
"樸,木素也。"段玉裁《說文解字注》指出:素猶質也,以木爲質,
未雕飾,如瓦器之坯然;引申爲凡物之稱;作"璞"者,俗字也。

慕匹夫之微分,背上聖之所蹈。(《魏志二‧文帝紀》注引《獻帝傳》/68 頁)

華按:"分"當作"介",形近之譌。《周禮‧春官‧大宗
伯》:"士執雉。"鄭玄注:"取其守介而死,不失其節。"唐陸德明

《經典釋文》云："介音界。或作分,扶問反。"是二字易訛之證。《後漢書·崔駰傳》載其《慰志賦》云："豈無熊僚之微介兮,悼我生之殲夷。"亦以"微介"連文。"介"謂耿介、貞介,指不違禮義之志節。

呕爲上章還璽綬,勿復紛紛也。(《魏志二·文帝紀》注引《獻帝傳》/69頁)

　　華按: "紛紛",猶今言"囉嗦"。《吳志·華覈傳》載孫晧答覈曰:"宜勉脩所職,以邁先賢,勿復紛紛。"亦其例。此與"紛紜"用法相似,《漢詩》卷十樂府古辭《古詩爲焦仲卿妻作》:"勿復重紛紜。"語意同此。

今年青龍在庚子,《詩推度災》曰:"庚者更也,子者滋也,聖命天下治。"又曰:"王者布德於子,治成於丑。"此言今年天更命聖人制治天下,布德於民也。魏以改制天下,與(時)〔詩〕協矣。(《魏志二·文帝紀》注引《獻帝傳》/70頁)

盧弼《集解》:《宋書·符瑞志》"改"作"政","時"作"詩"。潘眉曰:"上引《詩推度災》云云,故當云'與詩協'。《宋志》是。作'時'字誤。"

標點本《校記》: "詩",據《宋書·符瑞志》改。(1484頁)

　　華按:《宋書·符瑞志》作"詩",未必有當。《詩推度災》係讖緯之書,其文亦非詩文,而《詩》則爲《詩經》三百篇之專名;《詩推度災》之不可簡稱爲"詩",亦猶上文《春秋漢含孳》、《易運期讖》、《孝經中黃讖》不得簡稱爲"春秋"、"易"、"孝經"也。竊以爲本文"時"字不誤。上文"今年青龍在庚子"云云,言天時已至;所謂"與時協"者,謂人事與天時相協也。下文載相國華歆等上言曰："《河圖》、《洛書》，天命瑞應，人事協于天時，民言協于天敍。"其中"人事協于天時"可作"與時協"之注腳。

陛下受天之命，符瑞告徵，丁寧詳悉，反覆備至。

（《魏志二·文帝紀》注引《獻帝傳》/71頁）

盧弼《集解》："告"疑作"吉"。

華按："告徵"，顯示徵兆也。《宋書·符瑞志》引此文亦作"告徵"。本篇延康元年載漢獻帝册曰："皇靈降瑞，人神告徵。"《詩·小雅·十月之交》："日月告凶。"鄭玄箋云："告凶，告天下以凶亡之徵也。"此亦"告"、"徵"連文之例。《蜀志·先主傳》載許靖等上言："二祖受命，《圖》、《書》先著，以爲徵驗。今上天告祥，羣儒英俊，並起《河》、《洛》，孔子讖、記，咸悉具至。""告祥"與"告徵"同義，亦用"告"字。盧氏疑"告"爲"吉"，未是。

舜、禹雖懷克讓之意迫，羣后執玉帛而朝之，兆民懷欣戴而歸之，率土揚歌謠而詠之，故其守節之拘，不可得而常處，達節之權，不可得而久避，是以或遜位而不悋，或受禪而不辭，不悋者未必厭皇寵，不辭者未必渴帝祚，各迫天命而不得以已。

（《魏志二·文帝紀》注引《獻帝傳》/72—73頁）

華按：陳仁錫本、萬有文庫本均以"迫"屬下，是。"迫"字直貫"羣后"以下三句，並與"各迫天命而不得以已"句呼應，故上文可標點爲："舜、禹雖懷克讓之意，迫羣后執玉帛而朝之，兆民懷欣戴而歸之，率土揚歌謠而詠之；故其守節之拘不可得而常處,達節之權不可得而久避。是以或遜位而不怏,或受禪而不辭;不怏者未必厭皇寵,不辭者未必渴帝祚,各迫天命而不得以已。"

漢朝委質,既願禮禪之速定也,天祚率土,必將有主。(《魏志二‧文帝紀》注引《獻帝傳》/73 頁)

華按:宋、元、明、清諸本均作"禪禮",唯獨金陵活字本倒作"禮禪"。異本互校,後者之誤顯而易見。此亦標點本固執一本而失校之例。

整理者按:紹興本、元大德本、三朝本、西爽堂本、南監本、北監本、汲本、殿本、局本、百衲本作"禪禮"。金陵活字本作"禮禪"。

唯爾有神,尚饗永吉,兆民之望,祚于有魏世享。(《魏志二‧文帝紀》注引《獻帝傳》/75 頁)

盧弼《集解》:宋本"神"作"禪",誤。

華按:"唯爾有神",是禱求神靈之成語。例如舊題《尚書‧武成》有"惟爾有神,尚克相予,以濟兆民,無作神羞"之文。再如《左傳‧襄公十八年》載晉侯禱神之辭云:"唯爾有神,裁之!"又如本志《王淩傳》注引干寶《晉紀》載淩於賈逵祠中亦云:"唯爾有神,知之!"

又按:"永吉兆民之望"爲一句,"吉"爲"答"之殘訛,說在《三國志叢考》。

整理者按:紹興本、百衲本作"禪"。元大德本、三朝本(嘉靖己未年補刊)、南監本、北監本、汲本、殿本、金陵活字本、局本作"神"。"永吉",元大德本作"永告"。元泰定元年西湖書院刻馬端臨《文獻通考》卷八十九亦作"永告"。

遂制詔三公：“上古之始有君也，必崇恩化以美風俗，然百姓順教而刑辟厝焉。”（《魏志二·文帝紀》注引《獻帝傳》/75頁）

　　華按：今人或謂“然”下奪一“後”字，竊以爲未必。此“然”相當於承接之詞“於是”，如本志《方技·杜夔傳》：“太祖取所鑄鐘雜錯更試，然知夔爲精而玉之妄也。”《吳志·諸葛恪傳》：“眾皆以恪此論欲必爲之辭，然莫敢復難。”亦其例。“然”有上述用法，與“然後”、“乃”等相類，由來甚久。《莊子·天地篇》：“封人曰：‘始也我以女爲聖人邪，今然君子也。’”又《外物篇》：“吾得斗升之水然活耳。”《鹽鐵論·國疾》：“聖主覺焉，乃刑戮充等，誅滅殘賊，以殺死罪之怨，塞天下之責，然居民肆然復安。”《後漢書·朱暉傳》載朱穆《崇厚論》：“則道豐績盛，名顯身榮，載不刊之德，播不滅之聲，然知薄者之不足、厚者之有餘也。”均其證也，說見楊樹達《莊子拾遺》、《讀鹽鐵論札記》、《讀後漢書札記》。

十一月辛未，鎮西將軍曹眞命眾將及州郡兵討破叛胡治元多、盧水、封賞等，斬首五萬餘級……河西遂平。（《魏志二·文帝紀》注引《魏書》/79頁）

　　盧弼《集解》：“盧水胡”，見前延康元年注。本志《張既傳》：“涼州盧水胡伊健妓妾、治元多等反，河西大擾，既大破之，斬首獲生以萬數。”是平胡者，張既也。

　　華按：“叛胡治元多盧水”七字疑有誤倒，本文似應作“盧水叛胡治元多”。本志《郭淮傳》云：“又行征羌護軍，護左將軍張郃、冠軍將軍楊秋討山賊鄭甘、盧水叛胡，皆破平之。”其中“盧水叛胡”可與《張既傳》之“涼州盧水胡伊健妓妾、治元多”

互相參證。

又按："封賞"亦可疑。《後漢書·西羌傳》有"封養"，係羌族之一種，不知此"封賞"是否"封養"之異譯或誤文。

而後世觀其若此，深懷酕毒之戒也。（《魏志二·文帝紀》注引孫盛語/81頁）

盧弼《集解》："酕"字各本皆誤作"酸"，局本作"酕"。

華按："酸毒"，悲酸痛恨也。《後漢書·朱穆傳》載其諫梁冀奏記曰："遂令將軍結怨天下，吏人酸毒，道路歎嗟。"《經律異相》卷十八："子現嗔怒，殺化父母。殺已啼哭，酸毒不能自勝。"是其例。局本作"酕"，疑屬校刻者臆改。

整理者按：紹興本、元大德本、三朝本（嘉靖十年補刊）、西爽堂本、南監本、北監本、汲本、殿本、金陵活字本、百衲本作"酸"。局本作"酕"。

自古及今，未有不亡之國，亦無不掘之墓也。喪亂以來，漢氏諸陵無不發掘……豈不重痛哉！（《魏志二·文帝紀》/82頁）

盧弼《集解》：此真千古通論。

華按：盧弼謂爲"千古通論"是也，然此論並非曹丕首唱。《呂氏春秋·安死》曰："自古及今，未有不亡之國也。無不亡之國，是無不抇之墓也。以耳目所聞見，齊、荊、燕嘗亡矣……自此以上者，亡國不可勝數，是故大墓無不抇也；而世皆爭爲之，豈不悲哉！"嬴政不悟此理，自稱始皇而欲圖萬世，可謂至貪至愚，殊不料轉眼間嬴秦滅絕而萬姓久傳也；曹丕有取於斯論，亦可謂帝王之通達者矣。《終制》本呂語，錢鍾書《管錐篇》已言之。

若違今詔，妄有所變改造施，吾爲戮尸地下，戮而重戮，死而重死。(《魏志二‧文帝紀》/82 頁)

盧弼《集解》：梁章鉅曰：“後人以此爲魏文之達，而不知其爲憂生之嗟也。”

華按：《韓非子‧內儲說上》七術篇云：“棺槨過度者戮其死。”“死”乃“尸”之古字。唐寫本《說苑‧反質篇》殘卷(見張舜徽《舊學輯存》)有云：“如死人有知，是戮尸於地下。”《漢書‧楊王孫傳》載祁侯與王孫書曰：“令死者亡知則已，若其有知，是戮尸地下……”是秦漢以來早有“戮尸地下”之說，曹丕《終制》係承用古語。

吾備儒者之風，服聖人之遺教。(《魏志二‧文帝紀》注引《魏書》/84 頁)

華按：“備”讀爲“被”。殘宋本《册府元龜》卷六十二作“被”，即用本字。“被”與下句“服”字相對，“被”猶言沐浴，“服”猶言遵奉，皆古人恆言。《史記‧五宗世家》載河間獻王德事：“好儒學，被服造次必於儒者。”司馬貞《索隱》曰：“小顔云：被服，言常居處其中也。”

猛將懷暴怒，膽氣正從橫。誰云江水廣，一葦可以航？不戰屈敵虜，戢兵稱賢良。(《魏志二‧文帝紀》注引《魏書》/85 頁)

華按：曹丕詩云：“誰云江水廣？一葦可以航！”意謂長江雖廣，實不足以阻擋魏軍也。《詩‧衛風‧河廣》：“誰謂河廣？一葦航之！”鄭玄箋云：“誰謂河水廣與？一葦加之，則可以渡之。喻狹也。今我之不渡，直自不往耳，非爲其廣。”曹詩即本此意。標點本未達此旨，竟於“誰云江水廣”後用逗號，於“一葦可以航"後用問號,使二句合成反詰語氣,猶言"誰謂長江一葦可航乎?"正與《詩》意相反。

帝疾篤,召中軍大將軍曹眞、鎭軍大將軍陳羣、征東大將軍曹休、撫軍大將軍司馬宣王,並受遺詔輔嗣主。(《魏志二·文帝紀》/86頁)

盧弼《集解》:趙一清:"《晉書·宣帝紀》云:'於崇華殿之南堂並受顧命輔政。'其時有陳羣、曹眞,無曹休。且詔太子曰:'有間此三公者,愼勿疑之。'則非四人可知;即《曹休傳》亦無受遺詔輔政之事。"

　華按:趙說可商。《文帝紀》載曹休而本傳略之,是爲紀、傳互文相足之例。本篇《曹眞傳》:"七年,文帝寢疾,眞與陳羣、司馬宣王等受遺詔輔政。"又本志《陳羣傳》:"羣與曹眞、司馬宣王等並受遺詔輔政。"《晉書·宣帝紀》亦云:"及天子疾篤,帝與曹眞、陳羣等見於崇華殿之南堂,並受顧命輔政。"上引紀傳雖列三人之名,但其下均有"等"字,則不止三人明矣。此文有"征東大將軍曹休"而無"等"字,亦可見並受詔者實爲四人。終文帝之世,曹休與曹眞皆宗室名臣,與司馬懿、陳羣並列爲四;然四人既沒,其後嗣顯赫者,唯曹眞之子曹爽、司馬氏兄弟及陳羣之子陳泰耳。明帝之世,曹休之子曹肇碌碌無爲,終於以侯歸第,未能光大乃父"並受遺詔"之榮。良史載筆,源流並重,竊謂本志《曹休傳》不見文帝顧命之事者,史文之省也。

悲夫大行,忽焉光滅,永棄萬國,雲往雨絕。(《魏志二·文帝紀》注引鄄城侯植《文帝誄》/86頁)

　華按:"雲往雨絕",猶言雨散雲飛,比喻親朋長別。《文選》卷二十三王粲《贈蔡篤詩》：“風流雲散，一別如雨。”《晉詩》卷一傅玄《昔君思》：“昔君與我兮，形影潛結；今君與我兮，雲飛雨絕。”又卷七張載《述懷詩》：“跋涉山川，千里告辭，楊子哭歧，墨子感絲，雲乖雨絕，心乎愴而。”又，左思《悼離贈妹詩》：“雲往雨絕，瞻望弗及。”《文選》卷二十六顏延年《直東宮答鄭尚書詩》：“人神幽明絕，朋好雲雨乖。”《宋詩》卷九鮑照《和王義興七夕詩》：“暫交金石心，須臾雲雨隔。”《北周詩》卷三庾信《歲晚出橫門詩》：“智瓊來勸酒，文君過聽琴。明朝雲雨散，何處更相尋？”均其例也。《全晉文》卷九十三潘岳《景獻皇后哀策文》：“遘雨絕于宮闈，長無覿于髣髴。”又《爲諸婦祭庾新婦文》：“啟殯今夕，祖行明朝，雨絕華庭，埃滅大宵。”其中“雨絕”與此誄寓意相同。

承問荒忽，悁悁哽咽。（《魏志二·文帝紀》注引鄄城侯植《文帝誄》/86頁）

> **華按**：“承問”猶言得知消息，承猶聞也。《樓蘭尼雅出土文書》第三十四號文書有云：“奉十一月書，具承動靜。”又第四十號文書有云：“遠承凶諱……不可爲懷，奈何！”《全後漢文》卷十六徐淑《答夫秦嘉書》：“自初承問，心願東還。”本志《張魯傳》注引《魏名臣奏》載董昭表：“武皇帝承涼州從事及武都降人辭……信以爲然。”《蜀志·許靖傳》載其與曹公書：“承此休問，且悲且喜。”《華陽國志·蜀志》載馬良與諸葛亮書“承雒城已下”，《蜀志·馬良傳》“承”作“聞”，可以互參其義。

在位七載，元功仍舉。（《魏志二·文帝紀》注引鄄城侯植《文帝誄》/87頁）

> **盧弼《集解》**：《藝文類聚》“元”作“九”。

華按："元功"者，佐興帝業之元勛也，指功勞而言。《漢書·高惠高后文功臣表》："究其本末，並序位次，盡於孝文，以昭元功之侯籍。"又《景武昭宣元成功臣表》："後世承平，頗有勞臣，輯而序之，續元功次云。"顏師古注："元功，謂佐興其帝業者也。"《後漢書·馮衍傳上》載鮑永行大將軍事，馮衍說之曰："且大將軍之事，豈得珪璧其行，束修其心而已哉？將定國家之大業，成天地之元功也。"本志《三少帝·齊王芳紀》載嘉平六年詔曰："夫顯爵所以襃元功，重賞所以寵烈士。"是其例。"九功"者，值得歌頌之德也，指德政而言。《左傳·文公七年》載晉郤缺言於趙宣子曰："子爲正卿，以主諸侯，而不務德，將若之何！《夏書》曰：'戒之用休，董之用威。勸之以《九歌》，勿使壞。'九功之德皆可歌也，謂之《九歌》。六府、三事，謂之九功。水、火、金、木、土、穀，謂之六府；正德、利用、厚生，謂之三事。"《尚書》僞古文《大禹謨》："九功惟敍，九敍惟歌。"舊題孔安國傳曰："言六府三事之功，有次敍，皆可歌樂，乃德政之致。"是其證。此誄文所頌，乃曹丕稱帝後之業績，作"九功"義長。

整理者按：作者批校本云"元功"亦通，如《吳志·薛綜傳》："懼墜大皇帝之元功，損當世之盛美。"

集諸儒於蕭城門內，講論大義。（《魏志二·文帝紀》注引《魏書》/88 頁）

殿本《考證》：《太平御覽》作"蕭成門內"。

華按：《太平御覽》卷一百八十二引《魏書》作"蕭城門"。"成"、"城"二字，古書每混用。考之文義，似當以"蕭成"爲正。《藝文類聚》卷六十三、《初學記》卷二十一亦作"蕭成"，與《太平御覽》卷六百十五合。《全梁詩》卷十四蕭統《同泰僧正講詩》曰："舒金起祇苑，開筵慕肅成。"《文選》卷首載李善《上文選注表》贊昭明曰："居肅成而講藝，開博望以招賢。"似此，"肅成"當係東宮殿室之名，太子延儒講學之處也。

余卻腳鄅，正截其顙。（《魏志二·文帝紀》注引《典論》/90 頁）

華按："鄅"字費解。本師徐復先生云："疑其字當爲'勮'。慧琳《一切經音義》卷五十七：'勮，捷健也。'此謂退步疾速也。"得此一解，文義豁然，請更申述之。《一切經音義》卷七十四"勮疾"條又引毛詩注："勮，輕疾也。"亦其義證。"勮"字偏旁蓋涉"卻腳"二字而誤。《史記·項羽本紀》"居鄅人范增"，《索隱》曰："晉灼音'勮絕'之'勮'。"其中"勮"字《漢書》注文均訛爲"鄅"，足見其傳寫易誤也。《抱朴子外篇·行品》："士有控弦命中，空拳入白，倒乘立騎，五兵畢習，而體輕慮淺，手勮心怯，虛試無對，而實用無驗。""手勮"猶今言手快。《大藏經》卷五十三南朝梁僧人所集《經律異相》卷三十一引《須大拏經》："王梵志問……梵志未答，男孫勮曰：'男值銀錢一千……'"其中"勮"亦速稱，可爲師說之又一佐證。

又按："勮"、"摷"二字古相通，此"勮"讀爲"摷"，文義亦順。《說文解字·手部》："摷，拘擊也。從手，巢聲。"服虔《通俗文》："浮取曰摷，沉取曰撈。"是"摷"亦擊稱，其動作猶如掠取水面之物。

又按：家兄吳永寧見告：古代劍術有擊、刺、格、洗四法，又有上、中、下三路攻防之技。上文蓋言鄧展急從中路來刺，曹丕則退步側抹而反截其顙，此即避正取斜、身退劍進之術也。似此，則本文"鄅"字讀作"摷"，於義甚合。拙著《校詁》曾據《通俗文》釋之曰："'摷'亦擊稱，其動作猶如掠取水面之物。"今以揮劍側抹釋"摷"字之義，備一說耳。

三國志卷三
魏志三《明帝紀》校詁

明皇帝諱叡，字元仲。（《魏志三·明帝紀》/91頁）

  華按：蔡邕《獨斷》卷下敍帝諡曰：“保民者艾曰明。”《資治通鑑》卷七十《魏紀二·烈祖明皇帝》胡三省注引《諡法》則曰：“照臨四方曰明。”終明帝之世，拒吳、蜀，平遼東，鎮西涼，魏國之勢益張。然則叡之諡“明”，亦合當時情理。

三垂無邊塵之警，中夏無狗吠之虞。（《魏志三·明帝紀》注引《魏略》/93頁）

  易培基《補注》：紹興本作“無風塵之警”。

  華按：紹興本作“風”是也。當時恆稱寇警、變亂之事爲“風塵”。“風塵之警”乃漢魏六朝常語，如《漢書·終軍傳》載其文曰“邊境時有風塵之警”，《晉書·四夷傳》載郭欽文有“若百年之後有風塵之警”，例多不悉舉。“邊塵”於義爲狹，必非舊作。

  整理者按：紹興本、元大德本、百衲本作“風”。三朝本、西爽堂本、南監本、北監本、汲本、殿本、金陵活字本、局本作“邊”。

達既爲文帝所寵，又與桓階、夏侯尚親善，及文帝崩，時桓、尚皆卒，達自以羈旅久在疆場，心不自安。（《魏志三·明帝紀》注引《魏略》/93頁）

  殿本《考證》：諸本俱作“桓尚皆卒”。臣龍官按：上云“與桓階、夏侯尚親善”，則作“階尚”爲是。

華按：殿本“桓尚”作“階尚”，當屬臆改之文。“桓尚”二字，一取姓氏，一取名字，不誤。如曾參、閔子騫二人，既可稱“曾騫”，又可稱“閔參”，《荀子·性惡》：“天非私曾騫孝己而外眾人也。”《全晉文》卷九十三潘岳《夏侯常侍誄》：“孝齊閔參。”此爲先姓後名之例。又有先名後姓者，如《史記·貨殖列傳》“乃用范蠡、計然”，裴駰《集解》引徐廣曰：“計然者，范蠡之師也，名研，故諺曰：‘研、桑心算。’”此稱計研、桑弘羊爲“研桑”，是其例。又有二名並列，一取名之上字，一取名之下字者，如本志《后妃·文德郭皇后傳》：“英、娥降嬪。”此“英娥”爲女英、娥皇之簡稱。又如本志《公孫瓚傳》注引《漢晉春秋》：“愛過夷、叔。”又《劉廙傳》注引《傅子》：“夷、叔迕武王以成名。”又《王昶傳》：“夷、叔之倫。”《蜀志·法正傳》：“褊夷、叔之高懟。”諸“夷叔”即伯夷、叔齊之簡稱。要之，娥皇、女英稱爲“皇英”固可，謂之“英娥”亦可；伯夷、叔齊稱爲“夷齊”固宜，謂之“夷叔”亦宜。古文於此本無定則。“桓尚”之稱亦云。

整理者按：紹興本、三朝本、西爽堂本、南監本、北監本、汲本、金陵活字本、局本、百衲本作“桓尚”。殿本作“階尚”。“桓”，元大德本初印本作“柜”，後印本改作“桓”。

朕惟率土莫非王臣，師之所處，荊棘生焉，不欲使千室之邑忠信貞良與夫淫昏之黨共受塗炭。（《魏志三·明帝紀》注引《魏略》/95頁）

易培基《補注》：紹興本作“十室之邑”。

華按：“千”當作“十”，應據紹興本、《三國志文類》卷四及殘宋本《册府元龜》卷一百六十三校正。《論語·公冶長》載孔子語："十室之邑,必有忠信如丘者焉,不如丘之好學也。"《說苑·談叢》曰："孝於父母,信於交友。十步之澤,必有香草;十室之邑,必有忠士。"所謂"十室之邑忠信貞良"即本此義。

整理者按:紹興本、元大德本、百衲本作"十"。三朝本、西爽堂本、南監本、北監本、汲本、殿本、金陵活字本、局本作"千"。

亮又使詳重說昭,言人兵不敵,無爲空自破滅。

(《魏志三·明帝紀》注引《魏略》/95頁)

華按:"無爲"係漢魏以來口語。《漢書·高帝紀》載高祖帛射城上與沛父老曰："共誅令,擇可立立之,即室家完。不然,父子俱屠,無爲也。"劉淇《助字辨略》釋之曰："無爲,猶云莫如此。"其說近是。本志《夏侯玄傳》載其議曰："若郡所攝,唯在大較,則與州同,無爲再重。"又《王朗傳》載其議曰："今權之師未動,則助吳之軍無爲先征。"《蜀志·諸葛亮傳》引耿純勸光武帝即位語："如不從議者,士大夫各歸求主,無爲從公也。"諸"無爲"均猶今之口語"無須"、"犯不著"。

卿鄉里乃有爾曹快人,爲將灼如此,朕復何憂乎?

(《魏志三·明帝紀》注引《魏略》/95—96頁)

華按:"爾曹"猶今語"這種"、"這等",與相當於"爾輩"之用法有別,說見劉世儒《魏晉南北朝量詞研究》第二章。又本志《董卓傳》注引《獻帝起居傳》："此曹子將欲圖我邪?"《後漢書·陽球傳》："若陽球作司隸,此曹事安得容乎?"劉氏謂"此曹子"猶今言"這幫人","此曹事"猶今言"這等事",可以比類。

卿鄉里乃有爾曹快人,爲將灼如此,朕復何憂乎?

(《魏志三·明帝紀》注引《魏略》/95—96頁)

華按:辭書或釋此"快人"爲豪放直爽之人,不確。此亦魏晉口語，指有抱負、有能力之人。《魏詩》卷一曹操《善哉行》："快人由爲歎，抱情不得敍。"《世說新語·政事》注引虞預《晉書》論山濤曰："宗人謂宣帝曰：'濤當與景、文共綱紀天下者也。'帝戲曰：'卿小族，那得此快人邪！'"亦其例。"快"有精明能幹、辦事稱心之意，往往單用，如《吳志·呂岱傳》載張承與岱書曰："如此，足下過廉頗也，何其事事快也！"袁宏《後漢紀·孝獻皇帝紀》載董卓問司徒王允曰："欲得快司隸校尉，誰可者？"又有"佳快"連文者，如《顏氏家訓·勉學》："人見鄰里親戚有佳快者，使弟子慕而學之。"諸"快"皆與豪爽之義無涉。

豈訓導未洽，將進用者不以德顯乎？（《魏志三·明帝紀》/97頁）

盧弼《集解》：《御覽》"豈"下有"朕"字。

華按：易培基據《太平御覽》補"朕"，可從。此係太和四年詔文，《御覽》卷二百十五作"豈朕訓導未洽，將進用者不以德顯乎"，"朕"與"進用者"相對爲文，正是詔書口吻。《藝文類聚》卷五十三所引亦同，足見唐、宋人所見古本皆有"朕"字。本篇又載青龍四年詔文曰："豈朕訓導不醇俾民輕罪，將苛法猶存爲之陷穽乎？"句法與此文相同，"豈"下亦有"朕"字。

庚寅，陳思王植薨。（《魏志三·明帝紀》/99頁）

盧弼《集解》：錢大昕曰："諸王薨，例不載諡。此'思'字衍。"

華按：錢說是。《宋書·天文志》云："太和六年十二月，陳王植薨。"其文無"思"，正合史例，可據刪。

比能遣子將千餘騎迎步度根部落，與尚、弼相遇，戰於樓煩，二將〔敗〕沒。（《魏志三·明帝紀》/100頁）

盧弼《集解》：《鮮卑傳》："臨陣害尚、弼。"何焯曰："'沒'上當有

‘敗’字。”

標點本《校記》：“敗”，從何焯說增。（1485 頁）

華按：何說無據，未可遽從。“沒”之爲言，有敗亡義、被俘義、爲敵所困義，史書屢見其例。各本皆無“敗”字，《册府元龜》卷一百二十五、《資治通鑑》卷七十二所引亦然，不煩臆增其字。《蜀志·諸葛瞻傳》：“衆皆離散，艾長驅至成都。瞻長子尚，與瞻俱沒。”亦單言“沒”。

令故義傳供食之，一二年中，一鄉中輒爲之儉。

（《魏志三·明帝紀》注引《博物志》/101 頁）

盧弼《集解》：“傳”疑作“從”。

華按：盧氏疑“傳”爲誤文，今所不取；今人或釋“傳”爲符牒，亦有可商。竊謂“傳供食之”即輪流飴其飯食之意，其中“供”字當從唐虞世南《北堂書鈔》卷一百四十三作“共”，乃共同之謂。《晉書·石季龍載記》：“妝飾宮人美淑者，斬首洗血，置於盤上，傳共視之。”《世說新語·德行》：“郗公值永嘉喪亂，在鄉里甚窮餒，鄉人以公名德，傳共飴之。”此“傳供”云云，亦當時習語。

時太原發冢破棺，棺中有一生婦人，將出與語，生人也。（《魏志三·明帝紀》注引《傅子》/101 頁）

華按：王華寶君見告：“太原”下當有“民”字。《宋書·五行志》作“太原民”。《晉書·五行志》避唐諱，改“民”爲“人”。《太平御覽》卷五百五十八引《傅子》亦有“民”字，宜據補。

帝常游宴在內，乃選女子知書可付信者六人以爲女尚書。（《魏志三·明帝紀》注引《魏略》/104—105 頁）

盧弼《集解》：《御覽》二百四十五作“可傳信者”。

華按：《大藏經》卷三西晉竺法護譯《生經·佛說和難經》

敍尊者考察備奴之事云："見其行跡無有漏失,即時付信。"又云："其人所作有所成立……無有欺誑,稍稍付信。"是"付信"猶言信賴,似亦當時俗語。又,盧氏《集解》引《太平御覽》卷數當屬誤記,引文見《御覽》卷一百四十五《皇親部》,且盧氏所據版本並非宋本,宋本《御覽》作"可付信者"。

　　整理者按:天津圖書館藏清嘉慶汪昌序重校活字印本《太平御覽》卷一百四十五作"可傳信者",疑爲盧氏所據版本。

又錄奪士女前已嫁爲吏民妻者,還以配士。(《魏志三·明帝紀》注引《魏略》/105頁)

　　胡三省《通鑑注》:錄,收也。

　　華按:下文載張茂上書諫明帝曰:"臣伏見詔書,諸士女嫁非士者,一切錄奪,以配戰士,斯誠權時之宜,然非大化之善者也。"本志《杜畿傳》注引《魏略》:"初畿在郡,被書錄寡婦,是時他郡或有已自相配嫁,依書皆錄奪,啼哭道路。"又《王觀傳》:"大將軍曹爽使材官張達斫家屋材及諸私用之物,觀聞知,皆錄奪以沒官。"《吳志·張溫傳》注引《文士傳》:"溫姊妹三人皆有節行,爲溫事,已嫁者皆見錄奪。其中妹先適顧承,官以許嫁丁氏,成婚有日,遂飲藥而死。"諸"錄奪"爲政法術語,指强行收取而言。

又簡選其有姿色者,內之掖庭。(《魏志三·明帝紀》注引《魏略》/105頁)

　　盧弼《集解》:《文類》"色"作"首",《通鑑》同。胡三省曰:"姿謂有色者,首謂鬢髮者。"

　　華按:紹興本作"姿首",與《三國志文類》、《資治通鑑》同。"姿"指體態,"首"指容貌。

　　整理者按:紹興本、元大德本、百衲本作"首"。三朝本作

"色",與同一行字體有異,疑原作"首",修版時挖改作"色"。西爽堂本、南監本、北監本、汲本、殿本、金陵活字本、局本作"色"。

貧者舉假貸貰,貴買生口以贖其妻。（《魏志三·明帝紀》注引《魏略》/105頁）

盧弼《集解》:《册府》"舉"作"則"。

 華按:《册府元龜》卷五百三十九作"則",不可從。"舉假貸貰"猶言借貸賒欠,"舉"與"假"、"貸"等同義之字並列,漢魏六朝習見。《魏詩》卷六曹植《靈芝篇》:"董永遭家貧,父老財無遺,舉假以供養,傭作致甘肥,責家填門至,不知何用歸。"《大藏經》卷十五西晉竺法護譯《修行道地經》卷七:"悉失財物,當何依怙,裸匱肌凍,反當求恃,而從豪富,歸命舉假。"又卷十七西晉安法欽譯《佛說道神足無極變化經》:"彼無田種殖者,無舉假償債者。"此皆"舉假"連文之例。倒之則爲"假舉",如王符《潛夫論·斷訟》:"假舉驕奢,以作淫侈,高負千萬,不肯償責。"亦有"舉貸"連文者,如《隸釋》卷九載熹平元年十二月《故民吳仲山碑》:"遠近假求,不言無有;春秋舉貸,給與無已。"《孟子·滕文公上》:"又稱貸而益之。"趙岐注:"又當舉貸子倍而益滿之。"《大藏經》卷四姚秦竺佛念譯《出曜經·惡性品》:"設財貨窮乏,從王舉貸,我還當償。"倒之則爲"貸舉",如顏之推《還冤記·呂慶祖》:"忽爲人所殺,族弟無期先期貸舉慶祖錢,咸謂爲害。"並其證也。

且軍師在外數千萬人,一日之費,非徒千金,舉天下之賦以奉此役,猶將不給。（《魏志三·明帝紀》注引《魏略》/105頁）

盧弼《集解》:元本"千"作"十"。

華按：當從元本。此時魏國人口約有四百五十萬，其中能從軍出征者不過數十萬而已，斷無"軍師在外數千萬人"之理。《孫子兵法·兵戰》曰："日費千金，然後十萬之師舉矣。"此既云"一日之費非徒千金"，則"數千萬人"當作"數十萬人"乃合情理。《羣書治要》卷二十五、《資治通鑑》卷七十三亦作"數十萬人"，可見唐、宋人所見多有不誤者，此亦元本可據之證也。

整理者按：紹興本作"千"，然此處似爲後人補刻。元大德本作"十"。三朝本、西爽堂本、南監本、北監本、汲本、殿本、金陵活字本、局本、百衲本作"千"。

有玉匣關蓋於前。（《魏志三·明帝紀》注引《魏氏春秋》／106 頁）

盧弼《集解》：《宋志》"關"作"開"。

華按：《太平御覽》卷六百九十二引此亦作"開"。據下文，似以作"開"爲是。

曉而有蒼石立水中，長一丈六尺，高八尺，白石畫之。

（《魏志三·明帝紀》注引《漢晉春秋》／107 頁）

盧弼《集解》："之"，疑作"文"。

華按：盧氏疑詘，值得注意。《晉書·武帝紀》載此事作"白畫成文"，《册府元龜》卷二十一引《漢晉春秋》"之"字正作"文"。然作"之"者亦非絕不可通，《宋書·符瑞志》載此事云："石色蒼，而物形及字並白石畫之，皆隆起。"

又按：饒宗頤《魏玄石白畫論》曰：此爲魏時所出之寶石負圖，高堂隆比之"東序之世寶"，張琈則謂爲晉之符命。以石圖爲符瑞，其事已盛於漢。如《王莽傳》上武功長孟通得井中白石丹書著文，其後又得十二瑞，一爲茂陵石書，諒必有文。此類原屬古代迷信，後人加以渲染，玄石白畫，特其一例耳。

《周禮·巾車職》"建大赤以朝"，大白以即戎，此則周以正色之旗以朝，先代之旗即戎。（《魏志三·明帝紀》注/108頁）

華按："大白以即戎"一句當加引號。《周禮·春官宗伯第三·巾車》云："巾車掌公車之政令，辨其用與其旗物，而等敍之，以治其出入……象路，朱，樊纓七就，建大赤以朝，異姓以封。革路，龍勒，條纓五就，建大白以即戎，以封四衛。"是"建大赤以朝"與"建大白以即戎"均爲《周禮》之文。標點本既加引號於前句，則後句自當效之。

又按："此則周以正色之旗以朝，先代之旗即戎"二句，《宋書·禮志》作"此則周以正色之旗朝，以先代之旗即戎"，《通典》卷五十五作"此則周以正色之旗以朝，以先代之旗即戎"。疑《宋書》之文近古近眞。

右北平。烏丸單于寇婁敦、遼西烏丸都督王護留等居遼東，率部眾隨儉內附。（《魏志三·明帝紀》/109頁）

標點本於"王護留"三字之下有專名綫。

華按："寇婁敦"者，右北平烏丸單于也；"護留"者，遼西烏丸都督率眾王也。標點本誤以"王護留"爲人名，蓋不知"王"乃"率眾王"之省稱。至於標點本又在"右北平"下絕句，且兩版皆如是作，尤粗疏之甚者。

曹世系世，出自有虞氏。（《魏志三·明帝紀》注引《魏書》/110頁）

盧弼《集解》：宋本"系"作"繫"，《宋志》作"世系"。

華按：紹興本作"繫世"，其餘諸本作"系世"，"繫"、"系"通用，當以作"繫"者爲正。秦漢以來稱天子、諸侯之譜牒爲"繫世"。《周禮·春官宗伯第三·小史》載："小史掌邦國之志，奠繫世，辨昭穆。若有事，則詔王之忌諱。"鄭玄注引鄭司農云："繫世，謂帝繫、世本之屬是也。"賈公彦疏曰："天子謂之帝繫，諸侯謂之世本。"魏明帝自稱曹氏係虞舜之裔、漢丞相曹參之後，是故稱其家譜爲"繫世"。《宋書·禮志》作"世系"者，文雖可通，疑非其朔。《資治通鑑》卷七十三、《册府元龜》卷二十九及卷三十二亦作"世系"，蓋北宋人去古已遠，不用"繫世"之稱矣。

又按：魏明帝詔書公然謊稱曹氏爲虞舜後代，王沈《魏書》既載之矣；然而陳壽不屑一顧，於本志《武帝紀》直書曹操之父曹嵩爲閹宦之"養子"，又稱"莫能審其生出本末"。即此一端，亦可見時人謂《三國志》爲"實錄"，稱陳壽爲"良史"，非虛譽也。

整理者按：紹興本、元大德本、百衲本作"繫"。三朝本、西爽堂本、南監本、北監本、汲本、殿本、金陵活字本、局本作"系"。

地郊所祭曰皇地之祇，以武宣后配。(《魏志三·明帝紀》注引《魏書》/110 頁)

盧弼《集解》：晉宋二志、《通鑑》"后"上有"皇"字。

華按：《册府元龜》卷二十九、三十二均作"武宣皇后"，可據補。本志《后妃·文昭甄皇后傳》載景初元年有司奏曰："今武宣皇后、文德皇后各配無窮之祚，至於文昭皇后膺天靈符……乃道化之所興也。"可見當時必稱文帝母爲"武宣皇后"，此奪"皇"字無疑。

黃龍、鳳皇、九龍、承露盤、土山、淵池，此皆聖明之所不興也。（《魏志三・明帝紀》注引《魏略》/111頁）

盧弼《集解》：《御覽》"土"作"玉"。

華按：本篇青龍二年注引《魏略》載張茂上書："昔漢武帝好神仙，信方士，掘地爲海，封土爲山。"此人工堆土所成之山，即"土山"也。本篇又注引《魏略》："起土山于芳林園西北陬，使公卿羣僚皆負土成山。"本志《高堂隆傳》："帝愈增崇宮殿，雕飾觀閣，鑿太行之石英，采穀城之文石，起景陽山於芳林之園……"可見魏明帝所興之"土山"，即芳林園之景陽山。《太平御覽》卷四百五十三作"玉山"，字之誤也。

又白"宜詔司馬宣王使相參"，帝從之。（《魏志三・明帝紀》注引《漢晉春秋》/113頁）

華按："宜詔司馬宣王使相參"九字不應加引號，此非劉放、孫資白魏明帝之語。終明帝之世，司馬懿但爲太尉；懿死於魏齊王芳嘉平三年，追贈郡公，謚曰"宣文"；司馬昭於陳留王奐咸熙元年封爲晉王，始追加懿爲"晉宣王"。然則咸熙以前凡稱"宣王"者，必史家追述之辭。

壽春農民妻自言爲天神所下，命爲登女，當營衛帝室，蠲邪納福。飲人以水，及以洗瘡，或多愈者。（《魏志三・明帝紀》/114頁）

盧弼《集解》：牛運震曰："'登'，疑是人名。"

華按：東漢以巫術著名者，有徐登。其人本女子，化爲丈夫，善療病，禮神唯以東流水爲酌，事見《後漢書・方術列傳》。竊疑"命爲登女"者，蓋謂天神命己爲徐登之女云。

又按：繼徐登之後，晉有隱逸之人孫登，亦似人似仙。以

“登”爲名,蓋取升騰爲仙之義。

真僞不得相貿。(《魏志三•明帝紀》注引《魏書》/115 頁)

盧弼《集解》:《爾雅•釋言》:“貿,市也。”

華按:此“貿”猶言顛倒、混淆。裴駰《史記集解序》:“是非相貿,真僞舛雜。”是其例。盧引《爾雅》訓“市”,於義未洽。

三國志卷四
魏志四《三少帝紀》校詁

火中有鼠……常居火中，色洞赤，時時出外而色白，以水逐而沃之即死。（《魏志四·三少帝·齊王芳紀》注引東方朔《神異經》/118頁）

    華按：此"時時"表示偶爾之義。《戰國策·齊策》："令初下，羣臣進諫，門庭若市。數月之後，時時而間進。"鮑彪注："進諫者有暇隙。"後漢《太平經》甲部第一云："浮華記者，離本已遠，錯亂不可常用，時時可記，故名浮華記也。"其中"時時"顯爲不常之義。本志《東夷·東沃沮傳》："其言語與句麗大同，時時小異。"《吳志·潘濬傳》注引《江表傳》："權數射雉，濬諫權，權曰：'相與別後，時時暫出耳，不復如往日之時也。'"《晉書·山濤傳》載兒歌曰："山公出何許？往至高陽池。日夕倒載歸，茗艼無所知。時時能騎馬，倒著白接䍦。舉鞭向葛彊：何如并州兒？"亦其例。古書中又有單用"時"字表偶爾之義者，如《史記·留侯世家》："陛下用臣計，幸而時中。"《漢書·丙吉傳》："吉即時病，輒使臣尊朝夕請問皇孫，視省席蓐燥濕。"《蜀志·郤正傳》載其《釋譏》："雖時獻一策，偶進一言。"《藝文類聚》卷八十六引魏文帝詔羣臣曰："飲食之物，南方有橘，酢正裂人牙，時有甜耳。"又卷九十二引魏文帝與孫權書:"中國雖饒馬,其知名絕足,亦時有之耳。"《全晉文》卷一百三十八晉蘇彥《鵝詩序》云:"時暫出郡,忽聞鵝鳴,聲甚哀急,乃云:野人所致,外吏規爲方便,以俟送客。"並其例證。

火中有鼠……以水逐而沃之即死,續其毛,織以爲布。(《魏志四·三少帝·齊王芳紀》注引《神異經》/118頁)

華按:"續"字無義,當爲"績"之形訛。凡紡織之事,收集絲、毛之類而緝短爲長者謂之"績"。《後漢書·南蠻西南夷列傳》李賢注引《神異經》正作"績",當據改。此外,《太平御覽》卷八百二十引《抱朴子》曰:"海中蕭丘有自生火……夷人取此木華,績以爲布。"又曰:"又有白鼠……其毛又可績以爲布。"又引《梁四公記》曰:"有商人齎火浣布三端……杰公遙識曰:'此火浣布也。二是絹木皮所作,一是績鼠毛所作。'"其文皆用"績"字,可爲旁證。

六月,督諸軍南征,車駕送津陽城門外。(《魏志四·三少帝·齊王芳紀》注引干寶《晉紀》/119頁)

盧弼《集解》:《水經·穀水注》:"水又南,東屈,逕津陽門南,故津門也。"《續百官志》:"雒陽城十二門,有津門。"《伽藍記》:"漢曰津門,魏晉曰津陽門。"錢大昭曰:"雒陽南面西門也。"

華按:"津陽城門"當加專名綫。標點本之專名綫止限於"津陽"二字,非是。"津陽城門"可省稱"津陽門"或"津門",然不可省稱"津陽"或"津";此與"開陽城門"、"白城門"、"東陽城門"等均屬專名,說參本志《呂布傳》注及《方技傳》注。

九年春二月,衛將軍中書令孫資,癸巳,驃騎將軍中書監劉放,三月甲午,司徒衛臻,各遜位,以侯就第,位特進。(《魏志四·三少帝·齊王芳紀》/123頁)

盧弼《集解》：“癸巳”二字疑在“二月”之下。

　　華按：細按書法，“九年春二月”之下當有干支二字。盧氏疑“癸巳”二字當在“二月”之下，則孫資、劉放爲同日遜位矣，推繹事情，似未必然。本志《劉放傳》注引《資別傳》曰：“大將軍爽專事，多變易舊章。資歎曰：‘吾累世蒙寵，加以豫聞屬託，今縱不能匡弼時事，可以坐受素餐之祿邪？’遂固稱疾。九年二月，乃賜詔曰：‘君掌機密三十餘年……今聽所執，賜錢百萬，使兼光祿勳少府親策詔君養疾于第。’”似此，孫資獨自稱疾求退而詔書許之，當在劉放“癸巳”日遜位之前。稽之古曆，正始九年二月朔日爲“甲子”，晦日爲“癸巳”。然則“九年春二月”之下所奪二字，當於“甲子”與“壬辰”之間二十九日中求之。

諸葛誕言於司馬景王曰：“致人而不致於人者，此之謂也。”（《魏志四·三少帝·齊王芳紀》注引《漢晉春秋》/125頁）

　　華按：“致人而不致於人”，語出《孫子兵法·實虛》，宜加引號以明之。本篇《陳留王奐紀》載景元四年詔亦引此文，當與此一例。

特還，乃夜徹諸屋材栅，補其缺爲二重。（《魏志四·三少帝·齊王芳紀》注引《魏略》/126頁）

　　華按：“夜”字之前，《資治通鑑》卷七十六有“投”字，可據補。“投夜”猶言趁夜，如《漢書·佞幸·石顯傳》：“顯故投夜還，稱詔開門入。”

四五人（的）〔靮〕頭面縛。（《魏志四·三少帝·齊王芳紀》/127頁）

　　盧弼《集解》：“靮”宋本作“的”，或疑作“拘”。潘眉曰：“似當爲

'靮',言羈靮其頭。"

標點本《校記》:"靮頭",從潘眉說。(1486頁)

　　華按:《通鑑》卷二百四十唐憲宗元和十二年"整羈靮"胡三省注:"靮,紖也,音丁歷翻。""的頭"可讀爲"靮頭",無煩改字。何超《晉書音義》卷下載記二十六:"羈靮,音的,馬繮也。"是"的"、"靮"同音,例得通假。《大藏經》卷五十二梁僧佑《弘明集》卷八載張魯所製塗炭齋法:"乃驢輾泥中,黃鹵泥面,擿頭懸楣。""的"、"擿"古亦同音,"擿頭"亦謂羈靮其頭。鄭樵《通志》改爲"科頭",非也。

整、像召募通使,越蹈重圍,冒突白刃。(《魏志四·三少帝·齊王芳紀》/128頁)

　　華按:"召募",《太平御覽》卷六百三十三作"占募",似宜據正。爲救急解難而臨時標格招人者,曰"募",曰"召募";自願應募者,曰"占",曰"自占"。本志《典韋傳》:"太祖募陷陳,韋先占。"此其顯例。"占募"二字作爲合成詞,或爲名詞,或爲動詞,義各有當。作名詞者,指官方設立之占募制度,例如《吳志·駱統傳》:"尤以占募在民間長惡敗俗,生離叛之心,急宜絕置。"又《陸抗傳》:"又黃門豎宦開立占募,兵民怨役,逋逃入占。"作動詞者,指報名應募,例如《文選·鮑照〈東吟賦〉》:"始隨張校尉,占募到河陽。"李善注:"謂自隱度而應募爲占募。"又如《管子·心術下》:"慕選者,所以等事也。"唐尹知章注:"人之來助,或占募之,或選擇之,欲令其事齊等也。"古書"募"、"慕"混用,此處"慕"讀爲"募"。《北史·辛昂傳》:"及尉遲迥伐蜀,昂占慕從軍。"其中"占慕",《周書·辛昂傳》作"召慕",亦傳寫訛誤之例。綜上所說,可知劉整、鄭像之應募通使，必爲自占無疑。唐、宋以後，文獻中"占募"罕見，傳刻者難免疑而改之；《辭通》即謂《駱統傳》"占募"應作"召募"，於此可見古書致誤之由。

太后令帝常在式乾殿上講學，不欲，使行來，帝徑去；太后來問，輒詐令黃門答言"在"耳。（《魏志四·三少帝·齊王芳紀》注引《魏書》/130 頁）

華按：此段文字旨在說明少帝欺騙太后，擅自出游。"不欲使行來"五字當作一句讀之，謂太后不欲使少帝外出游樂也。《晉書·景帝紀》載其與羣公卿士奏太后之文云："太后令帝在式乾殿講學，帝不從。"可與互參。"行來"，猶言出行，亦魏晉常語，本志《張既傳》注引《魏略》："楚不學問，而性好遊遨音樂。乃畜歌者，琵琶、箏、簫，每行來將以自隨。"又《東夷·倭傳》："其行來渡海詣中國，恆使一人不梳頭……其俗舉事行來，有所云爲，輒灼骨而卜，以占凶吉。"是其例。標點本以"使行來"爲一句，則謂太后使少帝出行矣，殊誤。

賢聖之分，所覺縣殊。（《魏志四·三少帝·高貴鄉公髦紀》注引《魏氏春秋》/134 頁）

華按："覺"與"較"同，又如《後漢書·律曆志中》："太初失天益遠，日月宿度，相覺浸多。"說見錢大昕《三史拾遺》卷五。

《詩》、《書》述殷中宗、高宗，皆列《大雅》，少康功美過于二宗，其爲《大雅》明矣。（《魏志四·三少帝·高貴鄉公髦紀》注引《魏氏春秋》/135 頁）

華按：標點本於"大雅"二字加書名號，不妥。此"大雅"非謂《詩經》之《大雅》，乃有德者之稱。劉劭《人物志·九徵》云："具體而微謂之德行；德行也者，大雅之稱也。一至謂之偏材；

偏材,小雅之質也。"是其義。《漢書·景十三王傳贊》:"夫唯大雅,卓爾不羣,河間獻王近之矣。"《後漢書·文苑·禰衡傳》載孔融語:"正平,大雅固當爾邪?"是其例。

故《易》者,變易也,名曰《連山》,似山出內〔雲〕氣,連天地也。(《魏志四·三少帝·高貴鄉公髦紀》/136 頁)

盧弼《集解》:官本《考證》云:《御覽》作"似山出內雲氣。"

標點本《校記》:"雲",殿本《考證》據《太平御覽》增。(1487 頁)

華按:《三國志》各本無"雲",宋人所編《三國志文類》卷三十三亦無此字。竊以爲《太平御覽》卷四百四十九有"雲"者,可供參考,但不必據以增字。請列五證以伸之。《周禮·春官·大卜》:"一曰連山。"鄭玄注:"名曰'連山',似山出內氣也。"賈公彥疏:"'名曰連山,似山出內氣也'者,此《連山易》,其卦以純艮爲首;艮爲山,山上山下,是名連山。雲氣出內於山,故名。"既然漢人之注、唐人之疏皆無"雲"字,則此字不煩遽補。此其一。劉熙《釋名·釋山》云:"礫料也,小石相枝柱其間,料料然出內氣也。"劉熙與鄭玄同時,二人皆用"出內氣"形容山石吞雲吐霧之狀,則"出內氣"當爲漢世常語,其間不必有"雲"字。此其二。《册府元龜》卷四十帝王部所引之文源於《三國志》,其文亦作"似山出內氣連天地也"。《册府》與《御覽》同爲北宋人所編,孰是孰非,難以遽定。此其三。"氣"上增"雲"字者,始見於唐人之解經;上引賈公彥疏有"雲氣出內於山,故名",賈氏以"雲氣"釋"氣",與《說文解字》合,不可謂鄭玄之注文必作"雲氣"也;《左傳·襄公九年》"遇艮之八",孔穎達疏:"鄭玄云……名曰連山,似山之出內雲氣也。"其文較《周禮》鄭注多"之"、"雲"二字,不可謂鄭注必脫二字也。此其四。

此文"山出內氣"猶言"山之出雲納霧",文義可通,無須增字;且"氣"泛指雲霧於義爲長,增一"雲"字於義爲狹。此其五。

齊王不弔,顛覆厥度。羣公受予,紹繼祚皇。以眇眇之身,質性頑固。未能涉道,而遵大路。臨深履冰,涕泗憂懼。(《魏志四·三少帝·高貴鄉公髦紀》注引《帝集》/138頁)

華按:"祚皇"不辭,且"皇"與"度"、"固"、"路"、"懼"不叶韻,當乙改爲"皇祚"。今檢宋、元、明、清舊本,其文均作"皇祚",此爲標點本印刷之誤明矣。

整理者按：紹興本、紹熙本、元大德本、三朝本、西爽堂本、南監本、北監本、汲本、殿本、金陵活字本、局本、百衲本作"皇祚"。

小同詣司馬文王,文王有密疏,未之屏也。(《魏志四·三少帝·高貴鄉公髦紀》注引《魏氏春秋》/142頁)

華按:"屏"乃掃除收拾之義。本志《王朗傳》注引《獻帝春秋》載孫策文:"不自掃屏,復聚黨眾。"以"掃屏"連文,屏亦掃也。《大藏經》卷十四後漢安世高譯《㮈女祇域因緣經》:"遣人除屏道路。"以"除屏"連文,屏亦除也。"屏"於先秦之文多作"拚",或作"并",又作"攪",均爲"坌"之假借。《說文解字·土部》:"坌,埽除也。從土,弁聲,讀若糞。"又《土部》:"埽,坌也。"然"坌"字罕見,魏晉恆以"屏"爲之。《廣雅·釋詁三》:"摒,除也。""摒"即"屏"之後起字。

王沈、王業馳告文王,尚書王經以正直不出,因沈、業申意。(《魏志四·三少帝·高貴鄉公髦紀》注引《世語》/144頁)

盧弼《集解》:何焯曰:"正直,謂正當入直也。"弼按:正直,當如本字義。

華按：盧弼謂"正直"當爲常義，解爲"公正無私"，非也。"正直"之義，當從何說。《世說新語·賢媛》注引干寶《晉紀》曰："經正直，不忠於我，故誅之。"程炎震曰："此正直，謂以尚書在直，非忠貞之謂也。"與何說同。本志《夏侯玄傳》注引《魏略》載許允事："明帝時爲尚書選曹郎，與陳國袁侃對，同坐職事，皆收送獄，詔旨嚴切，當有死者，正直者爲重，允謂侃曰：'卿，功臣之子，法應八議，不憂死也。'侃知其指，乃爲受重。"其中"正直"謂尚書選曹郎當值也，亦與王經之事相類。

訂補："正直"有二義：一種是指正在值班；另一種是專用名詞，指值班官員的頭兒，與"次直"相對而言。本文的"正直"當屬後一種意義，說見拙著《世說新語考釋》賢媛篇第十九。

詔曰："古之王者，或有所不臣，王將宜依此義……其皆依禮典處，當務盡其宜。"（《魏志四·三少帝·陳留王奐紀》/148 頁）

華按："當"字宜屬上句讀。"處當"猶今語"辦理"、"處置"之類。本志《明帝紀》注引《魏略》："帝常游宴在內，乃選女子知書可付信者六人以爲女尚書，使典省外奏事，處當畫可。"《晉書·顧榮傳》："會趙王倫誅淮南王允，收允僚屬付廷尉，皆欲誅之，榮平心處當，多所全宥。"是其例。

遼東郡言肅愼國遣使重譯入貢，獻其國弓三十張；長三尺五寸，楛矢長一尺八寸，石弩三百枚。（《魏志四·三少帝·陳留王奐紀》/149 頁）

華按："石弩"未聞。上文既言獻弓三十張矣，此又言獻弩；"弩"即弓也,弓又不言"三百張"而稱"三百枚"。此皆乖舛可疑之文。實則此"弩"當據紹熙本、汲本等作"砮"。石砮者,石製之矢鏃也,此爲肅愼國之特産。《國語‧魯語》載肅愼氏貢楛矢石砮,可爲明證。《晉書‧文帝紀》載景元三年夏四月事云:"肅愼來獻楛矢、石砮、弓甲、貂皮等,天子命歸於大將軍府。"又《四夷‧肅愼氏傳》云:"元帝中興,又詣江東貢其石砮。"可與本文互參。標點本沿馮本、金陵活字本作"石弩",失校。

　　整理者按:紹興本、紹熙本、元大德本、三朝本、西爽堂本、北監本、汲本、殿本、局本、百衲本作"砮"。南監本、金陵活字本作"弩"。

秋八月辛卯,相國晉王薨。壬辰,晉太子炎紹封襲位……九月乙未,大赦。(《魏志四‧三少帝‧陳留王奐紀》/153—154頁)

　　華按:此爲咸熙二年事,"九月乙未大赦"必有詔書,而陳壽不載。日本所藏古寫本《文館詞林》卷六七〇載此詔云:"制詔:盖至化寬以服人,太上仁以懷物。以寬,故能含載無方;唯仁,故能容養萬類。苞體元元,加勿踐之恩;蛸翹喘喘,蒙弛罟之德。議獄緩死而衆生遂其性,眚灾肆赦而萬邦荷其惠。此雷雨所以著象,聖明所以播德也。朕以沖昧,獲統天位,不明于訓,而託公王之上。幸賴先相國晉王匡濟之勳,自夏徂荒,遠無不化。相國晉王嗣業承緒,繼明炤于四方,仁風肇被六合,旁靡黎儀,億兆日新厥志。朕喜使百姓勵精自肅以承首化,其大赦天下。自謀反大逆以下,已發覺未發覺、繫囚見徒、坐過謫罰,禁錮奪勞,在今年月日昧爽以前,皆悉赦除之。亡失官物及負官責逋欠,一切亡叛略人,赦、書到後,百日不自出,復罪如初。敢以赦前事相告言,皆以其罪罪之。主者具爲詔,普告天下,咸使聞知,稱朕意焉。"惜乎《詞林》誤以此詔爲《魏高貴鄉公大赦詔》,而世人未察,今發正之。所以知其誤者,以"先相國晉王"明指即司馬昭,而"相國晉王嗣業承緒",又明指司馬炎之"紹封襲位"也。明乎此,一則可校正《詞林》標題之誤,二則可彌補嚴可均《全三國文》之闕,三則可爲本文"九月乙未大赦"增一注腳,信可樂也。

三國志卷五
魏志五《后妃傳》校詁

袁術傳太祖凶問，時太祖左右至洛者皆欲歸，后止之⋯⋯遂從后言。(《魏志五·后妃·武宣卞皇后傳》/156 頁)

> 華按："至"，《太平御覽》卷一百三十八作"在"，甚合事理。疑此"至"涉上文"後隨太祖至洛"而誤。

正使禍至，共死何苦！(《魏志五·后妃·武宣卞皇后傳》/156 頁)

> 盧弼《集解》："苦"疑作"害"。

> 華按："苦"字不誤。本志《曹仁傳》載陳矯語："假使棄數百人何苦！"句式與此相同。"何苦"猶言何害，習用於當時口語，《太平御覽》卷三百四十六引曹操《軍策令》："孤先在襄邑，有起兵意，與工師共作卑手刀。時北海孫賓碩來候孤，譏孤曰：'當慕其大者，乃與工師共作刀耶？'孤答曰：'能小復能大，何苦？'"《宋書·劉粹傳》載劉道濟慰勉裴方明曰："卿非大丈夫！小敗何苦？賊勢既衰，臺兵垂至，但令卿還，何憂於賊？"可證。

使人持水賜蘭，蘭不肯飲。詔問其意？(《魏志五·后妃·武宣卞皇后傳》注引《魏略》/159 頁)

> 華按："詔問其意"後不當用問號。"意"猶故也，今謂之"緣故"。本志《夏侯玄傳》注引《魏氏春秋》："帝怒，將問豐死

意，太后懼，呼帝入，乃止。"“死意”，猶言“死因”。又《鍾繇傳》注引《先賢行狀》載鍾皓事："都官果移西曹掾，問空府去意。"又《梁習傳》注引《魏略》："習乃徐呼市吏，問縛胡意。"《吳志·妃嬪·孫休朱夫人傳》："太平中，孫亮知朱主爲全主所害，問朱主死意。"均其例。

逸薨，加號慕，內外益奇之。（《魏志五·后妃·文昭甄皇后傳》注引《魏書》/159 頁）

　　華按："號慕"爲哀悼尊長之辭，魏晉習用。又如《吳志·朱桓傳》："赤烏元年卒。吏士男女，無不號慕。"《全三國文》卷十九曹植《卞太后誄》："百姓歔欷，嬰兒號慕。"日本《書道全集》載王羲之《喪亂帖》："喪亂之極，先墓再離荼毒，追惟酷甚，號慕摧絕，痛貫心肝。"《全晉文》卷八十二謝安《與某書》："此月向終，惟祥變在近，號慕崩痛，煩冤深酷，不可居處。"《太平御覽》卷二百六十二引《華陽國志》載張翕事："在官十九年，卒，百姓號慕，送葬以千數。"《世說新語·捷悟》："娥年十四，號慕思盱，乃投瓜于江，存其父尸。"此"號慕"二字又常分用，《大藏經》卷一吳支謙譯《佛開解梵志阿颰經》："譬如孝子早喪父母，哀號思慕，無須臾忘。"《晉成帝哀册文》："哀哀同軌，唯唯輓夫，長號永慕，泣涕漣洳。"《南齊書·倖臣·紀僧眞傳》："世祖崩，僧眞號泣思慕。"“號"謂哀號泣呼，"慕"謂哀念思慕，其義甚明。《禮記·檀弓上》："其往也如慕。"鄭玄注："慕，謂小兒隨父母啼呼。"然則"號慕"之"慕"，義與啼呼有關。

　　整理者按：紹興本被描改作"后號慕"。紹熙本、元大德本（初印本）作"如號慕"。元大德本（後印本）、三朝本、西爽堂本、南監本、北監本、汲本、殿本、金陵活字本、局本、百衲本作"加號慕"。作"如號慕"近是。

及鄴城破,紹妻及后共坐皇堂上。(《魏志五·后妃·文昭甄皇后傳》注引《魏略》/160 頁)

"皇堂",局本作"室堂"。

盧弼《集解》:宋本"室"作"皇"。

　　華按:"皇堂"可疑。局本作"室堂",殆傳刻者改字以求通也。推尋事理,此文應作"堂皇"。《漢書·胡建傳》:"於是當選士馬日,監御史與護軍諸校列坐堂皇上,建從走卒趨至堂皇下拜謁。"顏師古注:"室無四壁曰皇。"此"皇"之專用字爲"堭"。《釋名·釋宫》:"堂堭,壁也。"王念孫《廣雅疏證》指出:"壁"字通常作"殿",《倉頡篇》云:"殿,大堂也。"明乎此,則知漢魏之世曰"殿"、曰"堂皇"者,名異而實同,即後世所謂大殿、大堂也。由此上溯,先秦蓋謂之"榭"。《爾雅·釋宫》:"無室曰榭。"晉郭璞注:"榭即今堂堭。"宋邢昺疏:"堂堭,即今殿也。"總而言之,"堂皇"係漢魏六朝之俗稱。《晉書·王浚傳》:"及勒登聽事,浚乃走出堂皇,勒眾執以見勒。"是"堂皇"乃官府內院之大榭也。此作"皇堂",蓋出唐、宋以後傳刻者之手。《藝文聚類》卷十八、《太平御覽》卷三百八十正作"堂皇",是唐、宋人所見《魏略》尚未誤倒,可據正矣。

　　　整理者按:紹興本、紹熙本、元大德本、百衲本作"皇堂"。三朝本、西爽堂本、南監本、北監本、汲本、殿本、金陵活字本、局本作"室堂"。

(諱)〔叡〕等自隨夫人。(《魏志五·后妃·文昭甄皇后傳》注引《魏書》/161 頁)

　　盧弼《集解》:沈均瑢曰:"'諱'謂曹叡也。史臣作史,故云'諱'

也。"沈家本曰:"《魏書》乃魏王沈所作,故以'諱'字代之。"

盧弼《集解補》:顧炎武曰:"此'諱'字明帝名,當時史家之文
也。《宋書·武帝紀》:'劉諱龍行虎步。'《後周書·柳慶傳》:
'宇文諱忠誠奮發。'並合稱名,史家不敢斥之耳。"

標點本《校記》:"叡",原書避明帝諱作"諱"。(1487頁)

華按:"諱"字不宜改。此"諱"字既爲王沈《魏書》之原文,
則裴注引其書而仍其舊,是也。至若《蜀志·孟光傳》"每直言
無所迴避,爲代所嫌"之"代",顯爲唐人諱"世"改作之字,自宜
回改。標點本改此而不改彼,兩失其宜。

我當何憂?(《魏志五·后妃·文昭甄皇后傳》注引《魏書》/ 161頁)

華按:"當"讀爲"尚"。本志《夏侯玄傳》注引《魏略》載李
豐語曰:"當用榮位爲!"又注引《世語》載夏侯玄語:"吾當何
辭?"又《荀攸傳》載曹操語:"吾得與之計事,天下當何憂哉!"
例多不贅。

臣松之以爲:《春秋》之義,内大惡諱,小惡不書。文帝之不立甄氏及加殺害,事有明審。魏史若以爲大惡邪,則宜隱而不言,若謂爲小惡邪,則不應假爲之辭。(《魏志五·后妃·文昭甄皇后傳》注/161頁)

華按:竊謂"小惡不書"之句,衍一"不"字。《公羊傳·隱
公十年》云:"内大惡諱……《春秋》錄内而略外:於外大惡書,
小惡不書;於内大惡諱,小惡書。"何休《解詁》云:"於内大惡
諱,於外大惡書者,明王者起當先自正;内無大惡,然後乃可治
諸夏大惡,因見臣子之義當先爲君父諱大惡也。内小惡書,外
小惡不書者,内有小惡適可治諸夏大惡,未可治諸夏小惡,明

當先自正，然後正人。"此言君王之惡有小大之分、內外之別：凡屬"內大惡"者，宜諱之；屬"內小惡"者，可書之；凡屬"外大惡"者亦可書，屬"外小惡"者可不書。曹丕之不立甄氏及加殺害，顯屬"內惡"，故裴松之以爲：魏史若以爲此事屬於"大惡"，則宜隱而不言；若以爲此事屬於"小惡"，則可秉筆直書，不應假爲之辭也。明乎此，則知裴注之文當作"內大惡諱，小惡書"。今本作"小惡不書"者，蓋傳寫者誤增"不"字耳。

又按：今人或謂"內大惡諱"乃"大惡內諱"之誤，非是。"內大惡諱"於《公羊傳》中凡四見，裴氏所引不誤。若改作"大惡內諱"，非但義無可取，且"內諱"之文亦似通非通也。

訂補："小惡不書"，疑此"不"爲"必"之訛，與《管寧傳》"其誘人也，皆不因其性氣，誨之以道，使之從善遠惡"之"不"當作"必"相似。徐幹《中論》卷上《脩本第三》："孔子之制春秋也，詳內而略外，急己而寬人。故於魯也，小惡必書；於眾國也，大惡始筆。"又《後漢書》卷六十六《陳蕃傳》："蕃乃獨上疏曰：'臣聞齊桓修霸，務爲內政；《春秋》於魯，小惡必書。'"李賢注："《公羊傳》莊公四年，公及齊人狩于郜，譏其與讎狩也。僖公二十年，新作南門，譏其奢也。故曰'小惡必書'也。"

今文昭皇后之於萬嗣，聖德至化，豈有量哉！《魏志五·后妃·文昭甄皇后傳》注引《魏書》/162 頁）

盧弼《集解》：《宋書·禮志》"萬"作"後"。

華按：《通典》卷四十七、《册府元龜》卷二十九亦作"後嗣"，疑屬不明典故者所臆改。《大戴禮記·哀公問孔子》載孔子語曰："天地不合，萬物不生。大昏，萬世之嗣也。""萬嗣"即"萬世之嗣"之縮略。《文選》卷四十九載班固《典引》曰："將絣

萬嗣，揚洪輝，奮景炎，扇遺風，播芳烈。"本志《武帝紀》建安二
十年注引《獻帝傳》載詔曰："所以保乂天命，安固萬嗣。"是
其比。

嘉本典虞車工，卒暴富貴。（《魏志五·后妃·明悼毛皇
后傳》/167 頁）

華按：今語所謂"突然"、"忽然"者，先秦謂之"卒"或"卒
然"，漢魏則常稱"卒暴"。《漢書·師丹傳》載其上成帝書曰：
"詔書比下，變動政事，卒暴無漸。"顏師古注曰："卒讀曰猝。"
《孟子·萬章上》："孔子先簿正祭器。"趙岐注："孔子仕於衰
世，不可卒暴改戾，故以漸正之。"《公羊傳·襄公二十五年》：
"入巢之門而卒也。"何休《解詁》曰："吳子欲伐楚，過巢不假
塗，卒暴入巢門。"《孟子·梁惠王上》："卒然問曰……"趙岐
注："卒暴問事，不由其次也。"《後漢書·班超傳》載其妹上書
曰："如有卒暴，超之氣力，不能從心，便爲上損國家累世之
功。"本志《劉劭傳》注引王彪之與揚州刺史殷浩書："尋此四事
之指，自謂諸侯雖已入門而卒暴有之，則不得終禮。"又《楊阜
傳》載其上明帝疏："頃者天雨，又多卒暴，雷電非常，至殺鳥
雀。"並其例。"卒暴"即猝暴，同義之字平列，《廣雅·釋詁
三》："暴，猝也。"是其義。此"卒暴"一詞，至南北朝時已有不
甚了然者，如本篇敍毛嘉本爲"典虞車工"，後因其女爲明帝之
后而"卒暴富貴"，其事甚明；然《宋書·五行志三》記其事乃
曰："更立典虞車工卒毛嘉女，是爲悼皇后。"唐人所撰《晉书·
五行志上》亦云"更立典虞車工卒毛嘉女爲后"。近人楊晨撰
《三國會要》亦誤以毛嘉爲"典虞車工卒"，此皆割裂"卒暴"一
詞所致。

三國志卷六
魏志六《董二袁劉傳》校詰

陛下令常侍小黃門作亂乃爾，以取禍敗，爲負不小
邪？（《魏志六・董卓傳》注引《英雄記》/173頁）

　　華按："爲負"義爲"爲廢職之負"，單言之則爲"負"。如本
志《杜恕傳》："當官苟在於免負，立朝不忘於容身。"又《吳志・
呂蒙傳》："部界無廢負，路無拾遺，其法亦美也。"

入開陽城門。（《魏志六・董卓傳》/174頁）

　　盧弼《集解》：案《續百官志》，洛陽城十二門，有開陽門。此爲
入洛陽城之開陽門。"城"字疑衍，觀前言"帝出穀門"，不言出
"穀城門"，可證；然范書《卓傳》有"孫堅進洛陽宣陽城門"之
語，則釋爲入洛陽之開陽城門亦可通。

　　華按："洛陽城門"是全稱，"開陽門"是省稱，不得是此而
非彼也。《漢書・劉屈氂傳》："太子軍敗，南奔覆盎城門，得出。"
顏師古注："長安城南出東頭第一門曰覆盎城門，一號杜門。"簡
言之，"覆盎城門"即"覆盎門"矣。盧氏疑衍"城"字，非是。標點
本僅於"開陽"下加專名綫，未完。說詳本志《呂布傳》注。

謝承記孚字及本郡，則與瓊同，而致死事乃與孚異
也。（《魏志六・董卓傳》注引謝承《後漢書》/176頁）

　　華按：前既云"記孚字及本郡則與瓊同"，則後當云"而致

85

死事乃與瓊異也"。後一"孚"字當爲傳寫之誤。

卓至，肅等格卓。卓驚呼布所在。布曰"有詔"，遂殺卓。(《魏志六·董卓傳》/179頁)

華按："布所在"一句，語氣急促，活現董卓窘迫惶遽之狀。標點本將"卓驚呼布所在"六字連成一讀，以逗號了之，直以爲敍事之筆矣，不妥。"所在"在當時口語中相當於"何在"，《後漢書·董卓傳》作"呂布何在?"可以參證。《後漢書·鮑永傳》："帝見永，問曰：'卿眾所在?'"又《趙岐傳》注引《三輔決錄注》："過問：'趙處士所在?'"本志《后妃·武宣卞皇后傳》注引《魏略》："假令死而有靈，子脩若問：'我母所在?'我將何辭以答?"又《曹爽傳》注引《魏略》："其後太祖問斐曰：'文侯，印綬所在?'斐亦知見戲，對曰：'以易餅耳。'"《太平御覽》卷六百八十二引作"何在"。《吳志·妃嬪·孫和何姬傳》注引《江表傳》："晧以張布女爲美人，有寵，晧問曰：'汝父所在?'答曰：'賊以殺之。'"此例之"所在"，唐許嵩《建康實錄》改爲"何在"。《大藏經》卷一西晉白法祖譯《佛般泥洹經》卷下："佛問比丘：'阿難所在乎?'對曰：'阿難近在牀後角。'"干寶《搜神記》卷十一敍"三王墓"事："莫邪子名赤比，後壯，乃問其母曰：'吾父所在?'"《全晉文》卷二十二王羲之《十七帖》："朱處仁今所在?"均其例。考之字書，裴學海《古書虛字集釋》卷九已有"所猶何也"之說，惜裴氏以《漢書》、《國語》乃至《尚書》爲例，頗難據信。今知後漢以還，"所"字確有用如"何"者，《後漢書·班超傳》："超怒詰廣曰：'危須王何故不到? 腹久等所緣逃亡?'"此例"何故"與"所緣"對舉，同爲問詢。又《李固傳》載其問帝語曰："陛下得患所由?"此例"所由"猶言"何由"。《大藏經》卷三吳康僧會譯《六度集經·須大拏經》:"慰勞之曰:'所由來乎?苦體如何?所欲求索?'"二"所"字均猶言"何"。《太平御覽》卷八百八十四引《搜神記》:"問妾曰:'夫人何從來?車上所載?丈夫何在?何故獨行?'""所載"猶言"何載",均其證也。

今又自知所犯悖逆,常有怏怏之色,欲輔車駕幸黃白城以紓其憤。(《魏志六·董卓傳》注引《獻帝起居注》/184頁)

盧弼《集解》: 范書《卓傳》:"催尋復欲徙帝於池陽黃白城。"

華按:"輔",疑爲"轉"之訛。范書敍此事作"徙",《册府元龜》卷三百十六引此文作"移",袁宏《後漢紀》卷二十八、《資治通鑑》卷六十一作"轉",與文義合,可爲參證。下文"而復欲輔乘輿于黃白城"之"輔",《後漢紀》亦作"轉",《册府元龜》作"移轉",均可參校。

州郡各擁兵自衛,莫有至者。(《魏志六·董卓傳》/186頁)

易培基《補注》: 紹熙本、南本作"擁兵自爲"。

華按:"自衛",紹興本、紹熙本、元本、馮本、北監本、殿本、金陵活字本等均作"自爲",與袁宏《後漢紀》卷二十九相合;西爽堂本、毛本、局本作"自衛",而以局本爲底本之盧弼《集解》竟無一說,標點本遂沿其誤。"自爲"有營私自立之義,不僅"自衛"而已。"自爲"與"爲人"意義相對,1973年馬王堆漢墓出土帛書《戰國縱橫家書·蘇秦謂燕王章》:"仁義,所以自爲也,非所以爲人也。"《呂氏春秋·分職》云:"不能爲人,又不能自爲,可謂至愚矣。"《淮南子·兵略訓》云:"舉事以爲人者,眾助之;舉事以自爲者,眾棄之。"本志《武帝紀》載建安三年曹操答袁紹書:"當今天下土崩瓦解……人懷怏怏,各有自爲之心,此上下相疑之秋也。”其中“爲”讀去聲,然則局本作“自衞”者,乃無識者因二字音同而妄改。局本來自明毛氏汲古閣本,盧弼篤信局本,失於考校,亦已疏矣;標點本以紹熙本、殿本、金陵活字本、局本互校,旨在“擇善而從”,然而竟獨取局本之誤,更足見“擇善”之不易。

　　整理者按:紹興本、紹熙本、元大德本、三朝本(嘉靖九年補刊)、南監本、北監本、殿本、金陵活字本、百衲本作“自爲”,西爽堂本、毛本、局本作“自衞”。

紹既斬宦者所署司隸校尉許相,遂勒兵捕諸閹人,無少長皆殺之。(《魏志六·袁紹傳》/189頁)

　　盧弼《集解》:侯康曰:“《後漢書·靈帝紀》云:‘中平六年,司隸校尉袁紹勒兵收僞司隸校尉樊陵、河南尹許相及諸閹人,無少長皆斬之。’此云‘司隸校尉許相’,誤也。許相以諂事宦官,致位台司、封侯,見范書《許劭傳》。”沈家本曰:“疑此傳‘司隸校尉’下奪‘樊陵河南尹’五字。”

　　華按:樊陵爲司隸校尉,許相爲河南尹,二人同時被袁隗、袁紹所斬,其事又見《後漢書·何進傳》。此則云獨斬“司隸校尉許相”,中間必有脱文,當從侯、沈之説沾補。

漢家君天下四百許年,恩澤深渥,兆民戴之來久。(《魏志六·袁紹傳》注引《獻帝春秋》/190頁)

　　盧弼《集解》:《通鑑》無“來久”二字,何校改作“永久”。

　　華按:何校失之。“來久”綴於動詞或動賓詞組之後,表示由來已久,亦當時習語。鄭玄《詩·小雅·常棣》箋云:“當急難之時,雖有善同門來久也,猶無相助己者。”《文選》卷四十三嵇康《與山巨源絕交書》:“又縱逸來久,情意傲散。”《晉書·禮

志中》載晉武帝《答羣臣請易服復膳詔》云："吾本諸生家,傳禮
來久,何心一旦便易此情於所天。"又《傅玄傳》載其上疏："施
行來久,眾心安之。"又《皇甫謐傳》載其《篤終》之文："吾本欲
露形入坑,以身親土,或恐人情染俗來久,頓革理難,今故觕爲
之制。"《大藏經》卷三西晉竺法護譯《佛說鹿母經》:"吾之無
良,殘暴來久。"《世說新語・術解》殷中軍妙解脈經條:"小人
母年垂百歲,抱疾來久,若蒙官一脈,便有活理。"《宋書・何承
天傳》載其《安邊論》云:"今承平來久,邊令弛縱。"均其例證。
《資治通鑑》卷五十九無"來久"二字,當爲司馬光等所删。郝
經《續後漢書》卷九亦無"來久"二字,同《通鑑》之誤。

班,字季皮,太山人。（《魏志六・袁紹傳》注引《漢末名士錄》/192 頁）

盧弼《集解》:章懷注引此作"季友"。《風俗通》卷三作"胡母
季皮"。

　華按:陶潛《集聖賢羣輔錄》載漢末之語:"海內珍奇,胡母
季皮。""皮"、"奇"二字古韻同隸支部;而"友"字古韻屬止部,
與"奇"字不叶,然則班字必爲季皮無疑。又《後漢書》卷七十
四上《袁紹傳》注引《漢末名士錄》作"胡母班字季友",標點本
《校記》曰:"《三國・魏志》注'季友'作'季皮'。《風俗通》卷三
作'胡母季皮'。今按:作'皮'是。沈家本謂《漢書・敍傳》,楚
人謂虎班。名班字季皮,猶春秋時鄭罕虎字子皮也。"

自此紹貢御希慢。（《魏志六・袁紹傳》注引《典略》/195 頁）

　華按:"希慢"疑爲"希簡"之誤。"希簡"亦作"稀簡",同義
之字平列,簡亦稀也。本志《陳泰傳》:"泰每以一方有事,輒以
虛聲擾動天下,故稀簡白上事,驛書不過六百里。司馬文王語

荀顗曰：'……又希簡上事，必能辦賊故也。'"《列子·天瑞篇》晉張湛注："易亦希簡之別稱也。"《宋書·吳喜傳》載宋明帝詔："東土未平，商運稀簡。"可見"希簡"亦當時習語。"希慢"連文頗生硬，此二字《後漢書·袁紹傳》、《資治通鑑》卷六十二均作"稀簡"，似宜從之。

招命賢士，不就；不趨赴軍期，安居族黨，亦不能罪也。（《魏志六·袁紹傳》注引《九州春秋》/196 頁）

華按：上文在 2002 年版嶽麓書社校點本中，筆者根據百衲本校點爲："招命賢士不就，不彊；棄軍期安居族黨，亦不能罪也。"爲避免誤解，今補述理由如次：一、百衲本所據之底本係宋紹熙本，爲早期文本之代表；中華書局本所據之底本係金陵活字本，爲後期文本中訛脫最甚之本。元本、馮本等早期版本與紹熙本相同，且文義明晰，故取紹熙本。二、袁紹之弱點，在於能聚賢而不能用賢；袁譚之任青州刺史，可謂能招賢而不能聚賢。本文之上半段即說明此點。袁譚之招命賢士也，賢士不就，亦不彊徵；就現代觀念而言，聽任賢士不就固是佳事，然就當時情勢而論，賢士之所以不就，不外乎出於三種觀念：一是時值亂世，遙望前途，風雲莫測，故不願出仕；二是不願一招即出，故推辭初徵以待再徵乃至三徵，既以此自重，更以占當局垂意之輕重；三是輕視當局，故不屑於應招受命。無論"不就"之賢士出於何種觀念，均說明袁譚行政能力不足。三、袁紹政令寬緩，强宗大族多不奉法；袁譚之爲政更不及乃父，甚至治軍亦不能令行禁止。本文之下半段即說明此點。所謂"棄軍期安居族黨"者，逃避兵役、違抗軍法之豪强也。違軍法者"亦不能罪"，則當局之權威如何，居可知矣。四、吳本、毛本、殿本、局本作“招命賢士，不就；不趨赴軍期，安居族黨，亦不能罪也”，將早期文本之“彊棄”變成“趨赴”，導致句讀混亂，文意隱晦。明、清版本勝於宋、元版本之處，在於顯性錯誤逐漸減少；宋、元版本勝於後出諸本之處，在於內容更接近古寫本之舊貌，在於無後山版本臆改之嫌。“彊棄”變成“趨赴”，始作俑於明本，當屬明人臆改舊本之例。

　　整理者按：紹興本、紹熙本、元大德本、三朝本（嘉靖己未年補刊）、南監本、北監本、金陵活字本、百衲本作“彊棄”。西爽堂本、汲本、殿本、局本作“趨赴”。

自軍敗後發病，七年，憂死。（《魏志六·袁紹傳》/201頁）

　　潘眉《考證》：“憂”乃“夏”字之訛。紹以夏五月死，見《武帝紀》。

　　周壽昌《證遺》：予按《後漢書》作“七年夏薨”，潘氏謂“憂死”之“憂”爲“夏”字之誤，然紹以兵敗發病，憂死亦合情事；觀《劉表傳》祇稱“表病死”，亦未詳何年月；若書“夏”，則“五月”二字不可省；又按《獻帝紀》書“七年夏五月庚戌，袁紹薨”，不獨紀年月，並詳其日矣。

　　李景星《評議》：既云“發病”，是以病死，非以憂死也。“憂”字當是“夏”字之誤。《魏武紀》“紹以夏五月死”，可以爲證。

　　華按：潘說不確，李氏又爲之張目，似不知“病”與“憂”互爲因果而足以致死也。《漢書·翟方進傳》載陳咸被廢，“以憂發疾而死”，此因憂而病之例。《吳志·諸葛恪傳》載聶友被孫峻所忌，“發病憂死”，此既病且憂之例。又史家記事，有互文見義者，如本志《陶謙傳》曰：“謙病死。”而傳末之《評》則曰：“陶謙昏亂而憂死。”合而觀之，則知陶謙亦如袁紹之“發病憂死”也。若夫《後漢書·袁紹傳》作“七年夏薨”者，與史例不合，疑出范曄臆改之筆。周壽昌指出：“若書‘夏’，則‘五月’二字不可省。”換言之，稱袁紹“夏五月死”、“夏五月薨”則可，若稱“夏死”、“夏薨”，則乖於書法。周氏之說，可謂要言不煩。袁宏《後漢紀》卷二十九《孝獻皇帝紀》：“七年夏五月庚戌，袁紹發病死。”《魏志·荀彧傳》：“太祖復次于河上，紹病死。”

困獸必鬭，以干嚴行，而將軍師旅土崩瓦解，此非人力，乃天意也。（《魏志六·袁紹傳》注引《漢晉春秋》／205頁）

華按：《漢書·嚴助傳》載淮南王安上書：“如使越人蒙死徼幸以逆執事之顏行，斯輿之卒有一不備而歸者，雖得越王之首，臣猶竊爲大漢羞之。”文穎注曰：“‘顏行’猶‘鴈行’，在前行，故曰顏也。”本文“困獸必鬭，以干嚴行。”與“蒙死徼幸以逆執事之顏行”語意相同。朱起鳳《辭通》謂“嚴行”與“顏行”聲近義通，是矣。

備軍中千餘人，使促辟之。（《魏志六·袁術傳》注引《獻帝春秋》／208頁）

盧弼《集解》：范書《孔融傳》注引此作“條軍中十餘人”，《通鑑》同。

華按：“備”字無義，當爲“條”之形訛。《史記·建元已來王子侯者年表》載詔文曰：“諸侯王或欲推私恩分子弟邑者，令各條上，朕且臨定其名號。”《蜀志·張翼傳》注引《續漢書》載張綱謂降者曰：“卿諸人一旦解散，方垂盪然，當條名上之，必受封賞。”“條”謂分條陳述也。

又按：此言袁術欲使“千餘人”受辟，亦不合事理。當以作“十餘人”者爲得實。

諸婦害其寵,語之曰……馮氏以爲然。(《魏志六・袁術傳》注引《九州春秋》/210頁)

錢大昭《辨疑》:"語",當從《後漢書・袁術傳》作"給"。

華按:錢說是。《永樂大典》卷一四一二五引《韻府羣玉》亦作"給",與范書合,是明人所見本猶有不誤者,可據正。"語"、"給"相訛,本志《武帝紀》注引《曹瞞傳》已有其例。《太平御覽》卷三百八十一引《典說》:"司隸馮方女,國色也,……諸婦害其寵,給言將軍以貴人有志節,但見時示憂色,必長見敬重。馮氏如其言,術益哀之。"其中亦用"給",可爲旁證。

從事中郎韓嵩、別駕劉先說表。(《魏志六・劉表傳》/212頁)

盧弼《集解》:胡三省曰:"漢制,惟司隸校尉有從事中郎。至漢末則州牧亦有從事中郎矣。"弼按:《續百官志》司隸校尉與州刺史皆有從事史,而無從事中郎。范書《王允傳》:"大將軍何進召允爲從事中郎。"

華按:胡三省謂漢末司隸校尉及州刺史下屬亦有"從事中郎",未能得實。盧氏之說是也。然而劉表部下何以有"從事中郎韓嵩"? 此事尚待說明。據晉司馬彪《續漢書・百官志》可知,"從事中郎"爲"將軍"屬官;而劉表當時爲"鎮南將軍、荊州牧",是故既有隸屬州刺史之屬官,又有隸屬將軍之屬官。《全三國文》卷五十六《劉鎮南碑》載劉表行事云:"遣御史中丞鍾繇即拜鎮南將軍,錫鼓吹大車,策命襃崇,謂之伯父,置長史、司馬、從事中郎,開府辟召,儀如三公。"毫無疑問,韓嵩之爲從事中郎,乃屬"鎮南將軍"麾下之職。

又按:上文刊出後,偶檢施之勉《後漢書集解補・劉表傳第六十四下》"從事中郎南陽韓嵩"條引沈家本之說,始知沈氏早已說明此事;上文所謂"此事尚待說明"云云,可謂孤陋寡聞而又沾沾自喜矣。兹錄沈氏之文,以志吾過:"按從事中郎,六百石,將軍屬官,見《續志》。時劉表爲鎮南將軍,故得有此官屬。《魏志·呂布傳》有曹操從事中郎許汜、王楷,操時行奮武將軍也。"

琦與琮遂爲讎隙。(《魏志六·劉表傳》/213頁)

盧弼《集解》:宋本"遂"作"還"。

華按:百衲本亦作"還",當從之。劉琦、劉琮本爲親援,至此轉爲讎敵,"還"乃反轉之義,正合文理。本志《呂布傳》注引《九州春秋》載布與韓暹、楊奉書曰:"今袁術造逆,當共誅討,奈何與賊臣還共伐布?"又載布與蕭建書曰:"諸將自還相攻,莫肯念國。"又《臧洪傳》注引徐眾《三國評》曰:"洪本不當就袁請兵,又不當還爲怨讎。"又《王脩傳》載其諫袁譚曰:"兄弟還相攻擊,是敗亡之道也。"《蜀志·蔣琬傳》載延熙元年詔曰:"遼東三郡苦其暴虐,遂相糾結,與之離隔。叡大興眾役,還相攻伐。"《吳志·諸葛瑾傳》載孫權語曰:"夫威柄不專,則其事乖錯,如昔張耳、陳餘,非不敦睦,至於秉勢,自還相賊,乃事理使然也。"皆用"還"字,可爲佐證。

整理者按:紹興本、紹熙本、元大德本、百衲本作"還"。三朝本、西爽堂本、南監本、北監本、汲本、殿本、金陵活字本、局本作"遂"。

至于後嗣顛蹶,社稷傾覆,非不幸也。(《魏志六·董二袁劉傳評》/217頁)

華按:此"顛蹶"僅見於金陵活字本,而標點本承用之。紹熙本等皆作"顛隮",馮夢禎所校南監本亦然。《管子·小匡》載齊桓公語云:"小白承天子之命而毋下拜,恐顛蹶于下,以爲天子羞。"謂顚仆隕越爲"顛蹶",自是古來常語。金陵活字本係據馮本校刻,此處若非失校,則屬臆改之文。

　　整理者按:紹興本、紹熙本、元大德本、三朝本、西爽堂本、南監本、北監本、汲本、殿本、局本、百衲本作"隮"。金陵活字本作"隳"。

三國志卷七
魏志七《呂布張邈臧洪傳》校詁

丹楊兵有千人屯西白門城內，聞將軍來東，大小踊躍，如復更生。（《魏志七·呂布傳》注引《英雄記》/223頁）

盧本作"西白城門"。

盧弼《集解》：趙一清曰："白門，下邳之城門，即布受擒於曹公處也。'城'字當在'西'上。"梁章鉅曰："'城門'二字當互乙。"弼按：《水經注》"下邳城有三重，其大城中有四碑，南門謂之白門，魏武擒陳宮於此"云云，與趙、梁二說異。

華按："白門城內"舊作"白城門內"。"白城門"爲古來習稱，"白門"則是當時省稱。如本志《董卓傳》注引張璠《漢紀》："司徒王允挾天子上宣平城門避兵。"其中"宣平城門"謂長安宮城之宣平門，非謂"宣平"地區之城門也。又《曹爽傳》云："大司農沛國桓範聞兵起，不應太后召，矯詔開平昌門，拔取劍戟，略將門候，南奔爽。"下文裴注引《魏略》亦記此事云："範欲去，而司農丞吏皆止範，範不從，乃突至平昌城門，城門已閉。"《國志》行文簡潔，故省稱"平昌門"；《魏略》記事詳細，則稱"平昌城門"。明乎此，則知宋、元、明、清各本作"西白城門內"，指下邳城西面之白門以內，其文並未訛倒。近代學者不明古稱，故趙一清說"'城'字當在'西'上"，梁章鉅說"'城門'二字當互乙”，前者誤以爲此文應作“城西白門内”，後者誤以爲此文當作“西白門城内”。標點本採用梁説，失考。

又按：“白城門”、“宣陽城門”、“平昌城門”之類均屬專名，其下應加專名綫以顯之。標點本但在“宣陽”、“平昌”之下標以專名綫，易致誤解。書中類似之例甚多，不贅舉。

整理者按：紹興本、紹熙本、元大德本、三朝本（萬曆十年補刊）、西爽堂本、南監本、北監本、汲本、殿本、金陵活字本、局本、百衲本作“西白城門”。

將軍有所隱不？（《魏志七·呂布傳》注引《英雄記》/224 頁）

華按：“隱”謂揣度之也。《廣雅·釋詁一》：“隱，度也。”《大藏經》卷三吳康僧會譯《六度集經·須大拏經》：“太子隱其在坮，發柴覩之。”此亦魏晉常語。《吳志·胡綜傳》：“隱度今者，可得千餘匹。”“隱度”二字平列，隱亦度也。

太祖又手書與布曰：“山陽屯送將軍所失大封⋯⋯將軍所使不良。袁術稱天子，將軍止之，而使不通章。朝廷信將軍，使復重上，以相明忠誠。”布乃遣登奉章謝恩，并以一好綬答太祖。（《魏志七·呂布傳》注引《英雄記》/225 頁）

盧弼《集解》：陳景雲云：“‘止’當作‘上’。”

華按：“將軍止之”之“止”，中華書局 1979 年出版之《曹操集譯注》作“上”，並注曰：“上，報告。《曹操集》原作止，據《三國志集解》改。”陳景雲目光如炬，《曹操集譯注》據其説而改“止”爲“上”，可從。就文理而言，上文“所使不良”謂使者未能履行上章之事，下文“使復重上”與相呼應，足見本文應作“上”；就事理而言，建安二年春，袁術稱天子於淮南，非盤踞於

徐州之呂布所能制止；然徐州與淮南接界，呂布上章以表忠於
漢朝而與賊絕交之意，乃勢所必然。似此，則作“止”似通非
通，明矣。

二將軍拔大駕來東，有元功於國。（《魏志七·呂布傳》注引《九州春秋》/226頁）

錢大昭《辨疑》：“拔”，當從范書作“扶”。

盧弼《集解》：范書《布傳》作“二將軍親扶大駕”。何焯校改
“扶”爲“拔”，謂拔出險難。范書作“扶”，乃形近而誤，何氏改
之是也。

 華按：盧說甚是。《後漢書·應劭傳》載其奏文云：“逆臣
董卓，蕩覆王室……今大駕東邁，巡省許都，拔出險難，其命惟
新。”本志《董昭傳》載其作太祖書與楊奉亦言及此事：“今將軍
拔萬乘之艱難，反之舊都，翼佐之功，超世無疇，何其休哉！”可
證。《世說新語·政事》注引《雅別傳》：“拔至尊出。”亦謂救天
子出險地也，句法與“拔大駕來東”相類。

君如自遂以爲郡郡作帝，縣縣自王也！（《魏志七·呂布傳》注引《英雄記》/226頁）

 華按：“如自”語不可通。“自”疑當作“何”，或涉下文“縣
縣自王”而誤。又“何”字隸書與“自”字草書形近易訛。《吳志·
陸遜傳》注：“何足虧損雅慮。”毛本“何”誤爲“自”，是其例。

布因指備曰：“是兒最叵信者。”（《魏志七·呂布傳》/227頁）

盧弼《集解》：范書《布傳》作“布目備曰”，《通鑑》從之。趙一清
曰：“范書此言得之，布已受縛，不得用手指也。”

 華按：《太平御覽》卷三百六十六引王粲《英雄記》作“布目
備曰”，當爲陳志、范書所本。趙氏論此文“指”非手指之義，甚

是；然邃稱《後漢書·呂布傳》作"布目備曰"爲"得之"，似謂"指"乃"目"之誤文，惜乎未達一間。竊以爲此文"指"字不誤，"因"乃"目"字之訛。"因"字俗作"囙"，東晉寫本《吳志》殘卷作"田"，與"目"字祇爭一筆。本志《東夷·挹婁傳》："善射，射人皆入目。""目"字各本均誤爲"因"；《吳志·虞翻傳》注引《翻別傳》："又鄭玄解《尚書》違失事目。"舊本"目"多作"因"，唯宋本不誤；《潛夫論·德化》："國有傷明之政，則民多病目。"汪繼培箋："目舊作因。"此皆形近而訛之顯例。明乎此文當作"布目指備曰"，則知《後漢書》之精煉，獨在承用《英雄記》之文而不增"指"字耳。又，陳宮與呂布同時被縛，本篇注引魚豢《典略》："宮顧指布曰：'但坐此人不從宮言……。'""顧指"與"目指"情狀相類。又，本志《毛玠傳》："後羣僚會，玠起更衣，太祖目指曰：'此古所謂國之司直，我之周昌也。'"亦以"目指"爲文，可爲證矣。

又按：徐復師說：原文"因指"亦可通，"指"乃"𧮺"字之借。《說文解字·言部》："𧮺，訐也。從言，臣聲。讀若指。"《廣雅·釋言》："指，斥也。"與本文正合。

氾、楷曰："明上今不救布，爲自敗耳！布破，明上亦破也。"術時僭號，故呼爲明上。（《魏志七·呂布傳》注引《英雄記》/227頁）

胡三省《通鑑釋文辨誤》：史炤《釋文》曰："明上，猶明府也。"余按漢時諸州牧、郡守，人稱之爲明府。袁術僭號，故氾、楷稱之爲明上。以氾、楷命言之意觀之，蓋尊於明府矣。

周壽昌《證遺》：明上，謂袁術也，猶明公。

華按：李催稱漢獻帝爲"明帝"、"明陛下"，事見本志《董卓傳》注引《獻帝起居注》。此稱"明上",亦其比也。"明上"、"明帝"、"明陛下"均用以稱"天子";至於"明公"、"明府"等,則用以稱公卿、郡守之屬也。史、周二說均誤。

氾曰:"陳元龍湖海之士,豪氣不除。"……備問氾:"君言豪,寧有事邪?"氾曰:"昔遭亂過下邳,見元龍,元龍無客主之意,久不相與語,自上大床臥,使客臥下床。"(《魏志七·呂布傳》/229頁)

梁章鉅《三國志旁證》(下稱《旁證》):何焯曰:"豪氣謂驕氣,彼時謂驕爲'豪',畢軌在并州,名爲'驕豪'是也。"

華按:何說甚確。此"豪氣"指蠻橫而言,與今語含褒義者有別。辭書迄今猶以"豪邁之氣"釋之,非是。"豪"字古作"勢",《漢書·食貨志》:"故大賈畜家不得豪奪吾民矣。"顏師古注:"豪謂輕侮之也。"劉備、許氾所言之"豪",亦謂輕侮人也。友人關德仁君見告:《魏書·景穆十二王中·任城王彝傳》附其兄拓跋順事:"時尚書令高肇,帝舅權重,天下人士望塵拜伏。順曾懷刺詣肇門,門者以其年少,答云'在坐大有貴客',不肯爲通。順叱之曰:'任城王兒,可是賤也。'及見,直往登牀,捧手抗禮,王公先達,莫不怪愕,而順辭吐傲然,若無所覩。肇謂眾賓曰:'此兒豪氣尚爾,況其父乎!'及出,肇加敬送之。"其中"豪氣"亦傲氣之謂。

董卓殺帝,圖危社稷。(《魏志七·臧洪傳》/231頁)

盧弼《集解》:范書"殺"作"弑"。

華按:《漢書·高帝紀》:"項羽爲無道,放殺其主。"顏師古注:"殺讀曰弑。諸弑君者,其例皆同。"本志《文帝紀》注引《典論》帝自敍:"董卓殺主鳩后。"《太平御覽》卷九十三作"弑帝",

又卷五百九十二作“弑主”。又《陳泰傳》注引干寶《晉紀》：“高貴鄉公之殺，司馬文王會朝臣謀其故。”《文選》卷四十七袁宏《三國名臣序贊》注引“殺”作“弑”，均二字通用之例。

前日不遺，比辱雅貺，述敍禍福。（《魏志七・臧洪傳》/233頁）

華按：“不遺”猶言不棄。《文選》卷四十一李陵《答蘇武書》：“昔者不遺，遠辱還答。”又卷四十二應璩《與滿公琰書》：“昨者不遺，猥見照臨。”《全三國文》卷三曹操《與太尉楊彪書》：“足下不遺，以賢子見輔。”《全後漢文》卷九十六楊彪妻袁氏《答曹操夫人卞氏書》：“尊意不遺，伏辱惠告。”《大藏經》卷四元魏慧覺譯《賢愚經》卷二十三：“女敬令曰：‘謝使者及……大小勞枉道路，孤貧之女，鄙賤不遺，遠煩官屬侍從枉屈，辱王重命……’”或作“不忽遺”，如《文選》卷四十二曹丕《與鍾大理書》：“乃不忽遺，厚見周稱。”此皆致敬之套語。

本因行役，寇竊大州。（《魏志七・臧洪傳》/233頁）

盧弼《集解》：趙一清曰：“‘寇’，范書《臧洪傳》作‘遂’。”

華按：“寇竊”云云，謙抑之辭也。《宋書・王弘傳》：“臣忝荷要重，四載於今……臣何人斯，寇竊不已。”王弘當時爲衛將軍、開府儀同三司，亦以“寇竊”爲辭，是其比。臧洪此文，傳誦於世；異文迭出，事理之常。范書“寇”作“遂”，袁宏《後漢紀》卷二十八亦作“遂”，當屬別本異文。

畏威懷親。（《魏志七・臧洪傳》/234頁）

盧弼《集解》：范書“畏威”作“畏君”。

華按：范書是也。知者，臧洪此書，旨在以忠君孝親自解，其文一則曰：“吾聞之，義不背親，忠不違君。”再則曰：“道乖告

去，以安君親，可謂順矣。"三則曰："足下徼利於境外，臧洪授
命於君親。"皆以"君"、"親"並提。此"畏威"與"懷親"義不相
屬，又不與下句"以詐求去，可謂有志忠孝"密吻，其爲"畏君"
之誤明甚。"畏君懷親"，言其出使已久而未能完成使命，故既
畏違失君命，又思歸省父母也。今檢東晉寫本《魏志·臧洪
傳》殘卷影印件，"畏君"二字雖嫌模糊，幸喜"君"字之形不難
識辨，然則諸本之誤可據正矣。

以詐求歸，可謂有志忠孝，無損霸道者也。（《魏志七·臧洪傳》/234 頁）

盧本作"以計求歸"。

盧弼《集解》：各本"計"作"詐"。范書"以計"作"以詐"，"無損"
作"無捐"。

    華按：參以晉寫本《魏志·臧洪傳》殘卷，可知諸本作
"詐"、作"損"者淵源有自。盧本作"計"，乃"詐"之壞字；范書
作"捐"，蓋"損"之殘文。

    整理者按：紹興本、紹熙本、元大德本、三朝本（嘉靖己未
年補刊）、南監本、北監本、殿本、金陵活字本、百衲本作"詐"。
西爽堂本、汲本、局本作"計"。金陵活字本校記："一本
作'計'。"

然輒僵斃麾下，不蒙虧除。（《魏志七·臧洪傳》/234 頁）

盧弼《集解》：范書"僵斃"作"僵尸"。

    華按："僵斃"、"僵尸"義得兩通，然以作"僵斃"者爲得其
朔。晉寫本殘卷作"然輒僵尸斃麾下"，其中"尸"字右旁有小
黑點二枚，顯爲鈔寫者所加之刪字符號。范書作"僵尸"者，疑
其時流行之傳鈔本與此殘卷相類，引書者不察，或以"僵尸斃"

不辭而臆刪"斃"字也。

慕義者蒙榮，待放者被戮。(《魏志七·臧洪傳》/234 頁)

華按："慕義者"指依附袁紹、願意服役之輩，"待放者"則謂已在紹軍而求離去之客。本志《管寧傳》載其疏云："乞蒙哀省，抑恩聽放。""放"義同此。范書此文作"慕進者蒙榮，違意者被戮"，文義淺顯，可以參看。

洪於大義，不得不死，念諸君無事空與此禍！可先城未敗，將妻子出。(《魏志七·臧洪傳》/236 頁)

華按：劉淇《助字辨略》卷一指出："此'無事'猶云'不必'，言諸君可以無死也。"本志《公孫瓚傳》注："臣松之以爲……謠言之作，蓋令瓚始終保易，無事遠略。"又《鄭渾傳》注引《漢紀》載鄭泰語："若十事少有可采，無事徵兵以驚天下，使患役之民相聚爲非，棄德恃眾，以輕威重。"《吳志·太史慈傳》載慈謂州吏曰："豈若默然俱出去，可以存易亡，無事俱就刑辟。"又《魯肅傳》載劉子揚遺肅書："急還迎老母，無事滯於東城。"又《吳主五子·孫和傳》："權登白爵觀見，甚惡之，敕據、晃等無事忿忿。"《風俗通·愆禮》："如仁人惻隱，哀其無歸，直可收養，無事正母之號耳。"《晉書·嵇康傳》："足下無事冤之令轉於溝壑也。"又《禮志中》載晉武帝《答羣臣請易服復膳詔》："可試省孔子答宰我之言，無事紛紜也。"諸"無事"均用於祈使語氣，爲當時口語。

初尚掘鼠煮筋角，後無可復食者。(《魏志七·臧洪傳》/236 頁)

華按："筋角"二字舊無注。《禮記·曲禮上》："凡遺人弓者，張弓尚筋，弛弓尚角。"《爾雅·釋地》："北方之美者，有幽都之筋角焉。”郭璞注：“幽都，山名。謂多野牛筋角。”《後漢書·蔡邕傳》載其《釋誨》云：“弓父畢精於筋角。”本志《王基傳》注引晉司馬彪《戰略》：“今者筋角弩弱，水潦方降。”以此知“煮筋角”者，即《後漢書·耿弇傳》所謂“煮弩爲糧”也。

紹慚，左右使人牽出，謂曰：“汝非臧洪儔，空復爾爲?”（《魏志七·臧洪傳》/237頁）

胡三省《通鑑注》：“爾爲”，猶如此也。

華按：《隸釋》卷三載漢桓帝延熹三年五月《楚相孫叔敖碑》敍叔敖見兩頭蛇之事：“念獨吾死可，空復令他人見之死爲！因掩埋其刑。”此“空復……爲”乃漢末流行之語法格式，由古語“何空復……爲”演變而來。《吳志·吳主傳》載孫權答陸遜曰：“若徒守江東，修崇寬政，兵自足用，復用多爲！”又《三嗣主·孫晧傳》注引《襄陽記》：“天下存亡有大數，豈卿一人所知，如何故自取死爲！”又《太史慈傳》：“君爲郡敗吾章，已得如意，欲復亡爲！”並其例也。胡氏視“爾爲”二字爲“如此”，非是。“空復爾爲”猶言“何必如此乎?”唯其中“爾”作“如此”解。

三國志卷八
魏志八《二公孫陶四張傳》校詁

今爲人臣，當詣日南。日南瘴氣，或恐不還，與先
人辭於此。（《魏志八・公孫瓚傳》/239 頁）

　　盧弼《集解》：范書云："日南多瘴氣。"

　　華按："日南瘴氣"爲句，文似不完。《太平御覽》卷五百二
十六引王粲《漢末英雄記》作"日南多瘴氣"，與范書合。此無
"多"字，疑奪。

虞讓太尉，因薦衛尉趙謨、益州牧劉焉、豫州牧黃
琬、南陽太守羊續，並任爲公。（《魏志八・公孫瓚傳》注
引《英雄記》/241 頁）

　　盧弼《集解》：范書《趙典傳》：典靈帝時爲"衛尉"。未知是否
"典"、"謨"二字之誤。

　　華按：衛尉趙典卒於漢靈帝建寧元年；劉虞於靈帝中平六
年夏四月拜太尉，至同年九月即改任大司馬，當時距典之卒已
二十二載，故"趙謨"決非"趙典"之誤。然考漢末三公，衛尉趙
謨者史無其人；但有光祿勛趙謙以漢獻帝初平元年二月代黃
琬爲太尉，討白波軍有功，封郫侯，進司徒，初平三年卒；其弟
太常趙溫初平四年十月拜司空，同年十二月遷爲衛尉，興平元
年十月又以衛尉爲司徒。今就史事論之，"衛尉趙謨"似爲"衛

尉趙溫"之誤。

此豈大臣所當宜爲！（《魏志八·公孫瓚傳》注引《典略》/242頁）

盧弼《集解》：范書"宜"作"施"。

華按：《後漢書·朱暉傳》載其奏曰："誠非明主所當宜行。"《大藏經》卷十四後漢安世高譯《㮈女祇域因緣經》："醫術鄙陋，誠非太子至尊所宜當學。"《全三國文》卷十五曹植《封鄄城王謝表》："非臣罪戾所當宜蒙。"似此，"豈……所當宜……"、"非……所當宜……"等句式，皆爲當時所習用，其中"當宜"、"宜當"係同義詞連用。范書"宜"作"施"，非也。

攻戰形狀，前後續上。（《魏志八·公孫瓚傳》注引《典略》/243頁）

華按："形狀"，當時常語，猶今言具體情況。又如《吳志·陸遜傳》："遜具啟形狀，陳其可禽之要。"

瓚攻及家屬以還。（《魏志八·公孫瓚傳》注引《魏氏春秋》/244頁）

盧弼《集解》：趙一清曰："'攻'下有脫文。范書《虞傳》：'瓚追攻之，三日，城陷，遂執虞並妻子，還薊。猶使領州文書。'"

華按：袁宏《後漢紀》卷二十七云："瓚引兵圍之，生執虞而歸。"《資治通鑑》卷五十二云："瓚追擊之，三日城陷，執虞並妻子還薊。"揆之文理，此文或可校補爲："瓚攻〔之，三日，城陷，執虞〕及家屬以還。"其中"及"猶今語"連同……一道"，《晉書·石季龍載記》載慕容恪擒冉閔事："閔眾寡不敵……爲恪所擒，及董閏、張溫等送之于薊。"是其例。

時盛暑，竟日不雨，遂殺虞。（《魏志八·公孫瓚傳》注引《典略》/244頁）

盧弼《集解》：何焯云：“北宋本‘暑’下有‘熱’字。”

　華按：百衲本“暑”下亦有“熱”字，與何氏所言北宋本相合，當從之。本志《董卓傳》注引《獻帝起居注》載李傕移乘輿幸北塢之日：“時盛暑熱，人盡寒心。”語式與此相同；又《王粲傳》注引《魏略》載邯鄲淳初遇曹植之日：“時天暑熱，植因呼常從取水自澡訖……與淳評說混元造化之端。”亦以“暑熱”連文，可爲證矣。

　　整理者按：紹興本、三朝本（嘉靖十年補刊）、西爽堂本、南監本、北監本、汲本、殿本、金陵活字本、局本無“熱”字，紹興本此葉爲後人補刻。紹熙本、元大德本、百衲本作“時盛暑熱”。

袁紹分部攻者掘地爲道。（《魏志八·公孫瓚傳》注引《英雄記》／247頁）

盧弼《集解》：何焯曰：“‘分部’當作‘部分’。”

　華按：本志《王基傳》：“大將軍司馬文王進屯丘頭，分部圍守，各有所統。”《蜀志·楊儀傳》：“儀常規畫分部，籌度錢糧。”《吳志·孫堅傳》：“堅行操刀上岸，以手東西指麾，若分部人兵以羅遮賊狀。”又《吳主傳》：“分部諸將，鎮撫山越，討不從命。”又《朱桓傳》：“桓分部良吏，隱親醫藥。”諸“分部”與“部分”同義，均部署之謂，何氏以爲“分部”誤倒，失之。

鮮于輔將其眾奉王命。（《魏志八·公孫瓚傳》／247頁）

易培基《補注》：紹熙本“將”作“持”。

　華按：“將”，紹熙本作“持”，與袁宏《後漢紀》卷二十七相合。“持”猶今語掌握、率領、控制之類。“持”、“將”形近，其義亦近，古書中往往混用，茲並存以待考。

　　整理者按：紹興本、紹熙本、元大德本、百衲本作“持”。三朝本（嘉靖己未年補刊）、西爽堂本、南監本、北監本、汲本、殿本、金陵活字本、局本作“將”。

或說溫曰：“陶公祖……”溫然其言，乃追還謙。謙至，或又謂謙曰：“足下……”謙曰：“諾。”（《魏志八·陶謙傳》注引《吳書》/248頁）

華按：“或又”，當作“或人”，此承馮本、金陵活字本之誤。古人行文，凡屬“或曰……或曰……”之例，必爲並列之句，前後兩“或”字分指不同之人；凡屬“或曰……或人曰……”之例，必屬承接之句，“或”與“或人”所指者同爲一人。例如《揚子法言·學行》：“或曰：‘人可鑄與？’曰：‘孔子鑄顏淵矣。’或人踧爾曰：‘旨哉！問鑄金，得鑄人。’”又《問神》：“或問經文艱易。曰：‘存亡。’或人不諭。曰：‘其人存則易，亡則艱。’”其中“或人”決不可以易作“或”；《學行》之“或人”若作“或”，雖然乖於文義，尚不悖於語法；《問神》之“或人”若作“或”，則“或不諭”獨立成句，不可通矣。明乎古代語法，則知“或又謂謙”之“又”決爲“人”之誤。紹熙本、元本、汲本、殿本、局本等作“人”，殘宋本《册府元龜》卷八百八十五亦作“人”。馮本等作“又”，或涉下文“又謂溫曰”之文而誤。

整理者按：紹興本、紹熙本、元大德本、三朝本（萬曆十年補刊）、西爽堂本、北監本、汲本、殿本、局本、百衲本作“或人”。南監本、金陵活字本作“或又”。

旌善以興化，殫邪以矯俗。（《魏志八·陶謙傳》注引謝承《後漢書》/249頁）

盧弼《集解》：宋本“殫”作“彈”。

華按：“彈”字義長；“彈”謂糾彈、抨擊。

整理者按：紹興本、紹熙本、元大德本、殿本、百衲本作
"殫"。三朝本（萬曆十年補刊）、西爽堂本、南監本、汲本、金陵
活字本、局本作"殫"。萬曆二十八年北監本此處空缺一字，康
熙二十五年重修本作"殫"。

欲伐謙而畏其彊，乃表令州郡一時罷兵。（《魏志八·陶謙傳》注引《吳書》/249 頁）

華按："一時"猶言"一齊"，又如本志《田疇傳》注引《先賢
行狀》載曹操令曰："率齊山民，一時向化。"又《王觀傳》："於是
吏民相率不督自勸，旬日之中，一時俱成。"又《田豫傳》："豫悉
見諸繫囚，慰諭，開其自新之路，一時破械遣之。"《吳志·孫綝
傳》注引《江表傳》載孫亮語："孤當自出臨橋，帥宿衛虎騎、左
右無難一時圍之。"諸"一時"用作範圍副詞，亦魏晉習語。宋
詞、元曲中猶有類似用例，王鍈《詩詞曲語辭例釋》已言之。

故公文下遼東，因赦之曰："……逆賊孫權，遭遇亂階，因其先人，劫略州郡，遂成羣凶，自擅江表，含垢藏疾。冀其可化，故割地王權，使南面稱孤，位以上將，禮以九命。"（《魏志八·公孫淵傳》注引《魏略》/255 頁）

華按：標點本在"含垢藏疾"之下斷以句號，新《辭源》"含
垢納污"條下引用此文，亦如此斷句，大誤。此句號當移至
"表"字之下。"含垢藏疾"源於《左傳·宣公十五年》晉宗伯所
引古諺，此處表示不念惡舊、寬大爲懷之義，此句當與下句"冀
其可化"作一氣讀之。本志《明帝紀》注引《魏書》："含垢藏疾，
容受直言。"又《武文世王公·楚王彪傳》載正元元年詔："故楚
王彪背國附姦……夫含垢藏疾，親親之道也，其封彪世子嘉爲

常山眞定王。”《吳志·三嗣主·孫晧傳》注引《會稽邵氏家傳》載邵疇辭：“欲含垢藏疾，不彰之翰筆。”又《張紘傳》載其諫孫權曰：“含垢藏疾，以成仁覆之大。”均其例證。

及至賀死之日，覆眾成山。（《魏志八·公孫淵傳》注引《魏略》/255 頁）

華按：“成山”，標點本未加專名綫，當補之。本志《明帝紀》載太和六年事：“珍夷將軍田豫帥眾討吳將周賀於成山，殺賀。”又《田豫傳》：“豫度賊船垂還，葳晚風急，必畏漂浪，東隨無岸，當赴成山。”所謂“覆眾成山”，即此事也。“成山”之顯爲地名者，標點本皆標以專名綫；此處未加地名符號，易致誤解。

而後愛憎之人，緣事加誣，僞生節目。（《魏志八·公孫淵傳》注引《魏略》/257 頁）

華按：“加誣”，同義複詞。《漢書·王尊傳》：“浸潤加誣，以復私怨。”《潛夫論·述赦》：“爲讒佞利口所加誣復冒。”本志《和洽傳》：“言事者加誣大臣以誤主聽。”是其例。《說文解字·言部》：“誣，加也。”《公羊傳·莊公元年》：“夫人譖公於齊侯。”何休《解詁》：“如其事曰訴，加誣曰譖。”是其義。

張燕，常山眞定人也，本姓褚。（《魏志八·張燕傳》/261 頁）

華按：唐林寶撰《元和姓纂》卷六：“堵，《左傳》鄭有堵寇、堵叔、堵俞彌、堵汝父。又音‘者’。《魏志》：張燕本姓堵。”似此，則唐代流行之《魏志》作“堵”不作“褚”。

魯聞陽平已陷，將稽顙〔歸降〕。（《魏志八·張魯傳》/264 頁）

盧弼《集解》：范書“將稽顙”下有“歸降”二字。沈家本曰：“‘將稽顙’三字語意不完，疑奪‘歸降’二字。”弼按：《蜀志·先主傳》：“廬江雷緒稽顙。”語意相同。

標點本《校記》：“歸降”，從沈家本説。（1489 頁）

　　華按：盧説甚是，不煩補字。“稽顙”即拜伏投降，又如本志《梁習傳》：“單于恭順，名王稽顙。”又《王朗傳》注引《魏名臣奏》：“畫外之蠻，必復稽顙以求改往而效用矣。”《蜀志·先主傳》：“又南征四郡，武陵太守金旋、長沙太守韓玄、桂陽太守趙範、零陵太守劉度皆降，廬江雷緒率部曲數萬口稽顙。”又《張嶷傳》注引《益部耆舊傳》載其諭告叛羌曰：“汝等若稽顙過軍，資給糧費，福禄永隆，其報百倍。”《吳志·陸凱傳》：“賊帥百餘人，民五萬餘家，深幽不羈，莫不稽顙，交域清泰。”《通鑑》卷八十一《晉紀》武帝太康元年：“引見歸命侯晧及吳降人。晧登殿稽顙。”胡三省注曰：“稽顙，周之喪拜。顙，額也。稽顙，額觸地無容。稽，音啟。”其同義詞有“頓顙”者，如《吳志·諸葛恪傳》載其論曰：“及於難至，然後頓顙。”又有“稽首”者，如本志《袁紹傳》載沮授語曰：“濟河而北，則勃海稽首。”“頓顙”、“稽首”亦歸降之謂。范書增文，沈氏疑奪，皆不足據。其近義詞則有“稽服”，《通鑑》卷六十七《漢紀》獻帝建安十九年：“是時益州郡縣皆望風景附，獨黃權閉城堅守，須璋稽服，乃降。”胡三省注曰：“稽，音啟；言稽顙服從也。”

三國志卷九
魏志九《諸夏侯曹傳》校詁

汝等凶逆，乃敢執劫大將軍，復欲望生邪！（《魏志九·夏侯惇傳》/267 頁）

盧弼《集解》：錢大昭曰：“是時惇爲折衝校尉，非大將軍也。惇爲大將軍，在文帝即王位之後，安得先以‘大將軍’稱之？‘大’字疑衍。”沈家本曰：“下文‘寧能以一將軍之故’亦稱‘將軍’。錢說是。”

華按：“大將軍”三字，錢、沈疑衍“大”字，可備一說。蕭常《續後漢書》卷三十五作“大將”，似可據刪“軍”字。

韓浩，字元嗣。漢末起兵，縣近山藪，多寇，浩聚徒眾爲縣藩衛。（《魏志九·夏侯惇傳》注引《魏書》/269 頁）

華按：“起兵”，《通志》卷一百十四作“兵起”。史家謂戰亂發生爲“兵起”，如《史記·天官書》：“老人見，治安；不見，兵起。”《漢書·董賢傳》載光武帝《以王閎子補吏詔》：“閎修善謹敕。兵起，吏民獨不爭其頭首。”本志《司馬朗傳》：“後關東兵起。”《蜀志·諸葛亮傳》注引《魏略》：“初平中，中州兵起。”《通志》作“漢末兵起”，指黃巾起義、羣雄逐鹿之事，與文義合。“起兵”通常指發兵或武裝舉事，此二字前無所承，疑倒。

訂補：《外編》懷疑“起兵”是“兵起”的誤倒，可備一說。其

112

實，"起兵"也可以表示"兵起"所特有的義蘊，即戰亂發生。《史記》卷二十七《天官書》中其例屢見，不俱引。

擊破南山賊劉雄，降其眾。（《魏志九・夏侯淵傳》/270 頁）

殿本《考證》：臣浩按《張魯傳》注云："劉雄鳴據武關道口，太祖遣夏侯淵討破之。雄鳴南奔漢中。"是其人也。此作"劉雄"，疑脫"鳴"字。

梁章鉅《旁證》：按《太平御覽》卷十五引《魏略》亦作"劉雄鳴"。漢時人鮮雙名者，劉雄鳴是賊號，亦爲張白騎、李大目之類耳。

《三國志人名索引》：劉雄與劉雄鳴同聚眾南山，又同爲夏侯淵所討，疑爲一人。

華按：諸說可從。《太平御覽》卷四十四"藍田山"條引後魏《風土記》云："藍田山巔方二里，仙聖遊集之所，劉雄鳴學道於山下。"參合觀之，此"劉雄"下顯奪"鳴"字。

救長離則官兵得與野戰，可必虜也。（《魏志九・夏侯淵傳》/271 頁）

盧弼《集解》：《通鑑》作"必可虜也"。

華按："可"在"必"前，古人有此句法。與"可必"云云相似者，又有"欲必"之類，如《漢書・灌夫傳》："貴戚諸勢在己之右，欲必陵之。"《後漢書・耿弇傳》："單于知恭已困，欲必降之。"若按近世語法習慣，則"欲必"二字當乙矣。《資治通鑑》卷六十七"可必"作"必可"，當出宋人之手。

淵爲蜀所害，故霸常切齒……子午之役，霸召爲前鋒。（《魏志九・夏侯淵傳》注引《魏略》/272 頁）

華按："召"，《太平御覽》卷三百三十九作"占"，正合情理。夏侯霸欲報父仇，故主動要求擔任前鋒。"占"爲自願報名之義，說見本志《三少帝紀》"占募"條。此作"召"，疑爲形近之訛。

仁祖褒，潁川太守。父熾，侍中、長水校尉。（《魏志九·曹仁傳》注引《魏書》/274頁）

盧弼《集解》：《水經·陰溝水注》：譙縣"有騰兄冢，冢東有碑題云：'漢故潁川太守曹君墓，延熹九年卒。'而不刊樹碑歲月。墳北有其元子熾冢，冢東有碑題云：'漢故長水校尉曹君之碑，歷太中大夫、司馬、長史、侍中，遷長水，年三十九卒。熹平六年造。'"

華按：安徽亳縣城南出土曹氏宗族墓磚有刻辭云："故潁川□□曹褒□□□。"又一墓磚有刻辭云："長水校尉曹熾，字元盛。"可與《水經注》互相印證。

仁曰："南方以大軍方有目前急，其勢不能相救，劉備以彊兵臨之，其背叛固宜也……"（《魏志九·曹仁傳》/274頁）

盧弼《集解》：《通鑑》作"南方以大將軍方有目前急"。

華按：全軍主帥所領主力部隊謂之"大軍"，與別將所率之偏軍相對而言。此處"大軍"不誤。盧弼謂《資治通鑑》卷六十三作"大將軍"，蓋據通行本而言。今檢《通鑑》甲十一行本、乙十一行本，此文亦作"大軍"，通行本衍"將"字。

又按：《通鑑》繫此事於建安五年，是時大將軍乃袁紹，非曹操。曹操雖於建安元年九月自任大將軍，然而至十月便不得不讓與袁紹，至十一月起自行改任司空，行車騎將軍；自建安二年三月袁紹接受大將軍稱號之後，曹操不得再有"大將軍"之稱。由此可見，《通鑑》作"大將軍"者，"軍"爲衍文。

仁激厲將士，示以必死，將士感之，皆無二。（《魏志九·曹仁傳》/276 頁）

錢大昭《辨疑》："二"下疑脫"心"字。

梁章鉅《旁證》："二"下當有"心"字。

　　華按：鄭樵《通志》卷七十九《宗室二》引"皆無二"作"無二心"。"無二"即"無貳"，謂無二心也。古書"貳"、"二"通作。《國語·楚語下》載魯陽文子語："梁險而在境，懼子孫之有貳者也。"韋昭注："貳，二心也。"《說苑·奉使》："莊王將烹之，解揚曰：'受吾君命而出，雖死無二。'"古文尚書《五子之歌》："太康尸位以逸豫，滅厥德，黎民咸貳。"僞孔傳曰："君喪其德，則民眾皆二心矣。"本志《三少帝·齊王芳紀》載嘉平六年詔曰："昔解揚執楚，有隕無貳。"又《高貴鄉公髦紀》載甘露五年司馬昭上言："臣聞人臣之節，有死無二。"又《桓階傳》載其論曹仁守樊城事曰："今仁等處重圍之中而守死無貳者，誠以大王遠爲之勢也。"《吳志·周魴傳》："銘心立報，永矣無貳。"均其明證。"貳"字古有背叛之義，如《左傳·襄公二十九年》："美哉，思而不貳。"杜預注："思文武之德，無貳叛之心。"錢氏、梁氏疑"二"下脫"心"字，殆不知"二"即"貳"之省借。

文帝即位，爲衞將軍，遷驃騎將軍……（《魏志九·曹洪傳》/278 頁）

　　華按：清王昶《金石萃編》卷二十三以爲"即"下脫"王"字。茲考《魏志》書法，其說可從。本志《后妃·武宣卞皇后傳》："十五年，太祖崩，文帝即王位，尊后曰王太后；及踐祚，尊后曰皇太后，稱永壽宮。"又《文昭甄皇后傳》："延康元年正月，文帝即王位。"又《鮑勛傳》："延康元年，太祖崩，太子即王位，勛以駙馬都尉兼侍中。"又《鍾繇傳》："文帝即王位，復爲大理。"又《華歆傳》："文帝即王位，拜相國，封安樂鄉侯；及踐祚，改爲司空，進封樂平鄉侯。"又《董昭傳》："文帝即王位，拜昭將作大匠；及踐祚，遷大鴻臚，進封左鄉侯。"又《蔣濟傳》："文帝即王位，轉爲相國史；及踐祚，出爲東中郎將。"又《典韋傳》："文帝即王位，以滿爲都尉。"又《任城王彰傳》："文帝即王位，彰與諸侯就國。"又《陳思王植傳》："文帝即王位，誅丁儀、丁廙並其男口。"諸傳或言"太子即王位"，或言"文帝即王位"，與"踐祚"代漢之事區別分明。此無"王"字，蓋涉下文"明帝即位"而脫。

太祖拔漢中，諸軍還長安，拜休中領軍。（《魏志九·曹休傳》/279 頁）

華按：標點本以"太祖拔漢中"爲一句，則此文當解爲曹操已克漢中矣，殊誤。實則此文應讀爲"太祖拔漢中諸軍還長安，拜休中領軍。"其中"拔"乃引出、救出之義。曹操於建安二十年攻張魯，得漢中後即返長安，留夏侯淵、張郃、徐晃諸軍守備漢中一帶。至二十四年，漢中諸軍與劉備作戰失利，曹操再入漢中救出受困諸軍，遂失漢中。故本志《曹眞傳》云："太祖自至漢中，拔出諸軍。"又《張既傳》注引《魏略》："太祖拔漢中諸軍還到長安，因留騎督太原烏丸王魯昔，使屯池陽，以備盧水。"又《劉放傳》注引《資別傳》載資語："昔武皇帝征南鄭，取張魯，陽平之役，危而後濟，又自往拔出夏侯淵軍，數言'南鄭直爲天獄，中斜谷道爲五百里石穴耳'，言其深險，喜出淵軍之辭也。"又《張既傳》："太祖將拔漢中守，恐劉備北取武都氏以逼關中，問既……太祖從其策，乃自到漢中引出諸軍。"又《張郃傳》："太祖征張魯……至陽平，魯降，太祖還，留郃與夏侯淵等守漢中，拒劉備……太祖在長安，遣使假郃節，太祖遂自至漢中，劉備保高山不敢戰，太祖乃引出漢中諸軍，郃還屯陳倉。"又《徐晃傳》："太祖還鄴，留晃與夏侯淵拒劉備於陽平。……太祖遂自至陽平，引出漢中諸軍。"此爲三國戰爭之大事，然本志《武帝紀》及《蜀志·先主傳》皆略而不載，今特表出之。標點本蓋謂此爲建安二十年之事，不知"拔"乃引出、撤出之義，遂於"太祖拔漢中"五字之下誤加逗號。《晉書·職官志》："中領軍、將軍，魏官也。漢建安四年，魏武丞相府自置，及拔漢中，以曹休爲中領軍。"其中"及拔漢中"四字亦屬斷腰截足之句，然則修《晉書》者，亦誤以此"拔"爲攻克義矣。

帝征孫權……拜揚州牧。明帝即位，進封長平侯。
（《魏志九·曹休傳》/279 頁）

華按：曹休與曹眞、陳羣、司馬懿並受遺詔輔嗣主，此事載於《文帝紀》而不載於本傳者，蓋休雖受遺詔而未及親受顧命也。此說始見於孫人和《三國志辨證》（見《國學叢刊》1931 年第 1 期），竊謂孫說發人所未發，極有理致，茲摘錄如下："《晉書·宣帝紀》云：'〔及〕天子疾篤，帝與曹眞、陳羣等，見於崇華殿之南〔堂〕，並受顧命輔政。'《通鑑》述此事，亦未及曹休。惟《陳羣傳》又云：'明帝即位，與征東大將軍曹休、中軍大將軍曹眞、撫軍大將軍司馬宣王並開府，頃之，爲司空。'《明帝紀》云：黃初七年夏五月丁巳即皇帝位，諸臣封爵各有差，十二月，以征東大將軍曹休爲大司馬、中軍大將軍曹眞爲大將軍、鎮軍大將軍陳羣爲司空、撫軍大將軍司馬宣王爲驃騎大將軍。是四人同時開府，當在明帝即位之初，因四人同在召命之中，而諸大將軍開府則位從公矣。文帝召四人於七年五月丙辰，而崩於丁巳，爲時甚促。當時曹眞、陳羣、司馬宣王並未遠離，惟曹休時爲揚州牧以防吳，距洛尚遠，召命往還已虞不及，是休未能親受顧命，無可疑也。故文帝詔太子曰：‘有間此三公者，愼勿疑之。’蓋指在左右之三人言之，並非原召命中無曹休也。承祚述於本紀，而《休傳》不載，正其精審處也。”

顧射虎，應聲而倒。（《魏志九·曹眞傳》/280頁）

盧弼《集解》：毛本“聲”作“射”。

華按：毛本非是。殘宋本《册府元龜》卷二百七十一、《通志》卷七十九亦作“應聲而倒”。此乃古人常語，《漢書·司馬相如傳》載其《上林賦》曰：“弓不虛發，應聲而倒。”是其例。本志《任城威王彰傳》：“射胡騎，應弦而倒者前後相屬。”其中“弦”指弓弦之聲。

整理者按：紹興本、紹熙本、元大德本、三朝本（嘉靖九年補刊）、西爽堂本、南監本、北監本、殿本、金陵活字本、百衲本作“聲”。汲本、局本作“射”。

七年，文帝寢疾，眞與陳羣、司馬宣王等受遺詔輔政。（《魏志九·曹眞傳》/281頁）

華按：“受”上疑脫“並”字。本志《文帝紀》：“帝疾篤，召中軍大將軍曹眞、鎮軍大將軍陳羣、征東大將軍曹休、撫軍大將軍司馬宣王，並受遺詔輔嗣主。”又《曹爽傳》：“與太尉司馬宣王並受遺詔輔少主。”又《陳羣傳》：“羣與曹眞、司馬宣王等並受遺詔輔政。”《晉書·宣帝紀》：“帝與曹眞、陳羣等見於崇華殿之南堂，並受顧命輔政。”以上所引，文有異同，而“受”上必有“並”字。“並受遺詔”，謂同時拜受文帝遺言。僅言“受”，則不必同時也。

數與晏等會其中，飲酒作樂。（《魏志九·曹爽傳》/285 頁）

華按：金陵活字本而外，各本均作"縱酒作樂"，《册府元龜》卷二百九十八、三百三十八、《資治通鑑》卷七十五亦作"縱"。此作"飲"，顯係沿襲金陵活字本之誤。

整理者按：紹興本、紹熙本、元大德本、三朝本、西爽堂本、南監本、北監本、汲本、殿本、局本、百衲本作"縱"。金陵活字本作"飲"。

勝自陳無他功勞，橫蒙特恩，當爲本州。（《魏志九·曹爽傳》注引《魏末傳》/285 頁）

盧本"特恩"作"時恩"。

盧弼《集解》：何焯校本"時"作"特"。

華按：諸本均作"時恩"，並非誤文。《宋書·王弘傳》載其議曰："尋律令既不分別士庶，又士人坐同伍罹謫者，多爲時恩所宥，故不盡親謫耳。"又："己未間，會稽士人云十數年前，亦有四族坐此被責，以時恩獲停。"《梁書·侯景傳》載其表曰："宜應誓死罄節，仰報時恩。"《全陳文》卷七徐陵《讓五兵尚書表》："不期枚乘老叟，或降時恩；馮唐暮年，見申明主。"諸"時恩"猶言君恩、朝恩、國恩，皆謂當時之特恩。何氏改"時"爲"特"，殆不知"時恩"亦六朝常語也。

整理者按：紹興本、紹熙本、元大德本、三朝本、西爽堂本、南監本、北監本、汲本、殿本、局本、百衲本作"時"。金陵活字本作"特"。

婢進粥，宣王持盃飲粥，粥皆流出沾胸。（《魏志九·曹爽傳》注引《魏末傳》/285 頁）

華按：《晉書·宣帝紀》云："宣王不持盃飲粥"，文情似勝。

此無"不"字,疑奪。《通鑑》卷七十五、《通志》卷七十九皆有"不"字。

範哭曰:"曹子丹佳人,生汝兄弟,犢耳! 何圖今日坐汝等族滅矣!"(《魏志九・曹爽傳》注引《魏氏春秋》/287頁)

華按:此"佳人"與本志《明帝紀》注引《魏略》之"快人"同義。《大藏經》卷三《生經・佛說和難經》敍寫尊者家中之男管家"威儀法則,行步進止,有威神德,此則佳人。……眾人見者,莫不歡喜"。《晉書・陶侃傳》載其謂王貢曰:"杜弢爲益州吏,盜用庫錢,父死不奔喪。卿本佳人,何爲隨之也? 天下寧有白頭賊乎?"《世說新語・汰侈》"石崇每要客燕集"條注引《王丞相德音記》載王君夫問王敦曰:"聞君從弟佳人,又解音律,欲一作妓,可與共來。"《太平廣記》卷三百二十三《神鬼錄・張道虛》載鬼謂二張曰:"君是佳人,何爲危人自安也?"諸"佳人"猶言賢能之人,亦魏晉南北朝俗語。《太平御覽》卷三百七十八改"佳人"爲"好人",於義不悖,可以互參。

譬如人家有盜狗而善捕鼠,盜雖有小損,而完我囊貯。(《魏志九・曹爽傳》注引《魏略》/289頁)

郁松年《續後漢書札記》:郝書"譬如家盜貓","貓"《志注》作"狗",以下"善捕鼠"推之,《志注》誤。

華按:此爲曹操評丁斐之語,其中"盜狗"不誤。古之畜狗也,外則獵獸,內則捕鼠。《呂氏春秋・士容》:"齊有善相狗者,其鄰假以買取鼠之狗。……相者曰:'此良狗也。其志在獐麋豕鹿,不在鼠。欲其取鼠也,則桎之。'其鄰桎其後足,狗乃取鼠。"《漢書・東方朔傳》載其著論曰:"譬猶鼱鼩之襲狗,孤豚之咋虎,至則靡耳,何功之有。"如淳曰:"鼱鼩,小鼠也;音精劬。"此以小鼠之襲狗，類比小猪之嚙虎，亦可見狗與鼠爲敵也。魏伯陽《周易參同契》："貍犬守鼠。"趙德麟《侯鯖錄》卷三引謝承《後漢書》載李壽上言曰："夫東家有犬，不忍見西家之有鼠。"《太平御覽》卷九百十一引《典語》曰："狡獪之狗，吠於朝門，社稷之鼠，竄於宮側。"《晉書·劉毅傳》載其語曰："既能攫獸，又能殺鼠，何損於犬！"又《五行志中》載童謠曰："洛中大鼠長尺二，若不早去大狗至。"此皆古代狗亦捕鼠之明證。丁斐嘗爲典軍校尉，有總攝內外之能，曹操以其貪於財貨，故以"盜狗"爲譬。上古祇迎貓神不畜貓，至於畜貓捕鼠，後漢時似不多見；蓋魏晉以降，畜貓者漸多，而狗乃漸棄捕鼠之業。郝書臆改裴注之文，郁氏又信而從之，均誤在以今例古也。

　　整理者按：南宋蕭常、元代郝經先後編著《續後漢書》，郁松年爲兩書分別撰寫札記，今於郁氏《續後漢書札記》中標明"郝書"、"蕭書"以示區分。

臺中有三狗。（《魏志九·曹爽傳》注引《魏略》/289 頁）

　　華按：《金樓子》載卞彬《禽獸決錄》云："羊淫而狠，猪卑而攣，鵝頑而傲，狗險而出，皆指斥貴勢。"何晏等把持權勢，氣焰逼人，謗書謂之"三狗"，蓋斥其居心凶險而急欲出人頭地也。

二狗崖柴不可當。（《魏志九·曹爽傳》注引《魏略》/289 頁）

　　盧弼《集解》：何焯曰："'崖柴'，《藝文》作'啀喍'。《玉篇》：'啀，狗欲嚙也。'《類篇》又作'喧'。則偏旁無口字者，或古人假借通用。"潘眉曰："'崖柴'與'啀喍'通。《集韻》：'犬鬭也。'"

　　華按：何氏引字書、潘氏引韻書，釋義甚明。此"崖柴"爲迭韻謔語，形容瞋怒欲鬭之狀。古書多以從口之"啀喍"，形容禽獸齜牙裂嘴，如《大藏經》卷十七吳支謙譯《佛說孛經抄》：

"孚來入宮,賓祇於床下噇喋吠之。孚見狗吠,夫人擎捲及所施設,即知有謀。"又以從目之"睚眦",形容人之怒目切齒。此"崖柴"明指惡狗,暗喻凶人,一語雙關。所謂"二狗崖柴不可當"者,猶云愼勿遭值何、鄧之怒也。

一狗憑默作疽囊。(《魏志九・曹爽傳》注引《魏略》/289 頁)

潘眉《考證》: "默",《太平御覽》作"點"。

華按: 唐陸龜蒙《小名錄・曹點》引此句作"一狗憑點作疽囊",又釋之云:"三狗,謂何、鄧、丁。點,爽小字。"據《舊唐書・經籍志》可知,魚豢《魏略》三十八卷唐代猶存,陸氏特錄曹爽小名而"點"字三見,必有所本。今疑《太平御覽》作"點"者,乃"點"之形訛;此作"默",亦傳寫之誤。

又按: "疽囊"一詞,今人或注曰:"猶今言腫瘤。"然腫瘤與惡狗之性無涉,似非確詁。意者,"疽"當讀爲"狙",陸氏《小名錄》作"狙囊",是其本字。《說文解字・犬部》:"狙,玃屬;從犬,且聲。一曰:犬暫嚙人者。"《通俗文》曰:"伏伺曰狙。"此其義也。其稱犬善嚙人者爲"狙囊",猶稱人之善謀事者爲"智囊"也。又"狙"與"蛆"同音,故《藝文類聚》卷九十四引作"蛆囊"。

桓範,字元則。(《魏志九・曹爽傳》注引《魏略》/290 頁)

盧弼《集解》: 沈家本曰:"《世說》六注引《魏略》字允明。"

華按: 本志《鄧艾傳》:"鄧艾,字士載……年十二,隨母至潁川,讀故太丘長陳寔碑文,言'文爲世範,行爲士則',艾遂自名範,字士則。後宗族有與同者,故改焉。"《吳志・吳範傳》"吳範字文則",可見當時頗喜以"範"、"則"爲名字。桓範之字爲元則,亦類乎此。《世說新語・賢媛》"許允婦"條注引《魏略》曰:"範字允明,沛郡人。""允明"當爲"元則"之形訛。

與徐州刺史鄭岐爭屋。（《魏志九·曹爽傳》注引《魏略》/ 290頁）

局本作“鄒岐”。

盧弼《集解》：馮本“鄒”作“鄭”。

華按：除馮本、金陵活字本之外，諸本皆作“鄒岐”。《太平御覽》卷五百二十引魚豢《魏略》作“鄒岐”，又卷六百八十一引《魏書》作“芻岐”，《通志》卷七十九作“鄒岐”。馮本忽然作“鄭岐”，當爲傳刻之誤。本志《張既傳》：“文帝即王位，初置涼州，以安定太守鄒岐爲刺史。張掖張進執郡守，舉兵拒岐……乃召鄒岐，以既代之。”據此，鄒岐之爲徐州刺史，當在張既代涼州之後。標點本沿襲金陵活字本之“鄭”，顯爲疏於諸本對校之故。

整理者按：紹興本、紹熙本、元大德本、三朝本（嘉靖己未年補刊）、西爽堂本、北監本、殿本、局本、百衲本作“鄒”。南監本、金陵活字本作“鄭”。

中夜至五鼓，爽乃投刀于地……（《魏志九·曹爽傳》注引《魏略》/291頁）

盧弼《集解》：《通鑑》作“甲夜”。胡三省口：“甲夜，初夜也。夜有五更：一更爲甲夜，二更爲乙夜，三更爲丙夜，四更爲丁夜，五更爲戊夜。”

易培基《補注》：紹熙本作“甲夜”。

華按：曹爽等通宵議事，必不始於“中夜”。紹熙本作“甲夜”，《通志》卷七十九亦然，可見《通鑑》之文來源於北宋古本。《顏氏家訓·書證》云：“漢魏以來，謂爲甲夜、乙夜、丙夜、丁夜、戊夜。又云‘鼓’：一鼓、二鼓、三鼓、四鼓、五鼓。”所謂“甲夜至五鼓”，正是漢魏常語。

整理者按：紹興本、紹熙本、元大德本、百衲本作“甲”。三朝本（嘉靖十年補刊）“甲”字上部筆畫殘損，似“中”字。西爽堂本、南監本、北監本、汲本、殿本、金陵活字本、局本作“中”。

範知爽首免而己必坐唱義也。範乃曰：“老子今兹坐卿兄弟族矣！”（《魏志九·曹爽傳》注引《魏略》／291頁）

華按：此“老子”用於自稱，猶今語“我老頭兒”，乃謙卑之辭。《晉書·孝友傳》載潘驃與其子綜被賊追及，驃為兒乞命曰：“兒年少自能走，今為老子不去，老子不惜死，乞活此兒。”今人或謂此“老子”猶言“父親”，非是。《世說新語·容止》載庾太尉謂諸賢曰：“諸君少住，老子於此處興復不淺！”余嘉錫《世說新語箋疏》指出：“漢晉人之自稱老子，猶老夫也，有自謙之意焉。”《宋書·沈慶之傳》載慶之謂人曰：“老子今年不免。”《南史·何尚之傳》載何點將梁武帝鬚曰：“乃欲臣老子？”亦其例。若以“老子”稱代第二身，則為不敬之語，如《後漢書·趙孝王良傳》注引《續漢書》載甄阜、梁丘賜移書譏刺劉良曰：“老子不率宗族，單綺騎牛，哭且行，何足賴哉！”黃侃《讀後漢書札記》指出：“此老子二字見書之始。老子猶今言老兒，其自稱老子，猶古人自稱老夫也。然今人通以父為老子，故自稱老子則為侮慢之詞，更無人稱人為老子，此亦古今語言之情不同也。”以“老子”稱代第三身者亦然，如《吳志·甘寧傳》注引《江表傳》載甘寧劫曹營後，孫權喜謂寧曰：“足以驚駭老子否，聊以觀卿膽耳！”此“老子”指代曹操，猶今言“老傢伙”之類。翟灝《通俗編·稱謂》論“老子”云：“必當時無以稱父者，故得通行不為嫌。若《五代史·馮道傳》耶律德光誚之曰：‘汝是何等老子?'對曰:'無才無德,痴頑老子。'更顯見其稱之不尊矣。"似此,"老子"爲不尊之稱,至唐五代時猶然。"老子",亦作"大老子"。《全晉文》卷二十四王羲之《增運帖》:"吾於時地甚疏卑,致言誠不易,然大老子以在大臣之末,要爲居時任,豈可坐視危難?今便極言於相。"《搜神記》卷五敍王祐事:"祐曰:'卿許活吾,當卒恩不?'答曰:'大老子業已許卿,當復相欺耶!'"《宋書·沈曇慶傳》:"常謂子弟曰:'吾處世無才能,政圖作大老子耳!'世以長者稱之。"賈思勰《齊民要術·養羊》:"牧羊必須大老子心性宛順者,起居以時,調其宜適。"在士庶等級相當森嚴之南北朝時代,放牧老人被稱爲"大老子",無怪乎士人以爲鄙稱矣。

若令中正但考行倫輩,倫輩當行均,斯可官矣。

(《魏志九·夏侯玄傳》/295頁)

　　華按:"倫輩當行均"不可解,其中"倫"字蓋涉上文而衍。上文"考行"與"倫輩"係動賓結構平列,謂考其行迹之優劣,評其輩類之高下也。此"倫輩行均"則謂輩類相當、德行相侔也。參看下文"中正則唯考其行迹,別其高下,審定輩類,勿使升降",其義自明。《羣書治要》卷二十五、《通典》卷十四均無"倫"字,當據刪。

自上以下,至于樸素之差,示有等級而已,勿使過一二之覺。(《魏志九·夏侯玄傳》/298頁)

　　盧弼《集解》:何焯曰:"'覺'疑當作'較'。"

　　華按:何氏疑訛,失之。此"一二之覺"猶今云一級兩級之差。《晉書·蔡謨傳》載其議移鎮石城事曰:"今此三處反爲其用,方之於前,倍半之覺也。"又《傅玄傳》注引其疏曰:"古以百步爲畝，今以二百四十步爲一畝，所覺過倍。”常璩《華陽國志》卷八：“毫釐之覺，非彼之謂也。”諸例“覺”字作差距解，均由比較之義引而來。“覺”有“較”義，本志《三少帝·高貴鄉公髦紀》注引《魏氏春秋》已言之。

於是會公卿朝臣廷（尉）議，咸以爲“豐等各受殊寵……將以傾覆京室，顚危社稷。毓所正皆如科律，報毓施行”。（《魏志九·夏侯玄傳》/299 頁）

華按：“正”，郝經《續後漢書》卷七十作“上”，即上奏其事，其文雖通，恐非其溯。殘宋本《册府元龜》卷一百五十二、《通志》卷一百十四均作“正”，可見北宋、南宋流傳之《魏志》作“正”不作“上”。“正”謂依法定罪，乃法律術語，其雙音節詞爲“結正”，例如本志《三少帝·高貴鄉公髦紀》載司馬昭請正成濟弑君之罪云：“輒敕侍御史收濟家屬付廷尉，結正其罪。”晚出之郝書，撰成於南宋末年，其文作“上”者，若非傳寫之誤，則有臆改舊本之嫌。宋本《蜀志·李恢傳》云：“仕郡督郵，姑夫爨習爲建伶令，有違法之事，恢正習免官。太守董和以習方土大姓，寢而不許。”後出版本“法”變作“犯”、“正”變作“坐”，蓋亦不明古語者所爲。

詔書：“齊長公主，先帝遺愛，原其三子死命。”（《魏志九·夏侯玄傳》/299 頁）

盧弼《集解》：宋本“原”作“宥”。

華按：法外施恩謂之“宥”，字又作“丏”。《吳志·周瑜傳》載諸葛瑾等爲周胤上疏曰：“爲胤歸訴，乞宥餘罪，還兵復爵，使失旦之雞復得一鳴，抱罪之臣展其後效。”“宥”即原赦之義。《後漢書·寇榮傳》載其延熹中上書：“願陛下宥兄弟死命，使臣一門頗有遺類。”《晉書·何曾傳》：“毌丘儉誅，子甸、妻荀應坐死。其族兄顗、族父虞並景帝姻通，共表魏帝以匄其命。詔聽離婚。”又《庾純傳》載庾勗等除名詔曰：“勗等備爲儒官，不念奉憲制……秦秀、傅珍前者虛妄，幸而得免，復不以爲懼，當加罪戮，以彰凶愿。猶復不忍，皆丐其死命。秀、珍、勗等並除名。”其中“丐其死命”與本文“匄其三子死命”如出一筆。考此詔作於晉武帝太康四年，本文之詔作於魏嘉平六年，前後相距僅三十載，可見“丐……死命”，亦當時詔書套語。今檢紹熙本《魏志》及元郝經《續後漢書》卷七十，其字均作“匄”，殘宋本《册府元龜》卷一百五十二、《通志》一百十四亦然。此作“原”，顯爲宋、元以後傳刻者所改。

　　整理者按：紹興本、紹熙本、元大德本、百衲本作“匄”。三朝本、南監本、北監本、汲本、殿本、金陵活字本、局本作“原”。

於是豐、玄、緝、敦、賢等皆夷三族。（《魏志九·夏侯玄傳》/299頁）

　　盧弼《集解》：沈家本曰：“上文云‘收玄、緝、鑠、敦、賢等送廷尉’，鑠者，黃門監蘇鑠也。疑此文‘緝’下奪‘鑠’字。”

　　華按：《資治通鑑》卷七十六敍此事云：“庚戌，誅韜、玄、緝、鑠、敦、賢，皆夷三族。”“緝”下雖有“鑠”，然“賢”後無“等”字；此文既有“等”，則鑠在其中矣，“緝”下未必奪字。

故蔣濟爲護軍時，有謠言……宣王與濟善，聞以問濟，濟無以解之。（《魏志九·夏侯玄傳》注引《魏略》/299—300頁）

　　華按：“聞以問濟”四字，百衲本作“聞以問濟”。《北堂書鈔》卷六十四“聞謠問蔣濟”條下引作“聞此聲以問濟”，《通典》

卷三十四引作“聞此聲以問濟”，足見唐、宋古本作“聞”。尋繹文義，此處“聞”猶言“私下”，於文可通；然作“聞”字亦順，姑錄異文以備考。

整理者按：紹興本、紹熙本、元大德本、三朝本（嘉靖十年補刊）、西爽堂本、百衲本作“聞”。南監本、北監本、汲本、殿本作“聞”。局本作“聞”。元刊本《通志》卷一百十四（萬曆十七年補刊）作“聞以問濟”。

大將軍聞豐謀，舍人王羕請以命請豐。（《魏志九·夏侯玄傳》注引《世語》/300 頁）

華按：《晉書·文帝紀》“王羕”作“王羨”，《文選》卷四十九干寶《晉紀總論》注引《晉紀》亦作“王羨”，蓋唐人所見如此。《太平御覽》卷三百七十一引干寶《晉紀》曰：“中書令李豐謀廢大將軍，世宗使舍人王羨請之。”疑此“王羕”及下文諸“羕”字皆傳寫之誤。

豐字安國……初，明帝在東宮，豐在文學中；及即尊位，得吳降人，問“江東聞中國名士爲誰”？降人云“聞有李安國者是”。（《魏志九·夏侯玄傳》注引《魏略》/301 頁）

盧弼《集解》：《世說·容止篇》注云：“豐爲黃門侍郎，改名‘宣’。”

華按：徐震堮《世說新語校箋》卷下指出：李豐，字安國，後改字爲“宣國”。《南史·顧歡傳》：“蘭石危而密，宣國安而疏。”其中“宣國”即李豐之字。《世說注》引《魏略》云“改名‘宣’”，謂改字“安國”爲“宣國”，非謂改“豐”爲“宣”。明帝知豐字宣國，不知其舊字安國，故問安國所在；而左右公卿具以豐對，亦可見豐名未嘗改也。

豐嘗於人中顯誡二弟，言當用榮位爲〔□〕。（《魏志九·夏侯玄傳》注引《魏略》/301頁）

盧弼《集解》： "爲"下疑有脫字。

標點本《校記》： "爲□，從盧弼說。"（1490頁）

華按："爲"下無脫字。"當用榮位爲"即"當安用榮位爲"，猶言"尚何用榮位乎！"此乃當時口語。例如《吳志·是儀傳》載孫權歎曰："使人盡如是儀，當安用科法爲！""當"，尚也，"安……爲"係表示反詰語氣之凝固格式。"安"字省略，則成"當……爲"句式，如《大藏經》卷十四後漢安世高譯《㮈女祇域因緣經》："我爲醫師，周行治病，病者之家，爭爲我使，當用奴爲！"又卷四吳康僧會譯《舊雜譬喻經》卷上："當用治生爲！"又卷三西秦聖堅譯《太子須大拏經》："我當用是細軟幃帳、甘美飲食爲！"又："母便自思惟：未嘗有是怪，當用此果爲！"諸"爲"字均爲句末語氣詞。盧氏疑"爲"下有脫字，殆誤以"爲"爲動詞矣，其說不可從。

及宣王奏誅爽，住車闕下，與豐相聞，豐怖，遽氣索，足委地不能起。（《魏志九·夏侯玄傳》注引《魏略》/301頁）

華按："豐怖遽氣索"當作一句讀之。"怖遽"爲同義之字平列，遽亦怖也。本篇注引《魏略》："大將軍聞允前遽，怪之曰：'我自收豐等，不知士大夫何爲匆匆乎？'是時朝臣遽者多耳，而眾人咸以爲意在允也。"其中兩"遽"字，與"懼"音同義通。《廣雅·釋詁二》："遽，懼也。"《左傳·襄公三十一年》："豈不遽止。"杜預注："遽，畏懼也。"《廣韻·去聲·九御》釋"遽"字曰："亦戰慄也。"此均遽有怖義之證。"怖遽"一詞，亦古人恆語。《方言》卷十："江湘之間，凡窘猝怖遽謂之�怵，或謂之伍伀。""遽"字或作"懅"。《廣雅・釋訓》:"懰,怖懅也。"
《通志》卷一百十四即作"豐怖懅氣索"。此詞亦常作"怖懼",
如《蜀志・楊戲傳》注引《華陽國志》載李密《陳情表》曰:"臣不
勝犬馬怖懼之情。"《吳志・三嗣主・孫晧傳》注引《搜神記》:
"榮使去,怖懼,口餘聲發揚耳。"又《周魴傳》:"嗣弟怖懼。"標
點本割裂"怖遽"一詞,誤以"遽"爲急劇義矣。

玄自從西還,不交人事,不蓄華妍。(《魏志九・夏侯玄傳》注引《魏略》/302 頁)

梁章鉅《旁證》:《藝文類聚》五十八引《魏末傳》云:"夏侯太初
見召,還洛陽,絕人道,不畜筆研。"按:"華妍"恐是"筆研"
之誤。

盧弼《集解》:"筆研"二字與"蓄"字不聯屬。太初方事著述,豈
有無筆研之理? 當爲《類聚》之誤。

華按:《世說新語・方正》"夏侯玄"條注引《魏氏春秋》敍
此事曰:"曹爽誅,徵爲太常。內知不免,不交人事,不畜筆
研。"宋吳淑《事類賦注》卷十五《什物部一・筆》"太初有不畜
之愼"條下引《魏末傳》曰:"夏侯太初見召,還,路絕人事,不蓄
筆。其謹愼如此。"顯而易見,玄之不畜筆研,欲以避結黨相爭
之嫌,明己之無所作爲也。本志《張既傳》注引《魏略》:"乃常
畜好刀筆及版奏。""畜"同"蓄",貯也。此亦"畜"與"刀筆"聯
屬之例。若作"不蓄華妍",究與避嫌之意何涉? 當以梁說
爲是。

玄嘗著《樂毅》、《張良》及《本無肉刑論》,辭旨通遠,咸傳于世。(《魏志九・夏侯玄傳》注引《魏氏春秋》/302 頁)

盧弼《集解》:《隋書・經籍志》:"《夏侯玄集》三卷。"《樂毅論》

見王右軍帖本、《藝文類聚》二十三。《肉刑論》、《答李勝難肉刑論》見《通典》一百六十八。

華按："本無肉刑論"似宜標點爲"《本無》、《肉刑論》"。許抗生《魏晉思想史》第一章考夏侯玄著作曰："樂毅、張良本無、肉刑等論，皆已佚失……查《文心雕龍·論說》：'叔夜（嵇康）之辯聲（指《聲無哀樂論》），太初（玄）之《本玄》……並師心獨見，鋒穎精見，蓋人倫之英也。'據此看來，夏侯玄曾作有《本玄論》一文，范文瀾《文心雕龍·論說》注引《札迻》說：'案《本玄論》，張溥輯《太初集》已佚，考《列子·仲尼篇》張注引夏侯玄曰：天地以自然運，聖人以自然用。自然者，道也。道本無名，故老氏曰彊爲之名。仲尼稱堯蕩蕩无能名焉云云，與本無之義正合，疑即《本無論》之文。無无玄元，傳寫貿亂，遂成歧互爾。'此說實是。其實《本無論》即《本玄論》。在玄學家看來，玄即是無……以此可見夏侯玄確作了《本無論》一文，但文已佚失，具體內容不得而知。"《通典》引玄《肉刑論》等，無"本無"二字，可與《文心雕龍》之《本玄》互參。

婦曰："新婦所乏唯容。士有百行，君有其幾?"許曰："皆備。"（《魏志九·夏侯玄傳》注引《魏氏春秋》/304 頁）

盧弼《集解》："許曰"應作"允曰"。

華按：盧說甚是，當從之。上下文稱"允"者已十三見，此處忽然稱"許"，不合史例，必傳寫之誤。

大將軍曹爽附絹二十四令交市于吳，經不發書，棄官歸，母問歸狀，經以實對。（《魏志九·夏侯玄傳》注引《世語》/304—305 頁）

華按："狀"猶今語"原因"、"緣故"。趙曄《吳越春秋·王僚使公子光傳》:"專諸方與人鬭,將就敵,其怒有萬人之氣,甚不可當,其妻一呼即還。子胥怪而問其狀:'何丈夫之怒盛也,聞一女子之聲而折道,寧有說乎?'"是其例。《論衡·謝短》:"郡言事二府,曰'敢言之';司空曰'上';何狀?"蔣禮鴻《讀論衡校釋》指出:"何狀,言何故也……狀非形相,亦非所云情況。"

人誰不死？往所以不止汝者,恐不得其所也。(《魏志九·夏侯玄傳》注引《漢晉春秋》/305 頁)

　　盧弼《集解》:《世說新語》引此無"不"字。

　　華按:"往所以不止汝者"一句,《通志》卷一百十四亦無"不"字,與《世說新語·賢媛篇》注文相合。元郝經《續後漢書》亦無"不"字,郁松年《續後漢書札記》云:"《志》載:經始爲郡守,母曰:'汝田家子,今仕至二千石,物太過不祥,可以止矣。'是往曾止之。'不'字衍。第此刪其母前言,則'止汝'意不明耳。"郁氏謂此文衍"不"字,其說甚韙。

三國志卷十
魏志十《荀彧荀攸賈詡傳》校詁

或有羣從一人，才行實薄，或謂或："以君當事，不可不以某爲議郎邪？"（《魏志十・荀彧傳》注引《典略》/311 頁）

  郁松年《續後漢書札記》：郝書"不可以某爲議郎邪"，"不可以"《志注》作"不可不以"，衍一"不"字。

  華按：郁說可從，後一"不"字當刪。《太平御覽》卷四百二十九引《典略》正無"不"字。

目所一見，輒誦於口；耳所暫聞，不忘於心。（《魏志十・荀彧傳》注引《平原禰衡傳》/311 頁）

  盧弼《集解》：范書"暫"作"暫"。

  華按："暫"，形容時間短促之詞，與"一"相對爲文。范書不可取。

衡著布單衣，（疏巾）〔練布〕履，坐太祖營門外，以杖捶地，數罵太祖。（《魏志十・荀彧傳》注引《文士傳》/312 頁）

  殿本《考證》：北宋本作"疏布履"。

  標點本《校記》："練布"，從何焯、錢儀吉說。（1490 頁）

  華按："疏巾"二字似不誤。《原本玉篇殘卷》"練"字之下引《文士傳》曰："禰衡著布單衣、練巾。"可知顧野王所見《文士傳》作“練巾”，不作“疏布履”也。《後漢書·禰衡傳》敍此事云：“衡乃著布單衣疏巾，手持三尺梲杖，坐大營門，以杖捶地大罵。”其中“疏巾”亦與《玉篇》合。又且“疏巾履”連文，實屬僅見；“衣”與“巾”並提，則習以爲常。如本志《徐宣傳》：“遺令布衣疏巾，斂以時服。”《吳志·呂岱傳》：“遺令殯以素棺，疏巾布褠。”可爲旁證。總而言之，改“疏巾”爲“疏布”於古無徵。竊疑原文當爲“衡著布單衣、疏巾，屬坐太祖營門外……”《廣雅·釋詁》：“屬，踞也。”屬坐即箕踞，乃傲慢之姿態。蓋後世“屬”字罕見，傳寫者改作“履”，遂致治絲益棼。此亦臆說，直爲讀者進一解耳。

　　整理者按：紹興本、紹熙本、元大德本、三朝本、西爽堂本、南監本、北監本、汲本、殿本、金陵活字本、局本、百衲本作“疏巾”。

田豐剛而犯上，許攸貪而不治。（《魏志十·荀彧傳》/314 頁）

　　盧弼《集解》：范書“治”作“正”。

　　華按：在官不能理事，謂之“不治”。《史記·樊酈滕灌列傳》載酈商事：“商事孝惠、高后時，商病，不治。”裴駰《集解》引文穎曰：“不能治官事。”《蜀志·龐統傳》：“統以從事守耒陽令，在縣不治，免官。”並其證。頗疑《後漢書》本作“不治”，今作“不正”者，蓋李賢注書時因避諱而改。

臣自始舉義兵，周游征伐，與彧勠力同心，左右王略，發言授策，無施不效。（《魏志十·荀彧傳》注引《彧別傳》/315 頁）

　　華按：此係建安八年曹操請封荀彧之表文，袁宏《後漢紀》卷二十九亦載建安八年七月曹操上言云：“守尚書令荀彧自在臣營,參同計畫,周旋征伐,每皆克捷,奇策密謀,悉皆共決。"
兩文相較,可知"周游征伐"當依《後漢紀》作"周旋征伐","游"
乃"旋"之形訛。此"周旋"猶言輾轉。本志《董昭傳》注引《獻
帝春秋》載其與荀彧書:"今曹公遭海內傾覆,宗廟焚滅,躬擐
甲冑,周旋征伐,櫛風沐雨,且三十年。"又《任峻傳》注引《魏武
故事》載曹操令曰:"故陳留太守棗祗,天性忠能,始共舉義兵,
周旋征討。"《吳志‧步騭傳》:"而零桂諸郡猶相驚擾,處處阻
兵,騭周旋征討,皆平之。"又《朱桓傳》:"後丹楊、鄱陽山賊蜂
起……桓督領諸將,周旋赴討,應皆平定。"均其例證。"周旋征
伐"是成語,如《晉書‧文帝紀》詔文:"周旋征伐,劬勞王室。"

閎從孫煇……與賈充共定音律,又作《易集解》。
(《魏志十‧荀彧傳》注引《荀氏家傳》/316頁)

陳景雲《三國志辨誤》(下稱《辨誤》):"音"當作"晉"。見《晉
書‧賈充傳》,既定《新律》加祿賞詔中有荀煇。

　華按:"音律"本指律曆,與法律之義有別;陳氏疑作"晉
律",可備一說。《晉書‧刑法志》云:"於是令賈充定法律……
武帝親自臨講,使裴楷執讀,四年正月,大赦天下,乃班新律。"
又云:"是時侍中盧珽、中書侍郎張華又表:'抄《新律》諸死罪
條目,懸之亭傳,以示兆庶。'有詔從之。"然則荀煇、賈充等所
定者,當時謂之《新律》。未詳"音律"是否"新律"之誤。

惲子魁,嗣爲散騎常侍,進爵廣陽鄉侯,年三十薨。
(《魏志十‧荀彧傳》/319頁)

　華按:"嗣"字當屬上。荀彧於建安八年封爲萬歲亭侯,建
安十二年,復增邑千戶,合二千戶;彧死,其子惲嗣侯,惲官至
虎賁中郎將。據此可知,惲子魁所嗣者,乃"萬歲亭侯"之爵,

非"散騎常侍"之職。標點本以"嗣爲散騎常侍"爲一句,誤。

《荀氏家傳》曰:惲字長倩……俁子寓,字景伯。《世語》曰:寓少與裴楷、王戎、杜默,俱有名京邑,仕晉,位至尚書,名見顯著。(《魏志十·荀彧傳》注/319頁)

盧弼《集解》:裴楷,事見本志《裴潛傳》注:"楷字叔則,弱冠知名,尤精《老》、《易》,少與王戎齊名,《晉書》有傳;王戎,字濬仲,琅邪臨沂人,《晉書》有傳。"

易培基《補注》:《世說新語·排調》引"寓"作"寓"。

華按:《集解》但注裴、王,未及荀、杜,蓋緣"荀寓"、"杜默"僅見於此而《晉書》不載之故也。今知"荀寓"實無其人,"寓"應作"寓"。"寓"爲"字"之古文,古有大義、器宇義,與其字"景伯"相合。《晉書·刑法志》載惠帝時裴頠上表云:"去元康四年,大風之後,廟闕屋瓦有數枚傾落,免太常荀寓。"表中"荀寓",恰與王戎、裴楷同時爲官。《世說新語·排調篇》"頭責秦子羽"條:"子曾不如太原溫顒、潁川荀寓。"劉孝標《世說注》引《荀氏譜》曰:"寓字景伯。祖式,太尉。父保,御史中丞。"又引《世語》曰:"寓少與裴楷、王戎、杜默俱有名,仕晉至尚書。"綜觀上引諸書,此文兩"寓"字均爲"寓"之形訛,可據《世說注》校正。

又按:考之《晉書》,裴楷、王戎皆曾仕至尚書,史家載筆,多以"名咸顯著"爲文,此"名見顯著"之"見",亦甚可疑。

蓋理之微者,非物象之所舉也。今稱立象以盡意,此非通于意外者也;繫辭焉以盡言,此非言乎繫表者也;斯則象外之意,繫表之言,固蘊而不出矣。(《魏志十·荀彧傳》注引《晉陽秋》/319—320頁)

華按："意外"，唐翼明《魏晉清談》引王葆玹曰："明《丹鉛雜錄·十》載《晉陽秋》引文作'象外'，是。各本作'意外'，非。"討論"繫"、"象"，是玄學家論題之一。又如《宋書·張敷傳》："初，父邵使與南陽宗少文談'繫'、'象'，往復數番，少文每欲屈，握麈尾歎曰：'吾道東矣。'於是名價日重。"

議者云：表、繡在後而還襲呂布，其危必也。（《魏志十·荀攸傳》注引《魏書》/323頁）

盧弼《集解》：馮本"還"作"遠"，《通鑑》引此亦作"遠"。

華按：時曹軍"自宛征呂布，至下邳"。今以捷近大道計之，由宛至昆陽、陽翟、陳、睢陽、碭、彭城以至下邳，其間不下千二百里，千里奔襲，不亦"遠"乎？故《後漢書·呂布傳》載陳宮之言曰："曹公遠來，勢不能久。"由此觀之，"還"字必爲"遠"之形誤，當據百衲本、馮本、《資治通鑑》卷六十二以正之。

整理者按：紹興本、紹熙本、元大德本、南監本、百衲本作"遠"。三朝本、西爽堂本、北監本、汲本、殿本、金陵活字本、局本作"還"。

攸深密有智防，自從太祖征伐，常謀謨帷幄，時人及弟子莫知其所言。（《魏志十·荀攸傳》/324頁）

胡三省《通鑑注》：智以料事，防以保身。

華按："智防"，中古常語，此謂防患之智計也。《吳志·張溫傳》評曰："張溫才藻俊茂，而智防未備，用致艱患。"《宋書·顧愷之傳》載其弟子願所著《定命論》云："且智防有紀，患累無方。"亦其例。又有近義之詞"思防"者，如《蜀志·劉封傳》評曰："劉封處嫌疑之地，而思防不足以自衛。"此謂防患之思慮也。本志《杜恕傳》："恕倜儻任意，而思不防患，終致此敗。"此其分用二字之例。

太祖令曰：“孤與荀公達周游二十餘年，無毫毛可非者。”（《魏志十·荀攸傳》注引《魏書》/325 頁）

華按：“周游”疑爲“周旋”之訛。“周旋”亦魏晉常語，指交往共事而言，本志《崔琰傳》注引《續漢書》載李膺問孔融語：“高明祖父，嘗與僕周旋乎？”又《郭嘉傳》注引《傅子》載曹操與荀彧書：“郭奉孝年不滿四十，相與周旋十一年，險阻艱難，皆共罹之。”又《鄭渾傳》注引《漢紀》載鄭泰對董卓語：“又明公之將帥，皆中表腹心，周旋日久，自三原、硤口以來，恩信醇著，忠誠可遠任，智謀可特使。”並其例。此作“周游”，無共事之義，必傳寫有誤。

訂補：《校詁》說“周游”爲“周旋”之誤，惜無本證。今知袁宏《後漢紀》卷二十九、《太平御覽》卷四百零七引《魏志》均作“周旋”，可據正。

孟軻稱“五百年而有王者興，其間必有命世者”，其荀令君乎！（《魏志十·荀攸傳》注引《傅子》/325 頁）

趙一清《三國志注補》（下稱《注補》）：“命”當作“名”。

華按：黃生《義府》卷下：“《世說》‘天生劉伶，以酒爲名’，古名、命二字通用，謂以酒爲命也。《孟子》‘其間必有名世者’，《漢·楚元王傳》作‘命世’，此二字通用之證。”此說是也。

如此則攻守無堅城，不招必影從。（《魏志十·賈詡傳》注引《九州春秋》/326—327 頁）

華按：進擊敵方城壘，謂之“攻”；因未能急下而守候之，謂之“守”。卷一本志《武帝紀》既言之矣。此文“攻守”二字，合攻、圍二事而言之。《吳志·黃蓋傳》：“武陵蠻夷反亂，攻守城邑,乃以蓋領太守。"又《周魴傳》:"賊帥董嗣負阻劫鈔,豫章臨川並受其害,吾粲、唐咨嘗以三千兵攻守,連月不能拔。"又《諸葛恪傳》:"回軍還圍新城,攻守連月,城不拔。"《華陽國志》卷二:"天子乃拜巴郡陳禪爲漢中太守,虜素憚禪,更來盤結,禪知攻守未可卒下,而年荒民困,乃矯詔赦之,大小咸服。"均其例也。然則"攻守"一詞,乃近義之字平列,與所謂偏義複詞者形同實異。

臣松之以爲《傳》稱"仁人之言,其利溥哉"! 然則不仁之言,理必反是。(《魏志十·賈詡傳》注/328 頁)

盧本"溥"作"博"。

盧弼《集解》: 官本"博"作"溥"。

　華按: 殿本作"溥",與《傳》文不合。《左傳·昭公三年》:"君子曰:'仁人之言,其利博哉!'"此裴注所本。《呂氏春秋·上德》:"故義之爲利博矣。"高誘注:"博,大。"是先秦形容"利"大恆言"博"。紹熙本、局本及金陵活字本皆作"博",顯然不誤。標點本每沿金陵活字本之文,此處忽然轉取殿本,殊爲可怪。

　整理者按:紹興本、紹熙本、元大德本、三朝本、南監本、北監本、汲本、金陵活字本、局本、百衲本作"博"。殿本作"溥"。

軍雖新退,曹公必自斷後。(《魏志十·賈詡傳》/329 頁)

　華按: "雖"字無義,似涉上句"將軍雖善用兵"而衍。《通典》卷一百五十四無"雖"字,可參校。

已破將軍,必輕軍速進,縱留諸將斷後,諸將雖勇,亦非將軍敵,故雖用敗兵而戰必勝也。(《魏志十·賈詡傳》/329 頁)

華按："縱"字贅,似可據《通典》卷一百五十四删之。"必輕軍速進,留諸將斷後"應作一氣讀之。

乃并兵出,圍擊紹三十餘里營,破之。(《魏志十·賈詡傳》/330 頁)

華按："并兵",當時軍事術語,謂集結業已分散之兵力。《孫子兵法·九地篇》云:"并敵一向,千里殺將。"曹操注曰:"并兵向敵,雖千里能擒其將也。"是先秦兵書曰"并",漢魏曰"并兵",今則謂之"集中兵力"。

文帝即位,以詡爲太尉。(《魏志十·賈詡傳》/331 頁)

華按:王昶《金石萃編》卷二十三考《上尊號碑》有云:"《魏志》於《詡傳》'即位'之上,偶遺'王'字……考《文帝紀》,延康元年二月壬戌,以大中大夫賈詡爲太尉,至受禪時,詡爲太尉已數月矣。"王氏謂"即"下脫"王"字,可從。說見本志《曹洪傳》。又《劉放傳》、《鄭渾傳》並有"文帝即位"之文,亦可據此參校。

劉備有雄才,諸葛亮善治國,孫權識虛實,陸議見兵勢。(《魏志十·賈詡傳》/331 頁)

盧本作"陸遜"。

盧弼《集解》:宋本"遜"作"議"。

華按:考之陳壽書法,宋本作"陸議"爲是。陸遜字伯言,本名"議"。《吳志》記陸遜事,均稱"遜"或"陸遜",凡五十餘見;《蜀志》則稱其本名,《先主傳》稱"吳將陸議"及"陸議",《黃權傳》稱"吳將軍陸議",凡三見,無一例外;《魏志·明帝紀》記太和二年事云:"曹休率諸軍至皖,與吳將陸議戰於石亭。"又記青龍二年事云:"孫權……又遣將陸議、孫韶各將萬餘人入淮沔。”又《劉曄傳》注引《傅子》:“權將陸議大敗劉備。”上引三例均稱“陸議”,與《蜀志》同;《吳志·周魴傳》載其致魏大司馬曹休箋云:“陸議、潘璋等討梅敷。”周魴雖是吳臣,然此時詐降於魏,故箋稱“陸議”。似此,則本國史文稱後出之名而他國史文稱原先之名,乃體現魏、蜀、吳三志既爲合體又各自獨立之筆法。此記賈詡之言而稱“陸遜”,見於宋以後版本。由此推之,本志《滿寵傳》、《王基傳》均稱“陸遜”者,若非新改之名已流傳敵國,則當出自後人之筆。

　　整理者按:紹興本、紹熙本、元大德本、百衲本作“議”。三朝本作“遜”,疑似挖改。西爽堂本、南監本、北監本、汲本、殿本、金陵活字本、局本作“遜”。

三國志卷十一
魏志十一《袁張涼國田王邴管傳》校詁

袁渙，字曜卿。（《魏志十一·袁渙傳》/333頁）

殿本《考證》：何焯曰："'渙'當作'煥'。今太康縣猶有袁煥碑。"陳浩曰："《蜀志·許靖傳》亦作'煥'。"

趙一清《注補》：例以"曜卿"之字，"渙"當作"煥"。《晉書·袁瓌傳》："煥之曾孫。"亦從火作煥。

華按：諸家皆疑"袁渙"當作"袁煥"。朱起鳳《辭通》云："煥字曜卿，取光曜之義，其字自當從火。且其父名滂，若奐加水旁，則是父子也而一若弟兄行矣。字當作煥，以此知之。"其說甚辯。今檢《世說新語·言語》"袁彥伯"條注引《續晉陽秋》："袁宏……魏郎中令煥六世孫也。"諸本皆作"煥"，惟沈本作"渙"；《文選》卷三十六王元長《永明九年策秀才文》李善注引《袁煥與曹植書》，《通志》卷一百十四亦作"袁煥"，可見自蕭梁以至趙宋，古本皆有作"煥"者。然而《隸釋》卷二十七引袁渙碑、袁宏《後漢紀》卷二十九、《文選》卷四十七袁宏《三國名臣序贊》、《世說新語·文學》注引《袁氏世紀》、又《任誕》注引《袁氏家傳》及《元和姓纂》等均作"渙"，與本傳合，是"煥"、"渙"之是非，尚待深考也。袁宏爲袁渙後裔，觀其手著《後漢紀》及《三國名臣序贊》皆作"渙"字，名與字相反爲義，則作"渙"字之文未必有誤。

布欲使渙作書詈辱備，渙不可。(《魏志十一·袁渙傳》/333 頁)

　　華按：疑"詈辱"原作"罵辱"。袁宏《後漢紀》卷二十九、《文選》卷四十七袁宏《三國名臣序贊》注引《魏志》、《羣書治要》卷二十五、《通典》卷五十四均作"罵辱"。

布誅，渙得歸太祖。(《魏志十一·袁渙傳》/333 頁)

　　盧弼《集解》：宋本、元本、馮本"渙"作"乃"。袁宏《後漢紀》曰："渙展轉劉備、袁術、呂布之閒，晚乃遇曹公。"

　　華按：諸本作"乃"，承上啟下。《通志》卷一百十四敍此事云："及布敗，歸太祖。"可以參詳。

　　整理者按：紹興本、三朝本、西爽堂本、北監本、汲本、殿本、局本作"渙"。紹熙本、元大德本、南監本、金陵活字本、百衲本作"乃"。

後徵遷爲魏郡太守。(《魏志十一·涼茂傳》/338 頁)

　　西爽堂本作"後徵還爲魏郡太守"。

　　易培基《補注》：南本作"徵遷"。

　　華按："遷"，當依紹熙本、殿本、局本等作"還"。先是，涼茂爲樂浪太守，遠在遼東，爲公孫度所拘留。此時返回内地，作"還"於義爲得。"後徵還"三字宜斷爲一句。馮本、金陵活字本作"遷"者，乃傳刻之誤；標點本沿襲金陵活字本之文，失校。

　　整理者按：紹興本、紹熙本、元大德本、三朝本、西爽堂本、北監本、汲本、殿本、局本、百衲本作"還"。南監本、金陵活字本作"遷"。

時有投書誹謗者，太祖疾之，欲必知其主。(《魏志十一·國淵傳》/339 頁)

華按：此“投書”指私投匿名書信。1975 年 12 月湖北雲夢出土之《睡虎地秦墓竹簡·法律答問》有云：“有投書，勿發，見輒燔之；能捕者購臣妾二人，繫投書者鞫審讞之。”《晉書·刑法志》：“改漢舊律不行於魏者皆除之⋯⋯改投書棄市之科，所以輕刑也。”據此可知，古來投書誹謗者其罪甚重，秦漢時乃至有棄市之科。

賊臣作亂，朝廷播蕩，四海俄然，莫有固志。（《魏志十一·田疇傳》/340 頁）

華按：“俄然”，傾斜不正之貌。《廣雅·釋詁二》：“俄，迆邪也。”《說文解字·人部》釋“俄”曰：“行頃也。”又《辵部》釋“迆”（即迤字）曰：“衺行也。”“四海俄然”，謂秩序混亂，天下囂然也。

自選其家客與年少之勇壯慕從者二十騎俱往。（《魏志十一·田疇傳》/340 頁）

盧弼《集解》：監本、毛本、官本“慕”作“募”，宋本、元本、馮本、吳本作“慕”。

華按：古書“慕”、“募”多混用，此文當以“慕”爲正。《史記·高祖本紀》：“漢王之國，項王使卒三萬人從，楚與諸侯之慕從者數萬人，從杜南入蝕中。”“慕從者”即慕其德義而追隨者。

整理者按：紹興本、紹熙本、元大德本、三朝本、西爽堂本、南監本、金陵活字本、局本、百衲本作“慕”。北監本、汲本、殿本作“募”。

袁紹數遣使招命，又即授將軍印，因安輯所統，疇皆拒不（當）〔受〕。（《魏志十一·田疇傳》/341—342 頁）

盧弼《集解》：監本“當”作“留”。官本《考證》云：“元本‘當’作‘受’。”

易培基《補注》：“不當”，何本作“不受”。

標點本《校記》：“受”，從何焯說改。（1490頁）

華按：“當”非誤文，不煩改字，何焯校本不可從。《漢書·佞幸傳》載王閎爲董賢信求蕭咸之女爲婦事：“咸惶恐不敢當。”本志《文帝紀》注引《獻帝傳》載曹丕僞辭受禪之令云：“薄德之人，何能致此？未敢當也。”《吳志·朱然傳》附朱績事云：“魯王霸注意交績，嘗至其廨，就之坐，欲與結好。績下地住立，辭而不當。”《宋書·文九王·景素傳》載訟冤書曰：“昔朝廷欲賜王東陵甲第，又辭而不當。”其中“當”猶今語“接受”、“同意”之類，係當時常語。袁宏《後漢紀》卷二十七亦作“當”，足見紹熙本、汲本等作“當”者近古存眞，不宜輕改。

整理者按：紹興本、紹熙本、元大德本（初印本）、三朝本（嘉靖九年補刊）、西爽堂本、南監本、汲本、金陵活字本、局本、百衲本作“當”。元大德本（後印本）作“受”。北監本、殿本作“留”。郝經《續後漢書》卷六十八作“受”。

疇自以始爲居難，率衆遁逃，志義不立，反以爲利，非本意也。（《魏志十一·田疇傳》/342頁）

錢大昕《考異》：“居”當作“君”。

華按：錢說甚諟。“君”謂幽州牧劉虞，爲公孫瓚所戮者也。田疇嘗爲虞之從事，與虞有君臣之誼。及虞被害，疇率衆而盟曰：“君仇不報，吾不可以立於世！”遂入徐無山中。所謂“始爲君難”，即指此事。作“居”無義，必爲“君”之形訛。

訂補：《校詁》說“居”是“君”字之誤，“君”指劉虞。今檢

《資治通鑑》卷六十五,其文作"吾始爲劉公報仇"云云,其中"劉公"即所謂"君"也,此又一明證。州、郡、縣三級長官與其下屬都以君臣相稱,宋朝人已經不甚瞭然,例如蕭常《續後漢書》卷四十叙此事作"疇自以始由避難",把"君"字搞掉了;又如本志《賈逵傳》:"絳吏民聞將殺逵,皆乘城呼曰:'負要殺我賢君,寧俱死耳!'"《册府元龜》卷七百六十三改作"賢臣",蓋不知賈逵是絳縣長官,吏民稱之爲"賢君"正是當時口語。

自從君所言,無告吾意也。(《魏志十一·田疇傳》/343頁)

郭麐《國志蒙拾》:此同二疏傳"宜從丈人所"。

　　華按:《漢書·疏廣傳》載廣子孫竊謂其昆弟老人曰:"宜從丈人所勸說君買田宅。"又《曹參傳》:"惠帝怪相國不治事,以爲'豈少朕與?'乃謂窋曰:'女歸,試私從容問乃父……然無言吾告女也。'窋既洗沐歸,時間,自從其所諫參。"又《薛宣傳》:"自從其所問宣不教戒惠吏職之意。"等等。楊樹達《古書疑義舉例續補》卷二指出:"凡云'從其所'者,皆謂'由其意'也。'從'者,'由'也;'所'者,'意'也。"

《先賢行狀》載太祖命曰……(《魏志十一·田疇傳》注/344頁)

盧本"命"作"令"。

盧弼《集解》:毛本、官本"令"作"命",誤。

　　華按:《集解》謂此處不當從汲本、殿本作"命",甚是。天子之命爲詔制,諸侯之命稱教令。上文既言"載",則此文作"令"無疑。

　　整理者按:紹興本、紹熙本、元大德本、西爽堂本、百衲本作“令”。三朝本、南監本、北監本、汲本、殿本、金陵活字本、局本作“命”。

初平中，北海孔融召以爲主簿。(《魏志十一·王脩傳》/345頁)

易培基《補注》：“北海”下，《通志》有“相”字。

　　華按：《通志》卷一百十四“北海”下有“相”字，應據補。魯國孔融任北海相，時人尊稱其職爲“孔北海”則可，史家書其地望稱“魯國孔融”亦可，而記事之文謂之“北海孔融”則斷無此理。《蜀志·先主傳》：“北海相孔融謂先主。”《吳志·太史慈傳》：“北海相孔融聞而奇之。”又《是儀傳》：“是儀字子羽，北海營陵人也……後仕郡，郡相孔融嘲儀。”前稱“北海相孔融”，後稱“郡相”，承上文省略“北海”而以“郡”代之，足見“相”字不可省。此云“北海”，與蜀、吳二志不合。

魏國既建，爲大司農、郎中令。(《魏志十一·王脩傳》/347頁)

　　華按：“大司農”應作“大農”，傳寫之誤也。考歷代主管錢穀之職官，周曰“太府”，秦曰“治粟內史”，漢景帝後元元年稱“大農令”，武帝太初初年稱“大司農”，至獻帝建安十八年“魏國既建”之時，則改稱“大農”矣。《文選》卷六左思《魏都賦》李善注云：“建安十八年，始置侍中、尚書、御史、符節、謁者、郎中令、太僕、大理、大農、少府、中尉。”此其明證。《藝文類聚》卷二十引《魏志》云：“王脩爲大農、郎中令。”《太平御覽》卷四百十七引《魏志》作：“魏國既建，爲大農、郎中令。”足見唐、宋人所據之古本正作“大農”，此又一明證也。“大農”之稱，自建安十八年至二十五年，歷時八載，至魏文帝黃初元年又改稱爲

"大司農"，故本志《文帝紀》黃初元年載："改相國爲司徒……大農爲大司農。"王脩既於建安十八年由魏郡太守遷爲此官，自當爲大農無疑。

初，脩識高柔于弱冠，異王基于幼童。（《魏志十一·王脩傳》/347頁）

華按：諸本"幼童"多作"童幼"，義雖無殊，然作"童幼"者似爲原本。《文選》卷三十八任昉《爲范尚書讓吏部封侯第一表》："其餘得失未聞，偶察童幼。"李善注引《魏志》曰："王脩識高柔於弱冠，異王基於幼童。"百衲本亦作"童幼"，與李善注所引相合，蓋唐、宋之人所見如此，當從之。

整理者按：紹興本、紹熙本、元大德本、三朝本（嘉靖十年補刊）、西爽堂本、南監本、北監本、汲本、殿本、金陵活字本、局本、百衲本作"童幼"。易培基《補注》："'童幼'，北宋本作'幼童'。"

昔孤初立司金之官，念非屈君，餘無可者，故與君教曰：……是孤用君之本言也。（《魏志十一·王脩傳》注引《魏略》/348頁）

華按："本言"不辭。《魏武帝集》作"本意"，是矣。"意"、"言"草書形近，或以此致誤也。

褒曰："安有葬父河南，隨（妻）〔母〕還齊！用意如此，何婚之有？"（《魏志十一·王脩傳》注引王隱《晉書》/349頁）

標點本《校記》："母"，據《晉書·王褒傳》改。（1491頁）

華按：此文原作"妻"，清人沈家本以爲當從《晉書》作"母"；《晉書》作"母"，近人吳士鑑則謂應據此文作"妻"。標點本取沈說，甚是；但僅據《晉書》改字，尚嫌證據不足。《太平御覽》卷五百四十一引《魏志》："褒曰：'賢兄葬父於洛陽，隨母還臨淄。用意如此,何婚之有?'"其文正作"母"字,是北宋人所見《魏志》與《晉書》相合。得此一證,則吳說失據而沈說益張。

原女早亡,時太祖愛子倉舒亦沒,太祖欲求合葬,原辭曰:"合葬,非禮也。"(《魏志十一·邴原傳》/351頁)

　　華按:"非禮也",古寫本《羣書治要》卷二十五作"非古也",旁注云:"一本作'禮'。"是唐代有作"古"之本,值得注意。竊疑作"古"之本爲《魏志》原始面貌,後人易"古"爲"禮",遂至於今。《禮記·檀弓》曰:"季武子成寢杜氏之葬,在西階之下,請合葬焉,許之。入宮而不敢哭。武子曰:'合葬,非古也。自周公以來未之有改也。吾許其大而不許其細,何居?'命之哭。"此爲邴原所據。《吳志·吳主傳》載嘉禾六年春正月詔曰:"故聖人制法,有禮無時則不行。遭喪不奔,非古也,蓋隨時之宜,以義斷恩也。"此與邴原之語相似。沈廷芳撰《十三經注疏正字》卷五十一曰:"'入大廟說笏,非古也。''古'誤'禮',從石經校。"此亦後人易"古"爲"禮"之例。

原之所以自容於明公,公之所以待原者,以能守訓典而不易也。若聽明公之命,則是凡庸也,明公焉以爲哉?(《魏志十一·邴原傳》/351頁)

　　華按:"公之所以待原者"上當有"明"字。邴原之語,前後均稱曹操爲"明公",此不當忽稱"公"。

原曰:"孤者易傷,貧者易感。夫書者,必皆具有父兄者……"師亦哀原之言而爲之泣曰:"欲書可耳。"……於是遂就書。(《魏志十一·邴原傳》注引《原別傳》/351頁)

　　華按:"書"猶學也,說見本志《武帝紀》注引《續漢書》。

《永樂大典》卷九二二"無錢資師"條下引《後漢書》，文字與此大同，而"夫書者"作"夫學者"，"欲書可耳"作"欲學何書"，"就書"作"從學"。中古稱"書"，近代稱"學"，古今之語變也。

兗、豫之士，吾多所識，未有若君者，當以書相分。

（《魏志十一・邴原傳》注引《原別傳》/351頁）

黃生《義府》：卷下"相分"條："當以書相分"，言以書薦之，使相契分也。

殿本《考證》：盧明楷曰："'分'字於文義晦，《册府元龜》作'介'，蓋謂孫崧與兗、豫多相識，欲以書爲介紹而先容之。下文'非若交游之待分而成也'，亦當作'介'，其誤同。"

華按：黃說非，盧說是。《儀禮・士相見禮》："某也願見，無由達，某子以命命某見。"鄭玄注："'無由達'，言久無因緣以自達也；某子，今所因緣之姓名也。"賈公彥疏："謂新升爲士，欲見舊爲士者，謂久無紹介中間之人，達彼此之意。雖願見，無由得與主人通達相見也。"是古者士人初相見，必有因緣之人，即所謂"介"也。然則"以書相介"，猶今之作介紹信也。《史記・季布列傳》："及曹丘生歸，欲得書請季布。"裴駰《集解》引魏張晏注："欲使竇長君爲介於布，請見。"《蜀志・馬良傳》："後遣使吳，良謂亮曰：'今銜國命，協穆二家，幸爲良介於孫將軍。'"此謂於公文之外，另作私介也。

原心以爲求師啟學，志高者通，非若交游待分而成也。（《魏志十一・邴原傳》注引《原別傳》/351頁）

華按："通"，謂志趣相合，心神相通也。本志《陳思王植傳》載其陳審舉表曰："呂尚之處屠釣，至陋也，及其見舉於湯武、周文，誠道合志同，玄謨神通，豈復假近習之薦，因左右之

介哉。"所謂"道合志同,玄謨神通",亦即此意。"待分"當作
"待介",說見前文。

世有高亮如子臺者,皆多力慕,體之不如也。(《魏志十一·邴原傳》注引杜恕《家戒》/354 頁)

盧弼《集解》:或曰:"'力',疑'方'字之誤。"

　華按:"力慕"罕見。《晉書·葛洪傳》載《抱朴子內篇·序》云:"自卜者審,不能者止,又豈敢力蒼蠅而慕沖天之舉,策跛鼈而追飛兔之軌?"力謂勉力而爲,慕謂傾心而學。《資治通鑑考異》卷一記邵康節事云:"康節少自雄其才,既學,力慕高遠,一見李之才,遂從而受學。"是宋、元人亦有以"力慕"爲言者,文雖後出,當有所本。"力慕"猶言勉力追求,"力"字未必是"方"之形訛。

其誘人也,皆不因其性氣,誨之以道,使之從善遠惡。(《魏志十一·管寧傳》注引《先賢行狀》/355 頁)

　華按:高士誘人之方,貴在因其性而導之以善,故受益者不自覺焉。本志《武帝紀》注引《九州春秋》傅幹諫曰:"然後漸興學校,以導其善性而長其義節。"細味文義,言"皆不因其性氣"不合事理,其中"不"字當刪。此"不"字蓋涉下文"益者不自覺"而衍。

　訂補:《校詁》懷疑"不"是衍文,今謂"不"是"必"的形誤。類似"必因其性氣"的話又見於徐幹《中論》卷上《貴言第六》:"故大禹善治水而君子善導人,導人必因其性,治水必因其勢,是以功無敗而言無弃也。""必"跟"不"形近易亂,古書常見。例如今本《孫子兵法·實虛篇》"出其所不趨",《太平御覽》卷三百零六引作"出其所必趨",唐趙蕤《長短經·格形》引作"攻

其所必趨",1972年銀雀山漢墓出土的竹簡本作"出於其所必趨也",足見今本"不"是"必"的形誤。

益者不自覺,而大化隆行,皆成寶器。(《魏志十一·管寧傳》注引《先賢行狀》/355頁)

華按:"隆"疑"陰"之形誤。魏晉學者所撰《〈中論〉序》敍徐幹誘人之方與此相同,其文云:"厲以聲色,度其情志,倡其言論,知可以道長者,則微而誘之,令益者不自覺,而大化陰行,其所匡濟,亦已多矣。""陰行"者,潛移默化之謂。此文"隆行"亦可通,然既言"益者不自覺",則作"陰行"於義爲切。

久荷渥澤,積祀一紀,不能仰答陛下恩養之福,沈委篤痼,寢疾彌留。(《魏志十一·管寧傳》/357頁)

華按:徐復師所撰《三國志臆解》曰:"沈委篤痼,痼字同疴。順言當爲'沈疴委篤'。沈疴,同沉疴,久治不愈之病。委篤,委通萎,委頓;篤亦有困義;合言謂病情危重也。"

又年疾日侵,有加無損。(《魏志十一·管寧傳》/357頁)

華按:謂病勢漸重曰"增"、曰"加",謂病勢漸輕曰"損"、曰"瘳",亦漢末魏晉之常語。如本志《高堂隆傳》注引臨終上疏曰:"臣寢疾病,有增無損。"《吳志·魯肅傳》注引《江表傳》載其箋曰:"道遇暴疾,昨日療醫,日加無損。"又有"瘳損"連文者,如《全後漢文》卷六十六秦嘉《與妻徐淑書》:"知所苦故爾未有瘳損,想念悒悒,勞心無已。"又有"覺損"一詞,如《全晉文》卷十九王導書:"濕蒸自何如?頗小覺損不?"郭在貽《六朝俗語詞雜釋》指出:"覺損"是減損之意。《藝文類聚》卷七十五引晉嵇含《寒食散賦》:"矜孺子之坎軻,在孩抱而嬰疾。既正方之備陳,亦旁求於眾術,窮萬道以弗損,漸丁寧而積日。""弗損"猶言不見好轉,與"無損"義同。

自黃初至于青龍,徵命相仍,常以八月賜牛酒。

（《魏志十一·管寧傳》/357 頁）

　　華按：故事,八月致羊酒爲敬老崇德之殊禮,見《漢書·昭帝紀》及《龔勝傳》。此"牛酒"應作"羊酒",當屬傳寫之誤。下文載張貔事云："廣平太守盧毓到官三日……毓教曰：'張先生所謂上不事天子,下不友諸侯者也,豈此版謁之所可光飾哉！'但遣主簿奉書致羊酒之禮。"是其比。《抱朴子外篇·逸民》："魏文帝徵管幼安,不至……乃詔所在以八月致羊一口、酒二斛。桓帝玄纁玉帛聘徐孺子……順帝以聘樊季子,不到,乃詔所在常以八月致羊一口、酒二斛。"《抱朴子》去《魏志》成書時代不遠,足可正"牛酒"之訛。

韜韞儒墨,潛化傍流,暢于殊俗。（《魏志十一·管寧傳》/359 頁）

　　盧弼《集解》：《册府》作"潛澤滂流"。

　　易培基《補注》："潛化傍流",《册府》作"潛澤滂流"。

　　華按：殘宋本《册府元龜》卷六百二十三作"潛化滂流","化"不作"澤"。盧弼、易培基均引《册府》而不標卷次,蓋轉錄於何焯校本；前賢未見宋本《册府元龜》,故所引《册府》未可全信。今疑"傍流"之"傍",當從宋本《册府元龜》作"滂",二字形近,傳寫易混。波及四周、流布廣泛謂之"滂流",例如《藝文類聚》卷十二引漢蘇順《和帝誄》曰："洪澤滂流,茂化沾溥。"

　　又按：關於本文之"潛化滂流",今人或譯爲"潛移默化其他各家學派的道理,通曉熟悉異鄉的風情習俗"；或將"潛化"譯爲"包容著道德的玄機祕要"。竊謂"潛化滂流"乃指管寧以身作則,影響極大,其無聲之教化流布於遼東地區。

敷陳墳素,坐而論道,上正璇璣,協和皇極。(《魏志十一·管寧傳》/360 頁)

盧弼《集解》:監本、官本"素"作"索"。

華按:"墳素"、"墳索",義得兩通。其中"墳素"一詞,又見於晉人之文,如《文選》卷十六潘岳《閑居賦》:"傲墳素之場圃,步先哲之高衢。"李善注:"賈逵曰:三墳,三皇之書;五典,五帝之典;八索,素王之法;九丘,亡國之戒。墳,大也,言三皇之大道。孔子作《春秋》,素王之文也。"似此,當以"墳素"爲常例。

整理者按:紹興本、紹熙本、元大德本、三朝本、西爽堂本、南監本、汲本、金陵活字本、局本、百衲本作"素"。北監本、殿本作"索"。

食不求美,衣弊縕,後一二年病亡。(《魏志十一·管寧傳》注引《魏略》/365 頁)

華按:標點本所據之百衲本、殿本、局本、金陵活字本均作"衣弊縕故",蕭常《續後漢書》卷二十一亦然;此作"衣弊縕",理當視爲脫字。《魏志》其他諸本亦有"故"字,盧弼《集解》曰:"'故'字疑衍。"標點本若從盧說,則當以括號刪去並出《校記》;此無刪字符號,疑屬排版印刷之誤。實則"衣弊縕故"謂衣破縕舊,文自可通。《經律異相》卷二十:"守門人見其衣服粗弊,遮門不前。如是數數,以衣服弊故,每不得前。便作方便,假借好衣而來,門家不禁。"是"弊故"形容衣服破舊,亦六朝俗語。

整理者按:紹興本、紹熙本、元大德本、三朝本(嘉靖己未年補刊)、西爽堂本、南監本、北監本、汲本、殿本、金陵活字本、局本、百衲本作"衣弊緼故"。易培基《補注》："'緼故'，何本無'故'字。"

車騎將軍郭淮以意氣呼之，問其所欲，亦不肯言。

（《魏志十一·管寧傳》注引《魏略》/366頁）

　　華按："意氣"猶言情意、感情，指接人待物之友好態度，如《漢書·司馬遷傳》載其《報任少卿書》："曩者辱賜書，教以慎於接物，推賢進士爲務，意氣勤勤懇懇。"引申之，"意氣"遂指私人感情。《莊子·列御寇》："小夫之知，不離苞苴竿牘。"《經典釋文》引晉司馬彪注："竿牘，謂竹簡爲書，以相問遺，脩意氣也。"然則今語所謂"搞人事關係"、"聯絡感情"之類，古人謂之"修意氣"、"修飾意氣"也，如《蜀志·鄧芝傳》："性剛簡，不飾意氣，不得士類之和。"《吳志·顧譚傳》注引《吳書》："雅性高亮，不脩意氣，或以此望之。"其時欲聯絡感情，少不得請客送禮，故"意氣"又有招待酒飯、饋獻禮物之義，如《漢書·宣帝紀》載元康二年詔曰："飾厨傳，稱過使客。"韋昭注："厨謂飲食，傳謂傳舍，言修飾意氣，以稱過使而已。"《潛夫論·愛日》："百姓廢農桑而趨府庭者，非朝晡不得通，非意氣不得見。"汪繼培箋曰："以餽獻爲意氣，漢晉人習語也。"要之，"意氣"一詞有泛指之義，有特指之義；前者指禮貌而言，後者指禮品而言。此"車騎將軍郭淮以意氣呼之"一句，謂淮以親切之意招呼寒貧也。《蜀志·法正傳》載其致劉璋箋云："謂可違信黷誓，而以意氣相致。"亦其例也。

臣松之以爲蹈猶履也，"躬履清蹈"，近非言乎！

（《魏志十一·袁張涼國田王邴管傳》注/366頁）

　　華按：陳壽評袁渙、邴原、張範之文曰："躬履清蹈，進退以

道，蓋是貢禹、兩龔之匹。涼茂、國淵，亦其次也。"裴松之疑
"清蹈"不辭，然未有解說。竊謂"清蹈"似爲"清儉"之誤。本
志《高堂隆傳》載其疏文："今若有人來告，備禪並脩德政，復履
清儉，輕省租賦，不治玩好……"《蜀志·劉巴傳》："巴爲尚書，
後代法正爲尚書令。躬履清儉，不治產業。"其中"躬履清儉"
似當時成語。本篇稱袁渙"家無所儲，終不問產業"。稱張範
"救恤窮乏，家無所餘，中外孤寡皆歸焉，贈遺無所逆，亦終不
用，及去，皆以還之"。稱國淵"居列卿位，布衣蔬食，祿賜散之
舊故宗族，以恭儉自守，卒官"。統而觀之，諸人皆具"清儉"之
德。與"清儉"同義者，有"儉約"一詞，如《後漢書·光武十
王·東平憲王蒼傳》載其疏曰："竊見光武皇帝躬履儉約之
行。"又有"節儉"一詞，如《後漢書·文苑·杜篤傳》載其上奏
《論都賦》曰："太宗承流，守之以文，躬履節儉，側身行仁，食不
二味，衣無異采。"諸例皆用"儉"字。蓋陳壽之書傳至裴松之
時代，已幾經手鈔，難免有誤。此作"蹈"，殆亦傳寫之失。

三國志卷十二
魏志十二《崔毛徐何邢鮑司馬傳》校詁

昨奉嘉命，惠示雅數……後有此比，蒙復誨諸。
（《魏志十二·崔琰傳》/368 頁）

盧弼《集解》：何焯校改"數"爲"疏"。

華按：古寫本《羣書治要》卷二十五亦作"雅數"。"雅數"似不辭，"雅疏"亦罕見。朱起鳳《辭通》以爲"雅數"通"雅素"，猶言情素。可備一說。

人得琰書，以裹幘籠，行都道中。（《魏志十二·崔琰傳》注引《魏略》/369 頁）

盧本作"行部道中"。

盧弼《集解》：宋本"部"作"都"。

華按："都道"，諸本多訛爲"部道"，宋本不誤。《漢書·翟方進傳》載王莽詔曰："義母練、兄宣、親屬二十四人皆磔暴于長安都市四通之衢。"所謂"都市四通之衢"，當即漢魏六朝文獻中恆見之"都街"、"都道"。《太平御覽》卷二百五十引《東觀漢記》載鮑永劾奏趙王良曰："按良諸侯藩臣，蒙恩入侍，知尊帝城門候吏六百石，而肆意加怒，令叩頭都道，奔走馬頭前，無藩臣之禮，大不敬也。"《文選》卷六左思《魏都賦》李善注："鄴城南有都亭，城東亦有都道，北有大邸。"是大城之中，都道不止一條也。拙著《世說新語考釋》於此曾有臆解，兹不贅。

又按："行"字上，元本、西爽堂本、汲本等尚有"持其籠"一句。官本《考證》云："宋本無'持其籠'三字。"今檢北宋及南宋類書，《太平御覽》卷六百四十二、《通志》卷一百十五皆有此一句，然則宋本蓋涉上文"籠"字而脫三字。

整理者按：紹興本、紹熙本、元大德本、南監本、北監本、殿本、金陵活字本、百衲本作"都"。三朝本、西爽堂本、汲本、局本作"部"。又，紹興本、元大德本（後印本）、三朝本、西爽堂本、南監本、北監本、汲本、殿本、金陵活字本、局本有"持其籠"三字，紹熙本、元大德本（初印本）、百衲本無，疑標點本據百衲本刪此三字。

太祖以爲琰腹誹心謗，乃收付獄……後數日，吏故白琰平安。公忿然曰："崔琰必欲使孤行刀鋸乎？"

（《魏志十二·崔琰傳》注引《魏略》/369—370頁）

華按："公"，當從《通志》卷一百十五作"太祖"。上文皆稱曹操爲"太祖"，此處忽然稱"公"，與敍事之例不合。

膺見融，問曰："高明父祖，嘗與僕周旋乎？"（《魏志十二·崔琰傳》注引《續漢書》/370頁）

郭麐《國志蒙拾》："高明"，按此當時長者呼卑幼之稱。

華按：郭說未允。《南齊書·豫章文獻王傳》載樂藹與右率沈約書曰："斯文之託，歷選惟疑，必待文蔚辭宗，德愈茂履，非高明而誰？"以"高明"稱沈約，顯屬敬辭。《太平廣記》卷四百四十一引《玄怪錄》"蕭志忠"條敍使者謂嚴四兄曰："正如高明所問。然彼皆求救於四兄，四兄當爲謀之。"前稱"高明"，後稱"四兄"，其非長者呼卑幼之稱明甚。又有"尊明"者，用法與此相同，如《吳志‧孫策傳》注引《吳錄》載其使張紘爲書責袁術曰：
"夫致主於周成之盛，自受旦、奭之美，此誠所望於尊明也。"

孔融魯國男子，明日便當褰衣而去，不復朝矣。

（《魏志十二‧崔琰傳》注引《續漢書》/372頁）

　　華按：訓詁家或釋此例曰："凡自云某某男子者，皆自豪壯
之辭。"其說未諦。大凡有官爵而自稱"男子"者，乃以平民自
況，並非自壯之辭。本志《三少帝‧齊王芳紀》注引《魏氏春
秋》："郭脩在魏，西州之男子耳。"《蜀志‧張裔傳》載其與所親
書曰："人自敬丞相長史，男子張君嗣附之，疲倦欲死。"諸"男
子"皆無官爵之稱，其身份當爲平民家庭之戶主。《後漢書‧
明帝紀》："賜天下男子爵人二級。"李賢注："前書音義曰：男子
者，謂戶內之長也。"孔融自稱"魯國男子"者，蓋謂身爲魯國布
衣，本無任職資格，今所諫既不見納，則當棄官而去也。

子伯少有猛志。（《魏志十二‧崔琰傳》注引《吳書》/374頁）

　　華按："猛志"，魏晉常語，指自命不凡、勇於進取之豪情壯
志。《後漢書‧公孫瓚傳》："瓚破擒劉虞，盡有幽州之地，猛志
益盛。"是其例。

父子如此，何其快耶！（《魏志十二‧崔琰傳》注引《吳書》/374頁）

　　盧本作"何其快耳"。

　　盧弼《集解》：官本"耳"作"耶"。

　　華按："何其快耳"不誤。劉淇《助字辨略》卷三指出，此
"耳"爲語餘聲，與"邪"相近，有詠歎之意，與"而已"義別。楊
樹達《詞詮》亦承用其說。今檢舊籍，其例甚多。《韓非子‧說
林下》："若亦不患臘之至而茅之燥耳？"《全後漢文》卷十五桓

譚《新論・辨惑》：「誰當久與龜鶴同居而知其年歲耳？」本志《田疇傳》注引《魏書》裴松之曰：「未詳爲譔之事邪？而事將別有所出耳？」又《陳思王植傳》載曹操語：「汝倩人邪？」《藝文類聚》卷五十六、《太平御覽》卷六百引作「汝倩人耳？」此均「耳」、「邪」同用之證。殿本作「何其快耶」者，改從易曉耳。

　　整理者按：紹興本、紹熙本、元大德本、三朝本、西爽堂本、南監本、汲本、金陵活字本、局本、百衲本作「耳」。北監本、殿本作「耶」。

臣聞蕭生縊死，困於石顯；賈子放外，讒在絳、灌。

（《魏志十二・毛玠傳》/376頁）

　　華按：「讒在絳、灌」，猶言「見讒於絳、灌」，此爲被動句式。本志《程昱傳》注引《魏書》載其語曰：「今此賊制在賈信之手，無朝夕之變，故老臣不願將軍行之也。」亦其例。

又可脩保舉故不以實之令，使有司別受其負；在朝之臣時受教與曹並選者，各任其責。（《魏志十二・何夔傳》/381頁）

　　盧弼《集解》：未詳其義。

　　華按：「時」當作「特」，字之誤也。何夔謂選舉官屬，宜兩途並行：一則由主管其事之尚書東曹選拔，一則由朝臣之特受教令者保舉，選舉者各負其責。此議深得曹操贊賞，故下文云：「文帝爲太子，以涼茂爲太傅，夔爲少傅，特令二傅與尚書東曹並選太子諸侯官屬。」此「二傅」即所謂「在朝之臣特受教與曹並選者」。明乎「時」爲「特」字之訛，則文義大明。「時」、「特」二字形近易亂，本志《曹爽傳》注引《魏末傳》「橫蒙時恩」，何校本「時」作「特」；《吳志・吳範傳》注引《江表傳》「時謂嚴峻”，宋本“時”作“特”；又《賀劭傳》“宜時優育”之“時”，宋本亦作“特”，是其比。

信父丹，官至少府侍中，世以儒雅顯。少有大節，寬厚愛人，沈毅有謀。（《魏志十二·鮑勛傳》注引《魏書》/384頁）

盧弼《集解》：“少”上應有“信”字。

華按：盧說可從。“少有大節”句前，“信”字不可省。

文帝將出游獵，勛停車上疏曰⋯⋯帝手毀其表而競行獵。（《魏志十二·鮑勛傳》/385頁）

華按：《藝文類聚》卷六十六、蕭常《續後漢書》卷三十九“競”作“竟”，可從。“竟”猶言終究，本志《辛毗傳》：“帝欲大興軍征吳，毗諫曰⋯⋯帝竟伐吳，至江而還。”亦其比。

夫樂，上通神明，下和人理，隆治致化，萬邦咸乂。移風易俗，莫善於樂。（《魏志十二·鮑勛傳》/385頁）

盧本作“故移風易俗”。

盧弼《集解》：馮本奪“故”字。

華按：盧說是。除馮本、金陵活字本之外，不僅百衲本以下均有“故”字，《羣書治要》卷二十五、《藝文類聚》卷六十六、《重廣會史》卷二十六、《通志》卷一百十五及蕭書卷三十九皆然。標點本於此文獨取馮本、金陵活字本，殊失擇善之旨。

訂補：“移風易俗”一句前面，承金陵活字本脫落了“故”字。“夫⋯⋯故⋯⋯”是古代常用的因果句式，“萬邦咸乂”的後面應當用逗號。

整理者按：紹興本、紹熙本、元大德本、三朝本、西爽堂本、

北監本、汲本、殿本、局本、百衲本作“故移風易俗”。南監本、金陵活字本無“故”字。

邕邪行不從正道，軍營令史劉曜欲推之，勛以塹壘未成，解止不舉。（《魏志十二·鮑勛傳》/386 頁）

華按：“邪行不從正道”者，其罪當死。軍法，營壘已成而妄行其中者殺。故《漢書·胡建傳》載建引《黃帝李法》曰：“壁壘已定，穿窬不繇路，是謂姦人，姦人者殺。”鮑勛實事求是，其所以不舉孫邕之事，正緣當時“塹壘未成”，不得以軍法論處也。

帝大怒曰：“勛無活分，而汝等敢縱之！收三官已下付刺姦，當令十鼠同穴。”（《魏志十二·鮑勛傳》/386 頁）

華按：“十鼠同穴”猶云羣賊同死。《晉書·劉聰載記》載聰怒陳元達曰：“吾爲萬機主，將營一殿，豈問汝鼠子乎……將出斬之，并其妻子同梟東市，使羣鼠共穴！”易“十”爲“羣”，易“同”爲“共”，義同。《梁書·元帝紀》載大寶三年檄文：“侯景奔竄，十鼠爭穴。”謂眾賊爭相逃命也，似化用“十鼠同穴”之語。同穴蓋謂同時處死。庾信《三月三日華林園馬射賦》：“七札俱穿，五犯同穴。”以“同穴”喻指命歸一處，源於《詩經》。

有盜官練置都廁上者，吏疑女工，收以付獄。（《魏志十二·司馬芝傳》/387 頁）

華按：“都廁”，舊無注，亦不見於辭書。今見注譯此文者或釋“都”爲“於”，視之爲虛字，非。“都廁”者，公共廁所也。《北堂書鈔》卷一百四十五、《太平御覽》卷八百六十三引魏邯鄲淳《笑林》云：“甲買肉，過入都廁，挂肉著外，乙偷之，未得去。甲出覓肉，因詐便口銜肉曰：‘挂著外門，何得不失？若如我銜肉著口,豈有失理?'"亦其例。都廁指過路人通用之大廁,猶《世說新語》"都門"指里人公用之大門、"都道"指四通之大道也。

特進曹洪乳母當,與臨汾公主侍者共事無澗神,繫獄。(《魏志十二·司馬芝傳》/388頁)

　　華按: 陳寅恪《魏志司馬芝傳跋》云:"'無澗神'疑本作'無間神',無間神即地獄神,'無間'乃梵文 Avici 之意譯,音譯則爲'阿鼻',當時意譯亦作'泰山'。"

無澗,山名,在洛陽東北。(《魏志十二·司馬芝傳》注/388頁)

　　華按: 陳氏《魏志司馬芝傳跋》又云:"裴謂無澗乃洛陽東北之山名。此山當是因天竺宗教而得名,如後來香山等之比。泰山之名,漢魏六朝內典外書所習見。無澗即無間一詞,則佛藏之外,其載於史乘者,惟此傳有之。以其罕見之故,裴世期乃特加注釋,即使不誤,恐亦未能得其最初之義也。據此可知釋迦之教頗流行於曹魏宮掖婦女間,至當時制書所指淫祀,雖今無以確定其範圍,而子華既以佛教之無間神當之,則佛教在當時民間流行之程度,亦可推見矣。"

三國志卷十三
魏志十三《鍾繇華歆王朗傳》校詁

時太丘長陳寔爲西門亭長,皓深獨敬異。寔少皓十七歲,常禮待與同分義。(《魏志十三·鍾繇傳》注引《先賢行狀》/391—392頁)

> 盧弼《集解》:范書《皓傳》:"同郡陳寔年不及皓,皓引與爲友。"

> 華按:《荀子·王制》:"人何以能羣?曰'分'。分何以能行?曰'義'。故義以分則和,……故序四時,裁萬物,兼利天下,無它故焉,得之分義也。"本志《華歆傳》載其謂孫權曰:"將軍奉王命,始交好曹公,分義未固,使僕得爲將軍效心,豈不有益乎?"是"分義"一詞本指友好關係而言,此文作"朋友"解,係引申之義。

國武子好招人過,以爲怨本。(《魏志十三·鍾繇傳》注引《先賢行狀》/392頁)

> 盧弼《集解》:宋本"招"作"昭"。劉攽曰:"昭當作招。"《通鑑》胡注:"《國語》:齊國佐見單襄公,其語盡。單子曰:'立於淫亂之國而好盡言以招人過,怨之本也。'其後齊殺國武子。"蘇林曰:"招音翹。招,舉也。"

> 華按:王引之《經義述聞》卷二十解"好盡言以招人過",其說甚明:"昭字古作招。招人過,即昭人過。不當訓爲舉,亦不

當讀爲翹也。”王氏又曰：“昭者，明著之詞，言好盡己之言以明著人之過也。《賈子·禮容語篇》作‘好盡言以暴人過’，暴亦明著之詞，則其字之本作昭甚明。”簡而言之，王氏以“招”爲“昭”之假借字，“招人過”，即著明他人之過錯。舊注“招音翹”、“招，舉也”，未能盡確。

　　整理者按：紹興本、紹熙本、元大德本（初印本）、三朝本、西爽堂本、南監本、北監本、汲本、殿本、金陵活字本、百衲本作“昭”。元大德本（後印本）、局本作“招”。

非繇大臣當所宜爲。（《魏志十三·鍾繇傳》注引《魏略》/394頁）

　　華按：“當”字乖於文法。尋繹文例，“當所宜爲”當乙爲“所當宜爲”。說詳本志《公孫瓚傳》注引《典略》“此豈大臣所當宜爲”句。

王命尸臣，官此枸邑。（尸主事之臣枸音苟圖地）（《魏志十三·鍾繇傳》注/395頁）

標點本《校記》：“尸主事之臣枸音苟圖地”，此《漢書》注文，刻者誤入。（1491頁）

　　華按：“尸，主事之臣。枸，音苟，圖地。”此十字當係裴松之自注之文。標點本謂爲“刻者誤入”而删之，似嫌武斷。

　　整理者按：紹興本、紹熙本、元大德本、百衲本作“尸，主事之臣也。枸音苟，圖地”，紹興本字號小於裴注，紹熙本、元大德本、百衲本字號同裴注。三朝本、西爽堂本、汲本、局本作“尸，主事之臣。枸音苟，圖地也”，字號小於裴注。南監本、北監本、殿本、金陵活字本作“尸，主事之臣。枸音苟，圖地”，南監本、金陵活字本字號小於裴注，北監本、殿本字號同裴注，北監本此注前後各空一格以示區別。又,標點本 2015 年 7 月第 29 次印刷本"齒"訛作"幽"。

魏顆以其身追秦師于輔氏。(《魏志十三·鍾繇傳》注/ 395 頁)

　　華按:"追"字不合史實,當爲"退"之形訛。《國語·晉 語》:"魏顆以其身却退秦師於輔氏。"《左傳·宣公十五年》: "魏顆敗秦師于輔氏。"王充《論衡·死僞篇》亦作"魏顆敗秦師 于輔氏"。可證。

陸氏《異林》曰:繇嘗數月不朝會……(《魏志十三·鍾 繇傳》注/396 頁)

沈家本《瑣言》:"陸氏"不詳何人。

　　華按:下文云:"叔父清河太守說如此。清河,陸云也。"以 此推之,"陸氏"當爲陸機之子。《晉書·陸機傳》載陸機爲成 都王所害,被殺時年四十三,機二子陸蔚、陸夏亦同被害。據 此,《異林》之作者當於蔚、夏中求之。

繇意恨,有不忍之心,然猶斫之傷髀。(《魏志十三· 鍾繇傳》注引陸氏《異林》/396 頁)

　　華按:"恨"字於義無當。鍾繇於刀斫美婦人之際,雖知其 爲"鬼物",猶有所戀而不忍於心,尋繹文理,"恨"當作"悢"。 "悢"有眷戀不捨之義,多用於情人分離、故舊決絕之場合。鈔 刻者不達此旨,或訛爲"恨",遂失其義。本志《臧洪傳》:"其爲 愴悢,可爲心哉!"舊本"悢"誤作"恨";《蜀志·法正傳》:"顧念 宿遇,瞻望悢悢。"監本誤作"恨恨",可以參證。

　　又按:竊疑《異林》原作"繇意悢悢",轉引訛奪,遂成"繇意 恨"矣。《太平御覽》卷八百八十七引作"繇意悢悢",然則宋人所引雖誤，尚未脫字也。

婦人即出，以新綿拭血竟路。（《魏志十三·鍾繇傳》注引陸氏《異林》/396頁）

　　華按："新綿"一詞，舊無注，亦不見於辭書。東漢鄭玄《儀禮·士喪禮》注："纊，新綿。"又《既夕禮》注："纊，新絮。"又《禮記·玉藻》注："纊，今之新綿也；縕，謂今纊及舊絮也。"又《喪大記》注："纊，今之新綿。"顯而易見，先秦謂之"纊"，漢代謂之"新綿"或"新絮"，後世則謂之"新綿絮"，亦即用以製作棉襖之新絲或新棉花。據下文"以裲襠中綿拭血"可知，本文"新綿"指棉背心中之棉絮。

太和初，蜀相諸葛亮圍祁山，明帝欲西征……（《魏志十三·鍾毓傳》/399頁）

　　盧弼《集解》：何焯曰："'欲'下《御覽》有'親'字。"陳浩曰："毓疏皆係止帝親征之辭，疑監本脫落'親'字。"

　　華按："欲"下似宜沾補"親"字。青龍二年，孫權攻合肥，魏明帝亦欲親自出征，本志《衛臻傳》敘其事曰："帝欲自東征。"律以"欲自東征"之文，則《太平御覽》卷二百二十一作"欲親西征"爲是。

　　整理者按：紹興本作"欲親西征"。紹熙本、元大德本、三朝本（嘉靖己未年補刊）、西爽堂本、南監本、北監本、汲本、殿本、金陵活字本、局本、百衲本無"親"字。易培基《補注》、殿本朱批均於行左校補"親"字。

聽君父已沒，臣子得爲理謗，及士爲侯，其妻不復配嫁，毓所創也。（《魏志十三·鍾毓傳》/400頁）

　　殿本《考證》：《御覽》"配"作"改"。

華按：此"配嫁"實指改嫁而言。大凡兵人之女，照例祗能配嫁戰士；戰士亡沒，其妻必須繼續配嫁其他兵士。故鍾毓爲創新制：兵士爲侯者，身沒之後，其妻可以不再配嫁。本志《明帝紀》青龍二年注引《魏略》載張茂上書："又錄奪士女前已嫁爲吏民妻者，還以配士。"又："臣伏見詔書，諸士女嫁非士者，一切錄奪，以配戰士。"前用"嫁"，後用"配"，變其文耳。又《杜畿傳》注引《魏略》："初，畿在郡被書錄寡婦，是時他郡或有已自相配嫁，依書皆錄奪，啼哭道路。"其中"配"、"配嫁"亦指婦女再嫁。《太平御覽》卷二百三十一作"改"，非其舊也。

歆少以高行顯名。避西京之亂，與同志鄭泰等六七人，閒步出武關。道遇一丈夫獨行，願得俱，皆哀欲許之。（《魏志十三·華歆傳》注引華嶠《譜敍》／402 頁）

華按：初平年間，董卓遷漢獻帝於長安，天下飢亂，華歆、鄭泰等遂棄官東歸。上引裴注，即記此事。《世說新語·德行》劉孝標注引華嶠《譜敍》云："歆爲下邳令，漢室方亂，乃與同志鄭太等六七人避世，自武關出。道遇一丈夫獨行，願得與俱，皆哀許之。"對比之下，劉注之內容可與裴注互相補充，其異字亦不乏參校價值。就語法而言，竊疑本文"願得俱"句中或許脫一"與"字。

又按："願得俱，皆哀欲許之"二句，《册府元龜》卷八百零二誤作"願得俱北，眾欲許之"。《册府》之所以出現違背史實之文，蓋由"皆"之殘文"比"與"北"形似，故先以"比"爲"北"，繼而又誤以"哀"之駁文爲"眾"。殊不知華歆、鄭泰等人若欲奔武關以北之弘農、河東、平陽、上黨等地，自應從西京直奔東北方向之渭南，然後取道於潼關或馮翊，何必從西京奔向武關？武關在西京之東南方，位於雍州之東南角，與荊州接界。華歆等人從西京直奔東南方向之藍田，繼而從藍田直奔東南方向之武關，其最近目的地顯爲武關以東之荊州南陽。據本志《華歆傳》可知，華歆出武關後果然東至南陽，進入袁術地盤，勸術討伐董卓。鄭泰字公業，河南開封人，出武關後欲歸故里亦必取道南陽，《後漢書·鄭太傳》云：“乃與何顒、荀攸共謀殺卓。事洩，顒等被執，公業脫身自武關走，東歸袁術。術上以爲楊州刺史。未至官，道卒。”其“東歸”二字可爲明證。華歆、鄭泰爲“六七人”中之領頭人，既然歆、泰出武關之目的在於順路“東歸”而非迂回“北走”，則《册府》“願得俱北”等語又從何說起？“北”、“衆”二字大悖情理，必誤無疑。

既以受之，若有進退，可中棄乎！（《魏志十三·華歆傳》注引華嶠《譜敍》/402 頁）

　　華按：事有不利，謂之“有進退”，亦當時俗語；《世說新語·德行》亦載此事，歆語曰：“既已納其自託，寧可以急相棄邪！”可證此“進退”即指危急之事。《全晉文》卷二十二王羲之《雜帖》：“憂懷深，小妹亦故進退。”又：“疾重，而邁進退。”其中“進退”則指病情加劇而言。

臣與相國曾臣漢朝，心雖悅喜，義形其色，亦懼陛下，實應且憎。（《魏志十三·華歆傳》注引華嶠《譜敍》/404 頁）

　　華按：“實應且憎”，謂外表佯爲贊同，內心實憎其非。《左傳·成公十三年》載呂相絕秦語云：“狄應且憎。”杜預注：“言狄雖應答秦，而心實憎秦無信。”《國語·周語中》載周王語云：“其叔父實應且憎。”韋昭注：“應，猶受；憎，惡也。”又《晉語八》載祁奚語云：“懼子之應且憎也。”韋注：“外應受我，內憎其非。"然則陳羣之辭,純係承用古語。《世說新語・方正》注引此文作"實應見憎",觀其"且"字誤作"見",則知寫刻者已不明其出典矣。

不意黃熊突出羽淵也。(《魏志十三・王朗傳》注/408 頁)

盧弼《集解》:各本皆作"黃能"。吳本、毛本作"黃熊",俗字。《左傳・昭公七年》子產曰:"昔堯殛鯀于羽山,其神化爲黃熊,以入于羽淵。"杜注:"羽山在東海祝其縣西南。"

華按:各本皆作"黃能","能"字不宜改爲"熊"。《述異記》曰:"堯使鯀治水。不勝其任,遂誅鯀于羽山,化爲黃能,入于羽泉。黃能,即黃熊也;陸居曰熊,水居曰能。"是"能"、"熊"有别,雖屬小說家言,要可見董理古籍者不宜以"熊"易"能"也。此外,《集解》引《左傳》作"黃熊",而唐陸德明所取古本則爲"黃能",陸氏《經典釋文》卷十九《春秋左氏音義之五》釋"能"曰:"如字,一音奴來反。亦作'熊',音雄,獸名。能,三足鼈也……按《說文》及《字林》皆云:'能,熊屬,足似鹿。'然則能既熊屬,又爲鼈類,今本作'能'者勝也。"據此可知,漢魏六朝時"能"、"熊"二字雖已混用,但"能"作爲"熊"之一種,又有"三足鼈"之說,實不宜與"熊"相混。

整理者按:紹興本、紹熙本、元大德本、三朝本、南監本、北監本、殿本、百衲本作"能"。西爽堂本、汲本、金陵活字本、局本作"熊"。

太祖請同會,啁朗曰:"不能效君昔在會稽折秔米飯也。"(《魏志十三・王朗傳》注引《魏略》/408 頁)

華按:爲求精米而脫去米之粗皮,謂之"折"。《初學記》卷二十六引周處《風土記》:"精折米,十取七八。"言經過"精折"

之米,已脫去粗者十之二三也。後人不明"折"爲當時習語,傳寫多誤爲"析",或誤爲"淅",如《南齊書·崔祖思傳》:"王景興以淅米見誚。"其中"淅"字,《南史》作"析",《册府元龜》卷五百二十九作"折",朱季海《南齊書校議》指出:"裴注引《魏略》作'折',是也。……尋《齊民要術·飧飯》第八十六有《折粟米法》,大氐'脫粟米一石','以湯淘腳踏,瀉去瀋更踏,如此十徧,隱約有七斗米在'耳。折秔米法諒亦準此,是十去其三矣。魏武方崇儉,故啁之耳。賈書《胡飯法》下亦出'折米飯',字並作'折'。"明乎此,則知《世説新語·排調》"矛頭淅米劍頭炊"之文亦當作如是解,其中"淅"當作"折",謂折米宜以湯淘腳踏,若以矛代腳,米必糜碎也。由此上溯,又頗疑《周禮》有"析秫"者,或爲"折秫"之訛。

朗仰而歎曰:"宜適難值!"(《魏志十三·王朗傳》注引《魏略》/408 頁)

華按:"宜適",同義之字並列,適亦宜也,此謂合乎事宜之舉動。《大藏經》卷一西晉白法祖譯《佛般泥洹經》卷上:"飢飽寒熱,皆爲苦極,身體難得宜適。""難得宜適",猶言難得合宜之生活條件。《齊民要術·養羊》:"牧羊必須大老子心性宛順者,起居以時,調其宜適。"其中"宜適"指羊之生活習慣。要之,"宜適"爲當時俗語,或指舉動之不偏不頗者,或指措施之合乎規律者。

二毛不戎,則老者無頓伏之患。(《魏志十三·王朗傳》/409 頁)

華按:辭書或釋此"頓伏"爲"頓首伏身",未免望文生訓。考"頓伏"一詞,屢見於魏晉南北朝之書,《大藏經》卷四吳康僧會譯《舊雜譬喻經》卷下：“龍放風雨雷電霹靂，萬人驚怖，不知所至，逆爲所辱，頓伏來還。”本志《袁術傳》注引《吳書》：“坐櫺牀上，歎息良久，乃大咤曰：‘袁術至于此乎！’因頓伏牀下，嘔血斗餘而死。”又《荀攸傳》注引《漢末名士錄》載陶丘洪論何顒語：“其怨家積財巨萬，文馬百駟，而欲使伯求羸牛疲馬，頓伏道路，此爲披其胸而假仇敵之刃也。”《吳志·王蕃傳》：“晧大會羣臣，蕃沉醉頓伏，晧疑而不悅，轝蕃出外。”《晉書·劉琨傳》載其上表曰：“道險山峻，胡寇塞路，輒以少擊衆，冒險而進，頓伏艱危，辛苦備嘗。”葛洪《神仙傳·薊子訓》：“棺中嗑然作雷霆之音，光照宅宇，坐人頓伏。”又《涉正》：“目開時，有音如霹靂而光如電，照於弟子，皆不覺頓伏，良久乃能起。”《宋書·孝武帝紀》載大明八年詔曰：“使命來者，多至乏絕，或下窮流冗，頓伏街巷，朕甚閔之。”《太平廣記》卷一百四十一引《幽明錄·王仲文》：“與奴並頓伏，俱死。”《太平御覽》卷九百零六引《宣驗記》載吳唐事：“唐乃自藏於草中，出麑致淨地。鹿母直來地，俯仰頓伏，絕而復起。唐又射鹿母，應弦而倒。”並其例也。“頓伏”當讀爲“頓仆”，如《吳志·諸葛恪傳》：“士卒傷病，流曳道路，或頓仆坑壑，或見略獲。”音轉或爲“顚仆”，如《蜀志·許靖傳》載其與曹操書曰：“懼卒顚仆，永爲亡虜，憂瘁慘慘，忘寢與食。”“頓”與“顚”一聲之轉，“伏”與“仆”古音相同，故頓仆、顚仆、顚覆、頓踣、顚踣等詞皆得有跌仆之義。

太常行陵幸車千乘。（《魏志十三·王朗傳》注引《魏名臣奏》/410 頁）

盧弼《集解》：元本“幸”作“赤”，何校同。

易培基《補注》：紹熙本作“赤車千乘”。

華按："幸"字無義，當從紹熙本作"赤"。《册府元龜》卷三百十二亦作"赤"。宋人葉廷珪所編《海錄碎事》引王朗云："西京太常行陵，赤車千乘。"然則宋、元人所據古本均無異文，"赤車"乃特使或特權者所用之紅色車乘，《後漢書·鮮卑傳》："鄧太后賜燕荔陽王印綬，赤車參駕。"是其比。

整理者按：紹興本、紹熙本、元大德本、三朝本、百衲本作"赤"。西爽堂本、南監本、北監本、汲本、殿本、金陵活字本、局本作"幸"。

雖有乘制之處，不講戎陳。（《魏志十三·王朗傳》注引《魏名臣奏》/410頁）

盧弼《集解》：沈家本曰："乘制未詳。《續漢·禮儀志》：'立秋之日，兵官皆肄孫吴兵法六十四陣，名曰乘之。'疑此文有訛，當云'乘之'。"

華按：沈氏疑訛，可以參考。本志《武帝紀》注引《魏書》載建安二十一年有司奏："四時講武於農隙，漢承秦制，三時不講，唯十月都試車馬，幸長水南門，令五營士爲八陣進退，名曰'乘之'。"是"乘之"乃講武之制，相沿甚久。今疑原文當作"乘之之制"，鈔刻者未達其旨，臆改爲"乘制之處"，以致似通未通。

既不簡練，又希更寇，雖名實不副，難以備急。（《魏志十三·王朗傳》注引《魏名臣奏》/410頁）

郁松年《續後漢書札記》：郝書"雖名實不副"，《志注》同。案"雖"字文義不順，似衍。

盧弼《集解》：沈家本曰："'雖'字於上下文語意不合，疑有誤。"

華按：細玩文義，"雖"當作"難"。《論衡·定賢》"則雖聖之不易知也"，原本"雖"訛爲"難"；又《雷虚》"難曰"之"難"，原文又訛爲"雖"，足見二字形近，傳寫易誤也。"寇難"連文，古來習用。《荀子·君道》："事業忘勞，寇難忘死。"《漢書·吾丘壽傳》："後願守塞扞寇難，復不許。"本志《陶謙傳》注引《吳書》："征夫勞瘁，寇難未弭。"又《管寧傳》注引《高士傳》："是以寇難消息。"《蜀志·先主傳》："不能掃除寇難。"又注引《獻帝春秋》："方今寇難縱橫。"《吳志·黃蓋傳》："有寇難之縣，輒用黃蓋爲守長。"均其例。今知此文讀爲"既不簡練，又希更寇難，名實不副，難以備急"，則文從字順，略無疑滯矣。

雋殆見害，登手格一賊，以全雋命。（《魏志十三·王朗傳》注引《王朗集》/411頁）

　　盧弼《集解》：宋本"一"作"二"。

　　易培基《補注》：紹熙本作"手格二賊"。

　　　華按：《太平御覽》卷二百二十九、殘宋本《册府元龜》卷一百三十七亦作"二"，足見早期文本不作"一"。

　　　整理者按：紹興本、紹熙本、元大德本、百衲本作"二"。三朝本（萬曆十年補刊）、西爽堂本、南監本、北監本、汲本、殿本、金陵活字本、局本作"一"。

然後宜選持重之將，承寇賊之要，相時而後動，擇地而後行，一舉更無餘事。（《魏志十三·王朗傳》/411頁）

　　盧本作"可無餘事"。

　　盧弼《集解》：北宋本"可"作"更"。

　　　華按：馮本、局本等作"可"。標點本從作"更"之本，得之。"更無餘事"猶言別無他事，亦當時口語，又如東晉佛陀跋陀羅等譯《摩訶僧祇律》卷五："若比丘見男子造婬女家，便作是念：此中更無餘事，正當作婬欲，而自欲心起失不淨者，是應責心。"

整理者按：紹興本、紹熙本、元大德本、三朝本（萬曆十年補刊）、西爽堂本、南監本、北監本、汲本、殿本、金陵活字本、局本、百衲本作“可”。易培基《補注》：“‘可’，北宋本作‘更’。”

詔曰：“……無乃居其室出其言不善，見違於君子乎！”（《魏志十三・王朗傳》/411頁）

　　華按：“居其室出其言不善”可加引號以明之。《易・繫辭上》：“子曰：君子居其室，出其言善，則千里之外應之，況其邇者乎；居其室，出其言不善，則千里之外違之，況其邇者乎。”詔文本此。

設其傲狠，殊無入志，懼彼輿論之未暢者，並懷伊邑。（《魏志十三・王朗傳》/412頁）

　　華按：徐復師《三國志臆解》曰：“伊邑，聲轉爲鬱邑。邑爲浥之省假。《說文》：‘浥，不安也。’亦聲轉爲伊鬱。班彪《北征賦》：‘諒時運之所爲兮，永伊鬱其誰愬。’伊鬱，亦謂憂憤鬱結也。”

則所謂悅以犯難，民忘其死者矣。（《魏志十三・王肅傳》/415頁）

　　華按：《易・兌卦》：“象曰……說以先民，民忘其勞，說以犯難，民忘其死。說之大，民勸矣哉！”孔穎達疏：“先以說豫勞民，然後使之犯難，則民皆授命，忘其犯難之死。”本文“悅以犯難，民忘其死”引自《易》象，可加引號以明之。

明帝不從，使稱皇，乃追謚曰漢孝獻皇帝。（《魏志十三・王肅傳》/416頁）

　　盧弼《集解》：各本皆作“使稱皇”，官本作“使稱帝”。《考證》云：“按文義當作‘使稱帝’，蓋王肅之意止欲其稱‘皇’，而明帝不從之也。"姚範曰:"'使稱皇'下疑脫'帝'字。按蕭意以山陽之禪不比虞夏,故當從'皇'差輕之號,而不當稱'帝'。魏明不從也。"

華按:殿本《考證》改"皇"爲"帝",其說甚辯,惜乎一無佐證。今檢《通志》卷一百十五,其文即作"使稱帝",可爲其說之旁證。

整理者按:紹興本、紹熙本、元大德本、三朝本(嘉靖十年補刊)、西爽堂本、南監本、北監本、汲本、金陵活字本、局本、百衲本作"皇"。殿本作"帝"。

又注書十餘篇。(《魏志十三·王肅傳》/420頁)

華按:"注"當從紹熙本、汲本、殿本、局本等作"著"。馮本、金陵活字本相承作"注",係涉上文"諸注"而誤。標點本沿襲金陵活字本,失校。

整理者按:紹興本、紹熙本、元大德本、三朝本、西爽堂本、北監本、汲本、殿本、局本、百衲本作"著"。南監本、金陵活字本作"注"。

天水舊有姜、閻、任、趙四姓,常推於郡中。(《魏志十三·王肅傳》注引《魏略》/421頁)

郁松年《續後漢書札記》:郝書"雄望郡中",《志注》作"常推於郡中",案"推"當是"雄"之形誤。

華按:稱霸一方謂之"雄",本志《東夷·高句麗傳》"公孫度之雄海東也……"是其例。或謂之"雄張",本志《倉慈傳》:"大姓雄張,遂以爲俗。"又《東夷·夫餘傳》:"公孫度雄張海東。"並其例。此作"推",義不密切,郁氏謂爲"雄"字之誤,甚合情理。

整理者按:作者批校本云"推"爲"推許"義,亦通。

三國志卷十四
魏志十四《程郭董劉蔣劉傳》校詁

於是袁紹使人說太祖連和，欲使太祖遷家居鄴。（《魏志十四·程昱傳》/427 頁）

華按："遷"，舊刻本皆作"遣"。鄴爲袁紹根本重地，紹欲操遣家屬居鄴者，取質以爲保信也。下文程昱曰："竊聞將軍欲遣家與袁紹連和，誠有之乎？"前後相應，事義甚明。標點本作"遷"，非遣家爲質之意，當屬印刷之誤。標點本作爲新版本，既不明言底本所據，徑改之文又往往不出校記，以致此類誤文頗難發現；即使發現，亦不知出於校點者之臆改，抑或出於排版者之誤植。

整理者按：紹興本、紹熙本、元大德本、三朝本（嘉靖己未年補刊）、西爽堂本、南監本、北監本、汲本、殿本、金陵活字本、局本、百衲本作"遣"。

袁紹擁十萬眾，自以所向無前。今見昱兵少，必輕易不來攻。（《魏志十四·程昱傳》/428 頁）

華按："自"字以下，宜標點爲"自以所向無前，今見昱兵少，必輕易，不來攻"。"輕易"謂不以爲意，其下宜有逗號。

其選官屬，以謹慎爲粗疏，以謥詷爲賢能。（《魏志十四·程昱傳》/430 頁）

錢大昭《辨疑》： 范書《鄧和熹后紀》云：“輕薄憁詷。”李賢注：“憁詷，猶恩遽也。”又《魏志‧臧霸傳》云：“部從事憁詷不法。”

華按：“憁詷”，字或作“謥詷”、“惚恫”、“憁恫”，李賢訓爲“恩遽”，未爲確詁。此文“憁詷”與“謹慎”對舉，義訓自當相反。今謂“憁詷”當訓爲怠忽、誇誕。賈誼《新書‧道術》曰：“勉善謂之慎，反慎爲怠。”慧琳《一切經音義》卷十六引《纂文》云：“憁詷，怠也。”此均“憁詷”有怠義之證。《說文解字‧言部》：“詷，共也；一曰譀也。”段玉裁注：“《通俗文》：‘言過謂之憁詷。’按：‘言過’者，言之太過也，與‘譀’訓合。”朱駿聲《說文通訓定聲》遂謂“本訓當爲誇誕”，是“憁詷”又有言過其實之義。蓋浮誇於言者必怠荒於事，故“憁詷”常泛指不循禮法之言行。《後漢書‧和熹鄧皇后紀》載其詔曰：“每覽前代外戚賓客，假借威權，輕薄憁詷，至有濁亂奉公，爲人患苦。咎在執法怠懈，不輒行其罰故也。”本志《臧霸傳》：“部從事憁詷不法，周得其罪，便收考竟。”《晉書‧齊王冏傳》載河間王顒上表：“張偉憁恫，擁停詔可，葛旟小豎，維持國命。”《抱朴子外篇‧自敍》：“洪尤疾無義之人，不勤農桑之業，而慕非義之姦利……憁恫官府之間，以窺掊克之益。”《文心雕龍‧程器》：“仲宣輕脆以躁競，孔璋憁恫以粗疏，丁儀貪婪以乞貨，路粹餔餟而無恥。”諸例均形容其人品行之鄙劣。胡文英《吳下方言考》卷八云：“憁詷，暫誕人也。……吳中謂無學問而語言氣象可以酬答動人曰憁詷。”然則古今詞義一脈相承，“憁詷”皆浮誇虛誕之謂。

嘉少有遠量……年二十七，辟司徒府。（《魏志十四‧郭嘉傳》注引《傅子》）/431—432 頁）

華按：“司徒”二字可疑。張宗泰《質疑刪存》卷中《郭嘉傳考證》曰："《傳》云：'表爲司空軍祭酒。'《傅子》所云'辟司徒府'，'徒'當做'空'。"張說可從。按裴松之注文之例，凡與本傳不合者，裴氏均有說明；此處"司徒"之文既與本傳不合，又無考辨，理當以本傳爲正。本志《武帝紀》記載，曹操於建安元年冬十月爲司空，行車騎將軍；據此可知，郭嘉卒於建安十二年，年三十八，與曹操共事凡十一年；由此上溯，郭嘉"年二十七"時正當建安元年曹操開府之際。此作"司徒"，顯爲"司空"之誤。

曹今雖弱，然實天下之英雄也，當故結之。（《魏志十四·董昭傳》/437 頁）

　　盧弼《集解》：胡三省曰："故者，結交之因也。謂因事而結之。"
　　盧弼《集解補》：嚴衍曰："用意曰故。"

　　　華按："故"、"固"二字古通用，頗疑"故結"即"固結"，亦當時常語。徐幹《中論·譴交》云："或奉貨而行賂，以自固結，求志屬託，規圖仕進。"是其例。

奉得書喜悅，語諸將軍曰："兗州諸軍近在許耳……"（《魏志十四·董昭傳》/437 頁）

　　　華按：據史家敍事之例，此"諸將軍"應作"諸將"，指與楊奉同駐洛陽一帶之韓暹、董承、張楊等。下文董昭云："此下諸將，人殊意異。"其中"諸將"亦指楊奉及韓、董、張等人。上文載董昭作曹操書與奉，書中"將軍"凡四見，皆屬尊稱之語而非記事之文。此作"諸將軍"，蓋涉上而衍。

孫權遣使辭以"遣兵西上，欲掩取羽。江陵、公安累重，羽失二城，必自奔走，樊軍之圍，不救自解。乞密不漏，令羽有備"。（《魏志十四·董昭傳》/440 頁）

盧弼《集解》：“累重”二字，一本改作“二城”。

華按：“欲掩取羽江陵、公安累重”十字爲一句，不可割裂。標點本於“欲掩取羽”下絕句，非是。本志《趙儼傳》所謂“孫權襲取輜重”者，即謂掩取江陵、公安之軍實也。據《蜀志·關羽傳》、《吳志·呂蒙傳》可知，此時南郡太守糜芳守江陵，將軍士仁屯公安；關羽率大軍攻樊城，“羽及將士家屬”、“府藏財寶”皆在江陵、公安二城。一本改“累重”爲“二城”，亦非是。此“累重”即指軍人家屬。《漢書·西域傳下》：“募民壯健有累重敢徙者詣田所。”顏師古注：“累重，謂妻子家屬也。累音力瑞反，重音直用反。”是其義證。本志《鮮卑傳》：“比能誘納步度根，使叛并州，與結和親，自勒萬騎迎其累重於陘北。”此其例證。

整理者按：紹興本、紹熙本、元大德本、三朝本、西爽堂本、南監本、北監本、汲本、殿本、金陵活字本、局本、百衲本作“累重”。易培基《補注》：“累重者，家累輜重也。”

若其無臣，不須爲念。（《魏志十四·董昭傳》/441 頁）

盧弼《集解》：錢大昭曰：“‘無臣’，疑當作‘無成’。”梁章鉅說同。周壽昌曰：“‘無臣’作‘無成’，恐不然。時休假鉞專征，自矜必捷，若果無成，當任敗師之罪，安得云‘不須爲念’乎！休此表必尚有曲折，此摘其略數語，故意不甚顯。大約言‘臣若死於敵，不須以臣爲念’，觀下‘帝恐休便渡江’、昭窺帝憂色，有‘何肯乘危自投死地⋯⋯休意自沮’之勸也。”

華按：“無臣”猶言“無我”，周氏釋爲“死於敵”，得之。《南齊書·豫章文獻王嶷傳》載其臨終召其子曰：“無吾後，當共相勉厲，篤睦爲先。”其中“無吾”亦自謂亡歿之語，可與“無臣”比看。

賊頻攻橋，誤有漏失，渚中精鋭，非魏之有，將轉化
爲吳矣。（《魏志十四・董昭傳》/441頁）

　　華按："誤有漏失"，謂偶然有失誤也。"誤"猶言偶然，乃
　　當時口語，本志《管輅傳》注引《輅別傳》載輅爲清河倪太守刻
　　中雨期，"倪謂輅曰：'誤中耳，不爲神也。'輅曰：'誤中與天期，
　　不亦工乎！'"亦其例。《通志》卷一百十五改"誤"爲"設"，殊不
　　知"誤"猶設也。

戒渙、曄以"普之侍人，有諂害之性。身死之後，懼
必亂家。汝長大能除之，則吾無恨矣"。（《魏志十
四・劉曄傳》/443頁）

　　華按："普"爲渙、曄之父，戒子之辭，不容稱"普"。此"普
　　之侍人有陷害之性"不宜闌入戒辭，"普"前之引號宜移至"身"
　　字之前。

太祖徵曄及蔣濟、胡質等五人，皆揚州名士。每舍
亭傳，未曾不講，所以見重。（《魏志十四・劉曄傳》注引
《傅子》/444頁）

　　華按："未曾不講所以見重"當作一句讀之，意謂除劉曄之
　　外，其餘四人每當宿於亭傳，未嘗不研討足以贏得曹操賞識之
　　策論。"所以見重"係名詞性詞組，不得獨立成句。下文所云
　　"内論國邑先賢，禦賊固守，行軍進退之宜，外料敵之變化，彼
　　我虛實，戰爭之術"之類，亦即"所以見重"之具體内容。標點
　　本似不悟"講所以見重"乃動賓結構，竟於"講"字後斷以逗號，
　　遂致文不成義。

劉備，人傑也，有度而遲，得蜀日淺，蜀人未恃也。

（《魏志十四·劉曄傳》/445 頁）

盧弼《集解》：北宋本、監本、官本"恃"作"附"，各本作"恃"，《通鑑》同。

華按："恃"有附義。本志《公孫淵傳》注引《魏書》載淵令官屬上書自直於魏曰："惟陛下恢崇撫育，亮其控告，使疏遠之臣，永有保恃。""永有保恃"猶言有所依附而無所懼也。《吳志·張昭傳》注引昭論君臣父子云："在三之義，君實食之，在喪之義，君親臨之，厚莫重焉，恩莫大焉，誠臣子所尊仰，萬夫所天恃。""天恃"乃尊崇、依附之義。《大藏經》卷十五西晉竺法護譯《修行道地經》卷七："悉失財物，當何依怙？裸匱飢凍，反當求恃，而從豪富歸命舉假。""恃"謂依附富家也。

整理者按：紹興本、紹熙本、元大德本、三朝本、西爽堂本、南監本、汲本、金陵活字本、局本、百衲本作"恃"。北監本、殿本作"附"。

先帝征伐，天下兼其八，威震海內。（《魏志十四·劉曄傳》注引《傅子》/447 頁）

盧弼《集解》：《通鑑》作"十兼其八"。

華按："八"非實數，前無"十"字則文意不完，當據《資治通鑑》卷六十九沾補。本傳載建安十二年劉曄進言於曹操曰："明公……北破袁紹，南征劉表，九州百郡，十并其八。"是其比。

曄以爲"公孫氏漢時所用，遂世官相承，水則由海，陸則阻山，故胡夷絕遠難制。而世權日久；今若不誅，後必生患"。（《魏志十四·劉曄傳》/448 頁）

盧弼《集解》：《通鑑》作"外連胡夷"。

華按："故"字誤，宜據《資治通鑑》卷七十一校補爲"外連"。公孫氏本遼東襄平人，世爲漢官，並非胡夷；若屬胡夷，陳壽應載入本志《烏丸鮮卑東夷傳》，而公孫氏則與公孫瓚、陶謙、張魯等合傳，公孫度又立漢二祖廟，其事明甚。本志《公孫淵傳》云："淵遂自立爲燕王，置百官有司。遣使者持節，假鮮卑單于璽，封拜邊民，誘呼鮮卑，侵擾北方。"此"誘呼鮮卑"之事，即劉曄所謂"外連胡夷"也。淵傳又注引《魏名臣奏》載夏侯獻表曰："又高句麗、濊貊與淵爲仇，並爲寇鈔。今外失吳援，內有胡寇，心知國家能從陸道，勢不得不懷惶懼之心。"魏國大臣稱高句麗等爲"胡"，稱公孫淵"內有胡寇"，則淵之不屬胡種灼然無疑。此文"故胡夷"云云，以公孫氏爲"胡夷"，不合事實；疑原文之"外連"先脫"連"字，"外"字勢難獨存，傳寫者遂改爲形近之"故"。

吾前決謂分半燒船于山陽池中，卿於後致之，略與吾俱至譙。(《魏志十四・蔣濟傳》/452頁)

華按：此"略"爲範圍副詞，與"皆"、"悉"用法相類，本志《王粲傳》："性善算，作算術，略盡其理。"又《劉劭傳》注引《文章敍錄》："漢建初中，扶風曹喜少異於斯而亦稱善。邯鄲淳師焉，略究其妙，韋誕師淳而不及也。"《吳志・三嗣主・孫登傳》："登接待寮屬，略用布衣之禮。"亦其義證。劉淇《助字辨略》卷三"頗"下有云："略，又有盡悉之義。"劉氏雖無例證，實足啟迪來學。今知"略"常與近義詞"皆"、"遍"等連言，如《蜀志・郤正傳》："性澹於榮利，而尤耽意文章，自司馬、王、楊、班、傅、張、蔡之儔遺文篇賦及當世美書善論，益部有者，則鑽鑿推求，略皆寓目。"《吳志・三嗣主・孫休傳》："孤之涉學，羣書略遍,所見不少也。"《全晉文》卷一百三十四習鑿齒《又與謝安書稱釋道安》:"其人理懷簡衷,多所博涉,內外羣書,略皆遍覩。"並其例也。

左右忠正遠慮,未必賢於大臣,至於便辟取合,或能工之。(《魏志十四·蔣濟傳》/452頁)

盧弼《集解》:馮本"合"作"舍"。

華按:馮本不可從,今人或疑"合"、"舍"俱爲"容"字之誤,亦所不取。竊謂"合"字義自可通。下文云"或恐朝臣畏言不合而受左右之怨",此"不合"與"取合"文義相承。《吳志·韋曜傳》載其辭曰:"追懼淺敝不合天聽。"又曰:"貂蟬內侍,承合天聽。"亦用"合"字。"取合"者,迎合也。《史記·韓長孺列傳》:"安國爲人多大略,智足以當世取合,而出於忠厚焉。"《漢書·藝文志》諸子略有云:"各引一端,崇其所善,以此馳說,取合諸侯。"《淮南子·覽冥訓下》:"羣臣準上意而懷當。"高誘注:"懷,思。當,合也。取合主意,不復以道正諫也。"是"取合"一詞,兩漢時已經習用。

整理者按:紹興本、紹熙本、元大德本、三朝本、西爽堂本、北監本、汲本、殿本、局本、百衲本作"合"。南監本、金陵活字本作"舍"。

今海表之地,累世委質,歲選計考,不乏職貢。(《魏志十四·蔣濟傳》注引司馬彪《戰略》/453頁)

華按:"考"字無義。《資治通鑑》卷七十二明帝太和六年載此文作"孝",胡三省注:"計孝,謂每歲上計及舉孝廉也。"胡注甚是。本志《文帝紀》載黃初二年"初令郡國口滿十萬者,歲察孝廉一人;其有秀異,勿拘戶口"。又載黃初三年詔曰:"今

之計(考)〔孝〕，古之貢士也。"標點本《校記》云："計孝，據《資
治通鑑》六九胡注改。"竊謂標點本據《資治通鑑》卷六十九訂
正《文帝紀》之"計考"，極是；此《戰略》之"計考"，亦當依《資治
通鑑》卷七十二校改。

若大軍相持，事不速決，則權之淺規，或能輕兵掩襲。(《魏志十四·蔣濟傳》注引《漢晉春秋》/454頁)

盧弼《集解》：胡三省曰："淺規，謂規圖淺攻，不敢深入。"

　　華按："淺規"之"淺"，非淺攻之謂，應與"淺見"、"淺慮"之
"淺"一例視之。

願母爲白侯，屬阿，令轉我得樂處。(《魏志十四·蔣濟傳》注引《列異傳》/455頁)

　　華按：《梁書·孝行·吉翂傳》載其欲代父死，廷尉卿蔡法
度語之曰："主上知尊侯無罪，行當釋亮……奚以此妙年，苦求
湯鑊？"翂父職爲吳興原鄉令，而廷尉對翂稱其父爲"尊侯"，是
"侯"可爲父之代稱，似流行於魏晉六朝之上層社會。

天明，母重啟侯。(《魏志十四·蔣濟傳》注引《列異傳》/455頁)

　　華按："侯"當作"濟"。"濟"字上文三見，下文六見，皆爲
敍事之筆；此作"侯"，乖於文例，必涉上二"侯"字而誤。今本
《搜神記》正作"濟"，可據正。

雖云夢不足怪，此何太適？適亦何惜不一驗之？

(《魏志十四·蔣濟傳》注引《列異傳》/455頁)

　　黃生《義府》：卷下"適適"條："雖云夢不足怪，此何太適適！"適
與的同，言夢中事雖未可信，然何的的分明如此。

　　華按：黃說是。標點本割裂"適適"一詞，非。"適"、"的"
二字古音相同，例得通假。《韓非子·姦劫弒臣》："故弒賢長

185

而立幼弱,廢正的而立不義”二句,又見於《戰國策·楚策四》客說春申君章,其中“的”字作“適”,是二字通用之證。今知“適適”當讀爲“的的”,則文義大明。古人形容所見分明,常用“的的”一詞,例如《淮南子·說林訓》:“的的者獲。”高誘注:“的的,明也,爲眾所見,故獲。”再如《搜神記》卷十敍謝奉、郭伯猷二人同夢之事:“謝云:‘卿知吾來意否?’因說所夢。郭聞之悵然,云:‘吾昨夜亦夢與人爭錢,如卿所夢,何期太的的也!’”其中“何期太的的”與“此何太適適”語意大同。又如《梁詩》卷十二王僧孺《爲人述夢詩》云:“已知想成夢,未信夢如此。皎皎無片非,的的一皆是。”詩以“的的”形容夢中所見眞切,亦其比也。今人或釋此例云:“適適,巧也。”亦屬望文生訓。

南鄭直爲天獄,中斜谷道爲五百里石穴耳。(《魏志十四·劉放傳》注引《資別傳》/458頁)

　　華按:《孫子兵法·行軍篇》:“凡地有絕澗、天井、天牢、天羅、天陷、天隙,必亟去之,勿近也。”曹操注曰:“深山所過若蒙籠者,爲天牢。”此言“天獄”,即兵家所謂“天牢”也。

計用精兵又轉運鎮守南方四州遏禦水賊,凡用十五六萬人。(《魏志十四·劉放傳》注引《資別傳》/458頁)

　　華按:“計用”云云,詰屈聱牙,其中“又”字乖於文法。《資治通鑑》卷七十“又”作“及”,是矣。此云總計討蜀之兵以及轉運、鎮守南方四州之兵,外加遏禦水賊之兵,須用十五六萬。

七年,復封子一人亭侯,各年老遜位,以列侯朝朔望,位特進。(《魏志十四·劉放傳》/459—460頁)

　　華按:據本志《三少帝·齊王芳紀》及本篇注引《資別傳》知劉放、孫資之遜位均在正始九年二月。此“七年”當爲“九年"之誤。

至於重大之任，能有所維綱者，宜以聖恩簡擇如平、勃、金、霍、劉章等一二人……(《魏志十四·劉放傳》注引《資別傳》/460 頁)

易培基《補注》："聖恩"，紹熙本作"聖意"。

　　華按：百衲本、殿本均作"聖意"，揆之文義，作"意"爲是。是時魏明帝欲得親近重臣，詔咨於孫資，資以爲明帝宜以己意選擇一二人。標點本作"恩"，係承用馮本、金陵活字本之文。

　　整理者按：紹興本、紹熙本、元大德本、三朝本(萬曆十年補刊)、西爽堂本、南監本、北監本、汲本、金陵活字本、局本作"恩"。殿本、百衲本作"意"。易培基《補注》："'聖恩'，紹熙本作'聖意'。"易氏所據"紹熙本"，實爲挖改後之百衲本，非紹熙本原本也。《校詁》作者在《百衲本二十四史校勘記·三國志校勘記》該條下批注："這一修，就掩蓋了紹熙本真相，此條待考。"《三國志校勘記》"殿本"一欄云"大宋(即紹興本)、北監本、汲本作意"，也是筆誤。

重以職事，違奪君志；今聽所執……(《魏志十四·劉放傳》注引《資別傳》/461 頁)

　　華按："重以職事違奪君志"猶言難以因職事違奪君意也，此八字當作一句讀之。《漢書·孔光傳》："上重違大臣正議。"顏師古注："重，難也。"《蜀志·諸葛亮傳》載章武七年詔曰："街亭之役，咎由馬謖，而君引愆，深自貶抑，重違君意，聽順所守。"其中"重違君意"與"重以職事違奪君志"句法一律。標點本在"事"後用逗號，在"志"後用分號，使文句斷裂，語意不通。此逗號當刪，分號當改爲逗號。

臣松之按《頭責子羽》曰：士卿劉許，字文生，正之弟也。（《魏志十四·劉放傳》注/461頁）

盧弼《集解》：《世說·排調篇》頭責秦子羽云：“子曾不如太原溫顒、潁川荀寓、范陽張華、士卿劉許……”劉孝標注云：“《晉百官名》曰：‘劉許，字文生。……惠帝時爲宗正卿。’按許與張華同范陽人，故曰‘士卿’，互其辭也。‘宗正卿’，或曰‘士卿’。”

華按：盧氏引《世說》劉注以解“士卿”，甚爲可信；今人或見《藝文類聚》卷十七作“上郡”，輒謂“士卿”即“上郡”之形訛，似嫌武斷。竊以爲六朝寫本原作“士卿”，且裴注與《世說》引文相合，並無訛誤。請舉三事以證之：劉許乃劉放之子；劉放生於漢末，係幽州涿郡方城縣人氏，史有明文，此其一。魏文帝時，“涿郡”更名爲“范陽郡”，晉武帝時又改置爲“范陽國”，張華與劉放同鄉，故《晉書·張華傳》稱華爲“范陽方城人”；然則劉孝標以“互其辭”解說“范陽張華、士卿劉許”八字，可謂得實，此其二。考之史志，兩漢時并州所轄之“上郡”與幽州涿郡無涉；漢靈帝末，羌胡大擾，地處塞下之“上郡”已名存實亡，而涿郡無恙；及至建安二十年集塞下荒地以立“新興郡”，“上郡”遂名實皆亡；劉許既爲晉世之人，其時距“上郡”之廢將近百年，縱欲以“上郡”爲籍貫，豈可得乎？此其三。類書如《藝文類聚》之屬，引文時有訛誤，“士卿”誤作“上郡”者即其一例，未可是彼而非此也。

放、資既善承順主上，又未嘗顯言得失……然時因羣臣諫諍，扶贊其義，并時密陳損益，不專導諛言云。（《魏志十四·劉放傳》/461—462頁）

　　華按：《漢書·賈誼傳》載其《至言》曰："是以道諛媮合苟容。"顏師古注："道讀曰導，導引主意於邪也。"胡三省《資治通鑑》卷十三注："言爲謟諛，導迎主意，納之於邪也。"荀悅《申鑑》卷四《雜言》上："人臣有三罪，一曰導非，二曰阿失，三曰尸寵。以非引上謂之導，從上之非謂之阿，見非不言謂之尸。導臣誅，阿臣刑，尸臣絀。"然則"導諛言"者，以阿諛之言引上爲非也。依荀氏之說，則劉放、孫資罪不容誅。

　　又按：陳壽身受黃皓之害，既深恨姦佞誤國之徒，亦深知此輩之心術與伎倆，每論述此輩則筆下不稍寬貸；是故"不專道諛言云"以上數句，似爲劉、孫開脫，實揭二姦之狡黠。大凡老姦巨賊，無不陽善而陰惡，明忠而暗姦，豈有專一爲姦作惡而不速敗者乎？劉、孫歷久而不敗者，正在既竭力道諛言而又"不專道諛言"也。

三國志卷十五
魏志十五《劉司馬梁張溫賈傳》校詁

南懷緒等，皆安集之，貢獻相繼。（《魏志十五·劉馥傳》/463頁）

華按："緒"上，《通志》卷一百十五有"乾"字，正與上文相應，宜據補。上文云："廬江梅乾、雷緒、陳蘭等聚眾數萬在江、淮間，郡縣殘破。"梅乾既名列首位，則此處不當省略。《資治通鑑》卷六十三："馥單馬造合肥空城，建立州治，招懷乾、緒等，皆相繼貢獻。"文雖小異，亦有"乾"字。

朗雖穉弱，無仰高之風，損年以求早成，非志所爲也。（《魏志十五·司馬朗傳》/465頁）

華按："早成"，謂早慧速成也。魏劉劭《人物志·七繆》："人材不同，成有早晚，有早智而速成者，有晚智而晚成者。"《蜀志·諸葛瞻傳》載諸葛亮與兄瑾書曰："瞻已八歲，聰慧可愛，嫌其早成，恐不爲重器。"又有"早就"一詞與此同義，如《梁書·簡文帝紀》："太宗幼而敏睿，識悟過人，六歲便屬文，高祖驚其早就，弗之信也。"

累轉乘氏、海西、下邳令，所在有治名。（《魏志十五·梁習傳》/469頁）

盧本作"所在有治"。

盧弼《集解》：監本、官本“治”下有“名”字，各本均脫之。

華按：紹熙本等皆作“所在有治”，“治”下未必脫字。本志《田豫傳》：“除潁陰、朗陵令，遷弋陽太守，所在有治。”又《王淩傳》：“爲發干長，稍遷至中山太守，所在有治。”《華陽國志》卷十一載杜軫事：“除建寧令，徙仕山陽、新城、池陽，所在有治。”《北齊書·盧潛傳》：“左遷魏郡丞，尋除司州別駕，出爲江州刺史，所在有治。”有治，蓋即“有治績”、“有治名”之省略語。

整理者按：紹興本、紹熙本、元大德本、三朝本（嘉靖己未年補刊）、西爽堂本、南監本、汲本、金陵活字本、局本、百衲本作“所在有治”。北監本、殿本作“所在有治名”。

至二十二年，太祖拔漢中，諸軍還到長安，因留騎督太原烏丸王魯昔，使屯池陽，以備盧水。（《魏志十五·梁習傳》注引《魏略》/470 頁）

華按：“二十二年”，當作“二十四年”，“太祖拔漢中諸軍還到長安”十一字，當連成一句讀之。知者，本志《武帝紀》載：建安二十三年秋七月，曹操西征劉備，九月至長安；二十四年三月自長安出斜谷，此後臨漢中，至陽平，作戰不利，遂於夏五月引軍還長安。說參本志《曹休傳》。

少小工書疏，爲郡門下小吏。（《魏志十五·張既傳》注引《魏略》/473 頁）

華按：傳文云“爲郡小吏”，“小吏”泛指書佐、門下小史之類；此云“爲郡門下小吏”，“吏”字疑爲“史”之訛文。“門下小史”乃專職之名，屢見於《隸釋》所載漢碑之文。

既爲兒童，（爲）郡功曹游殷察異之。（《魏志十五·張既傳》注引《三輔決錄注》/473 頁）

盧弼《集解》： 下“爲”字，疑衍。或作“時”字。

標點本《校記》：“爲”，從盧弼說刪。（1492頁）

華按：盧氏疑“爲”有誤，並陳兩說。標點本取前說，可從。《太平御覽》卷三百八十五引此無“爲”字，可爲旁證。

既爲兒童，（爲）郡功曹游殷察異之。（《魏志十五·張既傳》注引《三輔決錄注》/473頁）

盧弼《集解》： 張澍輯本《三輔決錄》云：“《太平御覽》云：游殷，字幼齊，爲郡功曹。”

華按：《太平廣記》卷一百十九引《還冤記》云：“游敦，字幼齊。”今疑“游殷”乃“游敦”之形誤。《大戴禮記·五帝德》載孔子論黃帝云：“幼而慧齊，長而敦敏。”《史記·五帝本紀》：“黃帝者……生而神靈，弱而能言，幼而徇齊，長而敦敏，成而聰明。”古人名、字，義有關聯，名爲“敦”而字“幼齊”，當取義於此矣。

殷死月餘，軫得疾患，自說但言“伏罪伏罪，游功曹將鬼來”。於是遂死。（《魏志十五·張既傳》注引《三輔決錄注》/473頁）

華按：“自說”二字，似爲“目精脫”訛奪之文。《法苑珠林》卷九十一《賞罰篇感應緣》有“漢時羽林郎游殷”一條，其文曰：“軫得病，目精脫，但言：伏罪伏罪。”《太平廣記》卷一百十九引顏之推《還冤記》亦記此事，其文曰：“目精隨脫，但言伏罪。”是唐、宋人所見資料雖詳略不同，但“目精脫”三字則無異文。“目精”，字或作“目睛”。晉王叔和《脈經》卷五云：“病人陰結陽絕，目精脫，恍惚而死。”然則“目精脫”者，指瞳孔放大，視力脫失，乃臨死之兆。此狀與游殷神志恍惚之態正合。

太和中，諸葛亮出隴右，吏民騷動。（《魏志十五·張既傳》注引《魏略》/473頁）

> 華按："出"爲"出至"之簡略語。《蜀志·廖化傳》注引《漢晉春秋》："景耀五年，姜維率衆出狄道。"又《張翼傳》記此事則云："維至狄道，大破雍州刺史王經。"或用"出"，或用"至"，其義相同。又《鄧芝傳》："先主出至郪。"其中"出至"連文，文義顯明。

豐時取急出。（《魏志十五·張既傳》注引《魏略》/478頁）

盧弼《集解》：疑語有脫誤。

> 華按："取急出"，請假而出也。《居延漢簡釋文合校》"3·16"號簡文云："□治家，願取急。"又"52·57"號簡文云："第卅六隧長成，父不幸死，當以月廿日葬，詣官取急，四月乙卯蚤食入。"又"181·11B"號簡文云："□死，取急。"又"264·10"號簡文云："第廿一隧長尊，母不幸死，詣官取急，三月癸巳食時入。"《晉書·賈模傳》："是時賈后既豫朝政……每有啓奏賈后事入，輒取急，或託疾以避之。"《北齊書·文苑·顏之推傳》："崔季舒等將諫也，之推取急還宅，故不連署。"是"取急"爲漢魏六朝常語之證。此敍李豐取急而出，文義甚明，疑誤之說無所謂也。

詔書召潛及豫州刺史呂貢等，潛等緩之。（《魏志十五·溫恢傳》/479頁）

> 華按："潛等緩之"四字實爲詔書大意，故此四字之前不宜用逗號，當改冒號以明之。

初爲郡吏，守絳邑長。（《魏志十五·賈逵傳》/479頁）

盧弼《集解》：《通鑑》作"賈逵守絳"，不從本傳。

華按："守"，或曰"試守"，皆試用之意。漢制，爲官者先試用一年，待考績合格，方可正式就任，即所謂"即眞"也。"守絳邑長"，謂代理絳邑長之職。本志《王肅傳》注引《魏略》："（賈）洪歷守三縣令。"《滿寵傳》："年十八，爲郡督郵。……守高平令。"《龐淯傳》："初以涼州從事守破羌長。"《蜀志·龐統傳》："先主領荊州，統以從事守耒陽令。"《吳志·賀齊傳》："少爲郡吏，守剡長。"龐淯等皆以郡吏爲守長，與賈逵事同一類。《資治通鑑》卷六十四作"守絳"，實屬斷章取事，不得與本傳爭審。

左右引逵使叩頭，逵叱之曰："安有國家長吏爲賊叩頭！"（《魏志十五·賈逵傳》/480頁）

胡三省《通鑑注》：逵郡吏，非長吏也；以守絳故，自謂"縣長吏"。

華按：胡注據《資治通鑑》卷六十四之文立說，不確。逵當時試守絳邑長，故以"長吏"自稱也。

少孤家貧，冬常無袴，過其妻兄柳孚宿，其明無何，著孚袴去，故時人謂之通健。（《魏志十五·賈逵傳》注引《魏略》/480頁）

盧弼《集解》：《御覽》"無何"作"無可"。

華按：此"無何"猶言無可奈何。唐牛僧孺《玄怪錄》卷二載顧總事："王粲謂總曰：'吾本短小，無何，娶樂進女，女似其父，短小尤甚；自別君後，改娶劉荊州女。'"例雖晚出，亦其比也。《太平御覽》卷六百九十五作"無可"，不足取。

逵嘗坐人爲罪，王曰："叔向猶十世宥之，況逵功德親在其身乎？"從至黎陽津……（《魏志十五·賈逵傳》/482頁）

盧弼《集解》：《左傳·襄公二十一年》：“祁奚曰：夫謀而鮮過，惠訓不倦者，叔向有焉，社稷之固也。猶將十世宥之，以勸能者。”

華按：“王曰”十八字之後，“從至”之前，殘宋本《册府元龜》卷一百三十四有“一無所問”四字，文義較完。

從至黎陽，津渡者亂行，遽斬之，乃整。（《魏志十五·賈逵傳》/482頁）

華按：盧弼《集解》及斷句本以“津”字屬上，較優。“黎陽津”乃津名，如延津、薄洛津之類。

整理者按：南監本、殿本、局本朱筆句讀並以“從至黎陽津”爲句。

權無北方之虞，東西有急，并軍相救，故常少敗。（《魏志十五·賈逵傳》/483頁）

華按：“常”字與“少敗”文不相屬，疑爲“戰”字之誤。本志《呂布傳》：“諸將各異意自疑，故每戰多敗。”《吳志·吳主傳》注引《傅子》：“及權繼其業……兵不妄動，故戰少敗而江南安。”或言“戰多敗”，或言“戰少敗”，若易“戰”爲“常”，則不成話語。

孚爲諸生，當種薤，欲以成計。（《魏志十五·賈逵傳》注引《魏略·列傳》/485頁）

盧弼《集解》：“當”宜作“嘗”。

華按：盧說可從。此言李孚曾經種薤，欲以此計算收穫之多寡也。“嘗”、“當”二字，音、形俱近，傳寫相混，在所難免。《蜀志·黃權傳》“臣請爲先驅以嘗寇”，《華陽國志·劉先主志》、《文選》卷四十七袁宏《三國名臣序贊》李善注引《蜀志》

"嘗"皆作"當",是二字易亂之證。

尚問孚："當何所得?" (《魏志十五·賈逵傳》注引《魏略·列傳》/485頁)

盧弼《集解》：《御覽》"得"作"辨"。

　　華按："當何所得"之"得",《通志》卷一百十五作"將",與下文"直當將三騎足矣"之言呼應,頗有參考價值。《通典》卷一百六十一引作"當何所辦",《太平御覽》卷四百四十九作"何辦","辦"與《集解》所說之"辨"爲一字之異寫。竊疑原文作"辦"不作"得","當何所辦"猶今語"需要給你準備些什麼"、"你看怎麼辦"之類,此"辦"爲中古口語詞。

以鼓一中,自稱都督,歷北圍…… (《魏志十五·賈逵傳》注引《魏略·列傳》/485頁)

　　華按："鼓一",《通志》卷一百十五乙作"一鼓",誤。"鼓一中",指一更時分,即舊日之戌時,又稱"初夜"、"甲夜",大致相當於今之19點至21點。王褒《僮約》："鼓四起坐,夜半益芻。"本志《鍾會傳》注引《世語》："會乃絕賓客,精思十日,平旦入見,至鼓二乃出。"又《方技·管輅傳》："到鼓一中,星月皆沒,風雲並起,竟成快雨。"《太平御覽》卷九百五十六引東晉祖台之《志怪》："蹇保至檀邱塢上北樓宿……至暮鼓二中,桐郎來,保乃斫取之,縛著樓柱。"《吳志·吳主傳》注引庾闡《揚都賦》注:"孫權時合暮舉火於西陵,鼓三竟,達吳郡南沙。"由此可見,"鼓一中"、"鼓二中"等等,均漢魏六朝俗語。

孚比見尚,尚甚歡喜。 (《魏志十五·賈逵傳》注引《魏略·列傳》/485頁)

盧本作"孚北見尚"。

盧弼《集解》：馮本“北”作“比”，誤。

　　華按：盧說甚是。上文記李孚“遂辭尚南來”，此云“孚北見尚”，南來北歸，其文正相呼應。此作“比”，沿馮本、金陵活字本之文，當從紹熙本、汲本、殿本、局本等作“北”。

　　整理者按：紹興本、紹熙本、元大德本、三朝本、西爽堂本、北監本、汲本、殿本、局本、百衲本作“北”。南監本、金陵活字本作“比”。

孚還城，城中雖必降，尚擾亂未安。（《魏志十五·賈逵傳》注引《魏略·列傳》/485頁）

　　華按：“必”讀爲“畢”。《通志》卷一百十五作“畢”，正用本字。下文載李孚語曹操曰：“今城中彊弱相陵，心皆不定，以爲宜令新降爲內所識信者宣傳明教。”據此可見，由於袁軍皆降，城中失控，一片混亂。

三國志卷十六
魏志十六《任蘇杜鄭倉傳》校詁

嵩兄腆，字玄方，襄陽太守，亦有文采。（《魏志十六·
任峻傳》注引《文士傳》/490頁）

盧本作"襄城"。

盧弼《集解》：馮本作"襄陽"，《晉書》作"襄城"。

　華按：《晉書·棗據傳》："子腆，字玄方，亦以文章顯，永嘉
中爲襄城太守。"襄城在豫州，據《晉書·地理志上》載，晉武帝
泰始二年分潁川立襄城郡，統轄襄城、繁昌、郟、定陵、父城、昆
陽，舞陽七縣，戶一萬八千。《晉書》謂棗腆以晉懷帝永嘉年間
爲"襄城太守"各本無異文。紹熙本、元本、汲本、局本等《魏
志》均作"襄城"，與《晉書》合，自可信據。標點本承馮本、金陵
活字本作"襄陽"者，蓋明、清時襄陽習見而襄城無聞，校書之
人或以"城"爲"陽"字之誤也。襄陽郡晉代屬荆州，與豫州之
襄城無涉。

　　整理者按：紹興本、紹熙本、元大德本、三朝本（萬曆十年
補刊）、西爽堂本、汲本、局本、百衲本作"襄城"。南監本、北監
本、殿本、金陵活字本作"襄陽"。

文帝令問雍州刺史張既曰："試守金城太守蘇則，既有
綏民平夷之功，聞又出軍西定湟中，爲河西作聲勢，吾

甚嘉之。"（《魏志十六·蘇則傳》注引《魏名臣奏》/491頁）

盧弼《集解》："聞"疑作"間"。

華按：盧疑"聞"乃"間"字之誤，可從。曹操在日，蘇則有招懷羌胡之功；曹操死後，蘇則又西定湟中，討平麴演之亂。魏文帝以其功效卓著，欲加封爵，故特作令徵詢於張既。此令當以"既有……"與"間又……"呼應，言先前已有成績，近來又立大功也。"間"猶言"近日"，與文義合。

吾應天而禪，而聞有哭者，何也？（《魏志十六·蘇則傳》/492頁）

華按："應天而禪"之"而"，當從諸本作"受"。魏晉之世，"應天受禪"之爲成語，屢見於記言記事之文。漢世"受禪"連文，字又作"受嬗"，或作"受禪"，謂承受禪讓之帝位。《漢書·王莽傳中》載莽語："予之皇始祖考虞帝，受嬗于唐。"顏師古注："嬗，古禪字。"又《異姓諸侯王表》："昔《詩》、《書》述虞夏之際，舜禹受禪。"顏師古注："禪，古禪字，音上扇反。"《文選》卷二十載曹植《責躬詩》："受禪于漢，君臨萬邦。"均其例。"而禪"不辭，乃金陵活字本涉下文"而聞"之誤，標點本失校。

整理者按：紹興本、紹熙本、元大德本、三朝本（嘉靖己未年補刊）、西爽堂本、南監本、北監本、汲本、殿本、局本、百衲本作"受"。金陵活字本作"而"。

人情顧家，諸將掾吏，可分遣休息，急緩召之不難。（《魏志十六·杜畿傳》/495頁）

華按："掾吏"亦沿金陵活字本之誤，當從各本作"掾史"。古書"史"、"吏"不分，此處當以"史"字爲正。郡太守之下置諸曹掾史，見晉司馬彪《續漢書·百官志》。《吳志·鍾離牧傳》：

"敕外趣嚴,掾史沮議者便行軍法。"是其比。

整理者按:紹興本、紹熙本、元大德本、三朝本、西爽堂本、南監本、北監本、汲本、殿本、局本、百衲本作"史"。金陵活字本作"吏"。

初,畿與衞固少相狎侮,固嘗輕畿。畿嘗與固博而爭道,畿嘗謂固曰:"仲堅,我今作河東也。"固褰衣罵之。(《魏志十六・杜畿傳》注引《魏略》/496頁)

華按:"固嘗輕畿"之"嘗",當讀爲"常"。"畿嘗與固博而爭道"之"嘗",訓爲曾經。"畿嘗謂固"之"嘗",於言爲贅,蓋涉上而衍。

魏國既建,以畿爲尚書。事平,更有令曰……(《魏志十六・杜畿傳》/497頁)

盧弼《集解》:"平"疑作"下"。

華按:《吳志・韋曜傳》載華覈上疏:"事平之後,當觀時設制。"《抱朴子外篇・自敍》:"昔大安中,石冰作亂……事平,洪投戈釋甲,徑詣洛陽。"《世說新語・任誕》:"蘇峻亂……後事平,冰欲報卒。"等等。諸"事平"均謂亂事平定。稽之史事,建安十八年十一月魏國置尚書,嗣後曹軍平隴右、征張魯,歷時三年之戰事至建安二十一年二月方始告一段落,此即畿傳所謂"事平"也。

今大魏奄有十州之地……計其戶口,不如往昔一州之民。(《魏志十六・杜恕傳》/499頁)

盧弼《集解》:沈家本曰:"此與下文'十州擁兵'語皆稱'十州',而下文又詳十二州之名,何邪?"

華按：沈氏致疑，未暇深考。此"十州"當從錢儀吉《三國會要》卷二十八作"十二州"。各本皆奪"二"字，當據錢氏《三國志證聞》之說補之。十二州，即下文所云"荊、揚、青、徐、幽、并、雍、涼"八州及"兗、豫、司、冀"四州。本志《蔣濟傳》載其景初中上疏："今雖有十二州，至于民數，不過漢時一大郡。"蔣濟與杜恕同說一事，而其文亦曰"十二州"，可爲參證。此外，杜疏下文又云："以武皇帝之節儉，府藏充實，猶不能十州擁兵。"所謂"猶不能十州擁兵"者，明指能擁兵者不過八州，而兗、豫、司、冀四州則不能也。沈家本將"十州擁兵"與"十州之地"視爲一例，未達一間。此作"十州之地"者，倘與"十州擁兵"有關，則屬傳刻者涉下文而脫"二"字。

計所置吏士之費，與兼官無異。（《魏志十六・杜恕傳》/ 499頁）

盧弼《集解》：官本"異"作"覺"。《考證》曰："'覺'，宋本作'異'。"弼按：各本皆作"覺"，唯局本作"異"。

華按：百衲本亦作"覺"。"覺"訓差距，本志《夏侯玄傳》已有解說。"無覺"亦即相等之義，局本不明"覺"義，改而爲"異"，固失之陋；惜乎標點本又信而從之，則"覺"字之獄，幾成定讞，後人益難知其冤矣。

整理者按：紹興本、紹熙本、三朝本（嘉靖九年補刊）、西爽堂本、南監本、北監本、汲本、殿本、金陵活字本、百衲本作"覺"，紹興本此葉爲補刊。元大德本、局本作"異"。易培基《補注》："'無覺'，宋本作'無異'。"

《書》稱"明試以功，三考黜陟"，誠帝王之盛制……雖歷六代而考績之法不著，闕七聖而課試之文不

垂，臣誠以爲其法可粗依，其詳難備舉故也。（《魏志十六·杜恕傳》/500 頁）

盧弼《集解》：宋本"不"作"以"。

華按：百衲本亦作"雖歷六代而考績之法不著"。竊謂其中"不"字不誤；惟"雖"字不合上下文之語氣，當爲"然"字之誤。《羣書治要》卷二十五"雖"作"然"，可據改。

整理者按：紹興本、紹熙本、元大德本、三朝本（萬曆十年補刊）、西爽堂本、南監本、北監本、汲本、殿本、金陵活字本、局本、百衲本作"不"。易培基《補注》："'不著'，宋本作'以著'。"

今奏考功者，陳周、漢之法爲，綴京房之本旨，可謂明考課之要矣。（《魏志十六·杜恕傳》/500 頁）

盧弼《集解》：《通鑑》"法"作"云"。

華按："法爲"似通非通。《資治通鑑》卷七十三作"云爲"，可從。《易·繫辭下》："是故變化云爲，吉事有祥，象事知器，占事知來。"孔穎達疏："口之所云"、"身之所爲"。此其本義。《漢書·王莽傳》載其答王邑言："災異之變，各有云爲，天地動威，以戒予躬。"《文選》卷一班固《東都賦》："子實秦人……烏睹大漢之云爲乎？"《列子·周穆王篇》："有君臣相臨，禮法相持，其所云爲不可稱計。"本志《東夷·倭傳》："其俗舉事行來，有所云爲，輒灼骨而卜，以占吉凶。"諸"云爲"所涉及者均屬大事，與恕疏合。

樂安廉昭以才能拔擢，頗好言事。（《魏志十六·杜恕傳》/502 頁）

盧弼《集解》：宋本無"言"字。

華按：百衲本亦有"言"字。"言事"，猶今言"報告上級"也。

整理者按：紹興本、元大德本（後印本）、三朝本（萬曆十年補刊）、西爽堂本、南監本、北監本、汲本、殿本、金陵活字本、局本、百衲本作"頗好言事"。紹熙本、元大德本（初印本）作"頗好事"。易培基《補注》："'好言事'，宋本作'好事'。"

而議者言，凡人天性皆不善，不當待以善意，更墮其調中。（《魏志十六·杜恕傳》注引《杜氏新書》/506 頁）

華按：本師徐復先生見告："'調'謂欺誕之術。《廣雅·釋詁二》：'調，欺也。'又《釋言》：'調，欺也。'王念孫疏證：'《說文》："譋，誕也。"謂相欺誕也。'墮其調中，猶言墮其術中。《明史·唐樞傳》：'況福達踪迹譎密，黠慧過人，人咸墮其術中。'章先生《新方言·釋言》：'今人言被壅蔽者曰謾在兜裏，猶言在術中、墮其調中耳。'術謂權術、手段，引申則有欺誕義矣。"

然以年五十二，不見廢棄，頗亦遭明達君子亮其本心；若不見亮，使人刳心著地，正與數斤肉相似，何足有所明，故終不自解說。（《魏志十六·杜恕傳》注引《杜氏新書》/506 頁）

盧弼《集解》：《御覽》"棄"下有"者"字，"似"下有"耳"字，"明"下有"邪"字。

華按：《太平御覽》卷三百七十六較此文多"者"、"耳"、"邪"三字，盧氏既言之矣；唯影宋本《御覽》又引《篤論》"斤"作"片"，《集解》未言，今表出之。《全梁文》卷五載梁武帝《答菩提樹頌手敕》："杜恕有云：'刳心擲地，數片肉耳。'"又卷七載其《斷酒肉文》："設令刳心擲地，以示僧尼，正數片肉，無以取信。"是梁武帝所見《杜氏新書》本作"數片肉"。此作"斤"，宜據《御覽》校改爲"片"。

鄭渾……高祖父眾，眾父興，皆爲名儒。（《魏志十六·鄭渾傳》/508頁）

盧弼《集解》：惠棟曰：“世系云：‘眾生城門校尉安世，安世生騎都尉綝，綝生上計掾熙，熙二子：泰、渾。’”沈家本曰：“《後漢·鄭眾傳》曰：‘曾孫公業。’《鄭太傳》曰：‘司農眾之曾孫。’渾既泰弟，則當云‘曾祖父眾’，‘高’字誤。”

華按："高"字不誤。自高祖、曾祖、祖父、父而至本身，首尾凡五代；由本身以至子、孫、玄孫、曾孫，本末亦五傳。據《新唐書·宰相世系表五上》，鄭眾、安世、綝、熙以至泰、渾兄弟，前後正爲五世。故鄭泰（字公業）與渾乃鄭眾之“曾孫”，當稱鄭眾爲“高祖父”。

且天下之權勇，今見在者不過并、涼……（《魏志十六·鄭渾傳》注引張璠《漢紀》/510頁）

盧弼《集解》："權"疑作"强"。

華按：《詩·齊風·盧令》：“其人美且鬈。”鄭玄箋：“鬈當讀爲權。權，勇壯也。”可見東漢稱强勇爲“權”，“權勇”連文，乃同義之字平列。《後漢書·西羌·滇良傳》載和帝十四年賈鳳上疏云：“恃其權勇，招誘羌胡。”亦其例。又有“强勇”一詞，如本志《東夷·東沃沮傳》：“人性質直强勇。”又《東夷·韓傳》：“其人性强勇。”古人造語，用字多變，若非乖剌不辭，無須改此就彼也。

後將軍袁術以爲揚州刺史，未至官，道卒，時年四十一。（《魏志十六·鄭渾傳》注引張璠《漢紀》/510頁）

盧弼《集解》：宋本作“四十二”，范書同。

華按：百衲本亦作“四十二”。此作“四十一”，當爲傳刻殘脫之誤。

　　整理者按：紹興本、三朝本（嘉靖己未年補刊）、西爽堂本、南監本、北監本、汲本、殿本、金陵活字本、局本作"四十一"。紹熙本、元大德本、百衲本作"四十二"。

文帝即位，爲侍御史，加駙馬都尉。（《魏志十六·鄭渾傳》/511頁）

　　華按：依文例，"即"下當有"王"字。說見本志《曹洪傳》、《賈詡傳》。

大姓雄張，遂以爲俗。（《魏志十六·倉慈傳》/512頁）

　　盧弼《集解》：《御覽》"張"作"豪"。

　　華按：《太平御覽》卷二百六十一引作"雄豪"，當屬臆改。"雄張"謂稱雄自大，本志《東夷·夫餘傳》："漢末，公孫度雄張海東。"《後漢書·酷吏傳》序曰："漢承戰國餘烈，多豪猾之民，其并兼者則陵橫邦邑，桀健者則雄張閭里。"此亦當時常語，倒之則爲"張雄"，如本志《梁習傳》："胡狄在界，張雄跋扈。"

慈躬往省閱，料簡輕重。（《魏志十六·倉慈傳》/512頁）

　　盧弼《集解》：《御覽》"料簡"作"斟酌"。

　　華按：《册府元龜》卷六百九十亦作"料簡"。料，料理；簡，揀擇。"料簡"亦當時常語。《太平御覽》卷二百六十一改作"斟酌"，但取其義之易曉耳，疑非其朔。

自非殊死，但鞭杖遣之，一歲決刑曾不滿十人。（《魏志十六·倉慈傳》/512頁）

　　盧弼《集解》：《御覽》作"便杖而遣之"。

　　華按：北宋王令所撰《十七史蒙求》、《册府元龜》卷六百九十亦作"鞭杖遣之"。《吳志·黃蓋傳》載其教曰："若有姦欺，終不加以鞭杖,宜各盡心,無爲眾先。"是"鞭杖"之刑,官家習用。《太平御覽》"鞭"作"便",不可取。

及西域諸胡聞慈死,悉共會聚於戊己校尉及長吏治下發哀。(《魏志十六‧倉慈傳》/513 頁)

華按:王國維《觀堂集林》卷十七《流沙墜簡序》指出:"'長吏'二字,語頗含混,後漢以來,西域除西域長史、戊己校尉外,別無他長吏,魏當仍之,則'長吏'二字必爲'長史'之訛也。"本志《閻溫傳》云:"燉煌太守馬艾卒官,府又無丞。功曹張恭素有學行,郡人推行長史事⋯⋯黃初二年,下詔襃揚,賜恭爵關內侯,拜西域戊己校尉。"是"西域長史"列於"戊己校尉"之次,可爲旁證。

又不曉作耬犂。(《魏志十六‧倉慈傳》注引《魏略》/513 頁)

盧弼《集解》:元本、吳本、毛本、官本作"樓犂"。《齊民要術》:"崔寔云⋯⋯燉煌人不曉作耬犂,故下種功力甚費。"是則"樓"當作"耬"。

華按:"樓"、"耬"古今字,"耬"是後起字。"樓"爲農用條播之器,漢世又稱條播種子爲"耩",《說文解字‧木部》:"耩,穜樓也。"段玉裁注:"穜者,今之種字;樓者,今之耬字。"可見漢魏之世皆用"樓",並非誤文。

整理者按:紹興本、紹熙本、元大德本、南監本、北監本、金陵活字本、局本、百衲本作"耬犂"。三朝本(嘉靖十年補刊)、西爽堂本、汲本、殿本作"樓犂"。

斐又課民以閒月取車材,使轉相教匠作車。(《魏志十六‧倉慈傳》注引《魏略》/513 頁)

盧弼《集解》:《御覽》無"匠"字。

華按：《全後魏文》卷三十九賈思勰《齊民要術序》稱顏斐"又課以閒月取材，使得轉相告戒，教匠作車"，是北魏所見《魏略》自有"匠"字。《太平御覽》卷二百六十一無"匠"者，非其舊也。

又課民無牛者，令畜猪狗，賣以買牛。（《魏志十六·倉慈傳》注引《魏略》/513頁）

盧弼《集解》：《御覽》作"令畜猪，貴時賣以買牛"。

華按：《齊民要術序》稱顏斐"又課民無牛者，令畜猪，投貴時賣以買牛"，似當據以訂補。《太平御覽》卷二百六十一無"投"字，殆爲引者所刪。三者互校，此文"猪"下多一"狗"而少三字者，蓋轉相傳寫之時，先誤"投"爲"狗"，繼而又刪"貴時"也。

又於府下起菜園，使吏役閒鉏治。（《魏志十六·倉慈傳》注引《魏略》/513頁）

盧弼《集解》：《御覽》八百二十四作"使吏民投閒灌治之"。

華按："役閒"連文頗生硬，百衲本無"役"字，殆奪一字。《太平御覽》"役閒"作"投閑"，於文較順。《後漢書·延篤傳》載其與李文德書："百家眾氏，投閒而作。"李賢注："言誦經典之餘，投射閒隙而甄百氏也。"本志《王肅傳》注引《魏略》載董遇事："采稆負販，而常挾持經書，投閒習讀。""投閒"，猶言尋找空隙時間。

整理者按：紹興本、三朝本（嘉靖十年補刊）、西爽堂本、南監本、北監本、汲本、殿本作"役閑"。金陵活字本作"役間"。局本作"役閒"。紹熙本、元大德本、百衲本無"役"字。

而京兆皆整頓開明，豐富常爲雍州十郡最。（《魏志

十六·倉慈傳》注引《魏略》/513 頁)

盧弼《集解》："開明"，《書鈔》作"開闢"。

　　華按："整頓開明"，形容田舍整齊、道路通達之辭也。《全三國文》卷六魏文帝《敕豫州禁吏民往老子亭禱祝》："朕亦以此亭當路……故令修整，昨過視之，殊整頓。"《水經注·洧水》："城東門外二百步劉表墓，太康中爲人所發……今墳冢及祠堂，猶高顯整頓。""整頓"本爲動詞，此用爲形容詞，遂有整齊可觀之義。"開明"，字或作"闓明"，亦漢魏常語，如《說文解字·囧部》："囧，窗牖麗廔闓明也。"段玉裁注："闓明，謂開明也。""開明"本謂窗牖明亮，此則言街市煥然一新矣。《北堂書鈔》改"明"爲"闢"，不可取。

時長安典農與斐共坐，以爲斐宜謝，乃私推築斐。

（《魏志十六·倉慈傳》注引《魏略》/514 頁）

　　華按："推築"猶言推搗，以小動作示其意也。

其家人從者見斐病甚，勸之，言"平原當自勉勵作健"。（《魏志十六·倉慈傳》注引《魏略》/514 頁）

　　華按：《釋名·釋言語》："健，建也。能有所建爲也。"能立功立事，謂之"作健"。如《世說新語·輕詆》"殷顗、庾恆並是謝鎮西外孫"條載庾恆語："頗似，足作健不？"《梁詩》卷二十九橫吹曲辭《企喻歌》："男兒欲作健，結伴不須多。"此亦魏晉南北朝習語。

三國志卷十七
魏志十七《張樂于張徐傳》校詁

遼遂單身上三公山，入豨家，拜妻子。（《魏志十七·
張遼傳》/517頁）

> **華按**："拜妻子"三字，《册府元龜》卷四百二十六引作"拜
> 其妻"，與情事較合。同輩相交，交厚者有升堂見妻之禮。《太
> 平御覽》卷四百零六引晉周處《風土記》曰："越俗性率朴，意親
> 好合，即脱頭上手巾，解腰間五尺刀以與之，爲交拜親跪妻，定
> 交有禮。"雖云越俗，實不限於山越之民也。本志《呂布傳》注
> 引《英雄記》載呂布初見劉備時，"請備于帳中坐婦牀上，令婦
> 向拜，酌酒飲食，名備爲弟"。又《王粲傳》注引《典略》載劉楨
> 事："其後太子嘗請諸文學，酒酣坐歡，命夫人甄氏出拜，坐中
> 衆人皆伏，而楨獨平視。"《吳志·孫策傳》注引《吳錄》載策母
> 曰："晟與汝父有升堂見妻之分。"此言王晟與孫堅私交甚厚
> 也。張遼入昌豨之家而與其妻見禮，亦其比也。此作"拜妻
> 子"，疑"妻"前奪"其"字，後人遂於"妻"後補"子"以足句。如
> 若此文不誤，則"拜妻子"宜解爲昌豨使其妻兒出拜。

遼謝曰："以明公威信著於四海，遼奉聖旨，豨必不
敢害故也。"（《魏志十七·張遼傳》/517頁）

> **盧弼《集解》**：康發祥曰："'奉聖旨'三字始見於此。"

華按："聖旨"猶言"尊意"、"明示"之類，漢魏習用，不似後世專指天子之言也。康氏謂"奉聖旨"之言始見於此，不確。《漢書・陳湯傳》載劉向上疏："西域都護延壽、副校尉湯，承聖指，倚神靈。"其中"聖指"，《通典》卷一百九十五《邊防》引作"聖旨"。"聖指"即"聖旨"，指、旨二字古通用。《後漢書・孝和孝殤帝紀》載和帝章和二年夏四月戊寅詔曰："其申敕刺史、二千石，奉順聖旨，勉弘德化。"張遼言"奉聖旨"在漢獻帝建安六年，即公元201年；和帝下詔在公元88年，詔文云"奉順聖旨"，先於遼言一百一十多年。

權守合肥十餘日，城不可拔，乃引退。（《魏志十七・張遼傳》/519頁）

華按：此"守"乃圍攻之謂，說見本志《荀攸傳》注文中"攻守"一詞。《太平御覽》卷三百零九改"守"爲"攻"，昧失其義。

爲起第舍，又特爲遼母作殿。（《魏志十七・張遼傳》/520頁）

華按：清吳翌鳳《遜志堂雜鈔》丁集曰："春秋以前，無以屋稱'殿'者，當是'殿最'之殿轉爲'堂殿'之殿耳。凡軍後曰殿，從'屍'會意……《漢書・霍光傳》'鴟鳴殿上'，《黃霸傳》'先上殿'，注云：殿，丞相所居之室。"其說"殿"字得名之由，可資參考。"殿"又名"堂皇"，乃官府內院大榭，說見本志《后妃傳》注引《魏略》。

從征張繡於安眾，圍呂布於下邳，破別將，擊眭固於射犬，攻劉備於沛，皆破之。（《魏志十七・樂進傳》/521頁）

華按：此文似宜標點爲"從征張繡於安眾，圍呂布於下邳，破；別將擊眭固於射犬，攻劉備於沛，皆破之"。標點本以"破別將"爲句，上下文義皆不完。

訂補：撰寫《外編》時，不知殘宋本《册府元龜》卷三百四十二無"破"字。今刪去"破"字，將本文校點成："從征張繡於安眾，圍呂布於下邳，別將擊眭固於射犬，攻劉備於沛，皆破之。"先言"從征"，繼言"別將"，末尾以"皆破之"總承。說在《〈三國志集解〉箋記》。

南郡諸郡山谷蠻夷詣進降。（《魏志十七·樂進傳》/521頁）

華按："諸郡"之"郡"，沿承金陵活字本之誤，當從各本作"縣"。

整理者按：紹興本、紹熙本、元大德本、三朝本（嘉靖己未年補刊）、西爽堂本、南監本、北監本、汲本、殿本、局本、百衲本作"縣"。金陵活字本作"郡"。

朗異之，薦禁才任大將軍。（《魏志十七·于禁傳》/522頁）

盧弼《集解》："軍"字疑衍。大將軍位次最高，豈此時之王朗所能薦乎？

華按：盧疑是也。此時于禁隸屬將軍王朗，顯爲"小將"，故朗薦之於操，以爲禁才堪任"大將"也。且此時曹操僅爲兗州牧，兩年之後方得爲大將軍，則禁之不得被薦爲大將軍明甚。《通志》卷一百十五正作"薦禁才任大將"，此文"軍"字可據刪也。

太祖悅，謂禁曰："淯水之難，吾其急也，將軍在亂能整……何以加之！"（《魏志十七·于禁傳》/522頁）

華按："其急"不辭。審其辭氣，"吾其急也"當作"吾甚急也"，"其"疑"甚"字之殘。《史記·項羽本紀》："樊噲曰：'今日之事何如?'良曰:'甚急。今者項莊拔劍舞,其意常在沛公也。'"是"甚急"爲古來口語,施之於曹操淯水之敗,語義正合。

太祖壯之,乃遣步卒二千人使禁將,守延津以拒紹。(《魏志十七·于禁傳》/523頁)

華按:"遣步卒"亦承金陵活字本誤二字,當從各本作"選步騎"。

整理者按:紹興本、紹熙本、元大德本、三朝本、西爽堂本、南監本、北監本、汲本、殿本、局本、百衲本作"選步騎"。金陵活字本作"遣步卒"。

別將軍圍雍奴,大破之。(《魏志十七·張郃傳》/525頁)

華按:《太平御覽》卷一百六十二無"軍"字,宜據刪。爲將者,凡隨大軍出征,則曰"從討"、"從攻"、"從擊"、"從圍";從者,隨從主帥之謂。凡云"別將",皆謂脫離大軍而自當一隊。本篇《樂進傳》:"別將擊眭固於射犬,攻劉備於沛,皆破之。"又《于禁傳》:"又別將破高雅於須昌。"《後漢書·賈復傳》載劉秀語曰:"我所以不令賈復別將者,爲其輕敵也。"《史記·灌嬰傳》:"韓信自立爲齊王,使嬰別將擊楚將公杲於魯北,破之。"衡以諸例,此"別將軍"之"軍"當爲衍文。

郃晨夜進至南鄭,亮退。(《魏志十七·張郃傳》/527頁)

郁松年《續後漢書札記》:郝書"郃晨夜進至南鄭",案"南鄭",漢中郡治。時漢兵方圍陳倉,郃何得遽至南鄭?或曰:"鄭"乃"安"之誤文,然南安即獩道,《地理志》屬天水……是陳倉在隴東,南安在隴西,郃救陳倉,何得西趨南安?考之《續漢志》,當作"鄭","南"字衍。《通鑑》漢紀一:"漢王之國,慕從者從杜南入蝕中。"注:"杜縣之南也。"杜與鄭並京兆縣,郃蓋取道鄭、杜以趨陳倉，此沿《志》誤。

盧弼《集解》：益州漢中郡南鄭，今陝西漢中府城東。

　　華按：由河南城奔潼關，至鄭，約五百里；由鄭至西安，向陳倉，亦五百里許。張郃之進軍，莫便乎此道。郁氏謂"南鄭"之"南"爲衍文，其說甚辯。

願公降易陽以示諸誠，則莫不望風。（《魏志十七·徐晃傳》/528 頁）

　　華按：標點本第一版"誠"作"成"，"誠"、"成"二字皆不可取。百衲本作"城"，當從之。徐晃前謂"二袁未破，諸城未下者傾耳而聽，今日滅易陽，明日皆以死守，恐河北無定時也"，此云"降易陽以示諸城"，正合誘降諸城之意。

　　整理者按：紹興本、紹熙本、元大德本、三朝本（嘉靖十年補刊）、西爽堂本、南監本、北監本、汲本、殿本、金陵活字本、局本、百衲本作"城"。又，標點本 2015 年 7 月第 29 次印刷本已改作"城"。

會漢水暴隘，于禁等沒。（《魏志十七·徐晃傳》/529 頁）

　　華按：諸本均作"暴溢"，唯金陵活字本作"暴隘"，標點本遂從之不疑。木志《武帝紀》建安二十四年："八月，漢水溢，灌禁軍，軍沒，羽獲禁。"又《曹仁傳》："關羽攻樊，時漢水暴溢，于禁等七軍皆沒。"又《龐悳傳》："會天霖雨十餘日，漢水暴溢，樊下平地五六丈。"《蜀志·關羽傳》："漢水泛溢，禁所督七軍皆沒。"或云"暴溢"，或云"泛溢"，皆有"溢"字。"溢"古作"益"，《呂氏春秋·察今》："澭水暴益。"高誘注："暴，卒；益，長。"金陵活字本作"隘"，必誤無疑。

　　整理者按：紹興本、紹熙本、元大德本、三朝本、西爽堂本、南監本、北監本、汲本、殿本、局本、百衲本作"溢"。金陵活字本作"隘"。

羽圍仁於樊，又圍將軍呂常於襄陽。(《魏志十七·徐晃傳》/529 頁)

華按：《國志》簡略，呂常無傳。據《隸釋》卷十九《橫海將軍呂常碑》考其行事，知常此時爲平狄將軍、盧陵侯。

太祖復還，遣將軍徐商、呂建等詣晃。(《魏志十七·徐晃傳》/529 頁)

盧弼《集解》："還"字疑衍。

華按："太祖復還"四字，前無所承，又與下文不屬。本志《武帝紀》載：建安二十四年秋八月，關羽獲于禁，圍曹仁，曹操時在長安，遂使徐晃救仁。冬十月，曹操引軍還洛陽，旋即又自洛陽南征關羽，未至，晃已破羽。以此知"還"字有誤，盧氏疑衍，可從。刪此"還"字，則"太祖復遣將軍徐商、呂建等詣晃"之句，可與上下文密合無間。

靈後遂爲好將，名亞晃等，至後將軍，封高唐亭侯。(《魏志十七·朱靈傳》/530 頁)

盧弼《集解》："亭"字衍。注引《魏書》以鄃侯更封高唐，乃縣侯也。

華按："亭"字當刪。盧弼以魏文帝詔書有"今封鄃侯，富貴不歸故鄉，如夜行衣繡"之文，遂推斷朱靈故鄉爲清河郡之鄃縣(今山東平原西南)而非平原郡之高唐(今山東禹城東南)；又以朱靈先封之鄃侯既爲縣侯，則後來改封之高唐侯亦必爲縣侯。其說甚是，今更申證如下。朱靈之封縣侯，與徐晃、張郃、張遼相類。徐晃爲司州河東郡楊縣人，文帝即王位，進封逯鄉侯,文帝踐祚,進封楊侯,後徙封陽平侯;張郃爲河間郡鄚縣人,文帝即王位,進爵都鄉侯,文帝踐祚,進封鄚侯;張遼爲并州雁門郡馬邑人,文帝即王位,進爵都鄉侯,及踐祚,封爲晉陽侯。朱靈與張遼、徐晃、張郃均陪祀太祖廟,地位相等;遼、晃、郃既爲縣侯,則靈不爲亭侯明矣。

昔鄧禹中分光武軍西行,而有宗歆、馮愔之難,後將二十四騎還洛陽,禹豈以是减損哉?（《魏志十七·朱靈傳》注引《魏書》/530—531頁）

　　華按:"洛陽"當作"宜陽"。光武帝建武三年,鄧禹、馮異等與赤眉戰於回谿,大敗,《後漢書·馮異傳》載此事曰:"禹得脫歸宜陽,異棄馬步走上回谿阪,與麾下數人歸營。"又《鄧禹傳》曰:"獨與二十四騎還詣宜陽,謝上大司徒、梁侯印綬。有詔歸侯印綬。"可證。

於是更封高唐侯,薨,謚曰威侯。（《魏志十七·朱靈傳》注引《魏書》/531頁）

　　華按:"謚曰威侯"句下,諸本皆有"子術嗣"一句,唯金陵活字本脱此三字,標點本又沿用誤本,可謂疏漏之至。

　　整理者按:紹興本、紹熙本、元大德本、三朝本(嘉靖己未年補刊)、西爽堂本、南監本、北監本、汲本、殿本、局本、百衲本有"子術嗣"。金陵活字本脱此三字。

三國志卷十八
魏志十八《二李臧文呂許典二龐閻傳》校詁

軍不內御，苟利國家，專之可也，宜亟擊之。（《魏志
十八·李典傳》/533 頁）

華按：《孫子兵法·謀攻》："將能而君不御者勝。"李典云
"軍不內御"，即本《孫子》。《公羊傳·襄公九年》："大夫以君
命出，進退在大夫也。"何休解詁："禮，兵不從中御外，臨事制
宜，當敵爲師，唯義所在。"薛瑩《後漢記·光武紀》評論："古
者，師不內御，而光武命將，皆授以方略。""師不內御"與"軍不
內御"已近乎四字格成語。

又擊郡賊瞿恭、江宮、沈成等……遂定淮、汝之地。
（《魏志十八·李通傳》/535 頁）

華按："郡賊"之"郡"，當從諸本作"羣"。此又金陵活字本
之誤而標點本失校之例也。"郡"字前無所承，所言不明何地，
良史斷無此例。凡結夥爲盜或聚眾造反者，舊史謂之"羣盜"
或"羣賊"。本篇《臧霸傳》注引《魏書》載孫觀事曰："征定青、
徐羣賊。"是其比。

整理者按：紹興本、紹熙本、元大德本、三朝本（嘉靖九年
補刊）、西爽堂本、南監本、北監本、汲本、殿本、局本、百衲本作
"羣"。金陵活字本作"郡"。

相國趙王倫以重望取爲右司馬。（《魏志十八・李通傳》注引《晉諸公贊》/536 頁）

盧弼《集解》：《晉書》作"左司馬"。

華按："左"、"右"二字，未知孰是。《世說新語・品藻》注引《晉諸公贊》亦作"左司馬"，與《晉書》合。

重以倫將爲亂，辭疾不就。倫逼之不已，重遂不復自活，至於困篤。（《魏志十八・李通傳》注引《晉諸公贊》/536 頁）

華按："活"乃"治"字之誤。《世說新語・品藻》注引此文即作"治"。又《賢媛》注文敍此事云："重知趙王倫作亂，有疾不治，遂以致卒。"亦用"治"字。蓋晉、宋之人恆以"不治"、"不復自治"等語爲文，如《宋書・謝瞻傳》："在郡遇疾，不肯自治，幸於不永。"又《王微傳》："微深自咎恨，發病不復自治。"以此明"自活"之非。

太祖之討呂布也，霸等將兵助布。既禽布，霸自匿。太祖募索得霸，見而悅之。（《魏志十八・臧霸傳》/537 頁）

盧弼《集解》：馮本"募"作"慕"。

華按：曹操索捕臧霸者，以其將兵助布，又怨其自匿不降也。此文當以"募"字爲正，募，購募也。《蜀志・諸葛亮傳》注引《漢晉春秋》："亮至南中，所在戰捷。聞孟獲者，爲夷漢所服，募生致之。"其中"募"字用法同此。"募索"爲"募求"之同義語，例如晉干寶《搜神記》載李寄斬蛇故事云："共請求人家生婢子兼有罪家女養之，至八月朝祭送蛇穴口，蛇出吞嚙之，累年如此，已用九女。爾時預復募索，未得其女。"北魏譯《雜寶藏經・六牙白象緣》載獵師答象王言："我無所須，梵摩達王募索汝牙，故來欲取。"

整理者按：紹興本、紹熙本、元大德本、三朝本、西爽堂本、北監本、汲本、殿本、金陵活字本、局本、百衲本作"幕"。南監本作"慕"。

霸從討孫權於濡須口，與張遼爲前鋒，行遇霖雨，大軍先及，水遂長，賊船稍進，將士皆不安。(《魏志十八·臧霸傳》/538 頁)

殿本《考證》：《太平御覽》"先及"作"先反"，"稍進"作"稍近"。

華按：臧霸、張遼爲先鋒，不得稱"大軍"；此云"大軍先及"，殊不可解。《通志》卷一百十六"先及"作"未至"，可以參考。《太平御覽》卷二百四十"先及"作"先反"，與下文"遼欲去……明日果有令"云云頗爲接合；又"稍近"之文亦較"稍進"爲優。比較異文，似以《太平御覽》爲得實。

荆州雖沒，常願據守漢川，保全土境，生不負於孤弱，死無愧於地下。而計不得已，以至於此。(《魏志十八·文聘傳》/539 頁)

華按："計不得已"似通非通，《資治通鑑》卷六十五作"計不在己"，於義爲長。《晉書·王戎傳》附王衍事云："俄而舉軍爲石勒所破，勒呼王公，與之相見，問衍以晉故，衍爲陳禍敗之由，云'計不在己'。"其中"計不在己"似是漢魏成語。頗疑《通鑑》之文來源於北宋不誤之本，今日所見諸本作"計不得已"者，蓋傳之"己"、"已"難分，校書者不明古語，乃改"在"爲"得"以成"不得已"之文。

臧霸少有孝烈之稱，文聘著垂泣之誠。(《魏志十八·文聘傳》注引孫盛語/540 頁)

華按：諸本作"垂涕"，與本傳載文聘"遂歔欷流涕"之文相應。金陵活字本作"垂泣"，標點本承用其文，雖文義無別，而舊本失眞，今所不取。

整理者按：紹興本、紹熙本、元大德本、三朝本、西爽堂本、北監本、汲本、殿本、局本、百衲本作"涕"。南監本、金陵活字本作"泣"。

褚眾少不敵，力戰疲極。（《魏志十八‧許褚傳》/542 頁）

華按："疲極"一詞，乃同義之字並列，極亦疲也。《大藏經》卷三吳康僧會譯《六度集經》卷二："王夫人……步隨大家，舉身皆痛，足底破傷，不能復前，疲極在後……夫人長跪白言：'不敢，但小疲極，住止息耳。'"《吳志‧孫堅傳》注引《英雄記》："日暮，士馬疲極，當止宿。"東漢以前，其字多以"罷極"爲之，如《史記‧淮陰侯列傳》："能千里而襲我，亦已罷極。"

伺褚休下日，他等懷刀入。（《魏志十八‧許褚傳》/542 頁）

華按：任職事者自有例假，漢代謂之"休沐日"，魏晉又謂之"休下日"。《梁書‧江子一傳》："其姑夫右衛將軍朱異，權要當朝，休下之日，賓客輻湊。"亦其例。

褚至下舍心動，即還侍。（《魏志十八‧許褚傳》/542 頁）

華按："下舍"一詞似始見於此。《華陽國志‧後賢傳》載杜軫諫張府君避正殿事云："府君即出住下舍。"又載何攀在洛事云："中書令張華命宿下舍。"《梁書‧到洽傳》："舊制，中丞不得入尚書下舍，洽兄溉爲左民尚書，洽引服親不應有礙，刺省詳決。"然則官府皆附有宿舍。"下舍"即官舍，說見拙著《世說新語考釋》。

褚斬攀船者，左手舉馬鞍蔽太祖。船工爲流矢所中死，褚右手並泝船，僅乃得渡。（《魏志十八‧許褚

傳》/542頁）

盧弼《集解》：《御覽》"泝"作"棹"，《通鑑》作"右手刺船"。

華按：殘宋本《册府元龜》卷三百四十二作"泝"，與傳世本《魏志》相合。就此字形音義考之，可知"泝"或作"遡"，音"素"，"遡船"猶言行船，其證有二。第一，《廣雅·釋詁》："遡，行也。"王念孫《疏證》："《爾雅》'逆流而上曰泝洄，順流而下曰泝游'是也。'泝'與'遡'同。"第二，《方言》卷十二："遡，行也。"晉郭璞注："音素。"明乎此，則知《太平御覽》卷三百五十八作"棹"，《資治通鑑》卷六十六作"刺船"，義雖顯明，殆非舊作。

又按：漢世文獻有"斥"者，乃刺而進之之義。《素問·調經論》曰："神有餘，則瀉其小絡之血；出血，勿之深斥，無中其大經，神氣乃平。"王冰注："邪入小絡，故可瀉其小絡之脈，出其血，勿深推針，針深則傷肉也。"推針而進謂之"斥"，故《廣雅·釋詁三》云："斥，推也。"漢劉熙《釋名·釋船》曰："所用斥旁岸曰'交'，一人前，一人還，相交錯也。"此謂一人斥之使船頭向前，另一人斥之使船頭旋轉，如此交錯，其船方能傍岸；其中"斥"字，亦謂刺船而進之也。本文之"泝"，與《釋名》之"斥"皆爲刺船之義，二字當爲一詞之異寫。

矢至如雨，韋不視，謂等人曰："虜來十步，乃白之。"等人曰："十步矣。"又曰："五步乃白。"等人懼，疾言："虜至矣。"（《魏志十八·典韋傳》/544頁）

胡三省《通鑑注》："等人"者，立等以募人，及等者謂之"等人"。或曰："等人"，一等應募之人也。

華按：兩說皆非。"等人"猶言等伍、等類，與"及等"、"應募"之事無涉。《大藏經》卷三吳康僧會譯《六度集經》卷一：
"昔者菩薩貧寠尤困，與諸商人俱之他國，其眾皆有信佛之志。
布施窮乏，濟度眾生，等人僉曰：'眾皆慈惠，爾將何施？'"又：
"自與商人入海採寶，所獲弘多，還國，置舟步行，道乏無水，仙
歎得一井水，呼等人汲之，卻自取飲。"又卷四："菩薩承命，訛
寐察之，覩眞如云，厥心懼焉。明日密相告，等人僉然。"此三
例"等人"指與菩薩同行之一夥商人。本志《武帝紀》注引《魏
略》："值妻子伯爲荊州，遣迎北方客人，忠不欲去，因率等伍逆
擊之。"其中"等伍"指與王忠一夥之人。《宋書·孝義·卜天
生傳》："天與弟天生，少爲隊將，十人同火。屋後有一大阬，廣
二丈餘，十人共跳之皆渡，唯天生墜阬。天生乃取實中苦竹，
剡其端使利，交橫布阬內，更呼等類共跳。"其中"等類"指同伍
之人。然則"等人"、"等伍"、"等類"於義無殊，均謂同伴也。

每賜食於前，大飲長歠。（《魏志十八·典韋傳》/544頁）

盧弼《集解》：歠音啜，昌悅切。《說文》："歠也。"

　　華按："飲"、"歠"並用，於語似贅。頗疑"飲"爲"飯"之形
誤。古人造語，往往"飯"、"歠"並用，如《墨子·節用》："飯於
土塯，啜於土形。"謂食於土簋，飲於土鉶也，"啜"即"歠"字之
借。《文選》卷三十四枚乘《七發》："小飯大歠，如湯沃雪。"謂
小口而飯，大口而飲也。《孟子·盡心上》"放飯流歠"，趙岐
注："放飯，大飯也；流歠，長歠也。……於尊者前賜食，大飯長
歠，不敬之大者。"似此，先秦所言"放飯流歠"，漢末謂之"大飯
長歠"，今語則爲"大吃大喝"也。

惟侯式昭果毅，蹈難成名，聲溢當時，義高在昔。
（《魏志十八·龐悳傳》/546頁）

盧本作"戎昭果毅"。

盧弼《集解》：馮本"戎"作"式"。

華按："式"字無義，馮本誤。金陵活字本、標點本遞相承之，失校。此文當從諸本作"戎"。"戎昭果毅"乃先秦成語，漢魏六朝沿用不絕。《國語・周語中》："夫戰，盡敵爲上，守和同順義爲上，故制戎以果毅，制戎以序成。"韋昭注："戎，兵也。殺敵爲果，致果爲毅也。"《左傳・宣公二年》引君子曰："戎昭果毅以聽之之謂禮。殺敵爲果，致果爲毅。"唐孔穎達疏："昭，明也。兵戎之事，明此果毅以聽之之謂禮。能殺敵人，是名爲'果'，言能果敢以除賊；致此果敢乃名爲'毅'，言能强毅以立功。""戎"指兵戎之事，古注甚明。《全三國文》卷十八曹植《輔臣論》："一臨事則戎昭果毅，折衝厭難者，司馬驃騎也。"《文選》卷十載潘岳《西征賦》："明戎政之果毅，距華蓋於壘和。"《晉書・劉琨傳》載其疏云："咸有敦詩閱禮之德，戎昭果毅之威。"均其例證。

整理者按：紹興本、紹熙本、元大德本、三朝本、西爽堂本、局本、百衲本作"戎"。南監本、北監本、汲本、殿本、金陵活字本作"式"。

會勇烈有父風，官至中尉將軍，封列侯。（《魏志十八・龐悳傳》/547頁）

華按："中尉將軍"未聞。茲檢百衲本、汲本、殿本、局本等等，"尉"字皆作"衛"，是矣。《宋書・百官志》："晉文帝爲相國，相國府置中衛將軍。"《通典》卷二十八《職官十・左右衛》："漢京師有南北軍，掌理禁衛，初有衛將軍。魏末，晉文王又置中衛將軍。武帝受禪，分中衛爲左右衛將軍，並置佐吏，皆掌宿衛營兵。"是"中衛將軍"之稱僅見於魏末之世,亦親衛之職;龐會任職,正當其時。此文"衛"誤作"尉",亦源於金陵活字本,當據百衲本等校正。

　　整理者按:紹興本、紹熙本、元大德本、三朝本、西爽堂本、北監本、汲本、殿本、局本、百衲本作"衛"。南監本、金陵活字本作"尉"。

娥親有男弟三人,皆欲報讎,壽深以爲備。會遭災疫,三人皆死。壽聞大喜……娥親既素有報讎之心,及聞壽言,感激愈深,愴然隕涕曰:"李壽,汝莫喜也,終不活汝! 戴履天地,爲吾門戶,吾三子之羞也。焉知娥親不手刃殺汝,而自儌倖邪?"(《魏志十八·龐淯傳》注引皇甫謐《烈女傳》/548頁)

　　華按:"吾三子",疑當作"吾三弟"。上文云"娥親有男弟三人",下文載娥親語曰:"今雖三弟早死,門戶泯絕。"末尾又云:"塞亡父之怨魂,雪三弟之永恨,近古已來,未之有也。"娥親專心報讎,毫無顧忌,必無子女之累;此處忽稱"三子",若非"三弟"之訛,則其辭不類。

讎塞身死,妾之明分也。(《魏志十八·龐淯傳》注引皇甫謐《列女傳》/549頁)

　　華按:此"塞"猶今語報復。《吳志·吳主傳》注引《江表傳》:"進爲國朝掃除鯨鯢,退爲舉將報塞怨讎。""報塞"爲同義之字平列,塞亦報也。"塞"字古義爲祭祀祈禱,本篇下文云:"塞亡父之怨魂,雪三弟之永恨。"即用此義。由此引申,遂有報答、酬謝之義,如本志《武帝紀》注引《魏略》載建安十八年曹操上書曰：“灰軀盡命，報塞厚恩。”要之，“塞”之祭義、酬謝義、報復義一脈相承，而其用有別。

賓碩遂載岐軀歸，住車門外，先入白母，言：“今日出，得死，友在外，當來入拜。”《魏志十八·閻溫傳》注引《魏略·勇俠傳》/552 頁）

華按：“得死”之語不可解。標點本第一版將“得死友在外”連成一氣讀之，並無訛誤。“死友”亦當時習語。《太平御覽》卷四百二十二引《列士傳》：“羊角哀、左伯桃二人相與爲死友。”《大藏經》卷三吳康僧會譯《六度集經》卷五：“釋摩南爲大將軍，與王先王同師而學，有死友之誓。”《後漢書·獨行·范式傳》載范巨卿與張元伯事云：“式仕爲郡功曹。後元伯寢疾篤，同郡郅君章、殷子徵晨夜省視之。元伯臨盡，歎曰：‘恨不見吾死友！’子徵曰：‘吾與君章盡心於子，是非死友，復欲誰求？’元伯曰：‘若二者，吾生友耳。山陽范巨卿，所謂死友也。’”又載陳平子事云：“謂其妻曰：‘吾聞山陽范巨卿，烈士也，可以託死。吾歿後，但以屍埋巨卿戶前。’乃裂素爲書，以遺巨卿……時式出行適還，省書見瘞，愴然感之，向墳揖哭，以爲死友。”均其例。孫賓碩以趙岐爲死友，蓋謂其人可託以身後之事也。今割裂“死友”一詞，遂致語句破碎，不知所謂。

整理者按：標點本 2015 年 7 月第 29 次印刷本已將“今日出得死友在外”作一句讀。

而賓碩亦從此顯名於東國，仕至豫州刺史。《魏志十八·閻溫傳》引《魏略·勇俠傳》/552 頁）

盧弼《集解》：趙一清曰：“岐傳及《水經注》並作‘青州刺史’。”

華按：影宋本《太平御覽》卷四百七十九引《三輔決錄》云：

“時北海孫嵩流離，在劉表末座，不爲表所識。岐遙識之，□表說嵩，表甚□重之，同共表嵩爲青州刺史。”舊說《三輔決錄》爲漢末趙岐所撰，《三輔決錄注》爲晉摯虞所撰，《御覽》所引，疑爲摯虞注文。文中謂孫賓碩爲“青州刺史”，可與《後漢書·趙岐傳》及《水經注》互相印證。此作“豫州”，當爲“青州”之誤。

賊望見出，乃共布列待之。出到，回從一頭斫賊四五人。（《魏志十八·閻溫傳》注引《魏略·勇俠傳》/553 頁）

盧弼《集解》：“回”字未詳。

華按：本志《田疇傳》：“若默回軍從盧龍口越白檀之險，出空虛之地……蹋頓之首可不戰而禽也。”又《樂進傳》：“進別征高幹，從北道入上黨，回出其後。”又《鄧艾傳》：“維果向祁山，聞艾已有備，乃回從董亭趣南安。”諸“回”均迂迴之義，指避開敵之正面。此“回從一頭”亦作如是解。

三國志卷十九
魏志十九《任城陳蕭王傳》校詁

臣松之按桑乾縣屬代郡。（《魏志十九・任城威王彰傳》注/556 頁）

華按：疑裴注原作"桑乾，縣名，屬代郡"。《太平御覽》卷三百十二"縣"下有"名"字，似可據以校補。蓋裴氏地名注文格式如下："臣松之案：X，縣名，屬 Y 郡。"故《蜀志・後主傳》建興十四年"後主至湔"亦注云："臣松之案：湔，縣名也，屬蜀郡，音翦。"

青龍三年，楷坐私遣官屬詣中尚方作禁物，削縣二千戶。（《魏志十九・任城威王彰傳》/556 頁）

盧弼《集解》：局本作"削縣二戶千"，以"削縣二"爲句、"戶千"爲句，亦可通。《楚王彪傳》"詔削縣三、戶千五百"，亦此例也。

華按：由盧氏之說進而推之，當以局本爲是。《漢書・張湯傳》："湯有罪，勃坐削戶二百。"《後漢書・宗室四王三侯傳》載章帝貶削齊王晃詔曰："其貶晃爵爲蕪湖侯，削剛戶三千。"本志《武文世王公・中山恭王袞傳》："詔削縣二，戶七百五十。"又注引《魏書》載璽書曰："今削王縣二，戶七百五十。"又《東平靈王徽傳》："詔削縣一，戶五百。"又《樂陵王茂傳》："詔削縣一，戶五百。"均其比。

整理者按：紹興本、紹熙本、元大德本、三朝本、西爽堂本、

南監本、北監本、汲本、殿本、金陵活字本、百衲本作“削縣二千
戶”。局本作“削縣二戶千”。

年十歲餘，誦讀《詩》、《論》及辭賦數十萬言，善屬
文。（《魏志十九·陳思王植傳》/557頁）

盧弼《集解》：本傳“年十歲餘”，似應作“年十餘歲”。

華按：“年十歲”下綴一“餘”字，似爲不辭。《世說新語·
文學》注、《藝文類聚》卷四十五、《太平御覽》卷六百均作“年十
餘歲”，當據乙。

二十二年，增置邑五千，并前萬戶。（《魏志十九·陳思
王植傳》/557頁）

盧本作“增植邑五千”。

盧弼《集解》：馮本“植”作“置”，誤。

華按：盧說甚是。標點本承馮本、金陵活字本作“置”，不
合文例。凡言“置”，或指增設職官、爵位，或指增設州縣、郡
國；凡言“增邑”、“益邑”或“增某人邑”，則指封賜某人爵土。
諸本作“增植邑五千”，是也，“植”即曹植。本志《李典傳》：“增
禎邑百戶。”“禎”即李禎。是其類。

整理者按：紹興本、紹熙本、元大德本、三朝本、西爽堂本、
北監本、汲本、殿本、局本、百衲本作“植”。南監本、金陵活字
本作“置”。

僕少好詞賦，迄至于今二十有五年矣。（《魏志十九·
陳思王植傳》注引《典略》/558頁）

華按：百衲本等作“辭賦”，馮本、金陵活字本等作“詞賦”，
宜取前者。本傳曰：“年十歲餘，誦讀《詩》、《論》及辭賦數十萬
言，善屬文。”“辭賦”謂漢世盛行之文體，《漢書·王褒傳》載宣帝

語:"辭賦大者與古詩同義,小者辯麗可喜。"又《司馬相如傳》云:"會景帝不好辭賦……"又《揚雄傳》:"顧嘗好辭賦。"是其例。此云"僕少好詞賦",與下文"以孔璋之才,不閑辭賦"及"辭賦小道,故未足以揄揚大義、彰示來世也"等文字不一。要之,此"詞"宜作"辭",下文"今往僕少小所著詞賦一通相與"之"詞"亦宜改之。

　　整理者按:紹興本、紹熙本、元大德本、三朝本、西爽堂本、北監本、汲本、殿本、局本、百衲本作"辭"。南監本、金陵活字本作"詞"。下文"今往僕少小所著詞賦一通相與"之"詞",他本並作"辭",獨金陵活字本作"詞"。

以罪棄生,則違古賢"夕改"之勸;忍活苟全,則犯詩人"胡顏"之譏。(《魏志十九·陳思王植傳》/562—563 頁)

　　盧弼《集解》:《文選》"活"作"垢"。

　　華按:"忍活"罕見。"活"字似宜從《文選》卷二十作"垢"。"忍垢"亦秦漢習語,或作"忍詬",又作"忍訽",朱起鳳《辭通》已揭其例。"忍垢苟全"猶言忍辱偷生,正與"以罪棄生"相對爲言。

前奉詔書,臣等絕朝,心離志絕,自分黃耈無復執珪之望。(《魏志十九·陳思王植傳》/563 頁)

　　盧弼《集解》:《文選》"無復"作"永無"。

　　華按:本志《武帝紀》注引《曹瞞傳》:"時寒且旱,二百里無復水。"《全晉文》卷二十二王羲之《雜帖》:"郗故病篤,無復他治。"劉淇《助字辨略》卷五:"又《世說》:'君出臨海,便無復人。'……此'復'字,語助也。"然則"無復"云云,亦魏晉常語。《文選》改爲"永無朝覲之望",無復魏晉風韻矣。

冀以塵霧之微,補益山海。(《魏志十九·陳思王植傳》/568 頁)

　　盧弼《集解》:《文選》"霧"作"露"。

華按：“霧”之於“海”，何補益之可言？當從《文選》作“露”。《文選》卷三十七載此文李善注引謝承《後漢書》：“楊喬曰：猶塵附泰山，露集滄海，雖無補益，款誠至情，猶不敢嘿也。”《晉書・元四王・琅邪悼王煥傳》：“此芻蕘之言有補萬一，塵露之微有增山海。”又《虞預傳》：“誠知山河之量非塵露可益。”又《郭璞傳》：“若臣言可採，或所以爲塵露之益。”《大藏經》卷二十二劉宋佛陀什等譯《彌沙塞部和醯五分律》所附後記曰：“願以塵露，崇廣山海，貽于萬代同舟云爾。”《魏書・薛虎子傳》載其表曰：“臣雖識謝古人，任當邊守，庶竭塵露，有增山海。”諸例一脈相承，均以“塵露”分繫“山海”，喻義自明。

若葵藿之傾葉，太陽雖不爲之回光，然向之者誠也。（《魏志十九・陳思王植傳》/571頁）

華按：按文法，“太陽”二字當屬上句讀；論詞義，“太陽”在東漢以前乃陰陽家術語，此則爲“日”之別名矣。《藝文類聚》卷八十二載後漢閔鴻《芙蓉賦》：“灼若夜光之在玄岫，赤若太陽之映朝雲。”《後漢書・王允傳》載士孫瑞語：“自歲末以來，太陽不照，霖雨積時。”《藝文類聚》卷五十二載曹操初平三年《陳損益表》：“庶以蒸螢增明太陽，言不足採。”《文選》卷十九曹植《洛神賦》：“遠而望之，皎若太陽升朝霞。”李善注：“《正歷》曰：‘太陽，日也。’”《魏詩》卷三繁欽《生茨詩》：“寄根膏壤隈，春澤以養軀，太陽曝真色，翔風發其勇。”《晉書・摯虞傳》載其《思遊賦》：“尋凱風而南暨兮，謝太陽於炎離。”《全三國文》卷五十嵇康《難張遼叔自然好學論》：“況以長夜之冥得照太陽……故吾謂六經爲太陽，不學爲長夜耳。”《魏詩》卷十阮籍《詠懷詩》：“壯年以時逝，朝露待太陽。”《文選》卷四十三趙至《與嵇茂齊書》："太陽戢曜,則情劬於夕惕。"李善注:"《正歷》曰:'日,太陽也。'"西晉以降,例多不贅。今人或謂"太陽"作爲"日"之別名成熟於劉宋時代,故詳論之。

臣聞羊質虎皮,見草則悅,見豺則戰,忘其皮之虎也。今置將不良,有似於此。(《魏志十九‧陳思王植傳》/573 頁)

華按:自"羊質虎皮"以下十八字宜加引號,此四句引自揚雄《法言‧吾子篇》,說見《資治通鑑》卷七十二胡三省注。

賜須臾之間,使臣得一散所懷。(《魏志十九‧陳思王植傳》/573 頁)

盧弼《集解》:《册府》"問"作"間"。

華按:《羣書治要》卷二十六"問"亦作"間",當據改。《漢書‧司馬遷傳》載其《報任少卿書》:"卒卒無須臾之間得竭指意。"又《李尋傳》載其對漢哀帝問云:"唯棄須臾之間,宿留瞽言。"顏師古注:"間謂空隙之時也。"又《循吏傳‧龔遂》:"臣痛社稷危也! 願賜清閒竭愚。"《後漢書‧襄楷傳》載其上桓帝疏:"臣雖至賤,誠願賜清閒,極盡所言。"均用"間"字,其義一也。又"賜……間"之語,古書恆見;"間"誤爲"問",亦時有之,例見徐復師《讀〈文選〉札記》。

若有不合,乞且藏之書府,不便滅棄。(《魏志十九‧陳思王植傳》/574 頁)

盧弼《集解》:"便"疑作"使"。

華按:"便"猶言立即,說見本志《武帝紀》注引《漢晉春秋》。乞其"不便滅棄"者,欲其暫存於書府,不立即棄擲也。本志《武帝紀》:"吾降張繡等,失不便取其質,以至於此。"又《公孫淵傳》注引《魏略》載淵表:"見臣不便承受吳命,意有猜疑。”《蜀志・譙周傳》：“而蜀本謂敵不便至，不作城守調度。”亦其例也。書中又有“便”字爲形容詞，表示“有利”、“得宜”、“方便”者，如本志《華歆傳》注引華嶠《譜敍》：“事有不便，輒與尚書共論盡其意。”又《董昭傳》：“事勢不便。”又《桓階傳》：“吾恐虜衆多，而晃等勢不便耳。”又《陳羣傳》“羣又陳其不便”等等，其中“不便”至今仍爲常語。盧氏蓋泥於“便”字常義，故嫌其文義不切而疑爲“使”之訛字也。

小者未堪大使，爲可使耘鉏穢草，驅護鳥雀。（《魏志十九・陳思王植傳》注引《魏略》/575 頁）

　　華按：《後漢書・杜喬傳》：“守衛尸喪，驅護蠅蟲。”“驅護”爲近義之字平列，驅趕、防止也。《全漢文》卷四十二王褒《僮約》：“往市聚，愼護奸偷。”護亦防止之義。

明詔之下，有若皦日。……定習業者並復見送，晻若晝晦，悵然失圖。（《魏志十九・陳思王植傳》注引《魏略》/575 頁）

　　華按：“定”，承接連詞，猶言“比及”、“及至”。《論衡・紀妖》：“以鬼象人而見，非實人也，人見鬼象生存之人，定問生存之人，不與己相見。”趙曄《吳越春秋・句踐伐吳外傳》載子胥託夢之言：“吾知越之必入吳矣，故求置吾頭於南門，以觀汝之破吳也，唯欲以窮夫差，定汝入我之國，吾心又不忍，故爲風雨以還汝軍。”《後漢書・袁紹傳》載劉表以書諫袁譚曰：“初聞此問，尚謂不然，定聞信來，乃知闕伯、實沈之忿已成。”又《方術・樊英傳》注引謝承《後漢書》：“到官一月，時卒暴風，宗占以爲京師有大火，定火發時，果如宗言。”《北堂書鈔》卷六十一引謝承《後漢書・華松傳》：“松下車，閉閤不通私書，不與豪右相見，姦慝犯者輒死。定奏馬氏三侯，豪傑斂手，由是深見非恨也。"《大藏經》卷五十三《譬喻經》卷九:"時當有大軍眾七萬餘人,遇見辟支佛,謂是金人,即取斫破,各各分之,定墮手中,視之是肉,皆還聚置而去。"本志《陳泰傳》:"定軍潛行,卒出其南,維乃緣山突至。"又《方技·管輅傳》注引《輅別傳》:"俱相聞善卜,定共清論,君一時異才,當上竹帛也。"又:"欲注《易》八年,用思勤苦,歷載靡寧,定相得至論,此才不及《易》,不愛久勞,喜承雅言,如此相爲高枕偃息矣。"《吳志·孫堅傳》:"卓騎望見,圍繞數重,定近覺是柱,乃去。"又注引《江表傳》:"始聞其言以爲不然,定得使持節平東將軍領徐州牧溫侯布上術所造惑眾妖妄,知術鴟梟之性。……爲禍深酷。"又《朱桓傳》:"本知季文慉,定見之,復過所聞。"又《陸遜傳》:"前實怨不見救,定至今日,乃知調度自有方耳。"又《鍾離牧傳》注引《會稽典錄》:"鍾離子幹,吾昔知之不熟,定見其在南海,威恩部伍,智勇分明,加操行清純,有古人之風。"又《華覈傳》:"間聞賊眾蟻聚向西境……定聞陸抗表至,成都不守,臣主播越,社稷傾覆。"又:"長吏畏罪,晝夜催民,委舍佃事,遑赴會日,定送到都,或蘊積不用,而徒使百姓消力失時。"並其例也。

蕭懷王熊,早薨。黃初二年追封諡蕭懷公。太和三年又追封爵爲王。(《魏志十九·蕭懷王熊傳》/577頁)

華按:"追封爵"當從諸本作"追進爵",此沿金陵活字本之誤。上文既言"追封諡蕭懷公",則由"公"而"王"自當言"進",此亦史家行文之通例。本志《武文世王公·范陽閔王矩傳》:"黃初三年追封諡矩爲范陽閔公……太和六年,追進矩號爲范陽閔王。"是其比。

整理者按:紹興本、紹熙本、元大德本、三朝本、西爽堂本、南監本、北監本、汲本、殿本、局本、百衲本作"進"。金陵活字本作"封"。

三國志卷二十
魏志二十《武文世王公傳》校詰

生五六歲，智意所及，有若成人之智。（《魏志二十‧武文世王公‧鄧哀王沖傳》/580 頁）

殿本《考證》："意"，元本作"慧"。

易培基《補注》："智意"，何本作"智慧"。

　華按："智意"亦當時常談，本志《蘇則傳》注："山濤《啟事》稱瑜忠篤有智意。"《蜀志‧孟光傳》載其語曰："今天下未定，智意爲先，智意雖有自然，然亦可力彊致也。"是其例。與此相近者又有"智思"一詞，如蔡邕《童幼胡根碑》："言語所及，智思所生，雖成人之德，無以加焉。"元本改"智意"爲"智慧"，殆不知彼時原有此語。

　又按：何本不可取。諸本均作"智意"，指善於應變之智慧與謀略。劉劭《人物志‧流業》："術家之流，不能創制垂則，而能遭變用權，權智有餘，公正不足，是謂智意。"此詞流行於三國時代，《蜀志‧孟光傳》載其語曰："今天下未定，智意爲先。"是其例。

　又按："之智"當爲衍文，《北堂書鈔》卷七十、《通志》卷七十九均無此二字，應據刪。《北齊書‧帝紀第三‧文襄高澄》："時年十二，神情俊爽，便若成人。"《隋書‧煬三子‧燕王倓傳》：“性好讀書，尤重儒素，非造次所及，有若成人。”上引二例，文雖晚出，亦可見“有若成人”自爲一句，其後若增“之智”二字，則成贅疣。

　　整理者按：紹興本、紹熙本、三朝本、西爽堂本、南監本、北監本、汲本、殿本、金陵活字本、局本、百衲本作“智意”。元大德本作“智慧”。《太平御覽》卷一百五十一作“智惠”。

時孫權曾致巨象，太祖欲知其斤重，訪之羣下，咸莫能出其理。（《魏志二十·武文世王公·鄧哀王沖傳》/580 頁）

　　何焯《讀書記》：孫策以建安五年死，時孫權初統事。至建安十五年，權遣步騭爲交州刺史，士燮率兄弟奉承節度，此後或能致巨象，而倉舒已於建安十三年前死矣。知此事之妄飾也。

　　華按：《藝文類聚》卷九十五引《江表傳》敍此事曰：“孫權遣使詣獻馴象二頭，魏太祖欲知其斤重，咸莫能出其理，鄧王沖尚幼，乃曰：‘置象大舡上……’”雖未言獻象年月，然“鄧王沖尚幼”之句，與本傳“生五六歲”契合，可知其事當在建安五、六年間。其時孫權初統事，獻象求好，亦在情理之中。何氏以爲巨象必出於交州，又以爲必須士燮奉承節度然後可致，未必得其實也。

置象大船之上，而刻其水痕所至，稱物以載之，則校可知矣。（《魏志二十·武文世王公·鄧哀王沖傳》/580 頁）

　　盧弼《集解》：“則”字下應從吳曾《漫錄》增“不”字。

　　華按：“校可知矣”，言考校與象相稱之物，則可知象之斤重。文義自明，不煩增字。前所云“稱物”，非稱量物重之謂，指能使大船沉於“水痕所至”之物，“稱”讀去聲。

訂補：《校詁》釋"校"爲"考校"，聊備一說。今謂"校可知"
猶言明白可知。字又作"較"，本志《王昶傳》載其文曰："夫虛
僞之人，言不根道，行不顧言，其爲浮淺較可識別。""較"表示
顯著的意思，漢魏習見。

臣松之以"容貌姿美"一類之言，而分以爲三，亦敍屬之一病也。《魏志二十·武文世王公·鄧哀王沖傳》注/581 頁）

朱起鳳《辭通》："姿"音"恣"，亦媚也。"美"、"媚"聲之轉，古通
用。裴氏不知"姿美"即"姿媚"之假，故疑分一爲三，此誤之
甚者。

華按：朱氏謂"姿美"猶言媚好，此亦一說。竊謂"容貌姿"
實屬"一類之言"，然三字平列，義各有當。容，指面容而言；
姿，指體態而言；貌，泛指外表而言。本志《袁紹傳》"紹有姿貌
威容"，《吳志·呂範傳》"有容觀姿貌"，亦以三字錯出並用，不
宜視爲敍屬之病。

文帝常言："家兄孝廉，自其分也。若使倉舒在，我亦無天下。"《魏志二十·武文世王公·鄧哀王沖傳》注引《魏略》/581 頁）

華按：《遜志堂雜鈔》戊集引此文及曹丕索玉玦與鍾繇書，
謂後人稱"家兄"、"舍弟"者本此。

景初元年，據坐私遣人詣中尚方作禁物，削縣二千戶。《魏志二十·武文世王公·彭城王據傳》/581 頁）

華按："千戶"，疑當乙爲"戶千"。說見本志《任城威王彰
傳》。下文裴注引《魏書》載璽書曰："今詔有司宥王，削縣二千

戶。"其中"千戶"亦當爲誤倒之文。

明帝少與宇同止，常愛異之。(《魏志二十・武文世王公・燕王宇傳》/582頁)

華按："同止"，魏晉常語，指同住一處。又如《全晉文》卷一百六十四載釋僧肇《答劉遺民書》："生上人頃在此，同止數年，至於言話之際，常相稱詠。"陶淵明《飲酒》詩："有客常同止，趣舍邈異境。"

如聞茂頃來少知悔昔之非，欲脩善將來。(《魏志二十・武文世王公・樂陵王茂傳》/589頁)

錢大昭《辨疑》："如"，疑當作"加"。

周壽昌《證遺》："如聞"，猶恍惚聞之也；此二字唐人以後詩文內多承用之，案《五代史》，梁末帝賜劉鄩詔"如聞寇敵兵不多"，唐莊宗詔"如聞前例各有進獻"，皆詔中語。疑亦本此。

郁松年《續後漢書札記》：郝書"加聞茂頃來"，案"加"，又也。謂太皇太后數以爲言，又聞茂已知悔也。《志》作"如"，似誤。

李景星《評議》："如"字疑是"加"字之誤，蓋承上文而更進一層言之也。

華按："如聞"不誤。本志《華歆傳》載其疏云："如聞今年徵役，頗失農桑之業。"《晉書・劉聰載記》載靳準謂劉粲曰："如聞諸公將欲行伊尹、霍光之事。"《宋書・何承天傳》載其議："如聞在東諸處，此例既多，江西淮北，尤爲不少。"《南齊書・武十七王・竟陵文宣王子良傳》載子良陳太祖曰："如聞頃者，令長守牧離此每實，非復近歲。"《梁書・王僧辯傳》載高洋與僧辯書："如聞權立支子，號令江陰。"《魏書・盧玄傳》載魏世宗詔："如聞東唐陸道甚狹。"《周書・蘇綽傳》爲六條詔書：“如聞在下州郡，尚有兼假，擾亂細民，甚爲無理。”此“如聞”乃魏晉南北朝習語，其用例亦不限詔文。郁、錢、周諸氏均博極羣書，未免失之眉睫。

胡亥少習刻薄之教，長遭凶父之業，不能改制易法、寵任兄弟。（《魏志二十·武文世王公傳評》注引《魏氏春秋》/593頁）

華按：“遭”，當從諸本作“遵”，此亦標點本沿馮本及金陵活字本之誤。

整理者按：紹興本、紹熙本、元大德本、三朝本、西爽堂本、北監本、汲本、殿本、局本、百衲本作“遵”。南監本、金陵活字本作“遭”。

勝、廣倡之於前，劉、項斃之於後。（《魏志二十·武文世王公傳評》注引《魏氏春秋》/593頁）

盧弼《集解》：《文選》“斃”作“獘”。

華按：“斃”乃“獘”之後起字。《說文解字·犬部》：“獘，頓仆也。”段玉裁注：“獘，本因犬仆製字，假借爲凡仆之稱，俗又引申爲利弊字，遂改其字作弊，訓困也。”其字又作“斃”，如本志《明帝紀》注引《魏氏春秋》：“亮體斃矣，其能久乎？”盧氏羅列異文，似不知“斃”、“獘”相通，今語謂之“倒”或“垮”也。

三國志卷二十一
魏志二十一《王衞二劉傅傳》校詁

鍾繇、王朗等雖名爲魏卿相，至於朝廷奏議，皆閣筆不能措手。（《魏志二十一·王粲傳》注引《典略》/599頁）

　　華按："名"，諸本皆作"各"；唯百衲本字跡不清，介乎"名"、"各"之間。今人或謂作"名"爲是，竊以爲未必。細繹《國志》，作"各"者較合文例。本志《荀彧傳》注引《彧別傳》："戲志才、郭嘉等有負俗之譏，杜畿簡傲少文，皆以智策舉之，終各顯名。""各"猶咸也、皆也。又《高堂隆傳》："方今宿生巨儒，並各年高。""並各"，同義之字平列。《吳志·吳主傳》："吾觀孫氏兄弟雖各才秀明達，然皆祿祚不終。"前用"各"，後用"皆"，變其文耳。標點本第一版原作"各爲魏卿相"，不誤。此從今人之說改作"名"，文雖可通，所據不足也。

　　整理者按：紹興本、三朝本、西爽堂本、南監本、北監本、汲本、殿本、金陵活字本、局本作"各"。紹熙本、百衲本在"名""各"之間，不能確定。元大德本作"名"。標點本2015年7月第29次印刷本作"各"。

遂科頭拍袒，胡舞五椎鍛。（《魏志二十一·王粲傳》注引《魏略》/603頁）

　　華按："拍袒"二字不可解，尋繹文理，似爲"袒拍"之誤倒。

238

"袒拍"者,袒露肩髆也。《說文解字・骨部》:"髆,肩甲也。"《集韻・入聲・十九鐸》:"髆,伯各切。《說文》:'肩甲也。'或作'胉'、'拍'。"此"髆"、"拍"通作之證。字又作"膊",如《北齊書・文宣帝紀》:"帝露頭袒膊,晝夜不息,行千餘里,唯食肉飲水,壯氣彌厲。"此文之"科頭袒拍",與"露頭袒膊"語式相同。

君且止,我年八十,不能老爲君溺攢也。(《魏志二十一・王粲傳》注引《魏略》/609頁)

錢大昕《諸史拾遺》:按董昭、吳質皆濟陰人,質欲溺鄉里,則昭亦在應溺之列,故云"溺攢"。

盧弼《集解》:官本《考證》:"'攢',宋本作'襸'。"弼按:宋本作"欑"。

華按:錢氏以"亦在應溺之列"解"攢"字之義,似未中的;盧氏羅列異文,亦不云"攢"作何解。竊謂"攢"讀爲"瓚",字之借也。《說文解字・水部》:"瓚,污灑也。一曰:水中人。從水,贊聲。""污灑",以污水揮灑也;"水中人",其水灑濕人身也。"溺攢"即撒溺以污人,此必當時俗語。又疑原文本作"瓚",傳寫而爲從"手"之"攢",輾轉又爲從"木"、從"衣"之字,其義遂不可曉。

整理者按:紹興本、三朝本(嘉靖己未年補刊)、西爽堂本、南監本、北監本、汲本、殿本、金陵活字本、局本作"攢"。紹熙本、元大德本、百衲本作"欑",中國國家圖書館藏紹熙本"欑"字左邊"木"旁,豎筆殘損,形似"襸"、"禤"二字。

時上將軍曹眞性肥,中領軍朱鑠性瘦。(《魏志二十一・王粲傳》注引《質別傳》/609頁)

盧弼《集解》:周壽昌曰:"本謂體有肥瘦,茲易體爲性,蓋性猶生也。”

華按：人之體質、姿貌、形態屬於“天生”，故謂之“性”。《史記·留侯世家》：“留侯性多病。”言張良體質甚弱。《淮南子·脩務訓》：“不待脂粉芳澤而性可説者，西施陽文也。”高誘注：“性猶姿也。”《孔叢子·居衛》述子思之言：“人之賢聖在德，豈在貌乎？且吾性無鬚眉，而天下王侯不以此損其敬，由是言之，伋徒患德之不邵美也，不病毛髦之不茂也。”所謂“性無須眉”，猶今語“天生沒有胡鬚、眉毛”。此言“性肥”、“性瘦”，亦其比也。

夫鹽，國之大寶也，自亂來散放，宜如舊置使者監賣，以其直益市犁牛。（《魏志二十一·衛覬傳》/610頁）

華按：除金陵活字本外，各本皆作“放散”，與殘宋本《册府元龜》卷四百九十三相合，當據乙。“放散”謂因不加控制而任其流散，又如《後漢書·陳俊傳》：“視人保壁堅完者，敕令固守；放散在野者，因掠取之。”其中“放散在野者”，指未及收藏而任其在野之糧食。本文倒作“散放”，不似漢魏六朝之語。

整理者按：紹興本、紹熙本、元大德本、三朝本、西爽堂本、南監本、北監本、汲本、殿本、局本、百衲本作“放散”。金陵活字本作“散放”。

雖備其官，亦未得人也。（《魏志二十一·劉廙傳》注引《廙別傳》/616頁）

華按：“得人”之語較生硬。《羣書治要》卷二十六“人”上有“其”字，與下文“能皆簡練備得其人”相吻，可以參校。

況於長吏以下，羣職小任，能皆簡練備得其人也？（《魏志二十一·劉廙傳》注引《廙別傳》/616頁）

盧弼《集解》：何焯校改"也"作"邪"。

華按："也"猶"邪"也，自古而然，不煩改字。本志《明帝紀》注引《傅子》："不知此婦人三十歲常生於地中邪？將一朝欻生，偶與發冢者會也？"又《毛玠傳》載大理鍾繇詰階曰："玠之吐言，以爲寬邪？以爲急也？"書中之例甚多，不贅舉。

今之所以爲黜陟者，近頗以州郡之毁譽，聽往來之浮言耳。亦皆得其事實而課其能否也？（《魏志二十一·劉廙傳》注引《廙別傳》/617頁）

盧弼《集解》："亦"當作"非"。

華按：盧說是。"亦"字領起疑問句，顯爲不辭。此句緊承上文，應爲否定句。《羣書治要》卷二十六正作"非皆得其事實而課其能否也"，可據改。

惟陛下垂優游之聽，使劭承清閒之歡。（《魏志二十一·劉劭傳》/619頁）

盧弼《集解》："閒"，宋本作"閑"。

華按：凡君主願與臣下個別面談而賜以時機者，謂之"賜閒"或"賜清閒"，例如《漢書·蕭望之傳》："望之因是上疏，願賜清閒之宴，口陳災異之意。"顏師古注："閒"讀曰"閑"。若臣下得此機遇，則謂之"承閒"或"承清閒"。然則"清閒"、"清閑"於義無殊，盧氏不明通假之例，徒事臚列異文也。

整理者按：紹興本、紹熙本、元大德本、三朝本（萬曆十年補刊）、西爽堂本、南監本、北監本、汲本、殿本、金陵活字本、百衲本作"閑"。局本作"閒"。

景初中，受詔作《都官考課》。（《魏志二十一·劉劭傳》/619頁）

華按："都官"舊無注，亦不見於辭書。于豪亮《雲夢秦簡縮減職官述略》謂"都官考課"即下文劉劭疏所謂"拜官考課"，"都官"，古書又稱"中都官"，泛指在朝廷直屬機構中任職之一切官員。雲夢秦簡《內史雜》："縣各告都官之在其縣，寫其官之用律。"《漢書·魏相傳》："河南卒戍中都官者二三千人，遮大將軍自言，願復留作一年，以贖太守罪。"上引二例之"都官"，特指中央官員之不在京師者，"中都官"則指中央官員之在京師者。

幹雅自多，不納統言。(《魏志二十一·劉劭傳》注引繆襲《昌言表》/620頁)

盧弼《集解補》：胡三省曰："自以為多才也。"

華按："多"不專指才能而言。顏師古注《漢書》，謂"自多"猶言自賢，亦即自高自大之意，甚是。《孔叢子·陳士義》述子順之言："齊，大國也，其士大夫皆有自多之心，不能容子也。"高幹不納仲長統之言，有似於齊之士大夫。胡氏釋"多"為"多才"，增字為訓，於義為狹。

統性俶儻，敢直言，不矜小節，每列郡命召，輒稱疾不就。(《魏志二十一·劉劭傳》注引繆襲《昌言表》/620頁)

華按：《後漢書·仲長統傳》"列郡"作"州郡"，當從之。"列郡命召"之制，於古未聞。仲長統係兗州山陽郡高平縣人氏，當時能命召長統者，惟兗州刺史及山陽郡太守耳。以此知"列"乃"州"之形訛。

昵友人荀粲，有清識遠心。(《魏志二十一·傅嘏傳》注引《傅子》/624頁)

華按："遠心"，《世說新語·識鑑》注引《傅子》作"遠志"，較爲可取。

　　訂補："遠心"，玄遠之心，即超脫世俗的哲人之思。魏晉時，或稱"遠情"，如殷芸《小說》："晉簡文云：漢世人物，當推子房爲標的，神明之功，玄勝之要，莫之與二。接俗而不虧其道……玄識遠情，超然獨邁。"或稱"遠志"、"遠意"、"遠想"等，說見拙文《〈世說新語考釋〉續稿》。

雖不能終自保完，猶足以延期挺命於深江之外矣。
（《魏志二十一・傅嘏傳》/625頁）

　　華按："延期挺命"，謂延緩其性命。《呂氏春秋・仲夏紀》："挺重囚。"高誘注："挺，緩也。""挺"乃"綎"字之借。《說文解字・系部》："綎，緩也。從糸，盈聲。讀與聽同。"

子志大其量，而勳業難爲也，可不愼哉！（《魏志二十一・傅嘏傳》/627頁）

　　華按："志大其量"爲當時成語，謂志向大於才量，難免力不從心。本篇前文注引《傅子》載傅嘏論夏侯玄曰："泰初志大其量，能合虛聲而無實才。"《世說新語・識鑑》："王平子素不知眉子，曰：'志大其量，終當死塢壁間。'"是其例。

三國志卷二十二
魏志二十二《桓二陳徐衛盧傳》校詁

階數陳文帝德優齒長，宜爲儲副。（《魏志二十二・桓階傳》/632 頁）

盧弼《集解》：監本“齒”作“且”。

 華按：監本非。《孟子・公孫丑下》：“天下有達尊三：爵一，齒一，德一。”《後漢書・申屠蟠傳》載蔡邕贊蟠云：“方之於邕，以齒則長，以德則賢。”以“齒長”爲言，謂年齡層次在前，是當時人語。

 整理者按：紹興本、紹熙本、元大德本、三朝本（嘉靖己未年補刊）、西爽堂本、南監本、汲本、殿本、金陵活字本、局本、百衲本作“齒”。北監本作“且”。

豫州百姓皆圖畫寔、紀、諶之形象。（《魏志二十二・陳羣傳》注引《先賢行狀》/634 頁）

 華按：“豫州百姓”云云，事屬可疑。寔、紀、諶之名高則高矣，安得合州之民皆圖畫其形象！揆之事理，“百姓”必爲“百城”之誤。當時郡縣分屬十三州，各州所轄之縣邑少者五六十城，多者百餘城，約而言之則稱“百城”。晉司馬彪《續漢書・郡國志》載：“豫州刺史部，郡、國六，縣、邑、公、侯國九十九。”故“豫州百城”實指九十九城之行政機構。《全三國文》卷二十六邯鄲淳《漢鴻臚陳紀碑》敍此事云："豫州刺史嘉懿至德,命敕百城圖畫形象。"《初學記》卷十二"鴻臚卿"引謝承《後漢書》曰："陳紀,字元方,遭父太丘長寔憂,嘔血絕氣。豫州嘉其至行,表上尚書,圖畫百城,以勵風俗。"可爲佐證。《後漢書·陳紀傳》李賢注、《世說新語·德行》注引《先賢行狀》均作"豫州百城",當據改。

聞車駕欲幸摩陂,實到許昌,二宮上下,皆悉俱東,舉朝大小,莫不驚怪。（《魏志二十二·陳羣傳》/636 頁）

盧弼《集解》：《通鑑》"俱"作"居"。

　華按："俱",或作"具",與"皆"、"悉"、"咸"等組成三字平列之語,亦魏晉所習用。《蜀志·先主傳》載太傅許靖等上言："孔子讖、記,咸悉具至。"《晉書·石苞傳》載石崇奏於惠帝曰："竊謂泰始之初,及平吳論功,制度名牒,皆悉俱存。縱不能遠遵古典,尚當依準舊事。"亦其例證。《資治通鑑》卷七十二作"居",當屬宋人臆改。

昔劉備自成都至白水,多作傳舍,興費人役,太祖知其疲民也。（《魏志二十二·陳羣傳》/636—637 頁）

　華按：徐復師《三國志臆解》曰："興,謂徵發。《周禮·地官·旅師》：'平頒其興積。'鄭玄注：'縣官徵聚物曰興,今云軍興是也。'費,謂損耗。《廣雅·釋言》：'費,耗也。'《史記·西南夷列傳》：'西南夷又數反,發兵興擊,耗費無功。'亦指人力言。"

以此言之,魏雖始承喪亂,方晉亦當無乃大殊。
（《魏志二十二·陳羣傳》注/637 頁）

　郁松年《續後漢書札記》：郝書"亦當無乃大殊",《志注》同。案"乃"疑當作"甚"。

華按："乃"猶甚也。《蜀志·姜維傳》："時長城積穀甚多而守兵乃少,聞維方到,眾皆惶懼。""乃少"與"甚多"相對,乃亦甚也。《全晉文》卷一百零二陸雲《與兄平原書》論及王粲之文:"如子桓書,亦自不乃重之。"謂曹丕不甚重其文也。又卷二十六王羲之《飛白帖》:"飛白不能乃佳。"謂作飛白不能甚佳也。《晉詩》卷十七陶淵明《庚戌歲九月中於西田穫早稻》詩:"四體誠乃疲,庶無異患干。""乃疲"猶言"甚疲"也。《宋書·蔡興宗傳》:"回換之宜,不爲乃少。"《魏書·高宗紀》載夏五月壬戌詔:"國家之制,賦役乃輕,比年以來,雜調減省,而所在州郡,咸有逋懸。""乃輕"猶言"甚輕"也。"乃"本作"如此"解,虛化爲副詞,遂與"甚"字用法相類。

定軍潛行,卒出其南。維乃緣山突至。(《魏志二十二·陳泰傳》/640 頁)

華按："卒出其南"後當用逗號。標點本斷以句號,則"定"字不可解。此"定"猶言比及,與下文"乃"相呼應,語氣不可中斷。"定"爲承接連詞,解在本志《陳思王植傳》注引《魏略》。

眾議以經奔北,城不足自固,維若斷涼州之道,兼四郡民夷,據關、隴之險,敢能沒經軍而屠隴右。(《魏志二十二·陳泰傳》/641 頁)

盧弼《集解》:"敢能"字疑有脫誤。

華按："敢能"不辭。細按文理,"敢"字當爲"或"之形訛;"或"與前句之"若"相應,表示擬測語氣,常用於假設複句。本志《蔣濟傳》注引《魏晉春秋》載濟論軍事曰:"若大軍相持,事不速決,則權之淺規,或能輕兵掩襲,未可測也。"《吳志·陸瑁傳》載其疏曰:"若實子然無所憑賴,其畏怖遠迸,或難卒滅。"

《大藏經》卷三吳支謙譯《菩薩本緣經·一切持王子品》：“若與卿者，我即失父王意，或能坐此象逐我令出國。”是其比。

泰每以一方有事，輒以虛聲擾動天下，故希簡白上事，驛書不過六百里。（《魏志二十二·陳泰傳》/641頁）

　　華按：“白”與“上事”意義重疊。《資治通鑑》卷七十六無“白”字，似可據以刪削。

明統簡至，立功立事。（《魏志二十二·陳泰傳》/641頁）

　　盧弼《集解》：《世說》“統”作“練”。

　　華按：“明統”當爲“明練”之形訛。“明練”爲當時習語，《大藏經》卷四後漢康孟祥譯《佛說興起行經》卷下：“梵志典籍、圖書讖記，無事不博；外道禁戒及諸算術，皆悉明練。”本志《高柔傳》注引《晉諸公贊》：“少習家業，明練法理。”又《田豫傳》評曰：“田豫居身清白，規略明練。”《文選》卷四十六任昉《王文憲集序》：“若乃明練庶務，鑑達治體，懸然天得，不謀成心。”《顏氏家訓·勉學篇》：“但明練經文，粗通德義，常使言行有得，亦足爲人。”又《涉務篇》：“藩屏之臣，取其明練風俗，清白愛民。”諸“明練”均熟悉、精通之義，與《陳泰傳》合。此作“明統”，不可解。

王待之曲室。（《魏志二十二·陳泰傳》注引干寶《晉紀》/642頁）

　　華按：“王”上應有“文”字。《晉紀》敍事，稱司馬懿爲“宣王”、司馬師爲“景王”、司馬昭爲“文王”，其中“宣”、“景”、“文”三字實不可省，省之則父子難分、兄弟難辨矣。觀下文“文王曰：‘爲我更思其次’”、“文王乃不更言”，則知此處單用“王”字不合文例。《世說新語·方正》注、《文選》卷四十七袁宏《三國名臣序贊》注引此文皆作“文王待之曲室”，宜據補。

明帝即位,進封康鄉侯,後轉爲右僕射,典選舉,如前加侍中。(《魏志二十二·衛臻傳》/648 頁)

　　華按:"如前"二字當屬上句讀。魏文帝之世,衛臻任吏部尚書,爲典選舉之六品官;明帝即位,轉任右僕射,已升爲第三品官員。"典選舉如前"者,仍如先前之主選事也。

昔武王入殷,封商容之閭,鄭喪子産而仲尼隕涕。(《魏志二十二·盧毓傳》注引《續漢書》/650—651 頁)

　　盧弼《集解補》:張宗泰《魯巖所學集·讀三國志校字》云:"'封'當作'式'。《黃權傳》注:'表商容之閭。'亦誤。"

　　華按:"封"字誠爲可疑。張氏謂爲"式"字之誤,亦可商榷。《尚書·武成篇》云:"釋箕子囚,封比干墓,式商容閭。"其中"式"字,當爲張氏之說所本。然《武成》係古文《尚書》篇目,學者多疑其僞。"式商容閭"不見用於《荀子》、《史記》等書,或可爲其文不古之又一佐證。

　　又按:頗疑本文原作"昔武王入殷,封比干之墓,表商容之閭",因傳寫脫漏"比干之墓表"五字,遂成"封商容之閭"之句。《後漢書·丁鴻傳》注引晉司馬彪《續漢書》載鮑峻上明帝書:"臣聞昔武王克殷,封比干之墓,表商容之閭。"《蜀志·黃權傳》注引徐眾評曰:"武王下車,封比干之墓,表商容之閭。""封"與"墓"搭配,"表"與"閭"搭配,乃當時通例。

三國志卷二十三
魏志二十三《和常楊杜趙裴傳》校詁

洽對曰："玠信有謗上之言，當肆之市朝；若玠無此，言事者加誣大臣以誤主聽；二者不加檢覈，臣竊不安。"（《魏志二十三·和洽傳》/656—657 頁）

盧本作"謗主"。

盧弼《集解》：馮本"主"作"上"。

　華按："上"，諸本作"主"，與下文"以誤主聽"稱謂相同。殘宋本《册府元龜》卷四百六十、《資治通鑑》卷五十九、《通志》卷一百十六亦作"主"，與百衲本等相合。馮本、金陵活字本作"上"，疑非舊作。

　　整理者按：紹興本、紹熙本、元大德本、西爽堂本、汲本、局本、百衲本作"主"。三朝本（嘉靖十年補刊）、南監本、北監本、殿本、金陵活字本作"上"。

方今之要，固在息省勞煩之役，捐除他餘之務，以爲軍戎之儲。（《魏志二十三·和洽傳》/657 頁）

　華按："他餘"，猶今語"其他"、"其餘"，同義之字平列。《吳志·華覈傳》載其疏曰："至如他餘鎦介之妖，近是門庭小神所爲。"《大藏經》卷十二吳支謙譯《佛說阿彌陀經》卷上："所語輒說經道，不說他餘之惡。"此亦當時習語。

於黃門郎遷中書令，轉尚書。（《魏志二十三‧和洽傳》注引《晉諸公贊》/658 頁）

盧弼《集解》："於"當作"爲"。

華按：《晉書‧和嶠傳》云："入爲給事黃門侍郎，遷中書令……太康末，爲尚書。"影宋本《太平御覽》卷四百七十一引《晉諸公贊》云："拜黃門郎，遷中書令，轉尚書。"顯而易見，此"於"當據《御覽》校改爲"拜"；蓋"拜"字殘泐，傳寫者不察，遂訛爲"於"。《晉書》作"入爲"者，"爲"、"於"音近而混用，本書亦有其例；然《晉書》後出，作"入爲"者未必本於《晉諸公贊》，今不取。

嶠同母弟郁，素無名，嶠輕侮之，以此爲損。（《魏志二十三‧和洽傳》注引《晉諸公贊》/658 頁）

華按：《太平御覽》卷五百十六所引《晉諸公贊》"名"下有"稱"字，似宜據補。

夫惟賢知賢，惟聖知聖，凡人安能知非凡人邪？（《魏志二十三‧杜襲傳》/667 頁）

華按："惟賢知賢"云云係漢世格言。《韓詩外傳》卷五："同明相見，同音相聞，同志相從。非賢者莫能用賢。"《漢書‧元后傳》載成帝謂王章曰："且唯賢知賢，君試爲朕求可以自輔者。"王符《潛夫論‧本政》："方以類聚，物以羣分，同明相見，同聽相聞，惟聖知聖，惟賢知賢。"杜襲之語本此。

《春秋》之義，王人雖微，列于諸侯之上。（《魏志二十三‧裴潛傳》注引《魏略‧列傳》/675 頁）

華按：《穀梁傳‧僖公八年》："王人之先諸侯，何也？貴王命也。朝服雖敝，必加於上，弁冕雖舊，必加於首。周室雖衰，必先諸侯。"《漢書·翟方進傳》載司隸校尉涓勳奏言:"《春秋》之義,王人微者序乎諸侯之上,尊王命也。……今丞相宣請遣掾史,以宰士督察天子奉使命大夫,甚詭逆順之理。"韓宣所謂"王人雖微,列于諸侯之上",即本此義。

未聞宰士而爲下上諸侯禮也。(《魏志二十三·裴潛傳》注引《魏略·列傳》/675頁)

華按:"下士"冠於"諸侯"之前,甚爲不辭,此沿金陵活字本之誤。諸本"士"作"土",殘宋本《册府元龜》卷八百三十三亦然,當從之。《太平御覽》卷四百六十三引作"士",亦誤。韓宣自謂"王人",乃高居京師之"宰士";又謂曹植雖爲"王子",乃遠在"下土"之"諸侯",是故王臣不當致禮於王子也。"下土"爲邊遠之地,此與京師相對而言。《全漢文》卷三十三載韋玄成《罷郡國廟議》:"父不祭於支庶之宅,君不祭於臣僕之家,王不祭於下土諸侯。"《漢書·劉輔傳》載辛慶忌語曰:"新從下土來,未知朝廷體。"又《谷永傳》載其論災異曰:"內則爲深宮後庭將有驕臣……外則爲諸夏下土將有樊並、蘇令、陳勝、項梁奮臂之禍。"本志《袁紹傳》注引謝承《後漢書》載胡母班與王匡書曰:"自古以來,未有下土諸侯舉兵向京師者。"所謂"下土諸侯"即偏居一方之王侯,與天子之臣相對而言。《魏書·朱長生傳》:"高車主阿伏至羅責長生等拜,長生拒之曰:'我天子使,安肯拜下土諸侯!'"是其證。

整理者按:紹興本、三朝本(嘉靖己未年補刊)、南監本、北監本、汲本、殿本、局本、百衲本作"土"。中國國家圖書館藏紹熙本、元大德本作"上",日本宮內廳書陵部藏紹熙本描作"土"。西爽堂本、金陵活字本作"士"。

植知其枝柱難窮，乃釋去，具爲太子言，以爲辯。（《魏志二十三·裴潛傳》注引《魏略·列傳》/675頁）

華按："枝柱"與"離樓"爲同義詞，形容眾木交加、撐持相觸之貌，例見《文選》卷十一漢王延壽《魯靈光殿賦》。引申之，則爭執善變，紛紜不絕亦謂之"枝柱"，字或作"支註"。《方言》卷十："南楚曰'謰謱'，或謂之'支註'。"聯綿詞詞無定字，"謰謱"又作"離婁"，見本志《方技·管輅傳》："鵲言：東北有婦昨殺夫，牽引西家人夫離婁。""離婁"謂言語煩絮支離牽引也，其同義詞爲"掙"，如《漢書·匈奴傳下》載更始二年陳遵使匈奴事："尊相與掙拒，單于終持此言。"顏師古注："掙謂支柱也，音丈庚反，又丑寅反。"此云"枝柱難窮"，謂韓宣隨聲辯駁，滔滔不絕也。

嘗以職事當受罰於殿前，已縛，束杖未行。（《魏志二十三·裴潛傳》注引《魏略·列傳》/675頁）

華按："束杖"義無可通，"束"字當屬上。"已縛束"，猶言已被捆綁也。《史記·酷吏·義縱傳》："吏之治以斬殺縛束爲務。"《楚辭·九歌·湘君》王逸注："綢，縛束也。"《後漢書·鄧訓傳》："訓聞有困疾者，輒拘持縛束，不與兵刃。"《大藏經》卷九西晉竺法護譯《正法華·光世音普門品》："若爲惡人，縣官所錄，縛束其身，杻械在體。"《王梵志詩集》載其俗語詩"地下須夫急"篇："棒驅火急走，向前任縛束。"皆"縛束"連文之證。《太平御覽》卷二百十五引作"嘗以職事當受罰，已縛束竟，杖未行"，多一"竟"字，而文之句讀愈明。

宣前以當受杖，豫脫袴，纏褌面縛；及其原，褌腰不下，乃趨而去。帝目而送之，笑曰："此家有瞻諦之

士也。"(《魏志二十三·裴潛傳》注引《魏略·列傳》/675頁）

　　方以智《通雅》：瞻諦，言風止也。張融風止詭越，可動瞻諟，言風度舉止也。

　　朱起鳳《辭通》：瞻諦，猶瞻視也。

　　華按：釋"瞻諦"爲瞻視，於義未合。今查《南齊書·張融傳》，亦無"瞻諟"二字，當係方氏誤記。竊謂"瞻諦"乃古人成語，形容性氣剛强，志不可奪。《全漢文》卷六十一嚴尤《三將軍論》稱白起"瞳子白黑分明，視瞻不轉。……視瞻不轉者，執志强也。可與持久，難與爭鋒"。《全晉文》卷六十五嵇紹《敍趙至》稱趙至"瞳子白黑分明，視瞻停諦，有白起風"。此言白起、趙至於視瞻之際，瞳子停滯不轉，是其執志强忍之特徵。"瞻諦"二字，殆爲"瞻視停諦"之縮略語。韓宣曾與臨菑侯曹植爭辯，不爲尊貴所屈；此時又"褌腰不下"而去，負氣之態可掬。文帝稱之爲"有瞻諦之士"，正謂此也。

三國志卷二十四
魏志二十四《韓崔高孫王傳》校詁

特賜溫明祕器，衣一稱，五時朝服，玉具劍佩。（《魏
志二十四·韓暨傳》注引《楚國先賢傳》/678 頁）

> 盧弼《集解》：《漢書·霍光傳》：“賜東園溫明。”服虔曰：“東園
> 處此器，形如方漆桶，開一面，漆畫之，以鏡置其中，以懸屍上，
> 大斂並蓋之。”

> 華按：“溫明”下宜加頓號以斷之。“溫明”是一物，《集解》
> 已言之；“祕器”另是一物，今謂之棺材。

少時晚成，宗族莫知。惟從兄琰異之。（《魏志二十
四·崔林傳》/679 頁）

> 盧弼《集解》：康發祥曰：“四字幾不成文。‘少時’下加‘無名
> 望’三字則明白也。”

> 華按：幼少者痴呆不慧謂之“晚成”，精明能幹者謂之“早
> 成”、“夙成”，說見拙著《世說新語考釋》。康氏泥於《老子》“大
> 器晚成”之義，遂謂“少時晚成”不成話語，殊不知臆增“無名
> 望”三字，則“幾不成文”矣。

> 又按：盧弼《集解》於“惟從兄琰異之”句下又注云：“琰謂
> 大器晚成。”亦泥於《老子》之義。蓋崔林樸質簡約，忽小存大，
> 雖然貌似鈍拙，而崔琰知其不愚也。

咸還，皆自勵，咸爲佳吏。（《魏志二十四·高柔傳》/683頁）

盧弼《集解》："咸爲佳吏"，《御覽》二百六十七"咸"作"成"。

華按：《國志》以簡潔稱，然此文"咸"字兩見，於文爲贅。影宋本《重廣會史》卷四十一作"還皆自礪，咸爲佳吏"，是宋人刻本有如是者。據此，則知前"咸"乃衍文，後"咸"非誤字，影宋本《太平御覽》卷二百六十七作"咸還皆礪，誠佳吏"者，不足爲據。

民間數有誹謗妖言，帝疾之。（《魏志二十四·高柔傳》/684頁）

華按："民"字前似奪"時"字，古寫本《羣書治要》卷二十六、《太平御覽》卷四百五十三引作"時人間數有誹謗祅言"，宜據補。又《毌丘儉傳》"時取農民以治宮室，儉上疏曰……"，亦其例。

校事劉慈等，自黃初初數年之間，舉吏民姦罪以萬數，柔皆請懲虛實。（《魏志二十四·高柔傳》/685頁）

盧弼《集解》："懲"疑作"徵"。

易培基《補注》："懲"即"徵"之假借。

華按：易說可取。"懲"讀爲"徵"，驗證也。《全後漢文》卷九十八《青衣尉趙孟麟羊竇道碑》："盜賊徵止，老弱往來無患。"徵假爲懲，是二字通用之證。"懲虛實"乃前世成語，《後漢書·馬援傳》載馬嚴上封事曰："故事，州郡所舉上奏，司直察能否以懲虛實。今宜加防檢，式遵前制。"盧氏不明通假，又未見馬嚴之文，故疑"懲"爲"徵"字之訛。

嘗出錢與同營士焦子文。（《魏志二十四·高柔傳》/690頁）

華按："出錢"乃漢魏六朝口語，"出"謂出借。《史記·孟嘗君列傳》：“其食客三千人，邑人不足以奉客，使人出錢於薛。”又：“邑人不足以奉賓客，故出息錢於薛。”《漢書·王莽傳》：“收息百月三。”如淳注曰：“出百錢與民用，月收其息三錢也。”《周禮·秋官·朝會》：“凡有責者，有判書以治則聽。”鄭玄注：“玄謂古者出責之息，亦如其國服與。”《大藏經》卷十七西晉竺法護譯《佛說乳光佛經》：“常憙出錢在外，人來從舉息錢，日月適至，憙多債息，無有道理，既償錢畢，復謾詆人，言其未畢。”《宋書·顧愷之傳》：“我常不許汝出責，定思貧薄亦不可居……”唐人沿用此語，或作“出舉”，如《宋刑統》卷二十六載唐開元二十五年令：“諸公私以財物出舉者，任依私契，官不爲理，每月取利不得過六分。”要之，“出錢”猶言放債。玄應《一切經音義》卷二十五：“子息：兒子曰息……今人出錢生子，亦曰息，義一也。”

求不得。（《魏志二十四·高柔傳》/690 頁）

盧弼《集解》：《御覽》六百三十九作“久不得”。

　　華按：《太平御覽》卷二百三十一所引則作“久求不得”，是宋人所見自有“久”字，此奪。

　　整理者按：影宋本、明隆慶間閩人饒氏等活字本、嘉慶汪昌序重校活字本《御覽》卷六百三十九並作“久求不得”，“久”上脫“文”字。喜多邨氏學訓堂日本安政二年活字本作“求不得”。

汝頗曾舉人錢不？（《魏志二十四·高柔傳》/690 頁）

　　華按：借貸之事，西漢以前多言“稱”，東漢以降多言“舉”。《孟子·滕文公上》：“又稱貸而益之。”趙岐注：“稱，舉也。”《漢書·食貨志》載晁錯《論貴粟疏》“無者取倍稱之息”，荀悅《前漢紀》作"亡者倍舉"。《周禮・天官・小宰》:"四曰聽稱責以傅別。"鄭玄注引鄭司農曰:"稱責,謂貸予。"賈公彥疏:"稱責,謂舉責生子。"此古人用語之變也。《大藏經》卷三吳康僧會譯《六度集經》卷七:"消去五蓋,諸善即强,猶若貧人舉債治生,獲利還彼,餘財修居。"又卷四姚秦竺佛念譯《出曜經・惡性品》:"汝學之後,舉王財賄,無以當償,爲王所繫,今在牢獄。"《梁書・王志傳》:"京師有寡婦無子,姑亡,舉債以斂葬。"《周書・蘇綽傳》六條詔書:"富商大賈,緣兹射利,有者從之貴買,無者與之舉息。"並其例。

汝昔舉竇禮錢,何言不邪?《魏志二十四・高柔傳》/690頁)

盧弼《集解》:《御覽》作"何言不舉邪"。

　華按:《太平御覽》卷二百三十一"不"下有"舉"字。此作"何言不邪",殆傳寫者省略之文。《通志》卷一百十七作"何不言邪",則於省文之後又有倒文,於是乎去舊益遠。

常道鄉公即位,增邑,并前四千。《魏志二十四・高柔傳》/690頁)

盧弼《集解》:疑脫"戶"字。

　華按:依照文例,"四千"下脫"戶"字無疑。

禮固爭,罷役,詔曰:"敬納讜言,促遣民作。"《魏志二十四・孫禮傳》/691頁)

　華按:"禮固爭罷役"五字當作一句讀之;此以"禮固爭"爲一句,則"罷役"似爲已然之事矣,非是。

　又按:"促遣民作"者,"促"爲速稱,"遣"謂遣散。此乃詔書之文。或以此四字爲史家敘事之文,非也。

三國志卷二十五
魏志二十五《辛毗楊阜高堂隆傳》校詁

大將軍司馬魯芝將爽府兵，犯門斬關，出城門赴爽。（《魏志二十五・辛毗傳》注引《世語》/699頁）

　　盧弼《集解》："門"字疑衍。

　　　華按："門"非衍字。上、下均有"閉城門"之文，此云"出城門"，文從語順。

汝背父之逆子，殺君之桀賊，天地豈久容汝。（《魏志二十五・楊阜傳》/702頁）

　　　華按：上文係姜敘母斥罵馬超之言。"汝背父之逆子"之"汝"，《太平御覽》卷三百十五引《魏志》作"若"，與《御覽》卷四百二十二、四百四十一所引皇甫謐《列女傳》相合。"天地豈久容汝"之"汝"，上引《列女傳》亦作"若"。《列女傳》之問世，早於《魏志》，《魏志》記載姜敘母之事，必定參考乃至取材於《列女傳》。竊疑《御覽》所引《魏志》作"若"，乃《魏志》原貌。"若"、"乃"、"爾"、"汝"作爲第二人稱代詞，雖同時出現於中古文獻，自有通語與方言之別。蓋"爾"、"汝"爲通行語，而"若"、"乃"已成方言詞。《吳志・孫堅傳》載孫堅斥董卓使者語曰："豈將與乃和親邪？"其中"乃"爲吳方言；姜敘母之稱"若"，蓋西北地區口語。

而不早死，敢以面目視人乎！（《魏志二十五・楊阜傳》/

702頁）

　　華按："而"，《太平御覽》卷四百二十二、四百四十一所引皇甫謐《列女傳》均作"何"。恨極怒極之語，毒詈惡罵之辭，《詩經》時代有"胡不遄死"，中古有"何不早死"，今語謂之"怎麼還不死"，句式相同，涵義未變，唯語詞隨時更新而已。頗疑《魏志》原文作"何"，行草書之"何"與"而"形近，遂有傳寫之訛。

頃者天雨，又多卒暴雷電非常，至殺鳥雀。（《魏志二十五・楊阜傳》/705頁）

　　華按："卒暴"，謂突然而來。解在本志《后妃・明悼毛皇后傳》。《晉書・五行志上》引作"暴卒"，其義一也。

夫災變之發，皆所以明教誡也。（《魏志二十五・高堂隆傳》/709頁）

　　盧弼《集解》：元本、監本、官本"發"作"法"。

　　華按：監本、官本等非也。此下有云："今按舊占，災火之發，皆以臺榭宮室爲誡。"及至明帝起景陽山，建昭陽殿，天作淫雨，冀州水出，隆又有疏云："是以古先哲王，畏上天之明命……災異既發，懼而脩政，未有不延期流祚者也。"皆云災"發"，可以印證。

　　整理者按：紹興本、紹熙本、元大德本、西爽堂本、南監本、汲本、金陵活字本、局本、百衲本作"發"。三朝本、北監本、殿本作"法"。

臣聞西京柏梁既災，越巫陳方，建章是經，以厭火祥；乃夷越之巫所爲，非聖賢之明訓也。（《魏志二十五・高堂隆傳》/710頁）

華按：標點本於"西京"下加地名綫，大誤。李詳《媿生錄》卷二曰："西京者，《西京賦》也。'柏梁既災'下，皆賦語。"其說是。此文當標點爲："臣聞《西京》'柏梁既災，越巫陳方。建章是經，以厭火祥'，乃夷越之巫所爲……"《西京賦》爲東漢張衡所作，見《文選》卷二。

今吳、蜀二賊，非徒白地小虜、聚邑之寇。(《魏志二十五·高堂隆傳》/714頁)

胡三省《通鑑注》："白地"，謂大幕不生草木，多白沙也；"小虜"，謂烏桓鮮卑也。

華按：《太平御覽》卷三百三十七載曹操《軍策令》謂夏侯淵"本非能用兵也，軍中呼爲'白地將軍'"。此"白地"似爲當時俗語，蓋以形容缺乏軍事素養之人也。竊疑隆疏之"白地小虜"即無能小賊之謂。胡氏注爲"烏桓鮮卑"，未知所據。

昔伏生將老，漢文帝嗣以鼂錯；《穀梁》寡疇，宣帝承以十郎。(《魏志二十五·高堂隆傳》/718頁)

李景星《評議》："疇"字疑爲"儔"字之誤。

華按："疇"字本義爲"耕治之田"，引申而有類義、匹義、儔侶義等等。"儔"字本義爲"翳"，即華蓋，與今之"儔類"義無涉。迨至唐代，"儔"字始用以表示上述"疇"之引申義。李氏疏於小學，遂有質疑之說。

猶之未遠，是用大諫。(《魏志二十五·高堂隆傳》/718頁)

盧弼《集解》：《詩·大雅·板》之章。毛傳云："猶，圖也。"鄭箋云："王之謀不能圖遠，是故我大諫王也。"

華按："諫"，清代學者所據《魏志》或作"簡"。姚鼐《惜抱軒全集·筆記五》曰："《魏志·高堂隆傳》附棧潛疏，引《詩》

'猶之未遠,是用大簡',與成八年《左傳》同。孫奕《示兒編》可證。今俗本乃訛作'諫'。"今檢百衲本,其字正作"簡",可免"俗本"之譏矣。

　　整理者按:紹興本、紹熙本、元大德本、百衲本作"簡"。三朝本(嘉靖十年補刊)、西爽堂本、南監本、北監本、汲本、殿本、金陵活字本、局本作"諫"。

高堂隆學業脩明,志在匡君,因變陳戒,發於懇誠,忠矣哉!(《魏志二十五·辛毗楊阜高堂隆傳評》/719頁)

　　華按:百衲本"在"作"存",《資治通鑑》卷七十二亦作"存",蓋宋人所據之本不作"在"也。《吳志·吳主五子傳》評曰:"孫登居心所存,足爲茂美之德。"亦用"存"字,"存"爲深思之義,於義爲長。"存"、"在"二字隸書形近,傳寫極易相混。晉寫本《吳志·陸績傳》殘卷"意存儒雅"之"存",宋、元、明、清各本皆作"在",可謂形近而訛之顯例。

　　整理者按:紹興本、紹熙本、元大德本、三朝本(嘉靖十年補刊)、西爽堂本、南監本、北監本、百衲本作"存"。汲本、殿本、金陵活字本、局本作"在"。

三國志卷二十六
魏志二十六《滿田牽郭傳》校詁

樊城得水，往往崩壞。（《魏志二十六·滿寵傳》/722頁）

　　翁本錄何焯批校曰："得"，一作"待"。疑皆非是。

　　華按："得"是"待"非。本志《三少帝·齊王芳紀》載正始
六年己酉詔："吾乃當以十九日親祠，而昨出已見治道，得雨當
復更治，徒棄功夫。"又景初三年注引東方朔《神異經》曰："南
荒之外有火山……晝夜火燒，得暴風不猛，猛雨不滅。"均用
"得"字。此云"得水"，猶今言遭受水淹也。

孫子言，兵者，詭道也。故能而示之以弱不能，驕
之以利，示之以懾。此爲形實不必相應也。（《魏志
二十六·滿寵傳》/724頁）

　　盧弼《集解》：《通鑑》作"故能而示之不能，驕之以利，示之以
懾"。胡注："懾，懼也。《孫子·計篇》云：'兵者，詭道也。故
能而示之不能，用而示之不用。'張預曰：'實强而示之弱，實勇
而示之怯。'"

　　華按：《册府元龜》卷四百零二引此文曰："孫子言：'兵者，
詭道也。'故强而示之以弱，能而示之以不能，驕之以利，示之以
懾。此爲形實不必相應也。"此奪"强而示之以弱"一句，而其中
"弱"字又竄入"能而示之以不能"句中，可據《册府元龜》校補。

262

遣長吏督三軍循江東下，摧破諸屯，焚燒穀物而還。（《魏志二十六‧滿寵傳》/725頁）

西爽堂本作"長史"。

易培基《補注》：宋本"長史"作"長吏"。

　　華按：標點本賴以互校之四種舊刊本皆作"長史"，此作"長吏"，若非標點本印刷之誤，則屬臆改。"長吏"通常指縣級長官，而"長史"則爲朝廷大員之助理，此文當以作"長史"爲得實。

　　整理者按：紹興本、三朝本、西爽堂本、南監本、北監本、汲本、殿本、金陵活字本、局本、百衲本作"史"。紹熙本、元大德本作"吏"。

今還作賊，乃知卿亂人耳。（《魏志二十六‧田豫傳》/726頁）

　　華按："作賊"亦當時常談，猶言"作亂"、"作惡"。本志《王昶傳》注引《傅嘏別傳》載黃巾軍自相語曰："宿聞任子旟，天下賢人也。今雖作賊，那可入其鄉邪？"又《方技‧周宣傳》載其語曰："此爲國夢，非君家之事也，當殺女子而作賊者。"又《東夷‧韓傳》："諸亡逃至其中，皆不還，好作賊。"《蜀志‧諸葛亮傳》注引《魏略》："諸生聞其前作賊，不肯與共止。"《吳志‧三嗣主‧孫晧傳》注引《華陽國志》："庸復作賊？"又《陸遜傳》："郡民吳遽等果作賊殺衹，攻沒諸縣。"諸"作賊"均指造反而言，與今行竊之義有別。周一良《〈世說新語〉札記》已揭舉南北朝之例，可參看。

瓚敗而鮮于輔爲國人所推……豫謂輔曰："終能定天下者，必曹氏也。宜速歸命，無後禍期。"（《魏志二十六‧田豫傳》/726頁）

華按：徐復師《三國志臆解》校釋"無後禍期"曰："傳說夏禹致羣神於會稽之山，防風氏後至，被禹殺戮，見《國語·魯語下》。後因以爲'後期'之典。《史記·大宛列傳》：'匈奴困李將軍，軍失亡多；而騫後期當斬，贖爲庶人。'後期，謂遲誤而期延，此爲'後期'連言之證。'禍'謂受禍。依語法，當爲'無禍後期'，原文'後禍'二字誤倒。"

豫度賊船垂還，歲晚風急，必畏漂浪，東隨無岸，當赴成山。(《魏志二十六·田豫傳》/728頁)

盧弼《集解》：《通鑑》"隨"作"道"。

朱起鳳《辭通》："東隨"無義，當作"東道"。

華按："隨"有循道而行之義。《尚書·益稷》之"隨山刊木"，《史記·夏本紀》作"行山刊木"。《廣雅·釋詁一》："隨，行也。"可證。"隨"訓循行，此文可通。

案行地勢，及諸山島，徼截險要，列兵屯守。(《魏志二十六·田豫傳》/728頁)

盧本作"埶"。

盧弼《集解》：各本"埶"作"形"。

華按：百衲本、《册府元龜》卷四百二十八、四百三十二、《通志》卷一百十七均作"地形"，可知宋人所見略同，當從之。《孫子兵法·地形篇》曰："地形有通者，有挂者，有支者，有隘者，有險者，有遠者……險形者，我先居之，必居高陽以待敵。"田豫案行地形、據險待敵者以此。

訂補：盧弼《集解》說："各本'埶'作'形'。"未確。清代金陵活字本即訛作"埶"，標點本獨承其誤。

整理者按：紹興本、紹熙本、元大德本、三朝本、西爽堂本、

南監本、北監本、殿本、百衲本作"形"。汲本、金陵活字本、局本作"埶"。

船皆觸山沈沒，波蕩著岸，無所蒙竄，盡虜其眾。
（《魏志二十六·田豫傳》/728頁）

華按：各本皆作"逃竄"，自是漢魏常語。金陵活字本作"蒙竄"，不知何據，疑"蒙"字亦屬臆改。

整理者按：紹興本、紹熙本、元大德本、三朝本、西爽堂本、南監本、北監本、汲本、殿本、局本、百衲本作"逃"。金陵活字本作"蒙"。

豫書答曰："年過七十而以居位，譬猶鐘鳴漏盡而夜行不休，是罪人也。"（《魏志二十六·田豫傳》/729頁）

趙一清《注補》：《困學紀聞》云："《文選·放歌行》注引崔元始《正論》永寧詔曰：'鐘鳴漏盡，洛陽城中不得有夜行者。'永寧，漢安帝年號，元始，崔寔字也。《後漢紀》不載此詔。"一清按：豫所言及漢家故事，想其時尚行此制。

華按：趙說是也。漢禁夜行，魏晉亦然。蔡邕《獨斷》曰："鼓以動眾，鐘以止眾，夜漏盡，鼓鳴則起，晝漏盡，鐘鳴則息也。"漢世作息制度如此。《史記·李將軍列傳》載霸陵亭尉叱李廣曰："今將軍尚不得夜行，何乃故也！"本志《武帝紀》注引《曹瞞傳》載曹操於光和末年爲洛陽北部尉時，"靈帝愛幸小黃門蹇碩叔父夜行，即殺之"。可見兩漢皆行此制。《世說新語·政事》載殷浩作揚州刺史時，"劉尹行，日小欲晚，便使左右取襪，人問其故，答曰：'刺史嚴，不敢夜行。'"可見東晉猶有行此制者。《全陳文》卷七徐陵《爲王儀同致仕表》云："鐘鳴漏盡，前史有夜行之誡。"蓋南朝陳時此制已不行矣。

民皆擔輦遠汲流水，往返七里。(《魏志二十六·牽招傳》/732頁)

華按："擔輦"即"擔捷"，同義之字平列。《淮南子·人間訓》："再鼓，負輦粟而至。"高誘注："輦，擔也。"《一切經音義》"負捷"條下引《淮南子》"捷載粟米而至"，許慎注："捷，擔之。"《敦煌寶藏》類書《無上祕要》卷十："死入此獄，土鬼來加，擔沙負石，捷汲溟波。"其中"捷汲溟波"與"擔輦遠汲流水"語義相同。

按郭氏譜：淮祖全，大司農；父縕，雁門太守。(《魏志二十六·郭淮傳》注/734頁)

盧弼《集解》：北宋本"縕"作"蘊"。

華按：宋本作"蘊"，淵源有自。《新唐書·宰相世系表四上》："郭氏出自姬姓……後漢末，大司農郭全代居陽曲，生蘊。"此作"縕"，乃"蘊"之省借，蓋取豐饒厚積之意。

整理者按：紹興本、紹熙本、元大德本、三朝本(嘉靖己未年補刊)、西爽堂本、南監本、北監本、汲本、殿本、金陵活字本、局本、百衲本作"縕"。殿本《考證》："北宋本'縕'作'蘊'。"

臣聞五帝先教導民以德，夏后政衰，始用刑辟。(《魏志二十六·郭淮傳》/734頁)

華按：此言五帝以教化爲先，故導民以德，"教"字之下當斷以逗號。標點本以"教導"連讀，不妥。

及見，一二知其款曲，訊問周至，咸稱神明。(《魏志二十六·郭淮傳》/734頁)

華按："一二知其款曲"，猶言盡知其家中底細。《蜀志·許靖傳》載陳徽書："不能復一二陳之耳。"猶言不能詳細陳述。

“一二”意爲詳盡，常見於南北朝文獻，周一良《〈魏書〉札記》言之詳矣。

塹壘未成，蜀兵大至，淮逆擊之。（《魏志二十六·郭淮傳》/735頁）

殿本《考證》：《御覽》作“逆擊走之”。

華按：“逆擊之”三字戛然而止，不云此役勝負如何，顯然文義不完。史家特筆皆有首尾，必勝敵立功者，方表出其事，如本志《武帝紀》載建安九年征袁尚之役：“夜遣兵犯圍，公逆擊，破走之。”又《徐晃傳》：“作塹柵未成，賊梁興夜將步騎五千人攻晃，晃擊走之。”又《諸葛誕傳》載司馬師率軍攻文欽事：“欽等數出犯圍，逆擊走之。”皆前云“擊”、“逆擊”，後云“走之”、“破走之”。以此知“淮逆擊”下必有脫文，應據《太平御覽》卷三百三十二沾補。

訂補：《通典》卷一百五十七作“淮逆擊走之”，與《太平御覽》同，可見唐、宋人所據本未脫“走”字。《資治通鑑》卷七十二作“淮逆擊却之”，却與走同義。

亮盛兵西行，諸將皆謂欲攻西圍，淮獨以爲此見形於西，欲使官兵重應之，必攻陽遂耳。（《魏志二十六·郭淮傳》/735頁）

盧弼《集解》：《蜀志·諸葛亮傳》注引《漢晉春秋》云：“乃使張郃攻無當監何平於南圍。”“南圍”、“西圍”之名，或爲營壘之稱。

華按：“圍”，營圍，即軍營外面以土木泥石構築之圍壘。本志《賈逵傳》載李孚事云：“自稱都督，歷北圍循表而東，從東圍表又循圍而南，步步呵責守圍將士，隨輕重行其罰。遂歷太祖營前，徑南過，從南圍角西折，當章門，復責怒守圍者，收縛之，因開其圍，馳道城下。”蓋軍營之四面受敵者，必四面築圍，東南西北各有分界，立標爲記者謂之“表”。李孚奉袁尚之命赴鄴，必經曹操大營，故僞稱曹軍都督，從曹營北圍插入，經過東圍、南圍，出西圍而至鄴城章門。《蜀志·趙雲傳》注引《雲別傳》載北山之戰云：“將張著被創，雲復馳馬還營迎著。公軍追至圍……而雲入營，更大開門……公軍驚駭，自相蹂踐，墮漢水中死者甚多。先主明旦自來至營圍視昨戰處，曰：‘子龍一身都是膽也。’”凡戰地之營必有圍，故其文或稱“營”，或稱“圍”，或稱“營圍”，名異而實同。然則“西圍”者，指郭淮大營西部之圍壘也。此類“圍”字每易誤解爲包圍敵軍之陣綫，說見《吳志·陸遜傳》。

淮妻，王淩之妹。淩誅，妹當從坐，御史往收。（《魏志二十六·郭淮傳》注引《世語》/736 頁）

　　華按：“御史”爲三公之一，淩妹並非要犯，何須親往邊關收之？《世說新語·方正》注作“侍御史”，較爲得實。

　　訂補：太尉王淩之誅，事在齊王芳嘉平三年，當時司馬懿爲太傅、司馬孚爲司空，沒有設置“丞相”、“御史”之類的名目。這裏的“御史”，應作“侍御史”。本志《三少帝·高貴鄉公髦紀》：“輒敕侍御史收濟家屬，付廷尉，結正其罪。”可見收捕罪犯家屬一類的事情是侍御史的職責。《校詁》說《世說新語·方正》注作“侍御史”，這衹是旁證；今見影宋本《太平御覽》卷五百二十《宗親部·夫妻門》引《魏志》正作“侍御史”，足可作爲校補的本證了。

三國志卷二十七
魏志二十七《徐胡二王傳》校詁

遼感言，復與周平。（《魏志二十七·胡質傳》/742頁）

華按：《通志》卷一百十七"言"上有"其"字。依文法，"感"下宜作"其言"或"質言"。《搜神記》卷十六載紫玉與韓重事："玉乃左顧宛頸而歌……重感其言，送之還冢。"《吳志·駱統傳》："權感統言，深加意焉。"與此句法相類。

周字伯南，沛國竹邑人。位至光祿大夫。（《魏志二十七·胡質傳》注引虞預《晉書》/742頁）

盧弼《集解》：武周爲下邳令，見《臧霸傳》；爲侍御史，列名勸進，見《文紀》注引禪代眾事；《晉書·武陔傳》："父周，魏衛尉。"

華按：承祚不爲武周立傳，周事僅兩見於本篇及本志《臧霸傳》中。按《漢書·高惠高后文功臣表》："梁鄒孝侯武虎，兵初起，以謁者從擊破秦，入漢，定三秦，出關，以將軍擊定諸侯，比博陽侯，兩千八百戶，正月丙午封，十一年薨。"武周即武虎後裔。《元和姓纂》卷六云："梁鄒侯武彪傳封六代，後居沛國。"武彪即武虎，唐人避諱而改。又云："沛國武彪裔孫周，魏南昌侯。"周封南昌侯不見於史書，茲錄以備考。

黃初中，徙吏部郎，爲常山太守。（《魏志二十七·胡質傳》/742頁）

華按：易培基《三國志補注》云：“‘常山太守’，《書鈔》七十六作‘泰山太守’。”兹存以俟考。

遷征東將軍，假節都督青、徐諸軍事。（《魏志二十七·胡質傳》/742 頁）

華按：《水經注·泗水》載下邳縣“城有三重，其大城中有司馬石苞、鎮東將軍胡質、司徒王渾、監軍石崇四碑”。此云“征東”，與《水經注》作“鎮東”不同，姑存以俟考。

每至客舍，自放驢，取樵炊爨，食畢，復隨旅進道，往還如是。（《魏志二十七·胡質傳》注引《晉陽秋》/743 頁）

盧弼《集解》：《晉書》“旅”作“侶”。

華按：“旅”、“侶”二字本通用。上文敍胡威無車馬僮僕，驅驢單行，下文敍胡質帳下督陰與爲伴，則此“旅”當指同路而行之人。《吳志·吳主傳》注引《吳書》：“時羣病疽創著膝，不及輦旅。”“輦旅”即同行之伴侶。又《徐盛傳》：“貞聞之，謂其旅曰：‘江東將相如此，非久下人者也。’”亦其證。

叔優當以仕宦顯，季道宜以經術進，若違才易務，亦不至也。（《魏志二十七·王昶傳》注引《郭林宗傳》/744 頁）

華按：“違才易務”爲魏晉南北朝成語。《抱朴子外篇·辭義》：“闇於自料，強欲兼之，違才易務，故不免嗤也。”《晉書·謝萬傳》載王羲之書：“而今屈其邁往之氣，以俯順荒餘，近是違才易務矣。”《全梁文》卷三十六江淹《蕭驃騎錄尚書事到省表》：“兹乃天數去盈，人經好退，后所以裁成萬品，下所以各慎百司，未有違才易務，克負永業者也。”今本《江文通集》“違才易務”誤作“達才易貫”，足見後之讀者已不明此語矣。

夫孝敬仁義，百行之首，行之而立，身之本也。（《魏

志二十七·王昶傳》/744 頁）

盧弼《集解》： 姚範曰："'行之'二字疑衍。"

華按：姚氏疑衍是也。梁元帝《金樓子》卷二有云："王文舒曰：'孝敬仁義，百行之首而立身之本也。'"文舒，王昶字也，以此知蕭梁時所見古本如是。《羣書治要》卷二十六及《重廣會史》卷六十五所引亦均無下"行之"二字，是唐、宋人所見之本尚無衍文也，當據删。

世爲著姓，夙智性成。（《魏志二十七·王昶傳》注引《傅嘏別傳》/748 頁）

盧本作"夙智早成"。

盧弼《集解》： 宋本"早"作"性"。

華按：宋本作"性"，疑涉上"姓"字而誤。《藝文類聚》卷十二載曹丕《周成漢昭論》曰："然而德與性成，行與體并，年在二七，早智夙達。"其中"性"與"德"對，"早"與"夙"對，"性成"並非雙音節合成之詞。劉劭《人物志·七繆》："夫人材不同，成有早晚。有早智而夙成者，有晚智而晚成者，有少智而終無所成者。"《後漢書·丁彬傳》："蔡邕等共論序其志，僉以爲彬有過人者四：夙智早成，岐嶷也；學優文麗，至通也；仕不苟祿，絕高也；辭隆從窊，潔操也。"《晉書·武十三王·清河王遐傳》載齊王冏表曰："清河王覃，神姿岐嶷，慧智早成。"《抱朴子外篇·勖學》："或有夙智而早成，或有提耳而後喻。"《北齊書·清河王勱傳》："夙智早成，爲顯祖所愛。"是"夙智早成"亦中世常語，"早成"義同"速成"。

整理者按：紹興本、三朝本、西爽堂本、南監本、北監本、汲本、殿本、金陵活字本、局本作"早"。紹熙本、元大德本、百衲

271

本作"性"。

此不過欲補定支黨，還自保護耳。(《魏志二十七・王基傳》/751頁)

盧弼《集解》：《通鑑》"定"作"綻"。

盧弼《集解補》：胡三省曰："綻，丈澗翻，縫也。"

　　華按："定"讀爲"綻"。《後漢書・崔寔傳》："期於補綻決壞，枝柱邪傾。"李賢注："綻音直莧反。"考其音義，字本作"組"。《說文解字・糸部》："組，補縫也。從糸，旦聲。"《廣韻・去聲・三十一襉》："組，補縫。丈莧切。"字或作"袒"，史游《急就章》："箴縷補袒撻緣循。"裴駰《史記集解》引何晏曰："非但憂平原君之補袒，患諸侯之救至也。"司馬貞《史記索隱》："袒音濁莧反。字亦作綻。"故知"補組"、"補袒"、"補綻"、"補綻"、"補定"諸字皆通用，其結構均爲同義之字平列。

兵聞拙速，未覩工遲之久。(《魏志二十七・王基傳》/753頁)

　　盧弼《集解》：《通鑑》作"未覩爲巧之久也"，《孫子》作"未睹巧之久也"。

　　華按："未覩工遲之久"句，當衍"遲"字。《通典》卷一百四十八引《孫子》曰："兵聞拙速，未覩巧之久者也。"《晉書・庾亮傳》載庾翼上疏曰："兵聞拙速，不聞工之久。"晉、魏相去不遠，庾亮之文亦無"遲"字，可爲佐證。東晉以下，引《孫子》此文者，往往改"巧"爲"工遲"，刪去"之久"二字，以求語句儷偶。如《晉書・宗室・譙剛王遜傳》載司馬承答甘卓書："兵聞拙速，未覩工遲。"《南史・侯景傳》載王佛語："兵聞拙速，不聞工遲。"《舊唐書・韋挺傳》："兵尚拙速，不聞工遲。"頗疑唐、宋以後習見"工遲"之語，故傳寫者遂於"工之久"中增一"遲"字。

文王敕軍吏入鎮南部界，一不得有所遣。(《魏志二
十七・王基傳》/754 頁)

　　盧弼《集解》：宋本"遣"作"譴"。

　　　華按：此文以作"譴"爲近實。殘宋本《册府元龜》卷三百
六十二、《通志》卷一百十七亦作"譴"，與百衲本同。"譴"猶言
指責、批評。

　　　整理者按：紹興本、紹熙本、元大德本、三朝本、西爽堂本、
百衲本作"譴"。南監本、北監本、汲本、殿本、金陵活字本、局
本作"遣"。

尋敕諸軍已上道者，且權停住所在，須後節度。
(《魏志二十七・王基傳》注引司馬彪《戰略》/756 頁)

　　盧弼《集解》：《通鑑》"後"作"候"，胡注："須，待也。"

　　　華按："須後節度"，猶言等待後來之調度也。《資治通鑑》
卷七十七"後"作"候"，於義雖通，然"須候"連文未必爲當時習
語也。本志《鍾毓傳》："東兵已多，可須後問。"須，待也；後問，
後來之音問也。以此觀之，"後"不宜作"候"。

三國志卷二十八
魏志二十八《王毌丘諸葛鄧鍾傳》校詰

淩舉孝廉，爲發干長，稍遷至中山太守，所在有治，太祖辟爲丞相掾屬。（《魏志二十八·王淩傳》/757頁）

盧弼《集解》：或曰："'治'下疑有脫字。"

華按：《通志》卷一百十七"治"下有"聲"字，疑屬臆補之字。"所在有治"四字近乎四字格成語，說在本志《梁習傳》。

淩爲長，遇事，髡刑五歲，當道掃除……太祖曰："此子師兄子也，所坐亦公耳。"于是主者選爲驍騎主簿。（《魏志二十八·王淩傳》注引《魏略》/757頁）

華按：《漢書·貢禹傳》："故黥劓而髡鉗者猶復攘臂爲政於世。"陳直《漢書新證》云："徒之刑期既滿，仍可爲達官，如韓安國其自徒中，馬融、蔡邕、王淩等人皆是也。"蓋雖出法網而不傷德行者，刑滿可錄用，古今一揆，不獨漢世然也。

仍徙爲揚、豫州刺史，咸得軍民之歡心。（《魏志二十八·王淩傳》/757頁）

盧弼《集解》："仍"字或爲"乃"字之誤。

華按："仍"字不誤。《說文解字·人部》："仍，因也。從人，乃聲。"《爾雅·釋詁》："仍，乃也。"郝懿行《爾雅義疏》：

“《周禮·司几筵》云：‘凶事仍几。’鄭注：‘故書仍爲乃。’鄭眾注：‘乃讀爲仍。’是仍、乃通矣。”

淩欲因此發，大嚴諸軍，表求討賊。（《魏志二十八·王淩傳》/758頁）

盧弼《集解》：《通鑑》作“欲因此發兵”。

　　華按：前文云：“淩、愚密協計，謂齊王不任天位，楚王彪長而才，欲迎立彪都許昌。”此云“發”，即謂施行其計。《呂氏春秋·重言》：“謀未發而聞於國。”高誘注：“發，行。”此“發”字爲單音詞，合於文義。《通鑑》卷七十五“發”下有“兵”字，疑非《魏志》之舊。

名士減半，而百姓安之，莫或之哀，失民故也。（《魏志二十八·王淩傳》注引《漢晉春秋》/759頁）

盧弼《集解》：《通鑑》作“莫之或哀”。

　　華按：按之文法，作“莫之或哀”合於常例。然《孟子·滕文公上》有云：“北方之學者，未能或之先也。”此“莫或之哀”與“未能或之先”句式相類，亦可通也。

臣松之以爲如此言之類，皆前史所不載，而猶出習氏。且制言法體不似於昔，疑悉鑿齒所自造者也。

（《魏志二十八·王淩傳》注/759頁）

　　華按：今蘇州大學所藏明萬曆二十四年南監本有陸敬校跋云：“‘猶’疑作‘獨’。”推敲文義，陸疑有理。

夜呼掾屬與決曰：“行年八十，身名並滅邪！”遂自殺。（《魏志二十八·王淩傳》注引《魏略》/760頁）

　　華按：“身名並滅邪！”不似知命之言。《世說新語·方正》

注作"身名俱滅,命邪!"方與悲嘆語氣相吻。"命邪"猶古語
"命矣夫",如《後漢書‧鍾離意傳》載檀建之父謂其子曰:"吾
聞無道之君以刃殘人,有道之君以義行誅。子罪,命也。"此無
"命"字,疑脫。

辭定,事上,須報廷尉,以舊皆聽得與其母妻子相見。(《魏志二十八‧王淩傳》注引《魏略》/760頁)

華按:"須報"下應加句號或逗號,"廷尉"二字當連下爲
句。此文謂廷尉拷得單固供詞之後,以公文上報朝廷,並等待
朝廷批覆;當此"須報"之際,亦即公文待批期間,廷尉按照舊
例允許單固與其老母及妻兒相見。標點本誤以"須報廷尉"爲
一句,以致文不可解。"須報"乃公事常語,又如本志《鄧艾
傳》:"文王使監軍衛瓘喻艾:事當須報,不宜輒行。"《後漢書‧
第五訪傳》:"訪乃開倉賑給以救其敝。吏懼譴,爭欲上言,訪
曰:'若上須報,是棄民也。太守樂以一身救百姓。'遂出穀賦
人。"《晉書‧王蘊傳》:"今百姓嗷然,路有饑饉,若表上須報,
何以救將死之命乎?"

毌丘儉字仲恭。(《魏志二十八‧毌丘儉傳》/761頁)

盧弼《集解》:何焯曰:"《高帝紀下》注云:'曼丘、毌丘,本一姓
也。語有緩急耳。'故知此字作'母'者,傳寫之誤。《史通》'毌
音貫'是也。"李慈銘曰:"如此說,則字當作'毌',即古'貫'字。
然曼、毌雖同部而音不相轉;若母、曼則雙聲相轉,緩則曰
'曼',急則云'母',所謂'語有緩急也'。"潘眉引楊慎說:"《史
記‧田齊世家》:'伐魏取毌丘。'《索隱》曰:'毌音貫。貫丘,古
國名,衛之邑。今作毌丘,字殘缺耳。'"

易培基《補注》:此字作"母"者,傳寫之訛。《史通》"毌音貫"

是也。

華按：《史通》"毌音貫"，可商。百衲本之文，既似"母丘"，又似"毌丘"，後者當爲"毌丘"之誤。《通志》卷二十七《氏族略第三》"以邑爲氏"條下有"毌邱氏"，鄭樵注云："其先食采毌邱，因氏焉。宋朝登科有毌邱會，政和有毌邱儆、毌邱斌，並閬州人。"又有"毌氏"，鄭注云："毌邱氏或爲毌氏。唐開元補闕毌景，洛陽人。一云吳人。"《元和姓纂》卷七："毌邱，其先食采毌邱，因氏焉。後漢將作大匠毌邱興，生儉，魏幽州刺史。"又卷二"毌邱氏或爲毌氏"。由此可見，仲恭之姓氏當爲"毌丘"。舊刻本或作"母丘"者，與《漢書》"曼丘"同爲音轉之字。綜上所述，竊以爲何焯之說非是，李慈銘之說可從，因欲更求確證，數語之於友人施謝捷君。一夕，施君見告云："漢印有以'毌丘'爲姓者，如'毌丘調‧毌丘翁須'兩面印，'毌丘長工‧大幸'兩面印，戰國古璽有以'亡丘'爲姓者，如'亡丘雔'等。又漢印中'毌智'、'毌澤'，在古璽中作'亡智'、'亡澤'，足見'毌丘'、'亡丘'爲同一複姓不同之寫法。作'毌丘'當誤。"施君以古印定讞，無煩聚訟矣。

整理者按：紹興本、紹熙本、元大德本、三朝本、西爽堂本、汲本、百衲本作"母丘"。南監本、北監本、殿本、局本作"毌丘"。金陵活字本"母丘"、"毌丘"、"毌丘"並見。

領太守毌丘興到官，內撫吏民，外懷羌、胡。（《魏志‧二十八‧毌丘儉傳》注引《魏名臣奏》/761頁）

盧弼《集解》：元本"領"作"頃"。

華按：元本不可從。"領"猶今語"代理"。下文有"領太守杜興"，是其比。

整理者按：紹興本、紹熙本、三朝本、西爽堂本、南監本、北監本、汲本、殿本、金陵活字本、局本、百衲本作"領"。元大德本作"頃"。

正始中，儉以高句驪數侵叛，督諸軍步騎萬人出玄菟，從諸道討之。句驪王宮將步騎二萬人，進軍沸流水上，大戰梁口，宮連破走。（《魏志二十八·毌丘儉傳》/762頁）

華按："進軍"，《太平御覽》卷三百十二作"逆軍"，謂迎擊魏軍。高麗學者金富軾(1075—1151)所撰《三國史記》卷十七《高句麗本紀》作"逆戰"，可見早期流傳於中外之《魏志》作"逆"不作"進"。"逆戰"即迎戰，與"逆軍"同義。

六年，復征之，宮遂奔買溝。（《魏志二十八·毌丘儉傳》/762頁）

盧弼《集解》：沈欽韓曰："《東夷傳》：'北沃沮，一名置溝婁。'《後漢書·東夷傳》同。溝婁者，句驪名城也。此誤'置'爲'買'，又脫'婁'字。"

華按：《梁書·東夷高句驪傳》載此事云："六年，儉復討之，位宮輕將諸加奔沃沮。"此"沃沮"當指北沃沮，可爲沈氏之說增一佐證。

俶率壯士先至，大呼大將軍，軍中震擾。（《魏志二十八·毌丘儉傳》注引《魏氏春秋》/766頁）

華按："大呼大將軍"五字，不知何謂。實則此文應以"大呼"爲一句，謂文鴦鼓譟而進也；以"大將軍軍中震擾"爲一句，言司馬師軍中大恐也。《晉書·景帝紀》敍此事云："欽進軍將攻艾，……欽子鴦，年十八，勇冠三軍，謂欽曰：'及其未定，請登城鼓譟擊之，可破也。'既謀而行，三譟而欽不能應。"又云："初，帝目有瘤疾，使醫割之，鴦之來攻也，驚而目出。"文鴦之聲勢奪人，於斯可見。此"大呼"謂大聲喊殺，亦即《晉書》之所謂"鼓譟"、"三譟"也。"大將軍"即司馬師，此三字當屬下句讀。

大將軍聽遣大目單身往，乘大馬，被鎧甲。（《魏志二十八·毌丘儉傳》注引《魏末傳》/766頁）

> **華按**：除金陵活字本作"鎧甲"外，諸本多作"鎧胄"。《資治通鑑》卷七十六、郝經《續後漢書》卷七十亦作"鎧胄"。鎧指衣甲，胄指軍帽。

> 整理者按：紹興本、紹熙本、元大德本、三朝本、西爽堂本、南監本、北監本、汲本、殿本、局本、百衲本作"胄"。金陵活字本作"甲"。

君侯何苦若不可復忍數日中也。（《魏志二十八·毌丘儉傳》注引《魏末傳》/766頁）

> **盧弼《集解》**：宋本"苦"作"若"。《册府》作"何苦"，無下"若"字；《通鑑》同。

> **華按**：蕭常《續後漢書》等亦作"何苦"，無"若"字，與《册府》、《通鑑》同。"若"字似爲衍文。

> 整理者按：紹興本、紹熙本、元大德本、三朝本、西爽堂本、南監本、北監本、汲本、殿本、金陵活字本、百衲本作"何若若"。局本作"何苦若"。

復遇王基等十二軍，追尋毌丘，進兵討之，即時克破。（《魏志二十八·毌丘儉傳》注引文欽《與郭淮書》/767頁）

> **華按**："復遇王基等十二軍追尋毌丘"十二字當作一句讀之。

所向全勝，要那後無繼何？(《魏志二十八‧毌丘儉傳》注
引文欽《與郭淮書》/767 頁)

　　盧弼《集解補》：郝書"要"作"而"。

　　　華按："要"亦轉折連詞。本志《三少帝‧陳留王奐紀》注
引《魏晉春秋》："相國位勢，誠爲尊貴，然要是魏之宰相。"又
《張魯傳》注："臣松之以爲張魯雖有善心，要爲敗而後降。"又
《荀彧傳》注："雖是抑抗之言，要非寡弱之稱。"《蜀志‧諸葛亮
傳》注引山濤《啟事》："父子在蜀，雖不達天命，要爲盡心所
事。"《大藏經》卷四後漢人譯《雜譬喻經》卷下："王謂諸臣：此
人本雖畏婦，要濟國難，當與上功。"諸"要"字均猶今語"然而
畢竟……"，語氣與"而"不盡相同。郝書臆改舊文，頗失義蘊。

孤軍梁昌，進退失所。(《魏志二十八‧毌丘儉傳》注引文
欽《與郭淮書》/767 頁)

　　盧弼《集解》："梁昌"未詳，當在壽春之北。

　　　華按：標點本誤於"梁昌"下加地名號，不知是否與盧氏之
說有關，郭在貽《〈三國志〉標點瑣記》指出："查古今地名，無號
梁昌者。實則'梁昌'乃連綿詞，爲進退失據貌。《楚辭‧九
思‧疾世》：'居嵺廓兮趒疇，遠梁昌兮幾迷。'王逸注：'梁昌，
陷據失所也。'是其證。朱起鳳《辭通》卷九亦收有'梁昌'一
詞，正是《三國志》此文。"

惟當歸命大吳，借兵乞食，繼踵伍員耳。不若僕
隸，如何快心，復君之讎，永使曹氏少享血食，此亦
大國之所祐念也。(《魏志二十八‧毌丘儉傳》注引文欽《與
郭淮書》/767 頁)

　　盧弼《集解補》："不若僕隸"，郝書作"不若是"。

華按："不若僕隸，如何快心"語無可通。此二句應讀成"不若，僕隸如何快心復君之讐?""不若"猶言不爾、不然。

公侯必欲共忍帥胸懷，宜廣大勢。《魏志二十八・毌丘儉傳》注引文欽《與郭淮書》/767頁）

盧本作"忍師胸懷"。

盧弼《集解》：宋本"師"作"帥"。此處疑有脫誤。

　　華按："師"、"帥"形近，隸書祇爭一筆；古書傳刻，二字混淆難辨。此"忍帥"疑本作"刃師"，謂刲刃於司馬師之胸懷也。

　　整理者按：紹興本、紹熙本、元大德本、南監本、百衲本作"帥"。三朝本（嘉靖己未年補刊）、西爽堂本、北監本、汲本、殿本、金陵活字本、局本作"師"。

今者之計，宜屈己伸人，託命歸漢，東西俱舉爾，乃可克定師黨耳。《魏志二十八・毌丘儉傳》注引文欽《與郭淮書》/767頁）

　　華按："爾"字當屬下句讀。"爾乃"爲承接之詞，魏晉習用。劉淇《助字辨略》卷三"爾"字條下："爾乃，猶云斯也，然後也。"標點本誤以"爾"爲句末語氣詞，與下句"耳"字同腔同調，不可卒讀。

稟命不幸，常隸魏國，兩絕於天。《魏志二十八・毌丘儉傳》注引文欽《降吳表》/768頁）

盧弼《集解》：馮本、局本"兩"作"雨"，誤。

　　華按：趙幼文《〈三國志集解〉辨證》（下稱《辨證》）指出："郝經《續後漢書》、謝陛《季漢書》'兩'俱作'雨'。'雨絕'，蓋魏晉間常語。《吳志・虞翻傳》注引《翻別傳》：翻上書曰：'罪棄雨絕。'《文選》陳琳《檄吳將校部曲文》云：'雨絕於天。'潘岳

《述哀詩》:'雨絕無還雲。'則'雨絕'之義,由潘詩可知矣。"此
"雨絕"一詞,本志《文帝紀》注引《文帝誅》已有例解,兹更承趙
說而申之。"雨絕於天"爲當時成語,或省稱"雨絕天",比喻關
係斷絕或遭受棄絕,如《晉詩》卷十一郭璞《詠離別》:"君如秋
日雲,妾似突中煙。高下理自殊,一乖雨絕天。"《晉詩》卷四潘
岳《楊氏七哀詩》:"灌如葉落樹,邈若雨絕天。雨絕有歸雲,葉
落何時連。"或稱爲"雨絕雲",如《晉詩》卷一傅玄《豫章行苦相
篇》:"女育無欣愛,不爲家所珍。長大逃深室,藏頭羞見人。
垂淚適他鄉,忽如雨絕雲。"又常省稱爲"雨絕",如《文選》卷十
三禰衡《鸚鵡賦》:"感平生之游處,若壎篪之相須,何今日之雨
絕,共胡越之異區。"後人不明此語,往往改"雨"爲"兩",如《鸚
鵡賦》之"雨絕",《文選》五臣本即誤爲"兩絕",清代學者王念
孫等已有辨證;又如《意林》卷五引楊泉《物理論》:"《傅子》曰:
母捨己父更嫁他人,與己父甚於兩絕天也。"其中"兩"亦"雨"
字之誤。盧弼否定局本、馮本之"雨絕於天",洵屬武斷;而《册
府元龜》卷四百三十八引此作"命稟不幸,嘗隸魏國,兩絕於天
下",其誤尤甚,蓋宋人已不明此語矣。

　　整理者按:紹興本、南監本、局本作"雨"。紹熙本、元大德
本、三朝本、西爽堂本、北監本、汲本、殿本、金陵活字本、百衲
本作"兩"。

當世俊士散騎常侍夏侯玄、尚書諸葛誕、鄧颺之
徒,共相題表,以玄、疇四人爲四聰,誕、備八人爲
八達。(《魏志二十八‧諸葛誕傳》注引《世語》/769頁)

　　盧弼《集解》:《通鑑》"玄疇"作"玄等","誕備"作"誕輩"。

　　華按:"疇"爲何人?"備"是誰名?標點本於"疇"、"備"之

下均加專名綫，不知何據。竊謂《資治通鑑》卷七十一之文可以參校，此文"疇"爲疇類之義，"備"疑"輩"字之誤。《魏志·劉放傳》注引《資別傳》："今五營所令見兵常不過數百，選授校尉，如其輩類，爲有疇匹。""輩類"、"疇匹"是複音詞，"輩"、"疇"是單音詞，意義相同。

中書監劉放子熙、孫資子密、吏部尚書衞臻子烈三人，咸不及比，以其父居勢位，容之爲三豫。（《魏志二十八·諸葛誕傳》注引《世語》/769頁）

華按：《世語》既云劉熙、孫密、衞烈皆得"以其父居勢位，容之爲三豫"，必然一一交代劉放、孫資、衞臻之"勢位"；然上文僅於"劉放"、"衞臻"之前可見"中書監"及"吏部尚書"，而"孫資"之前不見職官，則"孫"上必有脫文。今檢覈《資治通鑑》卷七十一，"孫"上有"中書令"三字，與文例史實密合無間，蓋北宋人所見《世語》尚未奪字，可據補。

有犯死者，虧制以活之。（《魏志二十八·諸葛誕傳》注引《魏書》/770頁）

華按："犯死"之下脫"罪"字，當據諸本沾補。此亦金陵活字本之誤，標點本失校。

整理者按：紹興本、紹熙本、元大德本、三朝本（萬曆十年補刊）、西爽堂本、南監本、北監本、汲本、殿本、局本、百衲本作"犯死罪"。金陵活字本無"罪"字。

又使監軍石苞、兗州刺史州泰等，簡銳卒爲游軍，備外寇。（《魏志二十八·諸葛誕傳》/772頁）

華按："監軍石苞"之下，《資治通鑑》卷七十七有"督"字，值得注意。《晉書·石苞傳》："乃遷苞爲奮武將軍，假節，監青州諸軍事。及諸葛誕舉兵淮南，苟統青州諸軍，督兗州刺史州泰、徐州刺史胡質，簡銳卒爲游軍，以備外寇。"石苞爲監軍，職在總督兗州、徐州諸軍。此無"督"字，疑脫。

晝夜五六日攻南圍，欲決圍而出。(《魏志二十八·諸葛誕傳》/772 頁)

翁本批校曰："而"，《御覽》作"盪"。

華按："而出"乃"湯出"之訛。《原本玉篇殘卷》"水部"釋"湯"字曰："湯，又音託浪反。決戰相當力亦曰'湯'，《魏志》'欲決圍湯出'是也。今軍書有'擊賊出湯'。"梁顧野王引文如此，足見當時流行之古鈔本必作"湯出"無疑。"湯出"猶言衝出、闖出，多指突圍衝陣而言。《一切經音義》卷十一"排湯"條下釋之曰："湯，突也。又音湯浪反，出圍也。"是其義證。字或作"盪"。《太平廣記》卷九十一敍"阿禿師"事云："當日并州時三門各有一禿師盪出，遍執不能禁。"《晉書·劉曜載記》載《隴上歌》曰："丈八蛇矛左右盤，十盪十決無當前。"《南齊書·東昏侯紀》："既而義師長圍既立，壍柵嚴固，然後出盪，屢戰不捷。"明乎"湯"字之義，則知"湯出"爲當時兵家常談。此作"而出"，"而"字若非"湯"之壞字，則爲草書"湯"之形訛。《太平御覽》卷三百二十一引作"盪出"，可知北宋所見尚有不誤之本，可據正。

陳、蔡之間，土下田良。(《魏志二十八·鄧艾傳》/775 頁)

盧弼《集解》：元本"土"作"上"。

華按："土下"謂土地低窪。《晉書·食貨志》、蕭常《續後漢書》亦作"土下"，作"上下"誤。

整理者按：紹興本、紹熙本、元大德本、西爽堂本、汲本、金陵活字本、局本、百衲本作“土”。三朝本（明代補刊）、南監本、北監本、殿本作“上”。

水豐常收三倍於西。（《魏志二十八·鄧艾傳》/775 頁）

翁本批校曰：“水”，季云疑作“歲”。

盧弼《集解》：“水”，《御覽》作“小”。

華按：“水豐”似爲當時俗語。《水經注·汙水》：“自白馬迄此，則平川夾勢，水豐壤沃，利方三蜀矣。”是其例。《世說新語·德行》：“殷仲堪既爲荆州，值水儉，食常五碗盤，外無餘肴。”蓋農田之事，水多足用謂之“水豐”，水少不給則謂之“水儉”。

訂補：《校詁》引《世說》“值水儉”之例，認爲水多足用謂之水豐，水少不給則謂之水儉，其中對“水儉”的理解是錯誤的，友人方一新君早年曾來函指正，附此致謝。水儉，指受水災而歉收，跟“水豐”之義無涉。

吳名宗大族皆有部曲，阻兵仗勢，足以建命。（《魏志二十八·鄧艾傳》/777 頁）

盧弼《集解》：《通鑑》作“違命”。官本《考證》曰：“建疑作違。”

華按：細繹其義，“建命”謂創業立名。《太平御覽》卷四百零七引謝承《後漢書》載馬寔語云：“託爲丈夫，當建名後載，不可爲空生徒死之物穢天壤之間。”“建名”猶言“舉大名”，《史記·陳涉世家》：“壯士不死即已，死即舉大名耳！”古字“命”、“名”通用，“建命”即“建名”之義。

賊有黠數，其來必矣。（《魏志二十八·鄧艾傳》/778 頁）

盧弼《集解》：《通鑑》“數”作“計”。

華按：“數”猶“計”也，“黠數”猶言黠術、黠計，此指智數策略。《呂氏春秋・開春論・察賢》："宓子則君子矣！逸四肢，全耳目，平心氣，而百官以治義矣，任其數而已矣。"高誘注："數，術也。"賈誼《新書・時變》："不知守成之數、得之之術也，悲夫！"前用"數"，後用"術"，義同。《資治通鑑》卷七十七"數"作"計"，改從易曉耳。

緒趣截維，較一日不及。（《魏志二十八・鄧艾傳》/778 頁）

胡三省《通鑑注》：言較遲一日，遂不及維也。

　華按：盧氏所引，乃《通鑑》卷七十八注文。胡氏不憭"較"字之義，增字爲釋，甚所不取。蔣禮鴻《義府續貂》指出："較即校，謂差一日也。"本志《嵇康傳》注引《世語》："臣松之案……景元與正元相較七八年。"亦其例。字或作"校"，《吳志・張紘傳》注引《江表傳》："臣松之以爲秣陵之與蕪湖，道里所校無幾。""較"、"校"通用，均作差距解。

從陰平由邪徑經漢德陽亭趣涪。（《魏志二十八・鄧艾傳》/778 頁）

盧弼《集解》：《御覽》"陰平"下有"江"字。

　華按：《太平御覽》之文不可取。自陰平入蜀，有大路，有小路。從陰平入景谷後，經白水、劍閣、漢德、梓潼而至涪，此大路也；入景谷後，避開正面之白水關，斜趨山險，過七百里無人之地，奔漢德陽亭、江由，由左儋道趨涪、趨緜竹、趨成都，此所謂邪徑，即小路也。本志《鍾會傳》載："鄧艾追姜維到陰平，簡選精銳，欲從漢德陽入江由、左儋道詣緜竹、趣成都。"此即取邪徑入蜀之計，可與本文互參。《蜀志・諸葛瞻傳》亦載此事曰："自陰平景谷道旁入。"旁入者，由邪徑入趣涪也。《御

覽》卷三百十五"由"上多"江"字,有失道里次序;從陰平取邪
徑者,不經漢德陽亭則無從至江由,《鍾會傳》之文可爲明證。

　　又按:"漢德陽亭"上,《通典》卷一百五十五有"廣"字,亦
與地理不合。廣漢郡與漢德陽亭無涉。

宜權停留,須來年秋冬,比爾吳亦足平。(《魏志二十八·鄧艾傳》/780頁)

　　華按:劉淇《助字辨略》指出:"比爾,猶云及此時也。"此亦
魏晉常談,《全晉文》卷二十三王羲之《雜帖》:"行復分張,想君
比爾快爲樂。"是其例。語或作"比爾間",如《蜀志·王平傳》:
"聽當固守漢、樂二城,遇賊令入,比爾間,涪軍足得救關。"擴
張其語,則爲"比……之間",如《吳志·吳主傳》載顧譚議:"比
選代之間,若有傳者,必加大辟。"其語相當於"比……之際",
如本志《辛毗傳》注引《英雄記》載郭圖語:"比此之際,趙國以
北皆我之有,亦足與曹公爲對矣。"

子忠與艾俱死,餘子在洛陽者悉誅,徙艾妻子及孫於西域。(《魏志二十八·鄧艾傳》/781頁)

　　盧弼《集解》:餘子悉誅,"妻"下"子"字衍。下文段灼上疏云
"諸子並斬",宜"紹封其孫",可證。《通鑑》作"徙其妻及孫於
西城",與本傳作"西域"異。胡注云:西城縣屬魏興郡。《一統
志》:西城故城,今陝西興安府安康縣西北。

　　華按:盧氏謂"妻"下衍"子"字,良是。然"西域"一作"西
城",猶待辨證。竊謂作"西城"較爲得實。曹魏雖設置西域長
史駐於海頭,又設戊己校尉駐在高昌,然西域之制自與內地郡
縣有別。徙罪家於西域,於古未聞。《通志》及郝經《續後漢
書》均作"西城",似宜從之。西城縣地處僻遠,宜乎其徙罪家

於此也。

葬一人而天下慕其行,埋一魂而天下歸其義。(《魏志二十八·鄧艾傳》/783頁)

盧弼《集解》:何焯曰:"'埋'應作'理',上云'莫肯理之'是也。"

華按:當時不行招魂埋葬之事,觀《通典》卷一百零三所載"招魂葬議"可知。何氏以爲"埋"當作"理",可從。"理"乃平反冤獄之謂。本志《鍾毓傳》載:"聽君父已沒,臣子得爲理謗。……毓所創也。"晉承魏制,故段灼得以理其已故之上司也。此文"葬一人"云云,承上"宜收尸喪,還其田宅"而言;"理一魂"云云,承上"赦冤魂于黄泉,收信義于後世"而言。

鍾會字士季,潁川長社人,太傅繇小子也。(《魏志二十八·鍾會傳》/784頁)

盧弼《集解》:梁章鉅曰:"按《注》,黄初六年會始生,繇已老矣。'小子'當作'少子'。"

華按:"小子"即少子,與長子、中子相對而言。《後漢書·天文志》載獻帝十三年劉表事:"表卒,以小子琮自代。"本志《武帝紀》:"紹自軍破後,發病歐血,夏五月死,小子尚代。"又《張郃傳》:"賜小子爵關内侯。"又《東夷·高句麗傳》:"伯固死,有二子,長子拔奇,小子伊夷模。"《吴志·全琮傳》注引《吴書》:"小子吴,孫權外孫,封都鄉侯。"例多不備舉。

以謙恭愼密,樞機之發,行己至要,榮身所由故也。(《魏志二十八·鍾會傳》注引《會母傳》/786頁)

華按:《易·繫辭上》:"樞機之發,榮辱之主也。"《説苑·談叢》:"樞機之發,榮辱之本也。"此"榮身所由"即本《易》義,"榮身"疑爲"榮辱"之形訛。

中書令劉放、侍郎衛瓘、夏侯和等家皆怪問：“夫人一子在危難之中，何能無憂？”（《魏志二十八·鍾會傳》注引《會母傳》/786頁）

　　華按：“家”謂妻也。《左傳·僖公十五年》：“逃歸其國，而棄其家。”杜預注：“家，謂子圉婦懷嬴。”《楚辭·離騷》：“促又貪夫厥家。”王逸注：“婦謂之家。”“家”亦妻稱，蔣禮鴻《敦煌變文字義通釋》言之綦詳，文多不引。

今鎮西奉辭銜命，攝統戎重。（《魏志二十八·鍾會傳》/788頁）

　　盧弼《集解》：《文選》“重”作“車”。

　　易培基《補注》：“戎重”，元本作“戎車”。

　　華按：元本作“戎車”，於義爲狹，今不取。“戎重”謂軍政要事，六朝習用，又如《南史·謝晦傳》載謝瞻語曰：“汝爲國大臣，又總戎重，萬里遠出，必生疑謗。”《文選》卷四十三載丘遲《與陳伯之書》：“中軍臨川殿下明德茂親，總兹戎重。”李善注引晉桓溫檄曰：“幕府不才，忝荷戎重。”

　　　整理者按：紹興本、紹熙本、三朝本（明代補刊）、西爽堂本、南監本、北監本、汲本、殿本、金陵活字本、局本、百衲本作“重”。元大德本作“車”。

明者見危于無形，智者規禍于未萌。（《魏志二十八·鍾會傳》/789頁）

　　盧本作“窺禍”。

　　盧弼《集解》：宋本“窺”作“規”，《文選》“窺禍”作“規福”。

　　華按：“規”、“窺”二字古通用，此“規”乃先見預謀之謂。《全後漢文》卷九十三阮瑀《爲曹公作書與孫權》有云：“然智者之慮,慮于未形;達者所規,規于未兆。"《劉子》:"是以明者納規於未形,採言於患表。"此亦古人格言,誠人防患於未然也。《文選》作"規福",非是。

> 整理者按:紹興本、紹熙本、元大德本、百衲本作"規"。三朝本(明代補刊)、西爽堂本、南監本、北監本、汲本、殿本、金陵活字本、局本作"窺"。易培基《補注》:"北宋本'窺'作'規'。"

欲使姜維等皆將蜀兵出斜谷,會自將大眾隨其後。既至長安,令騎士從陸道……一旦天下可定也。

（《魏志二十八·鍾會傳》/791—792頁）

> 華按:"既至……"之上,句號宜改分號或逗號。呂叔湘先生《通鑑標點瑣議》指出:"既至長安"云云,仍爲鍾會設想之一部分,中間不宜用句號。

鍾會所統,五六倍于鄧艾,但可敕會取艾,不足自行。（《魏志二十八·鍾會傳》/794頁）

> 盧弼《集解》:《通鑑》"足"作"須"。

> 華按:"不足"猶云不須、不必,本志《王粲傳》注載嵇紹事:"山濤啟以爲祕書郎,稱紹平簡溫敏,有文思,又曉音,當成濟者。帝曰:'紹如此,便可以爲丞,不足復爲郎也。'遂歷顯位。"是其例。劉淇《助字辨略》卷五指出:"又《世說注》:'紹如此,便可爲丞,不足復爲郎也。'此不足,猶云不必。"《資治通鑑》卷七十八"不足"作"不須",當屬宋人所改。

老子是有者也,故恆言無所不足。（《魏志二十八·鍾會傳》注引何劭《王弼傳》/795頁）

> 郁松年《續後漢書札記》:郝書"故常言無所不足","無"當作"其",詳《蕭書札記》。

郁松年《續後漢書札記》：蕭書"故常言無所不足"，《志注》同。《通鑑》作"恆訓其所不足"，"無"似"其"字之誤。

盧弨《集解》：《世說·文學篇》云："弨曰：聖人體無，無又不可以訓，故言必及有，老莊未免於有，恆訓其所不足。"

華按："無所不足"之"無"，蓋涉上義二"无"字而誤。"其"字古作"亓"，與"无"形近。又"其"、"無"草書亦相似。《世說新語》、《資治通鑑》作"其所不足"，與文義合，當從之。

弨天才卓出……其論道傅會文辭，不如何晏，自然有所拔得，多晏也。（《魏志二十八·鍾會傳》注引何劭《王弨傳》/795頁）

盧弨《集解》：《世說·文學篇》注引《魏氏春秋》曰："弨論道約美不如晏，自然出拔過之。"

華按："拔得"，謂闡發哲理有獨到之見。上文稱王弨"當其所得，莫能奪也"，其中"得"字即拔得之義。《世說新語·文學》："《莊子·逍遙篇》舊是難處，諸名賢所可鑽味，而不能拔理於郭、向之外。"其中"拔"字亦拔得之義。

故其敍浮義則麗辭溢目，造陰陽則妙賾無閒，至于六爻變化，羣象所效，日時歲月，五氣相推，弨皆擯落，多所不關。（《魏志二十八·鍾會傳》注引孫盛語/796頁）

華按：唐翼明《魏晉清談》云："'無閒'，疑是'無聞'之誤，與前'溢目'作對，一正一反，謂僅有麗辭以敍浮義，而無妙賾以造陰陽也。"

劉表欲以女妻粲，而嫌其形陋而用率。（《魏志二十八·鍾會傳》注引《博物記》/796頁）

盧弼《集解》：連江葉氏本《博物志》云：“表嫌其形陋周率。”

華按：連江葉氏本“用”作“周”，非是。錢鍾書《管錐篇增訂》云：“形陋而用率，謂粲貌陋而舉止率。”可謂確詁。《梁書‧沈約傳》載約與徐勉書：“外觀旁覽，尚似全人，而形骸力用，不相綜攝。”此“形骸力用”可爲“形”、“用”二字之注腳，“形”即形骸，謂體貌也；“用”即力用，謂舉動也。

三國志卷二十九
魏志二十九《方技傳》校詰

時人以爲年且百歲而貌有壯容。（《魏志二十九·方
技·華佗傳》/799頁）

　　盧弼《集解》：《册府》"以爲"下有"仙"字。范書《華佗傳》亦作
"時人以爲仙"。周壽昌曰："無'仙'字是。蓋時人不知其確
歲，約略計之，當有百歲，而以有壯容爲異也。"

　　　華按：竊疑此文"貌"字當爲"猶"字之形訛。范書《華佗
傳》、《太平御覽》卷七百二十二所引《魏志》均作"猶"，可以參校。

　　　又按：華佗卒年不詳。佗曾受陳珪、黃琬辟舉，年歲當小
於二人，而珪、琬至建安前期不過六七十歲；又據本志《武文世
王公傳》可知，曹沖死於佗後，則佗之遇害不遲於建安十三年；
據此推算，佗年似在六十上下。《全晉文》卷一百六十七載鄧
處中《華氏中藏經序》云："先生未六旬，果爲魏所戮。"鄧《序》
之眞僞雖不能確定，但作爲唐、宋以前文獻仍有參考價值，
《序》謂華佗年不滿六十，似合於史實。范曄《後漢書》及《册府
元龜》作"世人以爲仙"，多一"仙"字，則下文"年且百歲"便成
史家紀實之文；周壽昌以爲范書不可從，極有見地。

又精方藥，其療疾，合湯不過數種，心解分劑，不復
稱量。（《魏志二十九·方技·華佗傳》/799頁）

盧弼《集解》：范書《佗傳》作"心識分銖"。沈欽韓曰："陶隱居《名醫別錄》云：古秤惟有銖兩，而無分名；今別以十黍爲一銖，六銖爲一分，四分成一兩。"

　　華按：沈氏不明"分劑"亦當時常語，乃引《名醫別錄》之說，未免文不對題。《周易參同契》中篇云："若藥物非種，名類不同，分劑參差，失其紀綱……亦猶和膠補釜，以碯塗瘡，去冷加冰，除熱用湯，飛龜舞蛇，愈見乖張。""分劑"之不可稍有參差，於此可見。然則"心解分劑，不復稱量"八字，正極言醫術之精也。"分劑"二字又可分用，單言"分"者，如《廣韻·去聲·二十三問》："分，分劑。"單言"劑"者，如《廣韻·去聲·十二霽》："劑，分劑。""劑"字古作"齊"，如《漢書·郊祀志上》："遣方士入海求蓬萊安期生之屬，而事化丹沙諸藥齊爲黃金矣。"顏師古注："齊，藥之分齊也。音才計反。"要之，"分劑"爲同義之字平列，二字均讀去聲，與讀爲平聲之"分銖"音義有別：前者專用於稱量醫藥，後者則爲一般重量單位。

若當灸，不過一兩處，每處不過七八壯。（《魏志二十九·方技·華佗傳》/799 頁）

　　盧弼《集解》：《內經·素問》卷十四鍼解篇："手如握虎者，欲其壯也。"注云："壯爲持鍼堅定也。"《廣雅·釋詁二》："壯，箴也。"郭璞曰："淮南呼壯爲傷。又醫用艾灸，一灼謂之壯。"弼按：壯專就灸言。

　　華按："壯"爲鍼灸計量詞，見於秦漢以來醫書。蓋鍼灸之法，少者二三十壯，多者至百壯。《靈樞經》卷五論治癲狂之法："灸骨骶二十壯。"晉王叔和《脈經》卷六論治脾病之法："又當灸章門五十壯，背第十一椎百壯。"此云華佗所灸者"不過一兩處，每處不過七八壯”，足見其醫術與眾不同。

縫腹膏摩。(《魏志二十九·方技·華佗傳》/799頁)

　　華按：張仲景《金匱要略方論》卷一：“四肢纔覺重滯，即導引吐納、鍼灸、膏摩，勿令九竅閉塞。”今醫家或謂“膏摩”指以藥膏摩擦體表，此爲外治之法。

縣吏尹世苦四支煩，口中乾。(《魏志二十九·方技·華佗傳》/800頁)

　　華按：張仲景《金匱要略方論》每有“手足煩”、“四肢煩重”、“關節疼痛而煩”之語。尋繹其義，“煩”字似指脹重不適之感。下文云：“廣陵太守陳登得病，胸中煩懣，面赤不食。”“煩懣”亦指淤積脹重之感，非心煩意亂之謂。

佗曰：“藏氣已絕於內，當啼泣而絕。”(《魏志二十九·方技·華佗傳》/800頁)

　　華按：“藏氣”，五臟之氣，中醫鍼灸術語。《靈樞經》卷一《小鍼解第三》：“所謂五藏之氣已絕于內者，脈口氣內絕不至，反取其外之病處與陽經之合有留鍼以致陽氣，陽氣至則內重竭，重竭則死矣。其死也，無氣以動，故靜。”

府吏兒尋、李延共止。(《魏志二十九·方技·華佗傳》/800頁)

　　華按：“共止”，指日常生活同在一處，此乃西漢以來俗語。司馬相如《美人賦》：“臣之東鄰有一女子……恆翹翹而西顧，欲留臣而共止。”晉司馬彪《續漢書·百官志三》“侍中”條劉昭注引漢蔡質《漢儀》：“王莽秉政，侍中復入，與中官共止。”本志《后妃傳》注引《魏略》載甄后之母“使后與嫂共止，寢息坐起常相隨”，又《曹真傳》載曹操“使文帝共止”。《蜀志·諸葛亮傳》

注引《魏略》載徐庶事云：“諸生聞其前作賊，不肯與共止。”《太平御覽》卷二百零二引臧榮緒《晉書》：“武悼楊皇后廢在金墉城，與母高都君龐氏共止。”並其例。今人或釋“止”爲“宿”，謂“共止”爲“同宿”，於義爲狹。實則“共止”、“同止”均可泛指親友、同學或同事在同一地點寢宿、飲食。“共止”亦可擴張爲“共居止”，例如西晉竺法護譯《生經》卷五：“眾人咸來，曾共居止。”其同義語有“共頓”，如《生經》卷三：“此梵志共頓一處。”

食當日減，五日不救。（《魏志二十九·方技·華佗傳》/ 800 頁）

華按：“不救”乃死亡之代稱，魏晉習用。又如《全晉文》卷二十二王羲之《雜帖》：“期小女四歲，暴疾不救，哀愍痛心。”“不救”即無法醫治，又稱“不救疾”，如《全晉文》卷二十三王羲之《雜帖》：“道護不救疾，惻怛傷懷。”《宋書·張暢傳》載顔竣表世祖曰：“張暢遂不救疾。”

佗與四物女宛丸，十日即除。（《魏志二十九·方技·華佗傳》/ 800 頁）

盧弼《集解》：或曰：“‘宛丸’疑作‘紫苑’。元本、吳本‘丸’作‘九’。”

華按：元本、吳本“九”字非。參觀張仲景《傷寒論》所載“三物小白散方”、“黃連阿膠湯方”及“理中丸方”之屬，可知“四物女宛丸”者，當係四味藥物製成之女宛丸也。“女宛”即“女菀”之省文，亦即紫苑之一種。《廣雅·釋草》：“女腸，女菀也。”王念孫《廣雅疏證》指出：“紫菀之白者名女菀。……《神農本草》云：‘女菀味辛溫，生漢中川谷。’《太平御覽》引吳普《本草》云：‘女菀，一名白菀，一名織女菀。’《雷公炮炙論》云：

'紫菀有白如練色者,號曰羊須草。'"《全晉文》卷二十二王羲之《雜帖》:"吾下勢腹痛小差,須用女蔞丸,得應甚速也。"其中"女蔞丸"主治下勢腹痛,與此"女宛丸"主治下利先啼者功用相同,兩者似是一物。"菀"、"蔞"之異容作別論,"丸"之不誤已可知矣。

整理者按:紹興本、三朝本(嘉靖十年補刊)、南監本、北監本、汲本、殿本、金陵活字本、局本、百衲本作"丸"。中國國家圖書館藏紹熙本、元大德本、西爽堂本作"九"。日本宮內廳書陵部藏紹熙本作"丸",疑爲後人描改。

小兒戲門前,逆見,自相謂曰:"似逢我公,車邊病是也。"《魏志二十九・方技・華佗傳》/801頁)

盧弼《集解》:"似逢我公"九字,范書《佗傳》作"客車邊有物,必是逢我翁也"。

華按:"我公"、"我翁",皆古人自稱其父之語。《睡虎地秦墓竹簡・編年記》於秦始皇十六年下記曰:"公終。"於二十年下記曰:"嫗終。"可見先秦即稱父爲"公",稱母爲"嫗"。《焦氏易林》有云:"一巢九子,同公共母。"《後漢書・宦者・張讓傳》載漢靈帝語:"張常侍是我公,趙常侍是我母。"《太平御覽》卷九十二引晉司馬彪《續漢書》則作"張常侍是我翁,趙常侍是我母"。《晉書・解系傳》:"(荀)勖諸子謂系等曰:'我與卿爲友,應向我公拜。'"《廣雅・釋親》云:"翁、公,父也。"並其證。注家或釋此"公"爲公公,非是。

君病深,當剖腹取。《魏志二十九・方技・華佗傳》/801頁)

盧弼《集解》:監本、官本"深"作"甚"。

華按:"病深"者,病毒深入内臟之謂,此古代醫家恆言。

《韓非子・十過》載扁鵲語蔡桓公曰："不治將恐深。"可證。
《後漢書・方術・華佗傳》作"病根深",增"根"雖屬無謂,然
"深"字尚未臆改。監本、殿本改爲"甚",失其義蘊。

整理者按：紹興本、紹熙本、元大德本、三朝本(嘉靖己未
年補刊)、西爽堂本、南監本、汲本、金陵活字本、局本、百衲本
作"深"。北監本、殿本作"甚"。

依期果發動,時佗不在,如言而死。(《魏志二十九・方
技・華佗傳》/801 頁)

華按："發動"爲當時常語,謂舊病發作,又如本篇《管輅
傳》:"廣平劉奉林婦病困……而婦漸差,至秋發動,一如輅
言。"或單言"動",如本志《后妃・文昭甄皇后傳》注引《魏書》
載其語曰:"夫人在家,故疾每動,輒歷時,今疾便差,何速也?"
又如本篇《朱建平傳》:"威罷客之後,合眼疾動,夜半遂卒。"或
單言"發",如本志《曹爽傳》注引《魏末傳》載李勝謂司馬懿曰:
"然眾情謂明公方舊風疾發,何意尊體乃爾。"《晉書・宣帝紀》
"疾發"作"發動"。

李將軍妻病甚,呼佗視脈,曰："傷娠而胎不去。"
(《魏志二十九・方技・華佗傳》/802 頁)

華按：《後漢書・方術・華佗傳》"傷娠"作"傷身"。黃生
《義府》卷下曰:"傷身,今小産也。"黃說是也。本志《東夷・夫
餘傳》注引《魏略》:"有氣如雞子來下,我故有身。"《論衡・吉
驗》"身"作"娠",是其證。《廣雅・釋詁四》:"娠、身,傋也。"
《玉篇》:"傋,妊身也。"此"娠"、"身"二字音義皆同。

將軍言："聞實傷娠,胎已去矣。"佗曰："案脈,胎未去
也。"將軍以爲不然。(《魏志二十九・方技・華佗傳》/802 頁)

華按："聞"當作"閒"。李妻先前傷娠，且已引出一胎，此爲李將軍所明知，故以斬截之語告佗曰："胎已去矣。"若言"聞實傷娠"，即非自信語氣。觀下文敍李將軍固執己見，足知"聞"字不合語意。"閒"亦當時口語，猶言先前。《後漢書·方術·華佗傳》"聞"作"閒"，當從之。

然本作士人，以醫見業，意常自悔。(《魏志二十九·方技·華佗傳》/802 頁)

盧弼《集解》：韓慕廬曰："元化胸中似有所不可於操者。"

華按：此言華佗本以兼通數經而爲士人，嗣後竟以行醫而被人當作專行醫業者，故常有自悔之意。下文敍曹操病重而使佗專視，是直以佗爲侍醫之流，不以士人之禮待之矣，此可爲"以醫見業"之注腳；下文又敍華佗辭歸不返，是其不欲以醫侍人也，此可爲"意常自悔"之注腳。蓋業醫者事同僕役，自來無社會地位，《史記·李將軍列傳》載廣以"良家子"從軍擊胡，司馬貞《索隱》引魏如淳注云："非醫、巫、商賈、百工也。"行醫之家而不得目爲"良家"，其爲卑賤可以想見。後漢之世，尤重士人，一入醫流，難以自尊，此佗所以自悔也。韓氏謂佗"似有所不可於操者"，當指佗之政治立場而言，雖云臆測，亦不悖於理也。

佗久遠家思歸，因曰："當得家書，方欲暫還耳。"(《魏志二十九·方技·華佗傳》/802 頁)

盧弼《集解》：范書《佗傳》："乃就操求還取方。"

華按："方"字當屬上。"當得家書方"，謂必須取得家中所藏醫術、醫方也。標點本以"當得家書"爲句，今之注譯此文者遂釋爲"近得家信一封"，殊不知僅言家中來信而不明有何急事,則不足以告假求還也。

佗恃能厭食事。(《魏志二十九·方技·華佗傳》/802 頁)

盧弼《集解》：官本《考證》曰："'食'字疑衍。"范書《佗傳》無"食"字。周壽昌曰："'食'字非衍,蓋'食事'即食功,言以事取食;'厭'者,厭爲人役也。"

華按：沛相陳珪舉佗孝廉,太尉黃琬辟佗爲府掾,皆不就,足見其無心於祿利也。其後以醫見業,意常自悔,足見其不樂於役使之事也。"厭食事"三字,至今解者紛如。細味文義,周說近之。

訂補："厭食"二字可能由"饜"(與"厭"通用)分裂而成。"厭事"亦漢世之語,《史記·高祖本紀》索隱引《東觀漢記》田邑傳云："邑年三十,歷卿大夫,號歸罷,厭事,少所嗜欲。"華佗的厭事,指不想繼續在曹操府中服役,跟田邑不想繼續任職相類。

整理者按：《太平御覽》卷八百四十一引《魏志》作"佗恃能饜事"。明人類書《天中記》卷四十五引《魏志》亦作"佗恃能饜事"。

佗臨死,出一卷書與獄吏,曰:"此可以活人。"(《魏志二十九·方技·華佗傳》/802 頁)

盧弼《集解》：惠棟曰："《佗別傳》云：佗以線爲書裹,裹中有祕要之方。"

盧弼《集解補》：《湖廣通志·方伎傳》："張機,字仲景,棘陽人,著《傷寒論》。華佗讀而喜曰：此眞活人書也。"

華按：或疑"一卷書"即張仲景之《金匱要略方論》。孫奇

《金匱要略方論序》云："臣奇嘗讀《魏志·華佗傳》云：出書一卷曰：'此書可以活人。'每觀華佗凡所療病，多尚奇怪，不合聖人之經。臣奇謂活人者，必仲景之書也。"此宋代儒臣之論也，可備一說。

其治病手脈之候，其驗若神。（《魏志二十九·方技·華佗傳》注引《佗別傳》/803頁）

盧弼《集解》：范書《佗傳》注"手"作"平"，於義爲長。

華按：盧說甚謬。"平"者，辨別也，診斷也。"脈之候"，病人脈象所示之證候也。《素問》有云："此平人脈法也。"漢張仲景《傷寒論序》有"平脈辨證"，晉王叔和《脈經》卷一有"平脈早晏法"。《敦煌寶藏》斯五六一四號有《平脈略例》。均足徵"平脈"爲醫用術語。此作"手"，必"平"字之誤。

以繩繫犬頸，使走馬牽犬，馬極輒易。（《魏志二十九·方技·華佗傳》注引《佗別傳》/803頁）

華按："極"猶今語之"累"。此乃"勧"之借字，說詳王念孫《廣雅疏證》。疲弊稱"極"，由來甚久。《素問》："形體皆極。"《漢書·王褒傳》載其《聖主得賢臣頌》："人極馬倦。"本篇載華佗語吳普曰："人體欲得勞動，但不當使極爾。"《大藏經》卷九西晉竺法護譯《阿惟越致遮經》卷中："假令行道，忽極躄地，不能自起。"又卷四苻秦僧伽跋澄等譯《僧伽羅刹所集經》卷上："於彼苦行求道，亦不飲食，皮骨相連，身日日極。"《晉詩》卷一程曉《嘲熱客詩》："疲瘠向之久，甫問君極那。"均其例。

又有人病腹中半切痛，十餘日中，鬢眉墮落。（《魏志二十九·方技·華佗傳》注引《佗別傳》/804頁）

華按："切痛"形容疼痛之極，爲古來俗語。例如《靈樞經》

卷三《經脈》：“厥氣上逆則霍亂，實則腹中切痛，不汗出，虛則鼓脹。”《金匱要略方論》第十：“腹中寒氣，雷鳴切痛。”

動搖則穀氣得消……譬猶戶樞不朽是也。（《魏志二十九·方技·華佗傳》/804 頁）

　　華按：“動搖”謂身體運動、活動，秦漢之語。《靈樞經》卷三：“體不能動搖，食不下。”《論衡·道虛》：“道家或以導氣養性度世而不死，以爲血脈在形體之中，不動搖屈伸，則閉塞不通；不通積聚，則爲病而死。”均其例。“戶樞不朽”亦源於先秦成語，《呂氏春秋·盡數》：“流水不腐，戶樞不螻，動也。形氣亦然。形不動則精不流，精不流則氣鬱，鬱處頭則爲腫、爲風……處足則爲痿、爲蹷。”華佗所言，實出道家養生之學。

是以古之仙者爲導引之事，熊頸鴟顧，引輓腰體，動諸關節，以求難老。（《魏志二十九·方技·華佗傳》/804 頁）

　　盧弼《集解》：范書《佗傳》“頸”作“經”。李賢曰：“熊經”若熊之攀枝自懸也。“鴟顧”，身不動而回顧也。《莊子》曰：“吐故納新，熊經鳥申，此導引之士，養形之人也。”

　　華按：“頸”當作“經”。《文選》卷十八馬融《長笛賦》：“魚鱉禽獸聞之者，莫不張耳鹿駭，熊經鳥申，鴟眎狼顧，拊譟踊躍。”《後漢書·崔寔傳》載其《政論》：“夫熊經鳥伸，雖延歷之術，非傷寒之理。”“經”猶言懸掛，作“頸”無義。

青黏者，一名地節，一名黃芝，主理五藏，益精氣。（《魏志二十九·方技·華佗傳》注引《佗別傳》/804 頁）

　　盧弼《集解》：吳本、毛本“主”作“大”。

　　華按：《神農本草經》云：“黃芝，味甘平，主心腹五邪，益脾氣,安神,忠信和樂,久食輕身,不老延年,神仙一名金芝。"亦用"主"字,此亦醫用術語,至今承用。作"大"者不可通。

　　整理者按:紹興本、紹熙本、三朝本、南監本、北監本、殿本、金陵活字本、百衲本作"主"。元大德本作"生"。西爽堂本、汲本、局本作"大"。

車師之西國。兒生,擘背出髀,欲其食少而弩行

也。(《魏志二十九·方技·華佗傳》注引《辯道論》/805 頁)

　　盧弼《集解》:范書《方術傳》注"擘"作"劈","弩"作"怒"。

　　華按:"擘"假爲"劈",剖也;"弩"假爲"怒",健也。

取鯉魚五寸一雙,合其一煮藥,俱投沸膏中,有藥

者奮尾鼓鰓,游行沉浮,有若處淵,其一者已熟而

可噉。(《魏志二十九·方技·華佗傳》注引《辯道論》/805 頁)

　　盧弼《集解》:官本"合"作"令",范書同。

　　華按:"合其一煮藥"之句,不可得解。《後漢書·方術·華佗傳》注文作"令其一著藥"。《抱朴子内篇·論仙》作"令甘始以藥含生魚"。《太平御覽》卷九百三十六作"令其一煮藥"。竊謂此文或爲"令其一著藥"之誤,或爲"含其一者以藥"之誤。若屬前者,則"合"爲"令"之訛,"煮"爲"著"之誤;"著"猶言塗抹,亦當時習語。若屬後者,則"令"乃"含"之形訛,"煮"乃"者以"之誤合。二者孰是,未能遽定,姑兩存焉。

　　整理者按:紹興本、紹熙本、元大德本、三朝本、西爽堂本、南監本、北監本、汲本、金陵活字本、局本、百衲本作"合"。殿本作"令"。

余時問言:"率可試不?"(《魏志二十九·方技·華佗傳》

注引《辯道論》/805—806 頁)

盧弼《集解》：范書注“率”作“寧”。

華按：“率”字於義無當，應爲“寧”之形誤。《漢詩》卷九樂府古辭《陌上桑》：“使君謝羅敷：‘寧可共載不？’”本志《劉廙傳》載司馬德操語：“孺子，孺子，黃中通理，寧自知不？”又《胡質傳》載曹操問蔣濟曰：“胡通達，長者也，寧有子孫不？”《吳志·張昭傳》載孫權問嚴畯曰：“寧念小時所闇書不？”皇甫謐《高士傳》載嚴光問侯子道曰：“君房素癡，今爲三公，寧小差否？”諸“寧……不（否）？”爲當時習用句式，表示詢問語氣，猶今語“是否……？”

漢鑄鐘工柴玉巧有意思，形器之中，多所造作，亦爲時貴人見知。（《魏志二十九·方技·杜夔傳》/806 頁）

華按：“爲時貴人見知”，猶言被時貴人所知，其中“爲”與“見”搭配，構成被動句式。此種句式早在先秦已經出現，漢魏以降，屢見不鮮。例如《莊子·至樂》：“烈士爲天下見善矣，未足以活身。”《後漢書·寇榮傳》載其上桓帝書：“臣誠恐卒爲豺狼橫見噬食，故冒死欲詣闕，披肝膽，布腹心。”《文選》卷四十三嵇康《與山巨源絕交書》：“簡與禮相背，懶與慢相成，而爲儕類見寬，不攻其過。”《抱朴子外篇·自敍》：“遂停廣州，頻爲節將見邀用，皆不就。”《宋書·文五王·廬江王褘傳》載明帝泰始五年詔：“近又有道士張寶，爲公見信。”《梁詩》卷三江淹《採石上菖蒲》詩：“憑酒意未悅，半景方自歎。每爲憂見及，杜若詎能寬？”《全後周文》卷十七庾信《周大將軍聞嘉公柳遐墓志》：“昔馬游志氣，爲馬援所知；班嗣才學，爲班彪見賞。”《大藏經》卷五十一唐義淨《大唐西域求法高僧傳》：“沙門玄照法師者……漸向闍闌陀國,未至之間,長途險隘,爲賊見拘。"唐范攄《雲溪友議》卷四:"邕、交所爲多類此,爲德義者見鄙,終不悛也。"宋孫光憲《北夢瑣言》卷七:"又有'餓猫臨鼠穴,饞犬舐魚砧'之句,爲成中令沘見賞;又有'栗爆燒氈破,猫跳觸鼎翻'句,爲王先主建所賞。"此外,在使用唐語之日本漢文學作品中亦有其例,如《萬葉集》卷五山上憶良《沉痾自哀文》:"今吾爲病見惱,不得臥坐,向東向西,莫知所爲,無福至甚。"安麻呂《日本書紀》卷十三載欽明天皇十六年百濟王子餘昌遣王子惠奏曰:"聖明王爲賊見殺。"等等。今以其中"見"字易誤解爲"相見"之"見",故疏舉之。

令童兒轉之,而灌水自覆,更入更出,其巧百倍於常。(《魏志二十九·方技·杜夔傳》注引傅玄序/807 頁)

盧弼《集解》:《傅子》"巧"作"功"。

華按:《意林》、《藝文類聚》卷六十五、《太平御覽》卷七百五十二"巧"皆作"功"。"功"謂功率、功效,與文義合。

又患發石車……(《魏志二十九·方技·杜夔傳》注引傅玄序/807 頁)

華按:"發石車",又見《後漢書·袁紹傳》,李賢注:"即今抛車也。"周一良《〈晉書〉札記》論潘岳賦"礮石"條指出:"抛"、"礮"古今字。發石車,南北朝稱爲"拍"、"拍車"或"礌",唐代稱爲"抛車",宋代已通稱"砲"。

宣曰:"君家失火,當善護之。"俄遂火起。(《魏志二十九·方技·周宣傳》/811 頁)

華按:"失火",當從諸本作"欲失火",此承金陵活字本脫"欲"字。"欲"猶將也,此爲預測之詞,與下文"俄遂"前後相承。上文載周宣占夢見芻狗事："宣答曰：'君欲得美食耳！'有頃，出行，果遇豐膳。"又載其再占事："宣曰：'君欲墮車折腳，宜戒慎之。'頃之，果如宣言。"文中皆用"欲"字，與下文"果"前後呼應。

　　整理者按：紹興本、紹熙本、元大德本、三朝本（萬曆十年補刊）、西爽堂本、南監本、北監本、汲本、殿本、局本、百衲本作"欲失火"。金陵活字本無"欲"字。

故君始夢，當得餘食也。（《魏志二十九·方技·周宣傳》/811 頁）

　　華按："餘"，宜從諸本作"飲"。"飲食"指上文之"美食"、"豐膳"。標點本承金陵活字本作"餘食"者，蓋謂祭神之餘物也，義雖可通，但未必源於舊本。

　　整理者按：紹興本、紹熙本、元大德本、三朝本（萬曆十年補刊）、西爽堂本、南監本、北監本、汲本、殿本、局本、百衲本作"飲"。金陵活字本作"餘"。

常云："家雞野鵠，猶尚知時，況於人乎？"（《魏志二十九·方技·管輅傳》注引《輅別傳》/811 頁）

　　華按：此"野鵠"指野鶴。郁松年《續後漢書札記》卷三指出："鵠古通鶴。鶴知夜半，故云'猶尚知時'。"

常謂"忠孝信義，人之根本，不可不厚；廉介細直，士之浮飾，不足爲務也"。（《魏志二十九·方技·管輅傳》注引《輅別傳》/812 頁）

　　華按："細直"似當作"細宜"。《華陽國志》卷十一《後賢志》載王長文"才鑑清妙，汎愛廣納，放蕩闊達，不以細宜廉介爲意，亦不好臧否人物，故時人愛而敬之"。"廉介"、"細宜"猶言小節、小禮,亦魏晉常語。"廉介"之同義語有"細介",如《吳志‧陸凱傳》:"愛其細介,不訪大趣。""細宜"之同義語則有"小宜"或"小小宜適",亦當時口語,《吳志‧孫霸傳》已有臆說。"宜"與"直"形近,此"細直"當爲傳寫之誤。

始讀《詩》、《論》、《易本》,學問微淺。(《魏志二十九‧方技‧管輅傳》注引《輅別傳》/812頁)

盧弼《集解》:"論"下似奪"語"字。

　華按:《詩》、《論》並稱,自是當時習慣。《漢書‧張禹傳》載其獻《論語章句》,諸儒爲之語曰:"欲爲《論》,念張文。"是"論"爲"論語"之省稱,由來舊矣。然據上文"時年十五,來至官舍讀書。始讀《詩》、《論語》及《易本》,便開淵布筆,辭義斐然",此處亦當有"語"字爲宜,此可據《册府元龜》卷七百七十三補之。

直客舍久遠,魑魅魍魎爲怪耳。……大蚝銜筆,直老書佐耳。烏與燕鬭,直老鈴下耳。(《魏志二十九‧方技‧管輅傳》/813—814頁)

盧本"客舍"作"官舍"。

盧弼《集解》:馮本"官"作"客"。

　華按:"客舍"顯爲"官舍"之訛。王基身爲郡太守,照例應住官舍;老書佐、老鈴下均爲官府中辦事人員,死而化爲蛇、烏,亦不當竄入客舍作怪。今比勘諸本,除馮本以下或誤作"客舍"之外,百衲本、元本均作"官舍",《宋書‧五行志》、《太平廣記》卷三百五十九引《搜神記》亦作"官舍",標點本捨此而取彼,失考。

　整理者按:紹興本、紹熙本、元大德本、三朝本(嘉靖己未年補刊)、西爽堂本、北監本、汲本、殿本、局本、百衲本作"官"。南監本、金陵活字本作"客"。

俱相聞善卜,定共清論。君一時異才,當上竹帛也。(《魏志二十九·方技·管輅傳》注引《輅別傳》/814頁)

華按:標點本於"定共清論"後用句號,文不可解。此四句云:我與君先前皆相聞善卜,及至共同討論,乃知君一時異才,當書於竹帛也。"定共清論"之後當用逗號,其中"定"字猶言"比及"、"及至",解在本志《陳思王植傳》注引《魏略》。

鵲言東北有婦昨殺夫,牽引西家人夫離婁,候不過日在虞淵之際,告者至矣。(《魏志二十九·方技·管輅傳》/816頁)

盧弼《集解》:"人夫離婁",疑有誤。

華按:欲令他人聽從而以言語糾纏不休者,漢世俗語謂之"離婁"。其近義詞爲"枝柱",說見本志《裴潛傳》注引《魏略》載韓宣事。"離婁"亦雙聲語,其字或作"離樓"、"離摟"。如嵇康《家誡》:"不須離摟强勸人酒,不飲自己;若人來勸己,輒當爲持之,勿誳勿逆也。"亦作"謰謱",如《方言》卷十:"嘳咮、謰謱,拏也。"郭璞注:"言諸拏也。"又作"嘽嗹",如《廣韻》平聲一先:"嘽,嘽嗹,言語繁絮貌。"今人注譯此文,有以"離婁"爲人名者,大誤。盧氏疑"人夫離婁"有誤,亦非;"西家人夫"指西郊之人,"人夫"猶言民工、民伕。

君辭雖茂,華而不實,未敢之信。(《魏志二十九·方技·管輅傳》注引《輅別傳》/816頁)

盧本作"未之故信"。

盧弼《集解》:宋本作"未敢之信",成都局本作"未之敢信"。

　　華按：依先秦語例，此文當作"未之敢信"；依兩漢習慣，此文可作"未敢信之"；此作"未敢之信"，非所聞也。竊疑"敢之"二字誤倒，當乙正。盧本作"未之故信"，"故"乃"敢"之形誤。

　　整理者按：紹興本、紹熙本、元大德本、三朝本（嘉靖己未年補刊）、西爽堂本、南監本、北監本、汲本、殿本、金陵活字本、百衲本作"未敢之信"。局本作"未之故信"。

至明日，離別之際，然後有腹心始終。一時海內俊士，八九人矣。（《魏志二十九·方技·管輅傳》注引《輅別傳》/818頁）

　　華按：依原標點，文句斷裂，不成話語。此文應標點爲："至明日離別之際，然後有腹心始終，一時海內俊士八九人矣。"就兩句而言，"至……之際"與"然後……矣"前後相應；就一句而言，"有……八九人"應作一氣讀之；所謂"八九人"者，皆屬"腹心始終"之人、"一時海內俊士"。

輅又曰："厚味腊毒，天精幽夕。坎爲棺槨，兌爲喪車。"（《魏志二十九·方技·管輅傳》注引《輅別傳》/818頁）

　　盧弼《集解》：宋本"天"作"夭"。

　　華按："天"字無義，當從宋本作"夭"。"夭精幽夕"指失其精魄於幽夕之時，與傳文"雙魂無宅"、"少許時當並死"之語相應。

　　又按：《易·噬嗑》："六三，噬腊肉，遇毒。"管輅即據此作爻變、互卦之說。《噬嗑》卦形爲☲☳，依互卦之象，其中第三、第四、第五爻組成☵，即《坎》，坎爲水，爲溝瀆，故輅言"坎爲棺槨"，與傳文"流魂于海"相應；依爻變之象，"六三"變爲"九三"，則三、四、五爻組成☱，即《兌》，兌爲澤，《京氏易傳》解

《節》卦（坎上兑下）云："水居澤上。澤能積水，陽止於陰。"故輅言"兑爲喪車"，與傳文"夜共載車"之事相應。

整理者按：紹興本、三朝本（嘉靖九年補刊）、西爽堂本、南監本、北監本、汲本、殿本、金陵活字本、局本作"天"。紹熙本、元大德本、百衲本作"夭"。

徙部鉅鹿，遷治中、別駕。（《魏志二十九·方技·管輅傳》/818頁）

盧弼《集解》：《續百官志》："諸州常以八月巡行所部郡國。"徙部鉅鹿，當即巡行所部至鉅鹿也。又按：冀州刺史初治鄴，黄初中徙治信都，無徙治鉅鹿之事，"徙部"當作"行部"解。《宋書·百官志》："前漢世刺史乘傳周行郡國……"此傳言冀州刺史裴徽行部至鉅鹿郡，遷管輅爲治中、別駕，即從刺史行部也。

華按："徙部鉅鹿"四字，《集解》釋爲從刺史巡行所部而至鉅鹿，非；盧氏詳引《續漢志》、《宋志》，皆與此文無涉。"徙"者，轉任也。管輅從文學從事轉爲鉅鹿從事，故稱"徙"。《通典》卷三十二："部郡國從事史，每郡國各一人，漢制也。主督促文書，舉非法。"所謂"部鉅鹿"，即"部鉅鹿郡從事史"之簡稱，"部"爲分管之義。

每論《易》及老、莊之道，未嘗不注精於嚴、瞿之徒也。（《魏志二十九·方技·管輅傳》注引《輅別傳》/819頁）

盧弼《集解》：嚴君平卜筮於成都，見《漢書·王貢兩龔鮑傳》序；商瞿，魯人，字子木，孔子傳《易》於瞿，見《史記·孔子弟子列傳》。裴徽所注精之"嚴瞿"，未知所指。若嚴君平與商瞿，一名一姓，疑爲不類。故存疑於此。

華按：嚴君平爲漢時人，商瞿爲春秋時人，先"嚴"後"瞿"，不僅姓名交錯，而且時序顛倒，此盧氏所以疑爲不類也。姓名交錯之例，本志《明帝紀》"桓尚"條已有所說；至於名次不按時序，古書亦有其例，如《隸續》卷二十載後漢熹平年間《斥彰長田君斷碑》："喪父事母，有柴、穎之行。"穎考叔爲春秋初期之人，高柴爲春秋末期之人，先後相距二百多年，然漢碑先"柴"後"穎"，此亦時序、名姓錯舉之例。

吾非四淵之龍，安能使白日晝陰？（《魏志二十九·方技·管輅傳》注引《輅別傳》/819 頁）

華按："四淵"未詳。頗疑"四淵之龍"本於《易·乾卦》："九四，或躍在淵，無咎。"

又按：又疑"四"爲"回"字之訛，"回淵"即深淵，古文恆見。古語又有"九淵之龍"，"四"、"九"草書形近，未知是否傳寫訛混。質疑於此，以待高明。

再相見，便轉爲鉅鹿從事。（《魏志二十九·方技·管輅傳》注引《輅別傳》/819 頁）

華按：本傳云"徙部鉅鹿"，此"鉅鹿從事"四字之上脫"部"字。唐寫本《世說新書》殘卷注引《輅別傳》正作"部鉅鹿從事"，可據以沾補。

何尚書神明精微，言皆巧妙。（《魏志二十九·方技·管輅傳》注引《輅別傳》/819 頁）

盧弼《集解》：《世說注》"精微"作"清徹"。

華按：唐寫本《世說新書》殘卷亦作"清微"，與裴注合。《莊子·知北游》："今彼神明至精，與彼百化。""精"即"精微"。"何尚書神明精微"云云，似用《莊子》之義。

聞君著爻神妙，試爲作一卦，知位當至三公不？

（《魏志二十九·方技·管輅傳》/820 頁）

盧弼《集解》："著"當作"蓍"，《世說·規箴篇》注引《輅別傳》云："聞君非徒善論《易》，至於分蓍思爻，亦爲神妙。"

華按：盧說甚明，當從之。

訂補：盧弼說"著"當作"蓍"，沒有校改的本證。今見影宋本《太平御覽》卷七百二十七方術部引《魏志》此文正作"蓍"，這就是了。又盧弼引《輅別傳》"分蓍思爻"爲旁證，這也是數術家常語，又如玉函山房輯佚書《易洞林》卷上（郭璞撰）："時姑涉《易》義，頗曉分蓍，遂尋思貞筮，鉤求攸濟。"

昔元、凱之弼重華，宣惠慈和。（《魏志二十九·方技·管輅傳》/820 頁）

華按："宣惠慈和"，百衲本、殿本、局本等均作"宣慈惠和"，當據以乙正。《左傳·文公十八年》載季文子使大史克對魯宣公曰："昔高陽氏有才子八人……齊聖廣淵，明允篤誠，天下之民謂之'八愷'；高辛氏有才子八人……忠肅共懿，宣慈惠和，天下之民謂之'八元'。"杜預注："宣，徧也。"孔穎達疏："宣者，徧也，應受多方，知思周徧也；慈者，愛出於心，恩被於物也；惠者，性多哀矜，好拯窮匱也；和者，體度寬簡，物無乖爭也。"《全後漢文》卷一百載《冀州刺史王純碑》："立朝正色……宣慈惠和。"亦其例也。然則"宣慈惠和"四字並列，指四種德行，即公平周密、慈祥仁愛、樂善好施、寬厚和平。此爲輅語所本。俗本倒"慈惠"二字，蓋傳刻者不達古語，誤以"宣惠"、"慈和"爲二語並列矣。

整理者按：紹興本、紹熙本、元大德本、三朝本（萬曆十年補刊）、西爽堂本、北監本、汲本、殿本、局本、百衲本作"宣慈惠和”。南監本、金陵活字本作“宣惠慈和”。

今君侯位重山嶽,勢若雷電。(《魏志二十九·方技·管輅傳》/820頁)

盧弼《集解》:《世說注》“電”作“霆”。

華按:《太平御覽》卷四百五十八亦作“霆”,蓋北宋人所見如是。然唐寫本《世說新書》殘卷作“電”,與百衲本《魏志》相同,是“雷電”之文亦有所本。惠棟《易漢學》引後漢酈炎對問曰:“《易》震爲雷,亦爲諸侯。”以“雷”喻諸侯之勢,亦沿漢世象數家之說。

又鼻者艮,此天中之山,高而不危,所以長守貴也。(《魏志二十九·方技·管輅傳》/820頁)

盧弼《集解》:《世說注》“艮”下有“也”字。

華按:鼻爲艮象,係漢世象數家之說。惠棟《易漢學》卷七引《九家逸象》云:“艮後有☰,爲鼻。”

又按:唐寫本《世說注》“艮”下無“也”字,與本志合。

不可不思害盈之數,盛衰之期。(《魏志二十九·方技·管輅傳》/820頁)

盧弼《集解》:《册府》“害”作“虛”。

華按:《易·謙》象辭曰:“謙,亨。天道下濟而光明,地道卑而上行。天道虧盈而益謙,地道變盈而流謙,鬼神害盈而福謙,人道惡盈而好謙。尊而光,卑而不可踰,君子之終也。”害盈、惡盈、虧盈,互文見義,均指自大自滿者將遭厭惡而不免於虧損,此天理人事之必然者。管輅之言本此。盧氏謂《册府》作“虛盈”,所據者乃明、清版本之訛文;而殘宋本《册府元龜》卷八百九十二則作“害盈”,《太平御覽》卷七百二十七亦然,可見北宋人所見如是。

雷在天上曰壯。（《魏志二十九‧方技‧管輅傳》/820 頁）

盧弼《集解》：《世說注》作"曰大壯"，下同。

華按：參詳下文，管輅所言與京氏象數之說相類。《京氏易傳》卷中《大壯卦》曰："壯與震爲飛伏。"亦言"壯"，乃"大壯"之省稱。

欲注《易》八年，用思勤苦，歷載靡寧，定相得至論，此才不及《易》，不愛久勞，喜承雅言，如此相爲高枕偃息矣。（《魏志二十九‧方技‧管輅傳》注引《輅別傳》/823 頁）

盧弼《集解》："寧"、"定"二字，疑有一衍。

華按："定相得至論，此才不及《易》"云云，猶言"及至得君高論，乃知吾才淺薄，實不足以達於《易經》之旨也"。"定"猶"及"也，解在本志《陳思王植傳》。

輅隨軍西行，過毌丘儉墓下。（《魏志二十九‧方技‧管輅傳》/825 頁）

郁松年《續後漢書札記》：郝書"過母丘儉祖父墓下"，《志》脫"祖父"。

盧弼《集解》：趙一清曰："'儉'下當有'父'字。"周壽昌曰："'墓'上疑脫一'先'字。"弼按：毌丘儉死於正元二年，管輅死於正元三年。儉死數月，安有"林木之茂"？三族誅夷，安有碑誄之美？且儉死族滅，事已顯著，有何豫言之驗？本傳"卒如其言"殊爲不經。如作"過儉父墓下"，則得之矣。《水經‧穀水注》作"過毌丘興墓"，興，儉父也。

華按：趙、周疑奪，未有明證。盧氏疑訛，講之甚精。然"儉"字是否"興"字之誤，尚難確定。今見《太平御覽》卷五十

七引干寶《晉紀》作"過母丘氏墓下"，"儉"疑作"氏"。唐寫本
殘卷《琱玉集》卷十二《鑒識篇第三》有云："管輅字公明，晉時
人也。嘗過母丘氏墓，因倚樹哀吟……後母丘儉果反而滅族
也。出《晉書》。"干寶《晉紀》作"母丘氏墓"，與唐人殘卷所據
《晉書》相同，可資參校。周壽昌疑"墓"上脫"先"字，今檢蕭常
《續後漢書》卷二十二，其文正作"過母丘儉先墓"，亦甚可取。
然則承祚原文究竟如何，未可遽定也。

又按：又疑"母丘儉墓"謂母丘儉家之墓，當時或許有此省
稱。例如《晉書·譙縱傳》："縱之走也，先如其墓。縱女謂縱
曰：'走必不免，祇取辱焉。等死，死於先人之墓可也。'縱不
從。"換言之，"其墓"即"譙縱之墓"，實指譙縱先人之墓。

玄武藏頭，蒼龍無足，白虎銜尸，朱雀悲哭，四危以備，法當滅族。（《魏志二十九·方技·管輅傳》/825頁）

華按：董仲舒《春秋繁露》、班固《白虎通》等載五行方位之
說，謂左青龍爲木，右白虎爲金，前朱雀爲火，後玄武爲水，中
央后土爲土。似此，則"玄武藏頭"表示水之無源，"蒼龍無足"
表示樹之無根，"白虎銜尸"表示刀斧加身，"朱雀悲哭"意謂香
火將絕。故"四危"云云，純據五行以說墓地風水。

後得休，過清河倪太守。（《魏志二十九·方技·管輅傳》/825頁）

華按：在官者逢值例假，謂之"得休"。又如《後漢書·鄭
玄傳》："玄少爲鄉嗇夫，得休歸，常詣學官，不樂爲吏，父數怒
之，不能禁。"

背無三甲，腹無三壬，此皆不壽之驗。（《魏志二十九·方技·管輅傳》/826頁）

華按："三甲"、"三壬"殆漢世數術家故神其說之術語。徵之後世相術，"三甲"蓋指豐隆寬厚之狀。《舊唐書・袁天綱傳》載其論馬周曰："馬君伏犀貫腦，背若有負，貴驗也。"舊題南唐宋齊邱所撰《玉管照神局》論背相曰："背欲長而不欲短，欲厚不欲薄。坑陷者貧賤。"近世相書遂謂項後及兩肩綳肉厚而成"壘"字形者爲"三甲"，雖屬臆說，亦可資參考。"三壬"爲腹相之最佳者，蓋指圓長厚實之狀。金代張行簡《人倫大統賦》說腹相曰："圓厚富安，儉薄乏食，深寬富貴，淺窄孤貧，勢如垂囊，風雷四方之震。"俗書謂臍下及兩腿邊肉長者爲"三壬"，當有所本。

夫晉、魏之士，見輅道術神妙，占候無錯，以爲有隱書及象甲之數。（《魏志二十九・方技・管輅傳》注引《輅別傳》/827頁）

華按："隱書"者，殆當時道家修仙之書。《道藏》第六册《太上玉晨鬱儀結璘奔日月圖》引《太上隱書》中篇曰："子欲爲眞，當存日君；駕龍驂鳳，乘天景雲。"又《七域修眞證品圖》曰："仙道有《八素眞經》、《太上隱書》。"又云："《太丹隱書》，八稟十决。"疑魏晉祕傳之"隱書"即所謂《太上隱書》、《太丹隱書》之類。

又按："隱書"之特點，可注意者四：一、"隱書"蓋以答疑解難得名。《漢書・藝文志》詩賦類著錄"隱書十八篇"，顏師古注引劉向《別錄》云："隱書者，疑其言以相問，對者以慮思之，可以無不諭。"二、《道藏》謂"隱書"爲隱祕之書，乃藏於九天仙府之祕籍。三、隱書之內容可以驅災避邪。如《藝文類聚》卷六十九"簟"條注引《漢獻帝傳》："尚書令王允奏曰：'太史令王立說《孝經》六隱事，能消却姦邪。'"四、德行乃"隱書"所闡發之主要內容。如《眞誥·運象篇》："上道謂之隱書。"

惟餘《易林》、《風角》及《鳥鳴書》還耳。（《魏志二十九·方技·管輅傳》注引《輅別傳》/827頁）

華按："還"上似應有"以"字。"以還"猶今語"以下"，魏晉習用。本志《陳思王植傳》注引《魏略》載其上書曰："惟尚有小兒，七八歲已上，十六七已還，三十餘人。""已還"即"以還"。《全晉文》卷五晉武帝《伐吳詔》："今調諸士，……限年十七以上，至五十以還。"《晉書·劉毅傳》載其賭博事："餘人並黑犢以還。"謂他人所擲之骰皆"黑犢"以下也。《宋書·劉穆之傳》："每至食時，客止十人以還者，帳下依常下食。"並其例證。

路中小人失妻者，輅爲卜，教使明旦於東陽城門中伺擔豚人牽與共鬪。（《魏志二十九·方技·管輅傳》注/828頁）

盧弼《集解》：《御覽》七百二十五"路"作"洛"，"妻"作"婢"。

華按：《太平廣記》卷二百十六引劉敬叔《異苑》云："洛中一人失妻，輅令與擔豕人鬪於東陽門。"劉氏《異苑》與裴氏《三國志注》皆成書於宋文帝元嘉年間，所據資料當同出一源；兩相參校，"路中"顯係"洛中"之誤。在魏晉口語中"洛中"乃洛陽之稱，下文所云"東陽城門"即洛陽之一門。《資治通鑑》卷八十一載晉武帝太康元年"琅邪王伷遣使送孫晧及其宗族詣洛陽……與其太子瑾等泥頭面縛，詣東陽門"，胡三省注引《晉志》云："洛陽城東有建春、東陽、清明三門。"可爲確證。《太平御覽》"路"作"洛"，與《異苑》合；"妻"作"婢"則不足據。

又按：標點本僅於"東陽"二字之下加地名綫，易使讀者誤以"東陽"爲郡縣鄉鎮名。"東陽城門"係西晉首都洛陽城東面三門之一，拙撰《校詁》已言之。《晉書·成都王穎傳》："出自東陽城門，遂歸鄴。"中華書局標點本《晉書》於"東陽城門"四字之下加地名綫，當從之。

中書令史紀玄龍，輅鄉里人。（《魏志二十九·方技·管輅傳》注/828 頁）

> **華按**："紀玄龍"，《太平廣記》卷二百十六引《異苑》作"范玄龍"。疑"紀"乃"范"之壞字。

有南征廐騶，當充甲卒，來詣盧公，占能治女郎。（《魏志二十九·方技·管輅傳》注/829 頁）

> **郁松年《續後漢書札記》**：郝書"言能治女郎"，"言"《志注》誤"占"。

> **盧弼《集解》**：郝經《續後漢書》"占"作"言"。

> **華按**："占"字不誤。本志《典韋傳》："太祖募陷陳，韋先占。"謂典韋率先報名也。《宋書·孟龍符傳》載孟係祖事："索虜寇青、冀，世祖遣軍援之，係祖自占求行。"謂係祖自言求行也。郁氏不明"占"有主動應募之意，遂爲郝書臆改之文張目。

盜者父病頭痛，壯熱煩疼，然亦來詣輅卜。（《魏志二十九·方技·管輅傳》注/829 頁）

> **華按**："壯熱"猶今語之"發高燒"，張仲景《金匱要略方論》有"救卒死壯熱方"，劉義慶《宣驗記》載孫晧不敬佛像，以致"陰囊忽腫，疼痛壯熱，不可堪任"。"壯"之後起字爲"痜"，《集韻·去聲·四十一漾》："痜，側亮切。病熱也。"然則"壯熱"乃近義之字平列，壯亦熱也。"煩疼"則猶今語"脹痛"之類，《金匱要略方論》又有"濕家身煩疼"之語，此亦近義之字平列。

三國志卷三十
魏志三十《烏丸鮮卑東夷傳》校詁

父兄死，妻後母執嫂；若無執嫂者，則已子以親之次妻伯叔焉，死則歸其故夫。（《魏志三十·烏丸傳》注引《魏書》/832頁）

盧弼《集解》：范書作"其俗妻後母，報寡嫂"。弼按：《史記·匈奴列傳》云："貴壯健，賤老弱，父死妻其後母，兄弟死皆取其妻妻之。"其風俗亦相同也。

華按："執"字無義。當爲"報"字之訛。《左傳·宣公三年》："文公報鄭子之妃。"杜預注："漢律，淫季父之妻曰報。"是其義。報、執二字，隸書形近，《史記·建元以來王子侯者年表》"四年，今侯執德元年"，《漢書·王子侯表上》作"元狩四年，原侯報德嗣"，是二字相訛之例。袁宏《後漢紀·孝明紀》上卷："羌之先，三苗之裔也……出十二世，相與婚姻，妻後母報嫂，無鰥男寡婦，故種類繁息。"《梁書·文學·劉峻傳》載其《辨命論》曰："彼戎狄者……以誅殺爲道德，以蒸報爲仁義。"皆用"報"字，可爲的證。

版文曰："使持節大將軍督幽、青、并領冀州牧阮鄉侯紹，承制詔……"（《魏志三十·烏丸傳》注引《英雄記》/834頁）

盧弼《集解》：紹封"邟鄉侯"，"阮"字誤。

　　華按：盧說是。本志《袁紹傳》："乃拜紹渤海太守，封邟鄉侯。"《後漢書·袁紹傳》李賢注："《前書》潁川有'周承休侯國'，元帝置。元始二年更名爲邟，音口浪反。"又注引《山陽公載記》："董卓以紹爲前將軍，封邟鄉侯。紹受侯，不受前將軍。"此漢靈帝中平六年事也。又本志《公孫瓚傳》注引魚豢《典略》載瓚表紹罪狀云："每下文書，皁囊施檢，文曰'紹書一封，邟鄉侯印'。"裴松之注："邟，口浪反。"觀上引諸文，可知"阮鄉侯"必爲傳刻之誤，應據以校正。

方之外夷，最又聰惠者也。(《魏志三十·烏丸傳》注引《英雄記》/834 頁)

盧弼《集解》：郝經《續後漢書》"又"作"爲"。弼按："惠"疑作"慧"。

　　華按：盧氏不明"惠"、"慧"古通，臚列異文，甚無謂也。竊謂"又"當從郝書作"爲"。《史記·貨殖列傳》："七十子之徒，賜最爲饒益。"又《萬石君傳》："慶於諸子中最爲簡易矣。""最爲"云云，謂所比之中，此爲極也。

建安十一年，太祖自征蹋頓於柳城。(《魏志三十·烏丸傳》/835 頁)

盧弼《集解》：本志《武紀》在建安十二年夏，此作十一年，誤。

　　華按：《後漢書·烏桓傳》亦作"建安十二年，曹操自征烏桓"，可據正。

右北平烏丸單于寇婁敦、遼西烏丸都督率眾王護留葉，昔隨袁尚奔遼西。(《魏志三十·烏丸傳》注引《魏略》/835 頁)

　　華按："葉"乃"等"之形訛，"遼西"爲"遼東"之誤。本志

《袁紹傳》：“太祖至遼西擊烏丸，尚、熙與烏丸逆軍戰，敗走奔遼東。”又《明帝紀》載景初元年征公孫淵事：“詔儉引軍還。右北平烏丸單于寇婁敦、遼西烏丸王護留等居遼東，率部眾隨儉內附。”可證。

至青龍元年，比能誘步度根深結和親，於是步度根將泄歸泥及部眾悉保比能。（《魏志三十·鮮卑傳》/836 頁）

盧弼《集解》：“保”，疑作“從”。

華按：“保”謂依附，其文不誤。《莊子·列禦寇》：“人將保汝也。”陸德明《經典釋文》曰：“保，附也。”本志《楊阜傳》：“馬超之戰敗渭南也，走保諸戎。”又《鄧艾傳》：“艾在西時，修治障塞，築起城塢……吏民安全者，皆保艾所築塢焉。”《蜀志·許靖傳》：“靖懼誅，奔仙；仙卒，依揚州刺史陳禕；禕死，吳郡都尉許貢、會稽太守王朗與靖有舊，故往保焉。”或言“奔”，或言“依”，或言“保”，均投奔依託之謂。盧氏疑作“從”，未得詞言之情。

妻言：“嘗晝行，聞雷震，仰天視而電入其口，因吞之，遂姙身……”（《魏志三十·鮮卑傳》注引《魏書》/837 頁）

西爽堂本作“雹”。

易培基《補注》：南本“雹”作“雷”。

華按：“電”豈可吞之？諸本皆作“雹”，與《後漢書·烏桓鮮卑傳》合，當從之。殘宋本《册府元龜》卷九百九十七外臣部引作“雹”，《太平御覽》卷十四《天部·雹》引《後魏書》亦然；標點本誤承金陵活字本作“電”，失校。易氏謂南監本作“雷”，蓋涉上文“聞雷震”而誤。

整理者按：紹興本、紹熙本、元大德本、三朝本（萬曆十年補刊)、西爽堂本、北監本、汲本、殿本、局本、百衲本作"電"。
南監本、金陵活字本作"電"。易培基《補注》校記或有誤。

乃更遣使者賚印綬，即封檀石槐爲王，欲與和親。
(《魏志三十·鮮卑傳》注引《魏書》/837頁)

盧弼《集解》：元本"更"作"便"。

華按："乃更"，字或作"仍更"，與承接之詞"遂"、"便"、
"乃"等用法相同。

整理者按：紹興本、紹熙本、元大德本、西爽堂本、南監本、
北監本、汲本、殿本、金陵活字本、局本、百衲本作"更"。三朝
本(萬曆十年補刊)作"便"。

舊志又言，昔北方有高離之國者。(《魏志三十·東夷·夫餘傳》注引《魏略》/842頁)

盧本作"豪離"。

盧弼《集解》："豪"，宋本作"高"，元本、馮本作"橐"，范書作
"索"。章懷注："索或作橐，音度洛反。"《御覽》作"膏"。

華按："高離"，《論衡·吉驗》作"橐離"。《後漢書》則作
"索離"，李賢所注之"音度洛反"與"索"字不吻，而與"橐"字密
合。然則東漢王充所據舊志作"橐離"者，爲得其實；其餘"橐
離"、"索離"、"高離"皆傳寫失眞之文。

整理者按：紹興本、元大德本(後印本)、三朝本(萬曆十年
補刊)、西爽堂本、南監本、北監本、汲本、殿本、金陵活字本作
"橐"。紹熙本、元大德本(初印本)、百衲本作"高"。局本
作"豪"。

徙至馬閑，馬以氣噓之。(《魏志三十·東夷·夫餘傳》注引《魏略》/842頁)

盧弼《集解》：“閑”，范書作“蘭”。章懷注：“蘭即欄也。”

華按：“徙至馬閑”，《論衡·吉驗》作“徙置馬欄”，李賢注范書甚是。此作“閑”，蓋傳寫者變其文耳。《說文解字·口部》：“圈，養畜之閑也。”是“馬閑”即養馬之圈也。

國人有氣力，習戰鬭。（《魏志三十·東夷·高句麗傳》/844頁）

華按：雖悍戰之國，亦未必人人皆“有氣力”。“有”當作“尚”，字之誤也。《梁書·諸夷·高句驪傳》：“國人尚氣力，便弓矢刀矛；有鎧甲，習戰鬭。”可以參證。“尚”，推崇也；字或作“上”。發展爲雙音詞則爲“高尚”，或爲“高上”。《漢書·地理志下》：“及安定、北地、上郡、西河，皆迫近戎狄，修習戰備，高上氣力，以射獵爲先。”又：“秦既滅韓，徙天下不軌之民於南陽，故其俗夸奢，上氣力。”《後漢書·王渙傳》：“少好俠，尚氣力。”《吳志·諸葛恪傳》：“丹楊地勢險阻，……俗好武習戰，高尚氣力。”《晉書·李充傳》：“其俗尚氣力而多勇悍，其人習戰爭而貴詐僞。”並其例。

位宮有力勇，便鞍馬，善獵射。（《魏志三十·東夷·高句麗傳》/845頁）

盧弼《集解》：趙一清曰：“‘力勇’，當依《寰宇記》作‘勇力’。”

華按：《梁書·東夷傳》亦作“勇力”，然而“力勇”亦未必爲誤倒之文。今人恆言“能力”者，如《後漢書·班超傳》論曰：“武略之士，無所奮其力能者。”今人恆言“勢力”，古人有言“力勢”者，如《潛夫論·交際》：“貨財不足以和好，力勢不足以杖急。”此言“力勇”謂體力與勇氣，不必據後出之書乙爲“勇力”。

其嫁娶之法，女年十歲，已相設許。（《魏志三十·東

夷·東沃沮傳》注引《魏略》/847 頁)

　　　　華按："設許",預先允許。《漢書·趙充國傳》:"間者匈奴困於西方,聞烏桓來保塞,恐兵復從東方起,數使使尉黎、危須諸國,設以子女、貂裘,欲沮解之。"顏師古注:"設,謂開許之也。"是"設"與"許"義近,故連文而成雙音節詞。

又說得一布衣,從海中浮出,其身如中(國)人衣,其兩袖長三丈。(《魏志三十·東夷·東沃沮傳》/847 頁)

　　盧弼《集解》:范書作"其形如中人衣","國"字衍。

　　標點本《校記》:"國",據《後漢書·東夷傳》删。(1497 頁)

　　　　華按:删"國"字是也。"中人"謂中等身材之人。《山海經·海外西經》"長股之國"郭璞注:"長臂人身如中人,而臂長三丈。"又《海外南經》"長臂國"郭璞注:"舊說云:其人手下垂至地。魏黃初中,玄菟太守王頎討高句麗王宮,窮追之,過沃沮國,其東界臨大海,近日之所出,問其耆老,海東復有人否?云嘗在海中得一布褐,身如中人衣,兩袖長三丈,即此長臂人也。"《初學記》卷十九引郭璞《長臂國贊》曰:"雙臂三丈,體如中人;彼曷爲者? 長臂之人;脩腳是負,捕魚海濱。"《初學記》卷二十六引劉敬叔《異苑》亦作"中人",皆與范書相合。

州鮮國(馬延國)、弁辰狗邪國、弁辰走漕馬國、弁辰安邪國(馬延國)、弁辰瀆盧國、斯盧國、優由國。
(《魏志三十·東夷·弁辰傳》/853 頁)

　　盧弼《集解》:沈家本曰:"必衍其一,疑即……下'馬延國'也。"

　　標點本《校記》:"馬延國",從沈家本删。(1498 頁)

　　　　華按:此文"馬延國"兩見,後者必涉上而衍,删其一則可矣。不意標點本兩處皆删,可謂過猶不及,粗疏之甚。

景初二年六月，倭女王遣大夫難升米等詣郡。(《魏志三十·東夷·倭傳》/857頁)

盧弼《集解》：沈家本云：“《御覽》作‘景初三年，公孫淵死，倭女王遣大夫難升米等言帶方郡’。按：公孫淵死於景初二年八月，淵死而倭使始得通，自當在三年。若在二年六月，其時遼東方與魏相拒，魏尚無帶方太守，倭使亦不得通也。此文恐當以《太平御覽》爲長。推淵死於二年而敍於三年，蓋欲明倭使得通之故而追敍之耳。又按：下文云‘其年十二月詔書報倭女王’云云，‘正始元年太守弓遵遣建中校尉梯儁等奉詔書印綬詣倭國’云云，是於景初三年十二月下詔書，正始元年到帶方，年月甚明。若是二年事，不應詔書既下，事隔一年始到帶方也。此尤‘二年’當作‘三年’之明證也。”

華按：沈氏論證“二年”應是“三年”之誤，言之鑿鑿。《梁書·東夷傳》：“至魏景初三年，公孫淵誅後，卑彌呼始遣使朝貢，魏以爲親魏王，假金印紫綬。”《日本書記》神功皇后三年注引此事亦作“景初三年”，與《太平御覽》卷七百八十二相同。此均爲沈說足可信據之明證。

汝所在踰遠，乃遣使貢獻，是汝之忠孝，我甚哀汝。(《魏志三十·東夷·倭傳》/857頁)

盧弼《集解》：毛本“哀”作“衰”。

華按：“衰”字義不可解。《釋名·釋言語》：“哀，愛也，愛乃思念之也。”《詩·周南·關雎序》：“哀窈窕，思賢才。”《呂氏春秋·行論》：“天下聞之，以文王爲畏上而哀下也。”又《報更》：“人主胡不哀士。”高誘注：“哀，愛也。”《大藏經》卷一吳支謙譯《佛開解梵志阿颰經》：“沙門之戒，慈仁爲本，不得殘殺蜎動之類，哀念人物，踰於赤子。"本志《袁術傳》注引《九州春秋》："馮氏以爲然，後見術輒垂涕，術以有心志，益哀之。"又《高柔傳》："夫少單特，養一老嫗爲母，事甚恭謹，又哀兒女，撫視不離，非是輕狡不顧室家者也。"諸"哀"乃愛憐、思念義，詔書之"哀"亦然。

整理者按：紹興本、紹熙本、元大德本、三朝本(嘉靖九年補刊)、西爽堂本、南監本、北監本、殿本、金陵活字本、局本、百衲本作"哀"。汲本作"衷"。

近去建安中，興國氐王阿貴、白項氐王千萬，各有部落萬餘。(《魏志三十·烏丸鮮卑東夷傳評》注引《魏略·西戎傳》/858 頁)

盧弼《集解》："白項"當作"百頃"。胡三省注引此亦作"百頃"。《宋書·氐胡傳》："略陽清水氐楊氏……後有名千萬者，魏拜爲百頃氐王。"李賢曰："……《仇池記》曰：仇池百頃。"酈道元注《水經》云："……上有平田百頃，煮土成鹽，因以百頃爲號也。"

華按："白項"二字當作"百頃"，盧說鑿鑿有據，然今本迄未訂正，茲更補證之。《魏書·氐傳》："漢建安中有楊騰者爲部落大帥，騰勇健多計略，始徙居仇池，仇池地方百頃，因以爲號。"《南齊書·氐傳》："氐楊氏，與苻氏同出略陽，漢世居仇池，地號百頃，有百頃氐王是也。"《周書·異域傳》："漢末有氐帥楊駒，始據仇池百頃，最爲彊族。"諸書敘"百頃"得名所由，如出一轍，足證唐以前文獻不作"白項"也。

始建武時，匈奴衰，分去其奴婢，亡匿在金城、武威……(《魏志三十·烏丸鮮卑東夷傳評》注引《魏略·西戎

傳》/859 頁）

華按："分去"二字應爲一句，謂分散而離去；"其奴婢"三字連下爲句。標點本誤以"分去其奴婢"爲一句，不知所云。

南道西行，且志國、小宛國、精絕國、樓蘭國皆并屬鄯善也。（《魏志三十・烏丸鮮卑東夷傳評》注引《魏略・西戎傳》/859 頁）

盧弼《集解》：李慈銘曰："'且志'，兩《漢》及後《魏書》皆作'且末'。"丁謙曰："'且末國'，《伽藍記》作'左末'，《大唐西域記》作'沮末'。"

華按：《樓蘭尼雅出土文書》第七百二十六號木簡云："君華謹以琅玕致問且末夫人。"當出自東晉以前手筆，此爲當時以"且末"爲正字之明證。荀悅《漢紀》作"沮沫"，《洛陽伽藍記》作"左末"，字形雖異，語音未變。此作"且志"，"志"與"末"字音無涉，必爲傳寫之誤。

浮屠身服色黃，髮青如青絲，乳青毛，蛉赤如銅。（《魏志三十・烏丸鮮卑東夷傳評》注引《魏略・西戎傳》/859 頁）

盧弼《集解》：官本《考證》引《世說注》云"髮如青絲爪如銅"。《御覽》七百九十七"蛉"作"冬"。或曰："'蛉'疑作'睛'。"

華按：此文不可卒讀，標點本之句讀爲"乳青毛，蛉赤如銅"，蓋取或人之說。湯用彤《漢魏兩晉南北朝佛教史》指出："《史記・大宛傳》正義作'乳有青色，爪赤如銅'。螟蛉色青，'乳青毛蛉'疑謂乳青如蛉；'爪如銅'，乃八十種好之一。"今疑原文當作"髮如青絲，乳青毛，爪赤如銅"。參證之一：《世說新語・文學第四》"殷中軍見佛經"條引《魏略・西戎傳》曰："髮如青絲，爪如銅。"參證之二：《梁書・諸夷傳》曰："先是，三年八月,高祖改造阿育王寺塔,出舊塔下舍利及佛爪髮,髮青紺色。"又曰:"按《僧伽經》云:'佛髮青而細,猶如藕莖絲。'"參證之三:《史記・大宛列傳》唐張守節《正義》作"乳有青色,爪赤如銅。"三證互參,"髮青"、"青毛"、"蛉赤"必有訛誤。末句之"蛉",《太平御覽》作"冬",蓋"爪"先訛爲形近之"冬",後人以"冬"不辭,遂妄加"虫"旁而改成"蛉"字。

整理者按:紹興本、元大德本、三朝本、西爽堂本、南監本、北監本、汲本、殿本、金陵活字本、局本、百衲本作"乳青毛"。紹熙本作"乳毛"。盧弼《集解》:"宋本無'青'字。"

始莫邪夢白象而孕,及生,從母左脅出。(《魏志三十・烏丸鮮卑東夷傳評》注引《魏略・西戎傳》/859頁)

盧弼《集解》:《御覽》"左"作"右"。

華按:《史記・大宛列傳》正義引此亦作"右",當從之。莫邪剖右脅而生浮屠,此爲佛家之說;《大藏經》卷三後漢竺大力、康孟祥譯《修行本起經》卷上:"太子身成,到四月八日,夫人出遊……便從右脅生。"又西晉聶道眞譯《異出菩薩本起經》:"太子以四月八日夜半時生,從母右脅生。"又卷十二竺法護譯《慧上菩薩問大善權經》卷下:"菩薩雖從右脅而生,母無瘡痍出入之患。"《初學記》卷二十三引《普曜經》:"佛,兜率天降神於西域迦維衛國淨梵王宮,摩耶夫人剖右脅而生。"《全梁文》卷三十沈約《釋迦文佛象銘》:"駐景上天,降生右脅。"《敦煌變文集・八相變》:"是時摩耶夫人夢想有孕……釋迦眞身從右脅出誕生。"並其證也。與此說相似者,道家則有李母剖左腋而生老子之說,《太平廣記》卷一引《神仙傳・老子》:"其母感大流星而有娠……母懷之七十二年乃生,生時剖母左腋而出。"《初學記》卷二十三引《道德經序訣》："周時復託神李母,剖左腋而生。"又引《玄妙內篇經》："乃化從玄妙玉女左腋而生,生而白首,故號爲老子。"《史記·老子韓非列傳》正義亦引《玄妙內篇》："李母懷胎八十一載,逍遙李樹下,乃割左腋而生。"均其例。由此觀之,"左脅"爲"右脅"之誤明矣。

烏孫長老言北丁令有馬脛國。(《魏志三十·烏丸鮮卑東夷傳評》注引《魏略·西戎傳》/863 頁)

　　華按:"丁令"即"釘靈"。《山海經·海內經》:"有釘靈之國,其民從膝已下有毛,馬蹄,善走。"

短人國在康居西北……康居長老傳聞常有商度此國,去康居可萬餘里。(《魏志三十·烏丸鮮卑東夷傳評》注引《魏略·西戎傳》/863 頁)

趙一清《注補》:《寰宇記》云:"嘗有商旅行北方,迷惑失道而到國中,甚多珍珠、夜光明月珠,見者不知名此國號,以意商度。"此有脫文。

　　華按:《通典》卷一百九十三"短人"下亦云:"短人,魏時聞焉,在康居西北……康居長老傳聞:嘗有商旅行北方,迷惑失道,而到斯國中,甚多眞珠、夜光明月珠,見者不知名此國號,言'以意商度,此國去康居可萬餘里'。"其文較趙氏所引《太平寰宇記》爲詳。今知"常有商度此國"云云,其中"常"讀"嘗",蓋謂曾有商人經過短人國,以意度之,此國去康居約萬餘里云。

俗以爲營廷之魚不知江海之大,浮游之物不知四時之氣,是何也?(《魏志三十·烏丸鮮卑東夷傳評》注引《魏略》魚豢議/863 頁)

　　華按:"營廷"二字舊無說。揆之文義,必爲小水之稱,今知當爲"瀠瀎"之假借。瀠字古作滎。《說文解字·水部》："滎，絕小水也。從水，熒省聲。"《廣韻·上聲·四十一迥》："瀎，瀎潭，水皃。都挺切。"《漢書·揚雄傳》："梁弱水之瀎瀠兮，躡不周之逶蛇。"《文選》卷七揚雄《甘泉賦》作"瀎瀠"，李善注："瀎瀠，小水貌也。"此爲迭韻謰語。字或作"淳瀠"，《魏書·陽尼傳》載陽固《演賾賦》："越弱水之淳瀠兮，躡不周之嶮巇。"又作"汀瀠"，《梁書·沈約傳》載其《郊居賦》："決淳洿之汀瀠，塞井甃之淪坳。"亦作"汀瀅"，《抱朴子內篇·極言》："不測之淵起於汀瀅。"謰語字無倒順，上引"瀎瀠"、"淳瀠"、"汀瀠"、"汀瀅"諸字，倒之則爲"瀠瀎"、"瀠淳"、"瀠汀"、"瀅汀"。《抱朴子外篇·逸民》："子可謂守培塿、玩狐丘，未登閬風而臨雲霓；翫瀅汀、游潢洿，未浮南溟而涉天漢。"其中"瀅汀"顯爲小水之稱。此作"營廷"，音同義通。

三國志卷三十一
蜀志一《劉二牧傳》校詁

敕焉爲益州刺史。前刺史劉雋、郤儉皆貪殘放濫，取受狼籍，元元無聊，呼嗟充野，焉到便收攝行法，以示萬姓，勿令漏露，使癰疽決潰，爲國生梗。（《蜀志一·劉二牧·劉焉傳》注引《漢靈帝紀》/866頁）

　　華按："敕焉爲益州刺史"句下當用冒號。"前刺史……爲國生梗"四十八字乃詔敕之文，應加引號以明之。

始扶發辭抗論，益部少雙，故號曰（致止）〔至止〕，言人莫能當，所至而談止也。（《蜀志一·劉二牧·劉焉傳》注引陳壽《益部耆舊傳》/866頁）

　　盧弼《集解》：潘眉曰："'致'當做'至'。"

　　標點本《校記》："至止"，從潘眉說。（1498頁）

　　華按：此文取"至止"之義，當如潘眉說。然"至"、"致"二字古通用，不煩改作。殘宋本《冊府元龜》卷八百三十三引此作"至止"，即用本字。

吏民翕集，合萬餘人。（《蜀志一·劉二牧·劉焉傳》/866頁）

　　盧弼《集解》：官本《考證》云："監本訛作'翕習'，今改正。"弼按：宋本亦作"翕習"。

華按："翕習"、"翕集"皆可通，宜從宋本。"翕習"亦當時常語，形容時人望風而從。如《魏志·文帝紀》注引《獻帝傳》載李伏表曰："今洪澤被四表，靈恩格天地，海內翕習，殊方歸服。"是其例。

整理者按：紹熙本、元大德本、三朝本（嘉靖己未年補刊）、南監本、北監本、百衲本作"習"。西爽堂本、汲本、殿本、金陵活字本、局本作"集"。

屯胸腝。上蠢，下如振反。（《蜀志一·劉二牧·劉焉傳》注引《英雄記》／868頁）

盧弼《集解》：潘眉曰："胸音岣，此古音也。章懷《吳漢傳》注引《十三州志》：'音春。'《晉書音義》引如淳注曰：'音蠢'……"

華按："上蠢"當作"上音蠢"。考裴氏注音之例，凡以同音字注音者，若被注之字爲"甲"，作注之字爲"乙"，則必稱"甲音乙"。例如《魏志·武帝紀》："虹音絳"、"泃音句"、"瓡音孤"、"沮音菹"、"朴濩孫盛曰：朴音浮，濩音戶"。又《董卓傳》："橫音光。"又《袁紹傳》："沮音菹。"又《呂布傳》："衢音道。"又《荀彧傳》："囊音異。"又《劉曄傳》："惪音德。"又《劉放傳》："祤音詡。"又《蘇則傳》："郖音豆。"又《龐惪傳》："狟音桓。"又《王粲傳》："繁音婆"、"瑒一音暢"、"离音離"。又《衛覬傳》："閿音聞。"又《和洽傳》："阽音鹽。"又《高堂隆傳》："會音膾。"又《毌丘儉傳》："梁音渴。"本志《後主傳》："湔音箭。"又《李嚴傳》："朱音銖。"又《龐統傳》："陔音該。"又《費褘傳》："郿音盲。"《吳志·吳主傳》："黟音伊"、"歙音攝"。又《妃嬪·孫破虜吳夫人傳》："誧音普。"又《吳主權徐夫人傳》："泮音敷。"綜觀全書，裴氏注音皆如是作。此無"音"字，宜依例補之。唐何超《晉書音義》卷一"胸腝"引如淳曰："上音蠢,下音如允反。"裴注蓋承用如淳之文,例當有"音"字。

璋聞曹公征荊州,已定漢中,遣河內陰溥致敬於曹公。(《蜀志一·劉二牧·劉璋傳》/868 頁)

　　盧弼《集解》:"已定漢中"四字不可曉,疑有脫文。

　　華按:"漢中",似當爲"漢川"或"漢南"。漢川謂襄樊上下、漢水左右之地。《魏志·劉表傳》稱其"南收零桂,北據漢川。地方數千里,帶甲十餘萬"。又《文聘傳》載曹操得荊州後,文聘答曹操語曰:"常願據守漢川,保全土境……,而計不得已,以至於此。""漢南"謂漢沔之南,本志《諸葛亮傳》:"將軍起兵據有江東,劉豫州亦收眾漢南,與曹操並爭天下。"《魏志·賈詡傳》載太祖破荊州,欲順江東下,詡諫曰:"明公昔破袁氏,今收漢南,威名遠著。"荊州所轄之中心地區,史家或稱爲"漢川",或稱爲"漢南",故"已定漢中"之"中",疑爲"川"或"南"字之誤。

璋復遣別駕從事蜀郡張肅送叟兵三百人,并雜御物於曹公。(《蜀志一·劉二牧·劉璋傳》/868 頁)

　　華按:標點本"叟"下未加專名號,易致誤解。《後漢書·董卓傳》:"呂布軍有叟兵內反。"李賢注:"叟兵,即蜀兵也。漢代謂蜀爲叟。"本志《諸葛亮傳》注引《漢晉春秋》:"賨、叟、青羌、散騎、武騎一千餘人。"諸例"叟"字皆用專名綫,是也。叟兵悍戰,爲作軍者所重,故璋獻之以媚曹操。

曹公時已定荊州,走先主,不復存錄松,松以此怨。(《蜀志一·劉二牧·劉璋傳》/868 頁)

　　華按:"存錄",指以禮相待。如下文注引《漢晉春秋》:"張松見曹公,曹公方自矜伐,不存錄松。"其中"存錄"二字,《華陽國志》作"存禮",可以互參。《後漢書‧李燮傳》:"史官上言,宜有赦令,又當存錄大臣冤死者子孫。"亦其例。

更相之適,歡飲百餘日。(《蜀志一‧劉二牧‧劉璋傳》/869頁)

　　華按:"之適"猶言拜訪,又如《後漢書‧禰衡傳》:"始達潁川,乃陰懷一刺,既而無所之適,至於刺字漫滅。"《抱朴子外篇‧疾謬》:"修周旋之好,更相從詣,之適親戚。""之適"係同義複詞,本義爲"到……去",例如《太平御覽》卷六百十一引謝承《後漢書‧曹褒傳》:"寢則懷抱筆札,行則誦習文書,當其念至,忘所之適。"《莊子‧徐無鬼》:"齧缺遇許由,曰:'子將奚之?'"唐成玄英疏云:"齧缺逢許由,仍問:'欲何之適?'"

三國志卷三十二
蜀志二《先主傳》校詁

瓚表爲別部司馬,使與青州刺史田楷以拒冀州牧
袁紹。(《蜀志二·先主傳》/872頁)

> **盧弼《集解》**:各本"與"皆作"爲"。錢大昕曰:"'爲'字誤,當是
> '助'字之訛。"弼按:下文"先主與田楷東屯齊",此亦當作
> "與"字。

> **盧弼《集解補》**:林國贊曰:"《武紀》:'呂布復爲袁術。'《呂布
> 傳》:'布復叛爲術。'本傳:'郡縣多叛曹公爲先主。'凡此,皆
> '爲'猶助也。《趙雲傳》:'瓚遣先主爲田楷拒袁紹。'正與此
> 同,'爲'字似不必改'助'。"

> **華按**:各本"與"作"爲",不誤。彼"爲"字既不必改作
> "助",亦不當改爲"與"。本志《趙雲傳》所云"本屬公孫瓚,瓚
> 遣先主爲楷拒袁紹,雲遂隨從",乃初平二年之事,其時田楷被
> 公孫瓚署爲青州刺史,而劉備僅相當於縣令,論其位勢,劉備
> 祇宜助楷拒紹,不得與楷分庭抗禮。錢氏謂"爲"乃"助"字之
> 誤,殊不知"爲"可訓助,由來舊矣。《詩·大雅·鳧鷖》:"福祿
> 來爲。"鄭玄箋:"爲,猶助也。"《廣韻·去聲·五寘》:"爲,助
> 也。于僞切。又允危切。"此其音義。至於"先主與田楷東屯
> 齊",事在初平三年,是時劉備已爲平原相矣。盧氏將先後兩

年之事混而爲一,謂此文"爲"字當作"與",亦非。林氏謂"爲"字不必改"助",甚是;然謂《趙雲傳》之例與此正同,則未得實。

　　整理者按:紹熙本、元大德本、三朝本、西爽堂本、南監本、北監本、汲本、殿本、金陵活字本、百衲本作"爲"。局本作"與"。

彼州殷富,戶口百萬,欲屈使君撫臨州事。(《蜀志二·先主傳》/873 頁)

　　錢大昕《考異》:《華陽國志》作"鄮州"。登下邳人,下邳屬徐州,故云"鄮州"也。"彼"字誤。

　　華按:錢說至確。郝經《續後漢書》卷二作"鄮州",與《華陽國志》合。本篇注引《獻帝春秋》載陳登謂袁紹曰:"天降災沴,禍臻鄮州。"其中"鄮州"亦指徐州,可證。

　　整理者按:《太平御覽》卷一百十七作"彼州"。

方今寇難縱橫,不遑釋甲。(《蜀志二·先主傳》注引《獻帝春秋》/874 頁)

　　盧弼《集解》:元本"難"作"讎"。

　　華按:元本誤。"寇難"泛指刀兵之禍,與文義合。"寇讎"特指敵國外患,於義無當。

　　整理者按:紹熙本、三朝本、西爽堂本、南監本、北監本、汲本、殿本、金陵活字本、局本、百衲本作"難"。元大德本作"讎"。蕭常《續後漢書》卷六作"讐"。

先主未出時,獻帝舅車騎將軍董承辭受帝衣帶中密詔,當誅曹公。(《蜀志二·先主傳》/875 頁)

　　劉咸炘《三國志知意》:"辭"字當删。

　　華按:劉說非是。"辭",告稱也;"辭"下十一字爲董承告先主之語。《資治通鑑》卷六十三:"車騎將軍董承稱受帝衣帶中密詔,與劉備謀誅曹操。"文義大同而用"稱"字,可爲義證。《魏志・蘇則傳》:"演聞之,將步騎三千迎則,辭來助軍,而實欲爲變。"本志《楊洪傳》注引《益部耆舊雜記》:"後夷反叛,辭'令得前何府君,乃能安我耳'!"又《費詩傳》:"達得亮書,數相交通,辭欲叛魏。"並其例。

先主未出時,獻帝舅車騎將軍董承辭受帝衣帶中密詔,當誅曹公。先主未發。是時曹公從容謂先主曰……(《蜀志二・先主傳》/875 頁)

盧弼《集解》:劉咸炘曰:"'先主未發'四字亦贅。"

華按:"先主未發"一句承上啟下。計已定而未施行,謂之"未發"。《吳志・孫策傳》:"策陰欲襲許,迎漢帝,密治兵,部署諸將。未發。會爲故吳郡太守許貢客所殺。"《晉書・齊王冏傳》:"冏既有成謀,未發,恐事泄,乃與軍司管襲殺處穆,送首於倫,以安其意。"均其例。

駐月餘日,所失亡士卒稍稍來集。(《蜀志二・先主傳》/876 頁)

華按:魏晉南北朝之文,歷時一月每稱"一月日",歷時月餘每稱"月餘日"。本志《霍峻傳》注引《襄陽記》載羅憲"被攻凡六月日而救援不到"。《吳志・朱然傳》:"魏攻圍然凡六月日,未退。"其中"六月日"《建康實錄》卷二作"一百八十日"。又《周魴傳》:"若留一月日間,事當大成。"並其例。

所乘馬名的盧。(《蜀志二・先主傳》注引《世語》/877 頁)

趙一清《注補》:《世說注》引伯樂《相馬經》:"馬白額入口至齒者,名曰榆鴈,一名的盧。奴乘客死,主乘棄市,凶馬也。"

華按:"的盧"即"馰顱"。《說文解字・馬部》:"馰,馬白額

337

也，從馬，勺聲。”

莫若遣腹心使自結於東，崇連和之好，共濟世業。

（《蜀志二·先主傳》注引《江表傳》/879 頁）

　　華按：《魏志·毌丘儉傳》載尹大目泣謂文欽曰：“世事敗矣，善自努力也。”“世業”義同“世事”，猶言大業、大事。

備曰：“何以知（之）非青徐軍邪？”（《蜀志二·先主傳》注引《江表傳》/879 頁）

　　盧弼《集解》：何焯曰：“‘之’字衍。”

　　標點本《校記》：“之”，從何焯說刪。（1499 頁）

　　華按：“之”字不必刪。下文“備雖深愧異瑜，而心未許之能必破北軍也”，亦以代詞“之”作兼語。《魏志·胡昭傳》注引《魏略》：“人謂之得其術。”《吳志·淩統傳》：“令葛光教之讀書。”又《陸遜傳》：“臣初嫌之水陸俱進。”亦其例。此爲口語句法，刪去“之”字則語不流暢。今檢《藝文類聚》卷七十一所引，其文雖無“之”字，然亦未可輒從。

劉備雄才，處必亡之地，告急於吳，而獲奔助，無緣復顧望江渚而懷後計。（《蜀志二·先主傳》注引孫盛語/879 頁）

　　華按：劉淇《助字辨略》卷二釋此例曰：“無緣，猶云不應。”於義猶隔；楊樹達跋其書曰：“無緣，猶云無由，無因。”其說是也。“無緣”之爲漢魏常語，或猶言“不應”、“不必”，或猶言“無由”、“無因”，義近而別。前者如《後漢書·袁安傳》載安與任隗奏曰：“今朔漠既定，宜令南單于反其北庭，并領降眾，無緣復更立阿佟，以增國費。”後者如《魏志·烏丸鮮卑東夷傳評》注引魏人魚豢議曰：“徒限處牛蹄之涔，又無彭祖之年，無緣託景風以迅游……"《晉書·王濬傳》載其上書自理曰："臣水軍風發，乘勢造賊城，加宿設部分行有次第，無緣得於長流之中迴船過渾，令首尾斷絕。"其中"無緣"均相當於今語"不可能"，孫盛語義同此。

先主至京見權，綢繆恩紀。（《蜀志二·先主傳》/879頁）

　　盧弼《集解》：張云此處必有脫文，與下文意不相屬。

　　　華按："綢繆恩紀"，猶言密切親戚關係。此處於上下文並無滯礙。

今但可然贊其伐蜀，而自說新據諸郡，未可興動，吳必不敢越我而獨取蜀。（《蜀志二·先主傳》/880頁）

　　盧弼《集解》：宋本"興"作"與"。

　　　華按："興動"猶言發動，此指興師動眾而言。宋本非。

　　　整理者按：紹熙本、元大德本、三朝本、北監本、殿本、百衲本作"與"。西爽堂本、南監本、汲本、金陵活字本、局本作"興"。殘宋本《冊府元龜》卷七百二十作"以"。鄭樵《通志》卷八作"與"。郝經《續後漢書》卷二原作"與"，郁松年校改作"興"，《札記》卷一："興誤與，從《志》。案：書中興、與多淆誤，後竝改。"

備前見張松，後得法正，皆厚以恩意接納，盡其殷勤之歡。（《蜀志二·先主傳》注引《吳書》/881頁）

　　盧弼《集解》：元本"意"作"義"，馮本作"遇"，《通鑑考異》作"德"。

　　　華按：《儀禮·聘禮》："燕與羞，俶獻無常數。"鄭玄注："聘義所謂時賜無常，數由恩意也。"《後漢書·卓茂傳》："亭長爲從汝求乎？爲汝有事囑之而受乎？將平居自以恩意遺之乎？"是"恩意"亦常用之詞，不必改爲"恩義"、"恩遇"或"恩德"。

整理者按：紹熙本、三朝本（萬曆十年補刊）、西爽堂本、北監本、汲本、殿本、局本、百衲本作“意”。元大德本作“義”。南監本、金陵活字本作“遇”。

璋敕關戍諸將文書勿復關通先主。（《蜀志二·先主傳》/882 頁）

華按：傳告聯絡謂之“關通”。晉司馬彪《續漢書·百官志三》：“黃門侍郎，六百石……掌侍從左右，給事中，關通中外。”《梁書·謝朏傳》載謝覽拒絕黃睦之子弟相迎：“自是睦之家杜門不出，不敢與公私關通。”亦其例。

脩以公所撰兵書示松，松宴飲之間，一看便闇誦。（《蜀志二·先主傳》注引《益部耆舊雜記》/882 頁）

盧弼《集解》：《御覽》三百八十九引《益部耆舊傳》“看”作“省”。

華按：今人所言“看書”，古人謂之“省書”。《後漢書·劉焉傳》注引此文作“一省即便闇誦”，與《太平御覽》合。此作“看”，當爲傳刻之誤。

於定軍興勢作營。（《蜀志二·先主傳》/884 頁）

盧本作“於定軍山勢作營”。

盧弼《集解》：各本皆作“山勢”。局本作“興勢”，誤。……趙一清曰：“《法正傳》作‘於定軍興勢作營’，興勢，地名。……”潘眉曰：“‘山勢’當是‘興勢’之訛。……《法正傳》不誤。”姚範說同。弼按：定軍山在陽平關之南，亦在沔水之南，傳文明言自陽平南渡沔水，緣山稍前，其爲定軍山無疑。……此傳“勢”字當爲衍文。

華按：眾說紛如，迄無定論。竊謂“山勢”二字未必有誤。“勢”者，高險可屯居之地也。《魏志·曹爽傳》注引《漢晉春秋》："今興平路勢至險,蜀已先據。"又《鍾會傳》："令分兵據勢,廣張網羅,南杜走吳之道,西塞成都之路,北絕越逸之徑⋯⋯"《華陽國志》卷一:"山有大、小石城山勢。"又卷二:"有瞿堆百頃險勢。"《水經‧沔水》:"漢水又東,右得大勢。"酈道元注云:"勢岨急溪,故亦曰急勢也。"又注"堉水"云:"又東南逕大城固北,城乘高勢。"又:"自白馬迄此,則平川夾勢,水豐壤沃,利方三蜀矣。"此云"於定軍山勢作營"者,謂於定軍山上可屯居之要地駐軍也。徵之《黃忠傳》"於漢中定軍山擊夏侯淵"之文,則《法正傳》"於定軍、興勢作營"之"興"當爲"山"字之訛。標點本置宋以來諸本於不顧,徑據局本及《法正傳》之文改"山"爲"興",又不出"校記",似嫌專輒。

整理者按:紹熙本、元大德本、三朝本(嘉靖十年補刊)、西爽堂本、南監本、北監本、汲本、殿本、金陵活字本、百衲本作"山勢"。局本作"興勢"。標點本 2015 年 7 月第 29 次印刷本已改作"山勢"。

羣下上先主爲漢中王,表於漢帝曰:"平西將軍都亭侯臣馬超、左將軍(領)長史〔領〕鎮軍將軍臣許靖、營司馬臣龐羲、議曹從事中郎軍議中郎將臣射援、軍師將軍臣諸葛亮⋯⋯等一百二十人上言曰⋯⋯"(《蜀志二‧先主傳》/884 頁)

盧弼《集解》:章學誠曰:"此表以馬超冠首,許靖、龐羲、射援諸名皆列於諸葛亮前,殆不可解。"見《章氏遺書‧知非日記》。蔣超伯《南漘楛語》卷四曰:"此奏先列超者,蓋馬氏爲西州右族,曹瞞所畏,新來歸附,故首列之。"

華按:列名上漢獻帝之表,自當以其人在漢室之位望爲

序。馬超於建安前期已任徐州刺史,後拜諫議大夫;建安十三
年其父征西將軍馬騰入爲衛尉,超又詔拜偏將軍,封都亭侯,
其家世及本人資望實爲蜀地人士之冠。許靖,汝南名士,靈帝
時爲尚書郎;獻帝初年靖曾遷巴郡太守,補御史中丞;其後入
蜀,漢宗室益州牧劉璋命爲巴郡、廣漢、蜀郡太守,故靖之職位
在朝廷則次於馬超,在蜀則高於龐羲、射援。羲、援亦劉璋舊
部,羲女即璋長子之妻,則羲在益州自有特殊地位;援少有名
行,身爲漢末太尉皇甫嵩之婿,亦當世著稱之士。諸葛亮雖爲
劉備股肱,然而年輕資淺,在漢室不名一官,在蜀又無宿望,宜
乎其列名於四人之次。

辟公府爲黃門侍郎。(《蜀志二·先主傳》注引《三輔決錄注》/885頁)

華按:"辟公府",被三公府辟爲掾屬也。"黃門侍郎"乃天
子禁中掌管侍從之官,與公府掾屬無涉。據此,"辟公府"下當
有逗號。

臣以具臣之才,荷上將之任……不得掃除寇難,靖匡王室……疢如疾首。(《蜀志二·先主傳》/886頁)

華按:"得"字當從諸本作"能",此承金陵活字本之誤。
"不能"云云,謂職當爲之而才力不副也;"不得"云云,謂事不
可爲而不得爲之也。此文取"不能"之義甚明。袁宏《後漢紀》
卷三十有"不能除寇靜難,以匡王室",雖然文句與《蜀志》稍有
不同,但其中"得"作"能",正與宋、元諸本相合,足見標點本獨
承金陵活字本作"得"並非舊文。

整理者按:紹熙本、元大德本、三朝本、西爽堂本、南監本、
北監本、汲本、殿本、局本、百衲本作"能"。金陵活字本作"得"。

鄭玄《注》曰：庶，衆也；勵，作也；敍，次序也。序九族而親之，以衆明作羽翼之臣也。（《蜀志二·先主傳》注/887頁）

盧弼《集解》：馮本、毛本"臣"作"親"，誤。

華按：鄭玄之注《尚書》也，以"賢明"釋"明"，以"羽翼之臣"釋"翼"。《書·皋陶謨》："庶明勵翼。"孔穎達疏引鄭玄云："厲，作也。以衆賢明作輔翼之臣。"又引王肅云："以衆賢明爲砥礪、爲羽翼。"《史記·夏本紀》："敦序九族，衆明高翼，近可遠在已。"裴駰《集解》引鄭玄曰："次序九族而親之，以衆賢明作羽翼之臣，此政由近可以及遠也。"據此，本文"衆明"當作"衆賢明"。

整理者按：紹熙本、元大德本、北監本、殿本、局本、百衲本作"羽翼之臣"。三朝本、西爽堂本、南監本、汲本、金陵活字本作"羽翼之親"。

是後在所並言衆瑞，日月相屬。（《蜀志二·先主傳》/887頁）

盧弼《集解》：劉家立曰："'在所'似是'所在'。"

華按："在所"，《華陽國志》卷六引作"所在"。"所在"猶言處處，泛言範圍之廣。"在所"則僅指某人或某物所在之點。揆之事理，此文蓋謂先主所居之地，不斷有人稱言衆瑞也。作"在所"義長。

故議郎陽泉侯劉豹、青衣侯向舉……等上言。（《蜀志二·先主傳》/887頁）

盧弼《集解》：趙一清曰："《宋書·州郡志》廣漢太守領縣有陽泉，蜀分綿竹立。《續郡國志》蜀郡屬國漢嘉，故青衣，陽嘉二年改。”沈家本曰:“《續志》廬江郡有陽泉侯國,未詳所封何人。疑豹即是其後,蓋以王子封侯而傳國者。至廣漢之陽泉,蜀時所分,非此侯國邑。先主未稱尊之時,惟張飛封新亭侯、黃忠封關內侯。至如漢壽之封,出於孝愍,馬超爲都亭侯,亦因其舊。他未聞承制封拜。此陽泉侯必非蜀所封,其國邑不必定在蜀。《續志》既有陽泉侯國,豹是其後,可無疑也。下青衣侯向舉當亦東漢末所封,其始終不可得而詳矣。”

　　華按:王莽稱帝之前,稱說符命而列名勸進者,以廣饒侯劉京爲首,事見《漢書・王莽傳》;曹丕稱帝之前,列名上書者,以輔國將軍清苑侯劉若爲首,事見《魏志・文帝紀》注引《獻帝傳》;此文敍劉先主意欲稱尊,僚屬上言者亦以劉姓之人爲首,竊以爲事非偶然。考之史傳,劉京、劉若、劉豹無功業可稱,不可知其家世;然究其所以名列首位,則知此三人必屬漢室宗親無疑。沈氏謂劉豹當是“陽泉侯國”之後,較合情理。

　　又按:《華陽國志・劉先主志》作“陽泉亭侯劉豹”,此無“亭”字,俟考。

謹案《洛書甄曜度》曰:“赤三日德昌,九世會備,合爲帝際。”(《蜀志二・先主傳》/887頁)

　　盧弼《集解》:潘眉曰:赤家有“三日”:高祖、光武、先主也。昔王莽嫌“三日”見於讖,改曡爲疊,至是卒符“三日”之讖。

　　華按:當時稱符命者,穿鑿附會,於讖緯之言並無固定解說。《華陽國志》卷十:“何宗,字彥英,郫縣人也,通經緯、天官、推步、圖讖,知劉備應漢九世之運,贊立先主。”何宗等稱引“九世會備”之文,蓋謂光武帝爲一世,明帝爲二世,章帝爲三世,和帝爲四世,殤帝及章帝孫安帝皆爲五世,順帝爲六世,沖帝及章帝玄孫質帝爲七世，桓帝爲八世，靈帝爲九世。劉備與漢獻帝同時，皆生於靈帝之世，可謂適逢“九世”矣。

孔子讖、記，咸悉具至。（《蜀志二·先主傳》/888頁）

華按："讖記"連文，不必點斷爲二。《漢書·王莽傳下》："衞將軍王涉素養道士西門君惠。君惠好天文讖記，爲涉言……涉信其言。"《後漢書·光武帝紀上》載其即位祝天之文："讖記曰：'劉秀發兵捕不道，卯金修德爲天子。'秀猶固辭，至于再，至于三。"李賢注引《春秋演孔圖》曰："卯金刀，名爲劉。"似此，凡讖緯之書如《春秋演孔圖》之類，當時概謂之"孔子讖記"。"讖記"可視爲同義複詞，記亦讖也，皆指預卜之言，解在《吳志·虞翻傳》。

三國志卷三十三
蜀志三《後主傳》校詁

遣尚書郎鄧芝固好於吳。(《蜀志三·後主傳》/894頁)

盧弼《集解》:《鄧芝傳》"入爲尚書","郎"字衍。

華按:"郎"字當删。"尚書"官屬第三品,"尚書郎"則屬第六品。據本志《鄧芝傳》可知,劉先主在時,鄧芝已爲尚書,至後主時出使東吳,方受重用,豈有降級之理?《華陽國志·劉後主志》、《資治通鑑》卷七十均作"尚書",宜據正。

是以夙興夜寐,不敢自逸,每從菲薄以益國用,勸分務穡以阜民財。(《蜀志三·後主傳》注引《諸葛亮集》/895頁)

華按:"從",當從諸本作"崇",《册府元龜》卷二百十七亦作"崇"。"崇菲薄"猶言"崇儉"、"尚儉"。標點本承用馮本、金陵活字本之"從",其文可通,其字可疑。

整理者按:紹熙本、元大德本、三朝本、西爽堂本、汲本、局本、百衲本作"崇"。南監本、北監本、殿本、金陵活字本作"從"。

昔項籍總一彊眾……死於東城,宗族焚如,爲笑千載,皆不以義,陵上虐下故也。(《蜀志三·後主傳》注引《諸葛亮集》/895頁)

盧弼《集解》:"或曰:'皆'疑作'彊'。"

華按:《册府元龜》卷二百十七"不以"作"以不",可據乙,

"皆以不義陵上虐下故也"作一句讀，文從字順。

階緣蜀土，斗絕一隅。（《蜀志三·後主傳》/900頁）

盧弼《集解》：宋本"階"作"偕"。

華按："階緣"猶言憑藉。《魏志·三少帝·高貴鄉公髦紀》注引《魏氏春秋》："至於階緣前緒，興復舊績，造之與因，難易不同。"又《公孫淵傳》注引《吳書》載其表曰："階緣際會，爲國效節。"《宋書·檀道濟傳》載詔書曰："檀道濟階緣時幸，荷恩在昔。"又《殷景仁傳》載詔書云："蘇夫人階緣戚屬，情以事深。"是其例。作"偕"無義。

整理者按：紹熙本、元大德本、三朝本、南監本、北監本、殿本、百衲本作"偕"。西爽堂本、汲本、金陵活字本、局本作"階"。

人之無情，乃可至於是乎！（《蜀志三·後主傳》注引《漢晉春秋》/902頁）

盧弼《集解》："可"字疑衍。

華按："乃可"用於反詰語氣，書中屢見；盧氏此疑，殊可怪也。本志《先主傳》注引《華陽國志》載劉備語："一震之威，乃可至於此也！"《晉書·王彬傳》載王敦怒之曰："爾狂悖乃可至此，爲吾不能殺汝邪！"此二例與上引司馬昭語句法一律。又如《魏志·方技·管輅傳》注引《輅別傳》載王弘直語："風之推變，乃可爾乎？"《吳志·陸凱傳》注引《江表傳》載孫晧詔："此宮殿不利，宜當避之，乃可以妨勞役、長坐不利宮乎？"其中"乃可"、"乃可以"均表反詰語氣。字或作"迺可"，如《魏志·楊阜傳》注引皇甫謐《列女傳》載趙昂妻異語："涼州士馬，迺可與中夏爭鋒？"音轉而爲"那可"，如《魏志·劉曄傳》載劉渙語："那可爾！"音轉又爲"寧可"，如《魏志·鍾會傳》載司馬昭語："如今遣卿行，寧可復疑卿邪？"然則"乃可"連文，自是當時習慣；單言"乃"字，便失口語特色。

三國志卷三十四
蜀志四《二主妃子傳》校詁

論其親疏，何與晉文之於子圉乎？（《蜀志四·二主妃子·先主穆皇后傳》/906 頁）

　　錢大昭《辨疑》："何與"猶言"何如"。

　　　華按：先秦句式有"孰與……乎？"此則變"孰"爲"何"，其用一也。本志《譙周傳》載其降魏之議曰："等爲小稱臣，孰與爲大？再辱之恥，何與一辱？"亦其例。

今以貴人爲皇后，使行丞相事左將軍向朗持節授璽綬。（《蜀志四·二主妃子·後主張皇后傳》/907 頁）

　　盧弼《集解》：周壽昌："故事，持節冊封，使臣例書名不書姓，前後冊文可證。'向'字疑衍。"

　　　華按：周說可從。《全後漢文》卷八載漢靈帝《立宋貴人爲皇后冊文》云："今使太尉襲使持節奉璽綬，宗正祖爲副，立貴人爲皇后。"冊文"襲"、"祖"均爲使臣之名，不書姓。本篇《後主太子璿傳》載延熙元年正月策曰："今以璿爲皇太子……使行丞相事左將軍朗持節綬印綬。"策中"朗"即向朗，亦不書姓。此有"向"字，疑是後人旁注之文所竄入者。

小子永，受兹青土。（《蜀志四·二主妃子·劉永傳》/907 頁）

　　盧弼《集解》：宋本"小"作"少"。官本《考證》曰："當作'小'。"

華按：自古策文皆稱“小子”，無稱“少子”者。如《史記·三王世家》載漢武帝立子閎爲齊王、子旦爲燕王、胥爲廣陵王，策文云：“小子閎，受兹青社。”“小子旦，受兹玄社。”“小子胥，受兹赤社。”是其證。

訂補：“小子”與“大子”相對而言。大子在古文獻中通常寫作“太子”，即大宗之子；小子即小宗之子。《逸周書·世俘》：“武王乃廢於紂矢惡臣百人，伐右厥甲，小子鼎。”據考古學者說，此小子即指小宗之子。

整理者按：紹熙本、元大德本、三朝本（嘉靖己未年補刊）、西爽堂本、北監本、汲本、殿本、百衲本作“少”。南監本、金陵活字本、局本作“小”。明藍格鈔本《册府元龜》卷二百六十三作“少”。

人之好德，世兹懿美。（《蜀志四·二主妃子·劉永傳》/907頁）

周壽昌《證遺》：承祚晉臣，此“懿”字亦當避，疑字有誤。

華按：此乃章武元年策文，並非出自承祚或其他晉臣之筆，故無須避諱。《魏志·陳思王植傳》載其黃初四年疏文曰：“廣命懿親，以藩王國。”亦不避晉宣帝司馬懿之“懿”字。又載其上疏求自試曰：“故啟滅有扈而夏功昭。”又不避司馬昭之“昭”字。本志《劉焉傳》載侍中廣漢董扶私謂焉曰：“京師將亂，益州分野有天子氣。”更不避司馬師之“師”字。史家引錄文辭自有體例，周氏不察，難免致疑。

今以璿爲皇太子，昭顯祖宗之威，命使行丞相事左將軍朗持節授印綬。（《蜀志四·二主妃子·後主太子璿傳》/908頁）

華按：前後策文均單言“使”，無“命使”連文之例。竊謂此

"命"字當屬上,《書·胤征》:"爾衆士同力王室,尚弼予,欽承天子威命。"舊題"孔氏傳"釋之云:"以天子威命督其士衆使用命。"其中"威命"猶言權威、教令。此云"昭顯祖宗之威命",取義於經籍,其辭典雅,正合詔策語體。標點本割裂"威命"一詞,致使單言"威"而文詞不古,"使"連問則於語爲贅。

三國志卷三十五
蜀志五《諸葛亮傳》校詁

孤不度德量力，欲信大義於天下，而智術淺短，遂用
猖(獗)〔蹶〕，至于今日。(《蜀志五·諸葛亮傳》/912頁)

盧弼《集解》：《通鑑》"獗"作"蹶"。胡注：猖，披猖；蹶，顛蹶。

標點本《校記》："猖蹶"，據《資治通鑑》六五。(1499頁)

　　華按："猖獗"、"猖蹶"、"倡佹"音同義通，不煩改字。"遂
用猖獗"，乃劉備自嘆失敗之語，《文選》卷四十三丘遲《與陳伯
之書》論伯之屢受挫折，亦承用此語："直以不能內審諸己，外
受流言，沈迷猖獗，以至於此。"李善注引《蜀志》："先主謂諸葛
亮曰：孤遂用猖獗，至于今日，志猶未已。""猖獗"二字亦
從"犬"。

　　整理者按：紹熙本作"蹶"。元大德本、三朝本(嘉靖己未
年補刊)、西爽堂本、南監本、北監本、汲本、殿本、金陵活字本、
局本、百衲本作"獗"。

白堊突面，被髮而走。(《蜀志五·諸葛亮傳》注引《魏略》/
914頁)

盧弼《集解》："堊"音惡，塗飾也。

　　華按："白堊"即白墡土，"突"乃塗飾之義。黃生《義府》卷
下指出："突即塗，語音之轉。俗語糊塗或作鶻突是也。"盧氏

獨據字書釋"啀"字,未審辭氣也。《吳越春秋‧王僚使公子光傳》:"子胥之吳,乃被髮佯狂,跣足塗面,行乞於市。"事亦相類。

策亮爲丞相曰:"……於戲! 丞相亮其悉朕意,無怠輔朕之闕,助宣重光,以照明天下,君其勖哉!"

(《蜀志五‧諸葛亮傳》/916 頁)

華按:"無怠"二字宜屬上,"其……無怠"爲漢世詔策常語,其源甚古。例如《史記‧秦本紀》載秦穆公謂三將曰:"子其悉心雪恥無怠。"漢文帝策賢良文學詔:"二三大夫其毋怠。"《漢書‧鼂錯傳》載景帝詔:"二三大夫其帥志毋怠。"漢宣帝策丙吉爲丞相:"於戲! 丞相其帥意無怠,以輔朕闕。"漢元帝建昭四年詔:"將相九卿其帥意毋怠。"漢成帝答翟方進:"其專心壹意毋怠,近醫藥以自持。"本志《許靖傳》載章武元年策:"君其勖哉,秉德無怠。"標點本以"無怠輔朕之闕"爲一句,顯爲不辭;此句與漢宣帝策文相似,"無怠"不可屬下。

南中諸郡,並皆叛亂,亮以新遭大喪,故未便加兵。

(《蜀志五‧諸葛亮傳》/918 頁)

華按:"未便加兵",今人或譯爲"不便派兵鎮壓",非是;此謂不欲立即討伐也。"便"訓當即,其例甚多。如本志《黃權傳》:"蜀降人或云誅權妻子,權知其虛言,未便發喪。"《魏志‧文帝紀》注引《獻帝傳》:"必爲魏公,未便王也。"又《董昭傳》:"臣恐陛下雖有救渡之詔,猶必沈吟,未便從命也。"又《方技‧管輅傳》:"輅猶總干山立,未便許之。"《吳志‧呂蒙傳》:"今羽所以未便東向者,以至尊聖明,蒙等尚存也。"又《張溫傳》:"陛下敦崇禮義,未便恥忽。"諸"未便"均與今語之"不便"有別,參看《魏志‧陳思王植傳》“不便”條。

誠宜開張聖（德）〔聽〕。（《蜀志五‧諸葛亮傳》/919頁）

標點本《校記》：“聽”，據《文選》三七改。（1499頁）

　　華按：此處校記，實屬多餘。百衲本、殿本、局本、金陵活字本均作“開張聖聽”，並無訛誤。標點本《出版說明》謂其書據上述四種版本“互相勘對，擇善而從”，則其第一版（中華書局1959年第一次印刷）作“開張聖德”者，其中“德”字既爲標點本自身之誤，則徑據舊本改之可矣；不意重印本（1962年第二次印刷）不依自訂之校書體例而徑改，竟據《文選》所載《出師表》之文出校，舍本求末，可謂迂曲。實則不僅上述四本不誤，其他舊刻本亦作“聽”，由此可見標點本之疏於檢校也。

　　又按：《資治通鑑》卷五十一載漢順帝永建四年虞詡上言：“今三郡未復，園陵單外，而公卿選懦，容頭過身，張解設難，但計所費，不圖其安；宜開聖聽，考行所長。”由“宜開聖聽”擴張之，則爲《出師表》之“誠宜開張聖聽”。

　　整理者按：紹熙本、元大德本、三朝本、西爽堂本、南監本、北監本、汲本、殿本、金陵活字本、局本、百衲本作“聽”。

陛下亦宜自謀，以諮諏善道，察納雅言，深追先帝遺詔。臣不勝受恩感激。（《蜀志五‧諸葛亮傳》/920頁）

　　華按：“遺詔”之後絕以句號，學者頗有異議。議者謂“察納雅言”之下當用句號，“深追先帝遺詔”承下文省略主語“臣”字，故“詔”後當用逗號。竊以爲標點本此處斷句不誤。《漢書‧鮑宣傳》載其上書諫哀帝曰：“惟陛下少留神明，覽五經之文，原聖人之至意，深思天地之戒。臣宣呐鈍於辭，不勝悁悁，盡死節而已。”諸葛亮《出師表》與鮑宣語意相同，“深追先帝遺

詔”與“深思天地之戒”均承上文省略主語“陛下”，理當與上文
連成一氣讀之。

自臣到漢中，中間朞年耳，然喪趙雲……等及曲長
屯將七十餘人，突將無前。賨叟、青羌散騎、武騎
一千餘人，此皆數十年之内所糾合四方之精銳。
(《蜀志五·諸葛亮傳》注引《漢晉春秋》/923 頁)

　　華按：“突將”以下，標點錯亂，以致上文及下文皆不得其
解。此段文字當標點爲：“突將、無前、賨、叟、青羌、散騎、武騎
一千餘人”，下文“此皆……精銳”之句即總括“七十餘人”及
“一千餘人”而言。宋王應麟《玉海》云：“蜀漢昭烈帝初置五
軍，其將校略如西漢，兵有突將、無前、賨、叟、青羌、散騎、武騎
之別。諸葛亮卒，蜀兵耗矣。”王說甚是。標點本不知“突將”、
“無前”等等均爲精兵之稱號，遂有句讀之誤。

昔孝文卑辭匈奴，先帝優與吳盟，皆應權通變，弘
思遠益，非匹夫之爲(分)〔忿〕者也。(《蜀志五·諸葛
亮傳》注引《漢晉春秋》/924 頁)

　　標點本《校記》：“忿”，據《資治通鑑》七一改。(1499 頁)

　　華按：“分”讀爲“忿”，不煩改字。張自烈《正字通》：“忿，
通作分。”

　　整理者按：紹熙本、元大德本、三朝本、西爽堂本、南監本、
北監本、汲本、殿本、金陵活字本、局本、百衲本作“分”。

時魏軍始陳，幡兵適交。(《蜀志五·諸葛亮傳》注引郭沖
五事/926 頁)

　　華按：“幡”字無義，此字當作“番”，蓋傳寫者不明其義而

誤增"巾"旁也。諸葛亮率軍十萬,分爲五番,每番兩萬人;平時八萬人值勤,二萬人休整,輪番交換。"番兵適交",謂值勤滿期者正與休整已畢者互相交接。《通典》卷一百五十一、《太平御覽》卷四百三十及南宋張栻所撰《漢丞相諸葛忠武侯傳》皆作"番",可據改。

參佐咸以賊眾彊盛,非力不制。（《蜀志五·諸葛亮傳》注引郭沖五事/926頁）

盧弼《集解》：馮本"不"作"所"。

華按："所"字似優。《太平御覽》卷二百七十九"不"亦作"所",是北宋所見有如此者,馮本前有所承。

整理者按：紹熙本、元大德本、三朝本（嘉靖己未年補刊）、西爽堂本、北監本、汲本、殿本、金陵活字本、局本、百衲本作"不"。南監本作"所"。

亮曰："吾統武行師,以大信爲本,得原失信,古人所惜……"（《蜀志五·諸葛亮傳》注引郭沖五事/926頁）

盧弼《集解》：《左傳》："晉侯圍原,命三日之糧。原不降,命去之。諜出曰：'原將降矣。'軍吏曰：'請待之。'公曰：'信,國之寶也,民之所庇也。得原失信,何以庇之? 所亡滋多。'退　舍而原降。"

華按：亮語當作"吾聞統武行師,以大信爲本……",此無"聞"字,蓋傳寫偶脫,可據《通典》卷一百五十一、《太平御覽》卷二百七十九及卷四百三十沾補。

又按："統武"之"統"亦可疑,《通典》及《御覽》卷四百三十"統"作"用",可資參考。

皆非經通之言。（《蜀志五·諸葛亮傳》注引郭沖五事/926頁）

華按："經通"，貫通暢達之義，魏晉常語。《全晉文》卷六晉武帝《原王濬詔》："詔書稽留，所下不至，便令與不受詔同責，未爲經通。"《文選》卷二十五劉琨《答盧諶詩序》："備辛酸之苦言，暢經通之遠旨。"《晉書·溫羨傳》載其論曰："今以華不能廢枉子之后，與趙盾不討殺君之賊同，而貶責之，於義不經通也。"《全晉文》卷九晉明帝《北討詔》："尚書廣陵公畛，弘量淹濟，識謀經通。"又卷十一晉簡文帝《詔增百官俸》："退食在朝，而祿不代耕，非經通之制。"或倒語爲"通經"，又卷八晉元帝《命議溫嶠不拜散騎侍郎詔》："天下有關塞，行禮制物者，當使禮可通經。"又卷六十二孫綽《名德沙門論目》："釋道安博學多才，通經名理。"

推演兵法，作八陳圖，咸得其要云。(《蜀志五·諸葛亮傳》/927 頁)

盧弼《集解》：王觀國《學林》云："《後漢書·竇憲傳》班固作燕然山銘曰：'勒以八陣，涖以威神。'章懷太子注曰：'兵法有《八陣圖》。'由此觀之，則八陣蓋古法也，非亮創爲之也。亮能得古法之意而推行之耳。"

華按：王說可信。1972 年山東臨沂銀雀山一號漢墓出土竹簡一千九百多枚，其中有久已失傳之《孫臏兵法》一書，書中"八陳篇"凡七簡，共存二百零九字。第一簡背面、第七簡末尾均有"八陳"二字，第三簡有"陳則知八陳之經"，第四簡又引孫子曰："用八陣戰者，因地之利，用八陣之宜。"似此，諸葛亮據以推演之"八陳"，可上溯至春秋戰國時代。

木牛者，方腹曲頭，一腳四足。頭入領中，舌著於腹。(《蜀志五·諸葛亮傳》注引《亮集》/928 頁)

華按：據說，木牛爲人力獨輪車之一種。今疑“一腳四足”當作“四腳一足”。下文云“轉者爲牛足”，則“轉者”指車輪，而獨輪車僅有一輪，故木牛當僅有一足。下文又云“雙者爲牛腳”、“前腳孔分墨去前軸孔四寸五分”、“後腳孔分墨去後軸孔二寸五分”、“前後四腳，廣二寸，厚一寸五分”，則所謂“四腳”者，當指前後各有雙腳，亦即車旁前後之四條木柱。

前腳孔分墨二寸，去前軸孔四寸五分，廣一寸……後軸孔去前杠分墨一尺五分，大小與前同……同杠耳。（《蜀志五·諸葛亮傳》注引《亮集》/928頁）

華按：此段記木牛流馬形制尺寸，訛奪衍倒之處甚多。兹試校理如下：“前腳孔分墨〔二寸〕去前軸孔四寸五分，〔長一寸五分〕，廣一寸……後軸孔去前杠〔孔〕分墨一尺五〔寸〕（分），大小與前同。……〔杠同前〕（同杠耳）。”其中“二寸”爲衍文，據《通典》卷十、《資治通鑑》卷七十二删；“廣一寸”上脱“長一寸五分”五字，據《通典》補；“孔”字脱，據《通典》、《通鑑》補；“分”當作“寸”，據《通典》改；“同杠耳”有訛倒，據《通典》校改爲“杠同前”。

後軸孔去前杠分墨一尺五分，大小與前同。（《蜀志五·諸葛亮傳》注引《亮集》/928頁）

郁松年《續後漢書札記》：蕭常《續後漢書音義》“後軸孔去前杠孔”，《通鑑注》同。《志注》無下“孔”字，疑彼脱。

華按：郁氏所疑可從，“前杠”下脱“孔”字。此文介紹木牛流馬之尺寸，詳述前軸孔、後軸孔、後杠孔、前腳孔、上杠孔、下杠孔之方位，屢言某孔去某孔分墨幾何，唯“前杠”下無“孔”字，顯然不合文例。《通典》卷十、《資治通鑑》卷七十二胡三省注、蕭常《續後漢書・音義第一》引此文均作"前杠孔",應據補。

亮初亡……言事者或以爲可聽立廟於成都者,後主不從。步兵校尉習隆、中書郎向充等共上表曰……(《蜀志五・諸葛亮傳》注引《襄陽記》/928 頁)

盧弼《集解》:元本"向"作"尚",又一本"充"作"允",均誤。充爲向寵弟,見《寵傳》。

華按:向充爲中書侍郎,見《宋書・禮志四》及《通典》卷五十三。此云"中書郎",蓋省略之稱。

整理者按:紹熙本、三朝本(嘉靖己未年補刊)、西爽堂本、南監本、北監本、汲本、殿本、金陵活字本、局本、百衲本作"向充"。元大德本作"尚充"。

今若盡順民心,則瀆而無典,建之京師,又偪宗廟,此聖懷所以惟疑也。(《蜀志五・諸葛亮傳》注引《襄陽記》/929 頁)

華按:己巳年初夏,徐復師見告:"'惟疑'猶言懷疑,魏晉南北朝習語。"退而尋檢諸書,《晉書・高崧傳》、《宋書・謝晦傳》、《全宋文》卷三十二載謝靈運《謝康樂侯表》等屢見其例。又檢張栻《漢丞相諸葛忠武侯傳》,其文已誤作"爲疑",似南宋時不以"惟疑"爲言矣。

臣愚以爲宜因近其墓,立之於沔陽,使所親屬以時賜祭,凡其臣故吏欲奉祠者,皆限至廟。斷其私祀,以崇正禮。(《蜀志五・諸葛亮傳》注引《襄陽記》/929 頁)

盧弼《集解》:《宋書・禮志四》:"何承天曰:《周禮》'凡有功者祭于太烝',故後代遵之,以元勳配饗。充等曾不是式,禪又從之,並非禮也。”

　　華按：錢儀吉《三國會要》卷八謂“所親屬”當從《宋書·禮志四》作“屬所”,“其臣故吏”亦當從《宋志》作“其故臣”。錢氏之說,可以參考。《通典》卷五十三所引文字大致與《宋書》相同,唯“屬所”作“所屬”。此作“所親屬”,“親”字顯爲傳寫者誤增;下文明謂“斷其私祀”,則“親”字當删無疑。

孔明許,即載送之。(《蜀志五·諸葛亮傳》注引《襄陽記》/929 頁)

　　華按：依文法,“許”下當有“焉”字,可據《初學記》卷十九沾補。

次子京及攀子顯等,咸熙元年内移河東。(《蜀志五·諸葛瞻傳》/932 頁)

　　華按：《元和姓纂》卷二“諸葛”條下云:“喬生攀,翊武將軍;生顯,徙河東。”又云:“瞻生京……與顥並徙河東。”其中“顥”字兩見,並爲諸葛攀子之名。此作“顯”,《國志》僅一見。“顯”與“顥”形近,未知孰是,存以備考。

詔曰：“諸葛亮在蜀,盡其心力,其子瞻臨難而死義,天下之善一也。”其孫京,隨才署吏,後爲郿令。(《蜀志五·諸葛瞻傳》注引《晉泰始起居注》/932 頁)

　　華按：嚴可均所輯《全晉文》卷三《詔諸葛京署吏》止於“隨才署吏”四字,極是。褒揚之旨,在於錄用,詔文之重點在於甄拔諸葛京,是故“署吏”以上,皆詔文之語。標點本將“其孫京”以下視爲史家敍事之文,失之。

　　又按：詔文末句當作“其孫京宜隨才署吏”,此無“宜”字,蓋傳寫偶脫,可據《資治通鑑》卷七十九增補。

京位至江州刺史。(《蜀志五·諸葛瞻傳》注/933頁)

盧本作"廣州刺史"。

盧弼《集解》:宋本"廣"作"江"。

華按:百衲本等作"江州刺史",殿本、局本、金陵活字本等作"廣州刺史"。《元和姓纂》卷二:"亮,蜀丞相、武鄉侯;生瞻,蜀尚書僕射;瞻生京,晉江州刺史。"是《姓纂》所據唐寫本《蜀志》作"江"不作"廣"也。岑仲勉《元和姓纂四校記》云:"《三國志》三五注云:'京位至廣州刺史。'"岑氏所據蓋爲明、清版本。其實宋本及《通志》卷一百十八作"江州",正與古本相同。標點本於此取百衲本之文,較爲得實。

整理者按:紹熙本、元大德本、百衲本作"江"。三朝本(嘉靖己未年補刊)、西爽堂本、南監本、北監本、汲本、殿本、金陵活字本、局本作"廣"。

蜀兵輕銳,良將少,亮始出,未知中國彊弱,是以疑而嘗之。(《蜀志五·諸葛亮傳評》注引《袁子》/934頁)

盧弼《集解》:"銳"當作"脫"。

華按:盧說可從。下文云"蜀人輕脫,亮故堅用之"。前後之文正相應。《太平御覽》卷六百七十引《抱朴子内篇·遐覽》:"每有諮,常侍其溫顏,不敢輕脫也。"今本《抱朴子》"脫"誤作"銳",亦二字形近而訛之例。

夫前識與言而不中,亮之所不用也。(《蜀志五·諸葛亮傳評》注引《袁子》/935頁)

盧弼《集解》:或曰:"'前識'句未詳。"

華按:"前識",猶言先見也。《老子》三十八章:"前識者,道之華,而愚之始。"《韓非子·解老》:"先物行,先理動,之謂前識。前識者，無緣而妄意度也。"此其語源所出。"與言"當讀爲"豫言"。"與"、"豫"二字古通用，《穀梁傳·僖公八年》范甯注"故乞得與之"，《經典釋文》於"與"下注曰："音'豫'。本或作'豫'。"可證。"豫言"即預見之言。《後漢書·申屠剛傳》載其說隗囂之言："夫未至豫言，固常爲虛。"《魏志·陳思王植傳》載其求自試疏："故兵者不可豫言，臨難而制變者也。"是其例。《華陽國志》卷九："長老傳譙周讖曰：'廣漢城北有大賊……'終如其記。先識豫覩，何異古人乎！""先識豫覩"與"前識與言"造語相似，可以參詳。

及其辭意懇切，陳進取之圖，忠謀謇謇，義形於主，雖古之管、晏，何以加之乎？（《蜀志五·諸葛亮傳評》注引張儼《默記》/936頁）

華按："義形於主"，舊無注，亦不見於辭書。《漢書·霍光傳》贊曰："霍光以結髮内侍，起於階闥之間，確然秉志，誼形於主，受襁褓之託，任漢室之寄，當廟堂，擁幼君，……雖周公、阿衡，何以加此！"顏師古注："形，見也。""誼"、"義"二字古通用。然則《默記》以"義形於主"贊孔明者，比之於霍光、周公也。

推子八陳，不在孫、吳，木牛之奇，則非般模。（《蜀志五·諸葛亮傳評》注引《蜀記》/936頁）

盧本作"則亦般模"。

盧弼《集解》：官本《考證》曰："宋本作'則非'，言非前人所規也。"《禮記·檀弓下》："季康子之母死，公輸若方小斂，般請以機封。"鄭注云："公輸若，匠師。般，若之族，多技巧。"《孟子》："公輸子之巧。"弼按：上文舉"孫吳"爲二人；此云"般模"亦當爲二人。"般模"未詳。

華按：諸本多作"則亦般模"，此從宋本"亦"作"非"，得之。殿本《考證》釋之爲"非前人所規"，盧氏解"前人"爲公輸班，極是。然盧氏不達，更疑"模"爲人名則非。"模"之本義爲造器之坯模，《魏志·方技·杜夔傳》注引傅玄爲馬鈞事作序曰："先生名鈞字德衡，鈞者器之模，而衡者所以定物之輕重，輕重無準而莫不模哉！"前"模"爲名詞，後"模"爲動詞。引申之，則"模"有規模、矩式之義。此文"般模"謂公輸般之成規；"非般模"者，言其自創也。

又按：陳琳《武軍賦》序云："飛雲梯衝神鈎之具，不在孫、吳之篇。"然則"不在孫、吳"者，謂不見於孫子、吳子之軍事著作。

整理者按：紹熙本、元大德本、百衲本作"非"。三朝本、西爽堂本、南監本、北監本、汲本、殿本、金陵活字本、局本作"亦"。

三國志卷三十六
蜀志六《關張馬黃趙傳》校詁

亮知羽護前。(《蜀志六·關羽傳》/940頁)
．．

華按：逞强好勝，不容許別人爭先居前，謂之"護前"。《吴志·朱桓傳》："桓性護前，恥爲人下。"《宋書·劉瑀傳》："瑀性陵物護前，不欲人居己上。"《梁書·沈約傳》："約嘗侍宴，值豫州獻栗，徑寸半，帝奇之，問曰：'栗事多少？'與約各疏所憶，少帝三事。出謂人曰：'此公護前，不讓即羞死。'"《新唐書·姦臣·李林甫傳》："於時有以材譽聞者，林甫護前，皆能得於天子抑遠之，故在位恩寵莫比。""護前"之"護"，乃提防、阻遏之義，如《全漢文》卷四十二王褒《僮約》："武都買茶，楊氏擔荷，往來市聚，愼護奸偷。"《魏志·烏丸傳》注引《魏書》："使死者魂神徑至，歷險阻，勿令橫鬼遮護，達其赤山。""護前"之"前"，指勝己之人，如《魏志·傅嘏傳》："鄧玄茂……多言而妒前；多言多釁，妒前無親。"《資治通鑑》胡三省注："妒前者，忌前也。人忌勝己，則無親之者。"《晉書·劉聰載記》："將軍愎諫違謀，戇而取敗，而復忌前害勝，誅戮忠良。"忌前，謂嫉妒勝己之人也。此"護前"一詞，《華陽國志·劉先主志》引作"忌前"，可見"護前"即忌前之義。辭書相承解"護前"爲"護短"，不確。

訂補："護前"，《册府元龜》卷三百二十三作"矜傲"，文異而義近。《資治通鑑》卷一百四十七梁武帝天監十一年“護前”下，胡三省注：“護前者，自護其所短，不使人在己前。忌前者，忌人在前。”胡氏用增字解經的辦法，迂回曲折地把“護前”釋爲忌前，不可取。“護前”本爲逞強好勝之義，《校詁》已有例說。至於宋代以來“護前”又被誤解古義的學者賦予“護短”之義，說在拙著《古文獻研究叢稿》題記（五）。

將軍（傅）士仁屯公安，素皆嫌羽（自）輕己。〔自〕羽之出軍，芳、仁供給軍資，不悉相救。（《蜀志六·關羽傳》/941頁）

　　盧本作“素皆嫌羽自輕己，羽之出軍……”

　　盧弼《集解》：《通鑑》無“自”字。

　　標點本《校記》：“自”，據《通志》改。（1500頁）

　　　華按：“自輕己”不成文法。標點本依據《通志》將“自”字乙至“羽之出軍”句前，庶幾可通。然細味其文，原文“自”字似不誤，“己”字當屬衍文。呂叔湘《讀三國志》指出：“自”有用如“相”、“見”之例。如《魏志·劉放傳》“權懼亮自疑”，謂孫權唯恐諸葛亮疑己也；本志《楊洪傳》“或疑洪知裔自嫌”，其中“自嫌”猶言“嫌己”；又《陳祗傳》“後主追怨允日深，謂爲自輕”，“自輕”猶言“輕己”；又《張嶷傳》“忿嶷自侵”，“自侵”猶言“侵己”。今檢《國志》，知“自”字此種用法在當時已習以爲常，又如《魏志·武帝紀》：“是時關中諸將疑繇將自襲。”本志《先主傳》：“曹公征孫權，權呼先主自救。”又《劉封傳》：“自關羽圍樊城、襄陽，連呼封、達，令發兵自助。”又《楊戲傳》：“羲聞甚懼，將謀自守，遣畿子郁宣旨，索兵自助。”《吳志·周泰傳》：“權住宣城，使士自衛。”又《孫堅傳》注引《續漢書》：“卓雖憚儁，然貪其名重,乃表拜太僕以自副。"又《吳主傳》注引《吳書》:"文帝善之,乃引珩自近,談語終日。"又《陸凱傳》:"晧性不好人視己,……晧聽凱自視。"又《王蕃傳》:"俗士挾侵,謂蕃自輕。"並其證也。上溯之,先秦時代已有其例,如《韓非子·外儲說左下》:"少周室者,古之貞廉潔愨者也。爲趙襄主力士,與中牟徐子角力,不若也,人言之襄主以自代也。襄主曰:'子之處,人之所欲也,何爲言徐子以自代?'曰:'臣以力事君者也。今徐子力多臣,臣不以自代,恐他人言之而爲罪也。'"其中"自代"猶言代己,語意甚明。竊疑此文原作"素皆嫌羽自輕,羽之出軍……",後人不明"自輕"亦即"輕己",遂於"自輕"下增一"己"字,《通志》卷一百十八又將"自"字移至"輕己"之下,文雖可通,非其舊矣。

整理者按:元三山郡庠刻本《通志》與《三國志》文本相同,清武英殿刻本《通志》作"素皆嫌羽輕己,自羽之出軍"。

乃罵曰:"貉子敢爾,如使樊城拔,吾不能滅汝邪!"

《蜀志六·關羽傳》注引《典略》/942頁)

盧弼《集解》:《玉篇》:"狐貉。"

華按:"貉"同"貉",古書作"貃",乃"貊"之或體。《太平御覽》卷二百四十九引《後秦記》云:"姚襄遣參軍薛瓚使桓溫,溫以胡戲瓚,瓚曰:'在北曰狐,居南曰貉,何所問也。'"其中"狐"諧胡越之"胡","貉"指蠻貊之"貊"。《魏書·司馬叡傳》謂江東"春秋時爲吳越之地,吳越僭號稱王,僻遠一隅,不聞華土。……漢末大亂,孫權遂與劉備分據吳、蜀,權阻長江,殆天地所以限内外也。叡因擾亂,跨而有之。中原冠帶呼江東之人,皆爲'貉子',若狐貉類云"。章太炎《新方言》曰:"《說文》:'貉,北方豸種。'今江南運河而東,相輕賤則呼爲'貉子'。貉音如馬。”由此可見,關羽罵孫權爲“貉子”,實謂其地乃蠻貊之邦,其種乃狐貉之類,此亦北人輕詆南人之習語。與此相似者,《世說新語·惑溺》“孫秀降晉”條載蒯氏罵秀爲“貉子”。《晉書·陸機傳》載孟超罵機爲“貉奴”,余嘉錫《世說新語箋疏》、周一良《〈晉書〉札記》論之頗詳,請參看。

追諡羽曰壯繆侯。(《蜀志六·關羽傳》/942頁)

盧弼《集解》:程敏政曰:“考諡法,布德執義曰穆,中情見貌曰穆。《禮記·大傳》‘以序昭穆’,古本‘穆’作‘繆’。《左傳》‘穆’多作‘繆’。是穆、繆古今皆通。”

華按:“壯繆”即“莊穆”,古字通用。蔡邕《獨斷》載諡法云:“好勇致力曰莊。”又云:“布德執義曰穆。”關羽之諡,正取“勇”、“力”、“德”、“義”四字。

又按:殿本改“壯繆侯”爲“忠義侯”,並附錄乾隆四十一年七月二十六日諭旨曰:“關帝在當時力扶炎漢,志節凛然,乃史書所諡並非嘉名。……從前曾奉世祖章皇帝諭旨,封爲忠義神武大帝以褒揚盛烈。……夫以神之義烈忠誠,海內咸知敬祀,而正史猶存舊諡,隱寓譏評,非所以傳信萬世也。今當抄錄四庫全書,不可相沿陋習。所有志內關帝之諡,應改爲‘忠義’。”乾隆諭旨所謂“史書所諡並非嘉名”及“隱寓譏評”云云,均因“繆”字而發。此以“繆”爲“謬”,不以“繆”爲“穆”,未必出於無知,特統治者欲宣揚“忠義”而借題發揮耳。

夢豬齧其足,語子平曰:“吾今年衰矣,然不得還!”
(《蜀志六·關羽傳》注引《蜀記》/942頁)

華按:“然不得還”頗爲不辭。“語子平曰”以下之文,《通志》卷一百十八作:“‘今年衰矣,恐不能還。’果敗。”《太平御覽》卷四百引《蜀志》則作：“‘吾今年衰矣！’尋果被殺。”諸文互參，可見“然”字或爲“恐”之形誤，或爲“果”字之訛。若此文作“恐不得還”，則下文似須沾補“果敗”或“果尋被殺”，文義方足。

又魯將楊白等欲害其能，超遂從武都逃入氐中。

（《蜀志六・馬超傳》注引《典略》/946 頁）

　　華按：“欲”字不合文義。《資治通鑑》卷六十九敍此事曰：“又魯將楊昂等數害其能，超內懷於邑。”胡三省注：“數，所角翻。”兩書相較，知“楊白”與“楊昂”當爲一人，“欲”與“數”必有一誤。人名之是非，雖不能遽定；然“欲”乃“數”之誤文，斷可知矣。

　　訂補：《校詁》認爲“欲”當從《通鑑》作“數”，可備一說。今疑“欲”當作“心”，“心害其能”是漢人習用之文，如《史記・屈原列傳》：“上官大夫與之同列，爭寵，而心害其能。”《漢書・翟方進傳》載胡常事云：“與方進同經，常爲先進，名譽出方進下，心害其能，論議不右方進。”害，忌妒之義。

金鼓振天，歡聲動谷，一戰斬淵。（《蜀志六・黃忠傳》/948 頁）

　　華按：“歡聲”二字舊無注。辭書或釋爲“喜悅之聲”，大謬。既云“金鼓振天”，自當殺聲動谷；敵我血戰之際，喜悅之聲何來？此“歡”當讀爲“讙”，字之借也。古稱羣呼爲“譟”、“鼓譟”；或稱之爲“讙”、“讙呼”。如《史記・周本紀》：“厲王使婦人裸而譟之。”裴駰《集解》引韋昭曰：“譟，讙呼也。”唐固曰：“羣呼曰譟。”本志《先主傳》亦敍此事云：“淵將兵來爭其地，先主命黃忠乘高鼓譟攻之，大破淵軍，斬淵及曹公所署益州刺史趙顒等。”又《法正傳》亦云：“先主命黃忠乘高鼓譟攻之，大破淵軍，淵等授首。”參合諸傳觀之，此“歡聲”顯謂鼓譟之聲。史家形容殺聲震耳,多有相似之筆,如《史記‧項羽本紀》寫鉅鹿之戰:"楚戰士無不一以當十,楚兵呼聲動天。"《資治通鑑》卷六十寫袁紹與公孫瓚之戰:"一時同發,讙呼動地,瓚兵大敗。"《吳志‧宗室‧孫韶傳》:"兵皆乘城傳檄備警,讙聲動地,頗射外人。"諸書或用"讙呼",或用"讙聲",其義一也。"讙"與"歡"古音相同,故"歡聲"得借爲"讙聲"。《公羊傳‧文公六年》稱晉襄公爲"晉侯讙",《史記‧晉世家》作"襄公歡"。《禮記‧樂記》"鼓鼙之聲讙",鄭玄注:"讙或爲歡"。《藝文類聚》卷二十一引梁陸倕《贈京邑僚友詩》"娛歡追美景",《文苑英華》卷二百四十七"歡"作"讙"。此皆二字通用之證。此外,《宋書‧自序》載沈亮議云:"夫穿掘之侶,必銜枚以晦其迹,劫掠之黨,必歡呼以威其事,故赴凶赫者易,應潛密者難。"其中"歡呼"亦當讀爲"讙呼",是其比也。

值曹公揚兵大出,雲爲公前鋒所擊……遂前突其陳,且鬭且卻。公軍敗,已復合,雲陷敵,還趣圍。

《蜀志六‧趙雲傳》注引《雲別傳》/950 頁

易培基《補注》:"散",南本作"敗"。

華按:諸本作"公軍散",唯馮本、金陵活字本相沿作"公軍敗"。標點本承用後者,可商。《册府元龜》卷三百六十二、三百九十四所引均作"散"。《資治通鑑》卷六十八敍此事云:"魏兵散而復合。"亦以"散"、"合"前後呼應。此時曹軍圍攻趙雲,不得稱"敗",當以作"散"爲得實。

整理者按:紹熙本、元大德本、三朝本(嘉靖己未年補刊)、西爽堂本、北監本、汲本、殿本、局本、百衲本作"散"。南監本、金陵活字本作"敗"。

三國志卷三十七
蜀志七《龐統法正傳》校詁

每所稱述，多過其才。（《蜀志七·龐統傳》/953頁）

　　華按：評價人物，必兼德才而言之，此獨稱述其"才"，不合事理。《文選》卷三十八任昉《爲范尚書讓吏部封侯第一表》李善注引習鑿齒《襄陽耆舊傳記》亦載此事，其文作"多過其中"，是矣。《吳志·吳主傳》載嘉禾六年詔曰："中外羣僚，其更平議，務令得中，詳爲節度。"又《步騭傳》注引《吳書》載李肅事："少以才聞，善論議，臧否得中。""得中"猶言得當，"過其中"者，謂龐統頌揚他人之善，往往過當也。

陸勣、顧劭、全琮皆往。（《蜀志七·龐統傳》/953頁）

　　華按：諸本皆作"陸績"，唯金陵活字本訛爲"陸勣"。標點本不取別本互校，遂獨承其誤。

　　整理者按：紹熙本、元大德本、三朝本（嘉靖己未年補刊）、西爽堂本、南監本、北監本、汲本、殿本、局本、百衲本作"績"。金陵活字本作"勣"。

子渙，字世文。（《蜀志七·龐統傳》注引《襄陽記》/954頁）

　　華按："渙"當作"煥"。舒焚等所撰《襄陽耆舊記校注》謂裴注及《後漢書》李注作"渙"者當屬誤文，《論語·泰伯》："煥乎其有文章。"名"煥"，字"世文"，其義相應。

子昭誠自長幼完潔。(《蜀志七·龐統傳》注引蔣濟《萬機論》/954 頁)

盧弼《集解》:《世說注》作"子昭誠自幼至長容貌完潔"。

華按:李詳《世說新語箋釋》云:《世說·品藻》作"自幼至長容貌完潔",《國志》奪去三字,當據補。

又按:"完潔"之"完",百衲本作"兒",局本等作"貌"。疑此文原作"容兒完潔",傳寫者先刪與"完"形近之"兒",後人以"容完潔"不辭,遂進而刪去"容"字。

整理者按:紹熙本、三朝本(嘉靖己未年補刊)、百衲本作"兒"。元大德本、西爽堂本、南監本、北監本、汲本、金陵活字本、局本作"貌"。殿本作"完"。

正受性無術,盟好違損。(《蜀志七·法正傳》/958 頁)

盧弼《集解》:"性"疑作"任"。

華按:"受性無術",猶言本性無能,"性"字不誤。"受性"與"生性"同,即天賦之性質。如《吳志·孫策傳》注引《吳錄》:"岱字孔文,吳郡人也,受性聰達,輕財貴義。"又如《胡綜傳》:"而臣受性簡略,素不下人。"《魏志·武帝紀》注引《魏書》載公令曰:"受性疲怠。"又《吳主傳》注引《魏略》載孫權遣浩周致箋曹丕云:"權本性空薄,文武不昭。"又《步騭傳》載孫登與騭書曰:"受性闇蔽,不達道數。"語意均與"受性無術"相同。

正受性無術……是以損身於外,不敢反命。(《蜀志七·法正傳》/958 頁)

華按:宋、元、明、清各本"損"作"捐",當從之;金陵活字本作"損",不可取。

整理者按:紹熙本、元大德本、三朝本、西爽堂本、南監本、北監本、汲本、殿本、局本、百衲本作"捐"。金陵活字本作"損"。

各欲遠期計糧者，今此營守已固，穀米已積，而明將軍土地日削，百姓日困，敵對遂多，所供遠曠。

（《蜀志七·法正傳》/958 頁）

盧弼《集解》："各"字疑"若"字之誤。

　華按：盧說是也。上文云："若欲爭一旦之戰，則兵將勢力，實不相當。"下文云："若爭客主之勢，以土地相勝者，今此全有巴東、廣漢、犍爲，過半已定，巴西一郡，復非明將軍之有也。"或以"若欲"與"則"呼應，或以"若"與"今此"呼應。此作"各欲"，必"若欲"之形訛。

　整理者按：紹熙本、元大德本、三朝本、西爽堂本、南監本、北監本、汲本、殿本、金陵活字本、局本、百衲本作"各"。

舉眾往討，則必可克。（之克）〔克之〕之日，廣農積穀，觀釁伺隙……爲持久之計。（《蜀志七·法正傳》/961 頁）

盧弼《集解》：《通鑑》作"必可克之，克之之日"，何焯曰："'則必可克'爲句。下作'克之之日'。"

標點本《校記》："克之"，從何焯說。（1500 頁）

　華按：何說未必可從。上文似宜從《資治通鑑》卷六十八補一"之"字，其文爲："則必可克。克之〔之〕日。"本志《譙周傳》載其語云："方今東吳未賓，事勢不得不受之，受之〔之〕後，不得不禮。"宋、元刻本《吳志·甘寧傳》："不可後操圖之，圖之之計，宜先取黃祖。"均其比。

吾故知玄德不辦有此，必爲人所教也。（《蜀志七·法正傳》/961 頁）

盧弼《集解》：宋、元本"辦"作"辨"。

　　華按：古無"辦"字，恆以"辨"、"辯"爲之，如《列子·天瑞》張湛注："晏子儒墨爲家，重形生者，不辨有此言，假託所稱耳。"日本《書道全集》載王羲之《初月帖》："不辨遣信。"均用"辨"字。此"不辨"猶言不能，說參徐震堮《〈世說新語〉詞語簡釋》。

　　整理者按：紹熙本、元大德本、三朝本（嘉靖己未年補刊）、百衲本作"辨"。西爽堂本、南監本、北監本、汲本、殿本、金陵活字本、局本作"辦"。

三國志卷三十八
蜀志八《許麋孫簡伊秦傳》校詁

鉅鹿張翔銜王命使交部，乘勢募靖，欲與誓要，靖
拒而不許。(《蜀志八·許靖傳》/964頁)

盧弼《集解》："募"疑作"慕"。

華按：作"慕"不可通。"募"有標價招選義、懸賞徵用義，
其文未必有誤。此外，募文中又往往附有威脅性內容，如《吳
志·宗室·孫靜傳》注引《獻帝春秋》："袁術遣吳景攻昕，未
拔，景乃募百姓：'敢從周昕者，死不赦。'昕曰：'我則不德，百
姓何罪？'遂散兵，還本郡。"想必張翔募靖之文亦有威逼之語。

知聖主允明，顯授足下專征之任。(《蜀志八·許靖
傳》/965頁)

殿本《考證》："允"，《册府》作"光"。

華按：此爲許靖與曹操之書，文以"允明"稱揚天子，義雖
可通，例則罕見。殘宋本《册府元龜》卷九百零四作"允明"，明
本作"光明"，當屬臆改。竊疑"允明"當作"欽明"。《尚書·堯
典》："帝堯曰放勛，欽明文思安安。"馬融注曰："威儀表備謂之
欽，照臨四方謂之明。"漢末魏晉之文，常以"欽明"稱頌天子，
《後漢書·儒林·謝該傳》載建安中馬融上書薦該曰："陛下聖
德欽明，同符二祖……宜得名儒，典綜禮紀。"《魏志·陳思王

植傳》載其上書求存問親戚：“伏惟陛下資帝唐欽明之德，體文王翼翼之仁。”《文選》卷四十三孫楚《爲石仲容與孫晧書》：“相國晉王，輔相帝室……廟勝之算，應變無窮，獨見之鑑，與眾絕慮。主上欽明，委以萬機。”可爲例證。今合觀許靖、孫楚之書，文理相類，唯靖書作“允明”者與習語不合，其中“允”字蓋爲“欽”字殘脱之誤。

博陸佐漢，虎賁警蹕。(《蜀志八·許靖傳》/965 頁)

盧弼《集解》：《漢書·霍光傳》：“武帝遺詔封光爲博陸侯。”

華按：“虎賁”二字之下，裴松之作注曰：“《漢書·霍光傳》曰：‘光出都肄郎羽林，道上稱警蹕。’未詳‘虎賁’所出也。”裴氏不明職稱沿革，故有此疑。考霍光之世，“警蹕”者當爲“期門”之類；“虎賁”本爲古代勇士之稱，西漢之末取代“期門”。《漢書·百官公卿表上》：“期門掌執兵送從，武帝建元三年初置，比郎，無員，多至千人；有僕射，秩比千石。平帝元始元年更名虎賁郎，置中郎將，秩比二千石。”明乎此，則知許靖所謂“虎賁”者，乃用後漢之稱；作文不同於撰史，借“虎賁”以指“期門”，殆無不可。

《益州耆舊傳》曰：商字文表……(《蜀志八·許靖傳》注/967 頁)

華按：《益州耆舊傳》之“州”，當作“部”，蓋傳刻之誤，可據《華陽國志·陳壽傳》之文校正。

今之益部，士美民豐，寶物所出。(《蜀志八·許靖傳》注引《益州耆舊傳》/967 頁)

華按：諸本及殘宋本《册府元龜》卷七百十七皆作“土美民豐”，謂土地肥美、百姓豐足。標點本“土”作“士”，實沿馮本、金陵活字本之訛。

　　整理者按：紹熙本、三朝本（嘉靖己未年補刊）、西爽堂本、北監本、汲本、殿本、局本、百衲本作“土”。元大德本“土”、“士”難辨。南監本、金陵活字本作“士”。

是時侍宿武皇帝於江陵劉景升聽事之上，共道足下於通夜，拳拳飢渴，誠無已也。（《蜀志八·許靖傳》注引《魏略》/968頁）

　　華按：“共道足下於通夜”一句似有脫文。頗疑原文當作“共道足下，至於通夜不寐”二句，“通夜不寐”乃中世熟語。《太平御覽》卷一百八十五《居處部·廳事》引王朗與許靖書曰：“武皇帝於江陵劉景升廳事上共論，道足下至於通夜，不寐忘倦，飢渴無已。”編撰《御覽》者節引王朗之書祇注意“廳事”二字，故“廳事”前後之文或棄或省。以本文與《御覽》比對，竊以爲《御覽》“武皇帝”之上無“侍宿”二字，“共”下有“論”字，“拳拳”作“忘倦”，“無已”前後無“誠”、“也”二字，均非朗書舊貌；而本文“於”上無“至”字，“通夜”下無“不寐”，若非注家刪略，當屬傳寫脫落。

竺雍容敦雅，而幹翮非所長。是以待之以上賓之禮，未嘗有所統御。（《蜀志八·麋竺傳》/969頁）

　　盧弼《集解》：《御覽》“幹”作“翰”。

　　華按：徐復師《三國志臆解》曰：“幹與翰通。《詩·大雅·崧高》：‘維申及甫，維周之翰。’毛傳：‘翰，幹也。’謂楨幹之臣。《爾雅·釋器》：‘羽本謂之翮。’《後漢書·隗囂傳》：‘今俊乂並會，羽翮並肩。’謂羽翼輔佐之臣。此言幹翮，謂堪任大重之臣。”

雍與先主游觀，見一男女行道，謂先主曰："彼人欲行淫，何以不縛？"（《蜀志八·簡雍傳》/971頁）

> **華按**："一男女"似不成語。《羣書治要》卷二十七、《藝文類聚》卷二十四、《太平御覽》卷四百五十三、《事類賦注》卷十七作"一男子"，可以參考。

彼人欲行淫，何以不縛？（《蜀志八·簡雍傳》/971頁）

> **華按**："行淫"爲當時口語詞。東晉佛陀跋陀羅等譯《摩訶僧祇律》卷一："比丘言：世尊制戒，不得行婬。"宋佛陀什、竺道生譯《彌沙塞部和醯五分律》卷二十八："有一比丘，共二根女人行婬……"例多不贅舉。

仲尼、嚴平，會聚眾書以成《春秋》、《指歸》之文。（《蜀志八·秦宓傳》/973頁）

> **盧弼《集解》**：沈家本曰："嚴君平而曰嚴平，史中罕見。"弼按：《華陽國志》即云："嚴平恬泊。"

> **華按**：嚴君平而曰嚴平，六朝文獻多有其比，如《晉書·皇甫謐傳》載其《釋勸》曰："鄭眞躬耕以致譽。"鄭子眞而曰鄭眞。又："榮期以三樂感尼父。"榮啟期而曰榮期。《全後周文》卷十七庾信《周大將軍聞嘉公柳遐墓志》："昔馬遊志氣，爲馬援所知。"馬少遊而曰馬遊。等等。錢大昕《十駕齋養新錄》卷十二論"古人姓名割裂"云："漢魏以降，文尚駢驪，詩嚴聲病，所引用古人姓名，任意割省，當時不以爲非。"其說最爲閎通。

廣漢太守夏侯纂請宓爲師友祭酒，領五官掾，稱曰仲父。（《蜀志八·秦宓傳》/974頁）

> **華按**：《藝文類聚》卷四十六、《太平御覽》卷二百三十六引

作“夏纂”，與《後漢書·方術·董扶傳》李賢注所引相合。此作“夏侯纂”，疑衍“侯”字。

宓以簿擊頰。(《蜀志八·秦宓傳》/975頁)

華按：自擊臉頰，與叩頭禮拜之效用相當。秦宓臥見太守，太守以“仲父”呼之，故宓以擊頰致禮，請求勿以“仲父”相稱也。《大藏經》卷三吳康僧會譯《六度集經》卷三：“洪水至……又覩漂人，搏頰呼天，哀濟吾命。”《魏志·何晏傳》注引《魏末傳》：“有一男，年五六歲，宣王遣人錄之。晏母歸藏其子王宮中，向使者搏頰，乞白活之。”“搏頰”即擊頰，皆求哀乞憐之常式。又有所謂“兩手自搏”者，亦指擊頰，如《魏志·后妃·文昭甄皇后傳》注引《魏略》：“文帝入紹舍，見紹妻及后，后怖，以頭伏姑膝上，紹妻兩手自搏。”

宓以簿擊頰曰：“願明府勿以仲父之言假於小草，民請爲明府陳其本紀……”(《蜀志八·秦宓傳》/975頁)

華按：“仲父之言”，謂“仲父”之稱，非謂仲父之言論也；故此文宜標點爲“願明府勿以‘仲父’之言假於小草”。《儀禮·士相見禮》曰：“凡自稱於君，士大夫則曰‘下臣’；宅者在邦，則曰‘市井之臣’；在野，則曰‘草茅之臣’。庶人，則曰‘刺草之臣’。”秦宓自稱“小草”，亦猶古稱“草茅之臣”或“刺草之臣”。

天帝布治房心，決政參伐，參伐則益州分野，三皇乘祇車出谷口，今之斜谷是也。(《蜀志八·秦宓傳》/975頁)

盧弼《集解》：何焯曰：“《漢書·地理志》蜀系秦分，統于輿鬼、東井，參伐乃魏地星也。此云‘參伐則益州分野’，未詳。”

華按：《華陽國志》卷一《巴志》曰：“仰稟參伐，俯壤華陽。”

又卷十二《序志》曰：“按《蜀紀》：‘帝居房心，決事參伐。’參伐則蜀分野，言蜀在帝議政之方。”是漢晉之世，均謂參伐爲蜀地之星。劉琳《華陽國志校注》指出：“參伐即二十八宿中的參宿。《晉書·天文志上》：‘參十星，一曰參伐。’古人認爲益州地區上應觜、參二宿。《史記·天官書》：‘觜觿、參，益州。東井、輿鬼，雍州。’《藝文類聚》卷六引《春秋元命包》：‘參伐流爲益。’”均其明證。

又按：星宿分野之說，事屬無稽，故自古即有異說，如《漢書·地理志》云：“秦地，於天官東井、輿鬼之分壄也……南有巴、蜀、廣漢……益州，皆宜屬焉。”何焯僅以《漢書》爲據，故有“未詳”之說。

鯀納有莘氏女曰志，是爲脩己。上山行，見流星貫昴，夢接意感，又吞神珠，臆坼胸折，而生禹於石紐。（《蜀志八·秦宓傳》注引《帝王世紀》/975 頁）

盧本作“臆圮胸坼”。

盧弼《集解》：毛本“坼”作“折”。

易培基《補注》：紹熙本“折”作“坼”。

華按：百衲本、殿本、局本等作“坼”，是。標點本從毛本、馮本、金陵活字本作“折”，非。“坼”爲破裂之義，古人用以指因難産而母體破裂之事。《詩·大雅·生民》：“誕彌厥月，先生如達，不坼不副，無菑無害。”《史記·楚世家》：“陸終生子六人，坼剖而産焉。”裴駰《集解》引干寶曰：“若夫前志所傳，脩己背坼而生禹，簡狄胸剖而生契，歷代久遠，莫足相證；近魏黃初五年，汝南屈雍妻王氏生男兒從右胳下水腹上出，而平和自若，數月創合，母子無恙，斯蓋近事之信也。”均其證。“坼”與

“拆”形近，古書常作“拆”，如上引《生民》一本作“不拆不副”，前人已視“拆”爲誤文；此作“折”，去“坼”益遠矣。

又按：“臆圮”不辭，當爲“薏苡”之誤，應屬上句讀。《論衡·詰術篇》：“古者因生以賜姓，因其所生賜之姓也。若夏吞薏苡以生，則姓苡氏。”趙曄《吳越春秋·越王無余外傳第六》：“鯀娶於有莘氏之女，名曰女嬉，年壯未孳，嬉於砥山，得薏苡而吞之，意若爲人所感，因而姙孕，剖脅而産高密。”《史記·夏本紀》張守節《正義》引《帝王世紀》曰：“又吞神珠薏苡，胸坼而生禹。”均其明證。

整理者按：紹熙本、殿本、局本、百衲本作“坼”。元大德本作“折”。三朝本（萬曆十年補刊）、西爽堂本、南監本、北監本、汲本、金陵活字本作“折”。

三國志卷三十九
蜀志九《董劉馬陳董呂傳》校詁

死之日，家無儋石之財。（《蜀志九·董和傳》/979 頁）

　　華按："財"，《羣書治要》卷二十七引作"貯"，於義爲長。"儋石"爲僅容二斛或一石糧食之小甖，與"財"義不相屬。古人成語有"儋石之儲"，如《漢書·揚雄傳》："家産不過十金，乏無儋石之儲。"或作"檐石之蓄"，如《文選》卷五十二班彪《王命論》："夫餓饉流隸，飢寒道路，思有短褐之襲、檐石之蓄，所願不過一金，終於轉死溝壑。"或作"儋石之稸"，如《全後漢文》卷一百六《浚儀令衡立碑》："爲縣功曹，無儋石之稸。""貯"與儲、蓄、稸諸字義同。

　　訂補：《册府元龜》卷四百零六將帥部清儉門引作"家無擔石之儲"，其中"儲"字，與《羣書治要》的"貯"音義俱近，足可正此文"財"字之誤。

郡署戶曹史主記主簿。（《蜀志九·劉巴傳》注引《零陵先賢傳》/980 頁）

　　盧弼《集解》：陳浩曰："'主記'疑作'主計'。"周壽昌曰："'記'亦通'計'。且疑其時有'主記'一官，猶書記也。"

　　華按："主記"不誤，亦非"主計"之通假。《隸釋》卷二《桐柏淮源廟碑》載後漢延熹六年事，文末落款有"主簿安眾鄧嶷"、"主記史趙宛旻"、"戶曹史宛謝綜"。《後漢書·袁閎傳》注引謝承《後漢書》曰："封觀與主簿陳端、門下督范仲禮、賊曹劉偉德、主記史丁子嗣、記室史張仲然、議生袁祕等七人擢刃突陳，與戰並死。"本志《姜維傳》："時天水太守適出案行，維及功曹梁緒、主簿尹賞、主記梁虔等從行。"《吳志·步騭傳》："孫權爲討虜將軍，召騭爲主記，除海鹽長，還辟車騎將軍東曹掾。"然則郡吏於功曹、主簿之次，必有"主記"一官無疑。晉司馬彪《續漢書·百官志》載："主記室史，主錄記書，催期會。"以此知"主記"、"主記史"爲"主記室史"之省稱。明乎此，則此文宜加頓號以明職官，讀爲"郡署戶曹史、主記、主簿"。言劉巴起初被郡將署爲戶曹史，繼而爲主記，繼而又升爲主簿也。

巴往零陵，事不成，欲游交州，道還京師。（《蜀志九·劉巴傳》注引《零陵先賢傳》/981 頁）

　　華按："道還京師"似通非通，此四字當連上爲句，句中"游"讀爲"由"，字之借也。《資治通鑑》卷六十七敘此事云："巴事不成，欲由交州道還京師。"可以參看。標點本不明"由"、"游"古通，誤以"游"爲游歷之義，遂致斷句不當。

乘危歷險，到值思義之民……（《蜀志九·劉巴傳》注引《零陵先賢傳》/981 頁）

　　郁松年《續後漢書札記》：郝書"則值思義之民"，"則"《志》誤"到"。

　　華按：郝書不足據。《魏志·牽招傳》："遣詣柳城，到值峭王嚴，以五千騎當遣詣譚。""到值"云云，謂到達某處則適逢某事也。

軍用不足，備甚憂之。巴曰："易耳，但當鑄直百錢，平諸物賈，令吏爲官市。"（《蜀志九·劉巴傳》注引

《零陵先賢傳》/982 頁）

盧弼《集解》：何焯曰：“必無此事。錢至直百，豈復可以通行？”梁章鉅曰：“洪遵《泉志》云：蜀直百錢，建安十九年劉備鑄。舊譜云：徑七分，重四銖；又直百五銖錢，徑一寸一分，重八銖，文曰：‘五銖直百。’”

華按：何說武斷之甚。1981 年 7 月至 1982 年 3 月，四川崇慶縣五道渠蜀漢墓有“直百五銖”錢及“直百”錢出土。其形制與洪遵《泉志》基本相合。《吳志·吳主傳》載孫權於嘉禾五年春“鑄大錢一當五百”。1982 年湖南望城縣東吳墓亦有此“大泉五百”錢出土，其形制與蜀漢“直百”錢相似。似此，非徒直百錢可在蜀漢通行，東吳更行“一當五百”之大錢也。

尊兄應期贊世。（《蜀志九·馬良傳》/982 頁）

盧弼《集解》：周壽昌曰：“《後漢書》趙岐之稱皇甫爲‘仁兄’，此傳馬良之稱諸葛爲‘尊兄’，展敬聯情，均此誼也。”

華按：“尊兄”、“大兄”均當時親友間習稱。諸葛亮時爲軍師將軍，馬良不稱“將軍”而稱“尊兄”，足見私交之厚。

配業光國，魄兆見矣。（《蜀志九·馬良傳》/982 頁）

華按：所謂“魄兆見矣”，喻指時運已至，眾望所歸，大功將成。《國語·晉語三》：“公子重耳其入乎？其魄兆於民矣。……魄，意之術也。”韋昭注：“魄，形也；兆，見也；意，民之志也；術，導也。魄兆見而民志隨。”馬良語義與韋注相同。

又按：“魄兆見”之“見”，紹熙本作“遠”。從韋昭“魄兆見而民志隨”一語觀之，“遠”似更爲可疑。

整理者按：紹熙本、百衲本作“遠”。元大德本、三朝本（嘉靖己未年補刊）、西爽堂本、南監本、北監本、汲本、殿本、金陵活字本、局本作"見"。

皓便辟佞慧,欲自容入。(《蜀志九·董允傳》/986 頁)

華按:能取悅於人而被接納,謂之"容入",此乃漢魏常語,例如《文選》卷五十一王襃《四子講德論》:"詐僞者進達,佞諂者容入。"劉向《古列女傳》卷六載齊鍾離春事:"其爲人極醜無雙,臼頭深目,長指大節,卬鼻結喉,肥項少髮,折腰出胸,皮膚若漆,行年四十,無所容入,衒嫁不售。"其同義之詞則有"容進",如《魏志·杜恕傳》載其疏曰:"夫糾擿奸宄,忠事也,然而世憎小人行之者,以其不顧道理而苟求容進也。"

恢年少官微,見允停出,逡巡求去,允不許。(《蜀志九·董允傳》/986 頁)

華按:今見注釋此文者或釋"停出"爲"停止出去",非是。"停出"謂正當外出之際,"停"爲副詞,說見拙著《世說新語考釋》。

後主追怨允日深,謂爲自輕。(《蜀志九·陳祗傳》/987 頁)

胡三省《通鑑注》:謂允爲輕己也。

華按:胡注極是。"自輕"猶言"輕己",參看本志《關羽傳》。

允孫宏,晉巴西太守。(《蜀志九·陳祗傳》/987 頁)

華按:疑此八字非《蜀志》原有,若非裴注之文,當爲後人附增。考《國志》各傳,除個別傳主之外,凡記嗣子官爵者,《魏志》、《蜀志》止於咸熙,《吳志》止於天紀;入晉後所授職,凡嗣子與傳主同時爲官者,則敍其事,如《譙周傳》是也,若傳主無事可記,則嗣子之官一無所載。此忽云"允孫宏,晉巴西太守",不特與上文難以銜接,表出"晉"官尤乖史法。《吳志·虞翻傳》亦有類似之例,證以古寫本《吳志》則知原無其文,說在《吳志》,此不羅縷。

三國志卷四十
蜀志十《劉彭廖李劉魏楊傳》校詁

自立阿斗爲太子已來，有識之人相爲寒心。(《蜀志十·劉封傳》/992 頁)

陳景雲《辨誤》："斗"字當作"升"，後主一字"升之"，見《魏志·明帝紀》注。古升、斗字易混，觀《漢書·食貨志》可見。

華按：陳氏謂"阿斗"當作"阿升"，一語鑿破混沌。本志《諸葛亮傳》注引《襄陽記》載鄉諺曰："莫作孔明擇婦，正得阿承醜女。"呼"黃承彥"爲"阿承"，時俗之稱也。以此例之，"劉升之"自當呼爲"阿升"。

臣過奉教於君子，願君王勉之也。(《蜀志十·劉封傳》注引《魏略》/993 頁)

盧弼《集解》：或疑"過"作"故"。

華按："過"字不誤。《說苑·敬愼》："子貢下車曰：'賜不仁，過聞之言，可復聞乎？'"《後漢書·盧芳傳》載其上疏謝曰："臣芳過託先帝遺體，棄在邊陲。"本志《許靖傳》注引《魏略》載王朗與靖書曰："過聞'受終於文祖'之言於《尚書》，又聞'歷數在躬，允執其中'之文於《論語》。"《晉書·李雄載記》載其復張駿書曰："吾過爲士大夫所推，然本無心於帝王也。"諸例之"過"，皆自謙之辭，與"謬"、"猥"等副詞用法相類。

長水校尉廖立，坐自貴大。（《蜀志十·廖立傳》/998頁）

華按：《睡虎地秦墓竹簡·爲吏之道》云："吏有五失：一曰誇以迣，二曰貴以大……"《大藏經》卷十二後漢支婁迦讖譯《般舟三昧經》卷中："不當嫉妬，不得瞋恚，去自貢高，去自貴大……除憍慢，去自大。"本志《李嚴傳》注引《諸葛亮集》載亮書："今討賊未效，知己未答，而方寵齊晉，坐自貴大，非其義也。"是"坐自貴大"乃古人成語，特指狂妄亂羣之言行。

平聞軍退，乃更陽驚，說"軍糧饒足，何以便歸"，欲以解己不辦之責，顯亮不進之愆也。（《蜀志十·李嚴傳》/999頁）

華按：李嚴主督運之事，但言"軍糧饒足，何以便歸"，豈足以"解己不辦之責"？《資治通鑑》卷七十二有"又欲殺督運岑述以解不辦之責"一句，是矣。歸罪於岑述，則其責可解。疑此文"欲"下脫落"殺督運岑述"五字。《華陽國志》卷七《劉後主志》載此事云："平懼亮以運不辦見責，欲殺督運岑述，驚問亮何故來還。"《華陽國志》出於東晉人之手，其事多本於《蜀志》，其中"殺督運岑述"五字必有所本。

琰失志慌惚。（《蜀志十·劉琰傳》/1002頁）

華按："失志慌惚"形容病態，係當時俗語。"失志"者，失去神志也。晉王叔和《脈經》卷七論"陰陽交之病"曰："狂言者，是失志。失志者死。""慌惚"即"恍惚"，字亦作"慌忽"。《晉書·殷仲文傳》曰："東陽，無忌所統，仲文許當便道修謁，無忌故益欽遲之，令府中命文人殷闡、孔甯子之徒撰義構文，以俟其至。仲文失志恍惚，遂不過府。無忌疑其薄己，大怒，思中傷之。"亦其例。今人或解"失志"爲"失意"，謂劉琰因受挫而不得意,亦可通。

胡具以告言琰,琰坐下獄。(《蜀志十·劉琰傳》/1002 頁)

盧弼《集解》:疑作"胡具以琰言告",郝書無"言琰"二字。姚範曰:"'琰'下疑有脱字。"

華按:"告言",同義之字平列,告亦言也。《史記·魏其武安侯列傳》:"夫繫,遂不得告言武安陰事。"又《平津侯主父列傳》:"即使人上書,告言主父偃受諸侯金……"其中"告言"二字《漢書·主父偃傳》作"告",均爲控告、訴訟之義。"告言"二字亦恆分用,如《後漢書·循吏·仇覽傳》"而母詣覽告元不孝",李賢注引謝承書作"其母詣覽言元"。姚氏未能深考,遂有所疑;郝書並非全鈔《國志》,未可是此非彼也。

聞夏侯楙少,主壻也,怯而無謀。(《蜀志十·魏延傳》注引《魏略》/1003 頁)

盧弼《集解》:楙爲魏武婿,尚清河公主,見《夏侯惇傳》。當以"少"字爲句。

華按:"少"字可疑。夏侯楙雖爲曹魏名將夏侯惇之中子,然性無武略,而好治生。魏文帝即位以來,委楙都督關中、鎮守長安者,以其有"主婿"之貴也。據《魏志·夏侯楙傳》注引《魏略》載"文帝少與楙親",則楙之年歲當與文帝相若也。文帝生於漢靈帝中平四年,循此以推,至魏明帝太和二年魏延建議之時,諸葛亮四十八歲,而楙亦在四十二歲左右,不得以年少者目之也。魏延意謂楙徒以"主婿"之貴得鎮長安,其實乃無勇無謀之輩,故可襲而走之也。《資治通鑑》卷七十一引魏延之語無"少"字,可據刪。

訂補:《校詁》參考《資治通鑑》的文字以"少"爲衍文,衹是一種推測；今知唐趙蕤《長短經》引作"先主婿也"，沒有"少"字，又令人懷疑本文的"少"可能是"先"的訛文。夏侯楙的妻子清河公主是曹操的女兒，此時爲魏明帝太和二年，死去的曹操在魏國早已被稱爲"先帝"，夏侯楙在魏國是"先帝婿"；魏延稱他爲"先主婿"，可能跟魏將鍾會稱蜀漢先帝劉備爲"先主"一樣。

不稽思慮，斯須便了。（《蜀志十·楊儀傳》/1005頁）

盧弼《集解》：胡三省曰："斯，此也；須，待也。言即此待之便可辦事。"

華按：胡氏分解"斯須"二字，未爲善詁。《漢書·禮樂志》："治身者斯須忘禮，則暴嫚入之矣。"顏師古注："斯須，猶須臾。"《魏志·武帝紀》注引孔衍《漢魏春秋》載獻帝詔曰："軍行藩甸之外，失得在於斯須之間。"又《董卓傳》注引《獻帝起居注》："斯須之間，頭縣竿端。"又《陳思王植傳》注引《典略》載其書："曾不斯須少留思慮。"又《方技·華佗傳》："即作湯二升，先服一升，斯須盡服之。"本志《譙周傳》注引張璠語："或發怒妄誅以立一時之威，快其斯須之意者，此亦夷滅之禍云。"諸例"斯須"均不宜分解。《水經注·沔水注》引《襄陽耆舊傳》敍楊儀事云："不稽思慮，須臾便了。"以此觀之，或言"斯須"，或言"須臾"，均用謰語也。

儀每從行，當其勞劇，自惟年宦先琬，才能踰之，於是怨憤形于聲色，歎咤之音發於五内。（《蜀志十·楊儀傳》/1005頁）

華按：紬繹文理，"惟"字於義不合，當從百衲本作"爲"。"爲"讀爲"謂"。《資治通鑑》卷七十三敍此事作"自謂年宦先琬”，即用本字。《華陽國志》卷七《劉後主志》云：“軍師楊儀自以年宦在琬前，雖同爲參軍、長史，己常征伐勤苦，更處琬下，殊怨望。”其中“以”字，與“爲”、“謂”同義。《通志》卷一百十八亦作“爲”，與百衲本合。

又按：漢末三國時代，“惟”與“爲”二字韻近而聲異。據《廣韻》可知：“惟”，以追切，以母脂韻字；“爲”，薳支切，云母支韻字；故“惟”在古韻脂部，“爲”在古韻支部，二字聲母亦不相同。而“爲”與“謂”則韻近而聲同。據《廣韻》可知：“爲”，于僞切，云母眞韻字，古韻隸支部；“謂”，于貴切，云母未韻字，古韻隸脂部；故二字聲母既同，韻部又近，往往通假。本志《費詩傳》載其勸告關羽曰：“愚爲君侯不宜計官號之高下爵祿之多少爲意也。”其中“爲”讀“謂”，相當於今語“認爲”，與本文“自爲”之“爲”相同。

整理者按：紹熙本、元大德本、殿本、百衲本作“爲”。三朝本（萬曆十年補刊）、西爽堂本、南監本、北監本、汲本、金陵活字本、局本作“惟”。

劉封處嫌疑之地，而思防不足以自衛。（《蜀志十·劉彭廖李劉魏楊傳評》/1005 頁）

華按：《易·既濟》：“象曰：君子思患而豫防之。”由此節縮而成“思防”一詞，謂防患之智思也，其同義詞有“智防”，說見《魏志·荀攸傳》。

三國志卷四十一
蜀志十一《霍王向張楊費傳》校詁

昔公孫自以起成都，號曰成氏，二玉之文，殆述所作乎！（《蜀志十一·向朗傳》注引孫盛語/1011頁）

華按："公孫"下，百衲本、殿本、局本等有"述"字。馮本、金陵活字本及標點本相承脫落一字，當補；不補，則下文"述"字前無所承。

整理者按：紹熙本、元大德本、三朝本、西爽堂本、北監本、汲本、殿本、局本、百衲本作"公孫述"。南監本、金陵活字本無"述"字。

其談啁流速，皆此類也。（《蜀志十一·張裔傳》/1012頁）

盧弼《集解》："啁"與"嘲"同。

華按："談"亦嘲謔之稱，《玉篇·言部》："談，戲調也。""啁"與"調"字通用，《廣雅·釋詁》："啁，調也。"又《釋言》："調，啁也。"此"談啁"亦同義之字平列，指戲謔而言。

嚴欲薦洪於州，爲蜀部從事。（《蜀志十一·楊洪傳》/1013頁）

盧弼《集解》："蜀"疑作"益"。或曰："'部'疑作'郡'。"

華按：郁松年《續後漢書札記》云："按《續漢志》，州刺史屬，每郡一部從事，郡太守屬亦有從事。嚴薦洪爲益州從事，主蜀部。"郁說可以參考。此"蜀部從事"指主管蜀郡之從事史,其文未必有誤。《吳志‧潘濬傳》注引《江表傳》:"武陵部從事樊伷誘導諸夷,圖以武陵屬劉備。"其中"武陵部從事"顯爲主管武陵郡之部從事史。此云"蜀部從事",可與"武陵部從事"比類。

敕詥、綽但於南安峽口遮即便得矣。(《蜀志十一‧楊洪傳》/1013 頁)

盧弼《集解》:"即",疑作"擊"。

華按:《資治通鑑》卷七十"遮"下有"邀"字。"遮邀"爲堵截義,此無"邀"字,疑奪。"即便"爲"立即"義,亦當時常語。本卷《張裔傳》:"裔出閣,深悔不能陽愚,即便就船,倍道兼行。"是其例。盧氏以"遮即"連讀而疑其有誤,非是。

始洪爲李嚴功曹,嚴未(至)〔去〕至犍爲而洪已爲蜀郡。(《蜀志十一‧楊洪傳》/1014 頁)

郁松年《續後漢書札記》:"嚴未去犍爲",郝書"去"作"至",《志》同。案前云諫嚴不聽,是嚴已至犍爲,洪乃爲之功曹。作"至"誤,從《通鑑》。

盧弼《集解》:錢大昭曰:"至"當作"去"。弼按:《通鑑》作"去"。

標點本《校記》:"去",據《資治通鑑》六八改。(1051 頁)

華按:各本原作"嚴未至犍爲而洪已爲蜀郡",校改以後,當爲"嚴未去犍爲而洪已爲蜀郡",言犍爲太守李嚴尚在犍爲,未及升遷,而楊洪已由郡吏升任蜀郡太守矣。標點本改"至"爲"去",甚是;然又誤於"去"下衍一"至"字,是治絲益棼矣。

洪迎門下書佐何祇。(《蜀志十一‧楊洪傳》/1014 頁)

盧弼《集解》:"迎"字疑衍。《通鑑》作"舉"。

華按：“迎”可作薦舉、選用解，如本志《秦宓傳》：“建興二年，丞相亮領益州牧，選宓迎爲別駕。”又《杜微傳》：“建興二年，丞相亮領益州牧，選迎皆妙簡舊德。”說見呂叔湘《讀〈三國志〉》。

後夷反叛，辭〔曰〕“令得前何府君，乃能安我耳”！（《蜀志十一·楊洪傳》注引《益部耆舊傳雜記》/1015頁）

梁章鉅《旁證》：《御覽》二百六十一“反叛辭”下多“曰”字。

標點本《校記》：“辭曰”，據《太平御覽》二六一。（1051頁）

華按：原文可通，不煩增字。“辭”猶言告稱，解在本志《先主傳》。

今漢王以一時之功，隆崇於漢升。（《蜀志十一·費詩傳》/1015頁）

盧弼《集解》：陳浩曰：“‘漢王’，《御覽》作‘漢中王’。”趙一清曰：“先主時爲漢中王，不應單稱‘漢王’。”

華按：趙說甚韙。劉備以破曹於漢中，故稱“漢中王”。“漢中王”之不得簡稱爲“漢王”，猶“漢中”之不得簡稱爲“漢”也。《資治通鑑》卷六十八引費詩語亦作“漢中王”，與《太平御覽》卷二百三十八相合，蓋北宋寫本尚未奪字也。

豈徒空託名榮，貴爲乖離乎！（《蜀志十一·費詩傳》/1016頁）

華按：劉淇《助字辨略》卷四引《戰國策》“貴合於秦以伐齊”而釋之曰：“貴猶欲也。”此“貴”字亦然。《吳志·諸葛恪傳》載其論曰：“若一朝隕殁，志畫不立，貴令來世知我所憂，可思於後。”《文選》卷四十二阮瑀《爲曹公作書與孫權》有云：“往年在譙，新造舟舡，取足自載，以至九江，貴欲觀湖漅之形，定江濱之民耳。""貴欲"平列,貴亦欲也。《抱朴子內篇·序》:"且欲緘之金匱以示識者,其不可與言者,不令見也。貴使來世好長生者有以釋其惑,豈求信於不信者乎?"前用"欲",後用"貴",變其文耳。

臣松之以爲鑿齒論議,惟此論最善。(《蜀志十一·費詩傳》注/1017頁)

華按: 除金陵活字本外,各本皆作"議"。標點本獨承作"論"之本,今所不取。

整理者按:紹熙本、元大德本、三朝本(嘉靖己未年補刊)、西爽堂本、南監本、北監本、汲本、殿本、局本、百衲本作"議"。金陵活字本作"論"。

三國志卷四十二
蜀志十二《杜周杜許孟來尹李譙郤傳》校詁

周羣，字仲直。（《蜀志十二·周羣傳》/1020 頁）

盧弼《集解》：錢大昭曰：“《季漢輔臣贊》作‘字仲宣’。”

華按：今檢百衲本，本志《楊戲傳》載《季漢輔臣贊》有“贊王元泰、何彥英、杜輔國、周仲直”之文，與本傳合；明、清刊本作“周仲宣”，盧弼《集解》注其下曰：“本傳作‘仲直’”，與錢大昭之注如出一口。錢氏未見百衲本，故特拈出異文，職也；盧氏無視百衲本，遂不知《楊戲傳》自有作“周仲直”之本，疏矣。《華陽國志》卷十二亦云：“儒林校尉周羣，字仲直。”是宋以前文獻自作“仲直”，後出刊本之《季漢輔臣贊》當屬誤文。

整理者按：《季漢輔臣贊》紹熙本、元大德本、百衲本作“直”。三朝本（嘉靖己未年補刊）、西爽堂本、南監本、北監本、汲本、殿本、金陵活字本、局本作“宣”。

其人饒鬚，先主嘲之曰：“……涿令稱曰：‘諸毛繞涿居乎！’”裕即答曰：“昔有作上黨潞長。……乃署曰‘潞涿君’。”先主無鬚，故裕以此及之。（《蜀志十二·張裕傳》/1021 頁）

黃生《義府》：卷下“涿居”條：當時語呼涿爲督，又俗轉齶之入聲爲督，此蓋以下體謔之也。

華按：黄氏之説，似嫌迂曲。朱駿聲《説文通訓定聲》釋此例云："'涿'假借爲'尻'，經傳以'醜'、以'州'爲之，俗字作'豚'，亦作'启'、作'豘'。《廣雅・釋親》：'豘，臀也。'"其説可信。陸宗達、王寧《訓詁方法論》云："'涿'、'蜀'均可爲陰器之稱……《三國志》更有直接以'涿'爲女陰的説法。"亦指此例而言，足備一説。竊疑此"涿"一語雙關，"涿"與"啄"同音，既明喻人之脣吻，又暗指臀部或陰器。然則謔語之不遜，莫此爲甚，裕竟以此致死，足見此語甚於辱罵也。

乃書柱曰："衆而大，期之會，具而授，若何復?"言曹者衆也，魏者大也；衆而大，天下其當會也；具而授，如何復有立者乎?(《蜀志十二・杜瓊傳》/1022 頁)

華按：《左傳・閔公元年》載晉獻公賜畢萬魏，卜偃曰："畢萬之後必大。萬，盈數也；魏，大名也。以是始賞，天啟之矣。天子曰兆民，諸侯曰萬民。今名之大，以從盈數，其必有衆。"曹操假漢朝之封以爲魏公、魏王，既應"當塗高"之讖，又取"畢萬之後必大"之義。譙周之言，但緣卜偃之説引申觸類耳。

又按："衆而大"四句，"大"與"會"爲韻，"授"與"復"爲韻。《廣韻》去聲十四泰：大，徒蓋切；會，黄外切。又去聲四十九宥：授，承呪切；復，扶富切。

慈、潛並爲學士，與孟光、來敏等典掌舊文。(《蜀志十二・許慈傳》/1023 頁)

盧本"學士"作"博士"。

盧弼《集解》：馮本"博"作"學"，誤。傳末"子勛傳其業，復爲博士"，作"博"是。

華按：盧説是也。《隸釋》卷十六載黄龍甘露碑文有"博士

臣許慈"字樣，蜀漢建安二十六年碑文有"博士臣許慈……議
郎孟光"字樣，證以本志《先主傳》及《孟光傳》，足知諸本作
"慈、潛並爲博士"者不誤；馮本作"學士"，必傳刻之訛。標點
本捨"博士"而取"學士"，殊失擇善之旨。

　　整理者按：紹熙本、元大德本、三朝本、西爽堂本、北監本、
汲本、殿本、局本、百衲本作"博"。南監本、金陵活字本作"學"。

以相震撼。撼，虛晚反。（《蜀志十二·許慈傳》/1023頁）

　　華按：據裴松之注音之例，"虛晚反"之上應有"音"字。
《魏志·文帝紀》："椑音扶歷反"。又《明帝紀》："洨音胡交反"。
又《公孫瓚傳》："令令郎定反"、"支音其兒反"。又《徐晃傳》"卷音
墟權反"。等等，均其例。本篇《孟光傳》"譊譊歡咋"下注以"譊
音奴交反，讙音休袁反，咋音徂格反"，三用"音"字，尤爲明證。凡無
"音"字者，當爲傳寫偶脫也。

每直言無所回避，爲代所嫌。（《蜀志十二·孟光傳》/
1024頁）

　　盧弼《集解》：或曰："承祚不應以'世'爲'代'，蓋承唐人寫本未
及改正耳。"

　　華按：或人之說是也。下文載孟光語曰："吾好直言，無所
回避，每彈射利病，爲世人所譏嫌。"此云"爲代所嫌"，文正相
應。殘宋本《册府元龜》卷九百十五"代"作"世"，可據以回改。

於是豪彊並爭，虎裂狼分，疾博者獲多，遲後者見
吞。（《蜀志十二·譙周傳》/1029頁）

　　華按："博"，宜從諸本作"搏"。此作"博"，亦誤沿金陵活
字本之文。

　　整理者按：紹熙本、元大德本、三朝本、西爽堂本、南監本、

北監本、汲本、殿本、局本、百衲本作"搏"。金陵活字本作"博"。

及聞艾已入陰平，百姓擾擾，皆迸山野，不可禁制。

（《蜀志十二・譙周傳》/1030 頁）

盧弼《集解》：陰平，今甘肅階州文縣治，見《鄧艾傳》。何焯曰："黃崇云：'速行拒險，無令敵得入平地。'後人誤加'陰'字。"

華按：何謂"陰"爲衍文，極是。"平"者，山區之平地。本志《姜維傳》載維建議曰："退就漢、樂二城，使敵不得入平。"是其例。宋程大昌《演繁露》曰："始予聞蜀興州有'殺金平'，其名已古。吳璘嘗於平上大剋金虜，故其名因此而著。予嘗問人何以名'平'？曰：山之名'平'者，所在有之，不止此處也。予後至昌化縣，過一山，其下甚峻，至頂而平夷，名'走馬平'，乃知'平'之爲義蓋如此。後又讀道書《太上太霄琅書》，有曰：'尸解者，不棺不槨，拂山平之上，掃深樹之下，衾覆於地。'則山平之名，其來久矣。"由此可見，博雅如程氏者，不經耳聞目覩猶不明"平"字之義，無怪乎《蜀志》之"平"爲傳寫者所疑，於是乎或改字，或增字，不一而足。此"平"之本字當爲"坪"。《說文解字・土部》："坪，地平也。從土，平亦聲。"《華陽國志》卷七《劉後主志》敘此事云："百姓聞艾入坪，驚迸山野。"其文作"坪"，正用本字。"坪"古又作"垩"。《資治通鑑》卷七十八敘此事云："聞艾已入平土……"其中"平土"二字，當由"垩"字割裂而成。後人不瞭"入平"即"入坪"，遂於"平"上妄增"陰"字，殊不知鄧艾自陰平斜趨江由之際，雖守塞之蜀將亦未能察覺，豈有艾軍始入陰平而蜀中百姓便得聞知之理？且下文既云"百姓擾擾，皆迸山野"，則艾軍必已入平，此"平"指成都附近之平地明矣。

等爲小稱臣，孰與爲大？《蜀志十二·譙周傳》/1030 頁

盧弼《集解》：《通鑑》作“等爲稱臣，爲小孰與爲大”。

　華按：《通志》卷一百十八亦作“等爲稱臣，爲小孰與爲大”，與《資治通鑑》卷七十八相同，蓋宋人所見《蜀志》如是。此作“等爲小稱臣孰與爲大”者，蓋上句先涉下文而衍“小”字，於是後人又刪下句之“爲小”以避繁。

且若欲奔南，則當早爲之計，然後可果。《蜀志十二·譙周傳》/1030 頁

盧弼《集解》：胡三省曰：“果，決也，克也。”

　華按：“果”訓爲決、爲克，義猶欠明。漢魏之語，每謂得以實施預定計劃爲“果”或“可果”；反之，則曰“不果”或“未果”，如《淮南子·道應訓》載子佩語莊王曰：“昔者君王許之，今不果往，意者臣有罪乎。”

方今東吳未賓，事勢不得不受，（之受）〔受之〕之後，不得不禮。《蜀志十二·譙周傳》/1030 頁

盧弼《集解》：《通鑑》作“事勢不得不受，受之不得不禮”。

標點本《校記》：“受之”，據《資治通鑑》七八。（1502 頁）

　華按：《通志》卷一百十八作“事勢不得不受，受之之後，不得不禮”，較《通鑑》多“之後”二字。參互觀之，此文似宜校爲“事勢不得不受之，受之〔之〕後”。說參本志《法正傳》、《吳志·甘寧傳》。

副吾徒之（彼）〔披〕圖。《蜀志十二·郤正傳》/1035 頁

郁松年《續後漢書札記》：“副吾徒之彼圖”，郝書“彼”誤“披”。

盧弼《集解》：官本《考證》曰：“‘彼’，《册府》作‘披’。”

標點本《校記》：“披”，何焯據《册府元龜》改。（1502 頁）

華按：何校是也。《漢書·禮樂志》：“披圖案諜。”《北堂書鈔》卷六十九引曹植《魏德論》：“名儒按讖，良史披圖。”《晉詩》卷十鼓吹曲辭《唐堯》：“披圖按先籍，有其證靈液。”是“披圖”乃盛世之事，謂展閱《河圖》、《洛書》之類。

整理者按：宋本及中國國家圖書館藏明鈔本《册府元龜》卷七百七十並作“彼”，明刻本作“披”。

蓋《易》著行止之戒，《詩》有靖恭之歎。（《蜀志十二·郤正傳》/1036 頁）

郁松年《續後漢書札記》：蕭書“蓋易著行止之戒”，“止”當作“正”。案《易》言“行止”，惟《艮·象傳》“時止則止，時行則行”，無戒義；且與下“靖共”爲對文未協。《易》之言“行正”者有四：《屯·初九·象傳》“雖磐桓，志行正也”，《臨·初九·象傳》“咸臨貞吉，志行正也”，《晉·初六·象傳》“晉如摧如，獨行正也”，《未濟·九二·象傳》“九二貞吉，中以行正也”，皆慎於事始，欲進不進，不可自恃其正，意有戒詞，則此爲“行正”無疑。

華按：《魏志·崔琰傳》載其諫魏世子曹丕書云：“世子宜遵大路，慎以行正，思經國之遠略，內鑑近戒，外揚遠節，深惟儲副，以身爲寶。”其中“行正”亦屬戒詞，可爲郁說之又一佐證。

合不以得，違不以失，得不克詘，失不慘悷。（《蜀志十二·郤正傳》/1037 頁）

華按：“克詘”無義，當從諸本作“充詘”。《禮記·儒行》：“儒有不隕穫於貧賤，不充詘於富貴……故曰儒。”鄭玄注：“充詘，喜失節之貌。”此爲“充詘”語源所出。《吳志·步騭傳》載周昭著書曰:"心無失道之欲,事無充詘之求。"亦其例。舊刻古書,"充"字多作"克",金陵活字本不識其字,誤定爲"克",標點本遂承其誤。

整理者按:紹熙本、元大德本、三朝本、西爽堂本、南監本、北監本、汲本、殿本、局本、百衲本作"充"。金陵活字本作"克",即"充"之俗體,見明梅膺祚《字彙》。

昔殷湯克夏桀而天下大旱,三年不收,湯乃以身禱於桑林。(《蜀志十二·郤正傳》注引《呂氏春秋》/1038頁)

盧弼《集解》:今本《呂氏春秋》作"五年",《說苑》作"七年"。

華按:百衲本正作"五年",與《呂氏春秋·順民》相合,當從之。

整理者按:紹熙本、百衲本作"五年"。元大德本、三朝本(萬曆十年補刊)、西爽堂本、南監本、北監本、汲本、殿本、金陵活字本、局本作"三年"。

無以一人之不敏,使上帝毀傷民之大命。(《蜀志十二·郤正傳》注引《呂氏春秋》/1038頁)

盧弼《集解》:宋本作"使上帝鬼神傷民之命"。

華按:百衲本"毀"亦作"鬼神",無"大"字,其文與今本《呂氏春秋》相同。

整理者按:紹熙本、百衲本作"使上帝鬼神傷民之命"。元大德本、三朝本(萬曆十年補刊)作"使上帝毀傷民之之命"。西爽堂本、南監本、北監本、汲本、殿本、金陵活字本、局本作"使上帝毀傷民之大命"。

湯於是剪其髮,擺其爪,自以爲犧牲,用祈福于上帝。(《蜀志十二·郤正傳》注引《呂氏春秋》/1038頁)

盧弼《集解》：攦音列。

華按：孫詒讓《札迻》卷五云：“攦”，《論衡‧感虛篇》作“麗”，今本《呂覽》作“廲”，皆爲“樆”之借字。《說文‧木部》：“樆樕，柙指也。”《莊子‧胠篋》：“攦工倕之指。”崔云：“撕之也。”又《天地篇》：“則是罪人交臂歷指。”洪頤煊“歷”讀爲“樆”，得之。

後主賴正相導宜適，舉動無闕。（《蜀志十二‧郤正傳》/1041頁）

周壽昌《證遺》：“宜適”應作“儀適”，宜、儀音近而誤也。

盧弼《集解》：郤正相導後主事，見《後主傳》注引《漢晉春秋》。胡三省曰：“宜，當也；適，亦當也。”

華按：“宜適”，禮儀也。與《魏志‧王朗傳》之“宜適”義近而別。《華陽國志》卷七敍此事云：“祕書令郤正舍妻子隨侍後主，相導威儀。”文用“威儀”，指交際之禮，可與此文互參其義。本志《諸葛亮傳》載其稱董厥曰：“董令史，良士也。吾每與之言，思愼宜適。”《吳志‧諸葛恪傳》載其與陸遜書曰：“若於小小宜適私行不足，皆宜闊略，不足縷責。”“宜適”與“私行”並舉，前者指接人待物之禮，後者則指個人一般行爲。《全三國文》卷五十一稽康《家誡》：“自非所臨監，相與無他宜適；有壺榼之意、束脩之好，此人道所通，不須逆也。”亦其顯例。“宜”、“儀”二字古通用，故“宜適”即“儀適”，《後漢書‧竇融傳》：“融先遣從事問會見儀適。是時軍旅代興，諸將與三公交錯道中，或背使者交私語。帝聞融先問禮儀，甚善之。”前言“儀適”，後言“禮儀”，其義一也。胡氏所注，未能明審；周氏之說，未得其通。

三國志卷四十三
蜀志十三《黃李呂馬王張傳》校詁

臣請爲先驅以嘗寇，陛下宜爲後鎮。（《蜀志十三·黃權傳》/1044頁）

盧弼《集解》：《通鑑》"嘗寇"作"當寇"。

華按："當"、"嘗"二字，古書常常混用，此文當以作"嘗"者爲正。古寫本《羣書治要》卷二十七亦作"嘗"，蓋唐初古本《蜀志》如是。上溯之，東晉常璩所撰《華陽國志·劉先主志》亦作"嘗"。"嘗寇"爲軍事術語，本指以試探敵情爲目的之軍事進攻，此則用作"滅敵"之謙詞。《吳子·論將》："令賤而勇者將輕銳以嘗之。""嘗之"指兩軍交鋒時之試敵戰術。《左傳·隱公九年》載公子突獻計於鄭伯曰："使勇而無剛者嘗寇而速去之。"又《襄公十八年》載子庚答楚子語："臣請嘗之，若可，君而繼之；不可，收師而退。可以無害，君亦無辱。"杜預注："嘗，試其難易也。"黃權所謂"嘗寇"，與子庚語意相似而略有不同：意謂若能取勝則推鋒而進，萬一不利則有陛下在後作鎮，可以無害。本志《諸葛亮傳》注引袁子曰："亮始出，未知中國彊弱，是以疑而嘗之。"其中"嘗之"與"嘗寇"本義相同。

又按：《晉書·張重華傳》載謝艾語曰："昔耿弇不欲以賊遺君父，黃權願以萬人當寇。乞假臣兵七千，爲殿下吞王擢、麻秋等。"《晉書》成於眾手,粗疏之處屢見,若《晉書》"當"字非傳刻之誤,則唐人所見《蜀志》已有作"當寇"者矣。

崇屢勸瞻宜速行據險,無令敵得入平地。(《蜀志十三·黃權傳》/1045頁)

盧弼《集解》: 元本無"地"字。梁章鉅曰:"《姜維傳》亦有'使敵不得入平'之語。"

華按: 當據元本刪"地"字。《華陽國志》卷七《劉後主志》敍此事云:"尚書郎黃崇,權子也,勸瞻速行固險,無令敵得入坪。"《通志》卷一百十八作"無令敵得入平",無"地"字。"平"字之義,解在本志《譙周傳》。

整理者按:紹熙本、元大德本作"入平"。三朝本(嘉靖己未年補刊)、西爽堂本、南監本、北監本、汲本、殿本、金陵活字本、局本、百衲本作"入平地"。作者在《百衲本二十四史校勘記》之《三國志校勘記》上批曰:"百衲本上補了'地'。"

恢對曰:"人之才能,各有長短……臣竊不自揆,惟陛下察之。"(《蜀志十三·李恢傳》/1045頁)

盧弼《集解》: 宋本"揆"作"量"。

華按: 百衲本亦作"量",殘宋本《册府元龜》卷三百八十九、《通志》卷一百十八同。《藝文類聚》卷五十六引桓譚《新論》:"余少時見揚子雲麗文高論,不量年少,猥欲建及,常作小賦,用精思太劇,而立感動發病。"《後漢書·隗囂傳》:"囂辭不得已,曰:'諸父眾賢不量小子,必能用囂言者,乃敢從命。'"本志《諸葛亮傳》注引《漢晉春秋》載其《後出師表》云:"以先帝之明,量臣之才,故知臣伐賊才弱敵強也。"諸例論才之高下皆言"量"。《全後漢文》卷七十蔡邕《天文意》:"案略求索,竊不自量,卒欲寢伏儀下……著成篇章。"《魏志·陳思王植傳》載其上疏求自試曰:"竊不自量,志在效命,庶立毛髮之功,以報所受之恩。"是"竊不自量"已屬成語。元本以下"量"作"揆",疑非原作。

整理者按:紹熙本、元大德本、百衲本作"量"。三朝本(嘉靖己未年補刊)、西爽堂本、南監本、北監本、汲本、殿本、金陵活字本、局本作"揆"。

進封彭鄉(亭)侯。(《蜀志十三·馬忠傳》/1049頁)

盧弼《集解》:錢大昭曰:"'亭'字衍文。"潘眉曰:"常《志》作'彭鄉侯'。"

華按:標點本刪去"亭"字而不出校記者,蓋補校之時未竟其事也,當依例在《校記》中補"據錢、潘說刪"等文。

整理者按:標點本2015年7月第29次印刷本作"彭鄉亭侯"。

表,張松子,未詳。(《蜀志十三·馬忠傳》注引《華陽國志》/1049頁)

盧弼《集解》:張松見《劉璋傳》,張表見《楊戲傳》。《華陽國志》卷四云:"馬忠卒後,以蜀郡張表爲代,加安南將軍。"

華按:《華陽國志》卷十二"玄寂"條下又云:"安南將軍張表,字伯達,成都人也。伯父肅,廣漢太守。父松,字子喬,州牧劉璋別駕從事。"其敍張表姓字、家世,可略釋裴注"未詳"之憾。

平特見崇顯,加拜參軍,統五部兼當營事,進位討寇將軍。(《蜀志十三·王平傳》/1050頁)

盧弼《集解》:胡三省曰:"既總統五部兵,時亮屯漢中,又使之兼當營屯之事。"

易培基《補注》：柯劭忞曰：“《諸葛亮傳》注‘無當監何平’，此當作‘無當營事’。”

　　華按：胡氏注“五部”，未晰。《華陽國志・南中志》載建興三年秋諸葛亮南征事云：“移南中勁卒青羌萬餘家於蜀，爲五部，所當無前，號爲飛軍。分其羸弱配大姓焦、雍、婁、爨、孟、量、毛、李爲部曲，置五部都尉，號‘五子’，故南人言‘四姓五子’也。”劉琳注：“諸葛亮收編南中青羌爲五部。《蜀志・王平傳》謂王平爲參軍‘統五部’，即此。”

　　又按：柯氏謂“兼”當作“無”，頗與上引《華陽國志》相合。蜀有“無當監”，吳有“無難督”，蓋勁卒之統領；“無當”、“無難”與“無敵”同義，故取以爲號。

今力不足以拒敵，聽當固守漢、樂二城。（《蜀志十三・王平傳》/1050 頁）

　　華按：“聽當”爲當時口語。本志《蔣琬傳》亦敍此事，其文曰：“議者謂但可守城。”可見“聽當”即“但可”之意。《宋書・禮志一》載魏齊王芳詔：“烈祖明皇帝以正日棄天下，每與皇太后念此日至，心有剝裂，不可以此日朝羣辟，受慶賀也。月二日會，又非故也。聽當還夏正月。”《大藏經》卷三西秦聖堅譯《太子須大拏經》：“太子即自惟念：我前有要願，在所布施，不逆人意，今不與者，違我本心。若不以此象施者，何從當得無上平等度意？聽當與之，以成我無上平等度意。”並其例。

遵履法度，言不戲謔……然性狹侵疑，爲人自輕，以此爲損焉。（《蜀志十三・王平傳》/1051 頁）

　　盧弼《集解》：“爲人自輕”，此語疑有誤，與上文“言不戲謔”相反。

華按："爲"、"謂"二字古通用。《魏志·張既傳》注引《魏略》載閻行謂韓約曰："行亦爲將軍興軍以來二十餘年,民兵疲瘁,所處又狹,宜早自附。"其中"爲"亦"謂"之假借,是其顯例。此"爲人自輕"乃謂人輕己之意。本志《陳祗傳》："後主追怨允日深,謂爲自輕。"言後主以爲董允輕己也。《吳志·王蕃傳》:"或與晧有舊,俗士挾侵,謂蕃自輕。"言萬或謂王蕃輕己也。盧氏不悟"爲人自輕"與"謂蕃自輕"句法一律,故有疑焉。

平同郡漢昌句扶句古候反忠勇寬厚。(《蜀志十三·王平傳》注/1051頁)

華按:依裴氏音注之例,當作"句音古候反"。說見本志《孟光傳》。此無"音",可據《通志》卷一百十八增補。

整理者按:紹熙本、三朝本(日本靜嘉堂文庫藏本)、西爽堂本、南監本、北監本、汲本、殿本、金陵活字本、局本、百衲本作"句句古候反扶"。元大德本作"句古候反扶"。又,諸本"古候反",標點本作"古候反",未出校記。句作姓氏,有兩讀。《廣韻》平聲侯韻古侯切:"亦姓,《史記》有句彊。"又去聲候韻古候切:"又姓,《華陽國志》云王平、句扶、張翼、廖化並爲大將軍,時人曰:'前有王句,後有張廖。'俗作勾。"

三國志卷四十四
蜀志十四《蔣琬費禕姜維傳》校詁

延或舉刃擬儀，儀泣涕橫集。（《蜀志十四·費禕傳》/1061 頁）

    華按：徐復師《三國志臆解》曰："玄應《眾經音義》卷十六引《字書》：'擬，向也。'舉刃擬儀，謂舉刀刃以向楊儀也。"

于時軍國多事，公務煩猥。（《蜀志十四·費禕傳》注引《禕別傳》/1061 頁）

    盧弼《集解》：宋本"軍"作"戰"，《通鑑》同，胡三省曰："戰國者，謂國日有戰爭也。"

    華按："戰國"指處於交戰狀態之各國，"軍國"指國內軍事與政務，義得兩通。百衲本作"戰國"，殘宋本《冊府元龜》卷七百九十九、《太平御覽》卷四百三十二亦同。是宋人所見作"戰"不作"軍"。《晉書·劉頌傳》載其上疏云："又魏氏雖正位居體，南面稱帝，然三方未賓，正朔有所不加，實有戰國相持之勢。"《宋書·五行志》："干寶曰：後四年而蜀亡，六年而魏廢，二十一年而吳平，於是九服歸晉。魏與吳、蜀並爲戰國，'三公鋤，司馬如'之謂也。"是亦晉人謂三國爲戰國之例。

    整理者按：紹熙本、元大德本、三朝本、百衲本作"戰"。西爽堂本、南監本、北監本、汲本、殿本、金陵活字本、局本作"軍"。

君信可人，必能辦賊者也。（《蜀志十四·費禕傳》/1061頁）

盧本"辦賊"作"辨賊"。

盧弼《集解》：《通鑑》"辨"作"辦"。

　　華按："辦"、"辨"、"辯"三字古通用，說見本志《法正傳》。在魏晉口語中，軍事上克敵制勝亦稱"辦"。《魏志·董卓傳》注引《獻帝起居注》載李傕語曰："郭多，盜馬虜耳，何敢乃欲與吾等邪？必欲誅之。君爲涼州人，觀吾方略士眾，足辦多不？"其中"辦多"猶言殲滅郭多。又《鍾會傳》載會語曰："但取鄧艾，相國知我能獨辦之。"此"辦之"謂擊取鄧艾；其中"辦"字，百衲本作"辨"，毛本作"辯"，亦假借之例。《吳志·周瑜傳》注引《江表傳》載孫權語曰："卿能辦之者誠決。"其中"辦之"指擊敗曹軍。據此，來敏所謂"辦賊"，乃戰勝魏軍之謂。今人有釋此"辦賊"爲緝捕、審訊盜賊者，非也。

　　整理者按：紹熙本、三朝本（嘉靖十年補刊）、西爽堂本、南監本、北監本、汲本、金陵活字本、局本、百衲本作"辨"。元大德本、殿本作"辦"。

十六年，歲首大會，魏降人郭脩在坐，禕歡飲沈醉，爲循手刃所害。（《蜀志十四·費禕傳》/1062頁）

　　華按：此文"郭脩"與"循"實爲一人。《魏志·三少帝·齊王芳紀》嘉平五年詔："故中郎西平郭脩。"本志《張嶷傳》："後禕果爲魏降人郭脩所害。"《資治通鑑》卷七十五作"郭循"。胡三省指出"循"即"脩"字之誤，郁松年《續後漢書札記》卷一又申之曰："脩，字孝先。《大學》'先脩'，《孟子》'脩其孝悌'，脩與孝先義協。胡氏說是也。"按查標點本，第一版均承舊本作"郭循"，此版改爲"郭脩"，極是。可惜校改未盡，以致"循"與

“郭脩”儼爲兩人。

整理者按：標點本 2015 年 7 月第 29 次印刷本作“郭循”。

初無忠告侃爾之訓，一朝屠戮，攙其不意，豈大人經國篤本之事乎！（《蜀志十四·費禕傳》注引殷基《通語》/1062）

殿本、金陵活字本、局本、百衲本作“讒其不意”。

盧弼《集解》：“讒”當作“攙”。

華按：標點本所依據之版本均作“讒”，本文改作“攙”而不出校記，違背自定之校勘體例。竊以爲直接改“讒”爲“攙”，不僅違例，而且又屬多此一舉。“讒”作爲俗語詞，用法相似於“乘其不意”之“乘”。俗語詞之用字，往往詞無定字，故“讒”或寫作“纔”。《說文》：“纔讀若讒。”二字音近，可以通用，例如本志《魏延傳》：“延遣人覘儀等，遂使欲案亮成規，諸營相次引軍還。延大怒，纔儀未發，率所領徑先南歸，所過燒絕閣道。”其中“纔”字，跟文本“讒”用法相同，乃一詞之異寫。

又按：本志《魏延傳》之“纔”，《資治通鑑》卷七十二作“攙”，胡三省注曰：“攙，初銜翻。自後爭前曰攙，今人猶言攙先。”標點本遂以“攙”爲正字，“纔”爲誤字，於《魏延傳》中改“纔”爲“攙”，並出校記曰：“據《資治通鑑》七二改。”實則“攙”、“纔”、“讒”三字，同記單音節俗語詞之音，不必臆分正誤，亦難以遽分正誤。近見趙幼文《三國志校箋》云：“蕭書亦作‘攙’，疑爲‘儳’之後出字。”竊以爲趙說可取，今補充如下。據《說文》可知，“儳”之古義爲儳互不齊；引申之，遂有“儳和”義，後來寫作“攙和”，可見“儳”、“攙”爲古今字；由“攙和”義引申爲超越義、插入義，再進而虛化爲介詞，遂與“乘”用法相似；故介詞之“儳”，中古文獻作“攙”固可，寫作“纔”、“讒”亦未嘗不可。

前賢校讀古書，提倡聆音知義，提倡“以不校校之”，其此之謂乎？

　　整理者按：紹熙本、元大德本、三朝本（嘉靖十年補刊）、西爽堂本、南監本、北監本、汲本、殿本、金陵活字本、局本、百衲本作“讒”。

若爽信有謀主之心，大逆已搆，而發兵之日更以芳委爽兄弟。懿父子從後閉門舉兵，蹙而向芳，必無悉寧，忠臣爲君深慮之謂乎？《蜀志十四·費禕傳》注引殷基《通語》/1062頁）

盧弼《集解》：何焯曰：“李氏以‘門’字、‘向’字、‘悉’字爲讀；然似‘忠臣’上有脫文。當以‘兵’字、‘芳’字爲讀；‘悉’下元本尚有一字不辨，‘寧’字屬下句讀。”

　　華按：標點本以“兵”、“芳”爲讀，取自何說；然“寧”字屬上，則不取何說。竊以爲以上句讀大意可明而文理可疑，每讀一過，不安者久之。頗疑此文“向”下當有“之”字；如此，則本文以“芳必無悉”爲句，以“寧”字屬下，文理暢通。“蹙而向之”，謂以大軍困逼曹爽兄弟；“芳必無悉”，謂曹芳必然無所知悉；“寧忠臣爲君深慮之謂乎”，“寧……乎”爲當時常用句式。以上解說，羌無佐證；姑妄言之，備一說耳。

與魏大將軍郭淮、夏侯霸等戰於洮西。（《蜀志十四·姜維傳》/1064頁）

盧弼《集解》：“大”字衍。或衍“軍”字。

　　華按：盧氏疑衍，開列二說，未加裁制。依史例，此文當衍“軍”字。下文云：“濟失誓不至，故維爲大將鄧艾所破於段谷。”鄧艾、郭淮、夏侯霸等均爲獨當一面之將，故史稱“大將”。

此"大將軍"之"軍",當涉上文"大將軍費褘"而衍。下文衍"魏大將軍司馬望"之"軍",亦屬此類。

吾等不如丞相亦已遠矣……且不如保國治民,敬守社稷,如其功業,以俟能者,無以爲希冀徼倖而決成敗於一舉。(《蜀志十四·姜維傳》注引《漢晉春秋》/1064 頁)

盧弼《集解》:《通鑑》無"以"字。

華按:"無爲"猶言"不必",係古人習用語。此作"無以爲",語不可通,當據《資治通鑑》卷七十六刪"以"字。

夏,維率數萬人出石營。(《蜀志十四·姜維傳》/1064 頁)

易培基《補注》:紹熙本、《通志》作"率將數萬人"。

華按:百衲本"率"下有"將"字,與《通志》卷一百十八相合,可見宋代版本如是。"率將"爲同義複詞,本書屢見。後出版本無"將"字,蓋不明古詞者所刪。

整理者按:紹熙本、百衲本作"率將"。元大德本、三朝本、西爽堂本、南監本、北監本、汲本、殿本、金陵活字本、局本無"將"字。

將士咸怒,拔刀砍石。(《蜀志十四·姜維傳》/1067 頁)

華按:諸本皆作"斫石",此承金陵活字本作"砍石","砍"爲"斫"之形誤。"砍"爲唐、宋以後習用之字,漢魏六朝皆言"斫",《說文解字·斤部》:"斫,擊也。從斤,石聲。"是其義。本志《譙周傳》注引孫盛論此事云:"何爲匆匆遽自囚虜,下堅壁於敵人,致斫石之至恨哉?"孫盛,東晉人,此爲東晉時《蜀志》作"斫"之明證。至治新刊《全相三國志平話》雖小說家言,其文亦作"以刀斫石",是元代俗書亦不輕改舊文也。

整理者按:紹熙本、元大德本、三朝本、西爽堂本、南監本、北監本、汲本、殿本、局本、百衲本作"斫"。金陵活字本作"砍"。

魏將士憤怒，殺會及維。（《蜀志十四·姜維傳》/1067頁）

華按："憤怒"宜從諸本作"憤發"。此作"怒"，亦獨承金陵活字本之文，並無舊本爲據。"憤發"謂怒氣大發，係漢魏常語，字亦作"忿發"。《史記·汲鄭列傳》："黯伉屬守高不能屈，忿發罵曰：'天下謂刀筆吏不可以爲公卿⋯⋯'"其中"忿發"，《漢書·汲黯傳》即作"憤發"，是其證。

整理者按：紹熙本、元大德本、三朝本、西爽堂本、南監本、北監本、汲本、殿本、局本、百衲本作"憤發"。金陵活字本作"憤怒"。

非所困而困焉名必辱，非所據而據焉身必危，既辱且危，死其將至，其姜維之謂乎！（《蜀志十四·姜維傳》注引孫盛《晉陽秋》/1067—1068頁）

易培基《補注》："死其將至"之"其"，即"稘"之古文。

華按：易說是也，今申說如次：一、"稘"，通常寫作"期"。《說文解字·禾部》："稘，復其時也。《虞書》曰：'稘，三百有六旬。'"段玉裁注："稘，言帀也。十二月帀爲'期年'，一月帀爲'期月'。今皆假'期'爲之，'期'行而'稘'廢矣。"二、"期"或省作"其"。《論語·陽貨》載宰我問："三年之喪，期已久矣。"定州漢墓竹簡《論語》"期"作"其"，是二字通用之例。三、唐以前之《易》本有作"死其將至"者，如李鼎祚《周易集解》即作"其"，又引陸績曰："六三⋯⋯爲棺椁死喪之象，故曰'死其將至'，妻不可得見。"陸績爲漢末易學名家，其所據本作"死其將至"，可見當時流行之古寫本用"其"不用"期"。

又按："非所困而困焉名必辱，非所據而據焉身必危，既辱且危,死其將至”二十六字宜加引號,此爲孔子之語,見《易·繫辭下》:“《易》曰:‘困于石,據于蒺藜,入于其宮,不見其妻,凶。’子曰:‘非所困而困焉名必辱,非所據而據焉身必危,既辱且危,死期將至,妻其可得見耶?’”

整理者按:德國柏林國立圖書館藏南宋嘉定五年鮮于申之蜀地刻本《周易集解》卷九作“既辱且危,死期將至,妻其可得見邪”,引陸績作“故曰死期將至,妻不可得見”。

夫功成理外,然後爲奇,不可以事有差牙,而抑謂不然。(《蜀志十四·姜維傳》注/1068 頁)

盧本“差牙”作“差手”。

盧弼《集解》: 宋本“手”作“牙”,按當作“互”。

華按: “牙”當作“玍”。李調元《卐齋瓃錄》卷八論“玍”即“互”字曰:“按史書中以玍作互字用非一。《唐韻正》深辨其非,並引古碑碣中之書互爲玍者甚詳,皆歷歷可據,應從之。蓋玍有相錯義,或互字俗借作玍,可附牙部。若竟書互爲牙,並讀如牙音之字,誤矣。汻字《玉篇》亦云俗作浵。”其說甚確。盧本作“手”,即“玍”之形誤。

整理者按:紹熙本、元大德本(初印本)、北監本、殿本、百衲本作“牙”。元大德本(後印本)作“互”。三朝本、西爽堂本、南監本、汲本、局本作“手”。金陵活字本作“失”。

維死時見剖,膽如(斗)〔升〕大。(《蜀志十四·姜維傳》注引《世語》/1068 頁)

盧弼《集解》: 胡三省曰:“斗非身所能容,恐當作‘升’。”何焯曰:“古‘升’字與‘斗’字相類。亭林亦云。”

標點本《校記》: “如升”,從胡三省、顧炎武說。(1503 頁)

華按：此紀實之文，非誇張之語，改"斗"爲"升"，得其實矣。《南史·賊臣·侯景傳》云："東陽人李瞻起兵，爲賊所執，……破出肝腸。瞻正色整容，言笑自若，見其膽者乃如升焉。"稱"膽"之大亦曰"如升"，可爲標點本改"斗"爲"升"之旁證。今人或謂"斗"爲誇張形容之語，不必改字，竊以爲不然，故補證如上。

盛相譏貶，惟可責其背母。餘既過苦，又非所以難郤正也。（《蜀志十四·姜維傳》注/1069 頁）

盧弼《集解》：何焯校改"苦"作"苟"。

華按："過苦"猶言過激，不煩改字。《搜神記》卷十六敍阮瞻事："客甚有才辯，瞻與之言良久，及鬼神之事，反復甚苦，客遂屈。"所謂"反復甚苦"，指爭辯甚爲激烈，亦用"苦"字。

三國志卷四十五
蜀志十五《鄧張宗楊傳》校詁

芝對曰："夫天無二日，土無二王。如并魏之後，大王未深識天命者也，君各茂其德，臣各盡其忠，將提枹鼓，則戰爭方始耳。"（《蜀志十五·鄧芝傳》/1072頁）

> 華按：細繹文理，"大王未深識天命者也"之"也"似爲衍文，宜從《華陽國志》卷七《劉後主志》删之。《資治通鑑》卷七十作"大王未深識天命"，無"者也"二字，亦可參校。

權與亮書曰："丁厷揲張，陰化不盡；和合二國，唯有鄧芝。"（《蜀志十五·鄧芝傳》/1072頁）

> 盧弼《集解》："陰化"見《蔣琬傳》。《華陽國志》"丁厷"作"丁宏"、"不盡"作"不實"。

> 華按：漢世多假"厷"爲"宏"。本志《龐統傳》："統子宏，字巨師。"洪适《隸續》有"漢涪陵太守龐厷神道"，龐厷即龐宏，亦其例。

> 又按："陰化"二字之下，標點本未加專名綫，易致誤解，《三國志人名索引》遂因此失收此例。孫權所謂"不盡"，與形容辭浮意淺之"揲張"相對，指陰化有所保留而不肯推誠直言。

芝爲（大）將軍二十餘年，賞罰明斷，善卹卒伍。

（《蜀志十五·鄧芝傳》/1073頁）

盧弼《集解》：錢大昕曰："芝止爲車騎將軍，未嘗爲大將軍。'大'字衍。"沈家本曰："芝以建興五年爲揚武將軍，十二年遷前將軍，延熙六年遷車騎將軍，十四年卒。凡爲將軍二十五年，未嘗爲大將軍也。"

標點本《校記》："大"，從錢大昕說刪。（1503 頁）

華按：鄧芝未嘗爲"大將軍"，誠如錢、沈之說；然此處所衍者未必定是"大"字。《太平御覽》卷二百七十五及二百八十所引均作"大將"，《藝文類聚》卷五十九、日本所藏善本《永樂大典》卷一三四五一引《蜀志》亦作"大將"，正可據此刪去"軍"字。史家敍事之文，若特顯其職官，則當如前文稱"揚武將軍"、"前將軍"、"車騎將軍"之類；若泛指而概稱之，則當言"大將"之類；泛稱"將軍"者，非記事之體，錢說未可遽從。

子良，襲爵，景耀中爲尚書左選郎。晉朝廣漢太守。（《蜀志十五·鄧芝傳》/1073 頁）

盧弼《集解》：梁章鉅曰："此六字殊贅。"錢大昭曰："此敍蜀事，不必說到晉。"沈家本曰："此六字疑是裴注之文，傳寫誤入正文者。"

華按："晉朝廣漢太守"六字，斷非《蜀志》固有者。陳壽記蜀臣事止於景耀，記嗣子官不過咸熙，此常例也，說見本志《董允傳》。沈氏疑"晉朝"云云是裴氏注文，近爲得實。

天子聖（人）〔仁〕，欲文德以來之。（《蜀志十五·張翼傳》注引《續漢書》/1074 頁）

盧弼《集解》：范書作"今主上仁聖"。

標點本《校記》："聖仁"，從何焯說。（1503 頁）

華按："聖仁"猶言英明、仁德。"仁"、"人"二字，古書通用,此文當以"仁"爲本字。《漢書·師丹傳》載趙玄奏言:"陛下聖仁,昭然定尊號,宏以忠孝復封高陽侯。"《魏志·陳思王植傳》注引《魏略》載其上書曰:"陛下聖仁,恩詔三至。"《吳志·華覈傳》載其表曰:"陛下聖仁,恩澤遠撫。"均用本字。

天子美其功,徵欲用之。嬰等上書,乞留在郡二歲。建康元年,病卒官,時年三十六。(《蜀志十五·張翼傳》注引《續漢書》/1075頁)

華按:以"乞留在郡二歲"爲一句,則謂張嬰等上書乞允張綱留任二歲矣,大誤。"乞留"二字當屬上句讀,"乞留"爲"上書"之內容;《後漢書·張綱傳》云:"天子嘉美,徵欲擢用綱,而嬰等上書乞留,乃許之。"其文較詳,可爲明證。"在郡二歲"與下文"建康元年"前後相銜,謂上書獲准,張綱免徵,不幸兩年之後得病,竟卒於任上。似此,上文可標點爲:"天子美其功,徵欲用之,嬰等上書乞留。在郡二歲,建康元年病,卒官,時年三十六。"

皆衰杖送綱喪至洛陽。(《蜀志十五·張翼傳》注引《續漢書》/1075頁)

盧弼《集解》:范書本傳云葬犍爲。《續漢書》云:"送綱喪至洛陽。""洛"字或爲"武"字之誤。《方輿勝覽》:"綱墓在眉州犍爲縣崌崍山東。"

華按:盧氏疑"洛陽"當作"武陽",近爲得實。張綱係犍爲武陽人,其父司空浩卒於官府,朝廷賜地葬於洛陽,屬於特例;綱爲廣陵太守而卒於任所,例當歸葬鄉邦。《後漢書·張綱傳》云:"張嬰等五百餘人制服行喪,送到犍爲,負土成丘。"可證。

權大笑，嘉其抗直，甚愛待之，見敬亞於鄧芝、費
禕。（《蜀志十五・宗預傳》/1076頁）

盧弼《集解》：《御覽》"直"作"盡"。《通鑑》作"盡"，胡三省曰：
"謂抗言不爲吳屈，又盡情無所隱也。"

華按：百衲本亦作"抗盡"，蓋沿北宋舊本。言議亢直而無
所隱諱謂之"抗盡"，亦見於晉代文獻。《華陽國志》卷十《先賢
士女總贊》贊陳雅（字伯臺）云："伯臺處諫，帥言亢盡。""亢"、
"抗"通用，形容剛直，"抗盡"即"亢盡"。

整理者按：紹熙本、元大德本、百衲本作"盡"。三朝本、西
爽堂本、南監本、北監本、汲本、殿本、金陵活字本、局本作"直"。

官用有餘，人閒自足。（《蜀志十五・楊戲傳》注引《華陽國
志》/1078頁）

華按：前既言"官"，後當言"民"；此以"人"對，殊爲不類。
此"人"蓋出唐代避諱之筆。《華陽國志》卷十一"人"作"民"，
當據以回改。

州辟從事尚書郎，大將軍主簿，太子洗馬。（《蜀志十
五・楊戲傳》注引《華陽國志》/1078頁）

華按：應在"州辟從事"下讀斷。"尚書郎"爲中樞機構中
第六品官員，非州牧所能任命。

前太守臣逵察臣孝廉，後刺史臣榮舉臣秀才。（《蜀
志十五・楊戲傳》注引《華陽國志》/1078—1079頁）

華按：太守逵，未詳。刺史榮，指西晉益州刺史董榮，見本
志《譙周傳》注引《益部耆舊傳》；此人又見《華陽國志》卷八《大
同志》，其姓名作"童策"，俟考。

臣之辛苦，非徒蜀之人士及二州牧伯所見明知，皇天后土，實所共鑑。（《蜀志十五·楊戲傳》注引《華陽國志》/1079 頁）

> **華按**：參看《晉書·孝友·李密傳》"非但蜀之人士及二州牧伯之所明知"之句，可知此文當解爲"非徒爲蜀之人士及二州牧伯所明知"，此乃省略"爲"字之"爲……所見"式，說參《魏志·武帝紀》注引《魏武故事》。

從尚書郎爲河內溫縣令，政化嚴明。（《蜀志十五·楊戲傳》注引《華陽國志》/1079 頁）

> **盧弼《集解》**：今本常志"從"作"徙"。

> **華按**：《華陽國志》卷十一作"徙尚書郎、河內溫令，敷德陳教，政化嚴明"，"徙"字遙承"徵爲太子洗馬"之文。據此，"從"字當屬傳寫之誤。

於是世主感而慮之……故能承高祖之始兆，復皇漢之宗祀也。（《蜀志十五·楊戲傳》/1080 頁）

> **盧弼《集解》**：朱邦衡曰："'世主'二字，疑本作'先帝'，而晉人追改也。"

> **華按**：論贊之文，以"世主"指稱本朝先帝，晉人亦如是作。如《華陽國志》卷十《先賢士女總贊》爲姜嫄（字義舊）上疏天子事作贊云："依依義舊，抗疏邦庭，誠感世主，徙女輟刑。"此類文字不同於書疏奏記，若易"世主"爲"先帝"，未必得體。

孔山名方……爲朱提太守，選爲安遠將軍、庲降都督。（《蜀志十五·楊戲傳》/1081 頁）

> **盧弼《集解》**：宋本"選"作"遷"，是。

華按："選"字於制度不合,顯爲"遷"之形誤,當據盧說校正。

整理者按:紹熙本、百衲本作"遷"。元大德本作"迁",即"遷"之俗體。三朝本(萬曆十年補刊)、西爽堂本、南監本、北監本、汲本、殿本、金陵活字本、局本作"選"。

爲治有體,上下不可相侵,請爲明公以作家譬之。

(《蜀志十五·楊戲傳》注引《襄陽記》/1083 頁)

華按:"作家"猶言治家,謂主管家事。本志《廖立傳》載其論關羽曰:"作軍無法,直以意突耳,故前後數喪師衆也。""作軍"猶言治軍,"作"字用法同此。

是故古人稱坐而論道,謂之三公,作而行之,謂之士大夫。(《蜀志十五·楊戲傳》注引《襄陽記》/1083 頁)

胡三省《通鑑注》:《周官·考工記》之言。

盧本"三公"作"王公"。

盧弼《集解》:何焯校改"王"作"三"。

華按:標點本徑從何校,事屬可商。《周禮·冬官》:"坐而論道,謂之王公;作而行之,謂之士大夫。"鄭玄於"王公"下注曰:"天子諸侯。"阮元《周禮注疏卷三十九校勘記》申鄭義曰:"按注文云'天子諸侯',以'天子'釋'王'、以'諸侯'釋'公'也。近人或疑作'謂之三公',誤。"阮說甚是。《羣書治要》卷二十七亦作"王公",與諸本合。

整理者按:紹熙本、元大德本、三朝本、西爽堂本、南監本、北監本、汲本、殿本、局本作"王"。金陵活字本作"三"。

鎮北敏思,籌畫有方。導師襄穢,遂事成章。(《蜀志十五·楊戲傳》/1084 頁)

華按：本志《黃權傳》載建安二十年事云：“於是先主以權爲護軍，率諸將迎魯……然卒破杜濩、朴胡，殺夏侯淵，據漢中，皆權本謀也。”贊云“導師襄穢”，當指此事。“襄穢”猶言攘除姦凶，“襄”讀作“攘”，排除之義。《華陽國志》卷十《先賢士女總贊》贊楊竦（字子恭）曰：“蠻夷猾擾，倡亂南疆。子恭要傳，醜穢于攘。”倒而言之，“襄穢”即“醜穢于攘”。

偏任東隅，末命不祥。（《蜀志十五·楊戲傳》/1084 頁）

盧弼《集解》：馮本“末”作“永”。

華按：“末命”猶言暮年、晚年，與喻指少壯時代之“東隅”相對而言。馮本“末”作“永”，誤。

整理者按：紹熙本、元大德本、三朝本、西爽堂本、汲本、局本、百衲本作“末”。南監本、北監本、殿本、金陵活字本作“永”。

鎮南粗强，監軍尚篤，並豫戎任，任自封裔。（《蜀志十五·楊戲傳》/1084 頁）

郁松年《續後漢書札記》：郝書“鎮南麤强，監軍尚篤”，《志》同。案“尚篤”與下“封裔”不韻。考《字典》“篤”字注：“又叶徒對切。楊戲贊趙到：鎮南祖强，監軍尚篤，並豫戎任，任自封內。”則“裔”本“內”之誤文。第此贊輔元弼、劉南和，而云贊趙到者，傳寫之訛。又“祖”，上也，法也，義亦勝“麤”。《志》作“粗”，當是“祖”之形誤。

華按：此“粗强”實爲晉人習語，《太平御覽》卷四百七十一引王隱《晉書》：“石崇雖有人財，而性麤强。”《世說新語·忿狷》：“謝無奕性粗强，以事不相得，自往數王藍田，肆言極罵。”是其例。“粗”之本字當爲“怚”，《說文解字·心部》：“怚，驕也。”《廣雅·釋詁三》：“怚，倨、傲、侮、慢，傷也。”是其義。若改"粗"爲"祖",則"祖强"連文顯爲不辭,而郁氏猶穿鑿以求勝義,不亦慎乎！又"篤"字古韻屬入聲沃部,"裔"字屬入聲月部,漢魏自有叶韻之例,如《全漢文》卷五十四揚雄《幽州箴》以沃部"陸"、"鬻"與月部"別"爲韻,《焦氏易林·訟之井》以沃部"睦"與月部"渴"爲韻,《隸釋》卷九載熹平六年《堂邑令費鳳碑》以沃部"畜"與月部"絜"爲韻,均其明證。"封裔"者,邊遠之地也。輔元弼嘗爲巴郡太守、鎭南將軍,後位至右將軍;劉南和嘗爲江陽郡太守,後位至監軍、後將軍。巴郡、江陽地處蜀漢南疆,故贊文稱其"並豫戎任,任自封裔"。若改"裔"爲"内",則"封内"之義浮泛不切。郁氏校書,多有卓見;然此處竟據《康熙字典》之誤文誤說以正《國志》,大是怪事。

訂補："粗强",粗獷倔强。拙著《世說新語考釋》忿狷篇第三十一另有例說。

文祥名禎……失其行事。（《蜀志十五·楊戲傳》/1085 頁）

華按："失其行事"之下,似應有"故不爲傳"一句。楊戲贊鄧孔山、贊費賓伯、贊王元泰、贊何彥英、贊吳子遠、贊張處仁,其所贊之人不爲《蜀志》所傳,故陳壽於注疏之末皆云"失其行事,故不爲傳"。此處爲殷孔休贊文作注,獨無"故不爲傳"四字,疑脫。

齊爲太守張飛功曹。飛貢之先主,爲尚書郎。建興中,從事丞相掾遷廣漢太守,復爲（飛）參軍。亮卒,爲尚書。（《蜀志十五·楊戲傳》/1087 頁）

盧弼《集解》：沈家本曰："馬齊先爲張飛功曹。建興中,飛早卒,此云'復爲飛參軍','飛'字必誤,或是'亮'字。"

標點本《校記》："飛",據《三國志辨誤中》。（1503 頁）

華按：“復爲飛參軍”之“飛”，宜依沈說校改爲“亮”，否則以下“亮卒”之文前無所承。

又按：“從事丞相掾”似通非通。建興中，丞相諸葛亮開府辟召，蔣琬、姜維等皆辟爲掾屬；馬齊爲掾當在此時。此“從事”及其上下若無訛脫，則“事”字當屬衍文。

晉武帝詔曰：“蜀將軍傅僉……復爲劉備戰亡。天下之善一也，豈由彼此以爲異？”僉息著、募，後沒入奚官，免爲庶人。（《蜀志十五·楊戲傳》注引《蜀記》/1089 頁）

華按：“僉息”以下十三字亦屬詔文。《資治通鑑》卷七十九作“僉息著、募沒入奚官，宜免爲庶人”。此文既衍“後”字，又脫“宜”字，遂致詔文中斷。嚴可均所輯《全晉文》卷二《恤傅僉詔》止於“僉息著募”四字，文亦不完。

楊戲商略，意在不羣。（《蜀志十五·楊戲傳》/1091 頁）

盧弼《集解》：“略”疑作“榷”。

華按：評論人物、臧否是非謂之“商略”，亦當時常語。《世說新語》其例屢見，說詳方一新等《中古漢語語詞例釋》。

三國志卷四十六
吳志一《孫破虜討逆傳》校詁

儁具以狀聞上，拜堅別部司馬。（《吳志一·孫堅傳》/
1094頁）

盧弼《集解》："上"字當屬上句讀，如後注引《吳錄》"以狀上"是
也；"拜堅別部司馬"，如下文"拜堅議郎"是也。陳本"上"字屬
下句讀，誤。

華按：盧說甚諟。"聞"、"上"二字皆爲動詞。《太平廣記》
卷二百六十三引《朝野僉載·長孫昕》："御史大夫李傑在坊内
參姨母，僮僕在門外，昕與仙郎使奴打傑左右……傑與金吾萬
年以狀聞上，奉敕斷昕殺，積杖至數百而卒。"例雖晚出，要可
證古代有此句法。今人或爲陳說張目，以爲"上"猶言"帝"，當
屬下句讀，故重申盧說如上。

前移南陽，而道路不治，軍資不具，請收主簿，推問
意故。（《吳志一·孫堅傳》/1096頁）

周壽昌《證遺》：請收咨歸主簿推問也。意，造意；故，事故。

華按：《魏志·司馬芝傳》："每上官有所召問，常先見掾
史，爲斷其意故，教其所以答塞之狀，皆如所度。"又《方技·管
輅傳》載何晏問輅曰："連夢見青蠅數十頭，來在鼻上，驅之不
肯去，有何意故？"諸"意故"均爲同義之字平列，意亦故也。

大破卓軍，梟其都督華雄等。(《吳志一·孫堅傳》/1096 頁)

盧弼《集解》：潘眉曰：「'督'當爲'尉'，'華'當爲'葉'。《廣韻》二十九葉引《吳志·孫堅傳》有'都尉葉雄'，知宋本如此，今本誤也。宜從《廣韻》。」

華按：《資治通鑑》卷二百零八：「尚衣奉御葉靜能。」胡三省注：「葉，舊音攝，後音木葉之葉。《吳志·孫晧傳》有都尉葉雄。」胡氏爲宋末元初史學家，所引《吳志》雖篇目有誤，但「都尉葉雄」四字則與《廣韻》相同，知胡氏所據宋本《吳志》不作「都督華雄」。舊題羅貫中《三國演義》第五回有「驍騎校尉華雄」，此元代以來小說家言。

又按：「葉雄」變作「華雄」，疑在唐、宋之世。唐高宗顯慶二年十二月將「葉」中之「世」改爲並列之二「廿」，致使「葉」、「華」二字相似易混。

叡見堅，驚曰：「兵自求賞，孫府君何以在其中?」
(《吳志一·孫堅傳》注引《吳錄》/1097 頁)

盧本作「孫使君」。

盧弼《集解》：馮本「使」作「府」，誤。

華按：後漢以「使君」稱州刺史，以「府君」稱郡太守。當時孫堅爲長沙太守，故王叡以「孫府君」呼之。殘宋本《册府元龜》卷九百十九、郝經《續後漢書》卷四十九亦作「孫府君」，與舊題咸平本、紹熙本、元本、馮本等相同。局本作「孫使君」，盧氏信而從之，殊誤。

整理者按：咸平本、紹熙本、三朝本、南監本、北監本、殿本、金陵活字本、百衲本作「府」。西爽堂本、汲本、局本作「使」。易培基《補注》：「孫使君，紹熙本作孫府君，南本亦作府君。」

行十餘里，定無賊，會天明，便還，拾取兵器，欲進攻城。（《吳志一·孫堅傳》注引《英雄記》/1098 頁）

周壽昌《證遺》："定無賊"三字詞意不足，疑"定"上有"驚"字。

華按："定"乃副詞，猶今語"終究"、"到底"，詞義自足。本志《吳範劉惇趙達傳》注引《抱朴子》："當候其眞形，而定無復移易。"《宋書·柳元景傳》："元景回據白楊嶺，賊定未至，更下山進弘農。"《梁詩》卷十六劉孝綽《詠姬人未肯出》詩："帷開見釵影，簾動聞釧聲。徘徊定不出，常羞華燭明。"可爲例證。

堅以佐軍司馬所見與人同，自爲可耳。（《吳志一·孫堅傳》注引《山陽公載記》/1099 頁）

盧弼《集解》：《通鑑》作"固自爲可"，胡三省注："言其才可用也。"

華按：當時稱精明能幹之人爲"可人"、"快人"、"佳人"，"可"猶快也、佳也。《禮記·雜記》下："其所與遊辟也，可人也。"鄭玄注："言此人可也，但居惡人之中，使之犯法。"孔穎達疏："此管仲薦此盜人之辭。言此盜人所與交遊是邪辟之人，故犯法爲盜。'可人'也者，謂其人性行是堪可之人也。可任用之。"《晉書·景帝紀》載司馬懿稱歎師曰："此子竟可也！"又《宣五王·平原王榦傳》載其哭趙王倫曰："宗室日衰，唯此兒最可，而復害之，從今殆矣！"孔疏、胡注均增字作訓，稍嫌迂曲。

探得漢傳國璽……上紐交五龍，上一角缺。（《吳志一·孫堅傳》注引《吳書》/1099 頁）

盧弼《集解》：《文選注》"上"字上有"龍"字。

華按：唐許嵩《建康實錄》卷一作"上紐交五龍，龍一角缺”,《太平御覽》卷六百八十二作“上綏交蟠五龍,龍上一角缺”,參之以《文選注》,則知唐、宋古本“五龍”之下尚有一“龍”,可據增。

興平元年,從袁術,術甚奇之,以堅部曲還策。(《吳志一·孫策傳》/1101 頁)

華按:“部曲”上,《太平御覽》卷一百八十八有“故”字。

術曰:“兵人好叛,當共疾之,何爲謝也?”(《吳志一·孫策傳》/1102 頁)

華按:當時口語稱逃走爲“叛”。本志《程普傳》注引《吳書》:“普殺叛者數百人,皆使投火,即日病癘,百餘日卒。”又《陳武傳》附陳脩事曰:“時諸新兵多有逃叛,而脩撫循得意,不失一人。”《大藏經》卷十四後漢安世高譯《佛說㮈女祇域因緣經》載王怒祇域曰:“小兒敢以醍醐中我,怪兒所以求我白象,正欲叛去。”《裴子語林·宗岱》:“君有青牛髯奴,所以未得相困耳。奴已叛,牛已死,今日得相制矣。”釋慧皎《高僧傳》:“時庾常婢偷物而叛,四追不擒。”劉義慶《幽明錄》:“鼠云‘阿周盜二十萬錢叛’,後試開庫,實如所言也,奴亦叛去。”《南齊書·王敬則傳》:“東昏侯在東宮,議欲叛,使人上屋望,見征虜亭失火,謂敬則至,急裝欲走。”《還冤記·呂慶祖》:“錄奴詰驗,具伏,又云:‘汝既反逆,何以不叛?’奴云:‘頭如被繫,欲逃不得。’”諸“叛”均與“反逆”之義無涉。

前錯用陳紀,每恨本意不遂。(《吳志一·孫策傳》/1102 頁)

盧弼《集解》:胡三省曰:“錯,誤也。”

華按:“錯”之古義爲“交錯”,此則爲今義之“錯誤”,胡注是也。《全後漢文》卷七十八蔡邕《文範先生陳寔碑》:“郡政有錯,即解綬去。"《全三國文》卷三十六徐岳《厤議》:"今韓翊所造,皆用洪法,小益斗下分,所錯無幾。"《魏志·武帝紀》注引《三輔決錄注》載王必事:"走投禪,夜喚'德禕',禕家不知是必,謂爲文然等,錯應曰:'王長史已死乎,卿曹事立矣!'必乃更他路奔。"又《文帝紀》注引干寶《搜神記》:"其年數則錯。未知邢史失其數邪,將年代久遠、注記者傳而有謬也?"又《劉劭傳》載其語曰:"梓愼、裨竈,古之良史,猶占水火,錯失天時。"又《管輅傳》載其語曰:"吾前相當死者過百人,略無錯也。"又注引《輅別傳》載管辰敍曰:"夫晉魏之士,見輅道術神妙,占候無錯,以爲有隱書及象甲之數。"是時又有"錯誤"連文者,與今語無別。如《史記·仲尼弟子列傳》"回年二十九,髮盡白,早死"句下《索隱》引王肅曰:"此久遠之書,年數錯誤,未可詳也。"《風俗通》:"有張伯偕、仲偕兄弟,形貌絕相類,仲偕妻新妝竟,忽見伯偕,乃戲問曰:'今日妝好不?'伯偕應之曰:'我,伯偕也。'妻乃趨避之。須臾,又見伯偕,猶以爲仲偕,告云:'向大錯誤。'伯偕曰:'我故伯偕也。'"今人或謂"錯"有"錯誤"義始於唐代,實則其例已屢見於漢末也。

若難圖之事,難保之勢,以激羣敵之氣,以生眾人之心,公義故不可,私計又不利,明哲不處。(《吳志一·孫策傳》注引《吳錄》/1106 頁)

盧弼《集解》:馮本"生"作"先","故"作"既"。

華按:"生眾人之心",語本《左傳·隱公元年》載呂子語鄭伯曰:"若弗與,則請除之。勿生民心。"類似之句法見本志《吳主五子·孫和傳》注引《吳歷》:"實不宜搖動太子,以生眾心。"又見《魏志·郭嘉傳》載其語曰:"胡人一動,民夷俱應,以生蹋

頓之心，成覬覦之計，恐青、冀非己之有也。"馮本"生"作
"先"，誤。

又按："公義故不可"，"故"通"固"，馮本改爲"既"，似不知
原文可通也。

整理者按：咸平本、紹熙本、三朝本（正德十年補刊）、西爽
堂本、汲本、局本、百衲本作"生"、"故"。元大德本作"生"、
"固"。三朝本（嘉靖己未年補刊）作"先"、"故"。南監本作
"先"、"既"。北監本、殿本、金陵活字本作"生"、"既"。

祖遣太子射船軍五千人助勳。《吳志一·孫策傳》注引《江表傳》/1108頁）

盧弼《集解》： 周壽昌曰："祖尚爲劉表屬，並未僭號，子安能稱
'太子'？疑是'長子'之訛。"

華按：《文選》卷十三禰衡《鸚鵡賦》序云："時黃祖太子射
賓客大會。"亦稱黃射爲"太子"，與《江表傳》合。林國贊《三國
志裴注述》云："《甘寧傳》注引《吳書》，蘇飛直稱黃祖爲王。竊
疑祖雖領江夏太守，然劉表僭郊祀，意祖亦必妄自尊大，故羣
下因諛曰'王'、曰'太子'也。范書《禰衡傳》改'太子'爲'長
子'，此自史例，非實錄矣。"其說似較精覈，茲特表出之。

時有道士琅邪于吉……吳會人多事之。策嘗於郡城門樓上，集會諸將賓客，吉乃盛服杖小函，漆畫之，名爲仙人鏵，趨度門下。（《吳志一·孫策傳》注引《江表傳》/1110頁）

盧弼《集解》： 鏵，胡瓜切，臿也。官本《考證》曰："鏵，一作鎌。"
或作"鑺"。

華按："鏵"字不誤，所誤者當爲"函"。"杖小函"不可通，

考之形義,“函”當作“臿”。臿,亦名鏵,今謂之鍬;《方言》卷五:“臿,宋、魏之間謂之鏵,江、淮、南楚之間謂之臿。”是西漢之“臿”流行於國内中心地區及江、淮、南楚之間,而宋、魏之間則謂之“鏵”;漢末之于吉爲琅邪人,琅邪地處江、淮之北而與宋、魏鄰近,于吉謂所杖之彩臿爲“仙人鏵”,正合方言特點。殿本《考證》曰“一本作仙人鐮”者,“鐮”與“函”、“臿”毫無關聯,顯爲誤字。“或作鏁”者,蓋以爲“函”有封藏之義,欲以“鏁”相應,殊不悟“函”爲“臿”之誤字,“鏁”與“臿”亦無關聯;且“小函”當指小匣,即使小型彩匣可名之爲“仙人鏁”,又豈能持以爲杖?

整理者按:咸平本、紹熙本、元大德本、三朝本、西爽堂本、南監本、北監本、汲本、殿本、金陵活字本、局本、百衲本作“鏵”。

孫氏兄弟皆明略絶羣。創基立事,策之由也,自臨終之日,顧命委權。夫意氣之間,猶有刎頸,況天倫之篤愛,豪達之英鑑,豈吝名號於既往,違本情之至實哉?(《吴志一·孫破虜討逆傳評》注引孫盛語/1113 頁)

華按: 此文校勘及標點皆有可商。“自臨終之日”之“自”,乖於文法,當從諸本作“且”;此作“自”,承馮本、金陵活字本之誤。“孫氏兄弟皆明略絶羣,創基立事,策之由也”爲一層;“羣”下之句號當易爲逗號,“也”下宜用分號。“且臨終之日,顧命委權”爲另一層,馮本等“且”誤作“自”,遂致文理不明。

整理者按:咸平本、紹熙本、元大德本、三朝本、西爽堂本、北監本、殿本、局本、百衲本作“且”。三朝本(嘉靖己未年補刊)、南監本、金陵活字本作“自”。

三國志卷四十七
吴志二《吴主傳》校詁

形貌奇偉，骨體不恆，有大貴之表。（《吴志二・吴主傳》/1115頁）

華按：魏晉之語，情狀異常謂之"不恆"。《晉書・苻堅載記》載徐統語："苻郎骨相不恆，後當大貴。"又《宣五王・平原王幹傳》："幹有篤疾，性理不恆。"是其例。其同義語爲"不常"，如《搜神記》卷四："夜夢一女，年可十七八，顔色不常。"

糧食乏盡，婦女或丸泥而吞之。（《吴志二・吴主傳》注引《江表傳》/1116頁）

盧弼《集解》：宋本"泥"作"土"。

華按：舊題咸平本、紹熙本作"丸土"，《太平御覽》卷三十七同，當從之。《晉書・劉牢之傳》載劉敬宣事："夢丸土而服之，既覺，喜曰：'丸者桓也，丸既吞矣，我當復本土也。'旬日而玄敗，遂與司馬休之還京師。拜輔國將軍，晉陵太守。"夢出有因，擇土製丸以充饑救命，必爲當時恆有之事。至今鄉間猶有"荒年食土"之說，"吞泥"之事未聞。

整理者按：咸平本、紹熙本、元大德本、百衲本作"土"。三朝本作"二"，疑爲"土"字之誤刻。日本國立公文書館藏三朝本（明代補版）、西爽堂本、南監本、北監本、汲本、殿本、金陵活字本、局本作"泥"。

八年，權西伐黃祖，破其舟軍，惟城未克，而山寇復動。還過豫章，使呂範平鄱陽，（會稽）程普討樂安，太史慈領海昏，韓當、周泰、呂蒙等爲劇縣令長。（《吳志·吳主傳》/1116頁）

標點本《校記》：會稽，據《資治通鑑》六四注删。（1504頁）

華按：《資治通鑑》卷六十四"使征虜中郎將呂範平鄱陽、會稽"句下，胡三省注云："《呂範傳》止云'鄱陽'，《孫權傳》則有'會稽'二字。以地理考之，'會稽'二字衍。"此即標點本删字之依據。其實，胡注雖云"以地理考之"，然並未出示令人信服之證據；標點本依據胡氏推理而遽删"會稽"，未免操之過急。竊以爲本傳云"還過豫章，使呂範平鄱陽、會稽"，而《呂範傳》云"征江夏，還平鄱陽"，互文相足，並無矛盾。考之《吳志》，鄱陽郡之東部與會稽郡之西部接界，林莽千里，山谷萬重，其幽邃民人好武習戰，往往與官府作對，官府謂之"山寇"；面對官軍之圍剿，其戰則蜂至，敗則鳥竄，官軍難以成功。呂範雖奉命平定鄱陽、會稽，然所能平定者僅限於鄱陽，《呂範傳》但記其有功而略其無功，故不言"會稽"。此有"會稽"而彼無"會稽"，互文見義，乃史家載筆之常例。《魏志·文帝紀》載顧命大臣列曹休之名，而《魏志·曹休傳》則略其接受顧命之事，筆法與此相類；標點本既然不因《曹休傳》而删《文帝紀》，則本文之"會稽"亦不宜遽定爲衍文。

祖挺身亡走。（《吳志二·吳主傳》/1117頁）

胡三省《通鑑注》：挺，拔也。

華按："挺"當讀爲"鋌"，《方言》卷三："鋌，盡也，物空盡者曰鋌。"本志《陸抗傳》:"肇眾兇懼,悉解甲挺走,抗使輕兵躡之,肇大破敗。"其中"挺走"指空身而逃。此"挺身"亦指不攜帶隨身物品,南北朝時其例甚多,說見周一良《〈魏書〉札記》。

近者奉辭伐罪,旍麾南指,劉琮束手。(《吳志二·吳主傳》注引《江表傳》/1118 頁)

盧弼《集解》:《通鑑》"旍"作"旌"。

華按:翁本改"旍"爲"旌",並錄何焯校語云:"旌,從北宋本。"是何氏所見與《資治通鑑》卷六十五合矣。"旌麾"爲大軍之代稱,亦當時兵家常語,如《魏志·袁尚傳》注引《漢晉春秋》載審配獻書於袁譚曰:"然望旌麾,能不永歎。"《全三國文》卷十三曹植《離思賦》:"欲力畢于旌麾,將何心而遠之。"是其例。此作"旍麾",語殊罕見,疑爲"旌麾"之誤。

整理者按:咸平本作"旌"。紹熙本、元大德本、三朝本、西爽堂本、南監本、北監本、汲本、殿本、金陵活字本、局本、百衲本作"旍"。《藝文類聚》卷六十六作"旌"。《太平御覽》卷三百八十一作"斿","斿"同"旌"。

使魯肅以萬人屯巴丘以禦關羽。(《吳志二·吳主傳》/1119 頁)

盧弼《集解》:巴丘,今湖南岳州府巴陵縣治。

華按:巴丘上距陸口僅百里,下距益陽亦不過百五十里,三點一綫,均爲荆州方面之邊沿重鎮。自建安十五年以來,魯肅經常屯守於陸口,與關羽鄰界。此云孫權"使魯肅以萬人屯巴丘以禦關羽"者,乃建安二十年事,其時孫權已進駐陸口矣。由於關羽旋即從江陵至益陽,故孫權又令魯肅進屯益陽以拒之。要之,孫、劉之爭荆州,魯肅始終與關羽相持,羽在江陵則蕭屯陸口、巴丘，羽爭長沙三郡則蕭屯益陽，此誠所謂針鋒相對也。今人或疑此文之"巴丘"當爲"益陽"之誤，竊以爲未必，故略述之。

向有紫髯將軍，長上短下，便馬善射，是誰？（《吳志二·吳主傳》注引《獻帝春秋》/1120 頁）

華按："長上短下"，上額長而下頤短。《魏志·董卓傳》注引《獻帝起居注》載策文稱陳留王"豐下兑上"，言其上額狹而下頤寬也。

今封君爲吳王，使使持節太常高平侯貞，授君璽綬策書、金虎符第一至第五左、竹使符第一至第十〔左〕，以大將軍使持節督交州，領荊州牧事，錫君青土，苴以白茅，對揚朕命，以尹東夏。（《吳志二·吳主傳》/1122 頁）

華按：上文係黃初二年魏文帝策命孫權之九錫文。其中"領荊州牧事"一句，《藝文類聚》卷五十三引作"領荊、益州牧事"，多一"益"字，值得注意。是時劉備建國稱帝於益州，正爲失去荊州而欲大舉伐吳。魏文帝以孫權領荊州牧者，承認既成之事實也；又以孫權遙領益州牧者，欲借東吳之力攻蜀漢而併其土也。傳世本《吳志》無"益"字，疑爲後人所刪。

據三州虎視於天下，是其雄也。（《吳志二·吳主傳》/1123 頁）

盧弼《集解》：《御覽》"州"下有"而"字。

華按：晉寫本《吳志》殘卷作"據三州而虎□□天下"，《太平御覽》卷二百四十一與寫本合，可見宋以前傳本原有"而"字。

博覽書傳歷史,藉採奇異。(《吳志二·吳主傳》注引《吳書》/1123 頁)

華按:"藉"當作"籍",應據舊題咸平本、紹熙本、殿本、局本、金陵活字本等校正。《建康實錄》卷一作"博覽史籍而採奇異",文雖小異,句讀甚明。中華書局標點本《資治通鑑》卷六十九作"博覽書傳,歷史籍,採奇異",當從之。此處所以句破字訛者,蓋不曾檢校底本及其他各本。本志《呂蒙傳》注引《江表傳》載孫權語曰:"孤少時歷《詩》、《書》、《禮記》、《國語》,惟不讀《易》。""歷"猶言涉獵,表示瀏覽之義,說見裘錫圭《釋詞兩則》二"釋涉獵"。

整理者按:咸平本、紹熙本、元大德本、三朝本(正德九年補刊)、西爽堂本、南監本、北監本、汲本、殿本、金陵活字本、局本、百衲本作"籍"。

不效諸生尋章摘句而已。(《吳志二·吳主傳》注引《吳書》/1123—1124 頁)

華按:"諸生",當從舊題咸平本、紹熙本、殿本、局本等作"書生",《建康實錄》卷一亦作"書生"。金陵活字本作"諸生",於義爲狹。

整理者按:咸平本、紹熙本、元大德本、三朝本(正德九年補刊)、西爽堂本、北監本、汲本、殿本、局本、百衲本作"書"。南監本、金陵活字本作"諸"。

黄武元年春正月,陸遜部將軍宋謙等攻蜀五屯,皆破之,斬其將。(《吳志二·吳主傳》/1124 頁)

盧弼《集解》:何焯曰:"'軍'字疑衍。"

華按:"軍"非衍文。"部將軍宋謙等……",猶言"派遣將軍宋謙……”。其中“部”乃部署、派遣之義。《資治通鑑》卷四載周赧王三十一年事：“樂毅還秦韓之師，分魏師以略宋地，部趙師以牧河間，身率燕師長驅逐北。”《史記·酷吏列傳》敘義縱事：“楊可方受告緡，縱以爲此亂民，部吏捕其爲可使者。”《漢書·趙充國傳》：“臣前部士入山，伐材木大小六萬餘枚，皆在水次。”又《翟方進傳》：“方進部掾史覆案，發大姦贓數千萬。”又：“陽以他事召立至，以主守盜十金，賊殺不辜，部掾夏恢等收縛立，傳送鄧獄。”顏師古注：“部分其掾而遣之。”本志《孫策傳》注引《吳錄》載策表：“臣以十一日平旦部所領江夏太守行建威中郎將周瑜……黃蓋等同時俱進。”又《陸遜傳》：“遜遣將軍李異、謝旌等將三千人攻蜀將詹晏、陳鳳……遜復部旌討破布、凱。”前用“遣”，後用“部”，“部”亦遣也。又《朱桓傳》：“桓部兵將攻取油船，或別擊雕等，桓等身自拒泰。”《魏志·董卓傳》注引華嶠《漢書》：“卓部兵燒洛陽城外面百里，又自將兵燒南北宮及宗廟、府庫、民家，城內掃地殄盡。”又《曹爽傳》注引《魏末傳》：“敕洛陽縣發民八百人，使尉部圍爽第四角。”並其例也。何氏不明“部”字之義，又拘泥於“部將”一詞，故疑“軍”爲衍文。

臣每見所下權前後章表，又以愚意採察權旨，自以阻帶江湖，負固不服，狃忕累世，詐僞成功，上有尉佗、英布之計，下誦伍被屈彊之辭，終非不侵不叛之臣。（《吳志二·吳主傳》注引《魏略》/1127頁）

張舜徽《三國志辭典》：狃忕（shì 是）：慣習，因襲。

華按：“忕”音泰，“音是”之說非是。此爲魏三公上奏之文，“狃忕累世”指孫策、孫權割據江東，自建安以來負固不服。

"狃忕"猶言驕縱，謂面對理當敬畏之事却無所顧忌，百衲本《晉書·江統傳》載其《徙戎論》曰："馬賢狃忕，終於覆敗。"亦其例。

　　整理者按：咸平本作"忕"。紹熙本、三朝本（弘治三年補刊）、百衲本作"忕"。元大德本作"怢"。日本國立公文書館及靜嘉堂文庫藏三朝本、西爽堂本、南監本、北監本、汲本、殿本、金陵活字本、局本作"挟"。郝經《續後漢書》卷五十作"忕"。

此鼠子自知不能保爾許地也。（《吳志二·吳主傳》注引《魏略》/1129 頁）

　　華按：劉淇《助字辨略》卷三釋此例云："爾，此也；許，助辭。爾許，少辭也。"此說甚是。《大藏經》卷五十西晉安法欽譯《阿育王傳》卷五："龍問言：'欲得幾許地？'答言：'欲得一坐處。'龍問言：'用爾許地爲？'答言：'我今有諸伴黨。'即復問言：'有幾伴黨？'答曰：'有五百羅漢。'""爾許地"，猶言如此小小之地盤也，此亦魏晉口語。然此詞亦不限於小稱，《搜神記》卷十五敍李娥事："吾亡後，兒孫乃爾許大。"其中"爾許"猶言如此，此其本義也。

願得美酒滿五百斛船，以四時甘脆置兩頭，反覆沒飲之。（《吳志二·吳主傳》注引《吳書》/1129 頁）

　　華按："沒"通"頮"。《廣韻·入聲·十一沒》："頮，內頭水中。莫勃切。"《說文解字·頁部》"頮"字條下段玉裁注："入頭水中，故字從頁、叜，與'水部'之'沒'義同而別。今則叜、頮廢而沒專行矣。"《魏志·武帝紀》注引《曹瞞傳》："至以頭沒杯案中，肴膳皆沾污于巾幘。"其義甚明。

臣聞西使直報問，且以觀釁，非有謀也。（《吳志二·吳主傳》注引《吳書》/1130 頁）

翁本校改"聞"作"間"，批曰："宋刻作'間'。"

郁松年《續後漢書札記》：郝書"臣聞西使"，《志注》同。案"聞"當作"間"，熙先嘗使漢，故云。

華按：翁校是也。"間"猶言"先前"、"前不久"，郁氏目光如炬，常發人未發，此亦一例。

整理者按：咸平本、紹熙本、元大德本、三朝本、西爽堂本、南監本、北監本、汲本、殿本、金陵活字本、局本、百衲本作"聞"。

魏文帝出廣陵，望大江，曰"彼有人焉，未可圖也"，乃還。（《吳志二·吳主傳》/1131頁）

華按：《呂氏春秋·求人》："晉人欲攻鄭，令叔向聘焉，視其有人與無人……叔向歸曰：'鄭有人，子產在焉，不可攻也……'晉人乃輟攻鄭。"高誘注："視其有無賢人也。"曹丕"彼有人焉"云云，即套用叔向之語。

皖口言木連理。（《吳志二·吳主傳》/1131頁）

華按："皖口"之上必有脫文。上文云"四年夏五月，丞相孫劭卒"，又云"六月，以太常顧雍爲丞相"；下文云"冬十二月，鄱陽賊彭綺自稱將軍，攻沒諸縣，眾數萬人"。每月一事，首尾清晰。此"皖口言木連理"與諸事無涉，揆之史例，亦當表出時月；此事若在"六月"，則當承上句書"是月"二字；此事若在"六月"之後，則當書"秋某月"或"冬某月"。《建康實錄》卷一作"秋七月，皖口木連理"，是矣。然晉、宋《五行志》皆云"吳孫權黃武四年六月，皖口言有木連理"，顯沿《國志》之誤，足見"秋七月"三字之奪，由來尚矣。

又人家治國，舟船城郭，何得不護？（《吳志二·吳主傳》/1145頁）

華按：稱他人爲"人家"，當時口語也。又有稱他人爲"他家"者，《漢詩》卷九樂府古辭《東門行》："他家但願富貴，賤妾與君共哺糜。"

魏大將軍王昶圍南郡。(《吳志二·吳主傳》/1148頁)

盧弼《集解》：是時王昶爲"征南將軍"，非"大將軍"也。《魏志·齊王紀》及《昶傳》可證。

華按：盧說甚是。王昶於魏正始中爲"征南將軍"，至嘉平四年方遷爲"征南大將軍"。昶圍南郡在吳赤烏十二年，在魏則爲嘉平二年，按照史例，當稱"大將"。此稱"大將軍"，若非承祚偶疏，則爲傳寫之誤。"將"下衍"軍"字，書中非一見。如《蜀志·關羽傳》："紹遣大將軍顏良攻東郡太守劉延於白馬。"標點本據殿本《考證》之說刪"軍"字，甚是；又《呂乂傳》："送故將軍劉焉入蜀。"標點本從朱邦衡之說刪"軍"字，亦是。然則此"軍"亦可據盧氏之說刪之。

庾闡《揚都賦》注曰：烽火以炬置孤山頭，皆緣江相望，或百里，或五十、三十里，寇至則舉以相告，一夕可行萬里。孫權時合暮舉火於西陵，鼓三竟，達吳郡南沙。(《吳志二·吳主傳》注/1148頁)

華按：陳仁錫本在"烽火"下斷句，符合注釋體例，當從之。"以炬"云云，乃"烽火"之釋文。

又按："烽火"並非難解之詞，頗疑《揚都賦》原文"烽"作"燧"，《藝文類聚》卷八十《火部·烽燧》引庾闡《揚都賦》注曰："燧火：以炬置孤山頭，皆緣江相望。"蓋"燧火"不易解，故爲之注。

整理者按：日本早稻田大學藏局本，其上有閱者朱批，亦在"烽火"下斷句。

然性多嫌忌，果於殺戮，暨臻末年，彌以滋甚。（《吳
志二·吳主傳評》/1149頁）

　　華按：“彌以滋甚”，猶言日漸加劇也。《後漢書·楊震傳》
載其疏云：“方今灾害發起，彌彌滋甚。”李賢注：“彌彌，猶稍稍
也。”劉淇《助字辨略》卷二指出：“彌”、“滋”同義，此爲重言
之例。

三國志卷四十八
吳志三《三嗣主傳》校詁

陽羨離里山大石自立。（《吳志三・三嗣主・孫亮傳》/
1152 頁）

潘眉《考證》：“離里”當爲“離墨”，古仙人名也。離墨山，一名
國山。張毅堂壽昌曰：“《明一統志》：‘國山，本名離墨山，有九
岑相連，亦名陞山。’沈敕《荊溪外紀》曰：‘孫亮五鳳二年，離墨
山大石自立。’愼蒙《名山紀勝》云：‘離墨山石無故自立。’並作
‘離墨’。”

華按：潘氏之說，可謂詳審。“里”字當爲“墨”字之殘，可
據《一統志》等校正。

時孫休在郡治，衡數以法繩之。（《吳志三・三嗣主・孫
休傳》注引《襄陽記》/1156 頁）

華按：此但云“在郡治”，不云何事違法，疑有脫文。《建康
實錄》卷三云：“時帝爲琅邪王在郡，家人淫放，衡數以法繩
之。”文多“家人淫放”一句，可以參校。

風四轉五復，蒙霧連日。（《吳志三・三嗣主・孫休傳》/
1157 頁）

盧弼《集解》：周壽昌曰：“四轉五復，殆即今之所謂旋風也。”

華按：周說未盡。《魏志・方技・管輅傳》載：“輅至列人

典農王弘直許,有飄風高三尺餘,從申上來,在庭中幢幢回轉,息以復起,良久乃止。"此"四轉五復"之風,亦其類也。"四轉"謂四面回轉,乃旋風之特徵;"五復"者,息而復起者五也。

臣松之按:察戰,吳官名號,今揚都有察戰巷。(《吳志三·三嗣主·孫休傳》注/1161頁)

楊晨《三國會要》:職官下"察戰"條:裴注:官名。沈濤曰:"當是人姓名,《姓苑》有察姓。"

盧弼《集解》:康發祥曰:"俗誤呼爲夾剪巷。"

華按:裴注是,沈說非。本志《吳主五子·孫奮傳》:"遣察戰齎藥賜奮。"是"察戰"乃特別使者之稱。《建康實錄》卷三引《吳錄》曰:"察戰是吳時官號。舊揚都有察戰巷,在今縣城南二里禪眾寺前。或云晉庾亮拒蘇峻,七戰於此巷,亦名'七戰巷'也。"《吳錄》三十卷係晉人張勃所撰,裴注本此。

整理者按:咸平本、紹熙本、南監本、北監本、殿本、百衲本作"吳官號"。元大德本、三朝本作"吳官号"。西爽堂本、汲本、金陵活字本、局本作"吳官名號"。

又鑄銅爲人數十枚……皆刻銅人背後石壁,言殿中將軍,或言侍郎、常侍。似公主之冢。(《吳志三·三嗣主·孫休傳》注引《抱朴子》/1162頁)

易培基《補注》:"似王公之冢",紹熙本作"公王之冢"。

華按:"公主"顯然有誤。舊題咸平本、紹熙本、殿本皆作"公王",《太平御覽》卷五百五十八、郝經《續後漢書》卷五十一同,當從之。局本作"王公",可資參考。

整理者按:咸平本、紹熙本、元大德本、三朝本、南監本、北監本、殿本、百衲本作"公王"。西爽堂本、汲本、局本作"王公”。金陵活字本作“公主”。

科出宮女以配無妻。（《吳志三·三嗣主·孫晧傳》注引《江表傳》/1163頁）

胡三省《通鑑注》：科，條也。

翁本批校曰：“科”，一作“料”。

> **華按**：“科”字當從一本作“料”，《羣書治要》卷二十七、《建康實錄》卷四亦作“料”，可以參校。本志《陸凱傳》載其疏曰：“伏聞織絡及諸徒坐乃有千數，……願陛下料出賦嫁，給與無妻者。”又《孫綝傳》載其上書：“發吏民婦女，料其好者，留於宮內。”此“料”當讀爲“撩”，《廣雅·釋詁三》：“撩，取也。”

> 整理者按：咸平本、紹熙本、元大德本、三朝本、西爽堂本、北監本、汲本、殿本、局本作“科”。南監本、金陵活字本作“料”。

初望氣者云荊州有王氣破揚州而建業宮不利，故晧徙武昌。（《吳志三·三嗣主·孫晧傳》注引《漢晉春秋》/1166頁）

> **華按**：“破揚州”上，《資治通鑑》卷七十九有“當”字，義較明晰。

秦毀五等爲三十六郡，漢室初興，閏立乃至百王，因事制宜，蓋無常數也。（《吳志三·三嗣主·孫晧傳》注/1166頁）

> **華按**：“百王”之“王”，當據舊題咸平本、紹熙本、吳本、殿本、局本作“五”。“王”字見於明、清之馮本及金陵活字本，標點本沿襲金陵活字本之文，失“擇善”之旨。“百五”者，謂漢代郡國之數，由秦之三十六漸變爲一百零三，最終變爲一百零五也。晉司馬彪《續漢書·郡國志》云：“《漢書·地理志》承秦三

十六郡,縣邑數百,後稍分析至于孝、平,凡郡國百三,縣、邑、道、侯國千五百八十七。世祖中興,惟官多役煩,乃命并合,省郡、國十,縣、邑、道、侯國四百餘所;至明帝置郡一,章帝置郡國二,和帝置三,安帝又命屬國別領比郡者六,又所省縣漸復分置,至於孝順,凡郡國百五,縣、邑、道、侯國千一百八十,民戶九百六十九萬八千六百三十,口四千九百一十五萬二百二十。"孫晧此詔頒於吳寶鼎元年(266)十月,距漢末大亂僅八十年,上距漢順帝之世一百二十多年;蓋順帝之世分郡、國爲百五,此後雖歷沖、質、桓、靈及少帝,"百五"之數基本未變,故晧詔以"乃至百五"終結漢代郡、國之數。

整理者按:咸平本、紹熙本、元大德本、三朝本、西爽堂本、汲本、殿本、局本、百衲本作"百五"。南監本、北監本、金陵活字本作"百王"。

《吳書》曰:初,固爲尚書,夢松樹生其腹上。(《吳志三·三嗣主·孫晧傳》注/1167頁)

華按:《吳書》,舊題咸平本、百衲本作《吳錄》。《太平御覽》卷三百七十一引《吳錄》曰:"丁固夢腹上生松,趙達謂之曰:'松字十八公。'後果然。"又卷三百九十八引張勃《吳錄》曰:"丁固,字子賤……初爲尚書,夢松樹生其腹上,謂人曰:'松字十八公也。後十八年爲公乎?'遂如夢焉。"似此,諸本作《吳書》者,或爲傳刻之誤。

整理者按:咸平本、紹熙本、元大德本、百衲本作"吳錄"。三朝本、西爽堂本、南監本、北監本、汲本、殿本、金陵活字本、局本作"吳書"。

殿中列將何定曰:"少府李勖枉殺馮斐,擅徹軍退

還。"勛及徐存家屬皆伏誅。(《吳志三·三嗣主·孫晧傳》/1167—1168頁)

盧本作"白"。

盧弼《集解》：馮本"白"誤作"曰"。

華按：盧說是。金陵活字本、標點本亦承馮本誤作"曰"，當從舊題咸平本、紹熙本、殿本、局本等改正。"殿中列將何定白少府李勛"云云，是敍事文字，"白"猶言"告言"，今謂之檢舉。本志《陸遜傳》載淳于式表遜枉取民人，孫權語遜曰："式白君，而君薦之，何也？"又《是儀傳》："呂壹歷白將相大臣，或一人以罪聞者數四，獨無以白儀。"均其例。此作"曰"，起語突兀，事無來由，史家斷無此類文字。

整理者按：咸平本、紹熙本、元大德本、三朝本、西爽堂本、北監本、汲本、殿本、局本、百衲本作"白"。南監本、金陵活字本作"曰"。

遣使者二十五人分至州郡，科出亡叛。(《吳志三·三嗣主·孫晧傳》/1170頁)

華按：此"科"亦當從《建康實錄》卷四作"料"，乃清理、選取之義。本志《呂蒙傳》："權統事，料諸小將兵少而用薄者，欲并合之。"又《陳表傳》："表簡視其人，皆堪好兵……皆輒料取以充部伍。所在以聞，權甚嘉之，下郡縣料正戶羸民以補其處。"又《陳武傳》："策破劉勳，多得廬江人，料其精銳，乃以武為督，所向無前。"又《陸遜傳》："遽等相率降，遜料得精兵八千餘人。"又《陸抗傳》載其疏曰："又黃門豎宦，開立占募，兵民怨役，逋逃入占。乞特詔簡閱，一切料出，以補疆場受敵常處，使臣所部足滿八萬。"胡三省《通鑑注》曰"料音聊"，是也。又《賀

齊傳》：“凡討治斬首六千級，名帥盡禽，復立縣邑，料出兵萬
人。”又：“丹陽三縣皆降，料得精兵八千人。”並其例。

閉柵自守，舉白接告降。（《吳志三·三嗣主·孫晧傳》注引干寶《晉紀》/1174 頁）

華按：“白接”未詳何物。今疑“接”當讀爲“翣”。《集韻·
入聲·三十三狎》：“翣，色甲切，或作接。”《禮記·喪服大記》：
“黼翣二……畫翣二。”鄭玄注：“漢禮：翣，以木爲筐，廣三尺，
高二尺四寸，方兩角高，衣以白布。畫者，畫雲氣，其餘各如其
象。柄長五尺，車行，使人持之而從，既窆，樹於壙中。”孔穎達
疏：“‘以木爲筐’者，謂以木爲翣之筐，若門戶四面筐也。云
‘廣三尺，高二尺四寸，方兩角高’者，謂廣方正不圓曲也。”似
此，翣之爲物呈扇形，扇面乃長方形白布，扇柄長達五尺，持舉
時如同一杆白旗。古人投降恆輿棺，輿棺者，歸死之儀也；張
喬告降舉白接，白接亦送喪之具也。

乃使尚廣筮并天下，遇《同人》之《頤》，對曰：“吉。庚子歲，青蓋當入洛陽。”（《吳志三·三嗣主·孫晧傳》注引干寶《晉紀》/1178 頁）

盧弼《集解》：李光地曰：“乾爲天君。離者，南面。皆尊象也。
艮，山岳，公侯之兆。震于《易》亦占建侯。此明君降爲臣位
矣。同人者，主天下大同也。頤者，養也，示爲晉并吞而得寄
食偷生之意。筮之告晧亦顯矣。”

華按：尚廣爲太卜。《建康實錄》卷四云：“天紀末，使太卜
尚廣筮并天下。”此可補史文之簡略。標點本於“尚廣”之下未
加專名綫，當補。

又按：廣借演《易》之辭警晧，清儒有不同解說。《同人》卦

上體爲乾,下體爲離,李光地著眼於卦體,解卦明白易瞭。王宏撰《周易筮述》卷七推驗篇云:"遇《同人》之五,變之《離》。離者……蓋號咷嗟涕亡國之象。'大師相克',爲大國所克,變之離;離者,離王公之位而附託于人也。"此爲卦變之説。惠棟《易漢學》卷五云:"按《頤》,《巽》游魂也。六四丙戌主世,初九庚子爲應。震爲木,故曰'青蓋'。朱子發曰:'庚子,《震》初爻也。《震》少陽數七,鳳凰元年至天紀四年春三月吳入晉,實七年。'"此爲京房世爻之説,三國時解卦方式與此相似,值得參考。

整理者按:"尚廣",標點本 2015 年 7 月第 29 次印刷本已補加專名綫。

寬沖以誘俊乂之謀,慈和以給士民之愛。(《吳志三·三嗣主傳評》注引陸機《辨亡論》/1182 頁)

華按:除金陵活字本作"給"外,諸本均作"結",《文選》卷五十三亦作"結"。"結士民之愛",猶言"結愛於士民",駢體文恆用此類句式。"給"字無義,不可取。

整理者按:咸平本、紹熙本、元大德本、三朝本、西爽堂本、南監本、北監本、汲本、殿本、局本、百衲本作"結"。金陵活字本作"給"。

三國志卷四十九
吳志四《劉繇太史慈士燮傳》校詁

濟南相中常侍子，貪穢不循。（《吳志四·劉繇傳》/1184 頁）

　　盧弼《集解》：官本《考證》曰："《册府》'循'作'脩'。"弼按：作"循"亦可通。沈均瑭曰："郝書作'貪穢不法'，《通志》'循'下有'法'字。"

　　　華按："循"、"脩"二字常相亂，此文當以"不脩"爲是。《魏志·夏侯玄傳》載其論時事曰："懼宰官之不脩，立監牧以董之。"本志《潘璋傳》載其"數不奉法"而孫權輒原不問，傳末評曰："以潘璋之不脩，權能忘過記功，其保據東南，宜哉！"又《潘濬傳》："時沙羨長贓穢不脩，濬按殺之，一郡震竦。"《後漢書·袁敞傳》載張俊事："郎朱濟、丁盛立行不脩，俊欲舉奏之。"諸"不脩"皆性行貪鄙、不能奉法之謂。

北海相孔融聞而奇之，數遣人訊問其母，并致餉遺。（《吳志四·太史慈傳》/1187 頁）

　　　華按："訊問"，《建康實錄》卷一作"問訊"，均表示問候之義，魏晉常語。

於是嚴行蓐食。（《吳志四·太史慈傳》/1187 頁）

　　　華按："嚴行蓐食"即小說家所謂頂盔貫甲、飽餐一頓。"嚴行"指齊整裝束，《搜神記》卷十八敍張叔高事："叔高大怒

447

曰:'樹老汁赤,如何得怪?'因自嚴行,復斫之,血大流灑。"《大藏經》卷二西晉竺法護譯《佛說力士移山經》:"佛告阿難:'改正法服,嚴行視之。'阿難受教……諸大眾五百力士遙覩佛臻,金顏從容,威耀巍巍,端正殊妙,色像清淨,大士相好,莊嚴其身。"是其例。"蓐食"之語,最早見於《左傳·文公七年》,杜預注曰:"早食於寢蓐也。"《史記·淮陰侯列傳》承用之,張晏注曰:"未起而牀蓐中食。"王引之《經義述聞》駁正舊說之誤,指出"蓐"訓厚,食之豐厚於常,因謂之蓐食。今以太史慈嚴行蓐食之例觀之,益信王說之不誣。

或勸緐可以慈爲大將軍。(《吳志四·太史慈傳》/1188頁)

盧弼《集解》:"大"字疑衍。或衍"軍"字。《通鑑》作"或勸緐可以慈爲大將"。

華按:作"大將"是,當據《資治通鑑》卷六十一刪"軍"字。說參《魏志·于禁傳》、《蜀志·鄧芝傳》等。

策問慈曰:"聞卿昔爲太守劫州章……孤是卿知己,勿憂不如意也。"(《吳志四·太史慈傳》注引《江表傳》/1189頁)

華按:馮本、金陵活字本作"問",顯爲"謂"字之誤,當據諸本改正。標點本不取眾本參校,故屢沿誤文。

整理者按:咸平本、紹熙本、元大德本、三朝本、西爽堂本、北監本、汲本、殿本、局本、百衲本作"謂"。南監本、金陵活字本作"問"。

古人報生以死,期於盡節,沒而後已。(《吳志四·太史慈傳》注引《江表傳》/1190頁)

盧本"報生"作"報主"。

盧弼《集解》:馮本"主"作"生",誤。

　　華按：盧氏失考。"報生以死"乃古人俗語，《國語・晉語一》載欒武子答公曰："報生以死，報賜以力，人之道也。"此爲語源所出。《魏志・公孫淵傳》注引《魏書》載其令官屬上書於魏云："報生與賜，在於死力。"亦承用古語。太史慈自知有不測之罪，而孫策"量同桓文，待遇過望"，故願以死報其再生之德也。《建康實錄》卷一引慈語亦作"報生"，與馮本合。

　　整理者按：咸平本、紹熙本、元大德本、三朝本、西爽堂本、南監本、北監本、殿本、金陵活字本、百衲本作"生"。汲本、局本作"主"。

策拊掌大笑，(仍)〔乃〕有兼并之志矣。(《吳志四・太史慈傳》注引《江表傳》/1190頁)

　　盧弼《集解》：《通鑑》"仍"作"遂"，《册府》作"乃"。

　　標點本《校記》："乃"，何焯據《册府元龜》改。(1505頁)

　　華按：舊本作"仍"，非誤字，不當改。"仍"爲承接之詞，與"乃"字通用。《魏志・明帝紀》注引《魏略》："詔嘉昭善守，賜爵列侯……仍欲大用之，會病亡。"本志《吳主傳》："今孤自省無桓公之德，而諸君諫諍未出於口，仍執嫌難。"又《薛綜傳》："南海黃蓋爲日南太守，下車以供設不豐，撾殺主簿，仍見驅逐。"又《陸遜傳》："今便示退，賊當謂吾怖，仍來相蹙，必敗之勢也。"《搜神記》卷十八敍細腰事："及曉，文按次掘之，得金銀百斤，錢千萬貫，仍取杵焚之。"《太平廣記》卷三百七十五引魏晉人所撰《列異傳・蔡支》："支致書訖，帝命坐，賜酒食，仍勞問之。"《世說新語・忿狷》敍王藍田性急事："雞子於地圓轉未止，仍下地以屐齒碾之。"《晉書・王述傳》"仍"作"便"，並其證也。

子享,官至越騎校尉。(《吳志四·太史慈傳》/1190 頁)

盧本作"亨"。

盧弼《集解》：馮本、監本"亨"作"享",《注》同。

華按：諸本作"亨"者較爲可取。裴松之注引《吳書》云："亨,字元復。"《易·復卦》："復,亨,出入無疾,朋來無咎,反復其道,七日來復,利有攸往。"太史慈生當亂世,名子爲"亨",字之曰"元復",似取復卦"一元來復"之義。南宋范成大《吳郡志》卷十云："吳太史亨,慈之子,歷尚書、吳郡太守。"范氏又自注云："《吳書》一名高。"一本作"高"、作"享"者,均爲"亨"字傳寫之誤。

整理者按：咸平本、紹熙本、元大德本、三朝本、南監本、北監本、百衲本作"享"。金陵活字本作"高"。西爽堂本、汲本、殿本、局本作"亨"。

仙人董奉以一丸藥與服,以水含之,捧其頭搖(捎)〔消〕之,食頃,即開目動手,顏色漸復。(《吳志四·士燮傳》注引葛洪《神仙傳》/1192 頁)

盧本作"搖捎"。

盧弼《集解》：李龍官曰："'搖捎'二字不可解,'捎'疑作'捎'。《廣韻》：'搖捎,動也。'蓋謂捧其頭搖動之也。"李慈銘曰："'捎'當作'消'。搖消即消搖也。"

標點本《校記》："消",據《太平廣記》十二改。(1505 頁)

華按：原文作"搖捎",《太平御覽》卷七百二十四作"搖逍",不誤。《廣雅·釋訓》："揣抧,搖捎也。"《廣韻·下平聲·四宵》："捎,搖捎,動也。相邀切,又使交切。"是"搖捎"爲搖動義,乃漢魏六朝常語。其字或作"搖消",《淮南子·仿眞訓》：

“搖消掉捎仁義禮樂，暴行越智於天下，以招號名聲於世。”其字又作“搖逍”，舊題後漢人譯《雜譬喻經》卷上：“象王有二夫人……時王出戲，道過一大樹，樹花茂好，欲取二夫人身上以爲光飾，鼻絞樹而搖逍之，風吹樹花，獨落大夫人上，小夫人在下風不得花。”其中表示晃動意義之“搖逍”，宋本作“搖消”，元本、明本則作“搖捎”，皆爲一詞之異寫。李龍官疑“搖稍”有誤，殊不知詞無定字；李慈銘釋爲“消搖”，亦未切合文義；《太平廣記》卷十二引《神仙傳》作“搖而消之”，割裂其詞，不足爲訓；標點本竟據《太平廣記》改字，蓋不知“搖捎”已見於《廣雅》矣。

　　整理者按：咸平本、紹熙本、百衲本作“搖捎”。元大德本作“稍搖”。三朝本、西爽堂本、南監本、北監本、汲本、殿本、金陵活字本、局本作“搖稍”。

三國志卷五十
吳志五《妃嬪傳》校詁

何愛一女以取禍乎？ 如有不遇，命也。（《吳志五·妃嬪·孫破虜吳夫人傳》/1195 頁）

　　華按： "不遇"猶言"不幸"。《楚辭·七諫·沈江》"然坽軻而留滯"，王逸注："坽軻，不遇也。"《大藏經》卷三吳康僧會譯《六度集經》卷一載仙歎被人推落井中之事："仙歎於井覩空傍穴，尋之而進，出彼家井，唯七日行，得其本國。王曰：'何緣空還乎？'對曰：'不遇。'"《晉詩》卷一傅玄《朝時篇怨歌行》："自傷命不遇，良辰永乖別。"《大藏經》卷三西晉竺法護譯《佛說鹿母經》："吾期行不遇，誤墮獵者手，即應當屠剝，碎身化糜朽。"干寶《搜神記》卷十七敍朱誕給使事："給使見二小兒在陌上共語，曰：'何以不復見汝？……'答曰：'前不遇，爲人所射，病瘡積時。'"葛洪《神仙傳·陳安世》載二仙論權叔本曰："叔本勤苦有年，今適值我二人，而乃懈怠，是其不遇，幾成而敗。"《大藏經》卷四姚秦鳩摩羅什譯《眾經撰雜譬喻經》卷上："無常水火及以身命，須臾難保，若當不遇，一朝蕩盡。"又元魏慧覺譯《賢愚經·如意珠》："我曹不遇，船重沉沒。"字或作"不偶"，如《漢詩》卷八《闕駟引語》曰："仕宦不偶值冀部。"《太平御覽》卷八百八十三引《幽明錄》："鬼暮歸，大怒曰：'……二日助人，不

得一甌飲食！'友鬼曰：'卿自不偶耳！'"諸"不遇"、"不偶"猶今
語之"倒楣"、"晦氣"之類。

> 整理者按：作者批校本云日本友人坂田新1991年5月28
> 日晚見告：在今日本語中，"不遇"仍有不幸之義。

策功曹魏騰……遽釋騰。（《吳志五·妃嬪·孫破虜吳夫人傳》注引《會稽典錄》/1196頁）

> 盧弼《集解》：官本《考證》曰："《御覽》作'魏勝'。盧明楷曰：
> 《吳範傳》作'魏滕'，注引忤策幾殆，賴太妃救得免，事與此合。
> 蓋'騰'與'滕'音同，'勝'則'滕'字之訛耳。"

> 華按：盧明楷之說甚明。《建康實錄》卷一亦記此事，其字
> 正作"魏滕"。

乃使兩巫各住一處以伺其靈。（《吳志五·妃嬪·孫休朱夫人傳》注引《搜神記》/1201頁）

> 盧弼《集解》：陳本"伺"作"祠"。

> 華按："祠"字無義，陳本非。巫，女子之能見鬼者。"伺其
> 靈"即見鬼之事。

> 整理者按：咸平本（此葉爲補鈔）、紹熙本、元大德本、三朝
> 本、西爽堂本、南監本、北監本、汲本、殿本、局本、百衲本作
> "伺"。金陵活字本作"祠"。

使察鑑之，不得相近。（《吳志五·妃嬪·孫休朱夫人傳》注引《搜神記》/1201頁）

> 華按：依此文讀之，"使察鑑之"當謂使兩巫察鑑朱夫人之
> 幽靈，未免與上文語意重複。《建康實錄》卷四敍此事則作"使
> 察戰監之"，可知原文"察"下既奪"戰"字，"監"又訛爲"鑑"字，
> 當據以補正。"察戰"是吳時官號，解在本志《孫休傳》注。

從石子岡上半岡，而以手抑膝長太息。(《吳志五·妃嬪·孫休朱夫人傳》注引《搜神記》/1201頁)

　　華按："半岡"當下屬爲句，謂行至石子岡之半山腰也。漢袁康《越絕書·越絕荊平王内傳第二》："船到即載，入船而伏，半江，而仰漁者曰……""半江"猶言行至江之中心，"半"字亦爲動詞。標點本誤以"上半岡"連讀，則一似"石子岡"之上似更有"半岡"者矣。

晧又使黃門備行州郡，科取將吏家女。(《吳志五·妃嬪·孫晧滕夫人傳》注引《江表傳》/1203頁)

　　華按："備"，與範圍副詞"盡"用法相似。例如《詩·周頌·有瞽》："簫管備舉。"《禮記·檀弓》："士備入而后朝夕踊。"鄭玄注："備，猶盡也。"《漢書·王嘉傳》："孔子曰：'道千乘之國，敬事而信，節用而愛人，使民以時。'孝文皇帝備行此道，海内蒙恩，爲漢太宗。"

　　又按："科"亦"料"之形誤。下文云："大臣子女皆當歲歲言名，年十五六一簡閱，簡閱不中，乃得出嫁。"由此可知，凡簡閱中意者，則料取入宫矣。"料"字解在本志《三嗣主·孫晧傳》注引《江表傳》。

三國志卷五十一
吳志六《宗室傳》校詰

堅始舉事，靜糾合鄉曲及宗室五六百人以爲保障，眾咸附焉。（《吳志六·宗室·孫靜傳》/1205 頁）

　　盧弼《集解》：劉家立曰：“'宗室'，疑作'宗族'。”

　　易培基《補注》：《通志》“室”作“族”。

　　華按：自古以來，士大夫之支屬亦稱“宗室”。《左傳·昭公六年》載右師華合比及其弟華亥事："合比奔衛。於是華亥欲代右師……公使代之。見於左師，左師曰：'女夫也，必亡！女喪而宗室於人何有？人亦於汝何有？'《詩》曰：'……女其畏哉！'"左師向戌斥責華亥自毀家門，稱其宗族爲“宗室”，是“宗室”猶言宗族之證。《通志》改爲“宗族”，不可取。

頃連雨水濁，兵飲之多腹痛，令促具罌缶數百口澄水。（《吳志六·宗室·孫靜傳》/1205 頁）

　　華按：徐復師《三國志臆解》曰："《後漢書·馮衍傳》李賢注：'澄，猶清也。'通作澂。《方言》卷十二：'澂，清也。'其義同。澄水，此用作動詞，謂使濁水變清。"

爲郡督郵、守長。（《吳志六·宗室·孫賁傳》/1209 頁）

　　盧弼《集解》：“守長”二字疑誤。

　　華按：此言孫賁曾任郡之督郵、縣之守長也。本志《黃蓋傳》：“諸山越不賓，有寇難之縣，輒用蓋爲守長。”《魏志·王朗傳》注引《王朗集》載其上事云：“又守長夏逸，爲督郵所枉。”“守長”，謂試守期間之縣級長官。此文宜在“郡督郵”下加頓號。

策立輔爲廬陵太守，撫定屬城，分置長吏。（《吳志六·宗室·孫輔傳》/1211 頁）

華按：揆之史例，“立”當作“上”。孫策以輔爲廬陵太守，時漢室尚存，必表上朝廷以求認可，此爲戰時自置官員之通例。本篇《孫賁傳》：“上賁領太守。”賁爲豫章太守，亦言“上”；此作“立”，當爲傳寫之誤，宜從《通志》卷七十九作“上”。殘宋本《册府元龜》卷二百九十作“以”，今不取。

乃悉斬輔親近，分其部曲，徙輔置東。（《吳志六·宗室·孫輔傳》注引《典略》/1212 頁）

盧弼《集解》：胡三省曰：“置之東吳也。”趙一清曰：“‘東’下疑有‘冶’字。”

華按：胡注較爲近實。《文選》卷四十四陳琳《檄吳將校部曲文》李善注引《典略》“東”下有“吳”字，與胡注合。

及翊遇害，河馳赴宛陵，責怒覽、員，以不能全權，令使姦變得施。（《吳志六·宗室·孫韶傳》/1214 頁）

盧弼《集解》：“權”疑當作“翊”。

易培基《補注》：“權令”二字，疑是“用”之訛。

標點本《校記》：“全權”，疑當作“全翊”。（1506 頁）

華按：標點本不改原文而但出《校記》者，僅此一見；《校記》類似注文而正文又不見標識者，亦僅此一例。此“‘全權’疑當作‘全翊’”七字乃標點本第二版增補之校記，所以不成體例者,亦補校者未竟其事耳。此與《蜀志‧馬忠傳》改字不出校記之事相反。

又按:盧氏所疑甚是,"懽"字顯爲"翊"之誤文,可從《通志》卷七十九校正。易氏之疑,於義無取。

整理者按:蕭常《續後漢書》卷二十四作"全護"。

二人議曰:"伯海與將軍疎遠而責我乃耳。討虜若來,吾屬無遺矣。"(《吳志六‧宗室‧孫韶傳》/1214頁)

盧弼《集解》:"耳"疑作"爾"。

華按:"乃爾"猶言如此,魏晉常語。"爾"、"耳"二字雖通用,然此文"耳"字易使人誤解爲句末語氣詞,盧氏疑之,是也。古書"爾"、"耳"常相亂。《册府元龜》卷九百四十三、《通志》卷七十九皆作"爾",此文當以作"爾"爲正。

又按:《史記‧高祖本紀》載懷王諸老將曰:"項羽嘗攻襄城,襄城無遺類,皆坑之,諸所過無不殘滅。"《漢書‧竇嬰傳》載高遂說嬰曰:"有如兩宮奭將軍,則妻子無類矣。"顏師古注:"言被誅戮無遺類也。"是"無遺類"或"無類"乃漢世以來俗語,此作"無遺",辭義不足。《通志》作"無類",可以參校。

桓投刀奮命,與遜勠力,備遂敗走。(《吳志六‧宗室‧孫桓傳》/1217頁)

華按:"投刀"二字可疑。古人稱棄刀爲投刀,如《魏志‧曹爽傳》注引《魏略》"爽乃投刀于地"等等;然奮命疆場,焉能投刀?竊疑"刀"當作"身"。本志《周泰傳》:"惟泰奮激,投身衞權,膽氣倍人。"《後漢書‧朱穆傳》論贊曰:"又專諸、荊卿之感激,侯生、豫子之投身,情爲恩使,命緣義輕。""投身"者,棄身不顧也。此作"刀",疑"身"之壞文,傳寫脫其上半耳。

訂補：《校詁》曾因爲"投"通常表示扔掉的意思而懷疑"刀"是"身"的誤字，劉百順《東漢魏晉南北朝史書語詞札記》（陝西師範大學出版社 1993 年出版）對此進行了辨析，詳細明白，茲移錄如下："按'投刀'不誤。《宋書》五十《張興世傳》載興世於鵲頭破叛軍劉胡，傳後史臣曰：'至於鵲浦投戈，實興世用奇之力也。'亦作'投戈'，可見'投'非扔掉。今謂'投'當解作'揮'，此義先秦已有，但似乎祇體現在'投袂'一詞上（見《左傳·宣公十四年》注、《莊子·漁父》釋文）。漢魏以後，'投'的揮動義除了'投袂'一詞繼續沿用外，還有所擴大，'投刀'、'投刃'、'投斤'、'投戈'皆其例也。王充《論衡·知實》：'塗有狂夫，投刃而候。''投刃'謂揮刃，這正見其狂。《文選》十一孫興公《遊天台山賦》：'投刃皆虛，目無全牛。''投刃'亦指解牛時揮刃的動作。《後漢書》五七《劉陶傳》：'誠恐卒有役夫窮匠，起於板築之間，投斤攘臂，登高遠呼，使愁怨之民，響應雲合，八方分崩，中夏魚潰。''投斤'亦當解爲揮斤，而非將斧子扔掉。《晉書》一一五《苻丕載記》：'主上飛龍九五，實協天心，靈祥休瑞，史不輟書，投戈效義之士三十餘萬，少康、光武之功可旬朔而成。'又卷一二二《呂纂載記》：'或說緯曰：超陵天逆上，士眾不附。明公以懿弟之親，投戈而起，姜紀、焦辨在城南，楊桓、田誠在東苑，皆我之黨也，何慮不濟！''投戈'皆謂揮戈。《太平廣記》二九二《賈逵》：'賈逵在豫郡亡，家迎喪去。去後，恒見形於項城。吏民以其戀慕彼境，因以立廟。廟前有柏樹，有人竊來斫伐，始投斧刃，仍著於樹中。''投斧刃'亦謂揮斧刃。"

桓弟俊，字叔英，性度恢弘，才經文武。（《吳志六·宗

室·孫桓傳》注引《吳書》/1217頁）

　　華按：此"經"作通曉、擅長解，亦魏晉習語。《全晉文》卷四十六傅玄《江夏任君墓銘》："才行闡茂，文武是經。"謂其能文能武也。《晉書·石苞傳》載武帝泰始七年詔："忠允清亮，才經世務，幹用之績，所歷可紀。"詔謂石苞有通曉世務之才也。《世說新語·品藻》："撫軍問孫興公：'卿自謂何如？'曰：'下官才能所經，悉不如諸賢。'"徐震堮《〈世說新語〉詞語簡釋》釋之云："經，長，擅長。"

三國志卷五十二
吳志七《張顧諸葛步傳》校詁

誠臣子所尊仰，萬夫所天恃。（《吳志七·張昭傳》注/1220頁）

盧弼《集解》：馮本、毛本"恃"作"侍"。

華按：此謂君父實爲臣子尊敬注仰之人，君主實爲萬民崇拜依附之人。"恃"有附義，參看《魏志·劉曄傳》。

整理者按：咸平本、紹熙本、元大德本、三朝本、北監本、殿本、金陵活字本、局本、百衲本作"恃"。三朝本（嘉靖十年補刊）、西爽堂本、南監本、汲本作"侍"。

虎常突前攀持馬鞍。（《吳志七·張昭傳》/1220頁）

華按：虎攀馬鞍，不能"常"有，此"常"當讀爲"嘗"。《詩·魯頌·閟宮》："居常與許。"鄭玄箋："常或作嘗。"是二字古通之證。《列子·周穆王篇》："嘗甘以爲苦。"世德堂本"嘗"作"常"，俞樾曰："常、嘗古通用……《列子》原文借常爲嘗，道藏本易以本字，轉非古書之舊矣。"《搜神記》卷十九敍陳仲舉事："陳仲舉微時，常宿黃申家。"《太平御覽》卷三百六十一"常"作"嘗"。《魏志·武帝紀》注引《曹瞞傳》："常出軍，行經麥中……"《藝文類聚》卷八十五"常"作"嘗"。又《明帝紀》注引《魏略》："帝常從文帝獵，見子母鹿……"《藝文類聚》卷九十五"常"作"嘗"。此皆假"常"爲"嘗"之例。本志《張昭傳》："孤之

460

敬君，亦爲至矣，而數於衆中折孤，孤嘗恐失計。”《資治通鑑》卷七十二“嘗”作“常”，則假“嘗”爲“常”矣。

在里宅無事，乃著《春秋左氏傳解》及《論語注》。

（《吳志七·張昭傳》/1221 頁）

華按：《孝經》爲漢世“七經”之一。下文敍《孝經傳》之作者嚴畯誦《孝經》未得其宜，而張昭誦《孝經》則深得其義，足見其研治《孝經》勝於畯也。然此文僅載其注解《左傳》及《論語》，竟未及《孝經》一書。依理推之，當有脫誤。《建康實錄》卷三引此作“著《春秋左氏傳》解及《論語》、《孝經》注”，正可據以沾補“孝經”二字。

爲魯王霸友黨所譖，與顧譚、承俱以芍陂論功事，休、承與典軍陳恂通情，詐增其伐，並徙交州。

（《吳志七·張休傳》/1225 頁）

盧弼《集解》：或曰：“按《顧譚傳》，止承與休北征，此處疑衍一‘譚’字。”

華按：“或曰”非是。據《顧譚傳》，參與北征者雖爲顧承、張休，然涉及芍陂論功之事則爲顧譚、顧承與張休三人。傳云“譚坐徙交州”。裴注引《江表傳》云：“有司奏譚誣罔大不敬，罪應大辟。權以雍故，不致法，皆徙之。”稱“皆”者，謂三人並徙也，“譚”非衍文明甚。

卿必成致，今以吾名與卿。

（《吳志七·顧雍傳》注引《江表傳》/1226 頁）

華按：“成致”爲同義之字並列，謂大有成就也。“致”即“至”。《呂氏春秋·權勳》：“不去小忠則大忠不至。”高誘注：“至猶成也。”本志《孫堅傳》注引《山陽公載記》載董卓語曰：

"但當論山東大勢,終無所至耳。"此單言爲"至",重言則爲"成至"、"成致"。

若合雍意,事可施行,即與相反覆,究而論之,爲設酒食。(《吳志七‧顧雍傳》注引《江表傳》/1227 頁)

盧弼《集解》:《通鑑》作"即相與反覆"。

華按:"與相反覆",謂與中書郎相互討論、相互辯難也。本志《張昭傳》:"昭諫曰……權與相反覆,昭意彌切。"又《諸葛瑾傳》:"羣下多爲之言,權怒益甚,與相反覆,唯瑾默然。"又《嚴畯傳》:"欽答所見,與玄相反覆,各有文理。"又《駱統傳》:"數陳便宜,……權與相反覆,終遂行之。"《晉書‧王彪之傳》:"彪之以球爲獄主,身無王爵,非廷尉所料,不肯受,與州相反覆。"《資治通鑑》作"相與",文雖可通,非其舊也。

權問定云何。(《吳志七‧顧雍傳》注引《吳書》/1228 頁)

華按:"定云何"乃孫權問語,猶言"究竟如何",宜加引號以明之。又如本志《呂範傳》注引《江表傳》載孫權謂嚴畯曰:"孤昔歎魯子敬比鄧禹,呂子衡方吳漢,聞卿諸人未平此論,今定云何?"

自州郡庶幾及四方人士,往來相見,或言議而去,或結厚而別。(《吳志七‧顧邵傳》/1229 頁)

盧弼《集解》:《世說‧品藻篇》注引此作"或諷議而去,或結友而別"。

華按:"言議"泛指議論問題,如本志《呂蒙傳》載孫權論曰:"學問開益,籌略奇至,可以次於公瑾,但言議英發不及之耳。""厚"指恩義而言,如本志《張昭傳》注引昭論君父與臣子曰:"在三之義,君實食之;在喪之哀,君親臨之,厚莫重焉,恩莫大焉。”“結厚”謂結成厚誼,本志《宗室・孫皎傳》:“遂與寧結厚。”亦其例也。《世說新語》改“言議”爲“諷議”、變“結厚”爲“結友”,意頗狹淺。

訂補:蘇州大學圖書館藏陸敬批校本《三國志》從《世說注》改“厚”爲“友”,不可從。“結厚”是漢世以來常語。《漢書》卷六十六《王訢傳》:“(暴)勝之壯其言……因與訢相結厚。”又《薛宣傳》:“漢元帝時爲丞相……深結厚焉。”《太平御覽》卷四百九十六引劉珍《東觀漢記》:“(寇恂與賈復)遂同載車出,相與結厚。”《宋書》卷八十五《王景文傳》:“時沈攸之爲荊州刺史,密有異志,蘊與之結厚。”南朝宋佛陀什、竺道生譯《彌沙塞不和醯五分律》卷十:“與一龜共結親厚。”不難看出,“結厚”指共同結下深情厚誼。

自太尉范愼、謝景、羊徽之徒,皆以秀稱其名,而悉在譚下。(《吳志七・顧譚傳》注引陸機《譚傳》/1231頁)

盧弼《集解》:宋本、元本、馮本“楊鑑”作“羊徽”,吳本、毛本作“楊鑑”,均誤。《孫登傳》:“謝景、范愼、刁玄、羊衙等,皆爲賓客。”似以作“羊衙”爲是。

華按:盧說是也。本志《吳主五子・孫登傳》又載其臨終上疏曰:“張休、顧譚、謝景,皆通敏有識斷,入宜委腹心,出可爲爪牙。范愼、華融矯矯壯節,有國士之風。羊衙辯捷,有專對之材。”亦以“羊衙”與謝景、范愼等相提並論,其名又皆列於顧譚之下,以此知“羊徽”必爲“羊衙”之訛。

整理者按:咸平本、紹熙本、元大德本、三朝本、南監本、北監本、殿本、金陵活字本、百衲本作“羊徽”。西爽堂本作“羊鑑”。汲本、局本作“楊鑑”。又,金陵活字本校記:“一本羊作楊，徽作鑑。"

此曹等輩，必當因此弄巧行態。(《吳志七‧諸葛瑾傳》/ 1234 頁)

華按："行態"爲當時俗語，猶今言"搗鬼"、"玩花樣"之類。其同義之詞有"作態"、"爲態"，如《大藏經》卷三西晉竺法護《生經‧佛說和難經》敍和難誤信一沙門事："時和難見可信可保，不觀內態，不復狐疑，信之如一，以諸衣被及鉢震越諸供養具皆用託之，出外遊行，意中安隱。不謂作態，悉斂衣鉢諸供養具，馳走藏竄。"又《佛說馬喻經》："不復跳踉，騎上鞍住，亦不爲態，牽東西南北行，從而不違。"又有"作鬼物態"者，則猶今語"搞鬼把戲"，如本志《孫策傳》注引《搜神記》載其斥于吉曰："而卿不同憂戚，安坐船中作鬼物態，敗吾部伍，今當相除。"

會劉備東下，武陵蠻夷蠢動，權遂命騭上益陽。(《吳志七‧步騭傳》/1237 頁)

盧本"遂"作"逆"。

盧弼《集解》：官本"逆"作"遂"。《考證》云："監本訛作'逆'，今改正。"沈家本曰："上文云'騭將交州義士萬人出長沙'，是騭猶在道也。權遣使逆而命之，則作'逆'自通，不必改字。"

華按：沈說是也。百衲本等皆作"逆"，殿本臆改爲"遂"，標點本遂信而從之，甚無謂也。

整理者按：咸平本、紹熙本、元大德本、三朝本(正德十年補刊)、西爽堂本、南監本、北監本、汲本、局本、百衲本作"逆"。殿本、金陵活字本作"遂"。

騭於是條于時事業在荊州界者。(《吳志七‧步騭傳》/ 1238 頁)

盧弼《集解》：宋、元本“事”下有“業”字，《通鑑》同。

華按：本志《是儀胡綜傳》評曰：“是儀、徐詳、胡綜，皆孫權之時幹興事業者也。”此“于時事業在荆州界者”之句，與“孫權之時幹興事業者”文義相同，唯少“幹興”一類動詞。《建康實錄》卷二作“于時建業人物在荆州界者”較爲明順。今疑此文“事業”或爲“建業”之訛。

整理者按：紹熙本、元大德本、百衲本“事”下有“業”字。三朝本（正德十年補刊）、西爽堂本、南監本、北監本、汲本、殿本、金陵活字本、局本無“業”字。

後有呂範、諸葛恪爲說騭所言，云：“每讀步騭表，輒失笑……”（《吳志七・步騭傳》注引《吳錄》/1240頁）

盧弼《集解》：官本《考證》曰：“‘有’疑作‘與’。”何校本改作“向”。

華按：“有”字可疑，前人固已紛紜，惜乎皆未中的；“呂範”之誤，迄今未受注意，尤須先作考校。呂範卒於黃武七年，孫權“讀步騭表”云云，事在赤烏七、八年間，是時距範之卒已十六七載；而呂岱與諸葛恪同時見重，岱之位次又在恪前，正與赤烏年間史事相符，是“呂範”當作“呂岱”明矣。今謂此文當校點爲“後〈有〉〔見〕呂〈範〉〔岱〕、諸葛恪，爲說騭所言……”其中“有”爲“見”之誤，“範”爲“岱”之訛，應據《太平御覽》卷六十、卷七百零四及北宋吳淑《事類賦注》卷六所引《吳錄》校正。

又按：呂岱又見《初學記》卷六引環濟《吳紀》：“孫權詔曰：呂岱、諸葛恪道步隲說‘北人欲以布囊盛土塞江’。每讀此表，令人連日失笑。此江自天地以來寧有可塞者乎！”與《吳錄》對照，“呂範”顯爲“呂岱”之誤。

三國志卷五十三
吳志八《張嚴程闞薛傳》校詁

張紘字子綱,廣陵人。游學京都,還本郡,舉茂才,公府辟,皆不就。(《吳志八·張紘傳》/1243頁)

盧本作"少游學京師"。

盧弼《集解》: 宋本無"少"字。

華按:《建康實錄》卷二亦作"少游學京師"。此無"少"字,語甚突兀,疑奪。《册府元龜》卷七百六十七、七百七十八並作"少游學京都",均可證宋人所據本不誤。

訂補:《校詁》說,《建康實錄》卷二作"少游學京師",應據補"少"字。今補充三點:第一,盧弼《集解》說,宋本無"少"字。今檢普通本《册府元龜》卷七百六十七、七百七十八,前者作"少游學京師",後者作"少游學京都",均有"少"字,是宋人所見本未脫"少"字之證。第二,《建康實錄》卷二及《册府元龜》卷七百六十七作"京師",不合陳壽行文體例。殘宋本《册府元龜》卷七百六十七作"京都",這就對了。陳壽避晉景帝司馬師諱,凡叙事之文都稱"京都"。第三,綜觀本書通例,"廣陵人"下面應當有"也"字。總而言之,本文在"廣陵人"和"游學京都"之間,脫落了"也少"兩個字。

整理者按:咸平本、三朝本(正德十年補刊)、南監本、北監本、殿本、金陵活字本作"少游學京都"。紹熙本、元大德本、百衲本作"游學京都"。西爽堂本、汲本、局本作"少游學京師"。

秣陵，楚武王所置，名爲金陵。(《吳志八·張紘傳》注引《江表傳》/1246 頁)

華按：考之《史記·楚世家》及《越王勾踐世家》，熊通自立爲武王，基宇甚狹，且遠離江東，無緣置秣陵；此後約三百年，歷惠王之世而至威王，楚始奄有江淮之地，秣陵之置宜在此時。是故宋樂史所撰《太平寰宇記》卷九十《昇州·上元縣》云："《金陵圖經》云：昔楚威王見此有王氣，因埋金以鎭之，故曰金陵。"又云："石頭城，楚威王滅越，置金陵邑，即此也。"由此可知，本文之"武王"必爲"威王"之誤，《建康實錄》卷一、《太平御覽》卷一百五十六正作"威王"，可據正。

假其威寵，借之形勢，責其成效，庶幾可補復。(《吳志八·薛綜傳》/1253 頁)

盧弼《集解》：或云："宋本'借'作'備'。"

華按："借"與"假"對舉，"形勢"與"威寵"對舉，語意甚明。百衲本亦作"借"，"備"字非。

整理者按：咸平本、紹熙本、元大德本、日本國立公文書館及靜嘉堂文庫藏三朝本(嘉靖九年補刊)、西爽堂本、南監本、北監本、汲本、殿本、金陵活字本、局本、百衲本作"借"。三朝本作"備"。何焯校語："備，宋本。"易培基《補注》："借，宋本作備。"明永樂年間內府刻本《歷代名臣奏議》卷三百二十作"備"。

加以鬱霧冥其上，鹹水蒸其下，善生流腫，轉相洿染，凡行海者，稀無斯患。(《吳志八·薛綜傳》/1253——

1254 頁)

華按：徐復師《三國志臆解》曰："'冥'字無義，當爲'幎'字之誤。《周禮·天官·幎人》鄭玄注：'以巾覆物曰幎。'字亦作幦。《廣韻》入聲二十三錫：'幦，覆也。亦作幎。莫狄切。''幎'訓覆蓋，與下句'蒸'字爲對文。"今知"幎"或轉音爲"蒙"，本志《三嗣主·孫休傳》："風四轉五復，蒙霧連日。"蒙亦籠罩之意。

卒造文義，信辭粲爛。權曰："復爲兩頭，使滿三也。"綜復再祝，辭令皆新。(《吳志八·薛綜傳》/1254 頁)

華按："兩頭"猶言兩首，今謂之兩篇。當時計算作品之篇數，恆以"首"爲量詞，如《宋書·自序》："所著詩賦、頌讚、三言誄、哀辭、祭告、請雨文、樂府、挽歌、連珠、教記、白事、牋表、籤議一百八十九首。""頭"與"首"係同義之字，故"頭"亦可用爲作品之量詞。

三國志卷五十四
吳志九《周瑜魯肅呂蒙傳》校詁

司徒韓縝爲河內太守，在公無私，所舉一辭而已，後亦不及其門戶，曰："我舉若可矣，不令恩偏稱一家也。"（《吳志九·周瑜傳》注引張璠《漢紀》/1259 頁）

易培基《補注》："偏稱一家也"，《後漢書》作"偏積一家也"。

華按：作"積"近是。應劭《風俗通·十反》："河內太守司徒潁川韓演伯南，舉孝廉，惟臨辭一與相見，無所寵拔，曰：'我已舉若，豈可令恩偏積於一門乎？'"與《後漢書·周景傳》文雖小異，皆用"積"字。

策從容戲瑜曰："橋公二女雖流離，得吾二人作壻，亦足爲歡。"（《吳志九·周瑜傳》注引《江表傳》/1260 頁）

張宗泰《質疑删存》："大橋小橋之姓從木而非太尉玄之女考"條：考玄卒於光和六年癸亥，推至策攻皖在建安三年戊寅，爲玄卒後之十五年。未卒前，光和元年，賊所劫玄之少子方十歲，使兩橋或其少子之妹亦不甚舛；惟是玄乃梁人，此云拔皖得之，則此目之以公者當爲皖人。

華按：張氏以梁國、皖城非一地，遂謂"橋公"非橋玄。竊謂正因爲橋公（？—183）係豫州梁國人，而二女竟流落於揚州廬江郡之皖縣，故孫策乃有"二女雖流離"之言。是時爲建安三年(198),孫策、周瑜皆二十四歲,橋公之少子三十一歲,橋公之二女不小於二十六七歲。

又按:"流離",流行之選注本釋之爲"光彩煥發貌",謂爲"美麗漂亮"之意,今不取。此"流離"即通常所謂"流離失所"之意。本志《朱治傳》注引《江表傳》載治說孫賁曰:"今曹公阻兵,傾覆漢室,幼帝流離,百姓元元未知所歸。"《魏志·王粲傳》注引《文士傳》:"粲遭亂流離,託命此州。"是其比。

蒙衝鬪艦,乃以千數。(《吳志九·周瑜傳》/1261頁)

胡三省《通鑑注》:杜佑曰:"蒙衝,以生牛皮蒙船覆背,兩廂開掣棹孔,左右有弩窗、矛穴,敵不得近。矢石不能敗。此不用大船,務於速疾,乘人之所不及,非戰之船也。"

華按:"蒙衝"乃攻堅、拒守之艦,與專用於游擊馳鬪之"鬪艦"有別。《尉繚子·兵議》有云:"古人曰:無蒙衝而攻,無渠答而守,是謂無善之軍。"其中"蒙衝"雖不必爲船艦之名,而船艦之得名爲"蒙衝"者自與此有關。《太平御覽》卷二百九十引此作"艨艟",與"蒙衝"同音。《玉篇·舟部》:"艨艟,戰船。""戰船"云者,泛言之也;杜佑所謂"非戰之船也"者,區別於"鬪艦"而言之也。"蒙衝"與"鬪艦"之間宜隔以頓號。

今使北土已安,操無內憂,能曠日持久,來爭疆場,又能與我校勝負於船楫(可)〔閒〕乎?(《吳志九·周瑜傳》/1261頁)

盧弼《集解》:李安溪校改"可"作"閒"。李慈銘曰:"'乎'疑作'也'。"

標點本《校記》:"閒",從李光地說改。(1507頁)

華按:細按文理,"可乎"當作"可也"。李安溪(光地)改

“可”爲“聞”，懸揣無據；李慈銘疑“乎”爲“也”字之誤，其說可
從。此文三十一字實爲假設複句，其中“今使……船楫”二十
九字爲前一分句，“可也”二字爲後一分句。上文敍張昭主張
降曹，其議曰：“愚謂大計不如迎之。”此文敍周瑜緊承張昭之
議曰：假如北方安定，曹操無内顧之憂，既能與我持久相爭，又
能與我爭勝負於船楫，則迎之可也。下文乃駁假設之四事，言
北土未安，操有後患，北軍易病難持久，舟楫爭衡非所長，極申
不可迎曹之意。《太平御覽》卷二百九十、《重廣會史》卷四十
六“可乎”均作“可也”，知宋人刻本尚有不誤者。標點本既採
安溪臆說而改字，“乎”字又仍其誤，遂致文勢大變。

此數四者，用兵之患也。（《吳志九·周瑜傳》/1262 頁）

　　華按：約數在三、五之間謂之“數四”，亦當時常語。《魏
志·倉慈傳》注引《魏略》：“又歷數四二千石，取解目前，亦不
爲民作久遠計。”其中“數四”亦用在名詞前。《資治通鑑》卷五
十七、《重廣會史》卷四十六均作“此數者”，蓋後世“數四”常用
在動詞前後，故宋人删落“四”字。

**卿能辦之者誠決，邂逅不如意，便還就孤，孤當與
孟德決之。**（《吳志九·周瑜傳》注引《江表傳》/1262 頁）

　　盧弼《集解補》：嚴衍云：“決者，決戰也；言卿自料能辦此事，則
誠當與之決一勝負，不然，當還報孤，孤自與孟德決勝負也。
兩‘決’字前後正相應。”

　　華按：今人或釋“決”爲處理，未確。《大藏經》卷三後漢竺
大力、康孟祥譯《修行本起經·試藝品》：“王告難陀，與太子
決，……復有力人王最於後來，壯健非常，勇猛絕世，謂調達難
陀爲不足擊，當與太子共決技耳。”《魏志·文帝紀》注引《典

471

論》：“先日若逢敏於狹路，直決耳！”此類“決”與今語之“決定”、“處理”義迥然不同。嚴說得之。

然觀操軍船艦首尾相接，可燒而走也。（《吳志九·周瑜傳》/1262 頁）

盧本作“然觀操軍方連船艦首尾相接”。

盧弼《集解》：宋本無“方連”二字，《通鑑》有之。

華按：《通典》卷一百六十、《太平御覽》卷三百二十一、《通志》卷一百十九均有“方連”二字，與《資治通鑑》相合。兩船併連曰“方”，《說文解字·方部》：“方，併船也。象兩舟省總頭形。”段玉裁注：“併船者，並兩船爲一。”諸本有“方連”二字者，是。

訂補：《校詁》已論證今本“船艦”上面脫“方連”二字，後來發現張元濟校改百衲本時曾有不同的看法，故特補證前說如下。元本、明吳氏西爽堂本、南監本、毛氏汲古閣本、殿本等均有“方連”二字，殘宋本《册府元龜》卷三百六十二引此文也作“然觀操軍方連船艦”，與《通典》、《御覽》、《通鑑》、《通志》之文相合。《宋書》卷一《武帝紀》載盧循、徐道覆率眾數萬“方艦而下”，“方艦”即方連船艦，指船頭併連，如同一體。易培基《三國志補注》說紹熙本及何焯校本都沒有“方連”，未作裁斷；張元濟百衲本《校勘記》認爲殿本“衍‘方連’二字”，裁斷有誤。

整理者按：咸平本、元大德本、三朝本、西爽堂本、南監本、北監本、汲本、殿本、金陵活字本、局本作“方連船艦”。紹熙本、百衲本無“方連”二字。

飛埃絕爛，燒盡北船，延及岸邊營柴。（《吳志九·周瑜傳》注引《江表傳》/1263 頁）

盧弼《集解》：官本“絕”作“㶸”。何焯曰：“‘埃’字從安溪改

‘烾’，言火之飛煨極其爛熳。或言飛揚之灰、絶滅之火也。”

華按：“埃”、“烾”古通，《列子·黃帝篇》載商丘開“入火往還，埃不漫，身不焦”，“埃”一本作“烾”，此其明證。“烾”字或作“炫”，又作“烕”，亦作“炌”，《玉篇·火部》：“炌，口介切，明火也。”然則“飛埃”乃“火之飛煨”，非“飛揚之灰”也。“爛”與“烾”義近，本爲火盛之稱，此則用如名詞，指旺盛之火；“絶爛”與“飛埃”並稱，“絶”亦遠迸四散之謂，非“極盡”或“絶滅”之義。《藝文類聚》卷十七引《續搜神記》曰：“永嘉五年，張榮爲高平戍邏主……見山中火起，飛埃絶爛十餘丈，樹顛大焱。”亦以“飛埃絶爛”指騰空之火。官本改“絶”爲“虺”，李光地（安溪）以“爛熳”釋“爛”，皆未得其解；今見《册府元龜》卷三百六十二改“爛”爲“爐”，是宋人已不瞭古語矣。

整理者按：咸平本、紹熙本、元大德本、三朝本、西爽堂本、南監本、北監本、汲本、金陵活字本、局本、百衲本作“絶”。殿本作“虺”。唐趙蕤《長短經》卷六作“焰”。

向察眾人之議，專欲誤將軍，不足與圖大事。（《吳志九·魯肅傳》/1270 頁）

華按：“專”猶今語全然、純然；“欲”，將也，時間副詞。《北齊書·陳元康傳》敍諸將勸世宗恭應朝命，元康曰：“觀諸人語，專欲誤王。”語意與此相同。《後漢書·寒朗傳》載朗考察顏忠、王平誣連耿建等事：“朗知其詐，乃上言建等無姦，專爲忠、平所誣。”其中“專”亦當作全然解。“專”字此義，劉淇《助字辨略》卷二已論及之。

肅遺腹子淑，既壯，濡須督張承謂終當到至。永安中，爲昭武將軍、都亭侯、武昌督。（《吳志九·魯肅傳》/1273 頁）

盧弼《集解》："到"上疑脫一"遠"字。

華按："到至"連言,當與"遠至"同義。又有"至到"一詞,如劉珍《東觀漢記》卷十八載王皁白其父曰:"今我出學,仕宦倘至到。"蓋謂學優則仕,或許有遠至之日也。《梁書·王僧孺傳》載其致何炯書:"孰至顯榮,何能至到?""顯榮"與"至到"對舉,其義一也。要之,"到至"、"至到"係魏晉六朝之語,猶今語"飛黃騰達"之類。上溯之,漢世單言"至"字,如《漢書·杜周傳》:"緩六弟,五人至大官……唯中弟欽官不至而最知名。"

貧賤難可居。(《吳志九·呂蒙傳》/1273 頁)

華按:"難可居"爲當時常語,猶言難以忍受。語或作"不可居",如《魏志·吳質傳》注引《質別傳》載其詩云:"愴愴懷殷憂,殷憂不可居。"《全晉文》卷二十二王羲之《十七帖》:"念違離不可居。"皆謂憂愁難堪也。《宋書·顧愷之傳》載其語子綽曰:"我常不許汝出責,定思貧薄亦不可居。"亦謂處貧薄之地實爲難堪也。語或作"不可居忍",如《全晉文》卷二十五王羲之《雜帖》:"念足下,窮思深至,不可居忍。"語又作"不可居處",如《全晉文》卷八十三謝安《與某書》:"此月向終,惟祥變在近,號慕崩痛,煩冤深酷,不可居處。"

脫誤有功,富貴可致。(《吳志九·呂蒙傳》/1273 頁)

華按:"脫誤"猶言偶然、萬一。《建康實錄》卷一作"設有功,當得富貴",可與此文互參。《宋書·吳喜傳》載宋明帝與劉勔等詔云:"喜西救汝陰,縱肆兵將……緣路官長莫敢呵問,脫誤有縛錄一人,喜輒大怒。"亦其例。"脫誤"連文,乃同義之字平列。單言之,"脫"字古來習用,如《吳子·勵士》:"脫其不勝,取笑於諸侯。""誤"雖罕見,魏晉自有其例,例見《魏志·董昭傳》。

瑜使甘寧前據夷陵，曹仁分眾攻寧，寧困急，使使請救。（《吳志九·呂蒙傳》/1274頁）

易培基《補注》：紹熙本“攻”作“圍”，《通志》作“分眾圍寧”。

華按：“攻”，舊題咸平本、紹熙本作“圍”，與《建康實錄》卷一、《通典》卷一百六十一、《資治通鑑》卷六十五、殘宋本《册府元龜》卷三百六十二、明刻本卷三百七十七同。參看下文呂蒙“解圍釋急，勢亦不久”之語，當以作“圍”爲得。又本志《甘寧傳》載此事云：“時手下有數百兵，并所新得，僅滿千人。曹仁乃令五六千人圍寧，寧受攻累日……遣使報瑜，瑜用呂蒙計，帥諸將解圍。”文中並云“圍”，可證。

整理者按：咸平本、紹熙本、元大德本、三朝本、北監本、殿本、百衲本作“圍”。西爽堂本、南監本、汲本、金陵活字本、局本作“攻”。

吾謂大弟但有武略耳。（《吳志九·呂蒙傳》注引《江表傳》/1275頁）

盧弼《集解》：周壽昌曰：“‘大弟’、‘大兄’，史傳中僅見。”

華按：周說未審。《史記·淮南衡山列傳》記淮南厲王長隨文帝出獵，“與上同車，常謂上‘大兄’”。《文選》卷四十二應璩《與侍郎曹長思書》：“聊爲大弟陳其苦懷耳。”《藝文類聚》卷五十五引孔融《與宗從弟書》：“大弟因而能瘳。”《漢詩》樂府古辭《孤兒行》：“大兄言辦飯，大嫂言視馬。”《大藏經》卷四後漢康孟祥譯《中本起經》卷上：“大兄年高……”又《佛說興起行經》卷下載須摩根呼其弟曰：“大弟，共詣耆闍崛山有所論說去來！”《蜀志·關羽傳》注引《蜀記》載羽謂徐晃曰：“大兄，是何言邪！”《宋書·武二王·南郡王義宣傳》載義恭與義宣書：“竊爲大弟憂之。”《北齊書·文苑·祖鴻勛傳》載其與陽休之書：

“陽生大弟……”是“大弟”、“大兄”亦漢魏六朝口語。

救酈，逆爲孫規所破。（《吳志九・呂蒙傳》/1277 頁）

盧弼《集解》： 或曰：“此語不可解，疑有脫誤。”

華按： 此言關羽救酈，被孫規迎頭擊破也；文自可解，似無脫誤。《魏志・呂布傳》注引《英雄記》載袁術報呂布書曰：“昔將金元休向兗州，甫詣封丘，爲曹操逆所拒破。”其中“逆”亦中途邀迎之謂。今人或釋此“逆”爲“頑敵關羽”，大誤。

使白衣搖櫓，作商賈人服。（《吳志九・呂蒙傳》/1278 頁）

華按： “白衣”，小說家理解爲“白色衣服”，非史文之意。考漢世文獻，“白衣”或指官府趨走之人，施之此文雖可通，但不甚切合事理。竊謂此“白衣”指平民衣著，與有公職者所著服裝相對而言；“白衣”用爲動詞，謂脫去公服而著便裝。《東觀漢記・趙孝傳》：“每告歸，常白衣步擔。”《晉書・孔坦傳》：“坦謂人曰：‘觀峻之勢，必破臺城，自非戰士，不須戎服。’既而臺城陷，戎服者多死，白衣者無他。時人稱其先見。”均其例。《通典》卷一百五十四、《太平御覽》卷三百五十敍呂蒙此事云：“伏甲於舟，使更衣爲商人，以理征棹。”改“白衣”爲“更衣”，文異而實同。羅貫中《三國演義》第七十五回《呂子明白衣渡江》演繹此事則曰：“選會水者扮作商人，皆穿白衣，在船上搖櫓。”其時並非雪地作戰，“皆穿白衣”殊不可解；蓋小說家不明史文之義，遂以誤解之筆虛構故事情節，郢書燕說，此之謂也。

又按： 周壽昌《思益堂札記》卷四“尚白”條云：“吳呂蒙白衣搖櫓渡江，唐薛仁貴在軍中好服白衣，則行軍時亦不禁白。”周氏所謂“唐薛仁貴在軍中好服白衣”，其中“白衣”爲名詞，即白色衣服，與本文之動詞性短語“白衣”無涉。“白衣”指脫去公服而著便裝,見於漢代文獻,如《漢書‧五行志》:"成帝鴻嘉、永始之間,好爲微行出游,選從期門郎有材力者及私奴客,多至十餘,少五六人,皆白衣袙幘、帶持刀劍;或乘小車,御者在茵上;或皆騎,出入市里郊壄,遠至旁縣。"其中"白衣"非白色衣服之謂。

及身長大,學問開益,籌略奇至,可以次於公瑾,但言議英發不及之耳。(《吳志九‧呂蒙傳》/1281 頁)

華按: "奇至"亦魏晉南北朝之語。《文心雕龍‧指瑕》:"始有賞際奇至之言,終無撫扣酬即之語。"是其例。

但言議英發不及之耳。(《吳志九‧呂蒙傳》/1281 頁)

華按: "英發",形容才智外現,姿度不凡,如花之盛開也。《禮記‧樂記》:"是故情深而文明,氣盛而化神,和順積中,而英華發外。"此其語源所出。《世說新語‧容止》"魏武將見匈奴使"條注引《魏氏春秋》曰:"武王姿貌短小,而神明英發。"又《豪爽》"桓宣武平蜀"條:"桓既素有雄情爽氣,加爾日音調英發,敍古今成敗由人,存亡繫才,其狀磊落,一坐歎賞。"又《南史‧梁元帝紀》:"天才英發,出言爲論,音響若鐘。"《梁書‧侯景傳》載其矯詔曰:"日者,姦臣擅命,幾危社稷,賴丞相英發,入輔朕躬。"《全後魏文》卷五十七《齊州刺史高澄墓志銘》:"識用開敏,氣幹英發。"《晉書‧孫惠熊遠王鑑陳頵高崧傳》贊曰:"臨湘遊藝,才識英發。"《全宋詞》卷四十七蘇軾《念奴嬌‧赤壁懷古》:"遙想公瑾當年,小喬初嫁了,雄姿英發。"郝經《續後漢書‧吳‧孫策傳》:"策年十餘歲,姿度英發。"並其例也。

此子敬內不能辦,外爲大言耳,孤亦恕之,不苟責也。(《吳志九‧呂蒙傳》/1281 頁)

華按: "苟責"似爲不辭。朱起鳳《辭通》謂"'苟'爲'苛'字之訛,形相涉也",足備一說。漢隸"苛"作"**荷**",與"苟"字形近。《莊子‧天下》:"君子不爲苛察。"《經典釋文》:"苛,本作苟。"是二字易訛之證。"苛責"亦即責備之義,《方言》卷二:"小怒曰齘,陳謂之苛。"郭璞注:"相苛責也。"此"苛責"必爲魏晉俗語。"苛"或從口作"呵"。如《魏志‧三少帝‧高貴鄉公髦紀》:"吾數呵責,遂更忿恚。"又《賈逵傳》注引《魏略》:"休怨逵進遲,乃呵責逵。"又注引《魏略‧列傳》:"步步呵責守圍將士,隨輕重行其罰。"又《趙儼傳》:"晃所督不足解圍,而諸將呵責晃促救。"字或從言作"訶",如本志《顧雍傳》注引《江表傳》:"雍內怒之,明日,召譚,訶責之。"

訂補:《校詁》參考朱起鳳說,以爲"苟"是"苛"的變形,屬於校勘問題。但是從音義上考慮,"苛責"似可屬訓詁問題。"苟"讀爲"詬",字又作"訽",音轉而爲"訶"。《大戴禮記‧曾子制言》第五十四:"富以苟,不如貧以譽;生以辱,不如死以榮。"孫詒讓《大戴禮記斠補》卷中指出:"苟當爲訽,同聲假借字。訽、詬字通,此與'譽'爲對文。前《立事》篇云:'君子見利思辱,不善思詬。'注云:詬,恥也。"《說苑》卷十六《談叢》:"惡語不出口,苟言不留耳。"其中"苟"也是辱罵之義。本文"苟責"之"苟",也應作如是解。

部界無廢負,路無拾遺,其法亦美也。(《吳志九‧呂蒙傳》/1281頁)

胡三省《通鑑注》:謂部界之內無有廢職以爲罪負也。或曰:"負"疑作"務"。

華按:胡氏列舉兩解,當以前者爲近是,本志《吳主傳》嘉禾六年載顧譚之議,有"長吏無廢職之負"等語,似可爲"廢負"二字之注腳。"或曰"之說非也。"負"字解見《魏志‧董卓傳》。

三國志卷五十五
吳志十《程黃韓蔣周陳董甘淩徐潘丁傳》校詁

即日病癘，百餘日卒。(《吳志十·程普傳》注引《吳書》/
1284 頁)

華按：《太平廣記》卷一百二十六"程普"條文字與此略同，
而"病癘"則作"病熱"。《太平御覽》卷七百四十"疾病部"下將
此文隸屬"瘖啞"類，而"病癘"則作"病瘖"。此作"癘"，疑爲草
書"瘖"之形訛。

綜欲叛……又言恐罪自及。(《吳志十·韓當傳》注引《吳
書》/1286 頁)

盧弼《集解》：官本《考證》曰："'自及'元本作'及己'。"

華按："自及"猶言及己，解在《蜀志·關羽傳》。

整理者按：咸平本、紹熙本、三朝本(正德十年補刊)、西爽
堂本、南監本、北監本、汲本、殿本、金陵活字本、局本、百衲本
作"自及"。元大德本作"及己"。易培基《補注》："'恐罪自
及'，元本作'恐罪及己'。"

惟泰奮激，投身衞權，膽氣倍人。(《吳志十·周泰傳》/
1288 頁)

盧本"奮激"作"奮擊"。

盧弼《集解》：官本《考證》曰："監本訛作'奮激沒身'，今改正。"

479

弼按：馮本亦"擊"誤作"激"。

華按：盧說可商。不惟監本、馮本作"奮激"，百衲本亦然。本志《孫策傳》注引《吳錄》載孫策表曰："吏士奮激，踴躍百倍，心精意果，各競用命。"亦以"奮激"形容鬥志昂揚。"奮擊"於文雖通，當非舊作。

整理者按：咸平本、紹熙本、元大德本、三朝本、南監本、北監本、金陵活字本、百衲本作"奮激"。西爽堂本、汲本、殿本、局本作"奮擊"。"惟泰奮激，投身衛權"，殘宋本《冊府元龜》卷三百四十三作"泰奮手騰身衛權"。蕭常《續後漢書》卷二十九《周泰傳》作"惟泰奮擊，挺身衛權"。

董襲，字元代。（《吳志十・董襲傳》/1290頁）

華按：《文選》卷五十三陸機《辨亡論》李善注引《吳志》曰："董襲，字元世。"李善所據必唐以前古本。今諸本作"元代"者，均承唐人避諱之文，當回改。

夜卒暴風，五樓船傾覆。（《吳志十・董襲傳》/1291頁）

華按：《後漢書・郎顗傳》："時卒有暴風。"又《方術・樊英傳》注引謝承書："到官一月，時卒暴風，宗占以爲京師有大火。"然則"夜卒暴風"亦當解爲"夜卒有暴風"也。此"卒"、"暴"二字當分解之，與《魏志・后妃・明悼毛皇后傳》"卒暴"一詞有別。

即放所將奪其資貨，於長吏界中有所賊害，作其發負。（《吳志十・甘寧傳》/1292頁）

盧弼《集解》：或曰："'發'疑作'廢'。"

華按：《魏志・劉廙傳》注引《廙別傳》論考課長吏之方云："歲課之能，三年總計，乃加黜陟。課之皆當以事，不得依名。

事者,皆以戶口率其墾田之多少及盜賊發興、民之亡叛者爲得負之計。"是"盜賊發興"爲長吏"得負"之一端,得負超過法定限度,長吏即受降級或撤職處分。此云"作其發負"者,謂故作殺人越貨之事,使長吏無法逐捕而得廢職之負也。"發負"即"廢負","發"、"廢"二字自來通用,疑訛之說非是。"廢負"一詞,已見於本志《呂蒙傳》。

至尊當早規之,不可後操。圖之之計,宜先取黃祖。(《吳志十·甘寧傳》/1293 頁)

華按:舊題咸平本、紹熙本、馮本、局本等皆作"不可後操圖之,圖之之計",重出"圖之"二字,句法與《蜀志·法正傳》、《譙周傳》等相同。《册府元龜》卷二百十二、《通志》卷一百十九亦重"圖之",《資治通鑑》卷六十五作"至尊當圖之,不可後操",雖然言簡意賅,似非舊文。

又按:《左傳·莊公六年》:"騅甥、聃甥、養甥請殺楚子,鄧侯弗許。三甥曰:'亡鄧國者必此人也,若不早圖,後君噬齊。其及圖之乎?圖之,此爲時矣。'"是"圖之"爲古來常語。

整理者按:咸平本、紹熙本、元大德本、三朝本、西爽堂本、南監本、北監本、汲本、殿本、局本、百衲本重"圖之"二字。金陵活字本不重。

寧引白削置膝上。(《吳志十·甘寧傳》/1294 頁)

盧弼《集解》:王先謙曰:"'削'謂簡是也。一爲劍削之義……"弼按:甘寧引白削置膝上,二義皆可通,以後義爲近是。

華按:《淮南子·本經訓》:"公輸、王爾,無所錯其剞劂削鋸。"高誘注:"削,兩刃句刀也。""白削"蓋即兩刃句刀之類。

都督見寧色厲,即起拜持酒,通酌兵各一銀盌。

（《吳志十·甘寧傳》/1294 頁）

盧弼《集解》：宋本作"即起拜待酒，次通酌兵各一銀盌"。

華按：參考舊題咸平本、百衲本、《通志》卷一百十九、蕭常《續後漢書》卷二十九，"通"上當有"次"字。《太平御覽》卷三百五十七引北魏梁祚《魏國統》："孫權嘗賜甘寧酒米，寧以米賜帳下，乃以銀碗酌酒自飲，次與其郡督，次酌其次，命衛枚出斫敵。"所謂"次酌其次"，可作"次通酌兵各一銀盌"之注腳。

又按：《集解》所謂宋本，蓋紹熙本之類。紹熙本作"即起拜待酒，次通酌兵各一銀盌"，而舊題咸平本則作"即起拜持酒，次通酌兵各一銀盌"，今從舊題咸平本。

整理者按：咸平本、元大德本（後印本）作"即起拜持酒，次通酌兵各一銀盌"，宋本《太平御覽》卷四百三十五、明鈔本《冊府元龜》卷三百九十四、元刊本《通志》卷一百十九同，宋刊本《藝文類聚》卷七十三"盌"引《吳志》作"都督却起拜持酒，通次酌共各一銀椀"。紹熙本、元大德本（初印本）、百衲本作"即起拜待酒，次通酌兵各一銀盌"。三朝本（正德十年補刊）、西爽堂本、南監本、汲本、金陵活字本、局本作"即起拜持酒，通酌兵各一銀盌"。北監本、殿本作"即起拜時酒，通酌兵各一銀盌"。殿本《考證》："毛本作'即起拜持酒'。《太平御覽》作'次通酌兵各一銀盌'，多'次'字。"

及權統軍，從討江夏。（《吳志十·淩統傳》/1296 頁）

蘇州大學所藏明本《三國志》陸敬眉批：按董、陳、徐諸傳多云"權統事"，此作"統軍"，疑"事"字之訛。

華按：陸氏之疑極是，兹伸證如下。"統軍"當從舊題咸平本、紹熙本及元本作"統事"。本志《吳主傳》黃武四年注引《吳錄》：“及權統事……”又《太史慈傳》：“孫權統事，以慈能制磐，遂委南方之事。”又《宗室·孫靜傳》：“權統事，就遷昭義中郎將。”又《周瑜傳》：“五年，策薨，權統事。”又《呂蒙傳》注引《江表傳》載孫權語：“至統事以來，省三史、諸家兵書，自以爲大有所益。”又《陳武傳》：“及權統事，轉督五校。”又《董襲傳》：“策薨，權年少，初統事，太妃憂之，引見張昭及襲等，問江東可保安否。”又《徐盛傳》：“孫權統事，以爲別部司馬。”又《朱然傳》：“至權統事，以然爲餘姚長。”又《呂範傳》：“及後統事，以範忠誠，厚見信任。”又《虞翻傳》注引《吳書》：“策薨，權統事。”下文引《會稽典錄》載虞翻語曰：“討逆明府，不竟天年；今攝業統眾，宜在孝廉。”是“統事”即“攝業統眾”之義。又《陸績傳》：“孫權統事，辟爲奏曹掾。”又《呂岱傳》：“孫權統事，岱詣幕府，出守吳丞。”諸“統事”均謂統領江東一切軍政大事，時間則泛指建安五年孫策死後至黃龍元年稱帝之前，凡三十年。過此以往，史文則曰“權稱尊”、“及稱尊號”之類。明、清各本作“統軍”，與書法不合。《通志》卷一百十九亦作“統事”，可與宋、元版本互證。標點本選取清代殿本、金陵活字本、局本之“統軍”，失“擇善而從”之旨。

　　整理者按：咸平本、紹熙本、元大德本、百衲本作“統事”。三朝本、西爽堂本、南監本、北監本、汲本、殿本、金陵活字本、局本作“統軍”。

與呂蒙等西取三郡，反自益陽，從往合肥，爲右部督。（《吳志十·淩統傳》/1296頁）

　　陳景雲《辨誤》：“往”當作“征”。

　　盧弼《集解》：何焯校改“往”作“征”。

華按：何校是也。自建安十九年末至二十年春，劉備與孫權反目，權遣呂蒙等攻取長沙、零陵、桂陽三郡，得手後，蒙等回軍拒關羽於益陽；會曹操率軍入漢中，備又與權連和；其冬，權遂親征合肥。凌統與呂蒙一同取三郡、守益陽，此爲“偏任”之功；及至合肥之役，凌與蒙又奮死衞權，此則“從征”之功也。本志《張紘傳》：“後權以紘爲長史，從征合肥。”又《蔣欽傳》載欽“從征合肥”。又《陳武傳》載武“從擊合肥，奮命戰死”。又《甘寧傳》載寧“從攻合肥”。又《賀齊傳》載齊“從權征合肥”。諸傳或言“從征”，或言“從擊”，或言“從攻”，其事一也。此作“從往”，與諸傳不合，必爲傳寫之誤。

訂補：《校詁》明知“往”當作“征”，但祇能把問題停留在推論上。後來發現影宋本《太平御覽》卷七十三、四百三十五引《吳志》均作“從征”，始知北宋人還能見到不誤的文本。

事畢當出，會病卒，時年四十九。（《吳志十·凌統傳》/1297頁）

陳景雲《辨誤》：統父操以建安八年從征黃祖戰沒，統時年十五；及十一年，即預討麻屯之捷；後至年四十九而卒，則吳之赤烏中也。統自攝領父兵屢立戰功，爲時名將，若赤烏中尚在，則從征合肥還二十年間，統之宣力戎行多矣，何更無功可錄乎？據《駱統傳》“凌統死，復領其兵”，在隨陸遜破蜀軍之前。然則統之年當在三十左右，本傳所云，乃傳錄之誤。

錢大昕《諸史拾遺》：計統之年，殆未逾三十，此“四”字當是“二”字之訛。

華按：陳說精審，錢校亦是，當從之。《建康實錄》卷一載建安二十二年事曰：“是歲，偏將軍、都亭侯凌統卒。”又曰：“統爲人性好接物，親賢愛士，輕財重義，有國士風，年二十九卒。”
可見唐人所據尚未訛誤。《永樂大典》卷一四一二五“減膳流
涕”條下引《吳志》：“淩統病卒，時年二十九。”可見北宋至明代
相承之文亦有不誤者，可據正矣。

　　訂補：《校詁》引《建康實錄》及《永樂大典》證明舊本作“二
十九”，今知《北堂書鈔》及《太平御覽》卷四百八十八引《吳志》
也作“二十九”。淩統卒於建安二十二年，由此上推，統“年十
五”時正當建安八年征黃祖之役，亦即其父淩操戰死之年。
《三國演義》第八十三回寫淩統在關羽死後仍參加吳、蜀之戰，
那是小說家言。考之史事，淩統之死，早於關羽兩年。

　　整理者按：易培基《補注》曰：“《書鈔》百三十三引此‘四十
九’作‘二十九’，十年之惑，一旦了然，甚矣類書之益也。”

盛建計從建業築圍，作薄落。（《吳志十・徐盛傳》/1299頁）

　　華按：徐復師《三國志臆解》曰：“《墨子・備蛾傳》：‘凡殺
蛾傅而攻者之法，置薄城外。’孫詒讓《閒詁》：‘蓋於城外植木
爲藩蔽。’《文選》張衡《西京賦》李善引杜預《左傳》注：‘藩，籬
也；落亦籬也。’合言則謂藩屏籬落。”

璋爲人麤猛，禁令肅然，好立功業，所領兵馬不過數千，而其所在常如萬人。（《吳志十・潘璋傳》/1300頁）

　　李景星《評議》：“好立功夫”，按“功夫”當是“功業”之訛。
　　盧本“功業”作“功夫”。

　　盧弼《集解》：官本“功夫”作“功業”。官本《考證》云：“各本皆
誤，今改正。”何焯曰：“‘夫’字疑。”

　　華按：除官本外，各本均作“好立功夫”，此“功夫”並非“功
業”之誤。《隸釋》卷四載漢桓帝建和三年《廣漢長王君治石路

碑》云："功夫九百餘日，成就通達。"《大藏經》卷四康孟祥譯《中本起經》卷下："便謂須達：'勿復足錢，餘地貿樹，共立精舍。'須達即言'善哉'，許諾。便興功夫，僧房坐具，床檜茵褥，極世之妙。"《魏志·董卓傳》注引《續漢書》："又隴右取材，功夫不難。"又《王肅傳》載肅太和四年上疏云："聞曹眞發已踰月而行裁半谷，治道功夫，戰士悉作。"又載其景初間上疏："顯陽之殿，又向將畢，惟泰極已前，功夫尚大。"又《鄭渾傳》："遂身率吏民，興立功夫，一冬間皆成。"《華陽國志》卷十一載向攀語王濬曰："官家雖欲伐吳，疑者尚多，卒聞召萬兵，必不見聽；以佃兵作船，船不時成，當輒召，以速爲機，設當見却，功夫已成，勢不得止。"《大藏經》卷四姚秦竺佛念譯《出曜經·雜品》："昔有兩師大梵志造立波羅利弗多羅大城，功夫已舉，莊飾成辦，便請佛及眾僧入城供養。"諸"功夫"均謂興造、建築之事，與《潘璋傳》義合。璋領兵不過數千，然屯營張飾，常如萬人，足見"好立功夫"者，非喜建戰功之謂，但言其奢泰耳。《通志》卷一百二十改"功夫"爲"功勳"，與官本之改作"功業"者先後一轍。標點本不取宋、元、明諸本之"功夫"，徑從後出官本之"功業"，以致文義轉晦，失擇善之旨矣。萬有文庫影印《十通》本鄭樵《通志》改爲"功勳"，亦非。

　　整理者按：咸平本、紹熙本、元大德本、三朝本、西爽堂本、南監本、北監本、汲本、金陵活字本、局本、百衲本作"功夫"。殿本作"功業"。元刊本《通志》作"功夫"。

遷滅寇將軍，進封都(亭)〔鄉〕侯。（《吳志十·丁奉傳》/1301頁）

陳景雲《辨誤》："亭"當作"鄉"。奉已封亭侯，更封鄉侯，斯爲進耳,如陳武、是儀進封都鄉侯是也。

標點本《校記》:“都鄉侯”,據《三國志辨誤》下。(1507頁)

　華按:標點本採用陳說是也,惜無版本根據。《建康實錄》卷四正作“都鄉侯”,是唐人所見尚有不誤之本,可爲佐證。

　訂補:標點本改“亭”爲“鄉”,《校詁》曾爲之補充旁證;今知《册府元龜》卷三百七十七也作“都鄉侯”,可與《建康實錄》互相印證。

三國志卷五十六
吳志十一《朱治朱然呂範朱桓傳》校詁

性儉約，雖在富貴，車服惟供事。（《吳志十一·朱治傳》/1304 頁）

盧弼《集解》："供"字上下疑有脫字。

華按："供事"，謂供給職事所必需者。字亦作"共事"。《呂氏春秋·季秋紀》："以給郊廟之事，無有所私。"東漢高誘注："郊祀天，廟祀祖，取共事而已，無有所私，多少不如法也。"《太平御覽》卷三百八十九引曹植《求祭先王表》曰："先王喜鰒魚，臣前以表。徐州臧霸遺鰒魚二百枚，足以供事。"均其例也。"車服惟供事"者，言車乘服飾惟取供事而已。"供"字前後無有脫字。

終日欽欽，常在戰場，臨急膽定，尤過絕人。（《吳志十一·朱然傳》/1307—1308 頁）

盧弼《集解》：《通鑑》"常"作"若"。

華按：南京圖書館所藏馮本有或人眉批曰："'常'下似宜有'如'字。"及見《太平御覽》卷三百七十六作"常存戰場"，存，思也；始知"常"字無須改"若"，"在"上未必脫"如"。

諸葛瑾子融、步騭子協，雖各襲任，權特復使然總爲大督。（《吳志十一·朱然傳》/1308 頁）

盧弼《集解》：官本《考證》曰：“宋本‘各’作‘名’。”

華按：“各”猶皆也、並也，解在《魏志·王粲傳》注引《典略》。“名”字非。

整理者按：咸平本、紹熙本、西爽堂本、南監本、北監本、汲本、殿本、金陵活字本、局本、百衲本作“各”。元大德本、三朝本作“名”。易培基《補注》：“‘各’，何本作‘名’。”

兵法所以稱“客倍而主人半”者，謂俱在平原，無城池之守，又謂士眾勇怯齊等故耳。（《吳志十一·朱桓傳》/1313頁）

華按：1972年山東臨沂銀雀山漢墓出土《孫臏兵法》竹簡，《客主人分篇》簡曰：“兵有客之分，有主人之分。客之分眾，主人之分少。客負主人半，然可敵也。”《漢書·陳湯傳》引《兵法》作“客倍而主人半，然後敵”，“負”即“倍”之假借。由此可見，孫桓所引者，即《孫臏兵法》；“客”指外來攻我之師，“主人”謂本土防守之軍。

今人既非智勇，加其士卒甚怯，又千里步涉，人馬罷困。（《吳志十一·朱桓傳》/1313頁）

盧本“人”作“仁”。

盧弼《集解》：馮本“仁”作“人”，誤。

華按：盧說極是，“人”當作“仁”，即曹仁。上文云：“諸君聞曹仁用兵行師，孰與桓邪？”下文曰：“雖曹丕自來，尚不足憂，況仁等邪！”均專論敵帥曹仁之不足懼；此云“仁既非智勇，加其士卒甚怯”，則既言將帥，又言士卒，文義甚明。若泛泛言“人”，語殊不倫。《太平御覽》卷二百九十、《册府元龜》卷三百六十二、《資治通鑑》卷七十、《重廣會史》卷四十六均作“今仁

既非智勇”，與百衲本合。標點本竟取馮本、金陵活字本之
“人”，洵屬憾事。

整理者按：咸平本、紹熙本、元大德本、三朝本、西爽堂本、
北監本、汲本、殿本、局本、百衲本作“仁”。南監本、金陵活字
本作“人”。

南臨大江，北背山陵，以逸待勞，爲主制客，此百戰百勝之勢也。《吳志十一·朱桓傳》/1313 頁）

華按：大江東流，敵人不能絶我水源，古人謂之“溜水”，亦
即流動之活水。《孫臏兵法·地葆篇》云：“東注之水，生水
也。”又《雄牝城篇》云：“軍食溜水，生水也，不可攻也。”朱桓稱
“南臨大江”者以此。《雄牝城篇》又云：“城前名谷，倍亢山，雄
城也，不可攻也。”是“北背山陵”之高城正屬“雄城”，朱桓稱
“百戰百勝之勢”者以此。

桓等身自拒泰，燒營而退。《吳志十一·朱桓傳》/1313 頁）

華按：觀下文“遂梟雕，生虜雙，送武昌”，知“燒營而退”者
曹泰也。《建康實錄》卷一作“泰燒營走”，《資治通鑑》卷七十
則作“泰燒營而退”，句首“泰”字決不可省，此奪。

本知季文（憎）〔膽〕定，見之復過所聞。《吳志十一·朱桓傳》/1315 頁）

盧弼《集解》：趙一清曰：“唐人詩有乖覺字，即憎也。乖、憎同
音，今人習用之，蓋吳語也。”李龍官曰：“憎訓悶，訓惡，與語意
不合，應作獪，言其狡獪也。”弼按：“憎”字疑爲“膽”字之誤，
“定”字屬上句讀。

標點本《校記》：“膽定”，從盧弼說。（1507 頁）

華按：盧弼此說決不可從。盧文弨《龍城札記》“憎”下云：

"陳壽《吳志·朱桓傳》：桓子異，字季文，權謂異從父據曰：'本知季文憺定見之復過所聞。'何氏焯云：'憺，疑即快字。'案何說是也。陸雲《與陸典書書》云：'此君公私並憺，年長而志新，齒邁而曾勤，家宗美者也。'近人文中用'憺定'二字，'定'字必是誤寫，不當連上'憺'字讀。又官本《吳志》逕改'憺'爲'獝'，謂言其狡獝，則與上文辭對稱意，語意全失。蓋'快'自是吳人贊美常語。張承《與呂岱書》稱其'事事快'，顧榮薦甘卓，謂其'膽幹殊快'，則知'憺'亦正與'快'字同。且字之從口作'嚖'者，亦有快義。《詩·小雅·斯干》：'嚖嚖其正。'箋云：'嚖嚖，猶快快也。'《淮南·精神訓》：'嚖然得臥。'《宋書·樂志四》吳鼓吹曲《從曆數篇》：'覽往以察今，我皇多嚖事。''嚖'、'憺'音皆與'快'同，而義亦隨之，古人所以多通用也。"盧文弨釋"憺"爲"快"，至爲精審；《梁詩》卷二十九橫吹曲辭《幽州馬客吟歌辭》曰："快馬常苦瘦，剿兒常苦貧。"其中"快"字一本作"憺"；又《梁詩》卷二十九《瑯琊王歌辭》："憺馬高纏鬃，遙知身是龍。誰能騎此馬？唯有廣平公。"其中"憺"字顯與"快"字義同，此均二字通假之證。今謂此文句讀當爲："本知季文憺，定見之，復過所聞。"其中"憺"讀爲"快"，猶言精明强幹；"定"猶言"比及"，盧文弨謂"'定'字必是誤寫"，盧弼謂"'定'字屬上句讀"，皆非。"快"字之義，《魏志·明帝紀》注引《魏略》"快人"條已有解說；"定"字用法，《魏志·陳思王植傳》注引《魏略》亦有發凡。鄭樵《通志》卷一百二十作"本知季文憺，及見之，復過所聞"，改"定"爲"及"，於義不悖。

據聞三人才名，欲試之，告曰："老鄙相聞，飢渴甚矣……"（《吳志十一·朱桓傳》注引《文士傳》/1316頁）

華按：年老者自稱"老鄙"，蓋當時謙辭。《珮玉集》卷十二引《晉抄》："華表曰：'子今若去，非但喪子千年之姿，亦當深誤老鄙。'"是其比。

《吴書》曰：綝要異相見，將往，恐陸抗止之，異曰："子通，家人耳，當何所疑乎！"遂往。(《吴志十一·朱異傳》注/1316 頁)

郁松年《續後漢書札記》：郝書"將往，陸抗止之"，《志》朱桓傳注"陸抗"上有"恐"字，案下"異曰：子通，家人爾，當何所疑乎"，即對抗之詞也。"恐"字衍。

華按：郁氏此說，亦可從也。"吴書"，《册府元龜》卷二百九十九引作"吴祿"，似北宋人所據者爲《吴錄》，"祿"爲"錄"之訛文。

又按："恐陸抗止之"句，郁松年《續後漢書札記》謂"恐"爲衍文，拙著《校詁》曾引以備考。今檢《册府元龜》，其文"恐"作"乃"，亦不可通；頗疑原文或作"過陸抗，抗止之"，草書"過"字與"乃"字形近，時有傳寫之誤。《文選》卷三十七曹植《求通親親表》："不敢乃望交氣類。"其中"乃"字，《魏志·陳思王植傳》作"過"，是二字相混之例。

整理者按：《校詁》所引《册府元龜》爲明刻本，今檢劉承幹舊藏明鈔本《册府元龜》，分別作"吴錄"、"恐陸抗止之"。

三國志卷五十七
吳志十二《虞陸張駱陸吾朱傳》校詁

朗惑王方平記，言"疾來邀我，南岳相求"，故遂南
行。（《吳志十二·虞翻傳》注引《吳書》/1317頁）

盧本作"朗惑王方平訊"。

盧弼《集解》：宋本"訊"作"記"，一作"計"。

華按：作"記"義長。"記"之本字爲"諅"，《說文解字·言
部》："諅，誌也。"《廣雅·釋詁》："諅，告也。"此"記"用於官府
公文，則指教令、誡敕而言；用於魏晉俗語，則指讖語、預言之
類。《華陽國志》卷九："長者傳譙周讖曰：'廣漢城北有大賊，
曰流曰特攻難得，歲在玄宮自相賊。'終如其記。先識預覩，何
異古人乎！"前言"讖"，後言"記"，記亦讖也。《大藏經》卷一東
晉竺曇無蘭譯《阿耨風經》："我記禰婆達兜當墮惡趣泥犁
中……我如是所記。"兩"記"均猶言預卜。《蜀志·先主傳》載
許靖等上言："孔子讖記，咸悉具至。""讖記"爲同義之字平列。
王方平既爲方術之士，則此文"記"字顯爲讖記之義。一本作
"訊"、作"計"者，蓋傳寫之誤。

整理者按：咸平本、三朝本、西爽堂本、南監本、北監本、汲
本、殿本、金陵活字本、局本作"訊"。紹熙本、元大德本、三朝
本（正德十年補刊）、百衲本作"記"。易培基《補注》："紹熙本

'訊'作'記',宋本'訊'作'計'。"

罪棄兩絕,拜賀無階。(《吳志十二‧虞翻傳》注引《翻別傳》/1322頁)

盧弼《集解》:馮本"兩"作"雨",誤。

華按:盧說失之,實則"兩"爲"雨"字之誤,說見《魏志‧毌丘儉傳》注引郭淮《與文欽書》。《全後漢文》卷七十蔡邕《天文意》:"罪惡無狀,投畀有北,灰滅雨絕,勢路無由。"可與此文互看。

整理者按:咸平本、紹熙本、元大德本、三朝本、西爽堂本、北監本、汲本、殿本、金陵活字本、百衲本作"兩"。南監本、局本作"雨"。

又臣郡吏陳桃夢臣與道士相遇,放髮被鹿裘,布《易》六爻,撓其三以飲臣。(《吳志十二‧虞翻傳》注引《翻別傳》/1322頁)

華按:爻不可飲,"撓"亦不辭。《太平御覽》卷三百九十九引《虞翻別傳》"撓"作"燒",是矣。道士飲人以符水,修行者吞符以求悟道,乃漢世常事。"燒其三",以三爻爲符,燒符而溶諸水也。《太平廣記》卷二百七十六引唐柳燦《夢雋》載陳桃事亦作"燒",可以參證。

臣乞盡吞之,道士言:"《易》道在天,三爻足矣。"(《吳志十二‧虞翻傳》注引《翻別傳》/1322頁)

華按:"《易》道在天"云云,是漢世易學家八卦納甲之說。惠棟《易漢學》云:"在天成象,納甲止據三爻。"

又按:"臣乞盡吞之"在標點本中原接上一段,並以句號了結;今改屬此段,並在"道士言"後加冒號及引號。

既不覺定，復訓爲杯，謂之酒杯。(《吳志十二·虞翻傳》注引《翻別傳》/1323頁)

　　華按："覺"讀爲"校"。《廣韻·去聲·三十六效》："校，檢校。又考校。古孝切。"

自恨疏節，骨體不媚，犯上獲罪。(《吳志十二·虞翻傳》注引《翻別傳》/1323頁)

　　華按："不媚"亦俗語詞，猶言令人討厭，指性格、舉動及形態而言。《大藏經》卷十七後漢安世高譯《分別善惡所起經》："從地獄中來，出生爲人，弊性不媚，爲眾人所憎。"又："今見有人不媚性急，爲眾人所憎者，皆從故世宿命、不孝父母、不敬長老所致也。"又吳支謙譯《佛說孛經抄》："可嫉有五：麁口傷人，讒賊喜鬬，焦曉不媚，嫉妬呪詛，兩舌面欺，是爲五。"又東晉人譯《兜調經》："人於世間不媚者，見老人不起，不孝父母，見父母不敬愛……死入地獄中；地獄中罪竟，復爲人，即不媚，爲眾人所憎惡。"《先唐文》卷一唐劉思眞《醜婦賦》："惡觀醜儀容，不媚似鋪首。"均其義證。至唐五代時，其字或作"薄媚"。《廣韻·下平聲·五肴》："頦顤，頭不媚也。"《集韻·上聲·三十一巧》："頦，薄媚。"唐張鷟《遊仙窟》："誰知可憎病鵲，夜半驚人，薄媚狂雞，三更唱曉。"是其例。

乃令曰："昔趙簡子……虞翻亮直，善於盡言，國之周舍也。前使翻在此，此役不成。"促下問交州，翻若尚存者，給其人船，發遣還都；若以亡者，送喪還本郡，使兒子仕宦。會翻已終。(《吳志十二·虞翻傳》注引《江表傳》/1324頁)

華按："促下問交州"猶言爾等作速下文詢問交州，"促"亦敕令之詞。自"促"字以下至"使兒子仕宦"凡三十二字均屬令文。嚴可均《全三國文》卷六十三《令交州給送虞翻》不曾割棄"促"下之文，甚是。

是以忠臣繼踵，孝子連閭。（《吳志十二·虞翻傳》注引《會稽典錄》/1325 頁）

盧弼《集解》：宋、元、馮本"繼"作"係"，誤。

華按："係"、"繼"二字，古聲同屬見母，古韻同隸錫部，通假之例非一見。又如《後漢書·姜肱傳》"以係嗣當立"，《太平御覽》卷五百十五引《續漢書》"係"作"繼"。且"係踵"亦漢末魏晉常語，如《晉書·郤詵傳》載泰始詔書："虞夏之際，聖明係踵。"或倒言爲"踵係"，如《後漢書·袁紹傳》載其建安元年所上書："絕臣軍糧，不得踵係。"此皆"係"非誤字之證。

整理者按：咸平本、紹熙本、元大德本、三朝本、南監本、北監本、金陵活字本、百衲本作"係"。西爽堂本、汲本、殿本、局本作"繼"。標點本 2015 年 7 月第 29 次印刷本作"係"。

主簿句章梁宏、功曹史餘姚駰勳、主簿句章鄭雲，皆敦終始之義，引罪免居。（《吳志十二·虞翻傳》注引《會稽典錄》/1325 頁）

郝松年《續後漢書札記》：郝書"引罪免官"，《志注》"官"作"居"，案"居"，"君"之形誤，謂引過歸己，以免府君也。此作"官"亦誤。

華按："免居"不辭。百衲本作"免官"，亦似是而非。郝氏謂"居"當作"君"，此說至確。東漢以來，郡太守被僚屬稱爲"府君"，僚屬如主簿、功曹史之輩自稱爲"臣"，太守與主簿等有"君臣之義"。考之《後漢書·獨行傳》及《乾道四明圖經》，

梁宏、駟勳、鄭雲之事尚可得其梗概：會稽太守尹興爲謀反案
所牽連，罪在不赦；梁宏、駟勳等證其無罪，備受考掠，終於使
尹興免於死刑。鄭雲則因營救郡守劉儁，死於獄中。此二事
與“敦終始之義，引罪免君”文義正合。此外，下文所敍“門下
督盜賊餘姚伍隆、鄞主簿任光、章安小吏黃他，身當白刃，濟君
於難”，亦與梁宏等事迹相類，其中“濟君於難”與“免君”義同，
可爲“免居”原作“免君”之旁證。《後漢書・史弼傳》載弼嘗爲
平原相，其後被誣當死，賴平原吏人行賂於侯覽，始得減死一
等，故時人或譏曰：“平原行貨以免君，無乃蚩乎！”是“免君”亦
當時口語無疑。此條可與《魏志・田疇傳》“始爲居難”互參。

　　整理者按：咸平本、紹熙本、元大德本、百衲本作“官”。三
朝本、西爽堂本、南監本、北監本、汲本、殿本、金陵活字本、局
本作“居”。

矯手不拜，志陵雲日。（《吳志十二・虞翻傳》注引《會稽典錄》/1326 頁）

　　華按：“矯手”，《會稽續志》引作“矯首”。“手”、“首”同音，
古代傳寫常互代。

　　整理者按：文淵閣四庫全書本《三國志文類》卷三十六作
“首”，中國國家圖書館藏清代味書室鈔本作“手”。

聳，越騎校尉，累遷廷尉，湘東、河間太守；昺，廷尉、尚書，濟陰太守。（《吳志十二・虞翻傳》/1327 頁）

　　盧弼《集解》：錢大昕曰：“河間、濟陰二郡不在吳封内，蓋入晉
後所授官，於史例不當書。”弼按：《會稽典錄》已言，明河間、濟
陰太守爲晉官。惟陳壽不應入傳耳。

　　華按：陳壽不曾以晉事入傳。上文加點之十六字當刪。

蔣天樞《論學雜著》指出：晉寫本《吳志》殘卷無"累遷廷尉湘東河間太守"十字及"尚書濟陰太守"六字。蔣氏云："聳、昺入晉後所授官，其文後人增補，非承祚原書所有……於此具見竹汀之睿識。獨惜其未能見寫本而尚致咎於承祚也。"錢竹汀未見晉寫本，情有可原；盧氏撰《集解》時，晉寫本問世已久，而《集解》猶致咎於承祚，是不僅輕視古本，亦且厚誣古人矣。

造吳郡陸機於童龀之年，稱上虞魏遷於無名之初，終皆遠致，爲著聞之士。（《吳志十二·虞翻傳》注引《會稽典錄》/1327 頁）

盧弼《集解》：元本"致"作"敢"，一作"到"。

華按：元本非。"遠致"與卷九本志《魯肅傳》之"到至"同義。《晉書·嵇紹傳》："沛國戴晞少有才智，與紹從子含相友善，時人許以遠致，紹以爲必不成器。"亦其例。其字通常作"遠至"，如《魏志·王脩傳》："初，脩識高柔于弱冠，異王基于幼童，終皆遠至，世稱其知人。"又《崔琰傳》載其評崔林語："此所謂大器晚成者也，終必遠至。"又《鄧艾傳》注引《世語》："謂二人皆當遠至，爲佐相。"《北齊書·趙彥深傳》："年十歲，曾候司徒崔光，光謂賓客曰：'古人觀眸子以知人，此人當必遠至。'"其語又偶作"遠到"，如《晉書·陶侃傳》載黃慶語："此子終當遠到。"要之，"遠至"、"遠致"、"遠到"均謂至大官，成大器。《文選》卷三十八任昉《爲范尚書讓吏部封侯第一表》："雖千秋之一日九遷，荀爽之十旬遠至，方之微臣，未爲速達。"李善注："獻帝即位，董卓輔政，徵爽。……因復就拜平原相；行至宛陵，復追爲光祿勳；視事三日，進拜司空。爽自被徵命，及登台司，九十五日。"觀荀爽之事，"遠至"之義明甚。

　　整理者按：咸平本、紹熙本、元大德本（初印本）、西爽堂本、南監本、北監本、汲本、殿本、金陵活字本、局本、百衲本作"致"。元大德本（後印本）卷五十七缺，補配之三朝本作"敢"。

張昭、張紘、秦松爲上賓，共論四海未泰，須當用武治而平之。（《吳志十二·陸績傳》/1328 頁）

　　華按：晉寫本《吳志·陸績傳》殘卷"須"作"唯"，與陸績所言"今論者不務道德懷取之術而惟尚武"相合，可從。

豫自知亡日，乃爲辭曰："有漢志士吳郡陸績，……嗚呼悲隔！"（《吳志十二·陸績傳》/1329 頁）

　　華按："志士"二字，袁宏《後漢紀》卷二十九作"志人"，晉寫本《吳志·陸績傳》殘卷作"志民"，當以"志民"爲得實。《抱朴子外篇·逸民》有云："凡所謂志人者，不必在乎祿位，不必須乎勛伐也。"竊謂其中"志人"本亦作"志民"。知者，漢魏士人之不仕者，恆以"民"自稱，晉寫本作"志民"，正合情事。此作"志士"，彼作"志人"，顯係唐人避諱之筆。今得《吳志》殘卷，正可據以回改，古本之可寶者以此。

臣聞昭德以行，顯行以爵，苟非名爵，則勸善不嚴。（《吳志十二·陸績傳》注引《姚信集》/1329 頁）

　　郁松年《續後漢書札記》：郝書"臣聞昭德以行"，案下"名爵"雙承，"行"當作"名"。此沿《志》張溫傳注之誤。

　　華按：郁氏校書，目光如炬。觀上文"是以忠臣烈士，顯名國朝，淑婦貞女，表迹家間"之論，益知郁說之可從。

若山越都除，便欲大構於（蜀）〔不〕。（《吳志十二·張溫傳》/1330 頁）

盧弼《集解》：鈔本"蜀"作"丕"。某氏謂"孫權當日和蜀圖魏之策略，得此一字正之，瞭然在心目間"，所云誠是。鈔本亦惟此一字可取，然猶有疑者：張溫使蜀，在吳黃武三年。自黃武元年曹丕三路進兵，孫權改元，臨江據守，江陵、洞浦苦戰連年，已"大搆"矣，何謂"便欲"？惟吳、蜀初通，舊嫌未釋，公瑾遺謀西規涼益，行人覘國，授以密謀。證之仲謀之反覆操縱，亦爲情理中應有之事，則作"蜀"字亦可通。後見諸葛治國有經，專主聯吳攻魏，遂寢斯議，亦在意中。據此推論，似亦不得謂"蜀"字爲誤也。

標點本《校記》："丕"，據古寫本改。（1508 頁）

華按：標點本據晉寫本《吳志》殘卷改"蜀"爲"丕"，甚合情理。日本大正十四年（1925）刊行之《支那學》載白堅《晉寫本三國志吳志殘卷跋》曰："《張溫傳》'便欲大搆於丕'，'丕'字諸刊本皆作'蜀'，此'蜀'字義不可通。考張溫於黃武三年使蜀，是歲魏爲黃初五年，蜀漢爲建興二年。黃初二年，魏以曹休等三道攻吳，權遣呂範等拒之，時揚越蠻夷多未平集，內難未彌，權曾卑辭上書求自改悔。蜀漢先主以章武二年蹉跌於秭歸，還住白帝，權即遣使請和，以曹操父子陵轢漢室終奪其位，責先主以宗室維城之義，先主有慚色焉。未幾，先主崩於永安，後主嗣位，孔明執國政，志在討賊興復，無復東下之規，而吳亦釋西顧之憂。乃魏文帝丕時，則巡幸廣陵，臨江欲渡。當此之時，孫權處心積慮所欲大搆者，不在蜀而在魏，彰彰明甚。故當溫之將行，權謂溫曰：'卿不宜遠出。恐諸葛孔明不知吾所以與曹氏通意，故屈卿行，若山越都除，便欲大搆於丕'也。如各刊本作'蜀'，是使溫於蜀，復將大搆於蜀也。考其已往，證之當時，驗之將來，皆無其情事。得此一字正之，於孫權當日和蜀圖魏之策略，瞭然在心目間矣。……願天下治《三國志》者，同正斯誤也。”白氏此論，可謂允當。盧氏撰《三國志集解》，對後出之清代局本備極推崇，無可厚非；然盧氏於宋、元、明諸刻本之優點每多忽視，於宋本及出土之晉寫本殘卷尤爲排斥，未免失之偏頗。古寫本、宋本訛脫之文較多，但近古存眞而勝於後出刊本之處亦屢見不鮮；元、明、清刊本彌補宋本之闕，梳理陳志與裴注相混之文，其取便讀者之功尤以明、清刊本爲最；但明、清刊本常有妄改舊版之處，且多有自身刻印之誤，若不參校宋、元刻本及古寫本，則無從是正。盧氏篤信局本而輕視古本，標點本依據金陵活字本而忽略參校諸本，宜乎其紕漏甚多矣。

軍事（興）〔凶〕煩，使役乏少。（《吳志十二·張溫傳》/1330 頁）

易培基《補注》：“軍事興”，晉本作“軍事充”。

標點本《校記》：“凶煩”，據古寫本。（1508 頁）

　　華按：“兇煩”不辭，“兇”當作“充”。宋、元、明、清各本“充”誤作“興”，當據古寫本改正，古寫本即易氏《補注》所謂“晉本”也。古寫本“充”字筆劃模糊，蔣天樞《論學雜著》辨之曰：“‘軍事興煩’句，‘興’字，王樹柟校記作‘兇’，張菊生校亦作‘兇’。按原影印卷子此字經過塗改，辨其筆劃，當爲‘充’字。‘興’、‘充’形不近，非出誤書。此處作‘興’固可通，而作‘充’尤爲契合。《說文·儿部》：‘充，長也，高也。從儿，育省聲。’”今覆按晉寫本《吳志》殘卷，“充”之字形誠如蔣說；驗之古語，更知“充”訓煩猥，正合文義。《左傳·哀公十一年》記齊魯之戰，公叔務人見保者而泣曰：“事充政重，上不能謀，士不能死,何以治民? 吾既言之矣,敢不勉乎?"晉杜預爲"事充政重"作注云:"徭役煩。"然則先秦曰"充",魏晉曰"煩",古今合璧則曰"充煩"矣。《魏志·王朗傳》注引《魏名臣奏》載朗節省奏曰:"政充事猥,威儀繁富,隆於三代,近過禮中。"用"充猥"形容事務繁多,與"充煩"同義。《蜀志·費禕傳》注引《禕別傳》曰:"于時軍國多事,公務煩猥。"亦與"軍事充煩"語義相同,"充煩"即煩猥之義。

訂補: "兇",晉寫本《吳志》殘卷的字形作"尭",蔣天樞《論學雜著》定爲"充"字,《外編》已從訓詁的角度申證了蔣說。近見日本宮內廳書陵部所藏鐮倉時代寫本《羣書治要》(古典研究會叢書漢籍之部影印本),其中"充"字的寫法正與晉寫本《吳志》殘卷相似,可見古代有這種手寫體,蔣說確鑿無疑。

整理者按: 古寫本字形近似"兇"字,標點本校改作"凶",與古寫本不合。又,作者在《略論易氏〈三國志補注〉》一文中指出:"易氏把晉寫本《吳志》殘卷的'充煩'二字辨認得如此精確,顯示了他的小學素養和從事金石文字研究的深厚功力。"

若其誠欲賣恩作亂,則亦不必貪原也。(《吳志十二·張溫傳》/1333頁)

華按: 此言賈原德薄才疏,即使張溫欲賣恩結黨,亦無須貪圖賈原之輩也。"貪",貪圖、羨慕也。《漢書·王嘉傳》載其上成帝疏云:"前世非私此三人,貪其材器有益於公家也。"《論衡·自紀》:"在鄉里慕蘧伯玉之節,在朝廷貪史子魚之行。"本志《三嗣主·孫晧傳》:"國內震懼,貪得長君。"《魏志·任峻傳》注引《魏武故事》載令曰:"故陳留太守棗祗,天性忠能……後袁紹在冀州,亦貪祗,欲得之。"此"貪原"與"貪祗"文同一例。今人或謂"貪原"爲"責原"之誤,非是。

其母送之,拜辭上車,面而不顧,其母泣涕於後。

(《吳志十二·駱統傳》/1334 頁)

郭麐《國志蒙拾》:"面",背也。《史記》:"馬童面之。"

華按:郭說是也。《尚書·召誥》"面稽天若",鄭玄注:
"面,猶回向也。"此"面"猶今語之回身轉向。

小有財貨,傾居行賂,不顧窮盡。(《吳志十二·駱統傳》/1335 頁)

華按:"居"謂貯積之財貨。"居"字本爲積貯之義,如《史
記·貨殖列傳》載陶朱公"乃治產積居,與時逐"。引申之,遂
指所貯之財,又如《搜神記》卷十敍周擥噴事:"周乃悟曰:'吾
昔夢從天換錢,外白以張車子錢貸我,必是子也。財當歸之
矣。'自是居日衰減。車子長大,富於周家。""居"爲錢財之義
明甚。《大藏經》卷三西晉竺法護譯《生經·佛說野雞經》:"曉
了家居業,未曾有我比。"又卷十五東晉佛陀跋陀羅譯《觀佛三
昧海經》卷八:"典藏白言:'大家,諸子日日持金往婬女舍,若
不制止,用金當盡。'長者聞已,椎胸大哭:'嗚呼,賊子! 破我
家居!'""家居"猶今言家財、家產。"居"之後出字爲"賑",《廣
韻·上平聲·九魚》:"賑,貯也。"

生產兒子,多不起養。(《吳志十二·駱統傳》/1336 頁)

華按:"起養",同義之字平列,起亦養也。當時稱養育嬰
兒爲"起",《世說新語·政事》敍陳仲弓為太丘長時:"未至發
所,道聞民有在草不起子者,回車往治之。"《南齊書·武十七
王·竟陵文宣王子良傳》載其密啟:"生育弗起,殆爲恆事。"
"起"字有時通作"舉",如竹書《管子》"有蜚鳥之起",今本《七

發・選陳》作"有飛鳥之舉"。《大藏經》卷一東晉法顯譯《大般涅槃經》卷下:"即便共舁如來之棺,盡其身力而不能起。"下文又曰:"盡竭身力而不能舉。""舉"爲育嬰之稱,古籍常見,如《史記・孟嘗君列傳》:"嬰告其母曰:'勿舉也。'其母竊舉生之。"《魏志・鄭渾傳》:"天下未定,民皆剽輕,不念產殖;其生子無以相活,率皆不舉。"是故亦有"舉養"連文者,如《晉書・范汪傳》載其疏曰:"生兒不復舉養,鰥寡不敢妻娶。"

方今長吏親民之職,惟以辨具爲能,取過目前之急。(《吳志十二・駱統傳》/1336 頁)

盧弼《集解》:或曰:"'過'疑作'適'。"

華按:"過"猶今語"應付過去"之類。《魏志・倉慈傳》注引《魏略》:"又歷數四二千石,取解目前,亦不爲民作久遠計。"此"取過目前之急"與"取解目前"同義。

瑁割少分甘,與同豐約。(《吳志十二・陸瑁傳》/1337 頁)

華按:"割少分甘"乃古人成語。"割少"與"分甘"互文見義,言凡有甘美之物,即使甚少,亦必割而分之。其同義語爲"絕甘分少",《漢書・司馬遷傳》載其報任安書:"以爲李陵素與士大夫絕甘分少,能得人之死力。"言李陵素與其軍之士大夫割甘分少,故能得其死力也;其中"絕"亦截割之義。

得失之間,所覺輒多。(《吳志十二・陸瑁傳》/1338 頁)

胡三省《通鑑注》:言敵人用智以疲我,苦不自覺,比我覺知,則得失之間相去多矣。

華按:胡氏不明"覺"有差距之義,不得不增字爲訓,徒事穿鑿也。"覺"字解在《魏志・夏侯玄傳》。

願陛下抑威住計,暫寧六師,潛神嘿規,以爲後圖,

天下幸甚。（《吳志十二·陸瑁傳》/1338 頁）

盧弼《集解》：宋本"住"作"任"。

易培基《補注》：紹熙本"住"作"任"，《通志》作"任"。

華按：作"任"較合文義。《資治通鑑》卷七十二、《通志》卷一百二十亦作"任"，與百衲本合。"暫寧六師"即所謂"抑威"，"潛神嘿規"即所謂"任計"。《魏志·武帝紀》評曰："太祖運籌演謀，鞭撻宇内……矯情任算，不念舊惡。""任算"與"任計"同義，謂仗計任術，不逞一時之快。

整理者按：咸平本、紹熙本、元大德本、百衲本作"任"。三朝本（正德十年補刊）、西爽堂本、南監本、北監本、汲本、殿本、金陵活字本、局本作"住"。《欽定四庫全書考證》卷三十四《〈通志〉考證》："《陸瑁傳》'願陛下抑威住計'，刊本'住'訛'任'，據《吳志》改。"明鈔本《冊府元龜》卷五百三十九作"任"。中國國家圖書館藏清代味書室鈔本《三國志文類》卷二十七作"任"，文淵閣四庫全書本作"住"。郝經《續後漢書》卷六十作"住"。標點本 2015 年 7 月第 29 次印刷本作"任"。

追思呂蒙、張溫，以爲據才兼文武，可以繼之，自是拜建義校尉，領兵屯湖孰。（《吳志十二·朱據傳》/1340 頁）

華按："自是"猶言"從此"，揆之此文，語有未合。茲檢舊題咸平本、紹熙本、殿本、局本、金陵活字本及馮本、西爽堂本、汲本等，其文作"由是"，由是知"自"當作"由"，乃標點本印刷之誤。

整理者按：咸平本、紹熙本、元大德本、三朝本、西爽堂本、南監本、北監本、汲本、殿本、金陵活字本、局本、百衲本作"由"。

三國志卷五十八
吳志十三《陸遜傳》校詁

時吳、會稽、丹楊多有伏匿，遜陳便宜，乞與募焉。
（《吳志十三·陸遜傳》/1343 頁）

　　盧弼《集解》："與募焉"三字疑有誤。

　　華按："與募"，《通志》卷一百二十作"召募"，未知"與"字是否"召"之誤文。又疑"與募"謂强行召募，當時容有此語。下文載赤烏六年事云："中郎將周祗乞於鄱陽召募，事下問遜，遜以爲'此郡民易動難安，不可與召，恐致賊寇'。而祗固陳取之，郡民吳遽等果作賊殺祗。"其中"與召"顯與"與募"爲同義語。

聞徐晃等少騎駐旌，闚望麾葆。（《吳志十三·陸遜傳》/1345 頁）

　　趙一清《注補》：下云"恐潛增眾"，則"少"字義長。

　　盧本"少騎"作"步騎"。

　　盧弼《集解》：馮本"步"作"少"。

　　華按："少"字可疑。凡獨當一面之大將，所率必步騎配合。此時趙儼與晃軍俱行，《魏志·趙儼傳》載其語云："我徒卒單少。""徒卒"即步兵，可見晃軍雖少，亦不至於有"騎"而無"步"也。殘宋本《册府元龜》卷三百六十二、《通志》卷一百二

十、郝經《續後漢書》卷五十六此文均作"步騎"，蓋宋人所見如此。此"少騎"之"少"，當係"步"字殘脱之誤。標點本取趙說而從馮本、金陵活字本，可商。

　　整理者按：咸平本、紹熙本、元大德本、三朝本、西爽堂本、北監本、汲本、殿本、局本、百衲本作"步"。南監本、金陵活字本作"少"。

儻明注仰，有以察之。（《吳志十三·陸遜傳》/1345頁）

　　華按："儻明注仰"，猶言"希望關將軍能明我注仰之意也"。"注仰"，乃卑下者虛心仰望尊長者之謂。《漢書·儒林·王式傳》："會諸大夫博士，共持酒肉勞式，皆注意高仰之。""注仰"一詞，當爲"注意"、"高仰"之縮略語。《釋名·釋州國》："州，注也，郡國所注仰也。"《大藏經》卷四後漢康孟祥譯《中本起經·須達品》載眾梵志禮敬須達之辭："久承令懿，注仰虛心，聞有道訓八關齋法，故遠投託，幸蒙示導。"《宋書·文九王·建平宣簡王宏傳》載劉瓛上書於景素曰："眾人翕翕，莫不注仰於王。"又劉宋佛陀什、竺道生譯《彌沙塞部和醯五分律》卷二十一："於是諸居士作是念……便迴心注仰。"又元魏慧覺等譯《賢愚經》卷二："聞佛神聖，奇德少雙，心懷注仰。"字或作"屬仰"，如《後漢書·張衡傳》載其疏文："貴寵之臣，眾所屬仰。"今之注家或以"注仰"爲下視俯察之義，殊誤。

備從巫峽、建平連圍至夷陵界，立數十屯。（《吳志十三·陸遜傳》/1346頁）

　　盧弼《集解》：《通鑑》"圍"作"營"。

　　華按："連圍"，謂蜀軍營圍前後相連也。《資治通鑑》卷六十九改"圍"爲"營"，失其本眞。作軍屯營者，皆於軍營之外更設圍落,"營"爲軍隊駐扎之地,"圍"乃營外警衛之綫,是故諸營之間雖有相當距離,而鄰近之"營圍"則可連成一片。《魏志·明帝紀》:"司馬宣王與亮相持,連圍積日,亮數挑戰,宣王堅壘不出。"其中"連圍"二字,則謂敵我之雙方營圍緊相連靠也。今人或譯"連圍"爲"連成包圍圈",尤屬望文生訓。

備升馬鞍山,陳兵自繞。(《吳志十三·陸遜傳》/1347 頁)

華按:此言劉備登馬鞍山之頂,居中指揮,使蜀軍緣山列成層層環繞之陣形也。"自繞",猶言"繞己"。今人或釋"自繞"爲率軍迂迴於山間,非是。

前實怨不見救,定至今日,乃知調度自有方耳。
(《吳志十三·陸遜傳》/1347 頁)

胡三省《通鑑注》:"定至今日",言至今日而事始定。

華按:胡氏不明"定"字用法,遂顛倒詞序而穿鑿之。宋人王令《十七史蒙求》卷十二删去"定"字。實則"定"猶及也,言及至今日,方知如此耳。"定"字用法解在《魏志·陳思王植傳》注引《魏略》。

即夜易夷民,皆以舊將充之。(《吳志十三·陸抗傳》/1357 頁)

盧弼《集解》:《通鑑》"民"作"兵"。

華按:"兵"、"民"隸書形近易訛,此"民"當爲"兵"字之誤,當據《資治通鑑》卷七十九校正。上文敍陸抗語云:"贊軍中舊吏,知吾虛實者,吾常慮夷兵素不簡練,若敵攻圍,必先此處。"下文繼敍其事云:"明日,肇果攻故夷兵處。"上下文皆言"夷兵",此不當作"夷民"明矣。且陸抗率軍攻西陵,亦不宜以夷民隨軍,借令有夷民隨軍,亦不當使之守圍也。

項聞薛瑩卒見逮錄。（《吳志十三・陸抗傳》/1359頁）

　　華按：漢世稱捕治爲逮、捕繫爲錄，“逮錄”連文，指收捕繫於獄中。《全晉文》卷二十四王羲之《諸暨帖》：“丹陽意簡而理通，屬所無復逮錄之煩。”《史記・項羽本紀》：“項梁嘗有櫟陽逮。”司馬貞《索隱》曰：“謂有罪相連及，爲櫟陽縣所逮錄也。”是其例。

三國志卷五十九
吳志十四《吳主五子傳》校詁

權登白爵觀見，甚惡之，敕據、晃等無事惢惢。（《吳
志十四·吳主五子·孫和傳》/1369 頁）

　　盧弼《集解》：監本、官本"惢惢"作"忩忩"，誤。《通鑑》作"悤
悤"，胡注："悤悤，急遽不諦細也。"

　　華按：胡注不確。"惢惢"，憂懼不安也。字或作"忽忽"，
《魏志·方技·華佗傳》："適值佗見收忽忽，不忍從求。"言適
逢華佗被捕，憂懼之時，李成不忍向佗求藥也。又《夏侯玄傳》
注引《魏略》："大將軍聞允前遽，怪之曰：'我自收豐等，不知士
大夫何爲忽忽乎！'"《大藏經》卷十二吳支謙譯《佛說阿彌陀
經》卷下："不解道者多，得道者少，世間忽忽，無可聊賴。"又卷
三西晉竺法護譯《生經·佛說護諸比丘咒經》："爾時無數比丘
各各馳走，忽忽不安，如捕魚師布網捕魚，魚都馳散，世尊遙見
無數比丘，各各馳散，擾擾不安。"字或作"悤悤"，《晉書·王彪
之傳》載其謂殷浩曰："無故悤悤，先自猖蹶。"言無端憂懼不
安，將招致失敗也。

　　整理者按：咸平本、紹熙本、元大德本、三朝本、西爽堂本、
南監本、汲本、金陵活字本、局本、百衲本作"惢惢"。北監本、
殿本作"忩忩"。

欲令二宮專志於學，不復顧慮觀聽小宜，期於溫故博物而已。（《吳志十四·吳主五子·孫霸傳》/1372 頁）

盧弼《集解》：何焯校本以"聽"字爲句。一本以"宜"字爲句。弼按："宜"字疑誤。

華按："小宜"即小儀。《華陽國志》卷十一載王長文事："長文才鑑清妙，泛愛廣納，放蕩闊達，不以細宜廉介爲意。""細宜"即"小宜"。本志《諸葛恪傳》載其與陸遜書曰："若於小小宜適私行不足，皆宜闊略，不足繩責。"此"小宜"亦即"小小宜適"。此文當以"宜"字爲句，"宜"字不誤。

大王宜上惟太伯順父之志，中念河間獻王、東海王彊恭敬之節，下當裁抑驕恣荒亂以爲警戒。（《吳志十四·吳主五子·孫奮傳》/1374 頁）

盧弼《集解》：宋本"裁"作"存"。《通鑑》作"下存前世驕恣荒亂之王"。

華按：衡之文法，前云"宜上惟"，繼云"中念"，則末云"下當存"方可比類。"存"亦思惟、思念之義。舊題咸平本、百衲本、元本作"存"，與《資治通鑑》卷七十五相合；明、清諸本訛爲"裁"，標點本遂沿其誤。

整理者按：咸平本、紹熙本、元大德本、三朝本、百衲本作"存"。西爽堂本、南監本、北監本、汲本、殿本、金陵活字本、局本作"裁"。宋《太平御覽》卷一百五十一作"存"，文淵閣四庫全書本、日本安政二年活字本作"裁"。

奮不受藥，叩頭千下。（《吳志十四·吳主五子·孫奮傳》注引《江表傳》/1375 頁）

盧弼《集解》："千"或改作"于"。

盧弼《集解補》：俞正燮《癸巳存稿》卷七云："叩頭千下，其事可憫。《韋曜傳》云曜下獄置對曰：'囚被問，叩頭五百下。'華覈救曜表曰：'謹通進表，叩頭百下。'蓋其時卑乞常語，……形容之文，非眞叩頭千、叩頭五百也。"

華按：俞說甚韙，"千"字不可改。

三國志卷六十
吳志十五《賀全呂周鍾離傳》校詁

賀氏本姓慶氏。齊伯父純……（《吳志十五·賀齊傳》注
引虞預《晉書》/1377 頁）

盧弼《集解》：《晉書·賀循傳》：“循字彥先……族高祖純，博學
有重名，漢安帝時爲侍中，避安帝父諱改爲賀氏。曾祖齊，仕
吳爲名將。祖景，滅賊校尉。父劭，中書令。”

華按：或疑“伯父”爲“祖父”之誤，尚待商略。《元和姓纂》
卷九：“賀，姜姓，齊公族慶父之後……後漢慶儀爲汝陰令，慶
普之後也。曾孫純，避漢安帝父諱，始改賀氏；孫齊，吳大將
軍。”岑仲勉《元和姓纂四校記》云：“按《三國志》六〇引虞預
《晉書》曰：‘齊伯父純……齊父輔，永寧長。’似‘孫’應作‘姪’；
但考虞預又謂純‘漢安帝時爲侍中、江夏太守……避安帝父孝
德皇帝諱，改爲賀氏’，則賀在安帝時，想年已不弱。安帝起西
元 107，終 125，齊則建安元年（196）始察孝廉，卒魏黄初（220—
226）末，距賀純爲侍中，總百年以上。是《姓纂》稱‘孫’者並不
誤，今本《三國志注》之‘伯父’，實‘祖父’之訛也。”岑說可供參
考。竊謂“伯父”未必有誤。據《晉書·賀循傳》，賀純於循爲
“族高祖”，賀齊於循爲“曾祖”；“高祖”上既有“族”字，則純於
齊爲同一家族中之父輩，正與本文“齊伯父純”相合。蓋賀純

名重於世,故族人無論近屬、疏屬均欲以直系親屬附之,而大族中輩份相同或相近者,年齡差距往往不可以輩次計。若賀純確爲齊父之胞兄,則岑說是矣;倘純係齊父之族兄,亦即《晉書》謂純爲循之"族高祖"者,則《姓纂》之"孫"當爲"姪"字之誤。

吳五六千戶別屯大潭。(《吳志十五·賀齊傳》/1378頁)

華按:"吳五"二字之下,各本均有裴松之所注"姓吳,名五"四字。標點本脫去此文,當屬排版之誤。標點本勝舊本之處多矣,然而若以"完本"之例衡之,則舊本不奪而標點本不完之處竟不可一二數矣。

乃多縣布以援下人,得上百數人。(《吳志十五·賀齊傳》/1378頁)

盧弼《集解》:《通鑑》作"得上者百餘人"。

華按:《通典》卷一百六十一、《太平御覽》卷二百八十五均作"百數十人",蓋唐、宋所見如此。然宋代已有奪"十"字者,《資治通鑑》卷六十五或以"百數人"不成文法,遂改爲"百餘人"也。

徐盛被創失矛,齊引兵拒擊,得盛所失。(《吳志十五·賀齊傳》/1380頁)

殿本《考證》:《御覽》引此作"徐盛被創失牙,齊引兵拒擊,得盛所失牙"。

潘眉《考證》:《御覽》引入"牙"部,不入"矛"部,今本作"矛",誤。

趙一清《注補》:"牙"謂牙旗也。權作黃龍大牙,見《胡綜傳》。

華按:建安二十年合肥之役,吳軍幾乎覆沒。史家載筆,非斬將搴旗之事,實不足書,《國志》簡質,敍事尤當著眼於大處。失矛事小,似不當書,然則《太平御覽》卷三百三十九"矛"作"牙"者,得其實焉。

整理者按:《北堂書鈔》卷一百二十亦入"牙"部"賀齊拒擊"條。

所乘船雕刻丹鏤,青蓋絳襜,干櫓戈矛,葩瓜文畫,弓弩矢箭,咸取上材。（《吳志十五·賀齊傳》/1380 頁）

盧弼《集解》: 宋本"瓜"作"爪"。

華按: "瓜"字無義。百衲本作"爪",當從之。"葩爪"乃豪華之妝飾品,其形如花,以金製成。字或作"葩瑤",《文選》卷三張衡《東京賦》:"羽蓋威蕤,葩瑤曲莖。"李善注:"葩爪,悉以金作華形,莖皆曲。蔡雍《獨斷》曰:凡乘輿車,皆羽蓋金華。爪與瑤同。"

又按: "葩爪",或稱"華蚤",或稱"金瑤",典籍所載,多用以裝飾貴人之羽蓋。竊疑原文當作"所乘船雕刻丹鏤,青蓋絳襜,葩爪文畫;干櫓戈矛,弓弩矢箭,咸取上材"。夫如是,則前三句寫乘坐之具,後三句寫兵器之屬,而"葩爪文畫"緊承"青蓋絳襜",可謂順理成章。

整理者按:咸平本、紹熙本、元大德本、百衲本作"爪"。三朝本、西爽堂本、南監本、北監本、殿本作"爪","爪"同"爪"。汲本、金陵活字本、局本作"瓜"。

後四年卒,子達及弟景皆有令名。（《吳志十五·賀齊傳》/1380 頁）

華按:《三國志》今注今譯本將此文譯爲"兒子賀達和弟弟賀景都有美名"。以賀景爲賀齊之弟,恐未得實。蕭常《續後

漢書》卷三作"子達,達弟景,皆有令名",可資參考。《元和姓
纂》卷九:"齊孫中書令劭。"岑仲勉《元和姓纂四校記》指出:
"《齊傳》末云:'子達及弟景。'就文面觀之,'弟景'應就'齊'立
言,然同書六五《賀邵傳》注引《吳書》云:'邵,賀齊之孫,景之
子。'又《晉書》六八《賀循傳》:'曾祖齊……祖景。'是'弟景'
者,達之弟,非齊之弟也,邵、劭古通寫。"岑說有據,足可信從。
竊疑原文當作"子達嗣。達及弟景皆有令名",此亦史家行文
之常式。本志《宗室·孫鄰傳》:"赤烏十二年卒,子苗嗣。苗
弟旅及叔父安、熙、績皆歷列位。"又《陸抗傳》:"秋遂卒,子晏
嗣。晏及弟景、玄、機、雲分領抗兵。"均可比證。"子達及弟
景"不成文法,蓋傳寫不慎,跳脫"嗣達"二字。

**《會稽典錄》曰:景爲滅賊校尉……子質,位至虎牙將
軍。景子邵,別有傳。**(《吳志十五·賀齊傳》注/1381 頁)

盧弼《集解》:趙一清曰:"'景子邵別有傳',此六字是承祚本
書,非注也。"

華按:裴注所引《會稽典錄》,其文止於"位至虎牙將軍"。
"景子邵"云云,是裴氏自注之文。《魏志·劉表傳》注引《傅
子》曰:"巽弟公悌……卒如其言。巽弟子嘏,別有傳。"其中
《傅子》之文止於"卒如其言","巽弟子嘏,別有傳"七字亦裴氏
自注之文。裴云"別有傳"者,謂承祚本書另有專傳,故此處不
須作注也。趙一清謂"邵子景"六字"是承祚本書",非是;承祚
但云"自有傳"而不言"別有傳",例如《魏志·鍾繇傳》末云:
"毓弟會,自有傳。"謂《魏志》自有《鍾會傳》也。

初,權將圍珠崖及夷州,皆先問琮。(《吳志十五·全琮
傳》/1383 頁)

翁本錄何焯批校曰：張按“圍疑作圖”。

郁松年《續後漢書札記》：郝書“權將圍珠崖”，案“圍”當作“圖”。此沿《志》之誤。

　　華按：郁氏之說是也。珠崖、夷州皆海中大島，豈一偏師所能“圍”取？嘗見明人所撰《崖州志》敍聶友事云：“孫權將圖珠崖，(諸葛)恪薦友爲珠崖太守，詔加友將軍，與校尉陸凱同往，執馘奏捷。”正用“圖”字，可以參校。“圖”，謀取也。本志《吳主傳》載劉備語：“吾方圖涼州。涼州定，乃盡以荆州與吳耳。”例多不備舉。

賞不踰月，國之常典，制度所宜，君其裁之。（《吳志十五·呂岱傳》/1385 頁）

　　華按：《司馬法》原作“賞不踰時”，說在《魏志·武帝紀》；此“賞不踰月”係孫權詔文，改“時”爲“月”自無不可。《全梁文》卷十六梁元帝《馳檄告四方》曰：“壽春畿要，賞不踰月。”是六朝之文恆言“踰月”矣。

啟事蒸仍，乞未罪怪。（《吳志十五·周魴傳》/1390 頁）

盧弼《集解》：“蒸仍”未詳。

　　華按：“蒸”、“仍”二字古同韻，又均有眾多之義。古人恆以雙聲迭韻或意義相關之字構成複音之詞，“蒸仍”連文，當屬此例。《魏書·叔孫建傳》：“每奉詔宣外，必告示殷勤，受事者飽之而退，事密者倍至蒸仍，是以上下嘉歎。”例雖晚出，自有所本，其爲頻仍、殷勤之義，與魴文正合。

魴乃詣部郡門下，因下髮謝。（《吳志十五·周魴傳》/1391 頁）

盧弼《集解》：《通鑑》無“部”字。胡注：鄱陽郡門下。

　　華按："部郡門下"，係"部鄱陽郡從事門下"，與"鄱陽郡門下"不同。《通典》卷三十二："部郡國從事史，每郡國各一人，漢制也。主督促文書，舉非法。"《太平廣記》卷四百三十九引干寶《搜神記》載，吳時使官湯應夜宿廬陵郡都亭，有老狸化爲部郡相詣。此事雖屬傳奇，要可證吳承漢制，以"部郡"爲"部郡國從事史"之省稱也。魴爲郡守，又有違法之嫌，正當詣部郡謝罪也。《資治通鑑》卷七十一作"魴因詣郡門下"，胡三省因注曰："鄱陽郡門下。"彼無"部"字，若非傳鈔漏脫，必爲編者誤删也。

牧遣使慰譬，登皆首服，自改爲良民。（《吳志十五·鍾離牧傳》注引《會稽典錄》/1393 頁）

　　盧弼《集解》："登"字疑誤。

　　華按：劉淇《助字辨略》卷二指出："登，即登時，省文也。"其說甚確。《抱朴子內篇·至理》："以炁禁金瘡，血即登止。"又《道意》："云能令盲者登視，蹶者即行。"前云"登"後云"即"，其義一也。《漢詩》卷十樂府古辭《古詩爲焦仲卿妻作》："登即相許和，便可作婚姻。""登即"連文，登亦即也。《宋書·武帝紀》："登遣淮陵內史索邈領馬軍步道援荊州。"陶宏景《冥通記》："周登向其姨母道如此。"黃生《義府》卷下釋其中"登"字云："'登'之開聲爲'當'，蓋言當時也。薛用弱《集異記》：'登令召至。'又：'登言於醫。'"諸"登"皆當時之義，六朝常語也。

蒙國威靈自濟，今日何爲常。（《吳志十五·鍾離牧傳》注引《會稽典錄》/1395 頁）

　　盧弼《集解》：官本《考證》曰："句內疑有脫字。"

　　華按：《册府元龜》卷四百三十作"何可爲常"，多一"可"

字,語意似若可明;此語蓋謂彼時之事皆僥倖成功,時過境遷,故今日不得以舊事爲常例。《魏志·武帝紀》建安十三年注引《曹瞞傳》載曹操語:"孤前行,乘危以徼倖,雖得之,天所佐也,故不可以爲常。"鍾離牧語與操意相同。

弟徇……戍西陵,與監軍使者唐盛論地形勢,謂宜城、信陵爲建平援,若不先城,敵將先入。(《吳志十五·鍾離牧傳》注引《會稽典錄》/1395 頁)

華按:標點本在"宜城"下加專名綫,誤。"宜城信陵"者,宜築城於信陵也;"城"爲動詞,指構築足以固守之城牆。下文"若不先城"及"無云當城之者"同此。據末句"晉果遣將脩信陵城"可知,前此信陵尚無城也。《三國志地名索引》亦誤收"宜城",致誤之源即標點本也。

三國志卷六十一
吳志十六《潘濬陸凱傳》校詁

備入蜀，留典州事。（《吳志十六·潘濬傳》/1397頁）

　　華按："留典"二字當乙。凡留守之事，謂之"留事"；總統留守之事，謂之"統留事"、"典留事"。《魏志·杜畿傳》："帝征吳，以畿爲尚書僕射，統留事。"言文帝委畿居守京師也。又《徐宣傳》："車駕幸許昌，總統留事。"言明帝以宣典留都事也。《蜀志·楊洪傳》："丞相亮北住漢中，欲用張裔爲留府長史。"言諸葛丞相欲以裔典留府事也。又《蔣琬傳》："亮住漢中，琬與長史張裔統留府事。"換言之，"統留府事"即"典留府事"也。今檢宋、元以來舊版，諸本皆作"典留州事"，唯南監本、金陵活字本誤倒爲"留典州事"。鄭樵《通志》卷一百二十亦作"典留州事"。《蜀志·楊戲傳》載《季漢輔臣贊》曰："潘濬，字承明……先主入蜀，以爲荆州治中，典留州事。"亦以"留州事"連文。標點本作"留典州事"者，承金陵活字本之倒。

　　整理者按：咸平本、紹熙本、元大德本、三朝本（正德十年補刊）、西爽堂本、北監本、汲本、殿本、局本、百衲本作"典留州事"。南監本、金陵活字本作"留典州事"。

權克荆州，將吏悉皆歸附，而濬獨稱疾不見。權遣人以牀就家輿致之。（《吳志十六·潘濬傳》注引《江表

傳》/1397 頁）

　　盧弼《集解》：何焯校改"興"作"舉"。

　　易培基《補注》："興"，北宋本作"轝"。

　　　華按：《集解》之"舉"，必爲"轝"字之誤。《蜀志·杜微傳》："建興二年，丞相亮領益州牧，選迎皆妙簡舊德，以秦宓爲別駕，五梁爲功曹，微爲主簿。微固辭，轝而致之。""轝"、"興"二字古義相同，"轝而致之"即"興致之"，謂以興狀强載而致也。《晉書·文帝紀》載司馬昭殺高貴鄉公事云："帝召百寮謀其故，僕射陳泰不至。帝遣其舅荀顗興致之，延于曲室。"是其例。

　　　整理者按：咸平本、紹熙本、元大德本、三朝本、西爽堂本、南監本、北監本、汲本、殿本、金陵活字本、局本、百衲本作"興"。

歸義隱蕃，以口辯爲豪傑所善。（《吳志十六·潘濬傳》注引《吳書》/1398 頁）

　　盧弼《集解補》：《通志》作"歸義人"，郝書作"降人"。

　　　華按："歸義"本爲歸順投誠之義，作動詞用；此則用作名詞，指歸降之人。本志《朱然傳》："先是，歸義馬元懷姦，覺誅，權深忿之。"亦其例也。《通志》、郝書有所不瞭，故不憚增文改字之煩。

晧性不好人視己，羣臣侍見，皆莫敢忤。（《吳志十六·陸凱傳》/1400 頁）

　　盧弼《集解》：《通鑑》作"莫敢舉目"。

　　　華按：舊題咸平本、紹熙本作"精莫敢迕"，《册府元龜》卷三百三十六、《太平御覽》卷二百零四"精"作"睛"，"精"與"睛"爲古今字。本志《三嗣主·孫晧傳》注文載庾峻等問李仁事：

"又問曰:'云歸命侯乃惡人橫睛逆視……有諸乎?'仁曰:'亦無此事……視人君相迕,是乃禮所謂傲慢……正使有之,將有何失?'"此云"精莫敢迕",亦即莫敢橫睛逆視之謂。元、明、清各本"精"作"皆",文義欠明。

　　整理者按:咸平本、紹熙本、百衲本作"精莫敢迕"。元大德本、三朝本、西爽堂本、南監本、北監本、汲本、殿本、金陵活字本、局本作"皆莫敢迕"。元刊本《通志》卷一百二十作"精莫敢迕"。

予連從荊、揚來者得凱所諫晧二十事,博問吳人,多云不聞凱有此表。(《吳志十六·陸凱傳》/1404頁)

　　盧弼《集解》:郝經《續書》"予"作"子"。

　　華按:郝書非也。"予",陳壽自稱。此仿太史公筆法。

枯骨不收,而取埋之。(《吳志十六·陸凱傳》/1405頁)

　　盧弼《集解》:何焯校改作"取而埋之"。

　　華按:《建康實錄》卷四正作"取而埋之",可爲何校之依據。

先帝外仗顧、陸、朱、張,內近胡綜、薛綜,是以庶績雍熙,邦內清肅。(《吳志十六·陸凱傳》/1406頁)

　　華按:"顧",顧雍,黃武四年至赤烏六年爲丞相;"陸",陸遜,赤烏七年至八年爲丞相;"張",張昭,輔吳將軍也;"朱"係何人,不得而知。歷數孫權文武大員,"朱"姓者惟朱治、朱然、朱桓堪稱創業功臣,然三人皆不足與顧、陸、張相提并論。今知"朱"乃"步"字之訛。"步",步騭也,此人於赤烏九年代陸遜爲丞相,故得與顧、陸、張並列爲四。本志《吳主傳》注引《傅子》:"及權繼其業,有張子布以爲腹心,有陸議、諸葛瑾、步騭以爲股肱,有呂範、朱然爲爪牙。"此以步、張、陸等爲股肱大臣,而朱然則屬爪牙之列。又《步騭傳》載周昭之論:"然論其絕異,未若顧豫章、諸葛使君、步丞相、嚴衛尉、張奮威之爲美也。"亦以顧、步等並稱"絕異"。陸凱此文亦有云:"是故漢有蕭、曹之佐,先帝有顧、步之相。"由此可見,"顧陸朱張"之"朱",必"步"字之訛。步、朱草書形近,傳寫易致訛誤。今檢《建康實錄》,其卷四引錄此文正作"顧陸步張",可爲佐證,宜據正。

意奢情至,吏日欺民;民離則上不信下,下當疑上。

（《吳志十六·陸凱傳》注引《江表傳》/1408 頁）

盧弼《集解》:"情"疑作"惰"。

華按:"情"與"意"對舉,當非誤字。竊疑下"民"字當爲"日"之誤文。《羣書治要》卷二十八引此作:"意日奢,情日至,吏日欺,民日離,則上不信下,下當疑上。"其中"吏日欺,民日離",與凱疏"職司不忠"、"百姓愁勞"之文相合。

三國志卷六十二
吳志十七《是儀胡綜傳》校詁

入關省尚書事。外總平諸官，兼領辭訟，又令教諸
·
公子書學。（《吳志十七·是儀傳》/1411—1412 頁）

盧弼《集解》：元本"關"作"關"，誤。

易培基《補注》："入關"，何本作"入關"。

華按：何焯校本作"關"，與元本相合，近爲得實。本志《三
嗣主·孫亮傳》注引《吳歷》載其語曰："今大將軍問事，但令我
書'可'邪！'"問"，《建康實錄》卷三作"關"，蓋唐人所見本並非
"問"字。關某事，猶今語過問某事，俗謂"給某事把把關"。又
《妃嬪·孫破虜吳夫人傳》注引《吳書》載吳祺事曰："祺與張
溫、顧譚友善，權令關平辭訟事。"亦其例。據《說文解字》，
"關"之本義爲"以木橫持門戶"，引申之，即俗語所謂"把住關
口"之義，如《漢書·酷吏傳》載成宣事："其治米鹽，事小大皆
關其手。"由此引申，分管監督某事者，曰"關……事"；被分管
者稟報其事亦曰"關"，或曰"關白"，又曰"關通"。

整理者按：咸平本、元大德本（後印本）作"關"。紹熙本、
元大德本（初印本）、三朝本、西爽堂本、南監本、北監本、殿本、
金陵活字本、局本、百衲本作"關"。蕭常《續後漢書》卷二十七
作"關"，郁松年《札記》曰："'入關省尚書'，陳志作'入關省尚

524

書事’。”

將使遺民覩見定主。（《吳志十七·胡綜傳》/1415 頁）

華按："定主"謂某一歷史時期中固定不變之統治者。袁宏《後漢紀》卷二十四載朱儁語："昔秦、項之際，民無定主，故有賞以勸來者；今海內一統，惟黃巾造寇，降之無可勸，罰之足以懲惡。"《魏志·武文世王公傳》注引《魏氏春秋》載曹冏上書曰："士有常君，民有定主。"《宋書·氐胡傳》載孝建二年事曰："元和既楊氏正統，羣氏欲相宗推……朝廷既不正元和號位，部落未有定主。"《南齊書·張敬兒傳》載齊太祖報沈攸之書曰："豈見有任鎮邦家，勳經定主，而可得出入輕單，不資寵衞。"隋王通《中說》："無定主則難責以忠，無定民則難責以化。"是"定主"亦漢魏六朝常語，辭書迄未載錄，特表出於此。

隱度今者，可得三千餘匹。（《吳志十七·胡綜傳》/1417 頁）

華按："隱度"乃同義之字平列，隱亦度也。《漢書·元帝紀》贊曰："自度曲，被歌聲。"應劭注云："自隱度作新曲，因持新曲以爲歌詩聲也。"顏師古曰："度音大各反。"是"隱度"猶言揣摩，乃漢末常語。

陛下出軍，當投此時，多將騎士來就馬耳。（《吳志十七·胡綜傳》/1417 頁）

華按：尋求間隙謂之"投"。"投此時"，猶言趁此時機。《後漢書·延篤傳》載其與李文德書曰："百家眾氏，投閒而作。"《列子·說符》："投隙抵時，應事無方，屬乎智。"是其例也。

昔許子遠舍袁就曹，規畫計較，應見納受。（《吳志十七·胡綜傳》/1417 頁）

華按："應"猶言立即。《魏志·方技·華佗傳》："若當灸，不過一兩處，每處不過七八壯，病亦應除。"又："病者言已到，應便拔針，病亦行差。"《大藏經》卷三吳康僧會譯《六度集經·布施無極經》："孔雀取麨，人應獲焉。"又卷二十二東晉佛陀跋陀羅、法顯譯《摩訶僧祇律》卷十："問伴言：'是誰許？'有人言：'此是淨人囊，即速放地。'淨人爾時應即取去。"諸例或單言"應"，或言"應便"、"應即"，其義一也。

三國志卷六十三
吳志十八《吳範劉惇趙達傳》校詁

初，權爲將軍時，範嘗白言"江南有王氣，亥子之間有大福慶"。權曰："若終如言，以君爲侯。"及立爲吳王，……以侯綬帶範。（《吳志十八·吳範傳》/1422 頁）

盧弼《集解》："亥子之間"爲建安二十四、五年，孫權封吳王在黃初二年，吳範說已不驗矣。

華按：所謂"江南有王氣"，指孫權必能稱王稱帝，此乃泛測未來之言；所謂"亥子之間有大福慶"，指孫權至某一亥年、子年之際必有大喜之事，此乃特指一端而言。考之史實，孫權於建安二十四年之末終於奪得夢寐以求之荆州，旋即又爲曹操表爲驃騎將軍，假節，領荆州牧，封南昌侯，是時恰在己亥、庚子之間，吳範之說可謂有驗，故孫權不得不"以侯綬帶範"。盧氏以黃初二年之事指實"王氣"之說，殊不知"王氣"之說並不專指受封吳王，更指日後自行稱帝之事也。盧氏拘泥於"及立爲吳王"之文，遂謂範言不驗，未爲允當。

又按："亥子之間"，當指己亥、庚子之間，《校詁》已有臆說。今知吳範所據者，實爲天數循環之說。《太平經》分解本末法云："元氣起於子。"又云："物終當更反始，故爲亥。"又三合相通訣云："人正以亥爲十月，故物畢死。"《說文解字》："亥，荄也。十月微陽起，接盛陰。從二，‘二’古文‘上’字；一人男，一人女也。從乙，象懷子咳咳之形。”《晉書·樂上》有云：“十月之辰謂爲亥；亥者，劾也，言時陰氣劾殺萬物也；十一月之辰謂爲子；子者，孳也，謂陽氣至此更孳生也。”以“亥”爲盛陰孕陽之數，“子”爲元氣初萌之時，始於一終於十，起於子畢於亥，亥子之間，舊新交替，此陰陽家、讖緯家之常談也。

達常笑謂諸星氣風術者曰：“當迴算帷幕，不出戶牖以知天道，而反晝夜暴露以望氣祥，不亦難乎！”

（《吳志十八·趙達傳》/1425 頁）

盧弼《集解》：“氣”疑作“氛”。

華按：應劭《風俗通義·正失》載葉令王喬事：“太史候望，在上西門上，遂以占星辰，省察氣祥，言此令即仙人王喬也。”“氣”謂雲氣，亦稱“氣氛”；“祥”謂徵祥，亦即吉凶之先兆。是漢魏自有“氣祥”之語。盧氏疑“氣”爲“氛”之訛者，蓋緣古有“氛祥”之說。《國語·楚語上》載伍舉對楚靈王曰：“榭不過講軍實，臺不過望氛祥。”韋昭注：“凶氣爲氛，吉氣爲祥。”似此，趙達所謂“氣祥”者固可通，若作“氛祥”，亦切語意。然則盧氏之說，自可存以備考。

曾從吳主別，……（《吳志十八·吳範劉惇趙達傳評》注引《抱朴子》/1427 頁）

華按：“別”字疑衍。觀下文仙公有“臣昨侍從”之言，可知其隨從吳主而未嘗告別也。《太平御覽》卷八百四十五所引無“別”字，可以參考。

到洌州，還遇大風，百官船多沒，仙公船亦沉淪。

（《吳志十八·吳範劉惇趙達傳評》注引《抱朴子》/1427 頁）

盧本“洌州”作“洌洲”。

盧弼《集解》：馮本“洲”作“州”，誤。

　　華按：“洌州”當作“烈洲”，《建康實錄》卷四有注文曰：“吳時夾淮立柵，自石頭南上十里至查浦，查浦南上十里至新亭，新亭南上二十里至孫林，孫林南上二十里至板橋，板橋上三十里至烈洲。洲有小河，可止商旅以避烈風，故名‘烈洲’。又洲上有小山，形如栗，亦謂之‘栗洲’。吳時烈洲長封洲一百二十步。”可證。《太平御覽》卷八百四十五引作“會從吳主到荊州”，“荊州”亦“烈洲”之誤。

　　整理者按：咸平本、紹熙本、三朝本、西爽堂本、北監本、汲本、殿本、局本、百衲本作“洲”。元大德本、南監本、金陵活字本作“州”。

實不見有鬼，但見一頭白鵝立墓上，所以不即白之，疑是鬼神變化作此相，當候其眞形而定。無復移易，不知何故，不敢不以實上聞。（《吳志十八·吳範劉惇趙達傳評》注引《抱朴子》/1427 頁）

　　華按：“而定”二字當下屬。“而定無復移易”，謂自始至終無所變化也。“定”猶言終究、到底，說見本志《孫堅傳》注引《英雄記》。

三國志卷六十四
吳志十九《諸葛滕二孫濮陽傳》校詁

權見而奇之，謂瑾曰："藍田生玉，眞不虛也。"（《吳志十九·諸葛恪傳》注引《江表傳》/1429頁）

　　盧弼《集解》：《漢書·地理志》："京兆尹，藍田，山出美玉。"《水經注》："霸水出藍田縣藍田谷，所謂多玉者也。"《元和志》："藍田山，一名玉山。"《長安志》："藍田山在藍田縣東南三十里。"

　　　華按：依語言習慣，"生"當作"出"。"藍田出玉"，必爲當時口碑，今人所謂"良鄉出甜栗"、"碭山出甜梨"等等，即屬此類。《建康實錄》卷三、《太平御覽》卷三百七十九載孫權語正作"出"，可資參校。

使人牽一驢入，長檢其面，題曰"諸葛子瑜"。（《吳志十九·諸葛恪傳》/1429頁）

　　　華按：徐復師《三國志臆解》曰："檢，即今籤字。《說文》：'檢，書署也。'《後漢書·公孫瓚傳》李賢注：'檢，書署也。今俗謂之㭲，其字從木。'文云長檢其面，謂以長條挂於驢面。"

恪嘗獻權馬，先鑬其耳。（《吳志十九·諸葛恪傳》注引《恪別傳》/1430頁）

　　盧弼《集解》：鑬，刺也。

　　　華按："鑬"字罕見，今不識。清吳任臣《字彙補》曰："鑬，

530

音未詳。刺也。《三國志·吳志》‘諸葛恪’注《恪別傳》曰：‘恪嘗獻權馬，先鍥其耳。’”所謂“刺也”顯屬推測之說。盧弼《集解》不言“刺也”之說有何依據，又不明著字音未詳之事，頗失不知蓋闕之義。竊疑“鍥”即《篇海》之“鉧”音將遂切，本指錐屬，此則引申爲錐刺之義。夫古書之字，異體滋多，以“芻”爲偏旁者或變爲“取”。如“炒”之古體爲“爝”，見《集韻》引《說文解字》；或體爲“𤇾”，見《方言》；今疑“鍥”之爲“鉧”，亦其比也。此字蓄疑久矣，自恨護聞，幸博雅惠而教之。

更作大隄，左右結山俠築兩城。（《吳志十九·諸葛恪傳》/1435 頁）

盧弼《集解》：潘眉曰：“結山，《魏志·齊王芳紀》注引《漢晉春秋》亦作結山，《通鑑地理通釋》作‘依山’。”

　華按：“結”，乃依傍之謂。《水經·淮水注》：“其陂首受淮川，左結鴻陂。”亦用“結”字。

恪與胤親厚，約等疏，非常大事，勢應示胤，共謀安危。（《吳志十九·諸葛恪傳》注引孫盛《評》/1439 頁）

　華按：“約等疏非常大事”宜作一句讀之。“疏”爲動詞，謂上疏密告；所疏之“非常大事”即傳文“今日張設非常，疑有大故”等語。《建康實錄》卷十二載宋文帝元嘉七年事：“康樂侯謝靈運疏孟凱謀反，帝不之罪，遷爲臨川內史。”“疏……謀反”與“疏非常大事”句式相同，古人有此語法。

況呂侯國之元耆，智度經遠，而甫以十思戒之，而便以示劣見拒，此元遜之疎，乃機神不俱者也。（《吳志十九·諸葛恪傳》注引《志林》/1440 頁）

　華按：兩“而”字當有一衍，《資治通鑑》卷七十五無前一

"而"字,可以參考。

先是,童謠曰:"諸葛恪,蘆葦單衣篾鉤落,於何相求成子閤。"(《吴志十九·諸葛恪傳》/1441頁)

　　華按:童謠直呼"諸葛恪",不合情理。童謠之影射權貴也,均以廋詞隱語爲之,未見直呼其名者,例如《後漢書·五行志》云:"獻帝踐阼之初,京師童謠曰:'千里草,何青青?十日卜,不得生!'"此以"千里草"、"十日卜"離合"董卓"二字,而不直言"董頭草,何青青?卓十卜,不得生!"又如《晉書·湣懷太子傳》云:"先是,有童謠曰:'東宫馬子莫聾空,前至臘月纏汝髮。'"此以"東宫馬子"暗指太子司馬遹,而不直言"司馬遹,莫聾空!"其例甚夥,文多不贅。恪未亡時,名爲宰輔,實爲國之元首,童謠豈能不避名諱?《宋書》及《晉書·五行志》引此謠均作"吁汝恪,何若若",音義雙關,語意若明若暗,甚合謠言之體。今疑《吴志》原文與《五行志》相同,後人刪去可有可無之"何若若",又改易虛詞"吁汝",遂有不合情理之稱謂。

爲人白皙,威儀可觀。每正朔朝賀脩勤,在位大臣見者,無不欽賞。(《吴志十九·滕胤傳》注引《吴書》/1443頁)

　　華按:宋代學者章定所撰《名賢氏族言行類稿》卷二十九節引此文曰:"少有節操,威儀可觀,脩勤在位,大臣見者莫不欽賞。"可知章氏以"脩勤在位"爲句;陳仁錫本、萬有文庫本亦以"脩勤在位"爲句,可從。蓋"脩勤"二字,近義並列,意謂脩其德而勤其事也,例如《穀梁傳》隱公七年"夏城中丘,城爲保民爲之也",晉范甯《集解》:"刺公不脩勤德政,更造城以安民。""脩勤"之同素逆序詞爲"勤脩",亦中世雙音節詞。

　　整理者按:南監本、殿本、局本朱筆句讀並以"脩勤在位"

爲句。

遣從兄慮將兵逆據於江都。（《吳志十九・孫綝傳》/1446 頁）

盧弼《集解》：錢大昕曰：“下文云‘峻從弟慮’，蓋峻之從弟於綝爲從兄，實一人也。《三嗣主傳》作‘孫憲’。‘憲’與‘慮’字形相涉而誤，當以‘憲’爲正。孫權之次子慮封建昌侯，此峻從弟不應與同名也。”官本《考證》及趙一清說同。《通鑑》亦作“憲”。

華按：錢說是也。此“慮”及下文四“慮”字均當校改爲“憲”。標點本於本志《呂範傳》“又遣從兄（慮）〔憲〕以都下兵逆據於江都”之文已作校改，於此篇則仍其舊，未能一以貫之。

朕用憮然，若涉淵冰。（《吳志十九・孫綝傳》/1450 頁）

易培基《補注》：紹熙本“冰”作“水”。

華按：“冰”，當從舊題咸平本、紹熙本作“水”。“若涉淵水”乃君主謂社稷傾危而中心怛懼之語，說見《魏志・武帝紀》九錫文。

整理者按：咸平本、紹熙本、元大德本、三朝本、南監本、百衲本作“水”。西爽堂本、北監本、汲本、殿本、金陵活字本、局本作“氷”。

加興侍郎，領青州牧。（《吳志十九・濮陽興傳》/1452 頁）

盧弼《集解》：宋本作“侍中”。錢大昕曰：“興位爲‘丞相’，何緣更加‘侍郎’？此必誤。宋本作‘中郎’，亦未可據。”官本《考證》同。弼按：宋本作“侍中”，錢說誤。沈欽韓曰：“興已爲‘丞相’，當加官‘侍中’。作‘侍郎’者誤也。”李慈銘曰：“此蓋‘侍中’之誤。傳言綝弟恩爲御史大夫，復加侍中，即此比也，丞相與御史大夫爲兩府，官尊相亞，而加侍中則兼內職爲親臣。六朝三公必加侍中，此其濫觴矣。”

易培基《補注》：紹熙本作"加興侍中"。

華按："侍中"爲加官，"侍郎"則否，此"侍郎"決爲"侍中"之誤，沈、李諸家言之詳矣。考之流行刊本，此文作"侍中"者，有舊題咸平本、紹熙本在。標點本沿諸本之誤，失擇善之旨。

整理者按：咸平本、紹熙本、元大德本、百衲本作"侍中"。三朝本、西爽堂本、南監本、北監本、汲本、殿本、金陵活字本、局本作"侍郎"。

十一(年)〔月〕朔入朝。(《吳志十九·濮陽興傳》/1452頁)

標點本《校記》："月"，據《三嗣主傳》改。(1510頁)

華按：舊題咸平本、紹熙本、殿本、局本等均作"十一月"，獨金陵活字本誤作"十一年"。標點本承用金陵活字本，不從善本徑改誤文，乃據本志《三嗣主傳》校正底本，捨近求遠，莫此爲甚；《魏志·武帝紀》注引《魏武故事》改"子植"爲"子桓"，《蜀志·諸葛亮傳》之《出師表》改"聖德"爲"聖聽"，皆此類也。

整理者按：咸平本、紹熙本、元大德本、三朝本、西爽堂本、南監本、北監本、汲本、殿本、局本、百衲本作"月"。金陵活字本作"年"。

三國志卷六十五
吳志二十《王樓賀韋華傳》校詁

俗士挾侵，謂蕃自輕。（《吳志二十‧王蕃傳》/1453 頁）

盧弼《集解》：郁松年曰："《通志》作'挾主自尊，謂蕃輕己'，語較明晰。"

華按：此段文字，蓋謂萬或乃俗士之流，其性狷狹，急則傷侵於人；王蕃體氣高亮，故或以蕃爲輕己也。《蜀志‧王平傳》云："性狹侵疑，爲人自輕。"與此文句法一律。然則此文之"挾"，當讀爲"狹"。《蜀志‧楊戲傳》載其《季漢輔臣贊》贊楊威公曰："威公狷狹，取異衆人，閑則及理，逼則傷侵。""狹侵"二字，當寓狷狹、傷侵之義。《通志》臆改舊文，不足爲據。

整理者按：咸平本、三朝本（正德十年補刊）作"俗土"。紹熙本作"俗王"。元大德本、西爽堂本、南監本、北監本、汲本、殿本、金陵活字本、局本作"俗士"。

出登來山，使親近將（跳）〔擲〕蕃首，作虎跳狼爭咋齧之。（《吳志二十‧王蕃傳》注引《江表傳》/1453—1454 頁）

殿本《考證》："跳"字疑衍。或作"挑"。

標點本《校記》："擲"，據《資治通鑑》七九改。（1510 頁）

華按：古人口語，有稱拋擲爲"跳"者。《魏志‧烏丸鮮卑東夷傳》注引《魏略‧西戎傳》載大秦國"俗多奇幻，口中出火，自縛自解,跳十二丸巧妙",即跳丸擲劍之"跳",上拋也。《大藏經》卷十七吳支謙譯《惟日雜難經》:"想須蜜言:'我取石跳,一石未墮地,便得阿羅漢。'已跳石,便不肯起,天因於上牽其石,不得令墮。"此二"跳"均上拋之義。又《龍王兄弟經》:"我能取是兩龍及須彌山著掌中,跳過他方天下。"此"跳過"二字在《大藏經》卷五十三梁寶唱集《經律異相》中譯作"拋擲"。又卷十四西晉竺法護譯《文殊師利現寶藏經》卷上:"有山名曰伊沙陀,發意之頃,我能以掌跳置虛空。"此"跳置"義同"挑擲",又卷四劉宋寶雲譯《佛本行經》卷六:"以左手舉山,置於右手中,便挑擲虛空,乃上至梵天……山從上來下,還往佛右掌。"並其例證。由此觀之,標點本依《資治通鑑》改"跳"爲"擲",並無必要。竊謂各本作"跳蕃首"不誤,而下文"作虎跳狼爭……"之"跳"則屬涉上而衍之字。《建康實錄》卷四注引此句正作"令親近將跳蕃頭,作虎狼爭咋",可爲鄙說之又一佐證。

萬或既爲左丞相……(《吳志二十·王蕃傳》注引《吳錄》/1454 頁)

華按:"左"爲"右"之誤字,宜據《建康實錄》卷四、《太平御覽》卷二百零四校正。本志《三嗣主·孫晧傳》載寶鼎元年事云:"以陸凱爲左丞相,常侍萬或爲右丞相。"又載寶鼎二年事云:"右丞相萬或上鎮巴丘。"又載鳳凰元年事云:"右丞相萬或被譴,憂死。"均其的證。

蕃上誣明選,下訕楨幹,何傷於日月,適多見其不知量耳。(《吳志二十·王蕃傳》注引《吳錄》/1454 頁)

盧弼《集解》:《論語》:"人雖欲自絕,其何傷於日月乎? 多見其不知量也。"

華按："何傷於日月"之上,舊題咸平本、紹熙本、殿本、局本等均有"亦"字,與《論語》"其"字作用相似。"其"字俗作"亓",頗疑傳寫者不識字,遂改爲"亦"。《太平御覽》卷二百零四亦有"亦"字。馮本、金陵活字本、標點本相承無"亦"字,疑脫。

整理者按：咸平本、紹熙本、元大德本、三朝本(正德十年補刊)、西爽堂本、北監本、汲本、殿本、局本、百衲本有"亦"字。南監本、金陵活字本無"亦"字。

郡内傷心,有識悲悼。（《吳志二十·王蕃傳》/1454 頁）

盧弼《集解》：宋本"郡"作"邦",《陸凱傳》亦作"邦"。

華按："郡"爲"邦"之誤文無疑。"邦内"猶言國内。如本志《濮陽興傳》之"邦内失望"等等。《賀邵傳》載其上疏論王蕃之死,有云："海内悼心,朝臣失圖。"亦指全國範圍而言。王蕃爲中央官員,又非死於州郡之事,故"郡内"云云,於理不合也。

訂補：《校詁》雖然認定"郡"當作"邦",但尚未發現通行的版本可作爲校改的依據。今知咸平本等即作"邦",《通志》卷一百二十也作"邦",足可據改明、清諸本的訛字。《論語·季氏》謂顓臾"在邦域之中",《蜀志·諸葛亮傳》評有"邦域之内咸愛而畏之"之語,"邦内"即邦域之内。

整理者按：咸平本、紹熙本、元大德本、百衲本作"邦"。三朝本、西爽堂本、南監本、北監本、汲本、殿本、金陵活字本、局本作"郡"。

或陳親密近識,宜用好人。（《吳志二十·樓玄傳》/1454 頁）

華按："近識"二字不成話語,此亦標點本沿馮本、金陵活字本之誤,當據舊題咸平本、紹熙本、殿本、局本等作"近職"。

《晉書・傅玄傳》上言曰："臣以頑疏,謬忝近職。"近職,謂服役於帝王身邊之親近職事,亦漢晉常語。

訂補:《外編》已說明"近識"當從咸平本等作"近識",這裏再做一些補充。《通志》卷一百二十也作"職"。《太平御覽》卷二百十九"侍中"條引《漢官》:"史丹爲侍中,元帝寢疾,丹以親密近臣,得侍疾。"本文的"近職",跟"近臣"是同義詞。

整理者按:咸平本、紹熙本、元大德本、三朝本、西爽堂本、北監本、汲本、殿本、局本、百衲本作"職"。南監本、金陵活字本作"識"。

曜冀以此求免,而晧更怪其書之垢,故又以詰曜。

(《吳志二十・韋曜傳》/1463 頁)

胡三省《通鑑注》:垢,塵也;故,舊也。

華按:胡注以"故"字屬上句讀,可從。《大藏經》吳支謙譯《菩薩本緣經・一切施品》載一切施王曰:"我今已得清潔洗浴,離眾垢故。"是"垢故"連文,似爲吳人習語。標點本以"故"爲因果連詞,今所不取。《建康實錄》卷四亦敍此事,其文作"後主覽書,恚其垢汙,大怒"。其中"垢汙"當爲"垢汙"之誤。此文之"垢故"亦即"垢汙"之義。

定聞陸抗表至,成都不守,臣主播越,社稷傾覆。

(《吳志二十・華覈傳》/1464 頁)

盧弼《集解》:李慈銘曰:"'定'疑作'旋'。"

華按:"定"猶及也。解在《魏志・陳思王植傳》注引《魏略》。

斯運未至,早棄萬國。(《吳志二十・華覈傳》/1465 頁)

華按:"斯運",當從各本作"期運",此亦標點本獨承金陵活字本之誤。"期運"指立國稱帝之時運,亦魏晉常語,換言之,則爲"運期"、"期會"。《魏志·文帝紀》注引《獻帝傳》載桓階等奏曰:"今陛下應期運之數,爲皇天所子。"本志《吳主傳》注引《吳錄》載孫權告天文曰:"權生於東南,遭值期運,承乾秉戎,志在平世。"是其比。

整理者按:咸平本、紹熙本、元大德本、三朝本、西爽堂本、南監本、北監本、汲本、殿本、局本、百衲本作"期"。金陵活字本作"斯"。

景公下從瞽史之言,而熒惑退舍,景公延年。(《吳志二十·華覈傳》/1466頁)

盧弼《集解》:朱邦衡曰:"'下'當作'不'。《史記·宋世家》作'司星子韋'。"

華按:"下"爲"不"之壞字無疑。《呂氏春秋·制樂》敍此事曰:"熒惑在心,子韋請移於相,移於民,移於歲,景公皆以爲不可。"《論衡·變虛》:"齊君欲禳慧星之凶,猶子韋欲移熒惑之禍也。宋君不聽,猶晏子不肯從也。"《漢書·杜欽傳》張晏注云:"太史子韋請移之於大臣及國人與歲,公皆不聽。"諸書或云"不可",或云"不聽",足證"下從"乃"不從"之誤。

當講校文藝,處定疑難。(《吳志二十·華覈傳》/1467頁)

華按:"處定",同義重言,處亦定也。本志《趙達傳》:"達使其人取小豆數斗,播之席上,立處其數,驗覆果信。"又:"有書簡上作千萬數,著空倉中封之,令達算之,達處如數。"《魏志·涼茂傳》:"少好學,議論常據經典以處是非。"諸"處"均決斷之義。郭在貽《〈論衡〉札記》指出:"處"殆"虞"之借字,猜度、擬測之義也,漢唐時習見。

晧答曰:"得表,以東觀儒林之府……乞更選英賢。

聞之，以卿研精墳典，博覽多聞，可謂悅禮樂敦詩書者也……"(《吳志二十·華覈傳》/1467頁)

盧弼《集解》：趙一清曰："'聞'字疑誤。"或曰："按文義，似當作'典'。"

華按："聞之"之後當用句號。此爲詔書常語，猶言"朕知之矣"。《魏志·文帝紀》注引《獻帝傳》載漢獻帝建安末年壬戌册詔曰："皇帝問魏王言：遣宗奉庚申書到。所稱引，聞之。朕惟漢家世踰二十……今使音奉皇帝璽綬，王其陟帝位，無逆朕命，以祗奉天心焉。"是其例。王泗原《古語文例釋》斷句篇"吳志華覈傳聞之句逗誤"條指出："以'聞之'連下讀，誤。'卿研精……'乃所以綏官之由，而曰'聞之'，殊不得體。且'聞之'連下讀，'聞之'下不可用'以'字。"王氏列舉《漢書》諸證之後，又曰："華覈之辭東觀令，頗有委曲。先是，韋曜撰《吳書》，覈等與參同。《韋曜傳》記曜領左國史，不肯爲晧父和作紀，如是者非一，以是下獄。覈'連上疏救曜'……乞赦曜'爲終身徒，使成書業'。晧不許，遂殺曜。兹覈遷東觀令，領右國史，上疏辭讓，史文著摘敍語'東觀儒林之府……乞更選英賢'，亦以見覈委曲之意。當與《韋曜傳》比而觀之。"得此詳解，此文之疑渙若冰釋。

長吏畏罪，晝夜催民，委舍佃事，遑赴會日。(《吳志二十·華覈傳》/1468頁)

梁章鉅《旁證》："會日"，官與刻日爲期也。《公羊·隱元年傳》："會猶最也。"注："最之爲言聚，若今聚民爲投最。"

華按："會日"猶言"限期"，此爲公事常語，漢以來習用。《史記·淮南衡山列傳》："益發甲卒，急其會日。"陳直《史記新

證》指出：“《居延漢簡釋文》卷一：‘齎事詣官會月廿八日夕須
以集……不如會日……’會日，謂約期會之日。”

晧以覈年老，敕令草表，覈不敢。又敕作草文，停
立待之。（《吳志二十·華覈傳》/1469頁）

潘眉《考證》： “草”謂草書也。

　華按： 此“草”字及潘氏所謂“草書”，均指不曾工筆謄寫之
底稿。《魏志·劉廙傳》載文帝命其通草書，廙答書曰：“初以
尊卑有踰，禮之常分也。是以貪守區區之節，不敢脩草。”由此
可見，孫晧特敕覈作表可免重鈔之勞，又特敕其作文可呈草
稿，皆以其年高而待以殊禮也。

咨覈小臣，草芥凡庸。遭眷值聖，受恩特隆。越從
朽壤，蟬蛻朝中。熙光紫闥，青瑣是憑。愍挹清
露，沐浴凱風。效無絲氂，負闕山崇。滋潤含垢，
恩貸累重。穢質被榮，局命得融。欲報罔極，委之
皇穹。聖恩雨注，哀棄其尤。猥命草對，潤被下
愚。不敢違敕，懼速罪誅。冒承詔命，魂逝形留。
（《吳志二十·華覈傳》/1469頁）

易培基《補注》： 楚詞“楓”與“心”爲韻，《文選·西京賦》“風”與
“林”爲韻，猶此處“風”與“憑”爲韻也。“尤”古音“疑”，“留”古
音“釐”。

　華按： 上文二十六句，十三韻，乃後漢三國之韻。前九韻
爲東（庸隆重）、冬（中崇融）、蒸（憑穹）、侵（風）四部合韻，後四
韻爲幽（尤留）、魚（愚誅）二部合韻。易氏以上古音解說中古
音，且僅及“風”、“憑”、“尤”、“留”四字，似不明中世合韻之例。

又按：關於古韻東、冬二部之演變，周祖謨曾論之曰：魏晉時代，東、冬仍有分別；至晉已有合韻之例，以陸機、陸雲、左思爲多；劉宋時東、冬已同用而不分矣。說見周著《魏晉音與齊梁音》一文。今上考三國之音，此文以“庸隆中憑風崇重融穹”九字爲韻，其中“庸隆重”三字隸古韻東部；“中崇融”隸冬部；“憑穹”上古在蒸部，此時接近冬部；“風”字上古屬侵部，兩漢接近冬部，此時多與冬部字押韻。華覈係吳郡武進人，其文以東、冬合韻，更在二陸、左思之前。然則晉宋時代東、冬之合，蓋濫觴於三國之江東方言。

然此數子，處無妄之世而有名位，强死其理，得免爲幸耳。（《吳志二十·王樓賀韋華傳評》/1470頁）

盧弼《集解》：梁章鉅曰：“《戰國·楚策》：朱英謂春申君曰：‘今君處無妄之世，以事無妄之主。’”

華按：“無妄”本爲意外莫測之義，出於《易·無妄》。漢世或作“無望”，又作“毋望”，如《史記·春申君列傳》：“朱英謂春申君曰：‘世有毋望之福，又有毋望之禍。今君處毋望之世，事毋望之主，安可以無毋望之人乎？’”漢末儒者釋“無妄”爲毫無希望，如《漢書·谷永傳》：“遭无妄之卦運。”應劭注曰：“无妄者，無所望也。萬物无所望於天，災異之最大者也。”陳壽所言“無妄之世”，當取應劭之義。《魏志·公孫淵傳》注引《吳書》載其上孫權表曰：“臣伏惟遭天地反易，遇無妄之運。”亦其例。

又按：明陳仁錫本“無妄”作“無道”，可謂陋矣，此蓋手民之誤。

《三國志校詁》附編

《三國志》考釋集錦

最近十年以來，每讀時賢考釋《國志》之作，孤陋寡聞之病輒以小損，信可樂也。茲以管見，擇要鈔錄；間申鄙意，旨在附驥，名曰"集錦"，聊表服膺之忱云爾。

三國志　晉陳壽撰

標點本第一版《出版說明》：魏、蜀、吳三書本是各自爲書，到了北宋雕板，始合爲一種，改稱《三國志》。

繆鉞《〈三國志〉的書名並非始於北宋》指出：西晉陳壽所撰記述魏、蜀、吳三國史事之書，名曰"《三國志》"，當時人即是如此稱呼，千載相承，並無異議。陳壽之書雖分別稱爲《魏書》、《蜀書》、《吳書》，但是合爲一書，則稱《三國志》。自西晉、東晉、南北朝以至唐初，都是如是，並非至北宋雕板時始加"《三國志》"之名。茲舉例說明之。《晉書·陳壽傳》："元康七年，病卒，時年六十五。梁州大中正、尚書郎范頵等上表曰：'……臣等按，故治書侍御史陳壽作《三國志》，辭多勸誡，明乎得失，有益風化……願垂採錄。'於是詔下河南尹、洛陽令就家寫其書。"范頵等是陳壽同時人，他們上書於晉惠帝，已稱陳壽所著書爲"《三國志》"，可見這是當時人公認的名稱(也許就是陳壽自己擬定的書名),不然,他們不會在上書於皇帝時這樣隨便說的。再看,常璩《華陽國志‧陳壽傳》:"壽乃鳩合三國史,著魏、吳、蜀三書六十五篇,號《三國志》。"常璩是東晉時人,亦稱陳壽所著書爲"《三國志》"。此後,沈約《宋書‧裴松之傳》說"元嘉三年……上使注陳壽《三國志》"云云;北齊魏收《魏書‧毛脩之傳》說"(崔)浩……每推重之,與共論說,言次遂及陳壽《三國志》"云云。可見南北朝時人亦均稱陳壽所著書爲"《三國志》"。唐初所修《隋書‧經籍志》卷二史部正史類,明確著錄:"《三國志》六十五卷,晉太子中庶子陳壽撰。"在正史類敍論中又說:"晉時,巴西陳壽刪集三國之事,唯魏帝爲紀,其功臣及吳、蜀之主並皆爲傳,仍各依其國,部類相從,謂之《三國志》。"又一次說明陳壽之書"謂之《三國志》"。此外,《隋書‧經籍志》又著錄:"《論三國志》九卷,何常侍撰。《三國志評》三卷,徐眾撰。"並附記:"梁有《三國志序評》三卷,晉著作佐郎王濤撰,亡。"諸書作者皆是晉及南北朝時人,亦皆稱陳壽所著書爲《三國志》。劉知幾《史通‧正史》篇也說:"至晉受命,海內大同。著作陳壽乃集三國史,撰爲《國志》,凡六十五篇。"所謂"《國志》"者,亦即《三國志》之簡稱也。由以上所舉諸證,可以明顯看出,自西晉、東晉、南北朝以至唐初,都稱陳壽所著書爲"《三國志》",怎麼能說是北宋人始"改稱《三國志》"呢? 標點本《三國志》是廣泛通行之書,《出版說明》中這個小的疏失,可能引起讀者的誤解,故明辨之。

華按:《水經注‧溳水》及《淮水》均有稱引《魏書‧國志》之文。以此類推,陳壽之作原爲三書,亦即《魏書‧國志》、《蜀書‧國志》與《吳書‧國志》,簡而言之,則稱"《國志》"。例如《藝文類聚》卷五十八引王隱《晉書》:"陳壽卒,詔下河南……

就壽門下寫取《國志》。"《華陽國志》卷十:"但依《漢書》、《國志》、陳君所載,凡士女二百四十八人而已……"《晉書‧文苑‧袁宏傳》:"余以暇日常覽《國志》。"《吳志‧孫策傳》注引《江表傳》論孫策死因,裴松之曰:"則《國志》所云不爲謬也。"《宋書‧恩倖‧徐爰傳》載其表云:"魏以武命《國志》,晉以宣啟《陽秋》。"《藝文類聚》卷七十二引裴子《語林》:"陳壽將爲《國志》,謂丁梁州曰:若可覓千斛米見借,當爲尊公作佳傳。"此《國志》既包括三書,故又稱"《三國志》"或"《三國書》"。"《三國志》"之稱,上引繆說已有詳論;至於"《三國書》"之稱,則見於《華陽國志》卷十二:"凡此人士,或見《漢書》,或載《耆舊》,或見郡紀,或在《三國書》。"此書有時又簡稱"《三國》",如《晉書‧孝友‧何琦傳》云:"著《三國》評論",《隋書‧經籍志》之著錄則爲"《論〈三國志〉》九卷,何常侍撰",是其證;《宋書‧州郡志》:"且《三國》無志,事出帝紀。"亦其例。若將三書分別稱之,則或云"某書",或云"某志",如《魏書‧李苗傳》:"每讀《蜀書》,見魏延請出長安,諸葛不許,常嘆息謂亮無奇計。"此《蜀書》蓋即《蜀書‧國志》省略之稱。《隋書‧經籍志》:"《〈魏志〉音義》一卷,盧宗道撰。"《魏書‧張彝傳》:"始均才幹,有美於父,改陳壽《魏志》爲編年之體……"其中《魏志》當係《魏書‧國志》縮略之稱。要之,陳壽此書自來稱謂非一,而迄今沿用者則以"《三國志》"爲常。標點本第二版《出版說明》已削除"北宋雕板……改稱《三國志》"之說,甚是。

三國志　宋裴松之注

標點本《出版說明》:裴注多過陳壽本書數倍。

王廷洽在《應正確認識〈三國志〉裴注的價值》及《略談〈三

國志〉與裴注的數量問題》中指出：裴《注》多於陳《志》之說，不符合事實。《魏志》正文有 205 529 字，注文 215 214 字，注文比正文多 9 685 字；《蜀志》正文有 58 164 字，注文有 40 502 字，正文比注文多 17 662 字；《吳志》正文有 102 964 字，注文有 65 083 字，正文比注文多 37 881 字。總計正文爲三十六萬六千餘字，注文爲三十二萬餘字，正文比注文多出四萬五千餘字。因而，裴《注》的數量超過陳《志》數倍的說法是完全錯誤的。造成這種錯誤的責任在於宋代的晁公武，他說："晉陳壽撰魏四紀、二十六列傳，蜀十五列傳，吳二十列傳。宋文帝嫌其略，命裴松之補注。博採羣說，分入書中，其文多過本書數倍。"（《郡齋讀書志》卷五）馬端臨又引此說入《文獻通考》，於是傳謬於後人。此外，殿本《三國志》李龍官、孫人龍、盧明楷等人在校刊識語中又有"三倍說"："裴松之注則三倍於正文。"盡管如此，宋代晁公武和清代李龍官等人僅僅提出了"數倍"或"三倍"的說法，而沒有具體的數字，看來他們不過是憑感覺得出結論，充其量不過點過了其中注文最多的幾卷，從而以偏概全，就產生了"數倍"或"三倍"的說法。其實，能夠成倍地超過正文的注文，唯第二卷《魏文帝紀》、第六卷《董卓傳》、第八卷《公孫瓚陶謙張楊公孫度傳》等卷而已。六十五卷中，有二十卷注文多於正文，有四十五卷正文多於注文。可是，一九六三年第二期《歷史教學》上發表的《裴松之與〈三國志注〉》一文竟證成了"三倍說"，此文說："我們現在統計，陳壽本文約二十萬字左右，而裴氏注文約五十四萬左右。"可惜文中沒有說明是怎樣統計和根據什麼統計的。我是根據中華書局標點本統計的，計數時去掉標點符號，逐字逐行地數，每數完一行，就用鉛筆在行末寫上所得數字，數完一卷，就累計該卷正文及注文的數量。全書統計完畢後,我也曾抽取其中幾卷進行覆覈,發覺不誤。當然,我不可能再全部地覈對一遍,其中難免有誤,但是如果各去其最後兩位數字作爲誤差,仍不妨大局。我雖然不敢肯定自己的統計必定十分精確,但是可以斷言我的統計數字不會有太大的出入,從而敢於斷言《裴松之與〈三國志注〉》的統計結果肯定是錯誤的。裴注的數量多於正文數倍或三倍的說法可以休矣。

華按:晁公武所能依據的《三國志》傳本,或爲宋代流傳的鈔本,或爲當時的刻本。時至今日,完整的古鈔本已不可見,而刻本之易得者則有百衲本在。我曾與妻張敏文對百衲本的字數作過統計,所得結果如下:《魏志》正文 207 339 字,注文 214 793 字;《蜀志》正文 57 332 字,注文 42 157 字;《吳志》正文 103 338 字,注文 65 221 字;總計陳《志》368 039 字,裴《注》322 171 字,正文比注文多 45 868 字。由於百衲本中某些注文混入了正文,而標點本已經作了清理,所以百衲本正文及注文的字數與標點本頗有出入,但總的來看,陳《志》仍然多於裴《注》,與王說相合。此外,如果晁公武所據者爲古鈔本,則陳壽所撰的《三國志敍錄》一卷可能尚未亡佚(說見本書《前言》中的附注),這樣一來,正文的字數就更多了。

抄集諸家兵法,名曰《接要》。(《魏志一·武帝紀》注引孫盛《異同雜語》/3 頁)

盧弼《集解》:官本《考證》盧明楷曰:"'接'似應作'節',或以祖名而諱之與?"何焯曰:"曹氏諱'節',故作'接'。"

金惟詩云:唐注皆作"接要"。

周一良《〈三國志〉札記》指出:接亦攝取之意。《廣雅·釋詁》："秉、握、覽、捉、把、撮⋯⋯接、撫、齎、奉，持也。"王氏《疏證》未釋"接"字，本志《曹植傳》上疏有云："撮風后之奇，接孫吳之要。"《廣弘明集》卷五載曹植《辯道論》記曹操術士甘始、左慈等集於魏國，"誠恐斯人之徒接姦詭以欺眾，行妖慝以惑人"。以子建疏文觀之，撮、接二字用法正與《廣雅》相合。孟德之"接要"即擷取其精華之義，非爲諱"節"而改，"接"字不誤。

孔公緒能清談高論，噓枯吹生。（《魏志一·武帝紀》注引張璠《漢紀》/6頁）

盧弼《集解》：李賢曰："枯者噓之使生，生者吹之使枯，言談論有所抑揚也。"

唐長孺《清談與清議》指出：這裏的"清談"就是清議，即是"臧否人物"。"清談"的意義，後世常常認爲是虛玄之談，彷彿清談一開始就是談老莊，這是不全面的。我們至少可以指出魏晉人並不作這樣的瞭解。本志《鍾繇傳》注引《魏略》："孫權稱臣，斬送關羽，太子書報繇。繇答書曰：'臣同郡故司空荀爽言：人當道情，愛我者一何可愛，憎我者一何可憎，顧念孫權，了更斌媚。'太子又書曰：'得報知喜南方，至于荀公之清談，孫權之斌媚，執書嗢噱，不能離手。若權復點，當折以汝南許劭月旦之評。權優游二國，俯仰荀許，亦已足矣。'"曹丕指荀爽之言爲清談，顯然與後起的玄學不相干；下面他將荀爽之論與汝南月旦評相提并論，我們知道汝南月旦乃是許劭主持的最有名的鄉閒清議，他大概認爲荀爽之言也是一種人物批評標準（以愛憎爲主），所以說"俯仰荀許"，即是說孫權在目前可以荀爽之言衡量，屬於"愛我者一何可愛"之列，但如果以後發生變化，那麼還須按汝南月旦之法，重行評定。荀爽之言是否有感而發，或是一時戲論，這裏沒有討論的必要，祇是曹丕以之爲清談，便是與人物批評有關的例證。此外《蜀志・許靖傳》有云："靖雖年踰七十，愛樂人物，誘納後進，清談不倦。"許靖是許劭從兄，爲漢末名士之一。許劭是著名人物批評家，許靖也以此著稱，傳文又云："靖少與從弟劭俱知名，並有人倫臧否之稱。"上文所引"清談不倦"是和"愛樂人物，誘納後進"相連貫的，也即是"人倫臧否"，乃是清議而非玄談。到了晉代，玄學業已盛行，但紀載上所見的"清談"一辭，還不是專指玄虛之談。《抱朴子・疾謬篇》："不聞清談論道之言，專醜辭嘲弄爲先。""雖不能三思而吐清談，猶可息譴調以防禍萌也。""俗間有戲婦之法……或清談所不能禁，非峻刑不能止也。"《抱朴子》是最反對老莊玄虛之談的，他所贊美的清談自然與之無涉，上引第一、第二兩條似指一般的雅談，所以和"醜辭"、"譴調"相對比，至於第三條與"峻刑"相聯，顯然是指清議。又《酒誡篇》云"謂清談爲詆訾，以忠告爲侵己"，清談可以被認作詆訾，當然是指批評。而最明顯的是《正郭篇》中說郭泰："清談閭閻。"郭泰是漢末最有威望的人物批評家，葛洪所謂"清談閭閻"當然是指他主持鄉閭清議。"清談"一辭不僅在晉代還可當作清議瞭解，甚至從晉以後，那時清談已專指玄虛之談，但有時還承用古義，與清議相通。

從此卻去二十年。（《魏志一・武帝紀》注引《魏武故事》/ 32 頁）

周一良《〈宋書〉札記》指出："從此卻去二十年"，意爲從今以後二十年。又《魏志・王粲傳》注："魏武以十三年征荆州，劉備卻後數年方入蜀。"《晉書・杜不愆傳》："却後九日。"又

《隗炤傳》：“却後五年。”《南齊書·荀伯玉傳》：“却後三年。”
“却後”兩字意同，即以後。

秦胡觀者，前後重沓。(《魏志一·武帝紀》注引《魏書》/36頁)

史炤《資治通鑑釋文》：重沓，重足著地也。胡三省曰：《漢書》
所謂“重足而立”，言人畏懼之甚，不敢並足著地，故重足而立
也。此直謂秦人、胡人夙知曹操之威名，聚而觀之，前後重沓，
安有重足著地之事哉？

繆鉞《〈三國志選注〉前言》指出：按《顔氏家訓·書證篇》：
“重沓，是多饒積厚之意。”則此“重沓”當爲人多擁擠之意。

華按：賈誼《旱雲賦》：“遙望白雲之蓬勃兮，滃澹澹而妄
止；運清濁之瀆洞兮，正重沓而並起。”《吳志·步騭傳》：“征羌
作食，身享大案，殽膳重沓。”其中“重沓”均爲多饒積厚之意。

完及宗族死者數百人。(《魏志一·武帝紀》注引《曹瞞傳》/44頁)

盧弼《集解》：袁宏《紀》云：“后父完及宗族死者百有餘人。”官
本《考證》：“何焯曰：‘完’字衍。完死在十四年。”趙一清曰：
“‘完’疑作‘典’。典，完之子也。”沈家本曰：“此注上文未言
‘典’，不應突言‘典’也。”弼按：本志言“坐昔與父故屯騎校尉
完書”，則完已前死，此“完”字或爲“兄弟”字之訛。

錢劍夫《盧弼〈三國志集解〉校點記》(下稱《校點記》)指
出：《通鑑》卷五十九及《續後漢書》卷二十五皆作“兄弟及宗族
死者百餘人”。惟《續書》“兄弟”上多一“后”字。此蓋“兄”與
“完”形近致訛，傳書遂刪去“弟”字；或先奪“弟”字，遂臆改
“兄”爲“完”耳。盧氏失考。

武都李庶、姜合羈旅漢中。(《魏志二·文帝紀》注引《獻

帝傳》/62頁)

楊明照《抱朴子内篇校釋補正》指出:"武都李庶姜(字)合(名)"即李素姜,《抱朴子内篇·論仙》云"素姜之説讖緯","素"與"庶"爲同音字,"素姜"即"庶姜"也。

華按:"素"、"庶"二字,雖然上古音並不相同,然中古音相近。疑原文爲"李庶姜",後人旁注"合"字,遂成"李庶姜合"。

(爲)〔於〕時將討黄巾。(《魏志二·文帝紀》注引《獻帝傳》/70頁)

盧弼《集解》:《宋書·符瑞志》"爲"下無"時"字。趙一清曰:"爲"當作"於"。

標點本《校記》:"於時",從趙一清説。(1484頁)

錢劍夫《商榷》、《校點記》指出:王引之《經傳釋詞》卷一:"於猶爲也,於與爲同義。"又卷二曰:"爲猶於也。"所引書證極多,其言至確。則是"爲時將討黄巾"即"於時將討黄巾"也;"於黄門郎遷中書令"(《魏志·和洽傳》注引《晉諸公贊》)即"爲黄門郎遷中書令"也;"要應顯達爲魏"(《蜀志·諸葛亮傳》注引《蜀記》)即"要應顯達於魏"也。蓋"爲"、"於"兩字古常通用,不當妄改。它傳尚多,此不覼縷。《宋書·符瑞志》略去"時"字,亦非。標點本於"爲"字亦改作"於",皆未通訓詁。

雲英甘露,瀸塗被宇。(《魏志二·文帝紀》注引鄄城侯曹植《文帝誄》/87頁)

盧弼《集解》:《爾雅·釋水》:"泉一見一否爲瀸。"

趙幼文《辨證》指出:引《爾雅》以釋"瀸"字之義,雖據故訓,然考《説文·水部》:"瀸,漬也。"瀸塗猶言浸漬道路,似較密切。

宿昔而白石滿焉。(《魏志三·明帝紀》注引《漢晉春秋》/107頁)

盧弼《集解》:"昔"疑作"夕"。

趙幼文《辨證》指出:《廣雅·釋詁四》:"昔,夜也。"《莊子·齊物論》釋文引崔注:"昔,夕也。""昔"、"夕"古通,非誤字。

務絕浮華譖毀之端。(《魏志三·明帝紀》注引《魏書》/115頁)

周一良《〈三國志〉札記》指出:曹魏時有所謂"浮華"者,其確切含義史籍中未見界說。本志《曹爽傳》注引《魏略》言鄧颺"與李勝等爲浮華友。及在中書,浮華事發,被斥出"。又言李勝"雅有才智,與曹爽善。明帝禁浮華,而人白勝堂有四窗八達,各有主名,用是被收"。又《諸葛誕傳》言"與夏侯玄、鄧颺等相善,收名朝廷,京都翕然。言事者以誕、颺等修浮華,合虛譽,漸不可長。明帝惡之,免誕官"。裴注引《世語》曰:"是時當世俊士散騎常侍夏侯玄、尚書諸葛誕、鄧颺之徒共相題表……帝以構長浮華,皆免官廢錮。"細繹上述史料,所謂"浮華",非指生活上之浮華奢靡,而是從政治著眼,以才能互相標榜、結爲朋黨,標舉名號如"四窗"、"八達"之類以自誇。

華按:"浮華"亦後漢習語,如後漢《太平經》甲部第一云:"浮華記者,離本已遠,錯亂不可常用,時時可記,故名浮華記也。"是"浮華"乃不務本實之謂;作爲政事用語,則爲互相吹捧、拉幫結派之義。又如《吳志·陸凱傳》載其上疏曰:"先帝簡士,不拘卑賤,任之鄉間,效之於事,舉者不虛,受者不妄。今則不然,浮華者登,朋黨者進。"

乘青蓋金華車,爪畫兩轓。(《魏志六·董卓傳》/176頁)

盧弼《集解》：章懷注：“金華，以金爲華飾車也。爪者，蓋弓頭爲爪形也。輬，音甫袁反，《廣雅》云‘車箱也’。畫爲文采。《續漢志》曰：‘輬長六尺，下屈，廣八寸。’又云：‘皇太子青蓋金華蚤，畫輬。’”

周一良《〈隋書〉札記》指出：“車爪”二字誤倒，此文應作“乘青蓋金華爪車，畫兩輬”。董卓乃僭用太子車制，《後漢書·輿服志》記皇太子安車制云：“朱斑輪，青蓋，金華蚤……畫輬文輈，金塗五末。”《宋書·禮志》記漢太子安車又云：“朱斑輪……畫蕃，青蓋，金華施橑末。”“輬”乃車旁屏藩，《宋書·禮志》作“蕃”，係用以障泥塵者，見《漢書·景帝紀》注。“金華施橑末”指廿八枚橑每橑之末端塗以金華。“橑”乃車上蓋弓。《續漢志》又有“青蓋金華蚤”之文，“蚤”通“爪”。《漢書·王莽傳下》“造華蓋……金瑵”，顏注：“瑵讀曰爪，謂蓋弓頭爲爪形。”此“頭”非蓋之頂部，乃指構成蓋之廿八枚橑之末端也。《後漢書·董卓傳》作“乘金華青蓋，爪畫兩輬”，既將“青蓋金華爪”誤倒爲“金華青蓋爪”，又誤脫“車”字。章懷注乃望文生義，以廿八枚橑末端之金華飾泛作爲車飾，“金華”二字既與“爪”字分離，訓“爪”爲蓋弓頭呈爪形亦了無意義矣。

獨與素所厚(友)〔支〕胡赤兒等五六人相隨。（《魏志六·董卓傳》/181頁）

盧弼《集解》：陳景雲曰：“范書《卓傳》注引《魏志》作‘支胡’，當從之。支胡乃胡號，赤兒其名也，《晉書·懷帝紀》有‘支胡五斗’。”弼按：范書《卓傳》注乃引《獻帝紀》，非引《魏志》，仍作‘支胡’，與陳說異。何焯校本“友”改“支”，云：“支胡，胡號也。”趙一清曰：“支胡，胡號也。友字誤，支字亦非。”吳翌寅曰："支即氏之誤，古氏、支同音，月氏亦作月支，可證。"趙氏以爲胡號，是也。

標點本《校記》："支胡"，從何焯說。（1487頁）

唐長孺《魏晉雜胡考·羯胡》指出：考諸胡族中，有"支胡"名稱。《晉書·石勒載記》稱初起時之十八騎有支雄、支屈六。前秦《鄧太尉祠碑》馮翊護軍所統有"高涼西羌、盧水、白虜、支胡、粟特"，這裏支胡與西羌、盧水並舉，更顯爲部落名號；碑出於今涇陽縣，所統各族均應在渭北。支胡當即月支胡之省稱，《後漢書·西羌傳》稱："湟中月氏胡，其先大月氏之別也。"月氏可作月支，"月支胡"省作"支胡"，等於"休屠各"省作"屠各"。以後直到北魏時期支胡還曾一度起義，《南齊書·魏虜傳》："北地人支酉聚眾數千人於長安城北西山起義。"支酉大約還是在渭北起義，其部眾亦在渭北。

華按："攴"當爲"支"之壞字。本志《王基傳》："此不過欲補定支黨。"其中"支"字百衲本誤作"攴"。此亦二字相訛之例。漢末桓靈之際，月支國沙門支婁迦讖遊於洛陽，傳譯胡文，譯出佛經多種，可見支胡族與漢族人民關係之密切。此可爲唐說之又一旁證。

劉表之初爲荆州也，江南宗賊盛。（《魏志六·劉表傳》注引司馬彪《戰略》/211頁）

盧弼《集解》：章懷云："宗黨共爲賊。"何焯曰："'宗'當與巴賨之賨同義，南蠻號也。"惠棟曰："《吳志》注引《江表傳》：'鄱陽民帥別立宗部。'又云：'海昏縣有五六千家相結聚作宗伍。'蓋漢末喪亂，人民結聚劫略郡縣，自下言之謂之'宗部'、'宗伍'，自上言之謂之'宗賊'，不必皆南蠻賊也。何說未審。"

　　唐長孺《孫吳建國及漢末江南的宗部與山越》指出：惠棟之說是正確的。宗部分布的區域異常廣泛，湖北、江西、安徽、浙江、江蘇、兩廣及印度支那半島都有這種組織，參加的人數也非常多，這和賨人的分布狀態完全不符，因此將"宗"認作巴賨之"賨"，是難以成立的假設。從《三國志》的紀載中來看，宗部之"宗"祇是指宗族而言。《吳志·太史慈傳》所云："鄱陽民帥，別立宗部"，又說"海昏有上繚壁，有五六千家相結聚作宗伍"，部伍是軍事組織，所以纔可以"立"，可以"結聚"，宗部、宗伍解釋作結聚宗族而成的部伍，我想是比較適當的。《賀齊傳》所云"合宗起"，也祇能解釋爲集合宗族起事。至於《孫資別傳》所云"鄱陽宗人"，《孫策傳》所云"豫章上繚宗民"似乎有利於作種族的解釋，但就當時的習慣用語看來，仍然是指宗族或參加這種宗族武裝組織的人民。我們知道黃巾起義之後，以宗族鄉里的關係而組成的武裝集團在北方極其普遍，那末我們也有理由相信南方有同樣的情況。我們可以引兩個例子來說明宗人的意義。《魏志·田疇傳》："疇盡將其家屬及宗人三百餘家居鄴"，裴注又引《先賢行狀》曹操論田疇功表也說"疇率宗人避難於無終山"。這雖然是發生在北方的事，但宗人的解釋應該是一致的。又《晉書·虞潭傳》："潭遂於本縣招合宗人及郡中大姓共起義軍，眾以萬數。"這裏的宗人顯然是指會稽山陰大族虞氏而言，這樣的招合大姓起兵，豈非就是結聚作宗伍麼？此事雖稍後，但確切地說明了宗人的意義。因此我認爲李賢將"宗"釋爲"宗黨"是正確的。

比年以來，復遠遣船，越渡大海，多持貨物，誑誘邊民，邊民無知，與之交關。（《魏志八·公孫淵傳》注引《魏

略》/255頁)

　　郭在貽《六朝俗語詞雜釋》指出：“交關”一詞，《敦煌變文字義通釋》解釋：“就是交易。和買賣是同義詞。”這個“交關”也是“交易”、“買賣”的意思。

自顧氣力轉微，後必不更會，因欲自力，設薄主人，生死共別。(《魏志九・曹爽傳》注引《魏末傳》/285頁)

　　周一良《〈三國志〉札記》指出：“設主人”蓋當時習語，猶今言作東道請客也。本志《管輅傳》注引《輅別傳》言郭恩“設主人，獨請輅”。《世說新語・雅量》裴遐在周馥所條：“馥設主人，遐與人圍棋，馥司馬行酒。”“設”字引申有招待飲食之意，《南齊書・何戢傳》：“上好水引餅，戢令婦女躬自執事以設上焉。”“設”字又引申爲飲食本身，吳康僧會譯《六度集經》五《摩天羅王經》：“彼設未辦，而過日中。”《世說新語・雅量》過江初拜官條：“客來早者，並得佳設。”皆指飲食而言。“設主人”亦謂之“作主人”，與今語更近。《吳志・孫匡傳》注引《吳歷》：“吾明日欲爲長吏作主人。”謂宴請長吏也。又《步騭傳》注引《吳錄》：“若不如孤言，當以牛千頭爲君作主人。”此打賭請客也。又《薛綜傳》：“爲妻父周京作主人，並請大吏，酒酣作樂。”營辦飲食亦謂之“施設”，《世說新語・簡傲》王子猷嘗行過吳中條：“主已知子猷當往，乃灑掃施設。”

晏母歸藏其子王宮中。(《魏志九・曹爽傳》注引《魏末傳》/292頁)

　　盧弼《集解》：“母”疑作“婦”。

　　趙幼文《辨證》指出：《類聚》卷十六、《御覽》卷一百五十二引俱無“母”字，“歸”當作“婦”。蓋“婦”訛爲“歸”，校者不察，徑於"晏"下妄增"母"字。"母"、"歸"二字皆爲衍訛也。

對送吏杖經五十。(《魏志九・夏侯玄傳》注引《世語》/305頁)

周一良《〈晉書〉札記》指出:《晉書・范甯傳》載其上孝武帝疏云:"方鎮去官,皆割精兵器仗,以爲送故,米布之屬,不可稱計。"地方官離任有送故吏,此種風習蓋淵源於後漢。故吏之於府主郡將,猶如君臣父子。地方官赴任時,當地遣吏迎新,離任時,原隸屬下之僚佐送故。曹魏亦沿襲此風。

縱詡昧于榮利,奈國朝何?(《魏志十・賈詡傳》/327頁)

劉家立曰:"朝"字疑係"家"字。

趙幼文《辨證》指出:《後漢書・楊賜傳》:"今妾媵嬖人閹尹之徒,共專國朝,欺罔日月。"是"國朝"古有此語,則"朝"非誤字也。劉說不足據。

華按:"國朝"屢見於《國志》,不當有疑。本志《公孫淵傳》注引《魏略》載敕遼東文:"今遼東、玄菟奉事國朝。"又曰:"國朝爲子大夫羞之。"又《鍾繇傳》注引謝承《後漢書》:"以光國朝。"又《張既傳》注引《魏略》載閻行宣曹操教:"當早來,共匡輔國朝。"又《張郃傳》載詔曰:"今將軍外勒戎旅,内存國朝。"又《陳思王植傳》載其上疏求自試曰:"若此終年,無益國朝。"又載其上疏陳審舉之義:"文德昭,則可以匡國朝、致雍熙。"又注引《魏略》載其上書:"然伏度國朝終未肯聽臣之若是。"又《鍾會傳》載其移檄蜀將士吏民曰:"今國朝隆天覆之恩。"《吳志・吳主傳》注引《江表傳》載其白曹操書:"進爲國朝掃除鯨鯢。"又載魏文帝報孫權書:"討備之功,國朝仰成。"並其例。

荀綽《九州記》稱準有儁才。(《魏志十一・袁涣傳》注/336頁)

盧弼《集解》：《九州記》，見《夏侯玄傳》注引《冀州記》。

趙幼文《辨證》指出：《九州記》，"九"實誤字，字當作"兗"。考《世說新語·文學》劉注引與裴注所引正同，而作《兗州記》。《初學記》卷十二、《藝文類聚》卷四十八引亦作《兗州記》，足徵"九"字實爲"兗"字之殘挩而誤。

華按：荀綽《兗州記》又見本志《杜畿傳》及《鍾會傳》注；而《九州記》僅此一見，又不見於隋唐志之著錄。前賢或謂《九州記》爲書之總名，《兗州記》及《冀州記》均爲其中之一篇，殊不知"九"乃"兗"字之誤。

《博物記》曰：襁，織縷爲之，廣八寸，長尺二，以約小兒於背上，負之而行。（《魏志十一·涼茂傳》注/339頁）

《四庫總目提要》：今觀裴松之《三國志注》引《博物志》四條，又於《魏志·涼茂傳》中引《博物記》一條，灼然二書，更無疑義。

王祖彝《三國志人名錄》：三國志裴注引用書目：《博物志》，張華撰。《涼茂傳》、《陳泰傳》、《鍾會傳》均作《博物記》，未知是否一書。

范甯《博物志校證後記》指出：《博物志》、《博物記》實爲一書。《四庫提要》所稱《涼茂傳》注引《博物記》，同樣是這一條，在慧琳《一切經音義》卷六十二《根本毗奈邪雜事律》第一卷"襁褓"條下、《文選》魏都賦李善注、嵇叔夜《幽憤》詩注、《論語·子路篇》邢昺疏稱正義並引作《博物志》，是則"記"字顯然可以寫作"志"字，不得據之以證《博物記》另是一書名。《博物記》與《博物志》，諸書稱引，或寫作《博物記》，或寫作《博物志》，如《後漢書·郡國志》瑯邪郡下注引《博物記》"公冶長墓在城陽"云云，《史記·仲尼弟子列傳》裴駰《集解》引作"張華曰"云云。又《後漢書·郡國志》漢中郡注引《博物記》曰"沔陽縣北有丙穴",《太平御覽》卷九百三十七引作《博物志》。又廣陵郡注引《博物記》云"女子杜姜"云云,宋羅願《爾雅翼》釋獸引作《博物志》。於此可見,《博物志》、《博物記》實一書。至於《史記·龜策列傳》裴駰《集解》引張華《博物記》曰"桀作瓦",直標明張華作《博物記》矣;而《太平御覽》卷一百八十八引此"記"正作"志"。宋周密《齊東野語》、明楊慎《丹鉛錄》及《四庫提要》分爲二書,其說妄矣;其後馬國翰本之以輯《博物記》一書,則居然與《博物志》釐而爲二矣。

男女各始生,共許爲婚。（《魏志十一·王脩傳》注引王隱《晉書》/349 頁）

蔣禮鴻《通釋》指出:"男女",即兒女。《魏志·華歆傳》:"特賜御衣,及爲其妻子男女皆作衣服。"《吳志·吳主五子·孫奮傳》注引《江表傳》:"徙還吳城禁錮,使男女不得通婚,或年三十四十不得嫁娶。奮上表,乞自比禽獸,使男女自相配偶。"《後漢書·逸民·向長傳》:"男女娶嫁,畢,敕斷:'家事勿相關,當如我死也。'"後魏羊衒之《洛陽伽藍記》卷五凝圓寺條:"去塔一里,東北下山五十步,有〔須大拏〕太子男女遶樹不去,婆羅門以杖鞭之,流血灑地處。"據此,晉、宋、後魏時有以"男女"爲兒女這個詞語。

華按:《魏志·郭淮傳》:"每羌、胡來降,淮輒先使人推問其親理、男女多少、年歲長幼,及見,一二知其款曲,訊問周至,咸稱神明。"亦其例。

縣官以其孤老,給廩日五升。（《魏志十一·管寧傳》注引《魏略》/365 頁）

盧弼《集解》：王鳴盛曰：“古尺小於今尺……古量亦小於今量。《後漢書·南蠻傳》：軍行日三十里爲程，人日稟五升。李注：‘古升小，故曰五升也。’是後漢時量小於今甚遠。”

　　周一良《〈宋書〉札記》指出：魏晉南北朝四百年間，度量衡大致未變。一般官吏與士兵皆日食七升。除食量特大特小之人外，當時一般口糧爲一月大米二斛，相當於今六十斤。五升口糧有人能勉强維持一天，有人即感不足。本篇注引《魏略》又記建安時焦先乏衣食，縣“給廩日五升”。又引《魏略》記寒貧建安末在長安，“郡縣以其鰥窮，給廩日五升，食不足，頗行乞”。諸葛亮日食米三四升，食少事煩，宜乎司馬懿言“其將死也”。（見《晉書·宣帝紀》。《蜀志·諸葛亮傳》注引《魏晉春秋》作“所啖食不至數升”。）本志《鄧艾傳》：“可積三千萬斛於淮上，此則十萬之衆五年食也。”每人每月合五斛，疑此數不止口糧，並包括充當其他費用之米穀也。

乃使清公大吏往經營琰，敕吏曰：“三日期消息。”
（《魏志十二·崔琰傳》注引《魏略》/369 頁）

　　關德仁《讀〈三國志〉札記》指出：“經營”，窺探，打聽。例如本志《管寧傳》：“寧有族人管貢爲州吏，與寧鄰比，臣常使經營消息。貢說：‘寧常著皂帽、布襦袴、布裙，隨時單複，出入閨庭，能自任杖，不須扶持。’”

濟水未半，擊，大破之。（《魏志十三·鍾繇傳》/393 頁）

盧弼《集解》：“半”下疑有脱字。

　　錢劍夫《校點記》指出：此謂濟汾水未半，而即擊之也。上文繇云：“若渡汾爲營，及其未濟，擊之，可大克也。”正指此。盧氏蓋據《通鑑》卷六十四作“濟水未半，繇擊，大破之”而言，實則此承上文，不當有"縣"字。

聞呂布執君母弟妻子，孝子誠不可爲心。（《魏志十四·程昱傳》/426頁）

周一良《〈三國志〉札記》指出："不可爲心"即難堪、難忍，亦即今語之"受不了"。下文裴注引《魏略》："當此之時，橫豈可爲心哉！"王羲之書："曹妹累喪兒女，不可爲心。"又："足下悯悴深至，何可爲心。"又："桓公周生之痛，豈可爲心"。亦曰"難爲心"。陳琳《遊覽詩》："高會時不娛，羈客難爲心。"陸機《贈從兄車騎詩》："辛苦難爲心。"王羲之書："省弟累紙，哀毒之極，但報書難爲心懷。"《宋書·自序》載太祖與沈璞語："近者險急，老弱殊當憂迫耶？念卿爾時難爲心。"亦曰"難爲情"。石崇《王明君詞》："傳語後世人，遠嫁難爲情。"李白三五七言詩："相思相見知何日，此時此夜難爲情。"皆非後世所謂"不好意思"也。《文選》二六潘岳《在懷縣作二首》之一有句云："戀本難爲思。"亦難堪之意，李善未注，蓋至唐時猶是習語。

今其所急，唯當息耗百姓，不至甚弊。（《魏志十四·蔣濟傳》/453頁）

蔣禮鴻《義府續貂》"從容消息"條指出："息耗"猶消息也。

臣忝寵上司，而爽敢苞藏禍心，此臣之無任也。（《魏志十四·蔣濟傳》/454—455頁）

周一良《〈三國志〉札記》指出：《宋書·庾登之傳》："晦敗，登之以無任，免罪禁錮還家。"登之任謝晦長史而不禮晦，爲晦所優容。謝晦起兵，登之未與同謀。細繹蔣、庾兩傳，"無任"似是疏忽失職之意。

華按：《周禮·冬官·輈人》："凡任木，十分其輈之長，以其一爲之圍。衡任者，五分其長，以其一爲之圍。……小於度，謂之無任。”鄭玄注：“衡任者，謂兩軶之間也。……無任，言其不勝任。”此爲“無任”本義。《戰國策・魏策》：“大王已知魏之急，而救不至者，是大王籌策之臣無任矣。”此語乃蔣濟所本。本志《武帝紀》載建安十八年策命：“非君攸濟，朕無任焉。”亦其例。“無任”又可用如名詞，指不勝任之人，如《孔叢子・陳士義》：“子順相魏，改嬖寵之官，以事賢才；奪無任之祿，以賜有功。”

士卿劉許字文生，正之弟也。與張華六人，並稱文辭可觀，意思詳序。（《魏志十四・孫資傳》注引《頭責子羽》／461 頁）

蔣禮鴻《通釋》指出：“詳序”義同“庠序”，是安詳肅穆的意思。

白日常自於牆壁間闚閃，夜使幹廉察諸曹。（《魏志十五・梁習傳》注引《魏略・苛吏傳》／471 頁）

郭在貽《〈辭海・詞語分册〉義項漏略舉例》指出：《說文解字・門部》：“閃，窺頭門中也。”此文“閃”字正是用的本義。

范先欲殺畿以威眾，且觀畿去就，於門下斬殺主簿已下三十餘人，畿舉動自若。（《魏志十六・杜畿傳》／495 頁）

蔣禮鴻《通釋》指出：這裏的“去就”猶言風度、舉止。在這以前的《史記・屈原賈生列傳贊》、《漢書・司馬遷傳》都有“去就”，卻不是這個講法。

嘏有器局……嘏子乂，字洪治。（《魏志十六・杜恕傳》

注引《晉諸公贊》/508 頁）

盧弼《集解》：《晉書》預傳："錫少有盛名……"

錢劍夫《商榷》指出：兩"鍜"字都應爲"錫"字。此注上引《杜氏新書》云："子錫，字世鍜。"則"錫"爲其名，即不得單稱其字。《晉書·杜預傳》亦但稱"錫"，不單稱"鍜"，亦其證。而《晉諸公贊》撰者爲傅暢，其先世亦無名"錫"者，見《晉書·傅祗傳》），似亦無由或緣家諱而改。

婦女載戟挾矛，弦弓負矢。（《魏志十六·鄭渾傳》注引張璠《漢紀》/510 頁）

盧弼《集解》：范書作"婦女猶戴戟操矛，挾弓負矢"。王先謙曰："戟不能戴。"弼按："弦弓"應作"挾弓"，應從范書。

錢劍夫《校點記》指出：《詩·周頌·絲衣》："載弁俅俅。"鄭玄箋："載猶戴也。"《爾雅·釋山》："石戴土謂之崔嵬，土戴石爲砠。"《釋文》："戴，本或作載。"《說文·山部》作"岨"，亦云"石戴土也"。《釋名·釋姿容》："載，戴也，戴在其土也。"故段玉裁《說文》"戴"字注即云："戴與載通用。"

《校點記》又說：《莊子·外物篇》："謀稽乎誸。"郭象注："誸，急也。"《釋文》："向本作'弦'，堅正也。"又《讓王篇》："匡坐而弦。"皆爲名字變爲形況字，或變動字，則"弦弓"者，即緊其弓或堅其弓，中醫謂人脈象甚急者曰弦，亦由此義引申。以上有"挾"字，故變其文耳。王、盧兩說皆非。

必不相然讚，成其凶謀。（《魏志十六·鄭渾傳》注引張璠《漢紀》/510 頁）

盧弼《集解》：宋本"贊"作"讚"。

呂叔湘《讀〈三國志〉》指出："然讚"作"贊成"講。例如《蜀志·先主傳》:"今但可然贊其伐蜀,而自說新據諸郡,未可興動,吳必不敢越我而獨取蜀。"又《彭羕傳》:"公亦宿慮明定,即相然贊,遂舉事焉。"

華按:"贊"、"讚"古通用。

遼被甲持戟,先登陷陣,殺數十人,斬二將,大呼自名,衝壘入,至權麾下。(《魏志十七·張遼傳》/519頁)

呂叔湘《讀〈三國志〉》指出:"自"字在這裏作領格代詞用,這在先秦是用"厥"或"其",後世也有用"己"的,用"自"很少見。

華按:呂先生所揭示者爲"自"字中世紀用法,兹附數例如下:《漢詩》卷九樂府古辭《陌上桑》:"秦氏有好女,自名爲羅敷。"《魏詩》卷六曹植《精微篇》:"關東有賢女,自字蘇來卿,壯年報父仇,身沒垂功名。"《孔雀東南飛》:"中有雙飛鳥,自名爲鴛鴦。"《大藏經》卷十四姚秦鳩摩羅什譯《維摩詰所說經·弟子品》:"何名爲師? 自疾不能救,而能救諸疾人? 可速密去,勿使人聞。"又卷四《百喻經·比種田喻》:"畏其自腳踏地令堅。"宋普濟《五燈會元》卷十九"保寧仁勇禪師"條:"問:'如何是佛?'師曰:'自屎不覺臭。'"

朕受天命,帝有海内。(《魏志十七·徐晃傳》注引《魏書》/531頁)

盧弼《集解》:"帝有"二字疑誤。

錢劍夫《校點記》指出:此"帝"當爲名字變動字,猶"王天下"之"王"。《漢書·高帝紀》"吾立爲天子,帝有天下",正是此文所本。以上有"天"字,故變其文耳。

霸謂備曰……(《魏志十八·臧霸傳》/537頁)

盧弼《集解》:毛本"謂"作"爲",誤。

錢劍夫《校點記》指出：《經傳釋詞》卷二云“爲猶謂也”，所引書證甚多。《經義述聞》卷二十五亦云“爲猶謂也”。言皆有據，盧說失之。

華按：錢大昭《辨疑》校毛本曰：“爲，當作謂。”盧氏蓋承其說。

賓碩曰：“視處士之望，非似賣餅者，殆有故！”……賓碩閉車後戶，下前襜，謂之曰：“視處士狀貌，既非販餅者，加今面色變動，即不有重怨，則當亡命……”（《魏志十八·閻溫傳》注引《魏略·勇俠傳》/552 頁）

關德仁《讀〈三國志〉札記》指出：“望”，狀貌，相貌。前曰“望”，後曰“狀貌”，則“望”之義明焉。《藝文類聚》卷十六引王隱《晉書》曰：“初，武帝未爲世子，文帝問裴秀：‘人有相否？’秀曰：‘中撫軍立，髮至地，手過于膝，人望既茂，天表如此，非人臣之相。’”據此，則“望”之解爲狀貌，亦魏晉習語無疑。

華按：《抱朴子內篇·遐覽》：“鄭君本大儒士也……其體望高亮，風格方整，接見之者皆肅然。”其中“望”亦指相貌而言。

徙封抗薊公。（《魏志二十·武文世王公·樊安公均傳》/588 頁）

盧弼《集解》：“抗”字未詳，疑誤。

趙幼文《辨證》指出：上文云“子抗嗣”，是抗爲樊安公均嗣子之名。黃初三年，徙封抗薊公，“抗”字未可云“疑誤”。

向使高祖踵亡秦之法，忽先王之制，則天下已傳，非劉氏有也。（《魏志二十·武文世王公傳評》注引《魏氏春秋》/593 頁）

盧弼《集解》:"已"疑作"一"。

　　錢劍夫《校點記》指出:《助字辨略》卷三據《尚書》、《史記》云:"諸'已'字猶云'既'也。"《經傳釋詞》卷一亦云:"已,既也,常語也。"則此"天下已傳"猶言"天下既傳",不當作"一",盧氏蓋以秦王至二世而亡,故有此疑。實則秦至二世,亦"既傳"也。《文選》卷五十二亦作"已傳"。或曰,"已"當讀如字,"傳"謂已傳手於他人也。亦通。

登字公和,不知何許人,無家屬,於汲縣北山土窟中得之。(《魏志二十一·王粲傳》注引《嵇康集目錄》/606頁)

　　周一良《〈晉書〉札記》指出:"土窟"蓋即今日河南陝西一帶之窟洞。《世說新語·品藻》注引石崇《金谷詩序》:"又有水碓魚池土窟,其爲娛目歡心之物備矣。"以驕奢著稱之石崇金谷園中亦有土窟,不必定爲隱逸者所居。《魏書·景穆十二王上·元弼傳》:"入嵩山,以穴爲室。"當亦土窟之類。

欲大改定官制,依古正本,今遇帝室多難,未能革易。(《魏志二十一·傅嘏傳》/624頁)

　　盧弼《集解》:似應以"今"字斷句,"本"字疑衍。

　　錢劍夫《校點記》指出:此謂依從古制,以正根本耳。且上文劉劭作《考課法》,嘏難劭曰:"夫建官均職,清理民物,所以立本也,循名考實,糾勵成規,所以治末也。"論何晏亦云:"好利,不念務本。"兩"本"字皆與此同。"本"字非衍,"今"字尤不當句絕。

恪豈敢傾根竭本,寄命洪流,以徼乾沒乎?(《魏志二十一·傅嘏傳》/625頁)

　　盧弼《集解補》:顧炎武曰:"乾沒,大抵是徼幸取利之意。《史記·春申君傳》：'沒利於前，而易患於後也。'即此意。"

　　蔣禮鴻《義府續貂》"乾沒"條指出：此云"以徼乾沒"，似云以取漂沈矣。唯細繹之，"徼乾沒"乃與"射乾沒"語意悉同，謂要取不必得之利。"乾"宜讀如乾健之乾，"沒"宜讀如貪昧之昧。

　　華按：朱起鳳《辭通》釋此"乾沒"云："言有所冀幸，不顧乾燥與沈沒而爲之，所謂射成敗也。"朱氏以乾燥釋"乾"，以沈沒釋"沒"，似有望文生訓之嫌。蔣先生之論，殆因此而發。

遂收，欲殺之。（肇）髡決減死，刑竟復吏。（《魏志二十三·常林傳》注引《魏略·清介傳》/661頁）

　　盧弼《集解》：姚範曰："蓋肇爲之請，得髡決減死也。"李慈銘曰："此當讀'肇髡決'爲句，以肇亦有罪，故髡而決之也。'減死刑竟復吏'，則指並言，謂卒減並死刑一等，刑竟乃復爲吏也。"趙一清曰："肇字衍。下云刑竟復吏，謂沐並被刑也，何與於肇？"弼按：趙說是。

　　標點本《校記》："肇"，從趙一清說刪。（1495頁）

　　錢劍夫《校點記》指出："肇"字非衍，當爲"並"字之訛，又有錯簡。原文應爲"遂收並，欲殺之；髡決減死，刑竟復吏"，則與上下文俱合。趙說不足據，姚、李兩說亦非。

奚以棺椁爲牢，衣裳爲纏？（《魏志二十三·常林傳》注引《魏略·清介傳》/662頁）

　　盧弼《集解》："纏"疑作"纆"。纆音墨，繩索也。

　　錢劍夫《校點記》指出：纏謂纏繞耳，且纏亦繩索也。《淮南子·說林訓》："予拯溺者金玉，不若尋常之纏索。"纏索，即繩索，尤不當改字。

　　華按：錢說誤，"纆"爲韻腳。

567

性驕佚而才出眾。（《魏志二十四·韓暨傳》注引《晉諸公贊》/679 頁）

盧弼《集解》：馮本無"眾"字，誤。

趙幼文《辨證》指出：紹熙本、馮本、陳本無"眾"字，有"壽"字。官本作"出眾"，盧君承之以作"眾"者爲是。但馮本作"出壽"，謂謐才能逾其父壽也。惟言無"眾"字而不云作"壽"字，是校正不審也。

罪在三百。（《魏志二十八·王淩傳》注引《魏略》/760 頁）
盧本作"罪在二百"。

盧弼《集解》：宋本"二"作"三"。

趙幼文《辨證》指出："二"惟紹興本作"三"，各本俱作"二"。考《尚書·呂刑篇》："大辟之罰，其屬二百。"此本《呂刑》，是宋本作"三"字誤，應校正。

蟲螫其手，呻呼無賴。（《魏志二十九·方技·華佗傳》/800 頁）

盧弼《集解》：蓋言病痛呻呼，無所恃也。

郭在貽《六朝俗語詞雜釋》指出："無賴"應訓作"不堪"或"難以忍耐"。《全晉文》卷二十二王羲之《雜帖》："分張何可久，幼小故疾患無賴。"又卷二十三："得書，知足下患瘡，念卿無賴，思見足下……"又卷二十四："腹中便復惡，無賴。"又卷二十五："熱，日更甚，得書，知足下不堪之，同此無賴。"《華佗傳》中這段話，是說彭城夫人被螫痛極，呻呼叫喚，不堪其苦。

華按：《大藏經》卷三吳支謙譯《菩薩本緣經》卷下："其河多有木石之屬，互相樅觸，身痛無賴。"又卷三西晉竺法護譯《生經·佛說五仙人經》："梵志困我，役使無賴，吾當奉承，以屐上之,可獲寬恣。"又卷十七東晉法顯譯《佛說雜藏經》載鬼曰:"我常趣溷,欲食糞,有大羣鬼捉杖驅我,不得近廁,口中爛臭,飢困無賴。何因緣故,受如此罪!"又曰:"我常有熱鐵針入出我身,受苦無賴。"又卷五十三梁僧旻寶唱等集《經律異相》卷二十六轉錄《佛說一切施主所行六度檀波羅蜜經》:"我今棄國以與他王,無以相乞,我時愁憂,酷毒無賴。"諸例"無賴"均猶言不堪。盧氏解爲"無所恃",於義猶隔。

今疾已結,促去可得與家相見,五日卒。應時歸,如佗所刻。(《魏志二十九·方技·華佗傳》/801頁)

　　錢劍夫《校點記》指出:"刻"與"克"通,謂所定之時日也,後多作"剋"或"尅",而亦與"刻"通。《吳志·賀齊傳》注引《江表傳》:"謹以尅心,非但書諸紳也。"即"謹以刻心",謂銘刻於心也。盧氏《集解》於此云:"《通鑑》作'謹已刻心'。"實則古書"以"、"已"亦常通作,盧氏似皆未曉,故於此類字往往別引它書,實亦無關於校勘也。

馬先生,天下之名巧也,少而游豫,不自知其爲巧也。(《魏志二十九·方技·杜夔傳》注引傅玄序馬鈞事/807頁)

　　洪誠《訓詁學》指出:"游豫",意思是游樂。"巧"既見於上句,又見於下句,中句的補語不得不省略。如果認爲沒有省略,這句的意義就不通。因爲貪圖與工巧無關的游樂,事實上既不可能成爲名巧,更沒有理由自知爲巧,"不自知"的話根本談不上。這個"游豫"實際上是專心致志以工巧爲樂的意思,語意是從《論語·述而》"游於藝"來的。有些注釋,鈔《辭海》"游豫"條釋義,不知省略補語,昧失文義。

舊綾機五十綜者五十躡,六十綜者六十躡。(《魏志

二十九·方技·杜夔傳》注引傅玄序馬鈞事/807頁)

盧弼《集解》：《意林》"躡"作"簫"。

洪誠《訓詁學》指出："躡"字無解。今考"躡"字在《廣韻》入聲葉韻。跟它同音的字有"銸"字，字義爲機銸（尼輒切。娘紐，或讀奴紐；今音 niè）。《說文》二上止部："銸，機下，足所履者。從止，從又，入聲。""躡"爲動詞，腳踏爲躡，腳所踏的東西也叫躡。"躡"與"銸"上古雙聲，韻部相近。躡爲銸的語源，銸爲專用詞。到中古，兩字同音，躡行而銸廢。盧弼引別本躡一作簫，這是讀者因躡爲物名，見有以竹爲之者，認爲不當用動詞，所以改足旁爲竹頭。

其嫁娶之法，女年十歲，已相設許。壻家迎之，長養以爲婦；至成人，更還女家。女家責錢，錢畢，乃復還壻。
（《魏志三十·東夷·東沃沮傳》注引《魏略》/847頁）

盧弼《集解》：梁玉繩曰："此即今之養媳，本夷俗也。"

錢劍夫《校點記》指出：後世童養媳無成人更還女家、女家責錢畢乃復還壻之俗。且昔時之養媳，皆役使如奴僕，即婚後亦不得還女家，女家更無責錢者。蓋凡爲養媳，類皆貧苦人家之女，猶如賣身爲奴，與東夷俗大異。

今使譯所通三十國。（《魏志三十·東夷·倭傳》/854頁）

盧弼《集解》：范書《東夷傳》："自武帝滅朝鮮，使驛通於漢者三十許國，國皆稱王，世世傳統，其大倭王居邪馬臺國。"

陳樂素《後漢劉宋間之倭史》指出：是時隸屬於女王者三十國：曰狗邪韓、對馬、一支、末盧、伊都、奴、不彌、投馬、邪馬臺、斯馬、已百支、伊邪、都支、彌奴、好古都、不呼、姐奴、對蘇、呼邑、華奴蘇奴、鬼、爲吾、鬼奴、邪馬、躬臣、巴利、支惟、烏奴、

□奴。諸國之位置,可知者爲狗邪韓國,即今金海附近;對馬,
即對馬島;一支,即壹岐島;末盧,在松浦;伊都,在加布里東
部;奴,在糟屋郡一帶;不彌,在太宰府附近;投馬,在不彌之
南;邪馬臺,又在投馬之南,今何地,不可確知;以理推之,則投
馬當在筑後;邪馬臺在肥後北部。其餘諸國不詳,然要皆不出
九州半部範圍。其戶數《魏志》言之不盡確,間有大誤,如言邪
馬臺竟有七萬餘者;然平均大約每國三千,故全部當爲七
萬餘。

始渡一海,千餘里,至對馬國。……又南渡一海,
千餘里,名曰瀚海,至一大國。(《魏志三十·東夷·倭
傳》/854 頁)

陳樂素《〈魏志·倭人傳〉研究》(下稱《研究》)指出:“始渡
一海”之“海”,即朝鮮海峽;“對馬國”,即對馬島;“瀚海”,即今
之對馬海峽;“一大國”,《梁書·倭傳》作“一支國”,即今之壹
岐島。

又渡一海,千餘里,至末盧國。……東南陸行五百
里,到伊都國。(《魏志三十·東夷·倭傳》/854 頁)

陳樂素《研究》指出:“海”即壹岐海峽。末盧即松浦。伊
都即後之怡土郡,今加布里東部。

南至邪馬壹國,女王之所都。(《魏志三十·東夷·倭
傳》/854 頁)

盧弼《集解》:范書作“邪馬臺國”,“邪馬臺”即日本語“大和”二
字之譯音。此作“壹”,誤。《日本國志》:神武天皇即位於太和
之橿原。

陳樂素《研究》指出:“邪馬壹”之“壹”,《後漢書》、《梁書》、

《隋書》俱作"臺","壹"爲"臺"之誤。關於邪馬臺國之所在,日本有"大和說"、"熊襲說"、"肥後山門說"、"筑後山門說"等多種不同主張;關於該國女王卑彌呼,不少人認爲就是日本傳說中的神功皇后,由於"倭"和"大和"的日語音訓都是 Yamato,與漢文中的"邪馬臺"相近似,因此,三者是否同一國家,或者當時是否有兩個稱 Yamato 的古國同時存在於日本列島等問題有待討論。從事實觀察,《魏志》中的邪馬臺國在九州北半部的中南;"倭"的名稱是後漢初期以來中國對日本古代民族的稱呼,它的來源雖不確知,必早於後漢,且當是據日本語音的漢譯,而非如某些解釋所說"倭字從人,從禾,從女,倭國皆繁盛"之類的意譯,更不帶歧視的含義。"倭"字讀音爲 Yamato,源於《古事記》和《日本書紀》的作者誤認爲神功皇后爲卑彌呼,把神功皇后和日本諸天皇所都的畿內,即《古事記》所說的大倭和大和,當做卑彌呼的王都邪馬臺;而畿內立國之祖神武天皇的名字也就被冠以"神倭"字樣,稱爲神倭伊波禮毗古,從而使 Yamato 一詞帶上了神聖的色彩,成爲"日本民族之靈";此外,又因《漢書》中"倭"字一般指日本民族,於是把"倭"與"Yamato"合而爲一,讀爲 Yamato,而大和的"和"是"倭"的諧音,遂也讀成 Yamato。其實,"倭"是中國對於日本民族的總稱,在後漢以前已經出現,距日本之有文字早數百年;而所謂"邪馬臺",爲魏時倭中女王國都名;"倭"與"邪馬臺"其音迥異,其文亦懸殊。《魏志》中的邪馬臺女王是倭人的一支,女王國地點在九州北半部之中南,比大和之讀作 Yamato 時間上要早;大和之讀爲 Yamato,應是它的統治者南下擴展至邪馬臺以後的事。總之,在日本學者有關邪馬臺的四種說法中,以"大和說"爲最弱。最爲可信的是:太田亮氏

《日本古代史新研究》對於邪馬臺主肥後北部之說。

貢白珠五千孔，青大句珠二枚，異文雜錦二十匹。

（《魏志三十·東夷·倭傳》/858頁）

劉世儒《魏晉南北朝量詞研究》指出："孔"是專用量詞。"孔"本指穴孔，由此引申，就可用來量有孔之物，這裏用來量有眼兒可穿的珠子。唐代擴及到"犁鑵"，因犁鑵也是有孔兒的。附列兩例爲證，《敦煌掇瑣》頁二百三十九："鑵各壹孔，鐮各壹張。"又頁二百三十四："鑵壹孔，鐮兩張。"

華按：標點本作"貢白珠五千，孔青大句珠二枚"，將"孔"字屬下，蓋以"孔"爲程度副詞。然"孔青"之類的說法是否存在，尚無例證。從句式上看，"孔"、"枚"、"匹"前後相應，顯屬一類之詞；如以"孔"字屬下，則"白珠五千"一句沒有量詞，殊爲不倫。

生而有結，墮地能行七步。此國在天竺城中。

（《魏志三十·烏丸鮮卑東夷傳評》注引《魏略·西戎傳》/859頁）

盧弼《集解》："結"與"髻"通。《世說注》作"髻"。

湯用彤《佛教史》指出：佛典稱菩薩頂有肉髻。《通典》、《通志》"城"均作"域"。

蓋以爲老子西出關，過西域，之天竺，教胡。浮屠屬弟子別號，合有二十九。

（《魏志三十·烏丸鮮卑東夷傳評》注引《魏略·西戎傳》/859—860頁）

盧弼《集解》：《御覽》"教胡"下有"爲"字。

湯用彤《佛教史》指出：宋董逌《廣川畫跋》引《晉中經》作"之天竺，教胡爲浮圖。徒屬弟子，其名二十有九"，《後漢書·襄楷傳》載其疏中亦謂"或言老子入夷狄爲浮屠"，則《魏略》

"教胡"下原有"爲"字。按邊韶《老子銘》謂老子自犧農以來，爲聖者作師，則疑"教胡爲浮屠"者，謂老子乃佛陀聖者之師。

無緣託景風以迅游。(《魏志三十·烏丸鮮卑東夷傳評》注引《魏略·西戎傳》魚豢議/863頁)

錢劍夫《校點記》指出："景風"者，《爾雅·釋天》："四時和爲通正，謂之景風。"而亦有異說。《說文·風部》"南方曰景風"，此其一；《淮南子·墜形訓》"東南曰景風"，此其二；《文選》卷四十六任昉《王文憲集序》"候景風而式典"，劉良注："景風，東風也"，此其三。魚豢所言之景風，則當從《爾雅》，蓋泛指祥和之風也。故其下云："但勞眺乎三辰，而飛思乎八荒耳。"

璋使趙韙進攻荊州，屯朐䏰。上蠢，下如振反。
(《蜀志一·劉二牧·劉焉傳》注引《英雄記》/868頁)

盧弼《集解》：潘眉曰："朐音呴，此古音也。章懷《吳漢傳》注引《十三州志》'音春'。《晉書音義》引如淳曰：'音蠢。'後又改朐爲胸，胸既俗字，蠢亦非舊音，不可從。'䏰'字亦宜從《地理》、《郡國》二志作'忍'。"柳從辰曰："朐䏰一作朐忍，《說文》作朐䏰。今案：前、續志皆作朐忍。前志顏注朐音呴，章懷《吳漢傳》注從之，故䏰亦音忍，下復引《十三州志》朐音春、䏰音閏者，兼存異說也。"

俞敏《釋蚯蚓名義兼辨朐忍二字形聲》指出："朐䏰"是蚯蚓的名字。古書所載蚯蚓的名字，大概可以歸入四個來源裏面。第一個是"蚯蚓"，見《禮·月令》；第二個是"蠢蝡"，見《淮南子·時則訓》高誘注，這是個漢朝發生的詞語；第三個是"蜿蟺"，見《廣雅·釋蟲》，這個詞語亦是漢朝的語言；第四個是

"蜷蜎"，見《淮南子‧説山訓》的高誘注，這個名詞亦早到漢朝。其中"蠢蝡"這個語詞在先秦的聲音是[t'ĭwan n̯ĭwan]，到漢代變爲[t'ĭwən n̯ĭwan]，這是因爲重音在後音綴上面，所以前面的音綴就用了一個弱元音；此後經過相當時期的使用，又經過一次同化，把後面音綴裏的元音變得與前一音綴相同，於是我們又得了一個新的語詞[t'ĭwən n̯ĭwən]。"蚯蚓"二字的《詩經》音，我們已經測定是[k'ĭŭg zĭĕn]，到漢代變成[k'ĭu zĭĕn]；此後，因爲重音在後一音綴的上面，前一音綴受了逆同化，變成了一個疊韻的連綿詞[k'ĭĕn zĭĕn]。因爲"蚯蚓"[k'ĭu zĭĕn]和"蠢蝡"[t'ĭwi n̯ĭwən]同時流行著，所以我們又得了一個新的語詞，即第一個音綴是採取蚯蚓的前音綴的[k'ĭu n̯ĭwən]，這個新語詞行用長久了之後，人們認爲沒有一個固定的寫法太不方便了，所以借用兩個讀音差不多的字來寫它，這兩個字就是"胊忍"。在唐以前的載籍中，凡是用這個語詞的，"胊"字完全從"句"，絶没有例外；"忍"字在六朝以後，已蒙上面的"胊"字加了偏旁，同時亦極通行了。再後，"胊朏"這兩個字的形體幾乎被[t'ĭwən n̯zĭwən]獨佔了；最後，"胊"字變爲從"旬"的"朐"字。

自解其綬以繫督郵頸，縛之著樹。（《蜀志二‧先主傳》注引《典略》/872 頁）

周一良《〈三國志〉札記》指出：《蜀志》記劉備縛督郵作"解綬繫其頸，著馬桺"。《典略》改爲"縛之著樹"，疑先誤"桺"爲"栁"，又改爲"樹"耳。慧皎《高僧傳》五釋道安傳："見門裏有二馬桺之間懸一馬箆。""桺"乃"桺"之誤。《水經注》存水條"繫馬桺柱"，"桺"字亦多誤爲"栁"。桂馥《説文解字義證》十七引《華陽國志》以下諸書所記馬柳事甚詳。沂南等地漢畫像中,有馬繫於柳圖畫,見林巳奈夫氏《漢代之文物·乘具篇》。

佷音恆。(《蜀志二·先主傳》注/890 頁)

盧弼《集解》:《水經·夷水注》:"夷水又東,經佷山縣故城南,縣即山名也。"孟康曰:"佷音恆。出藥草,今世以銀爲音也。"

吳承仕《經籍舊音辨證》指出:汲古閣本音"恆",明南監本音"桓"。音"恆"是也。《地理志》"武陵郡,佷山",孟康音"恆",《類篇》、《集韻》"佷"字上有"胡登"一切,是其證。

漢嘉太守黃元聞先主疾不豫,舉兵拒守。(《蜀志二·先主傳》/890 頁)

盧弼《集解》:"疾"字疑衍。

錢劍夫《校點記》指出:《尚書·金縢》:"王有疾,弗豫。"又《書序》"武王有疾",《經典釋文》:"馬本作'有疾,不豫'。"《論衡·偽死篇》:"周武王有疾,不豫。"則此"疾"字非衍。蓋天子疾曰不豫,字亦作"忩"。《說文·心部》:"《周書》曰:'有疾不忩。'忩,喜也。"足證"疾"與"不豫"連文,古文屢見;"忩"則爲其本字耳。

動容損益,百寮發哀……(《蜀志二·先主傳》/891 頁)

盧弼《集解》:或曰:"動容句未詳。"

蔣禮鴻《義府續貂》"從容消息"條指出:自"百寮發哀"以下皆遺詔之語,以其短喪,不循常制,故曰"動容損益"。動容與損益同義。

而魚豢云備敗於小沛,禪時年始生。(《蜀志三·後主傳》注/894 頁)

盧弼《集解》:錢儀吉曰:"'時'當作'是'。"

錢劍夫《校點記》指出：《詩·大雅·生民》："厥初生民，時維姜嫄。"鄭箋："時，是也。"《爾雅·釋詁》亦言"時，是也"。它如《助字辨略》卷一及卷二、《經傳釋詞》卷九、《詞詮》卷五，亦皆論及。錢說非。

聞魏大將軍諸葛誕據壽春以叛。(《蜀志三·後主傳》/899頁)

盧弼《集解》：誕時爲征東大將軍，疑"軍"字衍。

錢劍夫《校點記》指出：誕既爲征東大將軍，則但稱"大將軍"可，加"征東"字亦可。此爲蜀書，亦不得泛稱"大將"也。

東備白騎。(《蜀志六·馬超傳》注引《典略》/945頁)

盧弼《集解》：姚範曰："《十六國春秋·前秦錄》云：秦人呼鮮卑爲白虜。"

趙幼文《辨證》指出："白騎"謂張白騎。《魏志·張燕傳》注引《典略》："黑山黃巾諸帥，本非冠蓋，自相號字，謂騎白馬者爲張白騎。"又《龐悳傳》："後張白騎叛於弘農，悳復隨騰征之，破白騎於兩殽間。"騰時屯槐里，弘農在槐里之東，故曰"東備"。白虜、白騎兩不相涉。

華按：標點本僅於"白"下加專名綫，未及"騎"字，誤。

先主領荊州牧，辟爲從事，部諸郡。(《蜀志九·陳震傳》/984頁)

呂叔湘《讀〈三國志〉》指出："部"作"分管"講，多與"從事"(官名)連用。例如本志《楊洪傳》："楊洪字季休，犍爲武陽人也，劉璋時歷部諸郡。"又《費詩傳》："由是忤指，左遷部永昌同事。"《吳志·潘濬傳》："年未三十，荊州牧劉表辟爲部江夏從事。"

華按：後漢時，各州刺史之下設有"部郡國從事"，郡太守之下亦設從事。晉司馬彪《續漢書‧百官志》載："部郡國從事，每郡國各一人，主督促文書，察舉非法，皆州自辟除。"例如，《潛夫論‧述赦》載漢明帝詰責茂才曰："汝非部南郡從事邪？""部"即分管之義。

求君得君，志行名顯，從布衣之中擢爲國士，盜竊茂才。分子之厚，誰復過此。(《蜀志十‧彭羕傳》/996 頁)

周一良《〈三國志〉札記》指出：裴松之注曰："分子之厚者，羕言劉主分兒子厚恩，施之於己。"此言不確切。徐文靖《管城碩記》一八釋之云："《穀梁傳》曰：'召伯，周之分子也。'范甯曰：'周之分子，謂周之別子孫也。'羕蓋言劉主蓄己之厚，不啻如支庶子孫，亦如文王於召伯，恩同分子。故其書後語曰'西伯九十，寧有衰志？負我慈父，罪有百死'也。分子二字本此。"

華按："分子"本爲支庶子孫之義，其後遂爲百姓小民之稱。如《全後漢文》卷九十八漢安二年《漢故益州太守北海相景君銘》："鴞梟不鳴，分子還養。……奈何朝廷，奪我慈父。去官未旬，病乃困危。"又如《隸續》卷十一載後漢熹平三年《武都太守耿勳碑》："脩治狹道，分子効力。"彭羕本爲布衣，故以"分子"自稱也。裴氏不知此"分子"一詞義同"子民"，遂有割裂分解之誤。

延尋悔，追之已不及矣。(《蜀志十‧魏延傳》/1003 頁)

胡三省《通鑑注》："尋"，繼也；言繼時而追悔也。

錢劍夫《校點記》指出："尋"，旋也。凡相因而繼曰"尋"，猶今言"隨即如何"也。見《助字辨略》卷二。楊樹達《詞詮》卷六同。胡注迂。

而亮平生密指，以儀性狷狹，意在蔣琬。（《蜀志十·楊儀傳》/1005頁）

胡三省《通鑑注》："密指"，蓋亮密以語諸僚佐，特儀不知耳。

錢劍夫《校點記》指出："指"與"旨"通。趙翼《陔餘叢考》卷二十二云："旨字古人亦不專以爲君上之稱。《宋書》：'江夏王義恭請以庶人義宣還其屬籍，文帝詔答曰：以公表付外，依旨奉行。'是上於臣下所云，亦謂之'旨'矣。"又云："宋時'旨'猶上下通用。"則此"密旨"即"密奏"，故下文即云："琬遂爲尚書令，益州刺史。"倘如胡注，則琬之重任，出於亮之僚佐矣，有是理乎！

夜張燈火見囚，讀諸解狀。（《蜀志十一·楊洪傳》注引《益部耆舊傳雜記》/1015頁）

唐長孺《魏晉南北朝史論拾遺》指出："解狀"當即諸郡隨著所送囚犯申報牧府的公文，内容當有囚犯姓名、罪狀以及郡官的判案。"解"作爲文書形式，多見於南北朝，《宋書·沈曇慶傳》："遭母憂，哀毀致稱，本縣令諸葛闡之公解言上。"（縣令必是開具姓名行事，申請旌表，這種文書稱作"解"）又《顏竣傳》載庾徽之奏彈竣云："多假資禮，解爲門生，充朝滿野，殆將千計，取監解免錢，以供帳下。"（顏竣受財禮，把多人列爲故門生上報，當亦開列姓名、簡歷，具解申送主管的官府，以便取得免役權利。）自三國至南北朝，"解"作爲官府文書，大致是下級申送上級或主管機構的公文，内容都和處理人事有關，如囚犯、應旌表人、收錄門生、剃度僧人等，通常在一人以上，因此需要開列姓名，並加以必要說明。《文心雕龍·書記篇》云：

"百官詢事,則有關刺解牒。"四種文書形式中,"關"見《宋書·禮志》,"刺"見羅布淖爾漢簡,"牒"流行於唐代,唯"解"字無考,它作爲一種文書形式,史籍所見,始於三國。

周請身詣京都。(《蜀志十二·譙周傳》/1030頁)

胡三省《通鑑注》:"京都"謂洛陽魏都。晉景王諱師,晉人避之,率謂京師爲京都。蜀方議降,譙周已爲晉人諱矣,吁!

錢劍夫《校點記》指出:此承祚從晉諱,猶唐人書爲唐諱每改史文"民"爲"人"、"世"爲"代"之類,非譙周爲晉諱也。胡注深文周内,不可取。

舉孝廉、除錫令、東宮洗馬,召不就。(《蜀志十二·譙周傳》/1033頁)

錢劍夫《商榷》指出:"召"當作"皆"。

華按:史文於此等處均用"皆"字,錢說是也。然亦有用"召"字者,與此文有別,如《世說新語·方正》:"除大司馬,召不起。"

故從橫者歘披其胸,狙詐者暫吐其舌也。(《蜀志十二·郤正傳》/1036頁)

郭在貽《古漢語詞義札記》指出:"暫"字訓爲疾速。這裏"暫"與"歘"相儷偶,也是猝然之意。《漢書·李廣傳》:"暫騰而上胡兒馬。"暫騰而上即猝然跳上去之意。《論衡·四諱篇》:"暫卒見若爲不吉。"這裏暫卒是同義複詞。樂府古辭《孔雀東南飛》:"府吏聞此變,因求假暫歸。未至三二里,摧藏馬悲哀。"《北史·徐之才傳》:"帝每發動,暫遣騎追之,針藥所加,應時必效。"其中"暫"字皆猝然之義。

華按:今南京一帶方言中仍有"暫時"一詞,作立刻、馬上講。

忽一旦盡欲以身親其役，不復付任。（《蜀志十五·楊戲傳》注引《襄陽記》/1083 頁）

蔣禮鴻《通釋》指出："忽"應作倘或解。"或"是正字，"忽"是同音假借字。《晉書·范汪傳》載其上疏曰："以翼宏規經略，忽遇釁會，大事便濟。"《神異經·西北荒經》："西北海外有人……但日飲天酒五斗，不食五穀，唯飲天酒。忽有飢時，向天仍飲。"《神異經》舊題東方朔撰，顯是偽託，但不能晚到晉以後，和《三國志》、《晉書》合看，可見以"忽"爲"或"，晉代已經如此了。

咨頻載使北，魏人敬異。（《吳志二·吳主傳》注引《吳書》/1124 頁）

王克仲《"載""再"通假與"載 A 載 B"句式》指出："頻載"是由兩個表示重復的近義詞構成的複合詞，用以表示動作行爲的多次出現。《宋書·劉康祖傳》："劉下邳頻再來，必當有意。"字作"頻再"。與這一意義相同的，還有"仍在"和"此再"。諸如《史記·平準書》："大將軍將六將軍仍再出擊胡。"《漢書·匈奴傳上》："仍再出定襄數百里擊匈奴。"又《五行志上》："是時，比再遣公主配單于。"在這些用例中，凡屬《漢書》的，顏師古一律注曰："仍，頻也。""比，頻也。"是知"頻載"、"頻再"、"仍再"、"比再"等意義是相同的。"載"、"再"通假之例，還有《魏志·陳思王植傳》應詔詩："騑驂倦路，再寢再興。"字作"再"；而今日所見《詩·秦風·小戎》："言念君子，載寢載興。"其字作"載"。《吳志·周魴傳》："遣使之日，載生載死。"字作"載"；而《淮南子·天文訓》："甲子干庚子，草木再死再生。"其句式與《周魴傳》例相同，字作"再"。

又以愚意採察權旨。（《吳志二·吳主傳》注引《魏略》／1127 頁）

盧弼《集解》："旨"疑作"指"。

錢劍夫《校點記》指出："旨"、"指"古通。此爲魏臣之言，"權旨"猶言"權意"。《易·繫辭下》："其旨遠。"孔疏："是其旨意深遠。"是其義。

今欲廣開田業，輕其賦稅，差科彊羸，課其田畝。（《吳志三·三嗣主·孫休傳》／1158 頁）

盧弼《集解》："科"疑作"料"。

錢劍夫《校點記》指出：《廣雅·釋言》："科，條也；科，品也。"《論語·八佾篇》"爲力不同科"皇侃疏亦言："科，品也"。孔疏更謂"周衰政失，力役之事，貧富兼并，强弱無別，而同爲一科，故孔子非之"。與此"彊羸"共賦正同，故當"差科"，即差別其彊弱而品第之，亦品平之。朱熹訓"科"爲"等"，楊伯峻《論語譯注》從之，其義微異。盧氏疑當作"料"，非是。

諸葛瑾、陸遜、朱然、程普、潘濬、裴玄、夏侯承、衞旌、李肅、周條、石幹十一人。（《吳志七·步騭傳》／1238 頁）

陳景雲《辨誤》：騭所條上諸臣，皆當時有聲績於荆州者。程普之卒，在吳主稱尊號前，不應亦列其中，恐傳錄誤也。時呂岱在荆州，其名迹亦葛、陸之儔，騭獨遺之，爲不可曉。或"程普"乃"呂岱"之訛，如《魏志·夏侯惇傳》中以雲長爲呂布也。

趙幼文《辨證》指出：上文"頃以冀州在蜀，分解牧職。時權太子登駐武昌，愛人好善，與騭書"，考吳、蜀交分天下在黃龍元年，是年九月，權遷建業，留登武昌，則登與騭書，當在是年。據《呂岱傳》,岱延康元年代步騭爲交州刺史。黃龍三年,以南土清定召岱還。是騭條諸葛瑾十一人甄別行狀時,岱猶在交州,故騭未列岱名。然"程普"係何人之誤?考許嵩《建康實錄》"程普"作"程秉"。據《秉傳》,秉時爲太子太傅,與登居武昌,則"普"字當爲"秉"字之訛,唐時尚未誤也。

璣監江陵諸軍事、左將軍,加散騎常侍,領廬陵太守,改封江陵侯。(《吳志七·步騭傳》/1240頁)

晉寫本《吳志·步騭傳》殘卷"廬陵"作"廬江"。

劉忠貴《敦煌寫本〈三國志·步騭傳〉殘卷考略》(下稱《考略》)指出:宋刊本、標點本作"廬陵"者爲誤。步璣領廬江太守應在鳳凰元年(晉武帝泰始八年,公元272年)以後,司馬炎滅吳以前(即晉太康元年,公元280年)。此時晉未立廬陵郡;有此郡設置當在晉太康三年(公元282年)以後。吳有廬陵,此時未歸晉,步璣豈有領廬陵太守之理? 步氏世鎮西陵,職在防江,以防江之兵改鎮"廬江",較改鎮"廬陵"者於義爲順。

華按:殘卷作"廬江",於義爲順,誠如劉說矣。然作"廬陵"亦可通。晉使步闡"假節領交州牧",時交州亦屬吳而不屬晉,此所謂"遙領"也。

抗陷城,斬闡等。(《吳志七·步騭傳》/1240頁)

晉寫本《吳志·步騭傳》殘卷"斬"前有"禽"字。

劉忠貴《考略》指出:《晉書·武帝紀》云:"闡城陷,爲抗所禽。"又《羊祜傳》云:"闡竟爲抗所擒。"據此可知,當有"禽"字。

當世君子能不然者,亦比有之,豈獨古人乎?(《吳志七·步騭傳》/1240頁)

晉寫本《吳志·步騭傳》殘卷"亦比有之"作"亦皆比肩有之"。

劉忠貴《考略》指出：宋刊本"比肩"省作一"比"字。

後紘見陳琳作《武庫賦》、《應機論》，與琳書深歎美之。(《吳志八·張紘傳》注引《吳書》/1246頁)

盧弼《集解》：《類聚》、《御覽》作"《武軍賦》"。

趙幼文《辨證》指出：《御覽》卷五百八十七引"琳"下無"作"字，"庫"不作"軍"，盧校誤。考《左氏·宣公十二年傳》："君盍築武軍。"杜預注："築軍營以章武功。"武軍之義蓋本此。《抱朴子外篇·鈞世篇》："而《出車》、《六月》之作，何如陳琳《武軍》之壯乎？"據此，則"庫"字誤也。

華按：《太平御覽》卷三百三十六有"陳琳武軍賦序"，盧校引此，不誤。唐人所見爲《武軍賦》，與《抱朴子》合。《文選》卷四十二趙至《與嵇茂齊書》："鳴鷄戒旦。"李善注："陳琳《武軍賦》曰：'啟明戒旦，長庚告昏。'"此又一明證。

近者破樊本屯，救酇，逆爲孫規所破。(《吳志九·呂蒙傳》/1277頁)

盧弼《集解》：或曰："此語不可解，疑有脫誤。"

錢劍夫《校點記》指出："孫規"見《孫權傳》建安十九年，正指此事。蓋是時孫權欲索還荆州，關羽不許，"權大怒，乃遣呂蒙督鮮于丹、徐忠、孫規等兵二萬取長沙、零陵、桂陽三郡"，皆見《孫權傳》。《蒙傳》所敍，亦正呂蒙對南陽鄧玄之之言。盧氏未曾深考，或假或曰爲說。標點本於《權傳》"孫規"有專名號，此傳則無，亦甚失之。

華按："或曰"雖非盧氏之說(盧弼《復胡綏之先生書》曰："有楊惺吾師舊藏批本二部，近藏北平北海公園松坡圖書館，不知誰氏手筆。擇優甄錄，冠以'或曰'，雖云存疑，實不掠美。"），然盧氏既已甄錄於《集解》，則不可不辨。

羽還，在道路，數使人與蒙相聞。（《吳志九·呂蒙傳》/1279 頁）

周一良《〈梁書〉札記》指出："相聞"猶言通訊或通消息。《宋書·張敷傳》："與人別，執手曰：念相聞。"即勿忘通訊息之意。

兩掾所署，事入諾出。（《吳志十·黃蓋傳》/1284 頁）

周一良《〈南史〉札記》指出：此文意爲兩掾署名之文書送入，立即畫諾，付出實行。"事"即文書。下文又云："因出事詰問，兩掾辭屈。""事"字意同。"事"字所包括之"中"字，原指簿書，王國維《釋史》之中有考證，見《觀堂集林》六。《左傳·襄公二十五年》之"崔子稱疾不視事"，《漢書·王尊傳》之"今太守視事已一月矣"，"事"字原意皆指文書，後人誤解爲抽象名詞事務之意。魏晉南北朝以至唐代文獻中，"事"字尚多如此用，猶存古訓。

今爲君致之，若走去何？（《吳志十·甘寧傳》注引《吳書》/1293 頁）

盧弼《集解》：官本《考證》曰："若走去何'，監本訛作'若走云何'。今改正。"

趙幼文《辨證》指出：馮本、陳本俱作"云何"，《册府元龜》卷八百七十同，謝陛《季漢書》亦作"云何"，是宋、明所見俱作"云何"也。王念孫《讀書雜志》云："余謂'云何'、'如何'，'如'、'云'語之轉。"是"云何"、"如何"同義。《太平御覽》卷四百七十九引《吳錄》正作"如何"，可證。官本《考證》不審"云何"之義，妄改"云"字作"去"。

華按：劉淇《助字辨略》卷二："《詩·國風》：'云何吁矣。'《吳志·孫策傳》：'策因往到融營下，令左右大呼曰：孫郎竟云何？'《世說》：'東亭問法岡道人曰：弟子都未解，阿彌那得已解，所得云何？'云何，如何也。"

大王以三爵之後手殺善士。(《吳志十二·虞翻傳》/1321 頁)

標點本《校記》："手"，據古寫本刪。(1508 頁)

錢劍夫《商榷》指出：上文既言"手劍"，則"手殺"不必爲衍文。

芳闔戶不應，而遽避之。(《吳志十二·虞翻傳》/1321 頁)

蔣天樞《校記》指出：晉寫本作"遽而避之"。遽，趣也，促也。而，語詞。"遽而避之"猶言"趣使避之"。"遽"謂命令柂人，今本作"而遽避之"，則"遽"當訓"疾"，意謂"乃疾避之"，無促使船夫意矣。

又經芳營門，吏閉門，車不得過。(《吳志十二·虞翻傳》/1321 頁)

蔣天樞《〈三國志·吳書·虞翻傳〉校記》(下稱《校記》)指出：晉寫本《吳志·虞翻傳》殘卷"門"上有"中芳"二字，此文當爲"又經芳營中，芳門吏閉門，車不得過"，"門"字屬下讀。此處寫本較今本多"中芳"二字，多者是也。旁過亦可曰"經"，無"中"字，何由知其穿營而過？此所謂"營"，指芳閱兵場所，後世所謂演武場是也。其營地不用時，開相對門以通行人。文曰"又"，足見翻經常行過。翻多次譏諷芳，芳吏識翻，因閉門故與爲難，故言"車不得過"。寫本出於陳志流傳不久時，足見在裴注前傳鈔已歷時甚久，其間或訛誤，或省改，勢所必至。寫本文字多不同，由此。

華按："又"字似承船行相逢一事而來，猶下文"復怒曰"亦承前事而言也。

當閉反開，當開反閉，豈得事宜邪？(《吳志十二·虞翻傳》/1321 頁)

蔣天樞《校記》指出：今本"當閉反開，當開反閉"二句，晉寫本作"當開反閉，當閉反開"，二句雖"開"、"閉"二字先後使用不同，所關甚重。緣上句言當前實況，下句則譏芳開門迎降吳人。翻之言應景而發，決無先譏刺而後言實況之理，自當以寫本"當開反閉，當閉反開"爲是。但向來讀史者於此不切實際之錯誤，甚少注意，益見書之不可不校也。

世豈有仙人（也）〔邪〕！(《吳志十二·虞翻傳》/1321 頁)

標點本《校記》："邪"，據古寫本改。(1508 頁)

錢劍夫《商榷》指出："也"猶"邪"也，歟也，乎也。古字本來相通，實不當改。

"分北三苗"，"北"古"別"字，又訓北，言北猶別也。

(《吳志十二·虞翻傳》注引《翻別傳》/1323 頁)

盧弼《集解》：錢大昕曰："《說文》：'兆，別也，從二八。'兆、北字形相似，故誤爲北。"

洪誠《訓詁學》指出："分北三苗"，《尚書》注疏本在《舜典》，原來是《堯典》下篇。虞翻所見的《尚書》"北"字作"ᓒ"，所以他說："分ᓒ三苗，ᓒ，古別字也。"今本《三國志注》兩個"北"字是錯字，段玉裁《說文解字注》把第二個"北"字改作八部之"ᓒ"，是對的，但還不知道第一個"北"字也是錯字，寫作篆文"ᓒ"。說詳王紹蘭《說文段注訂補》。

華按：《睡虎地秦墓竹簡·法律答問》："女子爲隸臣妻，有子焉，今隸臣死，女子北其子，以爲非隸臣子也。""北其子"，謂其子自家中分出，"北"爲分別之義，字亦當作"八"。然則"別"之古字訛變爲"北"，由來已久。

魴當候望舉動，俟須嚮應。（《吳志十五·周魴傳》/1388頁）

盧弼《集解》："俟"疑作"事"。"嚮"當作"響"。

錢劍夫《校點記》指出："俟須"，古人自有複語，作"事"亦非其義。

華按：此"俟須"又可倒爲"須俟"，如《魏志·武帝紀》注引《獻帝傳》載建安二十一年詔曰："欲以欽順高義，須俟勳績。"又有相類之詞"須待"，如《魏志·曹爽傳》注引《魏末傳》載李勝語："輒當承教，須待敕命。"須、俟、待三字義同。

錢劍夫《校點記》指出：《易·繫辭上篇》："其受命也如嚮。"《釋文》："嚮又作響。"李鼎祚《周易集解》卷十四及阮校本即皆作"響"，朱注本則仍作"嚮"，並云："嚮，許兩反，古文響字。"是"嚮"與"響"通，不當有疑。

權遣人以牀就家輿致之。（《吳志十六·潘濬傳》注引《江表傳》/1397頁）

盧弼《集解》：何焯校改"輿"作"舉"。

錢劍夫《校點記》指出：何校當作"輦"，而《廣雅·釋詁一》："輿，舉也。"則不當改字。且本志《王蕃傳》："輦蕃出外。"《魏志·鄧艾傳》："面縛輿櫬。"《蜀志·後主傳》："輿櫬自縛。"蓋兩字互用，尤不當改，不圖義門疏略至此。

鈴下曰："諾。"乃排閤入。言未卒，權大怒，欲便投以戟。逡巡走出。（《吳志十八·吳範傳》/1423頁）

周一良《〈三國志〉札記》指出：此逡巡非作動詞解之徘徊留連，乃立即、須臾、迅速之意，如此始與"走"字相呼應。參看張相《詩詞曲語辭匯釋》卷五"逡巡"條所舉唐、宋詩詞。敦煌變文中,如此用例尤多,參看蔣禮鴻《敦煌變文字義通釋》第五篇。陳壽晉人,《吳志》"逡巡"之用例或現今所見最早者也。

華按:《蜀志·龐統傳》:"先主醉。怒曰:'……卿言不當,宜速起出!'於是統逡巡引退。先主尋悔,請還,統復故位,初不顧謝,飲食自若。"亦其例。

伉縛送(言)〔諸〕府。(《吳志十九·諸葛恪傳》/1431 頁)

標點本《校記》:"諸",據郝經《續後漢書》六三。(1510 頁)

錢劍夫《商榷》指出:考漢制,以下白上,稱"敢言之",亦簡稱"言"。"言府"即稟白太守府。胡伉爲臼陽縣長,胡於太守諸葛恪正應稟白;且"違教"縛送必須敍明緣由,亦當有公文呈報,則此"言"字尤不可改。郝經《續後漢書》並不足據。

華按:《樓蘭尼雅出土文書》第六百九十號簡文云:"上言府,普告絕逐捕,不得使經家而不禽獲。"又七百十四號簡文云:"前已言府逐捕,今重下普下。"均以"言府"連文。

《三國志》標點本兩版校記

中華書局標點本《三國志》於 1959 年 12 月印行第一版，到 1975 年 4 月共印刷六次，印數達 200 200 冊。1982 年 7 月印行第二版，已屬第七次印刷，截至 1985 年 8 月第八次印刷，總印數已達 285 200 冊。兩版對照，第二版雖然改正了第一版中的某些印刷錯誤，但同時也出現不少新的毛病。爲便於讀者校改兩版之誤，今以第二版第八次印刷本爲底本，試依卷次說明如下。

子翊（《三國志目錄》/16 頁下欄第 4 行）

　　華按："翊"，應作"珝"。此字實沿清代金陵活字本之訛。兩版皆誤。

　　　整理者按：咸平本、南監本、局本作"珝"。紹興本、紹熙本、三朝本、西爽堂本、北監本、汲本、殿本、金陵活字本、百衲本作"翊"。元大德本"薛綜"下無附傳子目。標點本 2015 年 7 月第 29 次印刷本作"翊"。又，凡第 29 次印刷本已改正前兩版錯誤的，不再出"整理者按"說明。

世襲爵士（《魏志一·武帝紀》注引《魏書》/1 頁第 7 行）

　　華按："士"，應作"土"。此第二版之誤。

從以能明古學（《魏志一·武帝紀》注引《魏書》/3 頁第 11 行）

　　華按："從"，應作"後"。此第二版之誤。

太吏上言當有陰謀（《魏志一·武帝紀》注引司馬彪《九州春秋》/4 頁第 13 行）

華按："吏"，應作"史"。此第二版之誤。

紹遣郭圖、淳子瓊、顏良攻東郡太守劉延於白馬（《魏志一·武帝紀》/19 頁第 4 行）

華按："子"，應作"于"。此第二版之誤。

會無抵閡（《魏志一·武帝紀》注/20 頁第 11 行）

華按："會"，應作"曾"。此第二版之誤。

乃舉精銳步騎（《魏志一·武帝紀》注引《曹瞞傳》/21 頁第 15 行）

華按："舉"，應作"選"。此第二版之誤。

庶幾先生之道不廢（《魏志一·武帝紀》/24 頁第 6 行）

華按："生"，應作"王"。此第二版之誤。

三義不同（《魏志四·三少帝·高貴鄉公髦紀》/136 頁第 15 行）

華按："三"，應作"二"。此第二版之誤。

世言曰（《魏志四·三少帝·高貴鄉公髦紀》注引《漢晉春秋》/145 頁第 10 行）

華按："言"，應作"語"。此第二版之誤。

典略曰（《魏志六·劉表傳》注/214 頁第 5 行）

華按："略"，應作"論"。兩版皆誤。

整理者按：標點本 2015 年 7 月第 29 次印刷本作"略"。

遺布書（《魏志七·呂布傳》/226 頁第 16 行）

華按："遺"，應作"遺"。此第二版之誤。

進圍日急（《魏志七·陳登傳》注引《先賢行狀》/230 頁第 7 行）

華按："曰"，應作"日"。此第二版之誤。

二公孫陶四張傳第八(《三國志》卷八篇題/239頁第2行)

華按：第二版第七次印刷本"二"誤爲"一"。

鈔略青徐幽翼(《魏志八·公孫瓚傳》/240頁第1行)

華按："翼"，應作"冀"。此第二版之誤。

穀米封贍(《魏志八·陶謙傳》/248頁第2行)

華按："封"，應作"豐"。兩版皆誤。

整理者按：標點本2015年7月第29次印刷本作"封"。

謙二字(《魏志八·陶謙傳》注引《吳書》/250頁第14行)

華按："字"，應作"子"。此第二版之誤。

泰潛別齎致遣貨物(《魏志八·公孫淵傳》注引《魏略》/256頁第6行)

華按："遣"，應作"遺"。此第二版之誤。

紆青施紫(《魏志九·公孫淵傳》注引《魏書》/258頁第9行)

華按："施"，應作"拖"。此第二版之誤。

永有保持(《魏志九·公孫淵傳》注引《魏書》/260頁第10行)

華按："持"，應作"恃"。兩版皆誤。

整理者按：標點本2015年7月第29次印刷本作"持"。

周旅淮泗之間(《魏志九·曹仁傳》/274頁第3行)

華按："旅"，應作"旋"。此第二版之誤。

後攻費(《魏志九·曹仁傳》/274頁第4行)

華按："後"，應作"從"。此第二版之誤。

復與史渙等鈔紹運軍(《魏志九·曹仁傳》/274頁第14行)

華按："軍"，應作"車"。此第二版之誤。

亦渙然明別矣(《魏志九·夏侯玄傳》/295頁第13行)

華按："渙"，應作"煥"。兩版皆誤。

整理者按：標點本 2015 年 7 月第 29 次印刷本作"渙"。

將軍難欲委忠難佐之朝（《魏志十·賈詡傳》注引《九州春秋》/327 頁第 3 行）

華按："難"，應作"雖"。此第二版之誤。

唯恐人之不勝已（《魏志十一·袁渙傳》注引《袁氏世紀》/336 頁第 3 行）

華按："已"，應作"己"。此字實沿金陵活字本之誤。兩版皆誤。

整理者按：標點本 2015 年 7 月第 29 次印刷本作"已"。

徙爲奉尚（《魏志十一·王脩傳》/347 頁第 5 行）

華按："尚"，應作"常"。此字實沿金陵活字本之誤。兩版皆誤。

整理者按：標點本 2015 年 7 月第 29 次印刷本作"尚"。

令爲馮翎（《魏志十一·王脩傳》注引《魏略》/348 頁第 7 行）

華按："翎"，應作"翊"。此第二版之誤。

衣弊縕（《魏志十一·胡昭傳》注引《魏略》/365 頁第 13 行）

華按："縕"下當有"故"字。兩版皆夺。

整理者按：標點本 2015 年 7 月第 29 次印刷本無"故"。

乃遣郡丞黃珍在（《魏志十二·何夔傳》/379 頁第 13 行）

華按："在"，應作"往"。此第二版之誤。

又守見夏逸（《魏志十三·王朗傳》注引《王朗集》/411 頁第 4 行）

華按："見"，應作"長"。此第二版之誤。

說其令勒允曰（《魏志十四·程昱傳》/426 頁第 10 行）

華按："勒"，應作"靳"。此第二版之誤。

昔賈復請擊郾賦(《魏志十五·張既傳》/474頁第11行)

華按："賦"，應作"賊"。此第二版之誤。

夏侯尚徒弟(《魏志十五·張既傳》/477頁第4行)

華按："徒"，應作"從"。此第二版之誤。

爲敗所俘(《魏志十五·賈逵傳》注引《孫資別傳》/480頁第11行)

華按："敗"，應作"賊"。此第二版之誤。

司馬文王賴充及免(《魏志十五·賈逵傳》注引《晉諸公贊》/484頁第15行)

華按："及"，應作"以"。此第二版之誤。

攻廣戚(《魏志十七·于禁傳》/522頁第4行)

華按：第一版"戚"作"威"，沿宋、元以來各本之誤。第二版直接改"威"爲"戚"，蓋據趙一清、謝鍾英諸家之說，可惜未出校記。

整理者按：標點本2015年7月第29次印刷本作"戚"。

會漢水暴隘(《魏志十七·徐晃傳》/529頁第6行)

華按："隘"，應作"溢"。此字實沿金陵活字本之誤。兩版皆誤。

整理者按：標點本2015年7月第29次印刷本作"隘"。

不然既有變(《魏志十七·徐晃傳》注引《魏書》/530頁第14行)

華按："既"，應作"即"。此第二版之誤。

官至泰州刺史(《魏志十八·李通傳》注引王隱《晉書》/536頁第4行)

華按："泰"，應作"秦"。此第二版之誤。

又攻羽重輜於漢津（《魏志十八·文聘傳》/539 頁第 12 行）

華按："重輜"，應作"輜重"。此第二版之誤。

父讎己報（《魏志十八·龐淯傳》/548 頁第 9 行）

華按："己"，應作"已"。兩版皆誤。

整理者按：標點本 2015 年 7 月第 29 次印刷本作"己"。

嘗必行（《魏志十九·任城威王彰傳》/555 頁第 7 行）

華按："嘗"，應作"賞"。此第二版之誤。

先生之道（《魏志十九·任城威王彰傳》/556 頁第 11 行）

華按："生"，應作"王"。此第二版之誤。

《曲略》曰（《魏志十九·陳思王植傳》注/558 頁第 13 行）

華按："曲"，應作"典"。此第二版之誤。

能不懷苦幸？苦幸何慮思（《魏志十九·陳思王植傳》注引《魏氏春秋》/565 頁第 9 行）

華按：兩"幸"字，均應作"辛"。此第二版之誤。

武功烈則所以征不庭（《魏志十九·陳思王植傳》/572 頁第 4 行）

華按："所"，應作"可"。兩版皆誤。

整理者按：標點本 2015 年 7 月第 29 次印刷本作"所"。

正元景王中（《魏志二十·武文世王公·豐愍王昂傳》/579 頁第 10 行）

華按："王"，應作"元"。此第二版之誤。

如傳以母貴賤爲次（《魏志二十·武文世王公·趙王幹傳》/586 頁第 13 行）

華按："如"，應作"此"。此第二版之誤。

太祖使人搜閱紀記室（《魏志二十三·趙儼傳》注引《魏略》/669 頁第 5 行）

華按："紀"，應作"紹"。此第二版之誤。

以觀利純耳（《魏志二十三·趙儼傳》/671 頁第 1 行）

華按："純"，應作"鈍"。此第二版之誤。

未聞宰士而爲下士諸侯禮也（《魏志二十三·裴潛傳》注引《魏略·列傳》/675 頁第 12 行）

華按："下士"之"士"，應作"土"。此字實沿金陵活字本之誤。兩版皆誤。

整理者按：標點本 2015 年 7 月第 29 次印刷本作"士"。

後選樂陵太守（《魏志二十四·韓暨傳》/677 頁第 9 行）

華按："選"，應作"遷"。兩版皆誤。

整理者按：標點本 2015 年 7 月第 29 次印刷本作"選"。

下夷子隷（《魏志二十五·高堂隆傳》/716 頁第 8 行）

華按："子"，應作"于"。此第二版之誤。

無所蒙竄（《魏志二十六·田豫傳》/728 頁第 6 行）

華按："蒙"，應作"逃"。此字實沿金陵活字本之誤。兩版皆誤。

整理者按：標點本 2015 年 7 月第 29 次印刷本作"蒙"。

浚欲因此發（《魏志二十八·王淩傳》/758 頁第 9 行）

華按："浚"，應作"淩"。此第二版之誤。

後母丘儉、文欽反（《魏志二十八·諸葛誕傳》/769 頁第 13 行）

華按："母"，應作"毋"。此第二版之誤。

比干求生遂爲惡者（《魏志二十八·鄧艾傳》/782 頁第 4 行）

華按："干"，應作"于"。此第二版之誤。

佗偶至主人計（《魏志二十九·方技·華佗傳》/800 頁第 15 行）

華按："計"，應作"許"。此第二版之誤。

輅爲發崇（《魏志二十九·方技·管輅傳》注/829 頁第 11 行）

華按："崇"，應作"祟"。此第二版之誤。

淳不流（《魏志三十·鮮卑傳》注引《魏書》/838 頁第 6 行）

華按："淳"，應作"湻"。此第二版之誤。

不得掃除寇難（《蜀志二·先主傳》/886 頁第 4 行）

華按："得"，應作"能"。此字實沿金陵活字本之誤。兩版皆誤。

整理者按：標點本 2015 年 7 月第 29 次印刷本作"得"。

每從菲薄以益國用（《蜀志三·後主傳》注引《諸葛亮集》/895 頁第 9 行）

華按："從"，應作"崇"。此字實沿金陵活字本之誤。兩版皆誤。

整理者按：標點本 2015 年 7 月第 29 次印刷本作"從"。

屢遷射聲校尉、待中（《蜀志五·諸葛亮傳》/932 頁第 5 行）

華按："待"，應作"侍"。此第二版之誤。

整理者按：標點本 2015 年 7 月第 29 次印刷本作"待"。

陸勣、顧劭、全琮皆往（《蜀志七·龐統傳》/953 頁第 9 行）

華按："勣"，應作"績"。此字實沿金陵活字本之誤。兩版皆誤。

整理者按：標點本 2015 年 7 月第 29 次印刷本作"勣"。

與張昭張絃之儔（《蜀志八·許靖傳》注/966 頁第 8 行）

華按："絃",應作"紘"。此第二版之誤。

老而□□□（《蜀志九·董劉馬陳董呂傳》/989 頁第 1 行）

華按："□□□"當爲"益篤"二字加"'"。此第二版之脫。

乃智氏亡（《蜀志十·劉封傳》注引《國語》/994 頁第 2 行）

華按："乃",應作"及"。此第二版之誤。

嚴未（至）〔去〕至犍爲而洪已爲蜀郡（《蜀志十一·楊洪傳》/1014 頁第 11 行）

華按："至"字應删。兩版皆衍。

整理者按：標點本 2015 年 7 月第 29 次印刷本未删"至"。

疾博者獲多（《蜀志十二·譙周傳》/1029 頁第 11 行）

華按："博",應作"搏"。此字實沿金陵活字本之誤。兩版皆誤。

整理者按：標點本 2015 年 7 月第 29 次印刷本作"博"。

孤特邊陲（《吳志一·孫策傳》注引《吳錄》/1107 頁第 12 行）

華按：第一版"特"作"持",實沿金陵活字本之誤。第二版據百衲本等改作"特"。

整理者按：咸平本、紹熙本、百衲本作"特"。元大德本、三朝本、西爽堂本、南監本、北監本、汲本、殿本、金陵活字本、局本作"持"。標點本 2015 年 7 月第 29 次印刷本作"持"。

慶陵太守陳登治射陽（《吳志一·孫策傳》注引《江表傳》/1111 頁第 5 行）

華按："慶",應作"廣"。此第二版之誤。

自臨終之日（《吳志一·孫策傳》注引孫盛語/1113 頁第 3 行）

華按："自"，應作"且"。此字實沿金陵活字本之誤。兩版皆誤。

整理者按：標點本 2015 年 7 月第 29 次印刷本作"自"。

魏欲遣侍中辛毗、尚書桓階往與盟誓（《吳志二·吳主傳》/1125 頁第 8 行）

華按：第一版直接改"欲"爲"乃"，不出校記，蓋誤取梁章鉅之說。第二版仍按宋、元以來各本及晉寫本殘卷作"欲"，蓋取沈家本駁梁之說。

整理者按：標點本 2015 年 7 月第 29 次印刷本作"乃"。

採菜果食之（《吳志二·吳主傳》注引《吳書》/1140 頁第 1 行）

華按：第一版"採"作"捕"。第二版據《資治通鑑》卷七十二改"捕"爲"採"，蓋取錢劍夫《商榷》之說，但未出校記。

整理者按：標點本 2015 年 7 月第 29 次印刷本作"捕"。

思不尋命（《吳志三·三嗣主·孫晧傳》注引《吳錄》/1166 頁第 8 行）

華按："尋"，應作"辱"。此第二版之誤。

是以盡城匡弼（《吳志七·張昭傳》注引《江表傳》/1222 頁第 6 行）

華按："城"，應作"誠"。此第二版之誤。

卿能辦之者誠快（《吳志九·周瑜傳》注引《江表傳》/1262 頁第 10 行）

華按："快"，應作"決"。此第二版之誤。

乃僞報曰（《吳志九·魯肅傳》/1271 頁第 14—15 行）

華按：第一版"乃"作"仍"，實沿金陵活字本等作"仍"，未必有誤。第二版改爲"乃"，實則"仍"、"乃"二字有相同的用法。

　　整理者按：標點本 2015 年 7 月第 29 次印刷本作"仍"。

與吾辭矣（《吳志十二·虞翻傳》注引《江表傳》/1318 頁第 14 行）

　　華按："吾"，應作"君"。此第二版之誤。

終咸顯名（《吳志十二·虞翻傳》/1323 頁第 14—15 行）

　　華按：第一版"咸"作"成"，沿宋、元以來諸本之誤。第二版據晉寫本殘卷改作"咸"，蓋從錢劍夫《商榷》之說，可惜未出校記。

　　整理者按：標點本 2015 年 7 月第 29 次印刷本作"成"。

今去入財以求馬（《吳志十二·虞翻傳》注引《吳書》/1324 頁第 11 行）

　　華按："入"，應作"人"。此第二版之誤。

荀懷懿姿（《吳志十二·陸績傳》注引《姚信集》/1329 頁第 5—6 行）

　　華按："荀"，應作"苟"。此第二版之誤。

審刑賞以示勸沮（《吳志十三·陸抗傳》/1359 頁第 6—7 行）

　　華按：第一版"賞"作"罰"，係依據一部分舊本。第二版依北宋本、百衲本及盧本作"賞"，蓋從錢劍夫《商榷》之說。

　　整理者按：標點本 2015 年 7 月第 29 次印刷本作"罰"。

竟徙凱家於建安（《吳志十六·陸凱傳》/1403 頁第 15 行）

　　華按：第一版"徙"誤爲"徒"，實沿金陵活字本之誤。第二版據百衲本等校正爲"徙"。

　　整理者按：標點本 2015 年 7 月第 29 次印刷本作"徒"。

《三國志校詁》附錄

本書所引《三國志》版本及其
有關資料簡表

百衲本　上海涵芬樓影印宋紹熙刊本（原缺《魏志》三卷，以宋紹興刊本補足）

元本　　元大德十年池州路學刻明遞修本

陳本　　明陳仁錫刊評點本

馮本　　明南監馮夢禎刊本

監本　　明北監敖文禎刊本

毛本　　明毛晉汲古閣刊十七史本

吳本　　明吳琯西爽堂刊本

殿本（官本）　　清乾隆武英殿附《考證》本

金陵活字本　　清同治六年金陵書局聚珍本

成都局本　　清成都局刻四史本

翁本　　清翁心存錄何焯批校明崇禎十七年汲古閣本

金本　　清金惟詩批校明崇禎十七年汲古閣本

盧本　　盧弼《三國志集解》所據清金陵書局覆刻汲古閣本

標點本　　陳乃乾校點，中華書局第一版1959年12月第一次印刷本、第一版1975年4月第六次印刷本、第二版1982年12月第

七次印刷本、第二版 1985 年 8 月第八次印刷本

*　*　*　*

晉寫本《魏志·臧洪傳》殘卷　　1965 年新疆吐魯番縣英沙古城出
　　土,《新疆歷史文物》圖版一四

晉寫本《吳志·吳主傳》殘卷　　1965 年新疆吐魯番縣英沙古城出
　　土,《文物》1972 年第 8 期圖版貳叁

晉寫本《吳志·步騭傳》殘卷　　《文物資料叢刊》1977 年第一輯:
　　《敦煌文物研究所藏敦煌遺書目錄》圖版玖

晉寫本《吳志·虞翻陸績張溫傳》殘卷　　1902 年至 1904 年間新
　　疆吐峪溝出土,《漢晉書影》1926 年增訂本、中華書局標點本
　　《三國志》第一册書影一至書影八

*　*　*　*

袁宏《後漢紀》　　四部叢刊本

范曄《後漢書》(范書)　　百衲本、中華書局標點本

司馬彪《續漢書》(續漢志)　　中華書局標點本《後漢書》

房玄齡等《晉書》　　百衲本、中華書局標點本

沈約《宋書》　　百衲本、中華書局標點本

劉義慶《世說新語》　　諸子集成本

姚思廉《梁書》　　百衲本、中華書局標點本

蕭統《文選》　　中華書局影印胡刻本

許嵩《建康實錄》　　光緒甘氏刊本

司馬光《資治通鑑》　　中華書局標點本

蕭常《續後漢書》　　宜稼堂叢書本

郝經《續後漢書》(郝書)　　宜稼堂叢書本

謝陛《季漢書》　　鍾人傑刻本

602

* * * *

羣書治要　　宛委別藏本

北堂書鈔　　孔氏刊本

藝文類聚　　汪紹楹校本

初學記　　陳大科刊本、中華書局點校本

通典　　殿本《三通》

文館詞林　　董氏影印唐寫本

文選　　中華書局影印胡刻本

册府元龜　　中華書局影印本

太平御覽　　商務印書館影印日本宋本

重廣會史　　日本景宋本、中華書局 1986 年影印本

太平廣記　　明刊本、中華書局本

通志　　殿本《三通》

永樂大典　　中華書局影印本

會稽續志　　民國十五年影印清嘉慶本、四庫全書本

崖州志　　廣東人民出版社

魏武帝集　　漢魏六朝百三名家集

搜神記　　津逮祕書本、汪紹楹校本

金樓子　　叢書集成本

隸釋　　四部叢刊本

元和姓纂　　金陵書局刻本

小名錄　　稗海本

原本玉篇殘卷　　叢書集成《玉篇零卷》、中華書局影印本

本書所引論著簡表

盧弼《三國志集解》(簡稱《集解》)、《三國志集解補》(簡稱《集解
　　補》)　　古籍出版社 1957 年排印本、中華書局 1982 年影印本
趙一清《三國志注補》(簡稱《注補》)　　廣雅書局刊本
周壽昌《三國志注證遺》(簡稱《證遺》)　　廣雅書局刊本
林國贊《三國志裴注述》　　學海堂刊本
陳景雲《三國志辨誤》(簡稱《辨誤》)　　守山閣叢書本
郭麐《國志蒙拾》　　聚學軒叢書本
錢大昭《三國志辨疑》(簡稱《辨疑》)　　廣雅書局刊本
潘眉《三國志考證》(簡稱《考證》)　　廣雅書局刊本
盧文弨《三國志續考證》(簡稱《續考證》)　　南京圖書館藏鈔本
梁章鉅《三國志旁證》(簡稱《旁證》)　　廣雅書局刊本
沈家本《三國志瑣言》(簡稱《瑣言》)　　沈寄簃先生遺書本
沈家本《日南隨筆》　　沈寄簃先生遺書本
李景星《三國志評議》(簡稱《評議》)　　濟南精藝公司刊印《四史評議》
何焯《義門讀書記》(簡稱《讀書記》)　　光緒六年重修本
錢大昕《廿二史考異》(簡稱《考異》)　　潛研堂全集本
錢大昕《三史拾遺》　　商務印書館《考史拾遺》
錢大昕《諸史拾遺》　　商務印書館《考史拾遺》
錢大昕《十駕齋養新錄》　　潛研堂全集本
郁松年《續後漢書札記》　　叢書集成本

胡三省《資治通鑑注》(簡稱《通鑑注》)　　中華書局標點本《資治通鑑》

史炤《資治通鑑釋文》　　臺北商務印書館

楊晨《三國會要》　　中華書局標點本

高秀芳、楊濟安《三國志人名索引》　　中華書局

＊　　＊　　＊　　＊

黃生《義府》　　海源閣刻本

劉淇《助字辨略》　　中華書局

王念孫《廣雅疏證》　　江蘇古籍出版社影印本

王引之《經義述聞》　　江蘇古籍出版社影印本

段玉裁《說文解字注》　　上海古籍出版社影印本

朱駿聲《說文通訓定聲》　　武漢市古籍書店影印本

郝懿行《爾雅義疏》　　北京市中國書店影印本

翟灝《通俗編》　　商務印書館精裝本

胡文英《吳下方言考》　　北京市中國書店影印本

李調元《卍齋璅錄》　　叢書集成本

朱起鳳《辭通》　　上海古籍出版社

盧文弨《龍城札記》　　皇清經解本

黃侃《讀後漢書札記》　　中華書局《文史》第一輯

楊樹達《〈古書疑義舉例〉續補》　　中華書局《古書疑義舉例五種》

楊樹達《莊子拾遺》　　中華書局《積微居讀書記》

楊樹達《漢書窺管》　　上海古籍出版社

楊樹達《讀鹽鐵論札記》　　中華書局《積微居讀書記》

楊樹達《讀後漢書札記》　　中華書局《積微居讀書記》

童書業《春秋左傳研究》　　上海人民出版社

陳直《史記新證》　　天津人民出版社

吳恂《漢書注商》　　上海古籍出版社

錢鍾書《管錐篇增訂》　　中華書局

蔣禮鴻《讀〈論衡校釋〉》　　上海古籍出版社《懷任齋文集》

朱季海《南齊書校議》　　中華書局

周一良《〈世說新語〉札記》　　中華書局《魏晉南北朝史論集》

余嘉錫《世說新語箋疏》　　中華書局

徐震堮《〈世說新語〉詞語簡釋》　　中華書局《世說新語校箋》

馬雍《"禽龐涓"解》　　中華書局《文史》第十八輯

呂叔湘《說代詞語尾家》　　科學出版社《漢語語法論文集》

徐復《讀〈文選〉札記》　　江蘇古籍出版社《徐復語言文字學叢稿》

陸宗達、王寧《訓詁方法論》　　中國社會科學出版社

＊　＊　＊　＊

趙幼文《〈三國志集解〉辨證》(簡稱《辨證》)　　《中華文史論叢》
　　1982 年第二輯

錢劍夫《盧弼〈三國志集解〉校點記》(簡稱《校點記》)　　《文獻》
　　1985 年第一期

周一良《〈三國志〉札記》　　中華書局《魏晉南北朝史札記》

錢劍夫《〈三國志〉標點本商榷》(簡稱《商榷》)　　《中國語文》1978
　　年第二期

繆鉞《〈三國志〉的書名並非始於北宋》　　上海古籍出版社《冰繭
　　庵叢稿·陳壽評傳》

王廷洽《應正確認識〈三國志〉裴注的價值》　　《上海師範學院學
　　報》1983 年第四期

王廷洽《略談〈三國志〉與裴注的數量問題》　　《古籍整理研究學
　　刊》1985 年第三期

劉忠貴《敦煌寫本〈三國志・步騭傳〉殘卷考略》(簡稱《考略》)
　　《敦煌學集刊》1984 年第一期

蔣天樞《〈三國志・吳書・虞翻張溫傳〉校記》(簡稱《校記》)　　中
　　州古籍出版社《論學雜著》

呂叔湘《讀〈三國志〉》　　上海教育出版社《語文雜記》

繆鉞《〈三國志選注〉前言》　　中華書局《三國志選注》

關德仁《讀〈三國志〉札記》　　《字詞天地》1985 年第七期

陳樂素《〈魏志・倭人傳〉研究》(簡稱《研究》)　　廣東人民出版社
　　《求是集》

陳樂素《後漢劉宋間之倭史》　　廣東人民出版社《求是集》

劉世儒《魏晉南北朝量詞研究》　　中華書局

洪誠《訓詁學》　　江蘇古籍出版社

蔣禮鴻《義府續貂》　　中華書局

蔣禮鴻《敦煌變文字義通釋(增訂本)》(簡稱《通釋》)　　上海古籍
　　出版社

郭在貽《〈論衡〉札記》　　上海古籍出版社《訓詁叢稿》

郭在貽《六朝俗語詞雜釋》　　上海古籍出版社《訓詁叢稿》

郭在貽《古漢語詞義札記》　　上海古籍出版社《訓詁叢稿》

郭在貽《〈辭海・語詞分冊〉義項漏略舉例》　　上海古籍出版社
　　《訓詁叢稿》

王鍈《詩詞曲語辭例釋》　　中華書局

吳承仕《經籍舊音辨證》　　中華書局

俞敏《釋蚯蚓名義兼辨胸忍二字形聲》　　日本光生館刊行《中國
　　語言文學論文選》

王克仲《"載""再"通假與"載 A 載 B"句式》　　《中國語文》1984 年
　　第一期

唐長孺《魏晉雜胡考》　　三聯書店《魏晉南北朝史論叢》

唐長孺《孫吳建國及漢末江南的宗部與山越》　　三聯書店《魏晉
　　南北朝史論叢》

唐長孺《清談與清議》　　三聯書店《魏晉南北朝史論叢》

唐長孺《魏晉南北朝史論拾遺》　　中華書局

楊明照《抱朴子內篇校釋補正》　　上海古籍出版社《學不已齋雜著》

周一良《〈晉書〉札記》　　中華書局《魏晉南北朝史札記》

周一良《〈宋書〉札記》　　中華書局《魏晉南北朝史札記》

周一良《〈梁書〉札記》　　中華書局《魏晉南北朝史札記》

周一良《〈南史〉札記》　　中華書局《魏晉南北朝史札記》

周一良《〈隋書〉札記》　　中華書局《魏晉南北朝史札記》

范甯《博物志校證後記》　　中華書局《博物志校證》

湯用彤《漢魏兩晉南北朝佛教史》(簡稱《佛教史》)　　中華書局

本書例句出處簡表

易經　　　十三經注疏本
尚書　　　十三經注疏本
詩經　　　十三經注疏本
周禮　　　十三經注疏本
儀禮　　　十三經注疏本
禮記　　　十三經注疏本
左傳　　　十三經注疏本
公羊傳　　十三經注疏本
穀梁傳　　十三經注疏本
論語　　　十三經注疏本
孟子　　　十三經注疏本
爾雅　　　十三經注疏本
山海經　　郝氏校本
大戴禮記　四部叢刊本
國語　　　黃氏仿宋刻本
戰國策　　黃氏刻本
史記　　　百衲本、中華書局標點本
漢書　　　百衲本、中華書局標點本
後漢書　　百衲本、中華書局標點本
晉書　　　百衲本、中華書局標點本

宋書	百衲本、中華書局標點本
南齊書	百衲本、中華書局標點本
梁書	百衲本、中華書局標點本
魏書	百衲本、中華書局標點本
北齊書	百衲本、中華書局標點本
周書	百衲本、中華書局標點本
南史	百衲本、中華書局標點本
舊唐書	百衲本、中華書局標點本
新唐書	百衲本、中華書局標點本
漢紀	四部叢刊本
後漢紀	四部叢刊本
資治通鑑	四部叢刊本、中華書局標點本
吳越春秋	四部叢刊本
越絕書	四部叢刊本
華陽國志	四部叢刊本
水經注	四部備要本、王國維校本
世說新語	諸子集成本
日本書紀	日本發行書房
隸釋	四部叢刊本
隸續	四部叢刊本
吳子	諸子集成本
管子	四部叢刊本
墨子	諸子集成本
莊子	四部叢刊本
荀子	古逸叢書本
韓非子	四部叢刊本

孫子兵法　　諸子集成本

孫臏兵法　　文物出版社

尉繚子　　　武經七書本、宛委別藏本

呂氏春秋　　諸子集成本

列子　　　　四部叢刊本

孔叢子　　　祕書九種本

淮南子　　　諸子集成本

鹽鐵論　　　諸子集成本

新書　　　　叢書集成本

新序　　　　四部叢刊本

說苑　　　　四部叢刊本

古列女傳　　叢書集成本

論衡　　　　四部叢刊本

焦氏易林　　四部叢刊本

潛夫論　　　諸子集成本

風俗通　　　四部叢刊本

獨斷　　　　四部叢刊本

周易參同契　叢書集成本

中論　　　　四部叢刊本

人物志　　　四部叢刊本

博物志　　　漢魏叢書本

抱朴子　　　諸子集成本

列士傳　　　玉函山房輯佚書補編本

神仙傳　　　廣漢魏叢書本

搜神記　　　津逮祕書本

集聖賢羣輔錄　閏修居叢書本

異苑	津逮祕書本
裴子語林	古小說鉤沉本
金樓子	叢書集成本
顏氏家訓	諸子集成本
齊民要術	四部叢刊本
高僧傳	海山仙館叢書本
文心雕龍	四部叢刊本、范文瀾注本
還冤記	續百川學海庚集
冥通記	津逮祕書本
雲溪友議	稗海本
遊仙窟	古佚小說叢刊初集
北夢瑣言	稗海本
文選	中華書局影印胡刻本
楚辭	四部備要本
全漢文	嚴可均校輯
全後漢文	嚴可均校輯
全三國文	嚴可均校輯
全晉文	嚴可均校輯
全梁文	嚴可均校輯
全陳文	嚴可均校輯
全後魏文	嚴可均校輯
先唐文	嚴可均校輯
漢詩	逯欽立輯校
魏詩	逯欽立輯校
晉詩	逯欽立輯校
宋詩	逯欽立輯校

齊詩　　　逯欽立輯校

梁詩　　　逯欽立輯校

萬葉集　　東京井上書店

意林　　　四部叢刊本

太平廣記　明刊本、中華書局本

藝文類聚　汪紹楹校本

太平御覽　商務印書館影印日本宋本

古今注　　漢魏叢書本

中華古今注　　清刻本、中華書局本

乾道四明圖經　宋元四明六志

素問　　　四部叢刊本

傷寒論　　四部叢刊本

金匱要略方論　光緒本《仲景全書》

脈經　　　四部叢刊本

神農本草經　子史勾沉本

書譜　　　《說郛》卷八十七、叢書集成本

法書要錄　津逮祕書本

書道全集　日本平凡社

大藏經　　日本大正新修版

太平經　　中華書局《太平經合校》

五燈會元　中華書局《中國佛教典籍選刊》

敦煌寶藏　臺北新文豐出版公司

敦煌變文集　人民文學出版社

樓蘭尼雅出土文書　文物出版社

居延漢簡釋文合校　文物出版社

睡虎地秦墓竹簡　文物出版社

《三國志校詁》索引

賞　50

龐羲　341

裴松之注　545

配　4

配嫁　167

彭鄉亭侯　403

披圖　397

疲極　219

頻載　581

平地　402

憑　541

迫　48

破別將　210

破揚州　442

魄兆見　382

普之侍人　181

溥　139

樸　46

Q

緝　127

七年　186

妻　317

妻子　287

戚　594

其　411

其臣故吏　358

其孫京隨才署吏　359

奇至　477

乞留在郡二歲　416

起兵　112

起養　503

豈訓導未洽　60

稽顙　110

氣祥　528

千戶　235

千室之邑忠信貞良
　58

千下　511

僉息著募後沒入奚
　官免爲庶人　422

遷　143,177

前　13

前杠　357

前識與言　360

乾沒　566

潛等緩之　193

潛化傍流　153

淺規　185

遣　273,591,592

遣步卒　212

巧　305

且志國　327

切痛　301

竊不自揆　402

禽　17

青羌散騎　354

清談　548

清閒　241

輕兵　27

輕銳　360

輕易　177

情至　523

慶　598

穹　541

求不得　256

曲　595

趨赴　90

驅護　231

胸臆　574

取合　184

取急　193

去何　585

去就　562

全權　456

權勇　204

卻去　549

闕　524